王新生党史系列作品

铁的红军是怎样炼成的

（1927—1932）

TIE DE
HONG JUN
SHI
ZEN YANG
LIAN CHENG
DE

王新生 著

中共党史出版社

图书在版编目（CIP）数据

铁的红军是怎样炼成的：1927–1932 / 王新生著
. -- 北京：中共党史出版社，2024.5
ISBN 978-7-5098-6550-7

Ⅰ. ①铁… Ⅱ. ①王… Ⅲ. ①中国共产党－党的建设
－研究 Ⅳ. ①D26

中国国家版本馆 CIP 数据核字（2024）第 081618 号

书　　名：铁的红军是怎样炼成的（1927—1932）
作　　者：王新生

出版发行：中共党史出版社
责任编辑：姚建萍
责任校对：申宁
责任印制：段文超
社　　址：北京市海淀区芙蓉里南街 6 号院 1 号楼　**邮编：**100080
网　　址：www.dscbs.com
经　　销：新华书店
印　　刷：北京汇林印务有限公司
开　　本：710mm × 1000mm　1/16
字　　数：488 千字
印　　张：35
版　　次：2024 年 5 月第 1 版
印　　次：2024 年 5 月第 1 次印刷
书　　号：ISBN 978-7-5098-6550-7
定　　价：85.00 元

此书如有印装质量问题，请联系中共党史出版社读者服务部　电话：010-83072535

目　录

引言　一支铁的红军登上中国历史舞台

1927年8月1日凌晨，南昌城内清脆的枪声打破了寂静的夜空，宣告了一个新的历史时期的开始。从这一天起，中国共产党人开始了建立人民军队的伟大历程。

中国共产党是在大革命失败血的教训中认识到建立人民军队的重要性的。面对国民党反动派极端严重的白色恐怖，为了坚持革命，中国共产党人从血泊中站起来，拿起刀枪，勇敢地进行武装反抗国民党反动派的斗争。一批又一批共产党人前仆后继，发动工农大众，向国民党反动统治发起了一波又一波的英勇反击，走上了开展武装斗争，创建人民军队，夺取政权的道路。然而，这是一条崎岖、艰难、充满荆棘之路，也是一条充满血与火之路。

中国共产党面临的敌人是强大的。早在北伐的过程中，国民党蒋介石集团就大肆收编各地其他军阀部队，迅速扩张军事实力。其又得到外国帝国主义和本国大地主、大资产阶级财力和物力的支持，并且掌握着国家政权，可以调动国家各种资源，向中国共产党和工农群众及革命知识分子疯狂进攻。不仅如此，在各地还有阎锡山、李宗仁和白崇禧、冯玉祥、唐生智、李济深等国民党新军阀和地主武装，为了维护其统治和阶级利益，他们极端仇视中国共产党领导的一切反帝反封建的革命活动。

中国共产党在大革命时期虽然掌握了少数军队，并培养了一批军事人才。但所掌握的军队是以国民革命军的一部分而存在的，还谈不上是真正意义上的旗帜鲜明的人民军队；所培养的军队干部，多是从事政治工作，真正能够掌握军权、指挥打仗的少而又少。虽有组建以工农为主体的军队的机会，但又非常痛心地被以陈独秀为代表的右倾机会主义放弃了。因此，就军事力量上来讲，从掌握的各种物质资源上来讲，中国共产党是不能和反动统治者相比的。因此，如何创建一支听党指挥，英勇善战，为党的事业而奋斗的铁的红军，是党面临的一个崭新课题，需要在实践中进行艰辛探索，付出高昂的“学费”是必然的，甚至是血的沉重代价。

党领导武装起义，开始的想法是学习苏俄十月革命，以占领中心城市为目的。希望通过在中心城市的首先胜利，使革命迅速发展，进而取得全国胜利。中国半殖民地半封建的社会性质，反动统治力量在城市中十分强大，无产阶级力量非常薄弱，党领导的以占领中心城市为目的的起义都失败了，一些起义保留下来的部队撤到农村和山区，将革命火种保存了下来。毛泽东领导的湘赣边界秋收起义部队，转移到了井冈山地区，开辟了井冈山革命根据地。井冈山的道路，代表着中国革命发展的正确方向。

从党的创建到大革命，毛泽东先后主要从事工人运动和农民运动，一度当过国民党中央宣传部代理部长，办报刊，写文章，并未做过军事工作。在人们的印象中，毛泽东是一个身材高大、头留长发、穿着长衫的文人形象，无法和一个指挥千军万马的杰出军事统帅联系在一起。那么，毛泽东是怎么走上军事道路的呢？新中国成立后，他曾同智利新闻工作者代表团谈话时说过这样一段话：“我是一个知识分子，当一个小学教员，也没有学过军事，怎么知道打仗呢？就是由于国民党搞白色恐怖，把工会、农会都打掉了，把五万共产党员杀了一大批，抓了一大批，我们才拿起枪来，上山打游击。”① 很明显，毛泽东走上军事斗争道路，是被国民党反动派逼出来的。这一逼，产生了中国近代以来最伟大的无产阶级军事家、战略家和最杰出的军事统帅。

毛泽东的大智慧在于遇到问题时善于从实际出发解决问题；善于总结经验教训，创出一条新路来。毛泽东从农村游击战争的环境实际出发，正确解决了党对军队的领导、军队内部关系、军民之间关系等问题，强调以无产阶级思想教育军队，制定了一系列建军原则，从而为把以农民为主要成分的军队，建设成为无产阶级领导的人民军队提供了保证。毛泽东还提出了红军进行游击战争的基本原则、工农武装割据的思想和农村包围城市、武装夺取政权的思想，为红军战胜国民党军的“进剿”“会剿”“围剿”，发展壮大红军、巩固扩大革命根据地指明了方向，也为争取中国革命胜利指明了唯一正确的道路。

毛泽东是人民军队的主要缔造者，为人民军队创建、发展壮大作出了最杰出的贡献。

在创建人民军队的过程中，另一位杰出的人物是朱德。朱德曾是一个旧军人，官至滇军旅长。为追求真理，救国救民，朱德放弃高官厚禄，远渡重洋，赴德国留学。在德国，经中共旅欧组织负责人张申府、周恩来介绍，朱德加入中国共产党。参加南昌起义，朱德开始了

① 毛泽东：《支持被压迫人民反对帝国主义的战争》（1964 年 6 月 23 日），《毛泽东外交文选》，中央文献出版社、世界知识出版社 1994 年版，第 530 页。

参与创建新型人民军队的生涯。南昌起义失败后，朱德毫不气馁，整顿起义军余部，转入粤赣湘边界地区，顽强地开展游击战争；继而发动湘南起义，并于1928年4月率领起义部队转移到井冈山，与毛泽东率领的秋收起义部队会师。从此，毛泽东、朱德结为亲密战友，合作共事长达48年之久；从此，中国革命史里就有了“朱毛”二字，当时有许多人认为“朱毛”是一个人。“朱毛”成为中国革命的一个特殊符号。

井冈山会师，在人民军队创建史上有十分重要的意义。对此，苏联《真理报》发表的有关文章这样评价：“1928年4月，伟大中国革命的两支主力——朱德和毛泽东率领的部队，在巍峨的井岗山脉宁冈县举行了历史性的会师。从此之后，两位革命的人民领袖在无数次战斗中凝成了思想上的战斗友谊，这种友谊堪称为人们同心同德亲密合作的典范。”①

会师后成立的红四军，成为令国民党军闻风丧胆的部队。此后，毛泽东、朱德领导的部队，被称为“朱毛红军”。朱德同毛泽东并肩作战，先后任红四军军长、红一军团总指挥、红一方面军总司令、红军总司令，是名副其实的“红军之父”。

周恩来是又一位人民军队的重要缔造者。1924年9月，时年26岁、风华正茂的周恩来，结束留法勤工俭学生涯回国，到达国民革命中心广州。同年11月，他脱下西服穿上戎装，就任黄埔军校政治部

---

① Àr. 哈马丹：《司令员朱德》（1935年12月6日），《苏联〈真理报〉有关中国革命的文献资料》（1927—1937）第二辑，四川省社会科学院出版社1986年版，第529页。

主任，从此与军事工作结下不解之缘，成为中国共产党最早的军事工作组织者、领导者。周恩来在黄埔军校为党培养了第一批军事骨干人才，并选调黄埔军校毕业生和工农革命群众、进步青年组建了党掌握的第一支武装“大元帅府铁甲车队”。不久，铁甲车队编入叶挺独立团，是其中的骨干力量。周恩来还调了不少黄埔军校的共产党员学生到独立团担任营、连、排级干部。1927 年 3 月，周恩来任总指挥，取得上海工人第三次武装起义成功，为中国开展城市武装斗争作了大胆尝试。

大革命失败后，周恩来领导南昌起义，打响武装反抗国民党反动派的第一枪。南昌起义失败后，周恩来多数时间在中共中央军委负责指导各地的武装斗争。他密切注视着毛泽东、朱德领导的红四军，大力维护毛泽东、朱德在红四军中的领导，并把朱毛红军的建军经验刊登在中共中央军委主办的机关刊物上，号召各地红军和党组织学习红四军的经验。中国工农红军和各革命根据地的发展，周恩来作出了不可磨灭的贡献。

在毛泽东和他的战友们及各地共产党人的艰苦斗争下，中国工农红军在历经一次又一次挫折后重新崛起，在国民党军一次又一次的“进剿”“清剿”“会剿”“围剿”中不断发展壮大。1927 年秋的星星之火，终于到 1930 年夏形成燎原之势。湘赣边界、赣南、闽西、鄂豫皖、湘鄂西、湘鄂赣、赣东北、粤东北、左右江、琼崖等地区，到处都活跃着红军队伍的身影。红军各项建设不断加强，确立了人民军队的建军原则和相应的规章制度，官兵政治素质有了很大提高。在对敌作战的实践中，红军官兵战术水平明显提高，形成了游击战作战原则，奠定了适合自己特点的战略战术基础。从“运输大队长”——蒋介石等国民党新军阀那里不断缴获的武器，改善了红军的装备。红军队伍不断地扩大，一些主力兵团开始组建，有了一次歼灭敌人一个旅乃至一个师的能力。

在近代中国军事史上，一个新的武装集团出现了，活跃于中国的历史舞台上，引起人们的高度关注。这是一支铁的红军，同过去一切旧军队有着本质的区别：绝对服从中国共产党的领导，全心全意地为着党的纲领、路线和政策而奋斗；有崇高的理想、信念，英勇善战，坚韧不拔，敢于面对任何强大的敌人并能战胜敌人，敢于面对任何困难并能克服困难，打不垮，拖不烂，即使受到严重挫折，也能勇敢顽强地站起来继续战斗；在内部实行民主制度，官兵平等，官兵一致；有铁一般的纪律，爱护人民群众，同人民群众建立了血肉联系，是人民的子弟兵，得到人民的大力支持和拥护。

这支铁的红军，同它的对手国民党军相比，虽然在数量上处于绝对的劣势，武器装备也相差悬殊，但在政治素质上远超对手。它朝气蓬勃，充满生机，没有任何敌人能够阻挡它发展壮大、走向胜利的步伐。

铁的红军，人民革命的依托，中华民族的希望！

第一章　无枪杆子之痛

一、孙中山创办黄埔军校

莫斯科来了孙逸仙博士代表团

20世纪20年代的中国，是风雷激荡的时代。1924年1月，孙中山在共产国际和中国共产党的帮助下，召开国民党第一次全国代表大会，改组国民党。国民党一大，事实上确立了联俄、联共、扶助农工的三大政策，确认了共产党员以个人身份加入国民党的原则，标志着第一次国共合作正式形成。

国共合作形成后，孙中山一个重要举措，是在距广州约40华里的黄埔岛上，创办中国国民党陆军军官学校，此即通常说的黄埔军校。孙中山把军校校址选在黄埔岛上，主要是这里四面环水、南连虎门，是广州第二门户和军事要地，并与城市隔绝，便于兴学讲武。黄埔岛上的长洲要塞，曾为清末广东陆军学校及海军学校旧址。但因年久失修，残垣断壁，荒草丛生。军校筹备处成立后，即在2月中旬着手修葺，使其焕然一新，成为培养国共两党将才的摇篮。

黄埔军校原貌。

孙中山创办黄埔军校，是在辛亥革命后屡遭挫折和失败后，在共产国际代表和共产党人帮助下总结经验教训的结果。辛亥革命后，孙中山坚持反对北洋军阀、争取国家统一的斗争。但他依靠这派军阀打那派军阀，结果总是被军阀出卖。尤其是 1922 年 6 月，孙中山所信任和倚重的陈炯明叛变，使他受到狠狠一击，以至发出了“祸患生于肘腋，干戈起于肺腑”① 的喟叹！痛定思痛，孙中山深感建立一支革命军队的必要性。

中国近邻俄国发生十月革命，世界产生巨大变局，作为伟大的中国革命先行者孙中山，以敏锐的眼光注意到了。1918 年，孙中山曾致电列宁和苏维埃政府，表示对十月革命的胜利表示钦佩。1921 年 8 月，孙中山在给苏俄外交部长契切林的信中，曾称列宁为他的“朋友”，表达对列宁的问候②。11 月 6 日，契切林将孙中山的信送交列宁。次日，列宁给契切林回信，指示对于孙中山“应尽量热情些，要常写信并尽量

① 《孙中山选集》上卷，人民出版社 1958 年版，第 441 页。

② 见《契切林给列宁的信》（1921 年 11 月 6 日于莫斯科），中共中央党史研究室第一研究部译：《共产国际、联共（布）与中国革命档案资料丛书·联共（布）、共产国际与中国国民革命运动》（1920—1925）第 1 卷，北京图书馆出版社 1997 年版，第 66 页。

秘密进行，要派我们的人去广州。”[①] 12月23日，共产国际代表马林到桂林同孙中山进行秘密会谈。孙中山对马林的到来非常欢迎，进行了两次长时间的会谈。会谈中，马林向孙中山提出了如下建议：“1. 改组国民党，与社会各阶层，尤其与农民、劳工大众联合。2. 创办军官学校，建立革命军的基础。3. 谋求中国国民党和中国共产党的合作。”[②] 因此，在陈炯明叛变后，孙中山于1922年8月上旬回到上海，立即与苏俄、共产国际和中国共产党代表多次会谈，磋商中国革命的道路和方法，研究国民党和共产党合作问题，其中创办军校和建立革命军队是主要内容之一。苏联[③]政府表示要给予孙中山和国民党以经费和物资援助。

1923年1月，孙中山与苏联政府代表越飞会晤，发表《孙文越飞联合宣言》，公开确立了国民党的联俄政策。就在这时，滇、桂军阀杨希闵、刘震寰赶走陈炯明部。孙中山由上海重返广州，于3月成立名为“大元帅大本营”的广州革命政府，就任大元帅一职。靠着别人的力量，才坐上大元帅的位子，孙中山深知，要想把位子坐稳，必须建立自己的军队。孙中山加快了创办军校和建立军队的步伐。他不断同越飞互通信件，商谈建立军队和苏联提供武器装备的问题。3月8日，俄共（布）中央政治局会议讨论了“向孙逸仙派去政治和军事顾问小组”[④] 问题。

那么，创办一个什么样的军校和革命军队呢？孙中山把目光投向了苏联，决定以苏联红军为模板。7月上旬，孙中山决定派蒋介石率领代表团访问莫斯科，考察军事和党务，并与苏联和共产国际领导人商谈军事支持国民党问题。应该说，这是蒋介石以军事起家的开始。

---

① 《列宁给契切林的便函》（1921年11月7日于莫斯科），中共中央党史研究室第一研究部译：《共产国际、联共（布）与中国革命档案资料丛书·联共（布）、共产国际与中国国民革命运动》（1920—1925）第1卷，第67页。

② 广东革命历史博物馆编：《黄埔军校史料》（1924—1927），广东人民出版社1982年版，第11页。

③ 1922年12月30日，由俄罗斯联邦、南高加索联邦、乌克兰和白俄罗斯四个苏维埃社会主义共和国组成苏维埃社会主义共和国联盟，简称“苏联”。

④ 《俄共（布）中央政治局会议第53号记录（摘录）》（1923年3月8日于莫斯科），中共中央党史研究室第一研究部译：《共产国际、联共（布）与中国革命档案资料丛书·联共（布）、共产国际与中国国民革命运动》（1920—1925）第1卷，第226页。

蒋介石，原名瑞元，字志清，后改名中正，1887 年 10 月 30 日生于浙江奉化溪口镇一个盐商家庭。1907 年入河北保定军官学校学习。1908 年留学日本，进振武学校炮科。留日期间由陈其美介绍加入同盟会。辛亥革命爆发后，回国至上海，在陈其美部下任沪军第五团团长。1913 年参与陈其美等在上海发动的反对袁世凯的军事活动。1914 年在日本加入孙中山领导的中华革命党。1915 年回国参与该党在东南数省的党务和军事活动。1918 年到福建任驻闽粤军第二支队司令等职。1922 年 6 月陈炯明叛变，陪同孙中山在永丰舰上坚持讨叛。8 月，随孙中山回上海，不久赴福建任东路讨贼军参谋长。孙中山重返广州后，蒋介石任国民党军事委员会委员、大本营参谋长。

从蒋介石的基本情况看，当时孙中山器重他，主要有这几条：其一，蒋介石读过军校，保定军校是清末民初最著名的军校，中国许多著名将领就出自该校；并且，蒋介石还有在日本留学军事的背景，熟悉军事教育。其二，蒋介石是老同盟会员，参加过辛亥革命和此后的反袁斗争，并参加中华革命党和国民党。其三，蒋介石一直追随孙中山做军事工作。其四，在陈炯明叛变后，孙中山最危险时守在孙中山身边，使孙中山感觉到蒋介石是对他最忠心耿耿的人。因此，孙中山就把创办军校的重任委于蒋介石。

蒋介石接受任务后，于 7 月中旬从广州到上海。由于是率代表团到莫斯科去，蒋介石同共产党领导人会晤是少不了的，同时，也商定了代表团中的共产党员人选。其中有沈定一、张太雷。沈定一早年是同盟会会员，辛亥革命爆发后，参加过光复上海的武装起义；同时成立“中华民国学生团”并自任团长，受到孙中山的嘉奖。后参加过孙中山发动的“二次革命”，失败后一度流亡日本。1920 年与陈独秀、李汉俊等交往甚密，于同年 5 月与陈独秀等在上海发起组织马克思主义研究会。8 月，陈独秀在上海建立中国共产党早期组织，沈定一是成员之一。1921 年 7 月，中国共产党成立，他是当时 50 多名党员之一。张太雷是共产党员、社会主义青年团中央执行委员，这时已以个人名义加入国民党，有共产党员和国民党员的双重身份。从沈定一、张太雷的情况看，或与国民党有渊源，或有国民党员的身份，以他们为代表团成员，是有原因的。

在上海，蒋介石还会晤了共产国际代表马林。他们会谈的内容没有资料保存下来可查，但可以肯定的是，两人商讨了代表团莫斯科之行同苏联和共产国际领导人会见的有关问题。

8月16日，以蒋介石为团长的名为“孙逸仙博士代表团”从上海乘“神丸号”轮船出发了。团员为沈定一、王登云①、张太雷。孙中山驻欧洲的非正式代表邵元冲在莫斯科参加了代表团。

经过半个多月的旅程，9月2日，“孙逸仙博士代表团”到达莫斯科。代表团在9月5日拜会契切林之后，于9月7日拜会了俄共中央书记鲁祖塔克。

9月9日下午3时，蒋介石一行拜会了苏联革命军事委员会副主席斯克良斯基和苏联武装力量总司令加米涅夫。这次拜会苏联军事领导人，是蒋介石一行的主要目的。双方寒暄了几分钟后，蒋介石向斯克良斯基提出了以下要求：

(1) 代表团希望革命军事委员会尽量向中国南方多派人，去按红军的模式训练中国军队。

(2) 代表团希望革命军事委员会向孙逸仙的代表提供了解红军的机会。

(3) 代表团请求共同讨论中国的军事作战计划。②

对于蒋介石提的第一个要求，斯克良斯基回答说，苏联已向广州派去了一些军事顾问，需要等一等，看看广州方面的军队怎样使用已经抵达的同志。苏联革命军事委员会中并没有多少了解中国并懂汉语的干部，因此，尽管有这种愿望，苏联也不可能向中国南方派出大量军事指

① 王登云，陕西礼泉人，曾留学美国，任过旧金山华文报纸主笔。此行为代表团的秘书。后曾在黄埔军校工作。

② 《巴拉诺夫斯基关于国民党代表团拜会斯克良斯基和加米涅夫情况的书面报告》（1923年9月10日于莫斯科），中共中央党史研究室第一研究部译：《共产国际、联共（布）与中国革命档案资料丛书·联共（布）、共产国际与中国国民革命运动》（1920—1925）第1卷，第284—285页。

挥员。

斯克良斯基建议：鉴于苏联人学汉语困难，最好是为中国人成立专门的军事学校。要做到这一点比较容易，因为有一些中国人在苏联的学校里学习，如约有 30 名中国学员在东方民族共产主义大学以及其他学校学习。

双方就这个问题取得了以下意见：

应该成立两所军事学校：一所高级军校，为懂些俄语的指挥人员（不低于营级）而设，这种学校能培训 30 人左右，校址设在彼得格勒或莫斯科。另一所是中级军校，可建在靠近中国的地方，在海参崴或伊尔库茨克，招收约 500 名未受过军事训练的中国学员。在往上述学校选送学员时，地方当局必须考察被选人员的政治信仰，严格把关，以便给学校选送忠实可靠的人。中国学员在上述学校学习期间，应开展强有力的政治工作，因为据代表团说，在军队中，甚至在高级指挥人员当中，还有完全不识字的人。①

对于蒋介石提的第二个要求，斯克良斯基爽快地答应了，并说苏联军事学校管理总部主任彼得罗夫斯基将来会向代表团介绍他们感兴趣的红军各方面的生活。

对于蒋介石提的第三个要求，在蒋介石介绍了孙中山制定的军事计划后，斯克良斯基和加米涅夫建议在研究了战役的一切细节、目前的军队部署、未来作战地区的政治状况等之后，再用书面形式阐明这项计划。

9 月 16 日，根据同斯克良斯基达成的一致，蒋介石等由苏联军事院校管理总局秘书卢果夫斯基陪同，访问了苏联红军驻斯巴斯第一四四步兵团。关于这次访问，卢果夫斯基事先同莫斯科军区司令穆拉洛夫和他的全权代表达什凯维奇进行了商议，由达什凯维奇通知该团政治委员

---

① 《巴拉诺夫斯基关于国民党代表团拜会斯克良斯基和加米涅夫情况的书面报告》（1923 年 9 月 10 日于莫斯科），中共中央党史研究室第一研究部译：《共产国际、联共（布）与中国革命档案资料丛书·联共（布）、共产国际与中国国民革命运动》（1920—1925）第 1 卷，第 285 页。

和团长，说是有中国共青团团员来访，上级指示，不举行欢迎仪式，访问尽量秘密进行。

蒋介石本来打算穿军装去访问该团，根据卢果夫斯基的建议，换上了便装。据卢果夫斯基在给苏联外交人民委员部远东部主任的书面报告称：“代表团参观了连队、营房、红角、号令、修理部、医务室、俱乐部、图书室、机枪小队、什物仓库（军服）、厨房、面包房、俄共支部。代表团成员品尝了红军战士的食品，了解了每周的食谱，并对丰盛可口的食物以及各种各样的菜肴表示赞赏。”“蒋介石将军主要关心军事组织、行政管理机构和技术装备方面的情况。”①

苏方对这次参观有所保留，蒋介石等未能参观该步兵团的武器库。

原定不搞欢迎仪式，由于蒋介石的一再要求，在访问结束时，安排了一场代表团与红军战士见面的大会。第一四四团 400 名红军战士出席。大会是在该团的演出厅举行的，以乐队和全体与会者演唱《国际歌》开始。蒋介石第一个讲话。对蒋介石讲话的翻译是采取接力式的，即先由王登云翻译成英语，再由卢果夫斯基翻译成俄语。卢果夫斯基翻译时，对蒋介石讲话的口气略作改动，使之听起来像共产国际成员或青年共产国际成员的讲话。卢果夫斯基在给苏联外交人民委员部远东部主任的书面报告中，记述了当时蒋介石讲话的大致内容和会上的反应：

“还在远东的时候，我们就听说，红军是世界上的一支最勇敢、最强大的军队，远东所有被压迫民族都这样说。今天我有幸访问你们，访问光荣的红军的一个光荣的团，并亲眼看到了你们的强大和这种强大的秘密，这就是与人民的团结一致。从西伯利亚来这里时，我就在各处看到了这种团结，看到了你们的强大，现在对我来说已经很清楚了。

“红军战士和指挥员们！你们战胜了你们国内的帝国主义和资本主

① 《关于国民党代表团访问第 144 步兵团情况的书面报告》（1923 年 9 月 17 日于莫斯科），中共中央党史研究室第一研究部译：《共产国际、联共（布）与中国革命档案资料丛书 · 联共（布）、共产国际与中国国民革命运动》（1920—1925）第 1 卷，第 291 页。

义，但你们还没有消灭世界的资本主义和帝国主义。你们要准备同他们决战，因为你们要在其他民族的帮助下完成这一事业。请记住，每一个战士的义务就是牺牲。要时刻准备为你们的事业去牺牲，这就是胜利的保证。

“我们是革命者，是革命的国民党员，我们是军人，我们是战士。我们也准备在同帝国主义和资本主义的斗争中牺牲。

“我们来这里学习并与你们联合起来。当我们回到中国人民那里时，要激发他们的战斗力，战胜中国的北方的军事势力，之后我们将和你们，红军战士们，伸出我们友好的同盟者之手，以便共同战斗。我再次表达我的喜悦之情，因为我看到了你们，看到了你们的生活。我深深地感谢你们友好的欢迎和接待，感谢你们向我们介绍了一切。我想再次到你们这里来。请允许我向你们所代表的红军致敬。”

蒋介石的讲话不时被经久不息的掌声、（乐队）演奏的“国际歌”乐声打断。讲话结束时，全体与会者兴奋地高呼“乌啦”。蒋介石将军讲话时情绪很高、也很激动，看来，他讲话时充满着强烈而诚挚的感情。他在讲话时几乎是在吼，他的双手在颤抖。

战士们对他作出了热烈的答谢，但政委和团长却有点一本正经，这之后会议闭幕，全体与会者高唱“国际歌”，最后以高呼“乌啦”结束。代表团成员离开时，战士们把他们抬起来，轻轻地摇摆，一直抬到汽车前。

红军战士的情绪很高，表现出真诚与热情。当时的场面激动人心，令人兴奋。代表团成员在离开时再一次感谢大家的接待。据我观察，代表团成员，特别是蒋介石，非常激动和兴奋。他们非常活跃，整个回来的路上都在谈论红军的“精神”、它的“热情”，（据他们说）这是他们在其他任何一支军队中都没有见到过的。蒋介石请翻译告诉我，他的印象非常好，他为红军的“精神”所感染。……蒋介石坦率，彬彬有礼，有些客气，但很真诚地表达了自己的感情和印象，他喜欢总结。……代表团成员，特别是蒋介石，在军人当中有点直言不讳，也不采取足够的防范措施。他们遵循的习惯和提出的问题说明他们是军人。①

在接下来的日子里，蒋介石等在莫斯科还访问了军事院校和空军；又到彼得格勒和珂琅施塔得参观了苏联海军和军事院校；从彼得格勒回莫斯科后，访问了莫斯科的若干工厂。

11 月 12 日，蒋介石等再次到苏联革命军事委员会拜会了斯克良斯基和加米涅夫。这次双方主要谈的是孙中山等提出对北洋军阀的作战计划问题。

这次会见，斯克良斯基就中国派人到苏联军校学习之事告诉蒋介石，苏联总参谋部学院可以接收 3—7 人，军事学校可以接收 30—50 人。但他强调中国的学员条件，要求“首先必须是那些完全忠于党、经过仔细挑选的人”；“已有军龄、不低于团级或营级的指挥员，可以派到学院学习。派往军校学习的也需要有一定的军事素养。不要追求派出人员的数量，而要注意他们的质量，主要是对革命和对工人阶级的忠诚。最好少派一些，但要真正的革命者，而不是胆小鬼或叛徒。”②

而蒋介石更关注的是苏联对国民党即将在广州开办的军校的支持，“建议依靠孙逸仙的代表在北京同加拉罕谈判之后要在广州开办的学校增加派出人员数量。”对此，斯克良斯基的答复是：“开始需要进行一次试验。如果成立所设想的 50 人班收到了良好的效果，那么革命军事委员会不反对增加派出人员。”③

接下来，斯克良斯基问蒋介石等参观后对苏联红军的印象如何。蒋介石等感谢苏联革命军事委员会允许他们参观军队，并说：红军战士们

---

① 《关于国民党代表团访问第 144 步兵团情况的书面报告》（1923 年 9 月 17 日于莫斯科），中共中央党史研究室第一研究部译：《共产国际、联共（布）与中国革命档案资料丛书·联共（布）、共产国际与中国国民革命运动》（1920—1925）第 1 卷，第 291—293 页。

② 《巴拉诺夫斯基关于国民党代表团拜会斯克良斯基和加米涅夫情况的书面报告》（1923 年 11 月 13 日于莫斯科），中共中央党史研究室第一研究部译：《共产国际、联共（布）与中国革命档案资料丛书·联共（布）、共产国际与中国国民革命运动》（1920—1925）第 1 卷，第 311 页。

③ 《巴拉诺夫斯基关于国民党代表团拜会斯克良斯基和加米涅夫情况的书面报告》（1923 年 11 月 13 日于莫斯科），中共中央党史研究室第一研究部译：《共产国际、联共（布）与中国革命档案资料丛书·联共（布）、共产国际与中国国民革命运动》（1920—1925）第 1 卷，第 311—312 页。

的纪律性和文化水平使他们感到惊讶。苏联红军是世界上现有军队中最强大的，因为苏联军队依靠的是广大人民群众。

这话斯克良斯基听起来顺耳。他告诉蒋介石：军队与人民的这种团结应当是国民党在组建自己的革命军队时所面临的重要任务之一。

蒋介石等这次拜会斯克良斯基和加米涅夫，是笔者所见档案资料中，双方最激烈碰撞的一次会见。日后，蒋介石为什么费尽心机把国民党的军权抓在自己手里，由此可以看出端倪。

11 月 29 日，蒋介石率领“孙逸仙博士代表团”回国，12 月 15 日上午 9 时到达上海。代表团这次苏联之行，对于此后创办黄埔军校和组建国民革命军，产生了很大影响。

蒋介石不断闹情绪

1925 年 11 月底，国民党临时中央执行委员会召开第十次会议，孙中山在会上提出筹备军官学校问题。12 月 20 日，国民党中央执行委员会决议组织军官学校，定名为“国民军军官学校”，拟以孙中山为校长。

创办军校，孙中山自然要把此事交给他所器重的蒋介石。蒋介石在 12 月 15 日上午回到上海后，当日下午即乘船回到宁波。由于创办军校事情紧急，廖仲恺在 12 月 20 日急电蒋介石：“前途①要件寄到，鲍君②有事与商，学校③急待开办，无论如何，乞即买舟来沪，同伴南行④为荷。”⑤

廖仲恺急，蒋介石不急，他以自己 12 月 15 日回沪时提出的要求尚未答复为由，迟迟不到上海。

---

① 指苏联。

② 即鲍罗廷。

③ 指军官学校。

④ 此时廖仲恺在上海，准备赴广州。

⑤ 广东革命历史博物馆编：《黄埔军校史料》（1924—1927），第 24 页。

蒋介石提出了什么要求呢？原来，这时原任广东省长的廖仲恺，受国民党内右派的攻击，说他兼职太多，揽权太重。孙中山为了平息这些人的不满，让廖仲恺辞去广东省省长职务，专办党务及军校。继任省长的是孙中山大本营秘书长杨庶堪。蒋介石认为，办理黄埔军校需要钱，要广东省的财力支持；而杨庶堪并非是理财专家，且又不如廖仲恺同苏联顾问关系融洽。因此，蒋介石要求杨庶堪辞职，由廖仲恺重任广东省省长，他才南下广州。

廖仲恺有自己的苦衷，自然不好意思提出要杨庶堪辞职，便与汪精卫、胡汉民在 12 月 22 日联名致函蒋介石，苦口婆心劝说："弟自送兄船回，即以兄意函达先生①。今晨弟等复联电先生，乞速发表，并乞沧白②勿辞。此事总可如兄之所言。惟望兄早日来沪。鲍先生及弟等待商之事甚多，万不能以此一事，遂耽搁来沪之期也。鲍先生事，尤关重要。彼每见弟等，必问兄来未。弟等以为此事或较省长问题为尤重，兄不可因小失大也。"③

然而，在 23 日、24 日，蒋介石节外生枝，又提出了军校人事问题。28 日，廖仲恺致书蒋介石，告知："军校教务长，当俟兄就职后定人。至于政治部长，虽由中央执行委员会以鲍君当场介绍，决定委弟，然季陶允任，较弟任为佳。到粤后，当将此意报告中央执行委员会，改任季陶。"并说"弟本候兄来再行返省，但明正四日船，精卫、展堂诸兄，皆欲乘去，弟若同行，于汝为方面，虑有他种忖测，故决卅一日船行。请兄最迟明正四日船偕精卫、鲍君等同行，万不能再延，否则事近儿戏，党务改组后，而可乘此惰气乎。"④ 蒋介石一而再、再而三讲条件，使廖仲恺也有些动怒了。

在廖仲恺多次催促下，蒋介石才到了广州。1924 年 1 月 24 日，孙中山任命蒋介石为黄埔军校筹备委员长。2 月 1 日，孙中山又任命王柏龄、

---

① 即孙中山。

② 杨庶堪，字沧白，时任孙中山大本营秘书长。

③ 广东革命历史博物馆编：《黄埔军校史料》（1924—1927），第 24 页。

④ 广东革命历史博物馆编：《黄埔军校史料》（1924—1927），第 25 页。

李济深、沈应时、林振雄、俞飞鹏、宋荣昌、张家瑞为筹备委员。2月6日，黄埔军校筹备处在广州南堤2号成立，分设教授、教练、管理、军需、军医五部，分别由王柏龄、李济深（由邓演达代理）、林振雄、俞飞鹏、宋荣昌担任临时主任。这样，黄埔军校正式进入实质性筹办阶段。

2月8日，蒋介石首次主持召开校务筹备会议，决定军校开办的各项事宜。2月10日，确定分配各省区招考学生名额，拟招收学生324名。其中，东北三省、热河、察哈尔共50名；直隶、山东、山西、陕西、河南、四川、湖南、湖北、安徽、江苏、浙江、福建、广东、广西每省12名，共计168名；湘、粤、桂、滇、豫五军各15名，共计75名；国民党先烈子弟20名。名额分配之后，还余下11名。并另召备取生30至50名。因当时各省市多在军阀统治之下，不易公开招生，于是委托参加国民党第一次全国代表大会代表回本省后代为招生。

然而，蒋介石在十来天之后又突然甩手不干，向孙中山辞去筹备委员长的职务，离开广州回到上海。是什么原因呢？周恩来在《关于一九二四至二六年党对国民党的关系》一文中是这样说的：

蒋介石开始办黄埔军校时，表面上赞成革命，但他的思想实际上是反共反苏的，并不是真心诚意地与共产党合作。有一次苏联顾问为革命说了几句话，他就不高兴，拂袖跑到上海去了。①

为了办好黄埔军校，苏联政府资助200万元现款作为开办费，派了一些军事干部到黄埔军校做教育工作，并运来8000支步枪和500万发子弹。1924年1月底，应邀到黄埔军校工作的一个苏联军事顾问小组到达广州。这个军事顾问小组由捷列沙托夫、捷尔曼、波克良、契列帕诺夫组成，到后由鲍罗廷带领，受到孙中山的接见。契列帕诺夫回忆接见时的情况说：

孙中山坐在沙发椅上，手杖放在两膝间，双手交叉，放在手杖上，正和军事部长谈话。他们准备一起到军队里去。当我们走到屋里，孙中

---

① 周恩来：《关于一九二四至二六年党对国民党的关系》（1943年春），《周恩来选集》上卷，人民出版社1980年版，第115页。

山站起来，把手杖靠在桌子上（桌子上放着他的盔形帽），迎着我们，缓慢地向前走了几步。他没有任何“中国礼节”，而是像慈父般地简单地和我们问候，然后让我们坐下。我们的拘谨很快就消失了，觉得自己好像是同朋友在一起。

在这次谈话中，孙中山特别向我们强调说明，中国人民最恶毒、最强大的敌人是帝国主义。帝国主义者本着“分而治之”的原则。豢养中国军阀，嗾使他们互相混战；各系军阀也只有依靠帝国主义才能存在。如果我们把帝国主义者赶出中国，那么，不必费多大力气，就可以肃清国内的敌人。我们应该重整自己的国家，把帝国主义连同他们的帮凶——军阀一起驱逐出中国去。我们要按照苏维埃的军事制度来组织革命军队。要在南方建立北伐战略基地。你们从国内驱逐帝国主义及其走狗的斗争中得到了丰富的经验，我们希望，你们能够把这些经验传授给我们的学员——革命军队未来的军官们。①

很明显，孙中山对苏联派到黄埔军校的军事顾问礼遇有加，殷切希望他们将苏联红军建设的经验带到中国来，传授给军校的学员们，帮助国民党建立像苏联红军那样的革命军队。但蒋介石心里可不是这么想的，他有自己的“小九九”。如前所述，他率领“孙逸仙博士代表团”到苏联考察时，就同斯克良斯基发生过碰撞。来自无产阶级专政的社会主义国家苏联的军事顾问们，在实际工作中与蒋介石在一些理念上产生分歧和碰撞，是不可避免的。蒋介石借故撂挑子，是在耍心机，采取以退为进的策略。

对于蒋介石的辞呈，孙中山要其“务须任劳任怨，百折不回，从穷苦中去奋斗”，“不准辞职。”②

蒋介石离开广州时，将筹备黄埔军校的一摊子事交给廖仲恺，以为离开他，黄埔军校就无法办下去。然在蒋介石离去之后，黄埔军校筹办

---

① 契列帕诺夫：《第一个苏联顾问小组来校》，广东革命历史博物馆编：《黄埔军校史料》（1924—1927），第40页。

② 广东革命历史博物馆编：《黄埔军校史料》（1924—1927），第28页。

虽一度受到影响，廖仲恺依靠邓演达、叶剑英等紧密合作，使军校筹备工作顺利推进。叶剑英在回忆中说：

当黄埔军校的校舍已快修好，上海正进行招生考试，广州也进行招生的时候，有一天，蒋的英文秘书高登云①突然召集筹备人员说：蒋先生已决定黄埔军校不办了，筹备处马上解散。当场还宣布了每个人发多少遣散费。那时，筹备处的人大多是蒋邀请来的，听了后便想散伙。可是我与邓演达坚决反对，另一部分人也表示怀疑。因此决定问廖仲恺先生的意见。可是那天适逢廖先生去香山县开农民协会去了，我们便等他回来。

三四天后，廖先生回来了，他对我们说："应该了解，办黄埔是党要办的，而且一定要办成。你们中间不少人是蒋先生邀来的，你们应该以君子爱人以德的态度帮助蒋先生。如果党要办，蒋先生不要办，或因此办不成，蒋先生要开罪于全党，将来他如想回来再参加革命，怕也很困难了。所以筹备工作要照常进行。"……

当时真正懂得中山先生建军思想的是廖仲恺先生，而不是蒋介石。②

鉴于孙中山还是希望蒋介石能够担任黄埔军校校长一职，廖仲恺一面使筹备工作能够正常运转，一面劝说蒋介石返回广州。3 月 10 日，廖仲恺致电国民党上海执行部转蒋介石，告知："军官及学生到粤投考者二百余人，候已一月，旅费用罄，纷纷函诘，无从置答。现已定本月二十四日考军官，二十七日考学生。请即先期在沪考试，毕即归，毋负远来考者，以损党誉。各事皆如兄意进行，四月一日筹备完竣。"③

3 月 12 日，蒋介石给廖仲恺回信，内曰：

欲直告于兄者，即对俄党问题是也。对此问题，应有事实与主义之别。吾人不能应其主义之可信，而乃置事实于不顾。以弟观察，俄党殊无诚意可言。即弟对兄言，俄人之言，只有三分可信者。亦以兄过信俄

---

① 回忆有误，应为王登云。

② 广东革命历史博物馆编：《黄埔军校史料》（1924—1927），第 31—32 页。

③ 广东革命历史博物馆编：《黄埔军校史料》（1924—1927），第 29 页。

人，而不能尽扫兄之兴趣也。至其对孙先生个人致崇仰之意者，非俄国共产党，而乃国际共产党员也。……俄党对中国之惟一方针，乃在造成中国共产党为其正统，决不信吾党可与之始终合作，以互策成功者也。至其对中国之政策，在满蒙回藏诸部，皆为其苏维埃之一，而对中国本部，未始无染指之意。……彼之所谓国际主义与世界革命者，皆不外凯撒之帝国主义，不过改易名称，使人迷惑于其间而已。所谓俄与英法美日者，以弟视之，其利于本国而损害他国之心，则五十步与百步之分耳。……中国人只崇拜外人，而抹杀本国人之人格。如中国共产党员之在俄者，但骂他人为美奴、英奴与日奴，而不知其本身已完全成为一俄奴矣。吾兄如仍以弟言为不足信，而毫不省察，则将来恐亦不免堕落耳。党中特派一人赴俄，费时半年，费金万余，不可为不郑重其事，而于弟之见闻报告，毫无省察之价值。此弟当自愧信用全失，人格扫地，亦应引咎辞职也。[①]

这就是蒋介石。半年前，他在参观苏联红军步兵第一四四团时，曾慷慨激昂地称苏联红军战胜“国内的帝国主义和资本主义”，表示“我们也准备在同帝国主义和资本主义的斗争中牺牲”，将和苏联红军“共同战斗”，引得苏联红军战士们一阵阵高呼“乌啦”，这时却脸色一变，大骂苏联同英法美日一样，是“凯撒之帝国主义”，中国共产党党员是“俄奴”；认为廖仲恺“过信俄人”，“将来恐亦不免堕落耳”。蒋介石的多副面孔由此可见一斑。这封信是蒋介石反苏、反共面目的最初暴露。

蒋介石辞职后，孙中山打电报让他回来，他一方面向孙中山大肆诉苦，一方面表示愿意回来，但就是不动。后来，孙中山曾派人专程到蒋介石的老家奉化劝说其回来，蒋还是不动。3 月 24 日、26 日，廖仲恺又两次电促蒋介石南归广州。在 26 日电中，廖仲恺对蒋介石动怒了，说：“归否，请即复，俾得自决。”[②] 这时，由于蒋介石仍不回广州任职，孙中山也感失望，表示要另请别人。蒋介石羽翼未丰，觉得再拿架

---

① 蒋介石：《复廖仲恺书》（1924 年 3 月 12 日），广东革命历史博物馆编：《黄埔军校史料》（1924—1927），第 30—31 页。

② 广东革命历史博物馆编：《黄埔军校史料》（1924—1927），第 29 页。

子，孙中山真要换了别人，自己就有可能赋闲在家了，于是在4月初觍着脸回到了广州，重任黄埔军校筹备委员长。

报考黄埔军校的各地考生先是在2月中旬参加初试，然后到广州参加复试。3月27日，1200多名考生在广东高等师范学校进行总复试。经过三天复试，成绩于4月28日揭晓。由于参加考生成绩比较好，放宽录取名额，正取350名，备取100余名。①

孙中山自任黄埔军校总理，并于5月3日任命蒋介石为黄埔军校校长，兼粤军总司令部参谋长。5月5日，黄埔军校正取生开始入校，编为第一、第二、第三队，先期开始新兵训练。5月9日，孙中山任命廖仲恺为驻校国民党代表，执行党代表制的职权。5月10日，备取生进入学校，编为第四队，参加训练。

1924年6月16日，这是中国近现代军事史上一个具有十分重要意义的日子。这一天，黄埔军校举行开学盛典。早6时，孙中山偕夫人宋庆龄，乘"江固舰"由大本营出发，由"江汉舰"护卫，前往黄埔军校。同行的有苏联顾问鲍罗廷等。7时40分，孙中山一行抵达黄埔军校。到后，孙中山等到学校各处视察，并接见了教官们和学生队队长。9时20分，孙中山在学校礼堂开学典礼上演说，他在演说中指出：

我们今天要开这个学校，是有什么希望呢？就是要从今天起，把革命的事业重新来创造，要用这个学校内的学生做根本，成立革命军。诸位学生就是将来革命军的骨干。有了这种好骨干，成了革命军，我们的革命事业便可以成功。如果没有好革命军，中国的革命永远还是要失败。所以，今天在这地开这个军官学校，独一无二的希望，就是创造革命军，来挽救中国的危亡。

什么东西叫做革命军呢？诸君到这个学校来求学，要怎么样立志才可以做革命军呢？要有什么资格才叫做革命军呢？我们要知道怎么样可以做

---

① 广东革命历史博物馆编：《黄埔军校史料》（1924—1927），第28页。关于黄埔军校第一期录取数字不一，这个数字是1936年版的《中央陆军军官学校史稿》；《黄埔同学总名册》为645人，《同学目录》中《第一期同学姓名籍贯表》为635人。

革命军，便要拿先烈做模范，要拿先烈做模范，就是要学革命党，要学革命党的奋斗。有和革命党的奋斗相同的军队，才叫做革命军。中国革命虽然有了十三年，但是所用的军队，没有一种是和国民党的奋斗相同的。我就敢讲一句话，中国在这十三年之中，没有一种军队是革命军。现在广东同我们革命党奋斗的军队，本来不少，我都不敢说他们是革命军。他们这些军队，既是来同我们国民党共事，为什么我还不叫他做革命军呢？我之所以不敢以革命军的名号加之于这些军队之上的理由，就是因为他们内部的分子过于复杂，没有经过革命的训练，没有革命的基础。……

……有了这种理想上的革命军，我们的革命便可以大告成功，中国便可以挽救，四万万人便不至灭亡。所以革命事业，就是救国救民。我一生革命，便是担负这种责任。诸君都到这个学校内来求学，我要求诸君，便从今天起，共同担负这种责任。[①]

孙中山的演说，向大家说明他心目中革命军是什么，这样的革命军对于实现他的革命理想的重要作用，表明了他对黄埔军校的殷殷期待。国共合作时期的黄埔军校，确实如孙中山所希望那样，为国民革命军培养了一大批军事人才。尤其是黄埔军校中毕业的共产党员学生，有良好的政治、军事素质，作战勇敢，在国民革命军中起着先锋作用，使这支军队同北洋军阀及其他地方军阀相区别，充满了新气象。然而，站在孙中山身边的蒋介石，却非像孙中山所期望那样，而是把黄埔军校作为一个培植自己亲信、扩大军事实力的机器。由于蒋介石的野心，也使后来黄埔军校“变轨”，完全成为他培养嫡系的工具。

黄埔军校的开办，开启了中国近现代军事历史的新时期，无论是对国民党来说，还是对共产党来说，在军事方面都产生了重要影响。黄埔军校中的国共两党师生，在北伐时期曾并肩作战，打垮了北洋军阀吴佩

① 孙中山：《在陆军军官学校开学典礼的演说》（1924 年 6 月 16 日），中国人民政治协商会议全国委员会文史资料研究委员会编：《第一次国共合作时期的黄埔军校》，文史资料出版社 1984 年版，第 3、5、9、12 页。

孚和孙传芳，但因信仰的主义不同、所走道路不同，在蒋介石、汪精卫两个集团叛变革命后，又互为对手，在战场上兵戎相见，进行你死我活的厮杀，这是孙中山在开办黄埔军校时怎么也想不到的。

二、黄埔军校中的共产党员身影

黄埔军校政治部和共产党员教官们

1924年9月上旬的一天，广州长堤码头，迎来一艘“佛山号”客轮。从客轮上走下一位西装革履、相貌英俊的青年男子。前来接这位青年男子的是两个中共党史上有名的人物，即时为中国社会主义青年团广州地委委员阮啸仙和彭湃。被迎接的青年男子就是刚刚从法国转道香港回国的周恩来。

周恩来，字翔宇，原籍浙江绍兴，1898年生于江苏淮安。少年时代的周恩来即立下救国之志。在东北奉天府（今辽宁沈阳）读书时，老师问学生，读书是为什么？有的学生说是帮父母记账，有学生说为谋个人前途，而周恩来的回答是：“为了中华之崛起！”① 1913年8月，周恩来考入南开学校。在南开学校四年时间，周恩来如饥似渴阅读许多爱国进步的报刊，努力寻找救国答案。1917年，周恩来从南开学校毕业，东渡日本留学。他在8月30日给同学写下的离别赠言是：“愿相会于中华腾飞世界时。”② 9月，他在天津登轮船赴日本，临行前写下了这样的诗篇：“大江歌罢掉头东，邃密群科济世穷。面壁十年图破壁，难酬蹈海亦英雄。”③ 青年周恩来的爱国情怀跃然纸上，我们今天读起来也不

---

① 转引自中共中央文献研究室编：《周恩来传》（1898—1949）（修订本）（上），中央文献出版社1998年版，第10页。

② 《周恩来手迹选》，中央文献出版社1988年版，第3页。

③ 《周恩来手迹选》，第4页。

免热血沸腾。在日本，青年周恩来开始接触到日本学者河上肇和幸德秋水写的宣传马克思主义的著作，对马克思主义产生了初步的认识。1919 年 4 月，周恩来从日本回国，准备进入南开学校大学部学习。不

周恩来。

久，一场席卷中国大地的五四运动改变了青年才俊周恩来的人生道路。周恩来很快投入其中，并成为天津的学生领袖，曾被反动当局逮捕坐了半年监狱。1920 年 11 月，周恩来远涉重洋，留法勤工俭学。1921 年由张申府、刘清扬介绍，加入中国共产党。1922 年 6 月同赵世炎等一起发起成立旅欧青年共产主义组织——旅欧中国少年共产党，次年改称中国社会主义青年团旅欧支部，被推举为书记。旅欧期间，周恩来越来越成熟了，领导才能不断提高。1924 年国共合作后，以广东为根据地的国内革命运动发展飞速，急需干部。祖国在召唤！大革命洪流在召唤！7 月下旬，旅欧近四年的周恩来踏上了归国的旅途。

周恩来到广州后不久，担任中共两广区委员长兼宣传部部长，旋即担任黄埔军校政治教官，给第一期学生讲授政治经济学；11 月，又兼任黄埔军校政治部主任。关于周恩来到黄埔军校任职的经过，张申府有这样的回忆：

当时，廖仲恺同志在黄埔军校负责实际筹备工作，后担任军校党代表。戴季陶是政治部主任。他们对我非常热情，常请我吃饭，谈军校工作。廖先生身材不高，十分干练。他为人谦和，对工作一丝不苟。谈话之间，他们希望我能够推荐一些在国外学习的优秀学生到黄埔军校来。于是我开了一个十五人的名单给廖仲恺，名单上第一名就是周恩来，记得还有周佛海等人。我告诉他们，周恩来人才出众，但是个穷学生，希望能够汇些路费给他。他们当即表示没有问题。

四五月间，我给周恩来同志写信谈了此事，不久他回信表示同意。

八月初，周恩来同志从法国回到广州，其时我正在北京度假，回粤后才见到他。他显得非常高兴，认为黄埔军校大有可为，表现出极大的热情。十一月，他接任政治部主任工作，以其非凡的才干为黄埔建军建立了不朽的功勋。①

张申府是周恩来的入党介绍人，参与筹办黄埔军校，黄埔军校开学后又是军校的政治部副主任，他的回忆说明，周恩来从法国归来的主要想法是到黄埔军校工作，在当时来说是中国共产党内少有的认识军事工作重要性的人之一。

张申府本人在黄埔军校只干了一个月就离开了，并在1925年脱党。在张申府一生中，做了许多对人民有积极意义的事情，若以贡献而论，最大的当属介绍周恩来入党并推荐他到黄埔军校任职，使中国共产党有了一个伟大的革命家、政治家和军事家。

周恩来到黄埔军校任职后，明显带来新气象、新变化。

黄埔军校是仿照苏联红军军校的模式创办的，最大的特点是设立政治部，把政治教育和军事训练提到同等重要的地位，着重培养学生的爱国思想和革命精神。关于这一点，孙中山在开学典礼的演说中说得明明白白。但是，在周恩来没到黄埔军校以前，军校的政治教育与孙中山的期望值相差很远。第一任政治部主任戴季陶，任职时间不长，就离校去

---

① 张申府：《筹办黄埔军校点滴》，中国人民政治协商会议全国委员会文史资料研究委员会编：《第一次国共合作时期的黄埔军校》，第98页。

沪。戴季陶离去后，黄埔军校几个月间政治部无人负责，竟成真空。后来，邵元冲代理政治部主任。此人是个官僚，根本不懂政治工作的内容和方法，平时住在广州城内，隔一两天到军校政治部一次，纯粹是“点点卯”，应付一下差事。政治部成为一个无所作为的机构，使军校师生十分不满，“加强政治部的工作，撤换邵元冲”的呼声日渐强烈。周恩来接替邵元冲后，做的第一件事就是建立政治部的正常工作秩序和工作制度。他设立了指导、编纂、秘书三股，抽调共产党员担任各股股长；明确各股的任务，规定了各股细则；制订对学生、官长、士兵的各种调查表；出版《士兵之友》，每日油印发给士兵和学生。这样，政治部作为黄埔军校的一个内设机构来讲，健全了，正常运转了。

政治部主要的工作任务，就是对军校学生加强政治教育。如何着手？周恩来突出地进行两方面教育：一是要学生明确，为什么要革命？是为了打倒帝国主义、军阀和贪官污吏；二是要学生明确军民之间的关系，要救国为民，严守纪律。这些教育，简单明了，一下子抓住了主题，抓住了要领。在方式方法上，政治部每周组织一两次对学生的政治讲演；举行政治讨论和政治问答。并扩大图书室，增订报纸，扩展学生提高政治水平的渠道。

黄埔军校教导团成立后，周恩来十分注意对士兵的政治工作。他选派黄埔一期毕业的共产党员到各连去，担任党代表，担负起对士兵的政治训练任务。

为了联合黄埔军校、粤军讲武堂、桂军军官学校、滇军军官学校、军用飞机学校已毕业或未毕业的青年军人，进行革命思想教育，周恩来还指导于1925年2月成立了中国青年军人联合会。该会成立仅两个月，会员即发展到2000多人，出版刊物《中国军人》。

经过周恩来的努力，黄埔军校政治部工作走上了正轨。时任黄埔军校政治部指导股主任的王逸常回忆周恩来这段的工作时说：“从此以后，黄埔军校的政治工作蓬蓬勃勃地开展起来了。周恩来同志每日除了用少量时间浏览我们为他准备的报纸剪辑、工作日记、批阅来往函件外，大量的时间都花在找人谈话和抓工作落实上。他思考事物周密，处理问题敏捷，原则性和灵活性掌握适度，他经办的事没有不水到渠成的。”①

周恩来在黄埔军校的政治工作很快就见成效。1925 年 1 月，广东革命政府决定东征陈炯明，第一团和第二团被编入右翼军参战。周恩来作为黄埔军校政治部主任随军行动。黄埔校军在东征中作战勇敢，战绩骄人，威名远扬。

8 月 25 日，黄埔校军改编为国民革命军第一军，周恩来被任命为第一军少将政治部主任兼第一师党代表，后又被任命为第一军副党代表。

9 月下旬，国民政府又决定进行第二次东征陈炯明，任命周恩来为东征军总政治部主任。在周恩来的领导下，东征军组织了政治宣传队，制定了《战时政治宣传大纲》。政治宣传队通过讲演、散发传单、张贴标语等多种宣传形式，发动当地民众，鼓舞士气。东征军得到当地群众的支持，势如破竹。10 月 14 日，由共产党员和共青团员黄埔生为骨干组成的“攻城敢死队”以伤亡 400 余人的代价，攻下三面环水，一面是高山，城墙坚固，素称“天险”的惠州。此战，连苏联军事顾问也啧啧称赞：“惠州要塞实际上是共产党人拿下的，他们的意志比攻不破的城墙还要坚硬。”② 11 月底，东征军在粤闽边全歼陈炯明残部，取得第二次东征的胜利。

在两次东征中，由共产党员起积极作用的黄埔军校校军和第一军战功卓著。他们有良好的政治素质和军事素质，士气旺盛，战斗英勇，对国民革命军其他参战部队起了带动作用。毛泽东后来说：“那时中国共产党和国民党合作组织新制度的军队，在开始时候不过两个团，便已团结了许多军队在它的周围，取得第一次战胜陈炯明的胜利。往后扩大成为一个军，影响了更多的军队，于是才有北伐之役。那时军队有一种新气象，官兵之间和军民之间大体是团结的，奋勇向前的革命精神充满了军队。那时军队设立了党代表和政治部，这种制度是中国历史上没有

① 王逸常：《周恩来与军校政治部》（1980 年 1 月 6 日），广东革命历史博物馆编：《黄埔军校史料》（1924—1927），第 181 页。

② ［苏］亚·伊·切列潘诺夫著，中国社会科学院近代史研究所翻译室译：《中国国民革命军的北伐——一个驻华军事顾问的札记》，中国社会科学出版社 1981 年版，第 287 页。

的，靠了这种制度使军队一新其面目。”①

周恩来对于国民革命军政治工作制度的建立贡献重大，对于此后人民军队的政治工作，也产生了深远影响。可以说，周恩来是革命军队政治工作的开创者。

由于周恩来到第一军任职，离开黄埔军校，政治部主任一职短时间由汪精卫担任，邵力子任副主任。不久，汪精卫接任黄埔军校党代表一职，政治部主任就由邵力子接任，副主任则是从法国回国的共产党员鲁易。9月中旬，中共中央又调刚从苏联回国的熊雄、聂荣臻等到黄埔军校工作。熊雄很快随东征军出发，聂荣臻担任政治部秘书，协助主任、副主任，直接领导政治部的组织和宣传两个科的工作。这样，共产党在政治部的力量仍然很强，实际上仍负责政治部的工作。周恩来叮嘱鲁易、聂荣臻等：在工作中要利用一切机会，积极开展党团活动。并强调说：蒋介石要限制我们，我们要教育党团员，开展各种活动，争取进步青年，以反对他的限制。

邵力子因事赴上海后，鲁易主持政治部工作。根据周恩来的指示，鲁易和聂荣臻负责黄埔军校中的共产党和青年团工作。1926年1月，鲁易调第一军第三师任党代表兼政治部主任，刚从东征归来的熊雄被任命为政治部主任，并任党团领导小组书记。聂荣臻在回忆中说：

领导小组下面设立了几个支部，有的是小组。党团员的确切数字记不清，我去的时候，党团员人数已经相当多。政治部的支部，党员人数更多。党团员身份，只有少数人公开，大部分还是秘密的。党团活动的内容，除了搞好教学以外，最主要的是在黄埔军校的军官和学生中，进行党的宣传工作，扩大党的影响。在党团活动中另一项重要工作是发展党团员，成绩也是显著的。我们也做党团员的思想工作、组织学习等等。那时候，我几乎每周要到广州一次，向区党委汇报情况，接受指示，有时候是听报告，鲍罗廷经常作形势报告，也听过毛泽东同志的报

---

① 毛泽东：《和英国记者贝特兰的谈话》（1937年10月25日），《毛泽东选集》第二卷，人民出版社1991年版，第380页。

告，回来后就在党内进行传达学习。[①]

鲁易、熊雄、聂荣臻等在黄埔军校政治部期间，延续了周恩来重视政治教育的做法。在政治部的安排下，政治课在学生课程中占相当大的比重，每一期总数要上一百多次政治课。共产党员萧楚女、高语罕等是黄埔军校专职的政治教官。他们的课深受广大学生欢迎。有时，聂荣臻也给学员们上政治课。除了共产党员讲政治课外，政治部也经常请些社会名流来讲课。

黄埔军校共产党和青年团组织的发展，共产党员政治教官们受到学生们的欢迎和尊敬，使一心想利用黄埔军校培植自己亲信势力的蒋介石睡不好觉了，他终于忍耐不住，出手了！

1926 年 3 月 18 日，蒋介石指使黄埔军校驻省（省城广州）办事处主任欧阳钟，称“奉蒋校长的命令”，通知海军局代理局长、共产党员李之龙速派有战斗力的军舰到黄埔听候调遣。接到通知，李之龙派中山舰开到黄埔。这中山舰，即陈炯明叛变时孙中山避难的永丰舰。1925 年 3 月孙中山逝世后，国民党中央执行委员会将永丰舰命名为中山舰。中山舰是广州国民政府战斗力较强的一艘军舰。然而，当 3 月 19 日中山舰开到黄埔后，蒋介石却表示，自己没有发出调军舰到黄埔的命令。于是乎，广州城谣言四起，说苏联顾问和共产党员要劫持蒋介石，等等。3 月 20 日，蒋介石在广州实行紧急戒严，逮捕李之龙，监视和软禁大批共产党人，解除省港罢工委员会的工人纠察队武装，包围苏联领事馆，监视苏联顾问。这就是中山舰事件（亦称三二〇事件）。

孙中山逝世仅一年的时间，蒋介石就借中山舰事件开始了背叛孙中山的行动，而且，还是一艘在孙中山革命生涯中十分有意义的军舰。这个历史的巧合背后，是那么地令人深思。

其实，在事件发生前，和蒋介石共事差不多近一年半的周恩来，已经发现蒋介石排斥共产党人的一些蛛丝马迹。1943 年春，周恩来在重庆中共中央南方局干部学习会上所作《关于一九二四至二六年党对国民

---

① 《聂荣臻回忆录》，解放军出版社 2007 年版，第 35 页。

党的关系》的报告中曾这样说：

当时在黄埔军校内部，青年军人联合会的发展大大超过孙文主义学会；军队中三个师的党代表，我们党占两个，九个团的党代表，我们占七个，在连、排、班以及士兵中有了我们党的组织；各军又成立了政治部。在革命力量的发展面前，蒋介石更加动摇起来，企图加以限制。所以在一九二五年十一月东征途中，他召集了连以上的军政人员联席会，会上公开表示他的黄埔军校不可分裂，要求把所有在黄埔军校以及在军队中的共产党员的名字都告诉他，所有国民党员加入共产党的名字也都要告诉他。当时我以此事关系两党，须请示中央才能决定，搪塞过去了。后来他同我个别谈话中进一步提出，为了保证黄埔军校的统一，共产党员或者退出共产党，或者退出黄埔军校与国民党，并假惺惺地表示后者是他所不愿意的。

这时正是国民党第二次全国代表大会前夕，我从汕头回广州，和两广区委书记陈延年同志、苏联派到广东的国民党和政府的顾问鲍罗廷商量。当时，我们本来确定的政策是打击右派，孤立中派，扩大左派。……在军队方面，当时的实际情况，蒋介石的第一军只有三个师，第一师是何应钦，第二师王懋功接近当时国民党左派的汪精卫。除第一军以外都不是蒋介石的。因此计划给蒋介石以回击，把我们的党员完全从蒋介石部下撤出，另外与汪精卫成立国共两党合作的军队。我带着这个意见回汕头去，并等待中央回电到后，立即正式向蒋介石提出。当时在国民党第二次全国代表大会代表中，左派占了绝对优势，实现上述计划是完全有保证的。等了好久，中央来电不同意。①

不能不佩服周恩来确实有超出常人的远见，在发现蒋介石的动向后，未雨绸缪，提出共产党员主动从蒋介石的第一军撤出，与国民党左派另建一支国共合作的军队的计划，是高明的一着。此举将会使蒋介石的力量极大受到削弱，共产党和国民党左派的力量大大得到加强，从而

① 周恩来：《关于一九二四至二六年党对国民党的关系》（1943年春），《周恩来选集》上卷，第118—119页。

使党在同国民党新右派蒋介石的斗争中，处于主动地位。因为，国民党左派需要共产党的坚定支持。共产党与国民党左派合作建立军队，共产党的军事力量就会摆脱限制和束缚，得到较快发展，形成同蒋介石相抗衡的力量，并逐步成为共产党掌握的军队。而当时蒋介石掌握的第一军之所以有战斗力，主要还是共产党员发挥了重要作用。第一军没有共产党员，其战斗力将一落千丈。果如此，历史的发展将是另外一个样子。然而，在大革命高潮到来之时，中共中央却远离革命中心广州，在上海遥控指挥，很难认识革命斗争的实际需要。周恩来等人富有远见的建议，被陈独秀为总书记的中共中央所拒绝，失去了很好的历史机遇，不能不令人扼腕叹息。

中山舰事件的前几天，蒋介石给在汕头的周恩来打电报，要他回广州。3 月 17 日，周恩来回到广州后，发现蒋介石与右派来往密切，并察觉出蒋的神色也不对，立即报告当时给苏联顾问兼当翻译的中共广东区委宣传部部长张太雷。但苏联顾问团团长季山嘉（古比雪夫），对此事没放心上，视为儿戏。

中山舰事件发生的当天晚上，毛泽东就赶到苏联顾问团的住所，同季山嘉商讨对策。中共广东区委书记陈延年也在那里。毛泽东和陈延年都主张反击，但季山嘉说不能破裂。随后，毛泽东又到时任国民革命军第二军副党代表李富春家里了解情况，恰恰碰到周恩来。他们意见一致，都主张反击。聂荣臻曾回忆说：

中山舰事件以后，大家非常气愤。在区党委，陈延年、周恩来、黄锦辉等同志，我们经常一起议论，认为蒋介石政治上很反动，应该给予反击或把他搞掉。我们知道，在广州还有许多领导人像毛泽东同志等也有同样看法。从当时的力量对比看，把蒋介石搞掉是完全可能的。

蒋介石手里的王牌，就是第一军。除了第一军外，第二军是谭延闿，第三军是朱培德，第四军是李济深，第五军是李福林，第六军是程潜。这些人都并不听蒋介石的话。相反，我们在各军中都有一定的力量。第二军党代表是李富春；第三军党代表是朱克靖，也是留苏生；第四军党代表开始是张善铭，以后改为廖乾吾；第六军党代表是林伯渠。

除第五军外，各军中都有党代表，都有我们的政工人员。尤其是在第一军中，我们党的力量最强，党员人数比别的军多。一军下面，有金佛庄、郭俊两名团长是党员，他们都是保定军校的学生。营以下军官中也有不少人是党员。第一军又是黄埔教导团的底子，我们党的传统影响比较大。所以，虽然蒋介石兼第一军的军长，但真要打起来，他能指挥的力量是不多的。此外，在黄埔军校，我们也有很多党团员，黄埔学生中，大部分是同情和支持我们的。省港罢工队伍，当时还没有解散。力量对比，很明显，于蒋介石不利。①

蒋介石制造中山舰事件时，苏共中央书记、苏联革命军事委员会委员、红军总政治部主任布勃诺夫正率领联共（布）一个高级使团在广州。那么，布勃诺夫对这个事件是怎么处理的呢？

3 月 20 日上午 10 时，蒋介石派的部队包围了东山苏联顾问团总部和顾问们的驻地。下午 4 时，该部将枪械交还了顾问团的警卫后撤走。晚 6 时，顾问团副团长拉兹贡接到布勃诺夫的指示，要其到蒋介石处问明情况。

据拉兹贡事后在莫斯科的报告中说，他当时发现蒋介石非常沮丧，说要请求国民党中央执行委员会给他处分。蒋还心情沉重地表示，发生这个事件他本人有一定的责任，要下令进行严格调查，云云。两个小时之后，布勃诺夫又和拉兹贡一起会见了蒋介石，蒋又把先前的话重复了一遍。布勃诺夫、拉兹贡和蒋介石共同商定对事件进行调查。在会见中，蒋介石大诉其苦，说他收到了许多匿名信，威胁要对他行刺。此外，还收到李之龙的信，要他在三个月期限内把广东的所有工厂收归国有，否则就要枪毙他。关于这封信，两位苏联人再傻也能认识到内容荒诞、不可信。这次会见时双方还约定，3 月 21 日蒋介石到布勃诺夫处进行更深入的交谈。②

---

① 《聂荣臻回忆录》，第 37—38 页。

② 见《拉兹贡关于广州 1926 年 3 月 20 日事件的书面报告》（1926 年 4 月 25 日于莫斯科），中共中央党史研究室第一研究部译：《共产国际、联共（布）与中国革命档案资料丛书·联共（布）、共产国际与中国国民革命运动》（1926—1927）第 3 卷，北京图书馆出版社 1998 年版，第 223 页。

到了3月21日上午，蒋介石爽约了，派人带话过来，说他来不了。第二天，国民党中央政治委员会通过蒋介石提出的在黄埔军校和第一军中排除共产党员、解除苏联顾问季山嘉等人的职务、撤回第二师各级党代表、查办“不轨”军官等提案。这时还是国民党左派的汪精卫感到孤立，一筹莫展，称病去职。

面对蒋介石这些动作，布勃诺夫使团“当时还是决定尽量设法留住蒋介石并争取恢复他同汪精卫的友谊。”① 作为留住蒋介石的举措，布勃诺夫撤掉了苏联顾问团团长季山嘉，副团长罗加乔夫、奥尔金（拉兹贡）的职务。②

3月24日，就在布勃诺夫使团准备当天乘“纪念列宁号”轮船离开广州时，蒋介石从拜会他的苏联顾问斯捷潘诺夫那里得知了这个消息，就同斯捷潘诺夫一起从黄埔来到布勃诺夫住处。在两个小时的会见中，蒋介石以受到很大委屈的模样，大讲自己在中山舰事件中的苦衷。蒋介石的高级表演艺术，使布勃诺夫使团得出这样的结论：“蒋介石能够留在国民政府内，也应该留在国民政府内，蒋介石能够同我们共事，也将会同我们共事。”③

布勃诺夫使团的结论正是蒋介石所想要的，他的目的达到了。

同蒋介石会见后，布勃诺夫召集广州苏联顾问团全体人员开大会④，作了有关情况的报告。他说：

三月行动是由三种矛盾造成的，即：1. 集中统一的国家政权同尚未根除的中国军阀统治的陋习之间的矛盾；2. 在国民革命中一起战斗

---

① 《索洛维约夫给加拉罕的信》（1926年3月24日于广州“纪念列宁”号轮船上），中共中央党史研究室第一研究部译：《共产国际、联共（布）与中国革命档案资料丛书·联共（布）、共产国际与中国国民革命运动》（1926—1927）第3卷，第177页。

② 索洛维约夫给加拉罕的信说这是一个策略步骤，以便赢得时间或做好准备后再除掉蒋介石。而事实是，这样做不但没有除掉蒋介石，反而加强了蒋介石的地位。

③ 《索洛维约夫给加拉罕的信》（1926年3月24日于广州“纪念列宁”号轮船上），中共中央党史研究室第一研究部译：《共产国际、联共（布）与中国革命档案资料丛书·联共（布）、共产国际与中国国民革命运动》（1926—1927）第3卷，第177页。

④ 据1926年3月27日布勃诺夫给鲍罗廷的信，中共广东区委也参加了会议。

的基本力量之间，也就是城市小资产阶级同工人阶级之间的矛盾。……最后是造成三月行动的第三种矛盾，这就是国民党左派和右派之间的矛盾……

……我们应当在国民革命进程中保证这次革命取得全面而彻底的胜利并有进一步发展的可能性。但是我们无论如何不能在现在承担直接领导国民革命的这种完全力所不及的任务，也就是依靠自己的双手来直接实行基本的革命措施的任务。这方面的任何过火行为都会：1. 更加吓跑大资产阶级；2. 引起小资产阶级的动摇；3. 一再复活尚未根除的中国军阀统治的陋习；4. 加深和挑起国民党左派和右派之间的矛盾；5. 激起在“打倒赤祸！”口号下的反共浪潮；6. 造成国民政府的危机和总起来更使国民革命有遭到失败的危险。看不到这种危险，就不能从三月行动的经验中汲取任何实际教训。①

布勃诺夫对于造成中山舰事件发生的矛盾的分析基本上是正确的，但明确表示了这样一种迁就同盟者的错误思想：无产阶级政党单独领导完成中国民主革命的任务是力所不及的，因此，不能有过火的行为。过火的行为会吓跑同盟者，也会给大资产阶级和有军阀陋习的军人以口实，从而使国民革命遭到失败。

从这种思想出发，布勃诺夫认为：“三月行动无非是一次针对俄国顾问和中国政委②的小规模准暴动。它起因于我所指出的那些矛盾，毫无疑问由于我们在军事工作中所犯的那些大错误而复杂化和尖锐化了。”③ 在他看来，苏联顾问和中共党员犯了如下错误：“1. 没有预见到在国民政府内可能发生冲突，而这种冲突会在国民军中有反映；2. 过高地估计了国民政府的巩固和团结程度，以及国民革命军上层的巩固和

① 《布勃诺夫在广州苏联顾问团全体人员大会上的报告》（1926 年 3 月 24 日于广州），中共中央党史研究室第一研究部译：《共产国际、联共（布）与中国革命档案资料丛书·联共（布）、共产国际与中国国民革命运动》（1926—1927）第 3 卷，第 162—163 页。

② 即当时国民革命军的党代表，多由共产党员担任。

③ 《布勃诺夫在广州苏联顾问团全体人员大会上的报告》（1926 年 3 月 24 日于广州），中共中央党史研究室第一研究部译：《共产国际、联共（布）与中国革命档案资料丛书·联共（布）、共产国际与中国国民革命运动》（1926—1927）第 3 卷，第 169 页。

团结程度；3. 暴露出不善于事先揭示和消除军事工作中的过火行为，这种行为在三月行动中暴露得很明显；4. 军队集中管理（设司令部、后勤部和政治部）搞得太快，不能不引起军官上层在暗中反对，当然在很大程度上也引发了尚未根除的中国军阀统治所特有的做法。”“5. 在将领们周围有过多的监督他们的工作和对其工作施加影响的机关。”①作为解决办法，他要求苏联顾问不要出头露面，不要发号施令，不要惹中国将领讨厌；同时削弱政委的监督，在国民革命军中把政委作为国民党党代表保留下来，取消政委签署指挥官命令的权力。

布勃诺夫在报告中批评中国共产党“有些热衷于军事工作”，认为“在军队内分配党的力量很不均匀”，要求“在军队内部调配党的力量，在各军之间更均匀地分配党的力量”，“而且还要把党从事军事工作的一定力量转移到其他工作领域，首先转移到党内教育工作中去。”②

从布勃诺夫报告中不难读懂这三点：一是中山舰事件是苏联顾问和多数由共产党员担任的国民革命军党代表过火行为造成的；二是要对蒋介石进行迁就、退让，限制、削弱苏联顾问和国民革命军党代表的权力；三是中国共产党重视军事工作，忽视其他方面的工作，要改变这种状况。

在中山舰事件突发情况下，由于对中国国共两党关系和带枪的新右派蒋介石缺乏认识，布勃诺夫对中山舰事件得出的错误认识和采取的措施，无疑对中国共产党日后处理同蒋介石新右派关系以及如何对待国共合作下的军事工作，产生了严重的消极影响。

3 月 27 日，布勃诺夫到达汕头后，给鲍罗廷写了一封密信，通报

① 《布勃诺夫在广州苏联顾问团全体人员大会上的报告》（1926 年 3 月 24 日于广州），中共中央党史研究室第一研究部译：《共产国际、联共（布）与中国革命档案资料丛书·联共（布）、共产国际与中国国民革命运动》（1926—1927）第 3 卷，第 169 页。

② 《布勃诺夫在广州苏联顾问团全体人员大会上的报告》（1926 年 3 月 24 日于广州），中共中央党史研究室第一研究部译：《共产国际、联共（布）与中国革命档案资料丛书·联共（布）、共产国际与中国国民革命运动》（1926—1927）第 3 卷，第 165、166 页。

了使团在广州14天的情况和他在苏联顾问团全体人员会议上报告的基本内容。布勃诺夫是苏共（布）中央书记、苏联红军总政治部主任，鲍罗廷自然要听从他的指示和意见。因此，鲍罗廷返回广州后，主张对蒋介石采取和解的方针。

中共中央过去把蒋介石视为左派，中山舰事件突然发生后，远在上海的中共中央和陈独秀一时间摸不着头脑，没有立即表态。布勃诺夫使团到上海后，向以陈独秀为总书记的中共中央介绍了事件的过程。政治上幼稚、不成熟的中共中央，这时还不能有自己的主见，只能听从布勃诺夫的意见。于是，陈独秀也认为中山舰事件是国民党左派内部的许多误会造成的，不能用简单惩罚蒋介石的办法来解决，不能让蒋介石和汪精卫之间的关系破裂，更不能让第二、第三军和蒋介石的第一军发生冲突。在妥协方针的指导下，中共中央接受了蒋介石的无理要求，撤回了黄埔军校和第一军中的共产党员。

蒋介石通过中山舰事件，不仅打击了共产党，而且打击了汪精卫和国民党左派，极大地加强了其政治、军事地位。中山舰事件，是国共关系发展的一个拐点，也是中国共产党的军事工作的拐点。

从第一军和黄埔军校撤出的200多名军队干部和政治工作人员，由军事委员会政治训练部在广州大佛寺举办一期特别政治训练班，周恩来担任训练班的主任。周恩来先后向学员们作了《反吴（佩孚）与反帝国主义》《中国政治军事的观察》《政治工作的设施及运用》等演讲。政治训练班的学员经过两三个月的学习后，分配到国民革命军其他部队工作。

中山舰事件后，周恩来一方面指示黄埔军校尚未暴露身份的共产党员仍像以往那样以国民党员身份继续在校工作，一方面指示领导中共广东区委军委的聂荣臻、黄锦辉等人，通过各种办法，向国民革命军和黄埔军校中派遣干部。刚到广州不久的恽代英，被派到黄埔军校任政治总教官。同时，还调去了张秋人任政治教官。这样，黄埔军校的政治工作仍由共产党人在负责，继续为党培养军事骨干人才。

黄埔军校中的共产党员和进步学生

黄埔军校开办后，中国共产党和青年团各地组织积极参与招生，选送优秀的党团员报考，为将来军事斗争培养人才。当时，共青团广州地委曾向地方发出通知："现在国民党在广州创办军官学校，地方拟派三、四同志赴考，来预备将来干军人运动。"①

在湖南，何叔衡在广州参加了国民党一大后，受黄埔军校筹备委员会的委托，办理黄埔军校第一期学生在湖南的招生事宜。离开广州前，毛泽东嘱托他多选派党团员或进步青年到军校学习，以培养党的军事骨干。回到长沙后，何叔衡即通知党的基层组织，推选党团员或进步青年送清水塘考选。由于当时湖南处于军阀赵恒惕的反动统治之下，国民党和共产党都不能公开活动，黄埔军校第一期在湖南的招生工作是秘密进行的。湖南籍的黄埔一期学生郭一予回忆说：

我于三月的某天晚上，秘密地到清水塘去报考，只写了一篇文章，题目是："试述投考黄埔军校的志愿"。其他数学理化等都没有考。过了几天，何叔衡同志当面告诉我说："你已取了"，晚上到清水塘去办手续、填表、领路费。……我到了清水塘办手续，才知湖南省照规定名额正取十五名之外，另取了备取三名。并嘱咐我们：行动要秘密，分散搭火车轮船到汉口后，就再搭轮船到上海去见毛委员。我们到了上海后，由陈作为、赵自选两同志和我等将湖南党考取的军校一期学生公函和名单一起交给了毛委员，并请他照顾。毛委员当即告诉我们：这次复试考生人数很多，很认真，凭考试成绩录取，你们赶快准备功课复试。才知算术、代数、几何、三角、理化都要考试。（但在湖南初考，仅考国文一篇，其他功课未考试）。我们于三月底参加长江流域和以北各省考生的复试，也是秘密进行的。经过上海复试，据说湖南送考的学生，思想

---

① 《共青团广州地委选送学生赴考军校》，广东革命历史博物馆编：《黄埔军校史料》（1924—1927），第32页。

文章都好，但科学及格的少，只取八名。在上海复试录取的，发给旅费和证明书，于四月间到广州报到，又参加全国总复试。……①

虽然湖南考生在上海复试只取了八名，但其中一人却在总复试中独占鳌头。这人是谁？湖南新田人蒋先云。

蒋先云，又名湘耘，别号巫山，1902 年生于新田大坪塘村一个农民家庭，1917 年考入湖南衡阳省立第三师范学校。

在第三师范读书期间，蒋先云如饥似渴地学习新文化知识，并带领同学们组织进步团体，探讨中国出路。1919 年五四运动爆发后，他积极联络其他学校的进步师生，继长沙成立湖南学生联合会后，成立湘南学生联合会，并任第一届总干事，组织湘南 25 县爱国学生开展罢课和抵制日货斗争。1921 年，他以毛泽东创办的新民学会为榜样，创办了“心社”。由于蒋先云在五四运动中的出色表现，1921 年 10 月，毛泽东到衡阳考察，发展蒋先云等为中国共产党党员。次年 1 月，蒋先云从第三师范毕业后，被毛泽东派到安源，加强对安源路矿工人运动的领导。

在安源，蒋先云工作十分出色。安源路矿工人俱乐部成立后，李立三任俱乐部主任，蒋先云任俱乐部党支部书记兼文书股长。9 月中旬，他协助李立三、刘少奇领导安源路矿工人大罢工，取得胜利。

鉴于蒋先云愈发成熟，毛泽东派他到水口山担任领导铅锌矿工人运动的重任。到后不久，蒋先云即于 11 月 27 日成立水口山工人俱乐部，担任俱乐部主任。随后，他又建立了水口山党组织，担任负责人。12 月 5 日，在蒋先云的领导下，水口山 3000 多名工人举行大罢工。水口山矿务局局长赵铭鼎是湖南军阀赵恒惕的忠实走狗。12 月 19 日，赵铭鼎以与工人代表谈判为名，企图诱骗蒋先云等到矿务局内加以杀害，强迫工人开工。蒋先云看出了他的阴谋诡计，但为了工人们的利益，仍不顾个人生死安危，和其他工人代表一道，进入矿务局招待室同赵铭鼎举行谈判。在工人代表宣读了罢工宣言和条件后，赵铭鼎给手下使个眼

---

① 郭一予：《毛泽东负责上海地区考生复试》，广东革命历史博物馆编：《黄埔军校史料》(1924—1927)，第 38 页。

色，只听一声口哨，十多个全副武装矿警拥入室内。赵铭鼎以为这个阵势能把蒋先云等人给吓住，要蒋先云等答应必须复工，否则就地正法！谁知蒋先云等毫无惧色，大义凛然地告诉赵铭鼎：要杀就杀，不答应条件，坚决不复工，少一条都不行。这时，矿务局外，密密麻麻围着数千名手拿棍棒、砍刀和煤油的矿工，高喊反对阴谋杀害我们的全权代表、立即释放我们的全权代表等口号。看到这情况，赵铭鼎软了下来。他知道，如果蒋先云等工人代表有啥好歹的话，愤怒的工人们会把他们剁成一团肉酱，烧成一把灰！于是，赵铭鼎派人出来缓和工人情绪，不得不把蒋先云等人放了出来。

一计不成，又生一计。赵铭鼎又派人私下贿赂蒋先云，遭到蒋先云严词拒绝。赵铭鼎恼羞成怒，又花 500 银元买通一个杀手，企图暗杀蒋先云。工人们得知这个情况后，立即把蒋先云保护起来。最后，反动矿局黔驴技穷，只得在 12 月 26 日接受工人提出的 18 条要求。蒋先云领导的水口山工人罢工斗争取得了胜利。

蒋先云先后有学运、工运斗争经历，有组织领导能力，有胆有识，是一块好钢。好钢要用在刀刃上，黄埔一期招生，毛泽东马上就想到了蒋先云，要求湖南党组织选派他报考黄埔军校。果然，蒋先云不负党的期望，在 1200 多名考生中，以第一名考取。

海阔凭鱼跃，天高任鸟飞。蒋先云入校后，如鱼得水。他非常珍惜这次学习机会，珍惜这个广阔的平台，努力学习军事技能和知识，研读古今兵法，同时孜孜不倦地学习革命理论，熟读《共产党宣言》《资本论入门》等马克思主义著作和《向导》等革命刊物。由于蒋先云各方面都非常优秀，被誉为“黄埔奇才”，并与陈赓、贺衷寒一起被称为“黄埔三杰”。

蒋先云毕业后留校，担任政治部秘书，在周恩来领导下工作。周恩来非常器重他。周恩来指导建立中国青年军人联合会，蒋先云为主要负责人，并主编《青年军人》旬刊和《中国军人》杂志。

中国青年军人联合会成立不久，在蒋介石的授意下，黄埔军校右派学生成立了孙文主义学会，同中国青年军人联合会相对抗。一次，孙文主义学会头目林振雄制造事端，殴打青年军人联合会一位领导成员，引起全校进步师生的极大愤慨。周恩来听后立即找国民党左派、军校党代表廖仲恺，在廖仲恺的支持下，将林振雄撤职查办。林振雄的后台是教授部主任王柏龄，号称蒋介石的“第一只手”。周恩来召开中共黄埔支部支委会议，决定由蒋先云等出面，公开揭露王柏龄破坏国共合作的行径。当时，蒋介石羽翼未丰，伪装公允，不敢公开庇护王柏龄，眼看着自己的“第一只手”被打断，心疼不已而又毫无办法。

黄埔军校教导团成立后，蒋先云被周恩来派到第一团第一连任党代表，后又任第一军第一师第二营营长。1925 年 2 月至 6 月，他先后参加了第一次东征和回师平定杨希闵、刘震寰叛乱。同年 9 月下旬，时任第一军第三师第七团党代表的蒋先云，又参加了第二次东征。东征军在攻打惠州受挫后，蒋先云组织敢死队，在炮火掩护下强行攀登惠州城墙，为攻下惠州打开了缺口。此战，使蒋先云名扬全军。

蒋介石也十分看重蒋先云，但蒋先云就是跟共产党走，不跟蒋介石走。中山舰事件后，蒋介石要求共产党员退出第一军和黄埔军校，蒋先云当即宣布退出国民党及第一军。蒋介石不死心，多次对蒋先云许以高官，说只要他退出共产党，就给个中将教育长干。然而，蒋先云予以严正拒绝，表示：“头可断，而共产党籍不可牺牲。”①

北伐战争开始后，蒋先云受党组织的派遣，任北伐军总司令部秘书，北伐各种文告，均出自他手。不久，又任补充第五团团长，授陆军少将军衔，参加了攻打九江、南昌等战斗。蒋介石发动四一二反革命政变，蒋先云即脱离蒋介石的部队，前往武汉，倡议成立黄埔学生反蒋委员会，并担任湖北省总工会工人纠察队总队队长。

1927 年 5 月，武汉国民政府决定进行第二次北伐，蒋先云担任第十一军第二十六师第七十七团团长兼党代表。5 月 28 日，蒋先云在河南临颍县与张作霖奉军作战中不幸中弹牺牲。中国共产党的一代将星过

---

① 转引自衡阳市革命烈士事迹编写小组、蒋忠文执笔：《蒋先云烈士传略》，湖南人民出版社 1979 年版，第 44 页。

早地陨落了！蒋先云的牺牲使中国共产党失去了一位军事英才，是一个重大的损失。

在黄埔一期学生中，有一个蒋先云非常要好的朋友，他便是徐向前。许多年后，徐向前在他的回忆录中曾这样称赞蒋先云："他斗争坚决，作战勇敢，头脑敏捷，堪称青年军人的榜样。连蒋介石也很欣赏他的才干，曾要他当过秘书、警卫营长。他和我经常交谈，是我的良师益友。"①

徐向前，学名徐象谦，字子敬，1901 年生于山西省五台县永安村。徐向前家原先是个大户，到他祖父时家道衰败。其父徐懋淮，是个晚清秀才。由于家境越来越困难，徐懋淮放弃考举人，当起了教书先生，养家糊口。由于在本地教书薪水低，徐懋淮远走内蒙古的林格尔和凉城一带教书。

徐向前七八岁开始，协助父母做家务，拾粪捡柴，到了 10 岁，才被父亲送到私塾读书。读了两年私塾，转入沱阳学校读高小。读两年高小，守旧的父亲检验他的作文时，认为不符合八股文的要求，不让他再去沱阳学校读书。无奈之下，徐向前又回到村私塾读了一年书。这样，快满 15 岁的徐向前，还在私塾和小学间来回转悠。由于家庭经济状况越来越坏，父母决定让徐向前的哥哥继续读书，让他在家里劳动。几个月之后，又让他到一家书店当学徒。充满求知欲的徐向前，把书店的小说看了个差不多，还翻阅了《史记》《汉书》等。学徒生活持续两年，徐向前回忆说："这两年，我亲身感受了店员学徒生活的苦难。应该说，这也是上学，我在这个'学校'里受的教育，比正规学校要深刻、实际得多。"②

1919 年，一心求学的徐向前考入山西省立国民师范学校。入学不久，五四运动爆发了。五四运动的发生，对徐向前思想上是一个很大的冲击，逼着他思考一些问题，注意看一些与政治形势有关的书刊，开始知道"苏维埃""劳农政府""里宁"这些新鲜词。1921 年，徐向前从国民师范学校毕业，先后在阳曲县太原第四小学和阎锡山老家河边村川

---

① 《徐向前元帅回忆录》，解放军出版社 2005 年版，第 24 页。

② 《徐向前元帅回忆录》，第 9—10 页。

至中学附属小学教书。尤其是在河边村川至中学附属小学任教的两年，他打倒军阀，改造中国的愿望越来越强烈，经常给学生讲一些历史故事和当时的政治事件，引导学生认识中国，认识社会。这些内容，为学校当局所不容，将他辞退了。

青少年时代的磨难给徐向前留下了深深的印记，他在回忆录中这样写道："读书，学徒，教书，占去了我青少年时期的十二年时间。风风雨雨的生活，使我增长了见识，受到了磨难，在心灵深处刻下了难忘的印记。"①

磨难，是一个有志向青年的一笔财富，是其努力奋斗，奔向更加广阔舞台的动力。1924 年 1 月，当告别父母，冒着风雪重返太原谋求职业的徐向前听说黄埔军校招生的消息后，立即决定前往上海报考。2 月间，徐向前和几个同乡到了上海，在美术学校一个姓赵的同乡家里复习功课。由于黄埔军校招生条件规定很严，要求在政治思想上"了解国民革命须速完成之必要"，"无抵触本党主义之思想"；学历上要求"旧制中学毕业"或相当程度之中学毕业；在考试方法上既有笔试又有口试，等等。这对断断续续上了私塾、小学、国民师范的徐向前来说，是不小的压力。还好，赵家两兄弟身处大都市，各门学科基础比较扎实，充当了徐向前等人的辅导老师，对他们突击提高出了不少力。后来，徐向前听说，赵家两兄弟都参加了反动的孙文主义学会，走上了另外一条道路。在社会动荡的年代，同乡、同学、好友，因见解不同、信仰不同，走上不同的道路也是不奇怪的。

3 月中旬，徐向前等在上海环龙路一号参加了黄埔军校的招生考试。考前，大家心里都直打鼓，底气不足，认为看了一些书和报纸，对政治方面和作文不怕，就怕考数理化方面的知识。大概是招生方面比较重视思想政治方面，山西省前来应试的十几个考生竟全部录取，皆大欢喜。招生委员会给他们每人发了十多元钱作路费，要他们到广州复试。

复试是在广东高等师范学校进行的。徐向前等人的政治、作文都做得不错，数学卷子却几乎交了白卷。复试之后，由于数学考得差，一些

---

① 《徐向前元帅回忆录》，第 14 页。

人心里凉了。然而，就在他们每天心神不安等待录取结果时，通知来了，参加复试的山西省十几个考生又是全部录取了。为什么会这样，主要是北方考生不多，孙中山为推进国民革命，特别重视录取北方学生。同样，陕西省的考生，由于有于右任的保举，也是全部录取。

黄埔军校的学习生活，是徐向前人生的一个大转折。徐向前回忆当时的学习情况时说：

政治教育是以革命理论和革命知识为主要内容。课程包括《三民主义》、《国民革命概论》、《帝国主义》、《社会进化史》、《各国革命史》、《苏联研究》等。《三民主义》一书，系孙中山一九二四年所著，已不同于过去的旧三民主义，而是发展为联俄、联共、扶助农工三大政策的新三民主义，被列为政治教育的首要课程。军校训令中还明确规定：社会主义、共产主义、马克思主义等书籍，本校学生均可阅读。这类书籍，在书亭上摆着，可以随便买。校刊《黄埔潮》、《黄埔月刊》上的文章，也反映各种不同的政治见解。肖楚女就经常发表文章，文笔流畅、犀利，很吸引人。这些课程和书刊，使我对新三民主义、共产主义、俄国十月革命，有了进一步的了解。不过，那时我还分不清民主主义和共产主义的根本区别。

黄埔的军事课，主要是讲典范论和四大教程。如《步兵操典》、《射击教范》、《野外勤务》以及《战术学》、《兵器学》、《筑城学》、《地形学》，另外，还设有《军制学》、《交通学》、《实地测图》。总之，从单兵动作到排连营在行军、宿营、战斗中的联络和协同，都依次循序实施。教官主要是两部分，一是日本陆军士官学校出来的，这是少数；二是保定军官学校出来的，这是多数。有时，苏联顾问也给学生讲课和示范。

训练和一日生活很严格、紧张。天不亮就起床，穿衣服，打绑腿，紧急集合三分钟；出操回来赶紧跑厕所；吃饭限定十分钟，得狼吞虎咽；接着是上课，课后又出操；晚上是自习。操场紧靠珠江口，涨潮时操场里的水都漫过了脚，照样要出操。……①

1925 年上半年，徐向前已经从黄埔一期毕业，任入伍生第三期排

① 《徐向前元帅回忆录》，第 20—21 页。

长，先后参加了第一次东征和平定杨希闵、刘震寰叛乱。

徐向前和蒋先云都在黄埔一期学生第一队，他俩是无话不谈的好朋友。翻开黄埔同学录，徐向前在第 42 位，蒋先云是第 45 位，[①] 几乎是挨着的。徐向前 1927 年 3 月加入中国共产党，很大程度是受蒋先云的影响。蒋先云在周恩来的指导下成立中国青年军人联合会，徐向前和学生第一队大都是成员。徐向前在回忆中这样说："在黄埔军校，我们紧紧团结在以蒋先云为首的'青年军人联合会'的旗帜下，不断地与国民党的右派和'孙文主义学会'的反共分子作斗争。""我们黄埔第一期的一些同学，所以能成为共产党员，是与'青年军人联合会'的影响分不开的。"[②]

蒋介石平时非常注意拉拢黄埔军校的学生，每到黄埔军校，惯例是先训话，之后，再找十几个学生谈话。几乎所有的学生都被蒋介石单独召见、谈话。徐向前也被蒋介石召见谈过话。徐向前一进门，蒋介石就问："你是什么地方人?"徐向前答："山西人。"蒋又问："在家都干过什么?"徐向前说："当过教员。"蒋介石漫不经心地问，徐向前简简单单地答，气氛有点尴尬。蒋介石对这个长相憨厚的山西青年并不看好，谈话草草结束。但让蒋介石始料不及的是，这个看起来平平常常的学生，后来成为红四方面军的总指挥，统领数万人马，屡屡使蒋介石的"围剿"大军灰飞烟灭。

和蒋先云、徐向前不同，"黄埔三杰"之一陈赓，是以另外一种方式进入黄埔军校的。

陈赓，学名庶康，字传瑾，乳名福哥，1903 年生于湖南湘乡二都柳树铺。祖父是前清将军，父亲是乐善好施的乡绅。6 岁至 9 岁入本村私塾读书，9 岁至 11 岁在附近七星桥谭家祠堂私塾读书。由于不爱读四书五经，顽皮的陈赓总是变着法儿作弄老师，为此没少受父亲的责骂。13 岁时，到离家二十来里的东山高等小学堂读书。这是毛泽东走出韶山冲，在这里读过半年书的学校。这所传播新知识新思想的学校，

---

① 见广东革命历史博物馆编：《黄埔军校史料》（1924—1927），第 523 页。

② 《徐向前元帅回忆录》，第 24、25 页。

一下子把陈赓给迷住了。他学习很用功，受到同学老师的称赞。但好景不长，父亲对他在东山学校的情况并不满意，不让他在这里读书了，另请两个老师在家中教他，将一个心在广阔天空遨游的雄鹰当作一只笼中鸟来养。具有很强叛逆性格的陈赓，决定离家出走。

1916 年底，13 岁还是个娃娃的富家少爷陈赓离家投入湘军当兵。为了家人找不到他，他改名陈赓。在湘军待了五年，陈赓亲眼目睹军阀混战给人民带来的沉重灾难，也亲眼目睹了旧军队打骂士兵、克扣军饷的种种黑暗，感觉到没有出路，于 1921 年秋到长沙在粤汉铁路局当办事员。1922 年，陈赓进入毛泽东创办的湖南自修大学学习，看到了《新青年》等革命书刊，亲耳聆听革命家们的讲课和演讲，和革命团体密切接触，并得到了何叔衡、郭亮等著名共产党人的帮助，一个崭新的天地向他展现。1922 年陈赓加入社会主义青年团，同年 12 月由易礼容介绍加入中国共产党。其实，陈赓在 1921 年就参加了湖南党组织的工作，提出入党要求。党组织负责人认为陈赓是地主家庭出身，是大少爷，应该考验一个时期再说。后来，陈赓讲起自己入党之事，总是说"第一年有党，第二年有我。"为了学到更多的东西，陈赓还请假到上海，进入共产党直接领导的上海大学听课，受到了马克思主义的进一步熏陶。

1923 年底，孙中山大本营军政部长程潜办陆军讲武学校，派人到长沙招生，湖南党组织目光远大，考虑将来的武装斗争需要军事人才，因陈赓有过当兵的经历，派他去报考。考入这所军校后，却令陈赓十分失望。学校管理完全是旧军队那一套，使陈赓感觉十分压抑。听到黄埔军校开办的消息后，陈赓立即从陆军讲武学校退学，投考黄埔军校。当时曾和陈赓同学的宋希濂回忆说："我和陈赓很注意这个情况，常到学校的筹备处去打听消息。大约在三月间，我们就报名投考了，四月间在中山大学参加考试。发榜那天，我们一同去看，竟然都被录取了，非常兴奋。五月初，我们来到军校，我被编在第一队，陈赓编在第三队。从此，我们开始了新生活。"①

---

① 宋希濂：《回忆陈赓同志》，穆欣编：《记陈赓将军》，湖南人民出版社 1984 年版，第 40 页。

在校期间，陈赓也是中国青年军人联合会的积极分子。青年军人联合会组织有剧团，自编自演一些反帝反封建的话剧。陈赓常登台演出，在校内产生很大影响。反动的孙文主义学会也办了个剧团。两个剧团经常唱对台戏，开展针锋相对的斗争。

11月底，陈赓从黄埔军校第一期毕业后，被留在学校任第二期入伍生连连长、第三期本科副队长。1925年春夏，陈赓先后参加了第一次东征和平定杨希闵、刘震寰叛乱。9月份，第二次东征开始后，陈赓在第一军第二师第四团当连长。第四团所有的连长都是共产党员，战斗力很强。在攻打惠州城的战斗中，陈赓率领自己的一连人，奋力爬梯子登上城头。战斗中，敌人的子弹射中了陈赓的右脚，他从伤口处抠出子弹，继续战斗，直到攻下惠州城。

陈赓作战勇敢，蒋介石十分欣赏，下令调陈赓这一连担任总指挥部的警卫部队。

攻克惠州后，东征军继续前进，总指挥部跟着左路军第三师向梅县前进，10月27日，在五华县西南的华阳与敌林虎部队遭遇。第三师师长谭曙卿轻敌冒进，被敌军包围，形势危急。这时，陈赓发挥了重要作用。斯诺在《陈赓的故事》中这样写道：

全师争相溃逃，恰好经过陈赓和蒋介石身旁。蒋派陈去前线，命令师长对撤退者格杀勿论。陈照办了，这个师力图反攻但再次被击败，蒋于是让陈亲自指挥，集结部队，对逃跑者亲自处决。他一一执行，打死了一些士兵，然而兵败如山倒，连军官们也转身逃命，结果战场上几乎只剩下陈、蒋二人。

那时，蒋刚刚在惠州城荣任“总司令”，这下子实在大感丢脸，他哭喊着：“我就死在这里！我没脸再见江东父老！”陈对他说：“你是总司令，你现在要死，就会影响整个革命。这毕竟才一个师，而且不是黄埔生领导的师。回去吧，我们可以再战。”这时敌人愈益迫近，离开他们只有500米了。蒋就是不肯走。因此陈只好把他抱起来，独自把他背到河边，上了一条小船，得以脱险。从那以后，蒋一度对陈极为宠信，不断给他送礼，让他随意进他的房间。①

事后，蒋介石把陈赓调为侍卫参谋。一次，陈赓整理蒋介石办公桌上的文件，看到有一份黄埔军校军官和学生的花名册，所有的共产党人名字旁边都画有一个红圈。陈赓的名字旁边还有批注："此人系共党，不可委以部队指挥重任。"② 看到这些，蒋介石在陈赓心目中的形象马上崩塌。想起平时公开场合，蒋介石满口的革命词句和国共合作，背后却对共产党留一手，在军队中排挤共产党人，陈赓看清了蒋介石的多副面孔。

数天之后，陈赓向蒋介石递了辞呈。蒋介石假惺惺地挽留陈赓，陈赓以母亲有重病推托，经常提倡孝悌忠信那一套的蒋介石无话可说了，同意陈赓辞去侍卫参谋一职，委任他为黄埔军校中校队长。

蒋介石发动中山舰事件后，要求共产党员退出第一军和黄埔军校。当时黄埔军校中共产党员有国民党员的双重身份，有人劝说陈赓脱离共产党，陈赓同蒋先云一样，公开自己共产党员的身份，宣布退出国民党。

1931 年 9 月底，陈赓被党派到鄂豫皖革命根据地，先后担任红十三师第三十八团团长、第十二师师长，同黄埔一期的老同学徐向前、蔡申熙、许继慎、吴展等一起，打破了国民党军的第三次"围剿"。后来，陈赓又在商（城）潢（川）战役中的豆腐店，把蒋介石的爱将，也是黄埔一期的老同学汤恩伯打得丢盔卸甲，弄得蒋介石不得不忍痛将汤恩伯撤职。

1932 年秋，陈赓在扶山寨阻击战中右小腿负伤。由于根据地医疗条件很差，伤口发炎，日渐严重，不得已，只好离开部队辗转到上海治伤。1933 年 3 月，陈赓腿伤初愈，被党组织派往中央苏区工作。就在他准备离开上海的前一天，被叛徒认出逮捕。蒋介石这时正在南昌坐镇指挥对中央苏区的第四次"围剿"，听说陈赓被捕，喜出望外，立

① ［美］埃德加·斯诺：《陈赓的故事》，《陈赓大将纪念文集选编》，人民出版社 2013 年版，第 16 页。

② ［美］埃德加·斯诺：《陈赓的故事》，《陈赓大将纪念文集选编》，第 16 页。

即命令将陈赓押解到南昌，准备以黄埔军校老校长的名义劝陈赓归顺自己。

陈赓被押到江西大旅社，这里曾是南昌起义的总指挥部。蒋介石先派邓文仪去劝说陈赓。邓文仪也是黄埔军校第一期学生，系湖南醴陵人，蒋介石派他自然是他与陈赓是老同学和老乡，希望能够说服陈赓投降。邓文仪见到陈赓后，大谈中国正在黄埔军人的领导下走向统一，一万多黄埔毕业生要在蒋介石领导之下团结起来。称蒋一心想把所有的黄埔生争取回来；即使非杀不可，他也不会杀他们。陈赓不时据理反驳邓文仪的观点，弄得邓文仪一脸尴尬。

第二天一早，邓文仪又过来，要陈赓在一份声明上签字，说只要悔过自新，就可以在国民党军队当任何一个他看中的师的师长；若不想当师长，也可以当正在“围剿”鄂豫皖苏区的王均第三军的参谋长。面对诱人的高官厚禄，陈赓嗤之以鼻。

当天下午，陈赓被带去见蒋介石。斯诺在《陈赓的故事》中记有当时蒋介石和陈赓在离别了七年后见面的尴尬情况：

邓（指邓文仪——引者）拿来一件绸长衫，一顶礼帽和几双鞋子，要他刮掉胡子，说他那副样子去见“先生”（指蒋介石——引者）有失礼貌。陈答称，他本来没有想去进行这样一次会晤。邓未强求，让他原样动身。到了总司令部，陈在楼下一间大屋子里等候，屋里满是卫兵。终于听到一阵皮靴踩在楼梯上发出的咯吱声；他抬头看去，见到了蒋。陈用报纸盖在脸上，假装睡着。蒋查问陈，卫兵们把他推上前去。

蒋客气地问他身体可好，一路上辛苦与否，喜不喜欢这个地方，是怎么来此地的。陈回答说，他是被蒋逮捕和押来的。

蒋说，怎么能那样说话。他们从黄埔时候起就是老同志嘛。所有的黄埔军人现在都必须联合救国。黄埔军校校长不会杀害任何一个黄埔军人。本校长绝不会加害于他。他了解陈刚从鄂豫皖来，问那里情况怎么样？

陈：“马马虎虎。”

蒋：“这些年来，在剿匪当中死亡农民超过30万人。中国经不起这样死人。这一切全是赤匪造成的。”

陈："共产党对这些死人负不了责。要负责的是开始反革命的国民党。"

蒋："胡说！你要悔过，你要悔过！不过本校长不会杀你。"

十来个卫兵听到了这番对话，当时蒋发火了。陈准备随时挨踢一脚。就在这时，有人来叫蒋，他边离开房间边说："以后由邓文仪代表我同你谈。"

邓把他领回旅馆，问他作何打算。

邓说："要是蒋放你，你是否回到红军告诉别的黄埔同学，如果他们回到他一边来，他绝不加害。"

陈回答说他不会加入国民党，背弃马克思主义。邓让他回南京后再想一想。那次是陈同邓最后一次见面。①

没有文字记有蒋介石会见陈赓后的心情，但可以想象，蒋介石肯定心里堵得慌。陈赓救过他的命，满脑子孔孟之道的蒋介石，是不可能杀陈赓的，因为他不愿留下一个杀掉救命恩人的骂名。他以为拿出黄埔军校校长与学生的关系，再加上高官厚禄，陈赓就会放弃共产主义理想，站到他这一边，并由此会使一些黄埔军校出身的共产党员走同样的路。然而，蒋介石失败了。面对诱惑，陈赓仍然坚持自己的初心，坚持自己的理想信念，在另外一个战场上打败了蒋介石。

陈赓被押回南京后，被关在一个小旅馆里。一天，在同志们的协助下，陈赓成功地逃走了。8月，他先到上海，然后辗转到达了中央苏区的瑞金。此后，这位虎将又活跃在与国民党军作战的战场上。

黄埔一期的共产党员学生，许多都成为土地革命战争初期武装起义和各革命根据地的领导者、军事骨干。如和蒋先云、徐向前同在第一队的刘畴西、傅维钰、王尔琢、王泰吉；第二队的周士第、唐澍、许继慎、彭干臣；和陈赓同在第三队的赵自选；第四队的吴展；第六队的左权、蔡申熙、黄锦辉；等等。在大革命中牺牲的黄埔一期共产党员学生有陈述、叶彧龙、江世麟、刁步云、贾春林、余海滨、范崧华、谭鹿鸣、彭继儒、李人干、刘铭、唐同德、陈子厚、洪雄剑、胡焕文、曹

---

① ［美］埃德加·斯诺：《陈赓的故事》，《陈赓大将纪念文集选编》，第17—18页。

渊、张其雄、文志文、赵子俊、黄再新、荣耀先、文起代、张隐韬、江镇寰等。

黄埔军校第二期的共产党员学生如卢德铭、王一飞、周逸群、宛旦平；第三期的如吴光浩、朱云卿、刘铁超、符节等，也都是党发动的武装起义和各革命根据地的领导者和骨干。

陈独秀曾是北京大学教授，新文化运动的领导者，属于学者型的党的领导人，书生气十足，不大重视军事工作。但同为北京大学教授，也是陈独秀的好朋友、战友，与之相约建党的李大钊，却与之相反，非常重视军事工作。黄埔军校开办后，中共北方区委负责人李大钊十分注意选送党团员进入黄埔军校学习。1925 年秋，刚刚加入共青团的李运昌，被党组织决定派送他和另外一个同志去苏联学习。然而，当他们高高兴兴地到北京找到李大钊时，得到的消息是：他们来晚了，两天前，赴苏联的船只已经从天津开走了。听到这个消息，两个兴冲冲而来的青年人如当头浇了一盆冷水，顿时心里凉了半截。

看着两个青年人失望的样子，李大钊说：“现在黄埔军校有人在北京招生，你们两个去投考吧，怎么样?”

李运昌俩人是奔着苏联去的，对于报考黄埔军校没有心理准备，一时犹豫，不知道如何回答。李大钊耐心地给他们讲了学习军事的重要性。李运昌回忆说：

李大钊同志好像看透了我们的心思，温和地说：“去吧，学学军事也好。我们党要抓军队，没有军队不行啊!”接着，他介绍了黄埔军校的情况，告诉我们，那里有许多共产党员担任领导和教官。他又讲了学习军事的重要意义。他怕我们还不明白，又举例对我们说，长期的军阀混战，把国家搞得乱糟糟的，不成个样子，老百姓可遭殃了。我们党要建立革命军队，进行国民革命，打倒军阀，打倒帝国主义，非常需要懂军事的人。最后，他深情地勉励我们说：“到那里要好好学习!”①

① 李运昌：《李大钊同志要我上军校》，《回忆李大钊》，人民出版社 1980 年版，第 78 页。

听了李大钊所讲，李运昌和他的同伴都表示愿意投考黄埔军校。经李大钊介绍，李运昌和同伴找到了黄埔军校招生的人。经过体格检查，政治、数学等各门学科的考试，两人都被录取。11月份，李运昌和同伴从天津经上海到广州，进入黄埔军校第四期学习。李运昌从黄埔军校毕业后，转入广东农讲所第六期学习，之后被派到广东东江农民自卫军中工作。

李大钊是中国传播马克思主义的第一人，中国共产党的主要创始人之一，他对军事工作的远见卓识、对培养军事人才的重视，不能不使人由衷地敬佩。许多年后，李运昌在回忆李大钊的文章中说：

几十年来，我从接触到的人中陆续知道，李大钊同志不但派人到莫斯科中山大学、东方大学，广州农讲所、武汉农讲所学习政治，还派人到列宁格勒军事学院、黄埔军官学校、中央军事政治学校武昌分校、西北军干部学校去学习军事，为我们党培养了很多建党的人才，也培养了很多建军的人才。据我所知，有程子华等许多同志，还有不少朝鲜人。他那时抓军事工作播下的种子，在大革命、土地革命、直到抗日战争和解放战争中，起到了重要的作用。李大钊同志想得多深，看得多远呵！他是我们党早期就开始注意抓军事工作的一位重要领导者。[①]

李运昌在黄埔军校第四期时是分在政治大队第三队。在第四期步科第一团第二连中，有一个叫刘景桂的学生，便是党史、军史上著名的人物刘志丹。

刘志丹，乳名来生，景桂是他的学名，字子丹，后因立志为国家民族献身，遂取文天祥“留取丹心照汗青”诗句之意，改“子丹”为“志丹”，1903年生于陕西保安（今志丹县）金汤镇。1922年考入陕北联合县立榆林中学，在魏野畴、李子洲等共产党员教师的影响下，逐步接受马克思主义并积极参与领导学生运动。1924年加入中国社会主义青年团，1925年转为共产党员。是年秋，黄埔军校第四期招生，此时刘志丹中学尚未毕业，家中希望他继续完成学业，但他积极响应党组织号

① 李运昌：《李大钊同志要我上军校》，《回忆李大钊》，第80页。

召，决定报告黄埔军校。刘志丹说：“古人云：‘虽有文事，必有武备’，对付军阀没有军队怎么能行？我服从党的决定，今后就当一个革命军人。”① 刘志丹说服家庭，离开榆林中学，绕道山西，经北京到天津，乘船南下，于是年冬到达广州。

黄埔军校从第三期开始，实行入伍生制度，规定学生入学后，必须接受为期三个月的入伍生教育，经过考试，才能正式成为学生。刘志丹初到广州，对这里的热烈革命气象感到非常欣喜和振奋。但作为北方人，初到南方，水土不服。一度患了疟疾，困难重重。医生劝刘志丹休学，但他不放弃，努力适应南方的气候和生活环境，硬是挺了过来。1926 年 3 月，入伍生教育结束，刘志丹通过了升学考试，正式成为黄埔军校第四期学生。

刘志丹学习很刻苦，给自己定了“走最艰难的路，挑最重的担子，过最热烈紧张的生活”的准则。由于第四期开办时，教职工和学生中共产党员增加，中共黄埔支部改为特别支部，同时设有黄埔党团。支部书记是黄埔一期的杨其纲，党团书记熊雄，恽代英、安体诚、杨其纲为干事，学生中党团员有王世英、伍中豪、林彪、陈毅安、袁国平、郭化若、李鸣珂、霍步青、陆更夫、李运昌等。由于举行党团活动，刘志丹自然经常和这些人进行接触。周恩来负责的中共广东区委军委每周在农民运动讲习所召开党的小组长以上干部和积极分子会议，讲解形势、任务和党的工作。每次会议，黄埔军校都派人参加。刘志丹也多次赴广州参加这样的会议。

陈赓这时任黄埔军校第四期步科第一团第七连连长，刘志丹在第二连，两人虽不在一个连队，但刘志丹对鼎鼎大名的陈赓的胆略、学识非常佩服，经常向这位学长请教问题，往往被他风趣幽默的谈话所吸引。

黄埔第一期的唐澍，也是刘志丹在黄埔军校结交的一位朋友。唐澍是河北易县人，1924 年由国民党人张继、王法勤推荐报考黄埔军校，

① 中共甘肃省委党史研究室：《刘志丹传略》，中共甘肃省委编：《纪念刘志丹》，中共党史出版社 2014 年版，第 3 页。

在黄埔军校加入中国共产党。唐澍毕业后，任广州农民运动讲习所军事教官、省港罢工委员会纠察队总教练兼模范支队长，并经常写文章在报刊上发表，是文武兼备的人才。刘志丹虚心向唐澍学习，还了解到不少广东的情况。

1926 年 10 月，刘志丹从黄埔军校毕业，被派往冯玉祥的国民联军中工作。1927 年大革命失败后，刘志丹、唐澍和另一个黄埔一期毕业生王泰吉共同领导了渭华起义。起义失败后，刘志丹又同谢子长、习仲勋等坚持斗争，通过兵运建立了陕甘红军和革命根据地。陕甘革命根据地成为各路红军长征的落脚点，是中国共产党在土地革命战争后期"硕果仅存"的根据地。

国共合作时期的黄埔军校，是一所崭新的革命学校，吸引了大批党团员和进步青年前往。周恩来曾说："当时黄埔军校有六百学生，大部分是我党从各省秘密活动来的左倾青年，其中党团员五六十人，占学生的十分之一。"① 周恩来说的是黄埔军校第一期的情况，他当时领导黄埔军校中共支部工作，虽然是在近 20 年后讲的，但数字大致是准确的。随着一些进步青年进入黄埔军校后加入共产党，党员数字比周恩来讲的要多些，达到了近百人。再加上教职员工的党员数字，就有一百余人了。1925 年 1 月中共四大召开时，全国的党员人数是 994 人。由此看来，黄埔军校第一期的学生中，共产党员的人数就占到了九分之一。另有研究者称，黄埔军校第一至六期，全校一万多名师生中，中共党员有上千人。② 这种情况表明，在历史的机遇面前，尽管陈独秀等人对军事工作不够重视，特别是在中山舰事件后受布勃诺夫使团的影响向蒋介石妥协，使党的军事工作向后倒退，但李大钊、毛泽东、周恩来等同志以及不少地方党组织还是具有远见卓识，从实际出发，重视军事工作，重视培养军事人才，从而为党此后开展武装斗争、创建人民军队打下基

---

① 周恩来：《关于一九二四至二六年党对国民党的关系》（1943 年春），《周恩来选集》上卷，第 114 页。

② 见曾庆榴：《刘志丹在黄埔军校》，中共甘肃省委编：《纪念刘志丹》，第 473 页。

础，对中国革命产生了重大影响。

国共合作时期的黄埔军校，是中国共产党军事工作的起步地，深深地嵌入了近代中国的历史记忆。

三、北伐先锋——叶挺独立团

孙中山的警卫营长

1926 年 7 月 9 日，北伐战争在“打倒列强，除军阀”的雄壮口号声中正式开始。而在国民革命军誓师北伐前的 5 月底，一支先遣部队已经率先进入湖南永兴县境内，援助被北洋军阀吴佩孚击败而退守衡阳的国民革命军第八军唐生智部，拉开了北伐进军的序幕。

这支先遣进入湖南的部队，就是党史、军史上赫赫有名的叶挺独立团。

叶挺，原名为询，字希夷，1896 年生于广东惠阳县淡水镇周田村一户农家。周田村是客家人聚居的村子，叶挺祖上是河南叶县，辗转迁入梅县、兴宁，再由兴宁迁到惠阳。少年时的叶挺，先后在本村腾云学校、惠州蚕业学校、惠州中学读书。目睹中国受到各帝国主义侵略的状况，激起了叶挺上军校、立志军事报国的愿望。1912 年春天，中学没有毕业的叶挺，投考设在黄埔岛上的广东陆军小学。三年之后，以优异成绩毕业的叶挺，被保送到设在武昌的湖北陆军第二预备学校。入学不久，淡水同乡邓演达也从广州到这里读书，叶挺与之相谈投机，遂成莫逆之交。

叶挺。

这时，年满 20 岁的叶挺，一方面刻苦学习军事，另一方面，开始大量阅读哲学和社会政治学方面的书。每逢周末和假日，成为叶挺读书的好时光。他还经常拉好友逛书店，看到什么好书，就买下来。新思想开始源源不断流入叶挺的脑海。

1917 年的春天，叶挺与邓演达、李振球、罗梓材四位同学北上，进入了当时中国最高军事学府——保定陆军军官学校，是第六期学生。中国近代不少军事人物包括蒋介石、李济深、白崇禧、陈诚等都出自这个学校。叶挺等人报到后，军校教务部将第六期设置的步兵、骑兵、炮兵、工兵、辎重等五个科公布出来，让学生按照自己的志向选修一科。叶挺认为，选工兵路子宽，所学知识实用，不仅能够在打仗时用，将来经济建设也用得上。大家赞同叶挺的看法，四个人都选了工兵科。

1919 年元旦后，叶挺从保定陆军军官学校毕业，想到德国去留学，学校根据他的申请，批准了他的要求。但学校留学经费不多，需要本人再筹集一些钱。叶挺抱着试试看的态度，回乡找族里长辈，希望能够得到资助。然而，族里长辈说族里公产款用于修祖坟，所剩无几，爱莫能助。叶挺筹款无着，只好忍痛放弃出国深造机会，过完春节之后，到福建漳州，投奔援闽粤军。

叶挺到漳州后，先是任第一支队副官，后到第一师司令部，担任少校参谋。粤军参谋长邓铿兼该师师长，在组建工兵营时，考虑到叶挺是保定军校工兵科毕业，就调叶挺任工兵营副营长。1921 年 4 月，孙中山在广州召开非常国会，就任非常大总统。10 月 8 日，非常国会通过北伐案。

就在孙中山信心满满北伐时，后院却起火了。留守广州的粤军总司令陈炯明野心膨胀，不听指挥，并和直系军阀吴佩孚暗送秋波。1922 年 3 月 21 日，陈炯明派人在广州火车站刺杀邓铿。接着，陈炯明又终止对北伐军一切粮饷弹药接济。孙中山无奈，只得回师广东，解决陈炯明的问题，同时指挥部队改道江西北伐。5 月初，孙中山大本营调叶挺第二营速回广州。叶挺接到任务，立即率队从水路乘船出发。到广州后，叶挺率领部队径直驻进观音山下总统府。此时的广州，气氛非常紧张，叶挺周密布置，加强警戒，抓紧时间补充兵员，强化训练，随时准备投入战斗。

6 月 15 日夜，叛军开始进攻总统府，叶挺负责守卫总统府前院。16 日凌晨 1 时许，叛军向总统府逼近。孙中山在秘书林直勉和参军林树巍的劝说下，化装成出诊医生，离开总统府，穿街过巷，登上停泊在珠江上的永丰舰。宋庆龄则因为有孕在身，不愿拖累孙中山，没有与之同行。就在孙中山离开不久，叛军开始炮击总统府，接着步兵蜂拥而来，发起集团性的冲锋。面对密密麻麻的叛军士兵，叶挺沉着指挥重机枪以交叉火力扫射。大片大片的叛军士兵倒下，尸体把敌人炮轰开的围墙缺口都堵起来了。由于叶挺指挥的警卫部队顽强抵抗，叛军连续六次冲锋未越过雷池一步。但守卫大总统寓所的卫队伤亡很大，抵挡不住叛军的进攻，趁夜色保护着宋庆龄退到了总统府内。

由于叛军得知孙中山不在总统府，且已经上了永丰舰，不再进攻总统府。警卫团团长陈可钰与叛军达成协议：警卫团接受叛军提出的限时退出总统府的要求，叛军部队同意为警卫团和总统府人员撤离放开一条出路。虽然达成了协议，但叶挺知道，在撤退时什么意外都会发生。果然，撤退一开始，叛军们就争先恐后地冲进来，疯狂洗劫总统府的财物，宋庆龄随身带的一个装有贵重首饰的包裹也被叛军士兵的刺刀挑开。叛军不就是要钱吗，叶挺机智地将 5 万元钞票使劲撒在地上，乘叛军士兵忙着抢钱之际，率领警卫战士们冲向街道。由于敌众我寡，警卫部队很快被打散。叶挺在一个洗衣女工的帮助下，爬上一个屋顶，穿越数十栋房屋，进入一家印刷店，被一个好心的老阿婆收留，躲藏起来。宋庆龄在随从的扶持下冲出险境，先是在一个大学校长家里躲藏起来，后又到了永丰舰上，与孙中山会合。不幸的是，宋庆龄在这次逃亡中受到严重的颠簸，因而流产了。这成为宋庆龄终生的痛。

陈炯明控制了广州以后，宣布叶挺等人为叛逆，发布通缉令。叶挺躲了几日之后，乘船到黄埔岛，登上永丰舰，拜见了孙中山。患难见真情，板荡识诚臣。陈炯明的叛变，是孙中山走上民主革命道路以来遇到的最危险的时候，尤其是这危险来自他本人曾最信任、寄托最大希望的人。这不能不使孙中山心中像打碎了五味瓶一样，各种滋味都有。但就在这时候，叶挺等能够冒死保卫他、忠于他，这又使他感到欣慰，对此后坚持革命又有了信心。因此，孙中山对叶挺在保卫总统府的英勇作战褒奖有加，并鼓励他继续联络同志，积聚革命力量，坚持反陈斗争。

第一次国共合作后，孙中山“以俄为师”，聘请苏联军事顾问帮助开办黄埔军校，叶挺看到了希望，自学俄语，准备到苏联去进修军事。叶挺的这一决定受到廖仲恺和孙中山的支持。出国是需要经费的，叶挺求助于邓演达。邓演达慷慨解囊，从第一师的公积金拨出了一笔款子供叶挺急用。

叶挺赴苏联学习，得到了中共中央的支持。中共中央为叶挺写了给旅莫支部的介绍信。

1924 年 7 月上旬，28 岁的叶挺，在广州码头，告别了亲朋故旧和未婚妻李秀文，踏上了赴苏联的旅途。这次赴苏学习，将迎来叶挺人生的重大转折，一个崭新的生活向他展开。

到莫斯科后，叶挺由中共旅莫支部帮助，进入莫斯科东方大学学习，这已经是 10 月份了。和叶挺同学的有从法国勤工俭学转来的王一飞、熊雄、聂荣臻、范易、傅烈、穆青等人。东方大学开学不久，就到了十月革命七周年纪念节，莫斯科到处呈现出一派节日的喜庆气象。11 月 7 日这天，聂荣臻、叶挺等东方大学的学生们应邀参观了在红场举行的十月革命游行活动，见到了在观礼台上检阅游行队伍的斯大林。苏联劳动人民庆祝十月革命胜利的欢乐情景，是这些中国学生当时在任何地方所看不到的，因而留下了十分深刻的印象。

莫斯科东方大学是一所培养东方各被压迫民族革命者的学校，近朱者赤，叶挺和留法勤工俭学的学生们在一起，自然会被这些年轻的共产主义者具有的崇高理想所吸引所触动，为他们高昂的革命热情所打动。他思想进步很快，在进入东方大学一个月后，即加入了中国社会主义青年团。

叶挺赴苏是为了学习军事，入东方大学学习非他愿。然而在三个月后，叶挺如愿了。1925 年 2 月，根据共产国际的通知，叶挺、熊雄、聂荣臻、范易、颜昌颐等被抽到苏联红军学校中国班学习。进入红军学校的第一批中国学员有二三十人，叶挺和聂荣臻被编在同一个班里。

苏联红军学校的教官，全部是从红军各单位抽调来的，几乎都是苏联内战时期各个战场相当于将军级别的红军高级指挥员。虽然这时苏联红军还没有实行军衔制，但都戴着军职领章，一看都知道是师级以上干部。由于这些教官都有实战经验，讲课内容很实际，深入浅出，军事理论和实际训练相结合，很容易懂，中国班的学生收获很大。对于已有一定军事基础和实战经验的叶挺来说，军事水平更是提升到了一个新高度。

然而，叶挺还取得了比军事上更大的收获，那就是由一个民主主义者转变为一个共产主义战士——光荣加入中国共产党。叶挺在苏联红军学校的老同学，人民共和国元帅聂荣臻在回忆录中写道：

我们也做发展党团员的工作，叶挺同志就是由王若飞等同志介绍入党的。叶挺原是孙中山警卫营的营长，属国民党左派，由廖仲恺先生派到苏联学习，我们起先都在“东大”，以后一起进了红军学校学军事。因为他思想进步，愿意向党靠拢，多次表示希望入党，经旅莫支部讨论同意后，叶挺同志入了党。①

1925 年 5 月，国内爆发了五卅运动，大革命形势发展很快，急需干部，共产国际通知在东方大学和红军学校学习的中国学生，于 7 月底左右回国。8 月上旬，王一飞、叶挺、聂荣臻、熊雄、颜昌颐等 20 余名学生，离开莫斯科回国。

从 1924 年 7 月离开广州，到 1925 年 8 月离开莫斯科，在一年又一个月的日子里，叶挺脱胎换骨，其军事生涯发生了根本性的变化，一颗耀眼的中国无产阶级将星将要冉冉升起，一个中国无产阶级军事家即将诞生！

---

① 《聂荣臻回忆录》，第 31 页。

周恩来的良苦用心

1924年11月，黄埔军校第一期学生毕业。时任中共广东区委委员长兼宣传部部长、黄埔军校政治部主任的周恩来，深深知道，中国共产党光有军事人才还不行，必须要有自己直接领导的军队，腰杆才能硬，革命才能成功。在留法勤工俭学时，周恩来就在《少年》第6期上发表文章明确指出："真正的革命非要有极坚强极有组织的革命军不可。没有革命军，军阀是打不倒的。"① 于是，周恩来和中共广东区委同孙中山协商并得到同意，组建"陆海军大元帅府铁甲车队"。

历史就是这样，机遇来了必须抓住，若不去抓，或抓而不紧，就会坐失良机。孙中山是坚决主张联共的，为此多次以自己的巨大权威顶住了国民党右派反对联共的压力。这时，他在冯玉祥、段祺瑞、张作霖的邀请下，即将赴北京"共商国是"。在北上之前，孙中山同意由中共广东区委负责组建大元帅府铁甲车队，周恩来等人手中有了"尚方宝剑"，可以名正言顺地组建共产党领导的部队。那些看共产党掌握武装部队心上就像扎一根刺一样不舒服的国民党右派，即使想找孙中山闹，也找不到人了。因为孙中山已经北上，不在广州了。试想，此事若晚几天做，恐怕就很难了。

周恩来亲自组建铁甲车队。他是黄埔军校的政治部主任，在挑选骨干人员方面有有利条件。黄埔军校中的特别官佐徐成章毕业于云南讲武堂，1923年参加中国共产党，曾任琼东县公安局局长、湘粤桂联军支队参谋长，军事工作经验丰富，被周恩来调来任队长。黄埔军校第一期毕业生赵自选和周士第到铁甲车队任见习官。其中赵自选1924年春加入共产党，周士第在进入铁甲队一个月后入党。周恩来还从其他地方调来了中共党员廖乾五、曹汝谦，分别担任党代表和政治教官。这五人负责筹建铁甲车队的具体组织工作。铁甲车队的队员，主要是从

① 转引自中共中央文献研究室编：《周恩来传》（1898—1949）（修订本）（上），第104页。

各地挑选来的进步工人、农民和青年学生，少数是来自大元帅府卫士队的卫士。

周恩来和中共广东区委建立铁甲车队，还有另一层想法，即可以通过铁甲车队训练军事干部。铁甲车队的队员，许多是来自广州、海南岛、东江，甚至还有来自南洋的。他们中不少人经过在铁甲车队训练，调到省港罢工委员会和海南岛等地做革命军事工作去了。

铁甲车队编制 142 人，编为三个排。再加上中共广东区委会派一些人到这里临时受训，人员一般在 150 人左右。在铁甲车队设有中国共产党党小组，最初有五人，即廖乾五、徐成章、赵自选、曹汝谦、周士第，党小组组长廖乾五，每周开一次生活会，除传达上级指示精神、讨论工作外，还有批评与自我批评等内容。党小组直属中共广东区委领导，其人员配备和调动都由中共广东区委决定，活动和工作，都由党小组请示区委领导周恩来、陈延年①决定。因此，铁甲车队名义上是大元帅府属下的武装，实际上是中国共产党直接领导的一支武装。

铁甲车队与国民革命军其他部队不同的是，对政治教育特别重视，每天要上两个小时政治课，晚上组织讨论。政治课主要是党代表廖乾五和政治教官曹汝谦负责，讲授三民主义、社会发展史、工农运动、国内外形势，等等。徐成章、周士第、赵自选有时也讲政治课。铁甲车队有时还请外面人来作报告，如彭湃曾到这里作过关于农民运动问题的报告。军事训练课主要是徐成章、周士第和赵自选来承担，主要训练射击、投弹、刺杀、利用地形地物、单兵动作、夜间动作和班、排、连演习等。除本队外，他们还与黄埔军校的学生一起演习，以提高军事素质。

如前所述，周恩来在第二次东征期间，就觉察出蒋介石有排挤共产党人的企图，深感只有一个铁甲车队这样一百多人的部队还不够，要扩

---

① 陈延年从苏联回国后，被派到广东担任团中央驻粤特派员，后调任中共广东区委秘书、组织部部长兼宣传委员会负责人，协助周恩来处理区委日常工作。1925 年 2 月，广东革命政府分三路东征讨伐陈炯明，由于周恩来随军东征，需要集中力量领导军事工作，难以兼顾中共广东区委的全面工作，改任区委常委兼军事部长，由陈延年接任区委书记职务。

大共产党掌握的武装力量。他曾设想，在国民革命军各个军中都要建立一个中共直接领导的团，作为国民革命军中的核心力量。由于共产党员、共青团员在东征重要战斗中所起的关键作用，一些国民革命军的高级将领也愿意在自己的军里编一些由共产党员率领的战斗力强的部队，以带动那些旧的部队。当时，第六军军长程潜已表示同意，但这一设想遭到陈独秀的反对。周恩来不放弃，又找到了第四军军长李济深商谈。李济深同意中共广东区委在该军第十二师中建立第三十四团。

第三十四团团部设在广东肇庆督办署，临时办事处设在阅江楼。全团 2000 多名官兵，分别编成三个营和机枪连、侦探队、监视队、辎重队、特务队、通讯队、军需处、运输队、担架队等。第一营是在原铁甲车队的基础上扩编而成的，其他都是新编的。第一营营长由原铁甲车队队长周士第①担任，第二营营长贺声洋，第三营营长杨宁。其他分队的连级军官，大部分由来自黄埔军校和原铁甲车队的排级干部来担任，还有一些其他部队和省港罢工委员会的军事干部。士兵一部分是来自江西安源煤矿的矿工，其他是从湖南、广东、广西动员来的失业工人和破产农民。

第三十四团毕竟是个 2000 多人的团，谁来当团长是需要认真斟酌的。这个团长，要忠于共产党，但也要得到李济深同意才行啊！周恩来把目标锁定在了叶挺身上。李济深的第四军是原粤军第一师扩编的。叶挺曾在粤军第一师当过少校参谋、工兵营副营长、第三团第二营营长，属于“老人”。叶挺从苏联回国后，任第四军参谋处处长。他在莫斯科加入共产党，李济深等人对此并不知道。同时，叶挺此前的经历、军事才能，在粤军中也是颇有口碑的。以叶挺为第三十四团团长，李济深等人比较放心。凡事考虑周全，进行得就顺利。当周恩来同李济深商谈以叶挺为第三十四团团长时，李济深痛快答应，第十二师师长张发奎也表

① 铁甲车队成立时的队长徐成章在 1925 年 6 月省港罢工后，调任省港罢工委员会纠察委员会委员长兼纠察队总教练，赵自选任纠察队教练。他们调走后，周士第担任铁甲车队队长。原铁甲车队的党代表廖乾五，在铁甲车队编入第三十四团前，调第四军任党代表。

示赞同。

1925 年 11 月，叶挺被任命为第三十四团团长。叶挺到肇庆走马上任，到达团部时，受到全团官兵列队迎接。

叶挺到任后，第三十四团各方面都得到了健全。团内有 20 多名中共党员，分别编在团部、三个营和直属分队的六个党小组里。党的领导核心是支部干事会（即支部委员会），主要成员是团长、团参谋长和各营营长。

第三十四团成立时，周恩来曾给予指示，要加强军政训练，迅速培养成一支最可靠的有坚强战斗力的革命军队。叶挺到任后，按照周恩来的指示，对部队进行严格的军政训练，使部队面貌很快发生很大变化。由于第三十四团从建团开始就是在中共广东区委领导下自行决定一切，此事引起第十二师师长张发奎的不快，认为是另搞一套。叶挺将中共广东区委安排的工作向张发奎报告时，他认为这是先斩后奏，赌气地说：三十四团是独立的，我管不了你们的事！张发奎积极活动，将第三十四团分离出去，另成立一个自己能够说话管用的团。叶挺也觉得，同张发奎的关系不好处，于是，请中共广东区委出面解决。经过广东区委多方面做工作，1926 年元旦这天，中共广东区委和第四军军部同时发来内容相同的公文，通知第三十四团，自即日起该团脱离第十二师建制，改由第四军军部直接统辖，改称第四军独立团。从此，“叶挺独立团”的称号叫开了。独立团也由此有了更大的活动空间，对肇庆地区的反动地主武装频频亮剑，有力地支持了农民运动的蓬勃开展。

周恩来密切关注着叶挺独立团的发展前景。1926 年 5 月 1 日，独立团作为北伐先遣队，奉命从肇庆、新会北上，路经广州时，周恩来在叶挺家里召开了独立团连以上的干部会议。会上，周恩来向大家分析了国内外形势，北伐的有利条件，湖南、湖北的工人、农民、学生运动情况，唐生智部的情况，说明独立团担任北伐先遣队的任务。周恩来向独立团提出了几点要求：1. 加强党的领导，加强政治工作；2. 注意发动群众，组织群众；3. 注意统一战线工作，很好与友军团结；4. 作战要勇敢，要有牺牲精神，要能吃苦耐劳；5. 要起先锋作用、模范作用、骨干作用；6. 现在有些军都不愿派部队先出去，只要你们打了胜仗，他们就会跟上来。最后，周恩来用“饮马长江”来鼓励大家。临走时，同每一个人握手，说：“武汉见。”[①]

从 1924 年 11 月到铁甲车队开始组建，到独立团 5 月份出征先遣北伐，在一年半的时间里，中国共产党直接掌握的武装力量，从不到 150 人，发展到 2000 多人。若以增速来论，扩大了十几倍，似乎是很快的。但是，由于起点很小，即使独立团的 2000 余人，放在国民革命军八个军 10 万人中，所占比例也只是五十分之一。很明显，如果说铁甲车队是中国共产党武装力量的一棵嫩芽的话，那么叶挺独立团则是一棵幼苗。而对于这棵嫩芽到幼苗的成长过程中，中共广东区委尤其周恩来百般浇水、施肥、呵护，倾注了很大心血。因此，这棵幼苗长得还是很结实，能够顶住严峻的新的斗争考验。

尽管只有一个独立团，人数不多，力量还很弱小，但中国共产党毕竟有了一支自己直接领导的武装，为以后建军积累了经验、打下了基础。

有了第一，也就有了第二、第三、更多，直至发展壮大……

独立团长驱两湖扬威名

1926 年 5 月中旬，叶挺和参谋长周士第[②]率领独立团进入湖南汝城县境内，在当地共产党领导的农民武装的配合下，与原是陈炯明叛军的谢文炳部前卫 1000 余人激战。经过冒雨彻夜战斗，独立团以 50 余人的伤亡代价，取得了毙伤俘敌 200 余人的初战胜利。

接着，独立团乘胜前进，于 5 月下旬越过汝城、资兴两县，5 月 31 日晚到达永兴县城。这时，唐生智向独立团告急，说安仁兵力单薄，要求迅速赶到那里增援。6 月 1 日早上，独立团即冒雨向安仁前进。经过

---

① 见中共中央文献研究室编：《周恩来传》（1898—1949）（修订本）（上），第 136 页。

② 周士第在独立团接受先遣队任务时被任命为参谋长，他的第一营营长职务由也是黄埔军校第一期毕业的曹渊接任。

一百余里泥泞山路的艰苦行军，独立团在 6 月 2 日上午赶到了安仁县城。

6 月 3 日，敌人向安仁以北之渌田、黄茅铺进攻，企图占领安仁。唐生智第八军第三十九团四个连败退，独立团上去增援反攻，经过 3 日、4 日两天战斗，打垮了敌谢文炳部四个团、唐福山部两个团。5 日，独立团进占攸县城，敌人向泗汾、醴陵方向败退。独立团这次胜利，粉碎了敌人企图切断第八军与广东的联络线，瓦解第八军占领湘南的计划，挽救了湖南战局，更增强了原先持观望态度的其他各军的胜利信心，为北伐各军进入湖南创造了有利条件。

在安仁，独立团面临着自己一个团对付敌人四个团的严重力量悬殊局面。但他们牢记周恩来要打胜仗的指示，采取正面进攻和迂回包抄的战术，勇敢作战，在气势上压倒了敌军，取得了胜利，打出了独立团的威名，起到了尖刀、先锋作用，体现了中国共产党直接领导的军队与其他军队的鲜明不同。

独立团占领攸县时，广州国民政府尚未誓师北伐。叶挺本想再往前推进，乘胜把醴陵也拿下。但考虑到没有后续部队上来，一个团势单力孤，孤军深入是兵家大忌，乃命令部队停下来，占据有利地形，巩固湘南北伐基地，等待后续部队。

7 月初，第四军第十师、第十二师陆续到达攸县地区，独立团与它们一块担任湘江以东地区作战任务。10 日，北伐军进攻泗汾、醴陵战斗打响。独立团担任向泗汾、豆田的进攻任务。在当地共产党组织领导的农民自卫军和群众的支援下，独立团渡过渌水，攻破了敌人的防线，打退了数倍反扑之敌，于当日下午 4 时 30 分攻破醴陵城。在进攻醴陵战斗中，第九连连长胡焕文、第二连连长吴兆生英勇牺牲。胡焕文是湖南益阳人，黄埔军校第一期毕业生；吴兆生是湖北黄梅人，黄埔军校第二期毕业生。在进入醴陵的第二天，叶挺率全团官兵，会同当地群众团体，在城南门外山坡上，为二位烈士进行了隆重的安葬仪式。

7 月 12 日，独立团进占浏阳城。这次战斗，突破了敌人的渌水防线，切断了敌人湘、赣之间的交通，使敌人全线迅速溃退。同一天下午，长沙敌人仓皇北撤，北伐军开进长沙市。至此，北伐第一期作战任务基本完成。

由于独立团先遣入湘作战，且场场战斗都是硬仗，官兵作战勇敢，不怕牺牲，因而伤亡人数较多，亟需休整补充人员。当时湖南的农民运动和北伐动员搞得很好，地方各级党组织又给予大力帮助，短短时间，叶挺独立团完成了补充新兵任务。但是，补充干部，又成了叶挺挠头的问题。就在叶挺和独立团党支部的成员们为解决干部问题而伤脑筋的时候，中共广东区委已考虑到了这个问题，派出三十几名营、连、排级干部，由许继慎带领来到独立团。许继慎还给叶挺带来了广东区委的一封指示信。信中指示：革命形势的发展可能很快，你们的战斗任务更加繁重了，要争取在独立团增设一个特别大队（准备担任特殊的战斗任务）和一个补充营。

中共广东区委的指示信和给独立团派的这一批干部可以说是太及时、太重要了！独立团既需要在北伐中受到考验和锤炼；又要使它在每一个阶段的作战之后，能够尽快恢复元气，保持战斗力，在北伐中发挥先锋模范作用；还要不断扩大，培养有实战经验的军事人才，为党掌握军事力量发展创造更好的基础条件。

这时，由于第二营营长贺声洋因肺病离职治疗，许继慎到后，接任第二营营长职务。黄埔一期毕业生、共产党员刘明夏任独立团特别大队大队长职务。

增设特别大队和补充营相当于两个营的编制，有些人担心第四军副军长陈可钰和代管独立团的第十二师师长张发奎不会轻易答应。叶挺说：现在北伐顺利进行，正是部队扩充的好时机，对党的指示一定要坚决贯彻执行。大家只管干，上面的事我来管。会议决定以侦探队、监视队、担架队为基础，组成特别大队，另补充一个大队的兵力，以第一营副营长符克振为补充营营长，从原有和新来的干部中抽调和提拔一批连、排长；并请湖南中共党组织帮助动员工农和学生参加独立团。特别大队和补充营很快就组建起来了。

独立团扩编之后，叶挺把情况向陈可钰和张发奎作了汇报。由于独立团自入湘以来英勇善战，屡战屡捷，为第四军赢来不少赞誉，陈、张二人尽管心里不那么痛快，但也找不出更多的理由去反对。况且，独立团扩编，能打更硬的仗，对第四军在北伐中作战只有好处，而不会有多大坏处。鉴于此，陈、张二人也就点了头。张发奎还不咸不淡地说了句：你们是独立惯了，一切都是先斩后奏。能够顺利扩编是目的，叶挺也就不为张发奎的怪话而和他较真了。

一次多么难得的历史机遇又被中共广东区委和叶挺抓住了！在当时情况下，党要多掌握一点军事力量，都要去努力争取；都要看准时机，研究策略，据理力争；多争取一点，就为以后独立领导武装斗争多积聚一份力量。事实证明，独立团这次扩大相当于两个营的编制，对于此后能够进行激烈的连续作战和发展，起到了非常重要的作用。

独立团在浏阳地区休整、补充一个月，部队不仅恢复了元气，而且得到了扩大，新的战斗又在等待着它。

北洋军阀吴佩孚在渌水、涟水失败后，退到汨罗江一线组织防御，以平江为支撑点，在平江城附近高地构筑坚固防御工事，布置有鹿寨、铁丝网、地雷，并以野炮、山炮控制主要道路和地段。扼守平江地区的各路敌军有 1 万多人，统由吴佩孚的心腹大将第五十混成旅旅长兼蒲平镇守使、平通防御司令陆沄指挥。敌人夸口平江“固若金汤”，北伐军攻不破。

8 月 19 日，第四军进攻平江。根据当地工农群众帮助侦察的敌情和地形情况，第四军制定了主力绕到敌人侧后进攻的作战计划。独立团承担了绕到敌后进攻的任务。由于群众积极带路，独立团从小路迅速隐蔽地渡过汨罗江到达北岸，绕到敌人侧后，协同第十二师第三十六团，以突然的动作迅速攻破平江城；接着又迅速渡回汨罗江南岸，向敌人天岳山、鲁肃山、审思岭、童子岭等四个主要阵地发起侧后攻击，使敌全线崩溃。时任独立团参谋长的周士第回忆说：

这次战斗，在工农群众的大力支援下，我军以很小的牺牲取得很大的胜利，守敌大部被歼，敌将陆沄自杀。我军占领了平江，使敌人汨罗江防线迅速瓦解，敌军纷纷向湖北境内溃退。这次战斗，是一个翼侧迂回包围的典型战例。①

平江战斗后，北伐军向湖北境内追击。第四军占领通城后，独立团奉命占领中伙铺火车站，切断粤汉铁路。8 月 24 日，独立团从通城出发，经过昼夜急行军，走了一百五六十里路，于 25 日拂晓抵达中伙铺附近，与乘火车北逃之敌李金门团遭遇。敌人已是惊弓之鸟，独立团经过一个小时猛攻，就将其全部俘获，完成了预定任务。

8 月 26 日，第四军开始攻打汀泗桥。汀泗桥是咸宁县所属的一个小镇，粤汉铁路从其间通过，是武汉南面第一门户，进攻武汉，必须先拿下汀泗桥。汀泗桥地势险要，素称天险，西北端是难以通过的湖沼地带，东南端有许多便于防御的独立高地，长满树林，在涨水时，形成南、西、北三面环水，东面有山岭可以依托，是一个易守难攻之地。吴佩孚部从汨罗江防线上溃退下来的两万之众凭险固守汀泗桥，以图争得喘息时间，等待援军到来，大举反攻。

第四军制定的进攻计划是第十二师第三十五团沿铁路两侧向汀泗桥正面攻，第三十六团和第十师从右翼包围攻击，叶挺独立团为预备队。然而，进攻受到了挫折，担任正面攻的第三十五团遭敌火力封锁，无法前进，形成隔河对峙局面。第十师先头部队还未到达桥墩就被泛滥的河水挡住了去路。第三十六团进至蒲圻河，就遭到敌人阻击。战斗打了一天一夜，没有什么进展。这是第四军出师北伐以来打得最艰难的一仗。

虽然是被作为预备队，叶挺也没有闲着，他在一个村子里找农民了解情况，得知东边大山上有条小路，可以绕到汀泗桥东北之古塘角。于是，叶挺向军部请缨，要求独立团担任侧后攻击敌人任务。得到批准后，独立团由熟悉道路的农民作向导，翻山越岭绕至敌后。在第十师、第十二师和农民武装的配合下，独立团向守敌发起猛烈攻击。敌人没有想到独立团会突然出现在背后，方寸大乱，阵地接连被北伐军攻破。敌人全线崩溃，第四军迅速占领了汀泗桥。

敌人溃逃后，叶挺果断指挥独立团单独向咸宁追击。途中，叶挺接

① 周士第：《叶挺独立团始末》，《回忆叶挺》，人民出版社 1981 年版，第 18—19 页。

到张发奎送来的命令，要独立团追击不得超过 15 里。叶挺见溃敌非常惊恐、狼狈，认为战机不可错过，错过就要使不少战士付出鲜血和生命的代价，于是继续向咸宁方向追击。当时正涨大水，只有一座铁路桥可以通到咸宁城，地势非常险要，进攻很困难。叶挺抓住敌人刚从汀泗桥溃退下来正在混乱的时机，命令独立团向敌发起猛攻。独立团经过前赴后继的连续冲击后，终于将守桥敌人全部打垮，冲过桥去，继续进攻。8 月 27 日上午 11 时，独立团占领了咸宁城。这时，吴佩孚的援兵已经乘火车到达贺胜桥。若不是叶挺果断指挥独立团占领咸宁，而是坐视吴佩孚援兵赶到扼守该城，将给北伐军以后的进展增加很大困难。

贺胜桥号称是武汉南面第二门户，也是一个地势险要的兵家必争之地。其西有黄塘湖，东有梁子湖，由于这时正是洪水期，镇前小河河水上涨，同大湖连在一起，只有一条铁路桥可以通行，情况与汀泗桥和咸宁差不多。从贺胜桥往北直到武昌城，是百余里的丘陵和平原，无险可守。因此，吴佩孚不惜血本，修了三道防御工程，以 4 万人防守贺胜桥地区。

8 月 30 日，北伐军进攻贺胜桥战斗打响，叶挺独立团担任正面沿铁路攻击的任务。独立团以迅速勇猛的战斗动作突破敌人前沿阵地攻入纵深后，左侧第十二师第三十五团及第七军第二路均落后很远，配合不力，致使独立团在敌人阵地纵深苦战。铁路东侧的第二营进展最快，插入敌人腹地后，陷入吴佩孚军刘玉春第八师部队的重重包围中。营长许继慎胸部中弹，仍然咬牙坚持指挥战斗。叶挺见状，立即命令预备队第一营和特别大队全力增援，打退敌人反扑，将许继慎抢救出来。

由于独立团英勇顽强、行动一致，打败了敌人的优势反突击部队，攻破了十余里纵深的防御阵地，占领了贺胜桥。吴佩孚本人仓皇坐铁甲火车逃亡武昌。

贺胜桥战斗是一个典型的中央突破战例。此战，北伐军打败了吴佩孚亲自指挥的敌军主力，打开了进攻武昌的最后一道大门。攻下武昌，已指日可待。独立团在关键时刻，又一次发挥了重要作用。

8 月 31 日，北伐军兵临武昌城下。9 月上旬，第八军渡过长江，占领汉口、汉阳。

自北伐以来，蒋介石让自己的嫡系部队躲在后面，担任预备队，没有同敌人打过硬仗。9月3日，蒋介石指挥第一军第二师、第四军第十师、第七军第二师进攻武昌城。然在离城墙还有一公里时，就停止不前，当天攻城未见成效。

9月5日，北伐军再次攻城，独立团担任攻击道湘门至宾阳门的战斗任务。独立团以第一营为奋勇队。周士第在回忆中说：

担任奋勇队的第一营接受任务后，全营官兵都很高兴，战斗情绪激昂。一连有一个党员班长，拿着家信和几元钱交给营长说："我们明天攻城，大家一定要不怕死，才能把武昌攻下，我为了完成党交给的任务，是不怕死的。"并在家信中说："为了打倒帝国主义，打倒军阀而战，虽死犹生。为中国人民的解放事业，为着实现共产主义而战死，是光荣的。"一营的大部分官兵都和这个班长一样留下了家信。①

攻城开始后，第一营各连抬着四个云梯，勇敢登城。敌人居高临下，用密集的火力，将第一营官兵打了下去。第二连发现城墙脚下有个排水沟，决定顺着排水沟爬进城内。哪想敌人早有防备，进到排水沟里的官兵全被敌人射杀。激战数十分钟，第一营只剩下30多人。面对弹雨，剩下的这些官兵在营长曹渊的带领下，面无惧色，爬上云梯，力图登城。曹渊刚登上几阶云梯，就身中数弹。但他还是忍着疼痛爬到梯顶，抓住城垛，登上城墙，同登上城墙的其他士兵与敌人肉搏，消灭了一部分敌人。这时第二营的第四连也跟上来了。

独立团第一营以鲜血和生命在武昌城头打开了一个小缺口，然而，其他军的攻城奋勇队却没有及时跟进，有的离城很远就停止不前了，有的进到城壕外沿就停住了，不敢靠近城墙。没有后续部队，独立团第一营孤军在城头与敌军浴血奋战，而敌人的增援部队却源源不断开来。最后关头，营长曹渊在给叶挺的报告中写道："天已拂晓，进城无望，职营伤亡将尽，现存十余人，但革命军人有进无退。"② 刚写完这个报告

---

① 周士第：《叶挺独立团始末》，《回忆叶挺》，第20页。

② 周士第：《叶挺独立团始末》，《回忆叶挺》，第20页。

的最后一个字，曹渊头部中弹牺牲。当时，国民革命军和武汉人民中广泛流传曹渊“留书攻城”的壮举。曹渊牺牲，使中国共产党又失去一位优秀的军事指挥员。

登上武昌城头的第一营官兵最终全部壮烈牺牲。而进到城下的官兵，也遭到严重伤亡。第一连连长莫奇标，在城下指挥战士竖云梯时中弹牺牲。第三连连长高超，武昌人，曾当过孙中山的卫士，在带领先头班上云梯登城时牺牲。他牺牲的地点，与他在武昌城内的家，与父母、妻子只隔一道城墙。第二连六名排长，五人牺牲，一人重伤。9 月 5 日战斗，是独立团自先遣北伐以来，牺牲最大、最悲壮的一次战斗。

9 月 5 日攻城失利后，北伐军改攻城为围困。

当北伐军在两湖战场势如破竹进军之时，原来持中立态度的孙传芳有兔死狐悲之感，改变原来态度，公开反对广州国民政府。9 月 7 日，孙传芳发出通电，限令北伐军 24 小时全部退回广东，并调集 10 万之众从江西进犯两湖，企图切断北伐军后路，解武昌之围。面对此情况，原先担任监视孙传芳任务的北伐军第二、第三、第六军和第一军第一师即转入江西同孙传芳军作战，蒋介石到江西战场指挥作战。后来，第七军也东调鄂城一带阻止孙传芳部队西进。这样，围困武昌的任务就由第四军单独担任。

武昌城又高又厚，用云梯登城接连失利表明，这个办法不行，必须寻找新的办法。于是，叶挺每日走访当地一些老居民，调查关于武昌城的陈年往事，探索新的攻城办法。在调查中，叶挺得知徐家棚火车站有一辆缴获过来的铁甲车，经过查看，发现修理后可以用，便决定以铁甲车为依托，掩护矿工在通湘门附近挖一条通往城内的地下坑道，准备攻城。

10 月 1 日，守城敌军发现了独立团的意图，于是集中很多大炮、机关枪，在城墙上以猛烈的火力掩护数千敌人冲出城外，企图破坏矿工和独立团的坑道作业，并侦察北伐军的力量和动态。独立团用全部兵力以勇猛的动作迅速地将敌打垮。

北伐军围困武昌城后，中共武汉地委董必武、陈潭秋在城内领导对敌斗争，对瓦解、争取敌军做了很多工作。城内敌人更加恐慌动摇，守敌刘玉春部第三师师长吴俊卿私下派参谋长随饥民混出城外，单独向第四军接洽投诚。双方秘密商定，10 月 10 日由该师自动打开所守的保安、中和、通湘三座城门，接应第四军攻城。

10 月 10 日凌晨 1 时，北伐军发起了第三次进攻武昌的战斗。城内吴俊卿第三师如约打开了三座城门。独立团一部由中和门冲入，大部在通湘门附近攀墙冲入城内，与敌展开巷战。之后，又向敌人主阵地蛇山进攻。正午时分，独立团攻下了蛇山炮台，控制了俯瞰全市的制高点。敌人丧失了斗志，纷纷缴械投降。北伐军占领武昌后，完全打败了最大的北洋军阀吴佩孚，革命形势有了很大发展。

从 5 月中旬先遣入湘，到 10 月 10 日攻克武昌城，半年之内，叶挺独立团在每次重要战役战斗中都完成了任务，发挥了先锋和骨干作用，对其他各军的影响和推动很大，为北伐战争的胜利进军作出了重大贡献。因此，独立团被人们称为“铁军”。由于独立团隶属第四军，所以人们一般也称第四军为“铁军”。

攻克武昌后，独立团党支部决定在武昌洪山修建攻城官兵诸烈士墓，安葬曹渊等 191 名烈士。墓碑上镌刻着“精神不死”“先烈之血主义之花”“诸烈士的血铸成了铁军的荣誉”等名句。这座烈士的墓碑，成为共产党人和革命军人在北伐中英勇善战、不怕牺牲的历史见证。

1927 年 1 月，北伐军扩编，第四军扩编为两个军，即第四军和第十一军。独立团被编为第四军第二十五师第七十三团，叶挺升任第二十五师副师长，周士第升任第七十三团团长，许继慎升任参谋长。

叶挺任第二十五师副师长后，从第七十三团抽调干部分配给新建的第七十四团和第七十五团。为了筹建第七十五团，他还又亲赴广东、湖南等地。在广州地区，他搜集一部分参加北伐作战的独立团伤病人员，组建了第七十五团第一营，任命共产党员、黄埔军校第二期毕业生孙一中为营长。之后，他又在湖南各地搜集一批已经痊愈的独立团负伤官兵，组建了第二营和第三营，由原独立团的机枪连连长练国梁、第六连连长袁也烈和监视队队长蔡晴川担任这两个营的主管人员。叶挺在中共广东、湖南区委的大力支持下，短时间内，为第七十五团输送了一批下级军官和补充了大量新兵，完成了组建第七十五团的任务。

3 月底，叶挺升任第十一军第二十四师师长，又从第七十三团抽调一些骨干到第二十四师第七十、第七十一、第七十二团，使第二十四师成为像独立团一样能够听共产党指挥的部队。

后来，党组织又从第七十三团抽调一部分骨干，组成第二方面军总指挥部警卫团，调时任第七十三团参谋长的卢德铭任团长。

在这些新组建的团里，都建有共产党组织。周士第在回忆中说："这些部队都是由党领导的，团都建立党支部，营建立党小组。有些团（如七十三团）建立党总支，营建立党支部，连建立党小组。"① 在部队中建立党组织，为以后军队党的建设，积累了经验。

由一个团发展到七个团，叶挺独立团不仅仅是北伐中英勇善战、不怕流血、敢啃硬骨头的"铁军"，更是中国共产党在实战中培养军事指挥人才和骨干的学校。原先像幼苗一样的叶挺独立团，在北伐战争的暴风骤雨中成长，抽出了新枝、发出了新芽，成为一棵小树了。由叶挺独立团发展起来的这七个团，是中国共产党珍贵的军事基础，将在未来的革命斗争中担当大任，发挥极为重要的作用。

四、共产党独立掌握军队的尝试

两个四川籍名将

广州国民政府誓师北伐不久，中共旅莫支部派回国的又一批干部到达了上海，其中一个中等身材、面目忠厚的中年人，就是后来被称为"红军之父"的朱德。

---

① 周士第：《叶挺独立团始末》，《回忆叶挺》，第 21 页。

朱德，字玉阶，原名代珍，1886 年生于四川仪陇县马鞍场。1909 年考入云南讲武堂，同年加入同盟会。1911 年辛亥革命爆发后，参加云南起义。1915 年参加反对袁世凯的护国战争，任滇军补充队第四队队长，次年 1 月任步兵第十团团长。1917 年参加反对北洋军阀段祺瑞的护法战争，任靖国军第二军第十三旅旅长。1918 年改任靖国军第二军第三混成旅旅长。1921 年任云南陆军宪兵司令部司令官。1922 年任云南省警务处处长兼省会警察厅厅长。同年 9 月赴德国留学，11 月在柏林加入中国共产党。1925 年 7 月转赴苏联莫斯科入东方劳动者共产主义大学学习。旋被选为中共旅莫支部执行委员会委员。同年 10 月，入秘密军事训练班学习，任学员队队长。

在德国哥廷根留学时的朱德（1923 年）。

朱德是军人出身，又是党培养的军事干部，到上海向中共中央军事部负责组织工作的王一飞报到。

过了几天，中共中央总书记陈独秀召见朱德。这是朱德和陈独秀的第二次见面。第一次是在四年前的七八月间，朱德到上海找到时任中共中央执行委员会委员长陈独秀，提出了加入中国共产党的要求，陈独秀没有同意，理由是：要加入共产党，必须以工人的事业为自己的事业，并且准备为它献出生命；对于当过高级旧军官的朱德来说，需要经过长时间的学习和真诚的申请。这一次，朱德是作为共产党员，听候党的最高领导人分配工作任务的。

陈独秀告诉朱德，有两项工作，或是去四川做杨森的工作，说服他割断与北洋军阀吴佩孚的关系，易帜倒向北伐军；或是到广东去参加北伐。朱德考虑到自己和杨森曾在护国军中共过事，曾救过他的命，在赴欧前经过杨森部时，杨曾许愿“虚位以待”，因而向陈独秀提出愿以国民党员和滇军同僚身份到四川杨森部去工作。朱德的确是去杨森部的最合适人选，陈独秀同意了朱德的意见，并要朱德离上海前去一趟南京，利用在旧军队中的关系，调查北洋军阀孙传芳部在上海、南京一带的兵力部署情况，以配合国民革命军的北伐。

陈独秀为什么重视做杨森的工作呢？情况是这样的。广州国民政府誓师北伐后，中国共产党也比以前重视军事工作了。中共中央召开了第三次扩大执行委员会会议，作出《军事运动议决案》，指出："中国目前是带民族革命色彩的军事势力与反动军阀武装冲突的剧烈时期。在带民族革命色彩的军事势力中，客观上至少可以进行相当政治宣传。同时反动的军阀又因彼此敌视和军队中的内部冲突，与雇佣兵之因过分虐待而离异，使我们易于在反动军队内部进行工作。""本党是无产阶级革命的党，随时都须准备武装暴动的党，在民族革命的进程中，应该参加武装斗争的工作，助长进步的军事势力，摧毁反动的军阀势力，并渐次发展工农群众的武装势力。同时此项工作就是使本党获得有条理的准备武装暴动的经验。"① 议决案还要求在军阀部队中开展兵运工作。

当时，北伐军正在集中力量对付吴佩孚，位于长江上游的四川军阀刘湘、杨森、邓锡侯、刘文辉、赖心辉、刘存厚，都打着北洋军阀政府的旗号，拥有人枪近 20 万。这样，四川军阀的动向就成为北伐战争能否在长江流域胜利发展的一个重要因素。而驻在川东万县一带的川军第二军杨森部离两湖最近，可以顺江而下，因此是重点争取的对象。

在完成陈独秀交代的调查上海、南京孙传芳军实力的任务后，朱德于 7 月下旬启程去川东。由于吴佩孚下令汉口戒严以及天气等原因，朱德费了一些周折，于 8 月 11 日才到达万县。

到万县后，朱德受到杨森的款待，住在高级的招待所王家花园。朱德向杨森讲述了革命形势，宣传孙中山的三民主义和联俄、联共、扶助农工的三大政策，劝他参加国民党。杨森立即露出了军阀有奶便是娘的

① 《军事运动议决案》（1926 年 7 月），中央档案馆编：《中共中央文件选集》（1926）第 2 册，中共中央党校出版社 1989 年版，第 227 页。

本性，问朱德国民政府可以向他提供多少经费。朱德回答：国民政府正在进行北伐，不可能提供钱饷，没有带钱来。

尽管朱德苦口婆心劝他这位老同事，但杨森就是听不进去。由于杨森以前向朱德许过“虚位以待”的愿，不能食言，却又不想交给朱德兵权，只委一个行营参谋兼第九师（杨森直辖师）代理师长的空头衔。

8 月 14 日，杨森不听朱德劝告，通电宣布就任吴佩孚所委任的四川省省长一职。

8 月 26 日，一个风度儒雅的青年男子走进了朱德所住的王家花园。这个青年叫陈毅，是受中共北方区委执行委员会总负责人李大钊派遣到四川做兵运工作的。

陈毅，名世俊，字仲弘，1901 年生于四川乐至复兴场安井村。早年读过私塾，1916 年就读于成都甲种工业学校。1918 年考入留法预备学校，1919 年赴法国勤工俭学。1921 年因参加中国留法学生爱国运动被驱逐回国。1922 年加入中国社会主义青年团。1923 年入北京中法大学读书，同年加入中国共产党。1924 年担任北京学生总会党团书记、中国国民党市党部中共代表。1925 年从中法大学毕业，在北京从事革命工作。

朱德和陈毅见面后，两人彼此说明身份，决定共同做杨森的工作。这是朱德和陈毅第一次共事，由此结下了此后长达 42 年的革命友谊。

8 月底和 9 月初，先后发生了英国太古公司“万流号”在长江中高速行驶掀起大浪致使杨森运盐款和税款的三只木船倾覆，淹死官兵 56 人，损失 8.5 万两银元事件和英舰“嘉禾号”“威警号”“柯克捷夫号”炮击万县市区两个小时，中国军民死伤近千人，商店、房屋被毁上千间的惨案。朱德和陈毅利用这个契机，发动人民群众声讨英帝国主义的罪行，推动杨森转向广州国民政府，割断同北洋军阀政府的联系。

万县惨案发生，杨森对国民政府的态度有些改变。9 月中旬，朱德到汉口向中共湖北区委汇报工作。行前，杨森向朱德表示愿意接受国民革命军的称号，请朱德转告国民革命军总政治部主任邓演达。朱德报告邓演达后，邓演达表示同意，并决定派一批政治工作人员，交给朱德带回去改造杨森部队。

9月24日，国民革命军总司令部委任杨森为国民革命军第二十军军长兼川鄂边防督办，朱德为第二十军党代表。然而，杨森出尔反尔，对困守武昌的吴佩孚仍抱希望，不仅没有宣布就职，反而乘朱德此时在武汉，派三个师东进鄂西，支援吴佩孚。

10月上旬，朱德带领20余名政治工作人员回到万县。当他得知杨森派兵援助吴佩孚的消息后，非常气愤，当面质问杨森。杨森对就职一事敷衍塞责。鉴于此，朱德派杨逸棠前往重庆，向中共重庆地委书记杨闇公汇报杨森情况。接着，他又致信中共湖北区委，报告了杨森态度依旧暧昧的情况。

10月10日，北伐军攻下武昌。11月上旬，国民革命军第七、第八两军向鄂西杨森三个师实行反攻；第十军和新编第十二军由湖南常德市向湖北沙市、宜昌杨森部进行截击。杨森部败退，杨森见风使舵，派代表赴武汉，表示后悔不采取朱德的意见，请求国民政府宽恕。

11月上旬，一个令朱德意想不到的人出现在他的面前。这人便是刘伯承，此时以国民党中央党部特派员身份到四川负责军事工作，以推动四川军阀倒向国民政府，抑制杨森出兵东下，威胁武汉。

刘伯承，原名明昭，1892年生于四川省开县赵家场。1912年考入重庆军政府将校学堂。1913年加入四川讨袁军。1914年加入中华革命党。1915年组织川东护国军第四支队。1916年3月在指挥攻打丰都县城时，右眼中弹致残。在疗伤的过程中，为不使脑神经受到损害，坚持不用麻药，被主刀的德国医生赞为“军神”。1917年参加护法战争，先后任旅参谋长、团长。1923年在讨伐吴佩孚的战争中任东路讨贼军第一路前敌指挥官。刘伯承自从军后作战勇敢，指挥部队多次打胜仗，渐渐被人誉为“川中名将”。同年8月在作战中右腿负重伤，在成都治疗期间，结识川籍共产主义者杨闇公、吴玉章，开始接受马克思主义。1926年5月，经杨闇公、吴玉章介绍，加入中国共产党。

朱德与刘伯承，当年在战场是对手。1916年，朱德和刘伯承都参加了反对袁世凯复辟帝制的护国运动。朱德在滇军，刘伯承在川军。护国战争之后，四川逐渐形成了军阀割据的混乱局面，战事不断发生。在一次军阀混战中，刘伯承率部与滇军作战，连连取得胜利。朱德这时任滇军第三混成旅旅长，作战接连失利，退回云南，驻扎在滇北昭通。

军阀混战，使两个四川籍名将互为对手。为中华民族解放，追求共产主义理想，又使他们从对手成为志同道合的战友。因此，当朱德和刘伯承此时会面，彼此都十分感慨。

刘伯承此次入川，是奉中共中央之命加强四川军事工作，支援即将发动的武装暴动的，同行的还有欧阳钦。

刘伯承见到朱德后，得到的关于杨森的消息却不理想。朱德将他来万县以后杨森的表现一五一十都告诉了刘伯承和欧阳钦。朱德说：杨森秉性狡诈，听不进我的话。这样，原先希望能够利用杨森，使朱德能够掌握杨部一个师的计划无法实现。刘伯承担心朱德在杨森部的安全，但朱德坚持留下来，继续做杨森的工作，并说服杨森，于 11 月 20 日在万县杜家花园开办了第二十军军事政治学校。朱德派了一批共产党员到该校任教育长、大队长和教员。该校成立后，先后发展了十多人为共产党员，组建了中共党支部。

在杨森部掌握一个师的计划无法实现，就要另辟蹊径。11 月中旬，杨闇公、朱德、刘伯承在重庆浮图关下六店子刘伯承家召开紧急会议，成立由杨闇公、朱德、刘伯承三人组成的中共重庆地委军委，杨闇公兼任军委书记。军委会议决定：争取地方军阀反对北洋政府，支持国民政府。在具体策略上，利用军阀内部矛盾，策动一部分军队起义，以推动和争取更多的军阀武装起义，配合国民革命军北伐进军。据此，会议确定了在泸州、顺庆（今南充）组织当地驻军起义的方案。

会议之后，朱德返回万县，继续做杨森的工作。杨闇公、刘伯承前往合川，与驻防合川的黄慕颜商议顺庆、合川、泸州三地暴动计划。经过商议，预定在 12 月 5 日起义。

一场震动全四川乃至全国的武装起义即将爆发。

泸州、顺庆响惊雷

泸州，位于四川省南部，古称江阳，北面沱江，南面长江，在泸州东北处交汇，是两江运输要道，扼川、滇、黔交通之咽喉。自古以来，就有“铁打泸州”之称，素为兵家必争之地。

早在1922年，共产党人恽代英、刘愿安、曾伯润等人就在泸县开展建立共产党组织的工作，还在川南师范学校组织进步团体，宣传马克思主义，宣传俄国十月革命，在青年学生和群众中有很大影响。万县惨案时，泸县国民党县党部曾发起“万案雪耻会”，有70余个团体参加，声讨英帝国主义罪行。北伐军占领武汉时，全城召开庆祝大会，到会人数达3万多人。共产党人刘愿安、曾伯润、刘元、王寿昌、陈泽煌、熊太岳、王业鸥等，在泸州相当活跃。

1926年下半年，在泸州驻防的是北洋军阀政府委任的四川省长兼边防军司令赖心辉部三个旅。其中，驻守城内的是赖心辉的嫡系和主力部队第二混成旅，旅长是赖心辉的心腹李章甫。第十混成旅，旅长陈兰亭，驻在沱江左岸小市一带。第四混成旅，旅长袁品文，驻扎在长江右岸的兰田坝。

袁品文旅原是熊克武部第二混成旅的老底子，该旅曾在刘伯承指挥下参加旧民主主义革命。旅长袁品文曾在刘伯承部任连长。袁品文旅归属赖心辉部后，粮饷补给经常发生困难，有“后娘养的”感觉，想寻找出路。鉴于该旅的此种状况，中共重庆地委派邓作楷、童庸生做袁品文的工作。袁品文曾回忆说：

我驻兰田坝不久，共产党员邓作楷来泸州，我以同学旧好关系，诚恳地请他帮助我，聘为我部顾问，担任政治教育工作。我部办有一个军事训练学校，讲话稿由他拟，话由我讲。

一九二六年夏，重庆省党部派童庸生同志来泸，携有国民政府策动我起义的函示，又携有刘伯承同志亲笔嘱我参加革命党，听党的指挥。童庸生同志来泸同我两次会晤，分析了国内形势，革命的方向，和参加革命的新使命等等。我原来在第一军熊克武、但懋辛两同志的领导下参加过旧民主主义革命，一谈到打倒北洋军阀，我心中就十分赞成。当即表示愿以全部力量听党的指挥。即派邓作楷至渝，商量革命应如何进行等问题。①

驻在泸州城内的第二混成旅旅长李章甫，人称“李毛牛”，独霸泸州的财政税收大权，他的部队吃穿不愁。而袁品文部和陈兰亭部的经济就不怎么妙了，连伙食费都难以为继，每日数千号人，只有几十元维持。因此，官兵怨气很大，对李章甫非常不满。第十混成旅旅长陈兰亭原为绿林，脾气暴躁，因所部有三千多人，比李章甫人多，为分享泸州财政税收，多次与李争吵，两人积怨甚深。1926 年 10 月初，李章甫在城内大北街泸康茶园宴客，陈兰亭部士兵在茶园门口闹事，李部巡查队立即从中捉拿二人，就地枪决，并在布告中称之为“土匪士兵”。此举揭了陈兰亭的疮疤，陈欲杀之而后快。

中共重庆地委军委决定以袁品文部为起义基本队伍，争取陈兰亭，消灭李章甫。袁品文根据起义计划，到陈兰亭处与之商谈。陈兰亭表示愿意起义，遂结为同盟。袁品文、陈兰亭欲采取“擒贼擒王”战术，设计活捉李章甫。

12 月 1 日，袁品文邀请李章甫参加该旅的“军士训练学校”毕业典礼。上午 8 时，李章甫毫无戒心，随前来迎接他的袁品文一同乘船渡过长江，到达袁品文旅部。袁品文按照既定计划，将江中大小船只调集南岸，同时派人以取“留声机”为名，通知陈兰亭，“牛已牵来，事态进展顺利”。待李章甫等人进入客厅后，伏兵一拥而上，将李及随行人员一概拿下。顷刻间，李章甫由“座上宾”变为“阶下囚”。

接着，袁品文集合全部官兵讲话，宣布起义，树起国民革命军的旗帜。经过简短动员后，袁部第一团进攻泸州南门，第二团渡江进攻忠山，独立营向沙湾碗厂方向警戒，掩护兰田坝后方，袁品文亲率机关枪

---

① 袁品文：《泸州起义前后》，中共泸州市委党史工作委员会办公室编：《泸州起义》，第 228—229 页。

营直取西门。陈兰亭部向大北门、会津门进攻。经过一昼夜激战，次日凌晨，起义军胜利占领泸州。

泸州起义时，中共泸县特支也积极行动，以国民党左派县党部的名义，组织市民、学生支援起义部队，并开展宣传活动，张贴标语。天亮时，全城已贴满“打倒帝国主义！”“打倒军阀！”“铲除贪官污吏、土豪劣绅！”“国民革命成功万岁！”等标语。12 月 7 日，泸州各团体 120 多个单位，各界群众 6 万余人，冒着细雨在小校场开会，庆祝泸州起义胜利。

泸州起义的消息传到重庆时，以共产党和国民党左派构成的国民党四川省省党部①，正在重庆中山学校召开“国民党四川省第一次代表大会”。得知消息后，中共重庆地委军委准备让刘伯承等赶赴泸州，率领起义军前往顺庆。然在 12 月 3 日，顺庆起义爆发。按照整个起义计划，顺庆是起义部队会合地，中共重庆地委军委急派刘伯承赴合川，率黄慕颜部队驰援顺庆，指挥整个起义部队。

顺庆地处四川中部，物产丰富，是四川富庶地区。早在 1925 年春，中共中央就派吴季蟠和黄知风到这里开展革命活动。此地的驻军是川军第五师何光烈部。1926 年春，吴玉章曾到顺庆劝说何光烈服从广州国民政府，但何未答应。但吴玉章利用在顺庆的机会，经常到士兵中讲演，还到中小学讲学，传播社会主义思想。这时，童庸生、张秀熟、袁诗尧、任白戈等，也都在这里进行革命活动。何光烈部旅长秦汉三、杜伯乾，在吴玉章、李钊风、童庸生的策动下，逐渐靠拢革命。吴季蟠、黄知风分别到这两个旅部当政治部主任。秦汉三也被发展为共产党员。

秦汉三、杜伯乾决定参加国民革命后，受到何光烈的疑忌，时常越权指挥营、团长，并利用其心腹进行监视，借以架空二人。秦、杜二人决定以武力解决何光烈，举行起义。当时，秦、杜二人秘密商定在 12 月 5 日乘何光烈到顺庆土门寺操场检阅时，逼何就范，然后宣布起义。不料，消息泄露，何光烈准备先下手为强，准备在 12 月 4 日午后，以

① 因地址在重庆莲花池，被称之为“莲花池省党部”。当时国民党右派在重庆杨柳街总土地另成立了一个省党部，被称之为“总土地省党部”。

召集全体军官会议为名，借机将秦、杜二人扣留。

秦汉三、杜伯乾当然不愿束手就擒，于12月3日下午发动起义，何光烈携家眷、卫队和少数部队逃出顺庆城。4日晨，起义军全部控制了顺庆城。在起义过程中，顺庆共产党组织以国民党县党部的名义，大力进行配合，并建立了顺庆临时权力机构。

12月6日，秦汉三、杜伯乾发出安民告示，顺庆局势趋于平稳。9日，刘伯承、黄慕颜率领合川起义军到达顺庆。刘伯承的到来，使起义军有了主心骨。刘伯承召开紧急会议，对巩固和发展起义胜利、处理各部队的关系、整肃内部纪律、布置防范措施、安置民众生活作了安排。

10日，起义部队在果山公园举行誓师大会，刘伯承正式就任国民革命军四川各路总指挥职。刘伯承将总指挥部设在原何光烈师部，等待泸州起义军前来，然后向绥定（达县）前进，消灭军阀刘存厚部。

然而，泸州方面却出了问题。陈兰亭参加起义是有自己的算盘。泸州每月10万元盐税，在李章甫部占据泸州城时，陈兰亭非常垂涎，但可望不可即。现在占了泸州城，陈兰亭便一屁股坐下，不想离开了，每天想的都是抓钱、抓粮；并在暗中与贵州军阀周西成勾结，准备拉部队入伙。陈部原聘的政治部主任黄季陆，是国民党右派分子，暗地里挑拨各部之间的关系，极力阻挠部队到顺庆去。

袁品文部第一团团长皮光泽自恃在起义中功劳最大，对开赴顺庆集中的命令根本听不进去，想法和陈兰亭一样，抱着在泸州好发财的梦，和陈兰亭沆瀣一气。

袁品文愿意到顺庆去集中，但陈兰亭、皮光泽拖住了部队，自己孤掌难鸣，一筹莫展。刘孟伉等共产党员奔走于各部之间，耐心劝说他们北上顺庆，没有成效。12月中旬，莲花池省党部派陈达三到泸州，代表刘伯承催促起义军北上，也无济于事。

刘伯承在顺庆等不到泸州起义军的到来，而何光烈纠集手下正杀气腾腾扑向顺庆。鉴于此，刘伯承提出迅速撤出顺庆，向川鄂边区前进，消灭小军阀，向武汉靠近。就在顺庆起义军商议撤出顺庆之际，接到杨闇公密信，说已严令泸州起义军火速向顺庆集中，指示顺庆起义军原地坚守，等待泸州起义军会合。于是，刘伯承又与黄慕颜、秦汉三、杜伯乾商议，改撤出城防为坚守果城。

13 日，敌人以八个团的兵力分三路向起义军进攻。在敌强我弱的情况下，起义军仗打得十分艰苦，伤亡甚多，只得退回城内防守。

鉴于泸州方面仍没有起义部队北上的消息，刘伯承于 14 日召开营以上军官会议，讨论放弃顺庆向东转移的方案。秦、杜两部团、营级军官因眷属在城内，表示不愿意离开，主张坚守，两种意见相持不下。最后，刘伯承决定撤出顺庆。

经过 15 日一天激战，16 日下午，起义军撤出顺庆。刘伯承决定，起义军全部暂退开江县整顿。开江是杨森部下王仲澄、罗觐光部的防地，刘伯承与他们有旧谊，加上朱德在杨森部的关系，必能容纳起义军。22 日，刘伯承率领顺庆起义军余部 2000 多人抵达开江县地域，受到罗觐光的友好接待。朱德听到这个消息后，劝说杨森兑现援助起义军的诺言，派人筹集一批款子，送往开江，接应刘伯承等人来万县。

这时，对泸顺起义进行指导和联络工作的吴玉章已经到达武汉。吴玉章在回忆中说：

顺泸起义时我在武汉。起义之初，闇公同志派人来汉口告我，顺泸起义已发动，请求国民政府给起义军队以国民革命军番号。我在国民政府会议上，提议按军队的序列给顺泸起义部队以国民革命军第三十五军番号，委刘伯承同志为该军军长。会议通过了我的提议。但别有用心的谭延闿（这时汪精卫不在武汉，［谭延］闿代理国民政府主席职务）借故推延，说什么需要经过蒋介石，并将此案交给苏联顾问加伦将军顺便带往南昌蒋总部“划行”。这时蒋介石正在与帝国主义勾结，阴谋叛变革命，他怎么能够同意我党建立军队呢？①

由于谭延闿作梗，委任刘伯承为第三十五军军长之事一再拖延，使

---

① 吴玉章：《回忆泸顺起义》，中共泸州市委党史工作委员会办公室编：《泸州起义》，第 226 页。

泸顺起义军失去名正言顺地得到武汉国民政府援助的机会。

顺庆起义失利后，刘伯承于 1926 年底到达万县，住在宝隆洋行。几天后，杨闇公也到了万县，与刘伯承同住一处。杨闇公、朱德、刘伯承三人一起分析了时局的变化，商讨顺庆善后和泸州方面的军务。这时，中共重庆地委军委陆续调集力量来万县，以迎接新的斗争和应付泸州战局。

1927 年 1 月中旬，中共重庆地委军委在万县开会，决定由刘伯承即刻到泸州，全权指挥泸州起义军。刘伯承到泸州后，立即大刀阔斧整顿起义部队：一是设立总指挥部，撤销原来的第四、五路联合办事处。每日午后，各路司令集中在总指挥部办公。泸州的军、政、财大权，统一于总指挥部。二是整编部队，成立国民革命军第六路，由皮光泽任司令，下辖两个团，驻防兰田坝。三是筹办泸纳军团联合军事政治学校，为部队培养军事政治骨干，刘伯承亲任校长。四是筹办泸县国民师范学校，招收高中生，培训政治工作人员。五是重视部队政治工作，除各路设有政治部外，各团设政治指导员，营、连设党代表，由共产党员和国民党左派人士担任，部队上下公文，须经政工人员签署，方为有效。经过整顿，泸州面目为之一新。

就在刘伯承在泸州整顿渐有起色时，国民政府内部却发生了变化，身为北伐军总司令的蒋介石加紧密谋叛变革命，四川的刘湘与蒋介石结成反动联盟。3 月 23 日，蒋介石密令刘湘消灭四川革命力量，3 月 31 日，400 多名共产党员和进步人士被屠杀，中共重庆地委、国民党莲花池省党部遭到彻底破坏，杨闇公惨遭杀害。此事件史称三三一惨案。一时间，白色恐怖笼罩四川。

三三一惨案血迹未干，刘湘就拼凑川黔联军围攻泸州。一心想夺回泸州的赖心辉，担任川黔联军总指挥，率几万喽啰向泸州扑来。4 月 13 日以后，川黔联军包围了泸州。

4 月 18 日，武汉国民党中央执行委员会政治委员会召开会议，讨论四川局势问题。根据吴玉章的报告，会议决定免去刘湘、赖心辉等人的国民革命军职务。

4 月下旬，泸州周围局势发生变化，原先观望的杨森[①]、刘文辉倒向了蒋介石，与刘湘、赖心辉等人联名通电，拥护蒋介石“清共”。刘文辉派出一个师、三个混成旅参加对泸州起义军的围攻。这样，参与围攻泸州的敌军兵力达到了三四万之众，是起义军的数倍之多。但在刘伯承的指挥下，起义军与当地民众团结一致，屡次挫败敌人的进攻。

5 月 4 日，蒋介石任命刘湘为第五路总指挥，随后任命杨森为前敌总指挥。5 月 6 日，刘湘、刘文辉、杨森、赖心辉等人又一次联名发出通电，拥蒋反共，宣称此后不再服从武汉政府的命令。

这时，在吴玉章的争取下，武汉国民政府正式发表泸州、顺庆起义军为国民革命军暂编第十五军，任命刘伯承为军长，黄慕颜为副军长。

刘伯承得知杨森投靠蒋介石的消息后，认为固守泸州等待援兵已无希望，召开军事会议讨论对策。袁品文提出撤出泸州的意见，得到多数人的赞同。刘伯承分析敌我兵力情况后提出，由于刘文辉早就对泸州有所图，已放出风，可以让起义军从他的防线中出去。因此，起义军可以从龙透关方向突围，从陆路经富顺向川北方向前进。

陈兰亭、皮光泽二人对突围计划不感兴趣，私下派人与赖心辉接触，并接受了赖心辉提出的条件：交出刘伯承和政工人员，就任赖部的师长职务。陈兰亭派人到袁品文处试探，遭到袁品文的反对。

刘伯承得知陈兰亭、皮光泽的情况后，考虑到对旧军队的改造非一日之功，若贸然采取措施，除掉内患，不但不能扭转局势，反而使部队产生更大混乱，重要的是率领起义军突围出去，保住革命力量。此时，刘伯承已与刘文辉派来的代表谈判妥当，起义军通过刘文辉部张仲明旅的防地上撤走。但陈兰亭、皮光泽加快了叛变步伐，已准备动手了，突围已经是不可能的事了。泸州城内中共组织和国民党左派一再劝说刘伯承即刻先行撤走，不能让陈、皮二人阴谋得逞。

5 月 16 日深夜，刘伯承与总指挥部参谋长韩伯诚、参谋周国淦从

---

① 朱德已在 1 月下旬脱离杨森第二十军，到南昌任第三军军官教育团团长。

龙透关缒城而下，穿过张仲明旅的防地，冲出包围圈。经过 40 多天辗转，刘伯承等于 7 月 11 日到达武汉。

刘伯承离去后，陈兰亭、皮光泽、袁品文宣布就任赖心辉所委第二、三、四师师长职务。但刘湘不让泸州落入赖心辉手中，于 5 月 21 日下令攻城。陈、皮、袁三部见归顺赖心辉不成，只好突围。23 日晚，三部乘木船顺江东下，转入贵州边境。此后三部分别被周西成、杨森收编。

泸州、顺庆起义最终失败了。它的失败原因是多重的，一是没有得到武汉国民政府切实有效的支持；二是蒋介石对四川军阀的收买、瓦解；三是如何改造旧军队，中国共产党还没有这方面的经验，还是一个需要在实践中进行探索和解决的课题；四是当时革命中心在两湖，工农运动尤其是农民运动开展得非常猛烈，四川泸州、顺庆地区工农运动虽有一定开展，但比起两湖来还是相差比较大的。因此，当时起义军只能靠守城来坚持，缺乏回旋余地和建立根据地的地区，这就容易被敌包围而难以长期坚持，并最终失败。

泸州、顺庆起义是中国共产党独立掌握军队的一次勇敢尝试。凡事，迈开了第一步，才能有第二步。尽管这次尝试以失败而告终，但失败是成功之母，每一次的失败，都会换来宝贵的经验，为通向成功的道路铺上一个台阶，并最终达到成功。

五、在血雨腥风之中

蒋介石撕下了面具

北伐战争高歌猛进，北洋军阀势力分崩离析，湖南、湖北、江西工农运动如急风暴雨般发展。但在革命高潮之下，一股暗流涌动。这股暗流即蒋介石的反共背叛革命活动。

在北伐过程中，蒋介石以总司令掌握军事指挥权，招降纳叛，大量收编北洋军阀部队，扩充自己控制的军事力量，军事势力迅速扩大，反革命野心也迅速膨胀。

在北伐中如何对待蒋介石，这是中国共产党面临的一个非常重要的问题，这点，党不是没有意识到，但没有制订出明确有效的对策。周恩来在《关于一九二四至二六年党对国民党的关系》中说：

出师以前加伦曾请我转问中央，在北伐中是帮助蒋介石呢？还是削弱蒋介石，这一政治问题如何解决？我到上海请示中央。陈独秀说你们开个会商量好了……开会时，又是张国焘代理主席，也没有真正讨论，只由他说了两句话，说北伐中我们的方针就是：是反对蒋介石，也是不反对蒋介石。所以在北伐战争中，一直到国民党三中全会前，对蒋介石的方针是不明确的，结果就是客观上帮助了蒋介石，而助成了蒋介石地位的提高。①

各帝国主义国家看到北洋军阀分崩离析，便继续寻找新的代理人，蒋介石很快进入到它们的视线。1926 年 11 月，美国的一家报纸著文指出，蒋介石指挥的军队取得成功后，外国在华的利益不会受到损失。这年年底，日本外相币原派外务省条约局局长佐分利贞男前往汉口、南昌活动，并会见蒋介石，试探口风。事后，佐分利贞男兴奋地向币原报告：在南昌和汉口之间存在着尖锐的矛盾，今后裂痕将日益明显。

单凭佐分利贞男的报告，币原心里还不踏实，因此，1927 年 1 月，日本驻江西九江领事江户又跑到庐山会见蒋介石。蒋介石明确告诉江户，他非但不打算废除中国同各列强签订的条约，而且将尽可能尊重它们。江户乐不颠颠儿将蒋介石的承诺电告币原。据此，币原判断蒋介石是国民党内“稳健派”的首领，认为对中国革命分化的政策比直接出兵干涉更为有利。之后，在各国驻北京使馆召开的秘密会议上，英国接受美、日的意见，赞同对蒋介石采取拉拢手段，以促使革命阵营早日

---

① 周恩来：《关于一九二四至二六年党对国民党的关系》（1943 年春），《周恩来选集》上卷，第 124 页。

分裂。

这时，一些官僚、政客、买办也像苍蝇叮臭鸡蛋一样，纷纷投靠蒋介石。原来依附北方反动势力、同日本帝国主义和蒋介石双方都有密切关系的政学系①官僚黄郛、张群联袂南下，在蒋介石身边施加影响。黄郛经过上海时，中国银行副总裁张公权答应蒋介石可透支100万元。当时有“军事北伐，政治南伐”的说法。

蒋介石的反共面目越来越公开地暴露出来。1927年2月，蒋介石在南昌的一次演讲中公然说：共产党员对国民党员施加一种“压迫”，“这样我便不能够照此前一样的优待共产党员了”。对共产党员“我有干涉和制裁的责任及权力”，“我一定要纠正他，并且一定要制裁他的”。②3月6日，蒋介石指使国民革命军驻赣新编第一师诱杀赣州总工会委员长、江西总工会副委员长陈赞贤。

为了控制国民党中央和国民政府，蒋介石提出要迁都南昌。共产党和国民党左派坚决抵制蒋介石的阴谋。3月10日至17日，国民党二届三中全会在武汉召开，否决了蒋介石迁都南昌的提议；通过了维护孙中山的三大政策、提高党权、反对军事独裁的决议；并且以改变领导体制的办法，把蒋介石所担任的国民党中央常务委员会主席职务实际上撤销了。由于蒋介石仍然掌握着军事权力，单靠通过“提高党权”来限制蒋介石是无济于事的。

对于国民党二届三中全会，蒋介石表面上通电表示拥护，暗地里却使用凶残阴险的手段加以对抗。3月16日，蒋介石从南昌到九江，指使青洪帮流氓捣毁左派占优势的国民党九江市党部和总工会，在市党部打死三人，在总工会打死一人，打伤六人。接着，他又乘军舰东下安庆，于23日指使暴徒捣毁国民党左派领导的安徽省党部和总工会、农

---

① 官僚政客集团。1914年孙中山将国民党改组为中华革命党时，部分国民党右派分子拒绝参加。他们以研究欧事为名，另组欧事研究会，后改名为政学系，从事勾结南北军阀、反对孙中山的活动。北伐开始后，该集团与蒋介石相勾结，积极进行反共活动。

② 《蒋介石在南昌总部第十四次纪念周演讲》（1927年2月21日），《四·一二反革命政变资料选编》，人民出版社1987年版，第36、37页。

民协会，并打伤多人。时任国民革命军总政治部副主任的郭沫若，于4月9日发表《请看今日之蒋介石》的长文，在列举了九江、安庆的真实情况后，愤而写道："蒋介石已经不是我们国民革命军的总司令，蒋介石是流氓地痞、土豪劣绅、贪官污吏、卖国军阀、所有一切反动派——反革命势力的中心力量了。""他在国民党内比党外的敌人还要危险。"①

蒋介石已经磨刀霍霍了，共产党人怎么办呢？

北伐战争的迅猛发展，也给共产党人提供了机会，问题在于能否抓住机会。

北伐军进入湖南、湖北和江西后，军阀统治下的旧政权被打翻了，新的政权需要建立起来。而当时多数国民党的地方组织和工农团体是由共产党人为主体建立起来的，是共产党掌握地方各级政权的大好时机。在湖南省，有些县成立县务委员会或公法团联席会议，参加这些会议的有县农民协会、县工会以及其他革命群众团体的代表。他们虽没有自己推举县长，但原有的县长不能不听从各群众团体的意见，实际上形成了群众团体联合掌握政权的局面。江西有些县，由于广大人民群众的拥戴，共产党员担任了县长。在省一级政权方面，共产党员董必武参加了湖北省政府的领导工作，林伯渠、李富春参加了江西省政治委员会。

共产党员和工农代表参加地方革命政权，是革命深入发展的需要，是大好事。但中共中央对这个问题的认识落后于形势，存在错误认识。当时，中共中央把党定位于"在野党"，认为"绝不能就跑到政府中去占位置"。到政府中做官就会"在群众中失去说话的地位，失去群众的信仰"。指示"严厉取缔党中机会主义作官热的倾向"。② 囿于"在野党"的理念，中共中央责令已经担任县长职务的共产党员立即辞职，否则就予登报开除党籍。

---

① 见中共中央党史研究室著：《中国共产党的九十年》（新民主主义革命时期），中共党史出版社2016年版，第84页。

② 《中央局给江西地方信——江西政府组织问题与国民党工作等》（1926年12月2日），中央档案馆编：《中共中央文件选集》（1926）第2册，第468页。

1926年底，中共中央初步认识到参加政权的意义，决定共产党员“应争取参加各省政府”，“在湖南取得经验后立即争取在湖北参加政府。县级政府我们一律参加，全力争取有这个可能性。更下一级，在村自治机构里我们当然力争掌权，村政权应该在农会领导下建立起来。”① 共产国际执行委员会第七次扩大全会明确提出共产党员加入政府的要求后，中共中央对参加政权的必要性和迫切性有了进一步的认识，陆续派出谭平山、苏兆征等参加国民政府和地方政府的工作。由于时过境迁，已错过了共产党人参加政府的大好时机。在形势急速恶化的情况下，参加政府工作的人员实际上并没有发挥重要作用。

北伐战争的胜利进军同样也给共产党建立直接掌握的武装以很好的机会，但陈独秀以及中共中央的多数领导人也没有给予足够的重视。

北伐开始前，黄埔军校毕业生中有共产党员和共青团员2000多人；湖南、湖北和江西的广大工农群众从败退的敌军手里夺取了大量枪支弹药，迫切要求用来武装自己；国民革命军中的不少军官也邀请共产党派人帮助工作。但陈独秀却没有从中山舰事件后的思维中走出来，反对利用这些有利条件尽力发展党直接掌握的革命武装。北伐战争开始以后，中共中央决定少派共产党员去黄埔军校学习，凡从事工运、农运的同志“绝对不可令之抛弃工作前去”军校。②

中共中央在给西北军中工作的共产党员的指示中一方面认为：“军中党代表制度本是无产阶级十月革命的产物，要有这样组织严密具有无上权威的党，才可以说以党治军，以党治国。”但另一方面又说：“现在中国还离不了以军治党现象”，“党并不能真正指挥政府指挥军队。”“党在军队中也只是侧重政治宣传工作，而没有可能指挥军队。”还认为

---

① 《维经斯基给联共（布）驻共产国际执行委员会代表团的信》（1927年1月21日于上海），中共中央党史研究室第一研究部译：《共产国际、联共（布）与中国革命档案资料丛书·联共（布）、共产国际与中国国民革命运动》（1926—1927）第4卷，北京图书馆出版社1998年版，第95页。

② 《中共中央二十二号通告》（1926年10月3日），转引自中共中央党史研究室著：《中国共产党历史》（第一卷）（1921—1949）（上册），中共党史出版社2011年版，第200页。

“广东过去实行党代表制的结果是党代表在军中名尊而无实权，或附属于军官，或与军官冲突，一方面破坏了军中指挥的统一，同时又弄出了许多纠纷。”据此，中共中央要求“西北军可不再走此错路”，党代表的作用“亦只是注意政治宣传的事，而不可干涉到军事行政上事。”①

很明显，中共中央要求在国民革命军中工作的同志，只是小心翼翼地做些政治宣传工作，生怕惹恼那些军官们。这分明是要这些同志扮演一个“小媳妇”的角色，凡事就要看别人脸色。别人只要脸色不好看，马上就缩回去，停止不做。

中共中央用绳子捆住了自己的手脚，因此，党在北伐战争中不仅没有利用有利条件更多地建立直接掌握的正规武装，而且也没有巩固和发展已有相当数量的工农武装。

很好的机会被白白浪费掉了，令人痛心！

那么，国民革命联合战线存在的种种危险倾向，中共中央又拿出了什么办法呢？

在1926年12月召开的汉口特别会议上，陈独秀在报告中分析国民革命联合战线出现许多危险倾向，随时都有破裂危险时，虽然也承认国民党的右倾，蒋介石虽有左的言论，实际行动却很右，但拿不出任何有效的解决办法，反而着重批评所谓党内的“左”倾，存在看不起国民党、包办国民党、包办民众运动、否认左派存在、误解党的独立、应付中小商人的政策等问题。会议通过的《政治报告议决案》认为，目前“最主要的严重的倾向是一方面民众运动勃起之日渐向‘左’，一方面军事政权对于民众运动之勃起而恐怖而日渐向右”，这种“左”、右倾距离日远，“是破裂一般联合战线及国共两党关系之主要原因”。② 这个判断，一方面把工农运动中出现的过激倾向夸大成主要危险，甚至把一些正确的做法也说成是“左”倾，另一方面掩盖了新右派准备叛变革命这

---

① 《西北军工作》（1926年11月9日中央给伯坚同志信），中央档案馆编：《中共中央文件选集》（1926）第2册，第455页。

② 《政治报告议决案》（1926年12月），中央档案馆编：《中共中央文件选集》（1926）第2册，第569页。

个根本危险，完全把事情的主次颠倒了，走入了一个误区。

这次会议把帮助形成一个强大的国民党左派作为同国民党右派斗争的策略。在通过的《关于国民党左派问题议决案》中认为："坚决的主张要努力巩固和发展国民党左派的势力，帮助他们获得党的和政府的领导地位（不是独占），并帮助他们获得他们的群众（革命的城市小资产阶级、知识分子和农民）。"①

实际上，陈独秀等人对什么人是真国民党左派、什么人是假国民党左派难以分清。他们把一些从某种需要出发作出过某些"左"倾表示的军官、政客也看作可以依靠的国民党左派，特别是对汪精卫寄予过高的希望，不仅主张把国民党的党权、政权交给他们，甚至要把一向在共产党领导下的群众运动也让给他们来领导。这样做，不就是把一切都交给国民党假左派么？因而不能不在日后时局陡然逆转的关键时刻造成灾难性的后果。

这次会议所提出的挽救国民革命联合战线危机的立足点，不是放在尽力巩固并加强共产党自己力量的基础上，没有在精神上和实际工作中做好应付突然事变的各种准备，没有预案，而是把希望寄托在汪精卫和其他国民党军事将领身上，幻想以退让求团结，产生了两个方面的后果：一是在群众中散布了有害的幻想，似乎已经磨刀霍霍的蒋介石还能够放下屠刀，由右转向左；似乎软弱动摇、投机性很强的汪精卫能够组成一个强大的左派集团，担当起完成国民革命的重任。二是给正在轰轰烈烈向前发展的工农运动当头泼了一盆冷水，打击了群众的革命积极性，压制了群众运动。这种策略实质上是牺牲工农群众的根本利益，去迁就国民党右派，为蒋介石、汪精卫夺取国民党的领导权提供了方便。

历史一次又一次地证明，凡事都应靠自己，完全依靠别人是很难成功的。中共中央汉口特别会议在历史的关键时刻，没有解决党在迫在眉

① 《关于国民党左派问题议决案》（1926年12月），中央档案馆编：《中共中央文件选集》（1926）第2册，第575页。

睫的危局中如何生存并坚持斗争的问题，反而指引了错误的方向。这次会议得到中央政治局联席会议的同意。这是导致大革命失败的一个重要的主观因素。

由于以陈独秀为主要负责人的中共中央没有找到对付蒋介石的办法，制定了错误的策略，而蒋介石则摸透了陈独秀等人的脉搏，也就朝着发动反革命政变的方向急速发展。他的目标瞄准了上海。

上海是中国最大的工商业城市、经济中心，也是产业工人集中的地方。在北伐胜利进军的凯歌声中，五卅运动后处于低潮的上海工人运动重新高涨起来。在中国共产党的领导下，1926 年 6 月至 9 月，上海工人举行罢工多达 100 多次，参加人数超过 20 万。通过罢工斗争的实践，上海工人阶级的组织性、纪律性和政治觉悟都有显著提高，工会组织也有很大发展，许多工厂和工会相继建立了工人纠察队或自卫团。

1926 年 10 月 24 日、1927 年 2 月 21 日，中共中央和上海区委曾两次领导工人武装起义，由于时机不成熟、准备不充分、经验不足等原因，都失败了。为了准备第三次武装起义，中共中央和上海区委成立了由陈独秀、罗亦农、赵世炎、周恩来组成的起义最高指挥机关——特别委员会，周恩来担任起义总指挥。3 月 20 日，北伐军进抵上海近郊龙华，中共特别委员会当机立断，于 3 月 21 日及时发动上海工人总同盟罢工，并立即转为武装起义。起义工人依靠自己的力量，使用劣势的武器装备，分别在南市、虹口、浦东、吴淞、沪东、沪西、闸北七个区域与敌作战。经过 30 个小时的英勇战斗，共歼敌 5000 余人，缴获 5000 多支枪和大量弹药。在激烈的战斗中，有 300 余名工人和群众英勇牺牲，1000 余人负伤。上海工人阶级以鲜血和生命的代价占领了上海，第三次武装起义获得成功。

当上海工人阶级浴血奋战时，白崇禧部却在龙华按兵不动。在起义成功后，白崇禧摘果子来了，率部大摇大摆地开进市区，并抢占了具有重要军事价值的江南兵工厂，把北伐军东路前敌总指挥部设在兵工厂内。

3 月 22 日，上海工商学各界举行市民代表会议，选举 19 人组成上海特别临时市政府（即上海市民政府），其中有罗亦农等共产党员和共青团员 10 人。

上海工人第三次工人武装起义，是大革命时期中国工人运动的一次壮举，是北伐战争时期工人运动发展的最高峰，为在中国开展城市武装斗争作了大胆的尝试。

上海是共产党领导工人阶级武装拿下的，蒋介石不容共产党在上海巩固下来，扎下根，于是在 3 月 26 日急急忙忙从南昌乘军舰到上海，策划反革命阴谋。

蒋介石到上海后，便一头栽进帝国主义怀抱。此前的 3 月 24 日，发生了英、美军舰借口保护侨民炮击南京，致使百余市民伤亡的惨案。蒋介石一到上海，就与日本驻南京领事和驻上海总领事频频接触，通过日本传递他的态度。经过秘密商谈后，日本帝国主义者立即宣称南京事件是“由过激分子煽动而起”，“目的在于摧毁蒋介石”。蒋介石为了讨外国主子的欢心，一再通令“保护外侨”。

这时，英、美帝国主义者渲染南京事件是“义和团之祸重演”，仍坚持对华实行“武力制裁”。日本已摸清蒋介石的底牌，认为“武力制裁”未必能够奏效，力主拉拢蒋介石为帝国主义“维持秩序”“镇压暴行”，帮助蒋介石巩固地位。日本把自己得到的情报和自己的主张频频向英、美通报，协调它们之间的行动。4 月 11 日，日本伙同英、美、法、意等国，就南京事件向武汉国民政府外交部部长陈友仁和国民革命军总司令蒋介石提出“抗议”照会，实际上是促蒋早日公开反共。

蒋介石到上海后，住在法租界祁齐路交涉署。租界政事处长吉文斯送蒋介石一张特别通行证，允许他可以带卫兵自由进出租界，为蒋密谋叛变革命提供便利。一时间，一群大买办、大地主的代表，青洪帮头目和新军阀，如吴稚晖、宋子文、张静江、钮永建、虞洽卿、王晓籁、张啸林、杜月笙、白崇禧和周凤岐等，不断出入蒋介石住所，出谋划策。

经过一系列密谈，江浙财团保证在财政上给蒋介石以全力支持。上海青洪帮头目黄金荣、张啸林、杜月笙保证其门徒武装起来充当反共打手。

有了帝国主义撑腰，有大买办资产阶级的财力支持，有一帮流氓做打手，蒋介石的底气充足，开始进行反革命政变的各项准备。

在第三次工人武装起义中起重要作用的工人纠察队有2700多人，且手中握有枪支，是蒋介石惧怕的一支力量。他先是要求上海总工会解除工人纠察队的武装，后又要求把纠察队归他指挥调动。上海总工会以"纠察队不同于军队，性质完全是工人自己组织"为由，予以拒绝。对于共产党员和共青团员占多数的上海特别临时市政府，蒋介石也不予承认，下令停止其活动。善于演戏的蒋介石，为了麻痹工人，派人带军乐队，吹吹打打，给工人纠察队送去了"共同奋斗"锦旗一面，表示对上海工人的"敬意"。

蒋介石的表演哪里瞒过在黄埔军校和第一军同他打过交道的周恩来？周恩来向中共中央报告，蒋介石有解决工人纠察队的图谋，并将工人纠察队正式改编为八个大队，一切武器集中由总工会掌握。

3月30日，周恩来在特委会上作报告，指出："正[整]个的情形，他们对付我们已有预备"。"将来他们对付武汉及解决上海只有凭武力。同时对付民众只有如江西雇佣流氓。"① 但共产国际远东局和陈独秀为首的中共中央，在南京惨案后正强调发动反英运动，醉心于对蒋介石持缓和态度，周恩来的报告没有得到应有的重视。

这时，在武汉的吴玉章、瞿秋白和国民党左派邓演达，曾紧急磋商对付蒋介石在沪宁一带异动的方案，提出从武汉调第四军赶往南京，配合尚未开往江北的第六、第二军，加强南京一带的防务，借以监视蒋介石。4月3日，第四军已做好开赴南京的准备，但陈独秀却致电南京表示反对。

然在此前的一天，即4月2日下午，蒋介石、李宗仁、白崇禧、何

① 《特委会记录——政治形势及对策，与何应钦接洽情形》（1927年3月30日），上海市档案馆编：《上海工人三次武装起义》，上海人民出版社1983年版，第436页。

应钦、吴稚晖等，同特地从广西悄悄赶来的李济深、黄绍竑，在东路军前敌总指挥部召开秘密会议，决定“早日清党反共”。

4月3日，陈独秀等人千盼万盼的汪精卫从国外回到上海。汪精卫一到上海，就和蒋介石、李济深、李宗仁、白崇禧、黄绍竑、甘乃光、柏文蔚、宋子文、蔡元培、古应芬、李石曾、吴稚晖等秘密开会。会上，吴稚晖责骂汪精卫降共，汪申辩说，他也是反共的，只不过用的手段不同而已。

4月5日上午，蒋介石等一干人又举行秘密会议，决定用国民党中央监察委员会的名义，咨请有关当局对共产党人作“非常紧急处置”。①同一天，蒋介石下令将刚由孙传芳部投降过来的国民革命军第二十六军周凤岐部调来上海，充当屠杀工人的刽子手，限令不大听他命令的第二、第六军在次日前全部撤出南京，渡江北上。9日，吴稚晖等八人公开发表反共的“护党救国”通电。同日，蒋介石赶往南京，颁布战争戒严12条，严禁集会、罢工、游行，任命白崇禧、周凤岐为上海戒严司令部正、副司令。10日，江苏的共产党人侯绍裘等十余人惨遭杀害。

蒋介石发动革命政变已迫在眉睫，陈独秀仍然醉心于妥协，以为这样可以避免国共之间的破裂。4月5日，陈独秀在与汪精卫会谈后，发表了一个联合宣言。宣言只字不提蒋介石的反革命言行，反而说“国民党领袖将驱逐共产党，将压迫工会与工人纠察队”等，都是“谣言”。宣言称：“国民党最高党部最近全体会议之议决，已昭示全世界，决无有驱逐友党摧残工会之事。上海军事当局，表示服从中央，即或有些意见与误会，亦未必终不可解释。”宣言希望国共两党党员“立即抛弃相互间的怀疑，不听信任何谣言，相互尊敬，事事开诚协商进行”，“如兄弟般亲密”。②

陈独秀以为，发表这个宣言，可以打破国民党右派造谣中伤的伎

① 黄绍竑：《四一二政变前的秘密反共会议》，《文史资料选辑》第45辑，中华书局1964年版，第15页。

② 《汪精卫、陈独秀联合宣言》（1927年4月5日），中央档案馆编：《中共中央文件选集》（1927）第3册，中共中央党校出版社1989年版，第594页。

俩，缓和紧张的空气，使冲突“暂缓爆发”。陈独秀哪里知道，蒋介石在上海十里洋场混迹多年，什么伎俩都能够使出来。汪、陈联合宣言误导许多人认为，十分紧张的局势已经缓和下来了，原先在武汉整装待发的第四、第十一军不再东下，第六、第二军的绝大部分服从蒋介石的命令，离开南京开往江北，第六军未来得及调出的少数部队被蒋介石的嫡系包围缴械。

汪精卫、陈独秀联合宣言发表后，两人先后脚到武汉去了。几天后，一场血雨腥风开始了。

4 月 11 日，上海总工会委员长汪寿华接到青帮头目杜月笙的邀请，要他到杜公馆赴晚宴。当时，局势已经很紧张，总工会负责人之一李泊之劝他不要去法租界赴约。汪寿华考虑后认为还是应该去，说：“我过去和他们常打交道，他们还讲义气，去了或许可以把话谈开，不去反叫人耻笑。”汪寿华到杜公馆后，被杜月笙手下抓住，装入麻袋中，活埋于枫林桥。

4 月 12 日凌晨，停泊在上海高昌庙的军舰上升起了信号，租界内早已准备好的青洪帮流氓打手分头冲出，向分驻上海总工会等处的纠察队发动突然袭击。

当日凌晨 4 时，设在商务印书馆俱乐部内的工人纠察队总指挥部听到上海总工会所在地湖州会馆有枪声，总指挥顾顺章①即带人前往湖州会馆察看情形。

顾顺章等到后，约过 20 分钟，枪声复又发作。顾顺章出外察看，只见 60 多名穿便衣的军人，臂戴白布黑“工”字袖章，正向总工会内放枪。大门前守卫的 20 余名工人纠察队员进行还击。不到十分钟，第二十六军第二师大批部队开到，第五团团长邢霆如向纠察队喊话，要求

① 顾顺章（1904—1935），上海宝山人。1925 年加入中国共产党。1926 年被派赴苏联学习政治保卫工作，同年冬回上海，任中共中央政治保卫局局长。上海工人第三次武装起义时任工人纠察队总指挥。土地革命战争时期在上海主持中央特科工作。在中共六大上被选为中央委员，在六届三中、四中全会上均被选为政治局候补委员。1934 年 4 月 24 日被捕叛变。1935 年因国民党特务之间钩心斗角，被中统特务机关处决。

纠察队不要向那些便衣军人还击，表示要将那些人缴械。说毕，邢霆如的部队就将那些便衣军人缴械，而那些便衣军人也不抵抗，很快就被用绳索捆绑起来。

工人纠察队不知是计，客气地请邢霆如等人进入房内，端茶敬烟。邢霆如及所部一个章姓营长对顾顺章说："既然今夜发生了这件事情，请你同我们到二师司令部，见我们师长，商议一个解决办法。"

顾顺章丝毫不怀疑其中有诈，带六位纠察队员前往。走到半路，邢霆如脸色突变，指着便衣军人们说："他们的枪既然已被缴了，可是你们的枪械也应该缴下才好。"顾顺章说："不行，他们是流氓捣乱的，我们工人纠察队是革命的，怎么能够缴械呢？"

姓章的营长指挥卫队将顾顺章和纠察队员的枪缴下，又把顾顺章押回总工会，要他下令全部纠察队员自动缴械。顾顺章坚持不下命令，说："本会委员长外出，未得总工会命令，不能擅自下令要纠察队缴械。"

邢霆如及章营长随即说："是的，缴械这事是不好看，不要缴吧！我们另想想法子，请你们把枪通通架起来。"纠察队员见总指挥被抓，只得照邢、章二人所说，将枪架在一起。纠察队失去抵抗能力，所有人员被赶出湖州会馆。

反动军人对工人纠察队总指挥部所在地商务印书馆俱乐部的袭击稍微晚些，在 4 月 12 日早晨 5 时 20 分左右。当时工人纠察队总指挥部外突然拥来二三百穿着北伐军服装、臂带"工"字袖章的人。他们在纠察队总指挥部铁门外高喊一声散开，随即有数十人向前门冲锋，当时在铁门前的纠察队副队长杨凤山与他们进行讲理，被这些反动军人夺下手枪，予以杀害。

由于商务印书馆俱乐部是工人纠察队的总指挥部，防守力量自然要比别的地方强得多。反动军人从正面进攻受阻后，于是从俱乐部后面的嘉庆里夹攻，顿时枪声大作。敌人的步枪、机关枪、手枪齐射，一排排子弹打在俱乐部图书馆三楼的墙上，溅起泥灰纷飞。工人纠察队员在图书馆等建筑物的窗口处堆起米袋子，作防御工事，进行顽强抵抗。

上午8时许，第二十六军第二师又派第五团来到商务印书馆俱乐部，并携带一封公函，称："贵处与某方发生误会，此种不幸之事件，应即双方停战（吹号为记），敝部特派第五团邢团长前来调停。如有某一方面不服从调停者，即解决某一方面，调停时间以11时为限。"

第五团一到，即对商务印书馆俱乐部采取包围之势，并要派人进俱乐部内交涉缴枪事宜，遭到工人纠察队的拒绝。

又是这个第五团的团长邢霆如，欺骗工人纠察队派代表同往上海总工会交涉。工人纠察队说总指挥不在，可以派两个大队长前往交涉。邢霆如以无正式代表加以拒绝。就在这时，有一个姓周的同志，在医院中得到这个消息，迅疾赶到俱乐部内，向邢霆如表示，他可以负全责。邢霆如欺骗他，说必须先向第二师司令部说明经过情况。这位周同志到第二师司令部后，即被软禁。

半个小时后，邢霆如回到商务印书馆俱乐部，要工人纠察队集合谈话。当时工人纠察队见他态度十分和蔼，没有怀疑他有啥阴谋，即按要求集合起来。邢霆如花言巧语诱骗工人纠察队离开俱乐部，第五团在宝山路一带的士兵，乘机拥入俱乐部内，将俱乐部完全占领，并在楼中进行严密搜查，放在那里的1000多支枪全部被搜去。

周恩来当时也是住商务印书馆俱乐部内的，在那里领导工人纠察队的整顿和教育工作。4月11日晚上，反动派动手前，先由第二十六军第二师师长斯烈出面，说是邀请周恩来到师部去商议一些事情。由于斯烈的弟弟斯励是黄埔军校毕业生，与周恩来有师生关系，周恩来认为斯烈不会对纠察队动手，并且考虑到要做第二十六军的工作，就和一个副指挥一道去了第二师司令部。

在宝山路天主堂第二师司令部，斯烈的态度很客气，就是拖着不让周恩来二人离开，同时对工人纠察队下了手。12日凌晨，罗亦农得知周恩来被斯烈扣押的消息后，立刻要原来同第二十六军党代表赵舒保持联络的共产党员黄澄镜找赵舒营救。多年后，黄澄镜在回忆中说：

我们到了宝山路天主堂第二师司令部，我看到周总指挥双眼怒视斯烈，抗议他们的反动行为。这时，房间里的桌椅已被推翻在地。茶杯、花瓶散碎在地上。

我听到周总指挥义正词严地对着斯烈谴责道："你还是总理的信徒呢？你们公然叛变了革命的三民主义和三大政策，反对共产党，反对人民，你们这样是得不到好下场的。"

斯烈在周总指挥愤怒的训斥下，不得不低着头说："我也是奉命的。"

这是我第一次看到周总指挥在敌人面前大义凛然，表现了一个共产党员的高贵品格和坚强意志。

经过赵舒同斯烈个别谈话，斯烈开始改变主意，向周总指挥表示事情"已过去了，请您来谈谈，并无其他意思"，多次声明是误会，表示道歉。

周总指挥根本不理睬他，转头同我一起坐上汽车，冲过重重关口，回到了北四川路东四卡子桥附近罗亦农同志办公所在地。①

同一天，在闸北商务印书馆印刷所、天通庵，南市华商电车公司、三山会馆、陆家浜铜锡公所，沪西曹家渡，浦东烂泥渡、陆家嘴、杨家渡、洋泾、塘桥，吴淞与江湾等地，反动派采用的办法与在湖州会馆、商务印书馆俱乐部这里基本一样卑鄙，即流氓捣乱，军队出面缴纠察队的枪。

据有关资料，在4月12日这天，蒋介石出动流氓和军队共1.5万人，总计共缴武器有步枪3000支，机枪20挺，毛瑟枪200支，手枪400支，子弹80万发，以及其他武器。②

事变发生后，工人群众非常愤慨。当日中午，数万工人在闸北青云路召开大会，随即出发游行。游行队伍高呼口号，抵达湖州会馆总工会会所时，要求军队撤退，归还总工会会所。军队起初拒绝撤退，工人群众不顾性命，齐声高呼，一拥而入，逐出军队，夺回湖州会馆。

---

① 黄逸峰：《周恩来同志指挥我们战斗》，《文汇报》1979年1月8日。

② 见中共上海市委党史资料征集委员会主编：《上海工人三次武装起义研究》，第107页。

4 月 13 日，上海总工会发布紧急罢工命令，全市罢工人数达 20 万。是日上午，上海总工会在闸北青云路广场举行有 10 万工人参加的群众大会，会后整队游行，要求释放被捕工友，交还纠察队的枪械。游行队伍行至宝山路时，埋伏在里弄里的第二十六军士兵突然冲出，用步枪、机枪向密集的游行群众进行疯狂扫射，打死 100 多人。此后，反动派疯狂搜捕和屠杀共产党人和工人群众，到 4 月 15 日，上海工人 300 多人被杀，500 多人被捕，5000 多人失踪。

这就是震惊中外的四一二反革命政变。

在广州，李济深制造了四一五惨案，仅七天被捕者就达 2100 人，其中共产党员约 600 人，被秘密杀害者 100 多人。著名共产党人李启汉、刘尔崧、萧楚女、邓培、熊雄等英勇就义。

除了前面已经提到的重庆三三一惨案外，江苏、浙江、安徽、福建、广西等省，也发生了以“清党”为名，对共产党人和革命人士进行大屠杀的事件。

蒋介石发动的四一二反革命政变，是大革命从高潮走向失败的转折点。它使中国政治风云突变，造成革命联合战线内部的巨大变动与分化。

蒋介石叛变了，中国共产党如何挽救大革命危机，如何对待汪精卫和武汉国民政府呢，这又是一个新的严重的问题。

汪精卫变脸“分共”

蒋介石叛变革命后，于 1927 年 4 月 18 日在南京另立国民政府，同武汉国民政府相对抗。由于在北京还有张作霖控制的奉系军阀政府，这样，在中国就出现了三个政权对立的局面。

这时，武汉国民政府只控制湖南、湖北和江西部分地区，兵力约 10 万人，不仅财政困难，而且面临着东有蒋介石，北有张作霖，南有李济深，三个方面的军事威胁。下一步怎么办？武汉国民政府内部莫衷一是。

4 月 16 日，周恩来、赵世炎、罗亦农、陈延年、李立三致电中共中央，在痛陈蒋介石的反革命行径之后，指出："蒋氏之叛迹如此，苟再犹豫，图谋和缓或预备长期争斗，则蒋之东南政权将益固，与帝国主义关系将益深。""即使武汉北伐，能直捣京津，而蒋之政权已固，继蒋而起者亦将大有人在"；建议"政府苟下决心讨伐，迅速出师，直捣南京"；并强调"故为全局计，政治不宜再缓和妥协"，"再不前进，则彼进我退，我方亦将为所动摇，政权领导尽将归之右派，是不仅使左派灰心，整个革命必根本失败无疑。"①

这个意见，是周恩来等亲历了四一二政变后，总结血的教训后的真知灼见，此后局势的发展也的确验证他们的意见是正确的。然而，陈独秀却没有接受，并主张北伐到郑州然后再从陇海路东征。

苏联、共产国际驻中国的代表关于东征还是北伐的意见也不一致。鲍罗廷对国民军冯玉祥抱有很大希望，认为武汉国民政府只要同冯玉祥联合讨奉，会师郑州，就可以背靠西北，打通同苏联的国际交通线，在西北建立军事基地，然后再调过头来东征讨蒋。为什么要这样呢？鲍罗廷担心的是，若先东征宁、沪，会过早地同集中在这个地区并享有巨大利益的帝国主义势力发生直接冲突，于是提出"中国革命只有在西北建立军事基地、组建革命军队的情况下才能取得成功"。② 鲍罗廷的意见被称之为"西北学说"，和陈独秀的主张基本一致。鲍罗廷甚至威胁说，如果作出反对北伐的决定，他马上就辞去在国民党中担任的顾问职务。苏联军事总顾问加伦主张东征，"认为放弃武汉，东征也有必要"。新到武汉的共产国际代表罗易"主张不征不伐，在两湖深入革命"。③

共产国际和斯大林赞成北伐讨奉，国民党内汪精卫、徐谦也持这一

---

① 周恩来等：《迅速出师讨伐蒋介石》（1927 年 4 月），《周恩来选集》上卷，第 6、7 页。

② 《罗易就中国形势给共产国际执行委员会政治书记处和斯大林的书面报告》（1927 年 5 月 28 日于汉口），中共中央党史研究室第一研究部译：《共产国际、联共（布）与中国革命档案资料丛书·联共（布）、共产国际与中国国民革命运动》（1926—1927）第 4 册，第 288 页。

③ 李立三：《关于东征与北伐的争论》（1930 年 2 月 1 日），中共中央党史研究室第一研究部编：《李立三百年诞辰纪念集》，第 75 页。

意见。4月16日，中共中央通过了继续北伐的决议。经国共两党联席会议几次磋商，武汉国民政府于4月18日决定北伐，对张作霖发动攻势，对武汉东、南、西三方采取守势。

4月19日，武汉举行了第二次北伐誓师大会。第二次北伐开始比较顺利，但进入豫南后就遭到奉军主力的顽抗，战斗十分激烈，一度形成僵持不下的苦战状态。5月中下旬，武汉北伐军与奉军主力血战于西平、上蔡、临颍一带，以伤亡1.4万人的代价击败奉军。6月1日，武汉国民政府的北伐军与冯玉祥国民军在郑州会师，第二次北伐结束。

在武汉国民政府第二次北伐开始后不久，中国共产党于4月27日至5月9日召开了第五次全国代表大会。陈独秀代表第四届中央执行委员会向大会作了长达六个小时的《政治与组织的报告》，既没有正确总结经验教训，又没有提出挽救时局的方略，反而继续提出了一些错误主张。大会根据共产国际执行委员会第七次扩大全会关于中国问题的决议精神，讨论了陈独秀的报告。

早在2月份的时候，瞿秋白针对陈独秀、彭述之等人的机会主义理论和政策，写成《中国革命中之争论问题》一书，着重论述了无产阶级同资产阶级争夺领导权问题，以及农民土地、武装斗争等问题。会上，瞿秋白向代表们分发了该书。一些代表同意瞿秋白书中的观点，批评了陈独秀、彭述之的错误。陈独秀在会上也承认了一些错误。但是，大会对这方面的讨论不够重视。

大会通过的《政治形势与党的任务议决案》认为，中国资产阶级已经背叛，中国革命已经发展到建立“工农小资产阶级之民主独裁制的阶段”，“应该以土地革命及民主政权之政纲去号召农民和小资产阶级”①，使革命向非资本主义前途发展。决议犯了把人物定型化的错误，把蒋介石的叛变看作整个资产阶级的叛变，把民族资产阶级当作革命的对象，从而混淆了民主主义革命与社会主义革命的界限；把汪精卫、唐生智控

① 《政治形势与党的任务议决案》（1927年5月9日），中央档案馆编：《中共中央文件选集》（1927）第3册，第56、54页。

制的武汉国民政府当作工人、农民和小资产阶级的联盟，对汪、唐等人抱有很大幻想，对他们公开叛变革命的严重危险缺乏清醒的认识和足够的精神准备。

大会通过的《土地问题议决案》虽然肯定“将耕地无条件的转给耕田的农民”① 的土地革命原则，却把实现土地革命的希望寄托于武汉国民政府。由于汪精卫等人是不可能实现土地革命的，中共中央又在土地问题上对他们采取妥协迁就态度，因而，党的五大通过的土地问题决议实际上是一纸空文。

这时，最紧迫的问题是组织和发展党直接领导的革命军队。蒋介石之所以肆意发动反革命政变，就是共产党在沪、宁地区没有自己直接掌握的军队。如果有，蒋介石何能得逞？非常遗憾的是，大会没有认真讨论军事问题，更没有在这方面制定有力的措施，天真地认为只要依靠唐生智等武装力量为支柱的武汉国民政府和冯玉祥的国民军，就能够实现大会规定的任务。

在历史的关键时候，每一分、每一秒都是非常宝贵的。然而，中共五大在关乎挽救革命的特别重要问题上，没有拿出切实有效的措施，把时间白白浪费了，其结果是形势急剧恶化。

陈独秀为首的中共中央，为什么会对汪精卫抱很大幻想呢？

汪精卫，本名汪兆铭，字季新，笔名精卫，因此称汪精卫，原籍浙江山阴（今绍兴），1883 年生于广东番禺。1904 年考取官费留学日本。1905 年在日本参加同盟会，并担任评议部部长。1910 年在北京策划谋杀摄政王载沣，事泄被捕，被判终身监禁。在狱中起初决心以死报国，写诗“引刀成一快，不负少年头”，名噪一时。1911 年武昌起义后，被袁世凯开释出狱。同年 11 月参与组织国事共济会。南北议和时，作为南方政府和议参赞，参加议和工作。1921 年孙中山在广州就任非常大总统后，担任广东教育会会长。1924 年 1 月在国民党一大上当选为中

① 《土地问题议决案》（1927 年 5 月 9 日），中央档案馆编：《中共中央文件选集》（1927）第 3 册，第 65 页。

央执行委员会委员，并任国民党中央宣传部部长。同年 11 月随孙中山北上。1925 年 3 月孙中山逝世时，被指派为遗嘱记录人。7 月，广州国民政府成立，以国民党左派面目任国民政府常务委员会主席兼军事委员会主席。1926 年 1 月在国民党二大上当选为中央执行委员会常务委员。中山舰事件发生后，苏联布勃诺夫使团主张退让，迁就蒋介石，汪精卫称病辞职，出走法国。1927 年春，在国民党内一片迎汪复职声中回国。

4 月中旬，汪精卫从上海到武汉不久，打着反蒋旗号，迅速取得了对武汉国民党中央和国民政府的领导权。他信誓旦旦称要坚决执行孙中山联俄、联共、扶助农工的三大政策，高喊"革命的往左边来，不革命的快走开去"。[①] 从汪精卫过去的表现看，国民党、共产党内，好多人是把他当作国民党左派领袖来看的。这对于当时在政治上不成熟，没有多少统一战线经验，还没有形成对待同盟者正确策略的年轻的中国共产党来说，尤其是对犯有右倾机会主义错误的陈独秀等人来说，的确很容易对他产生幻想。

另外，联共（布）、共产国际领导人在蒋介石发动四一二政变后对中国革命形势的判断，也容易使其在中国的代表和中共中央对汪精卫产生幻想。4 月 21 日，斯大林在苏联《真理报》上发表《中国革命问题》一文中说："蒋介石的政变表示民族资产阶级退出革命"，"从此以后在中国南部将有两个阵营、两个政府、两个军队、两个中心：武汉的革命中心和南京的反革命中心。"中国"革命已进入其发展的第二阶段，已开始从全民族联合战线的革命转变为千百万工农群众的革命，转变为土地革命，这个革命将加强和扩大反帝国主义、反土豪劣绅和封建地主、反军阀和反蒋介石反革命集团的斗争。""武汉的革命的国民党既然与军阀制度和帝国主义作坚决斗争，事实上将逐渐变成无产阶级和农民的革命民主专政机关。""保持国民党的统一的政策，在国民党内孤立右派并为了革命目的而利用右派的政策，已不能适应革命的新任务了。这个政策应当代之以坚决把右派逐出国民党的政策，和右派作坚决斗争乃至在

① 《汪精卫先生与革命的民众》，《中央副刊》第 20 号，1927 年 4 月 12 日出版。

政治上把他们消灭干净的政策，把国家全部政权集中于革命的国民党、没有右派分子的国民党、作为左派国民党人和共产党人联盟的国民党手中的政策。”“左派和共产党人在国民党内密切合作的政策在现阶段上具有特殊的力量和特殊的意义，这种合作反映出国民党外逐渐形成的工农联盟。”①

在斯大林看来，蒋介石是民族资产阶级的代表，四一二政变标志民族资产阶级退出革命，成为革命的敌人了。武汉是革命的中心，武汉国民党、国民政府内只剩下工农和小资产阶级了。而按当时的划线，国民党左派是小资产阶级的代表，共产党是工人阶级和贫苦农民的代表。既然要实行国民党左派和共产党联盟的政策，那么当时贴着“国民党左派领袖”标签的汪精卫，自然就是共产党要密切合作的对象了。联共（布）、共产国际是中国共产党的上级，斯大林的判断、指示，中国共产党必然是要执行的。因此，以陈独秀为首的中共中央对汪精卫抱有很大幻想，与联共（布）、共产国际有关中国革命的理论、指示有很大关系。

实际上，无论是联共（布）、共产国际领导人，还是中共中央的陈独秀等人，都忽略了汪精卫的另外一方面，就是此人革命的漂亮话说得多，做得少，爱搞花架子。特别是在关键时刻，缺担当，爱逃避，投机成分多，不是一个有骨气、立场坚定的人。在上海时，汪精卫曾向吴稚晖表示他是反共的，只不过手段不同。可见，他们没有坚持同共产党合作的决心，而是抱走着看的态度。在武汉，汪精卫本身没有多少军事实力，他同掌握军事大权的唐生智勾结在一块，往往唐生智的态度，决定他的态度。

这时，在蒋介石的策动下，已经反共的杨森于5月9日率部进攻驻宜昌一带的国民革命军独立第十四师夏斗寅部。夏斗寅部只顾经营鸦片，毫无防备，在杨森部进攻下一触即溃。

---

① 斯大林：《中国革命问题》（1927年4月21日），中共中央马克思、恩格斯、列宁、斯大林著作编译局译：《斯大林论反对派》，人民出版社1972年版，第419—420页。

夏斗寅逃到沙市后，既怕杨森追击，又怕受到武汉方面追究丢失宜昌的责任，就一不做二不休，于5月13日公开通电拥蒋反共。5月17日，夏斗寅叛军进逼到武昌附近的纸坊，武汉一时谣言四起，人心惶惶。

对于夏斗寅叛变，武汉国民党和国民政府的一些领导人惊慌失措，六神无主。紧急时刻，共产党员、国民政府委员董必武、吴玉章挺身而出，主持发布安民告示、颁布戒严令、组织工人义勇队等，使人心才安定下来。

由于进行第二次北伐，武汉国民政府的军队主力都在河南前线，武汉空虚。好在这时叶挺任武昌卫戍司令，指挥两个新兵团——第二十四师第七十二团和第二十五师第七十五团，担负武汉三镇的警备任务。根据中共中央的提议，武汉国民政府以叶挺为平叛总指挥，指挥第七十二团和第七十五团，以及中央军事政治学校学员、武昌农民运动讲习所学员组成的中央独立师和第十一军教导营，平定叛乱。经过5月17日、18日、19日三天激烈战斗，叶挺部队迅速击败夏斗寅叛军。

5月25日，武汉国民政府组成西征军，讨伐直逼汉阳的杨森部。6月24日，西征军收复宜昌。杨森部分水陆两路逃往巴东。武汉局势暂时缓和。

夏斗寅叛乱刚刚平定，湖南省会长沙又发生反革命叛乱。5月21日，由原直系军阀部队改编的第三十五军第三十三团团长许克祥，调动军队向国民党湖南省党部、省总工会、省农民协会等机关发起突然进攻，收缴工人纠察队枪械，捕杀共产党员和革命群众100多人，使长沙笼罩在白色恐怖之中。这就是中国革命史、中共党史上著名的马日事变。①

马日事变发生后，汪精卫等力主“调解”所谓“军工冲突”，同时声称要查办工农运动的“过火”行动。以陈独秀为首的中共中央原来主

① 21日的电报代日韵目为“马”字，所以这一天发生的事变被称为马日事变。

张对许克祥进行武力解决。但听到汪精卫等人的意见后又转而认为，从政治上考虑目前不宜用武力讨伐，“百事应由（武汉）政府解决，不得自由行动”。① 陈独秀甚至指责：这次事变“自然和湖南农民运动的幼稚行动不无关系”。②

5 月 25 日，武汉国民政府派出谭平山、陈公博、彭泽湘与唐生智的代表周鳌山、刘绍芬组成赴湘特别委员会，解决马日事变问题。共产国际代表罗易不同意谭平山去湖南，鲍罗廷则表示赞同，并且随同前往。一行六人到达岳阳时，许克祥电令当地驻军，将他们就地处决。谭平山等人闻讯后，一溜烟又逃回了武汉。

马日事变后，罗易是主张武力反击的，提出：“在农民的支持下，借助武汉的几个团是可以轻而易举地用武力摧毁这个政府的。”③ 加伦也有相同的看法，认为：“在农民支持下，一个团就可以解决长沙事件。”④ 对于鲍罗廷的错误主张，罗易在给联共（布）领导人的电报中说：“他（指鲍罗廷——引者）认为共产党人的良好行为是改变局势的唯一手段。他为达到此目的提出的计划将意味着实际取消共产党，他要求共产党抑制工农运动，……他说，工人纠察队应当解除武装。简言之，鲍罗廷实行的是葬送革命的彻头彻尾的社会民主主义的政策。”⑤

但是，鲍罗廷的观点为陈独秀等所接受，5 月 26 日，中共中央作

---

① 转引自中共中央党史研究室著：《中国共产党历史》（第一卷）（1921—1949）（上册），中共党史出版社 2011 年版，第 213 页。

② 陈独秀：《湖南政变与讨蒋》，《向导》第 199 期，1927 年 6 月 20 日。

③ 《罗易给共产国际执行委员会政治书记处的电报》（1927 年 5 月 30 日于汉口），中共中央党史研究室第一研究部译：《共产国际、联共（布）与中国革命档案资料丛书·联共（布）、共产国际与中国国民革命运动》（1926—1927）第 4 册，第 296 页。

④ 《罗易给联共（布）中央政治局的电报》（1927 年 6 月 2 日于汉口），中共中央党史研究室第一研究部译：《共产国际、联共（布）与中国革命档案资料丛书·联共（布）、共产国际与中国国民革命运动》（1926—1927）第 4 册，第 300 页。

⑤ 《罗易给某人的电报》（1927 年 5 月 25 日于汉口），中共中央党史研究室第一研究部译：《共产国际、联共（布）与中国革命档案资料丛书·联共（布）、共产国际与中国国民革命运动》（1926—1927）第 4 册，第 274 页。

出的决定是："现时本党的职任既不是推翻他们（仇敌），也不是完全投降。还有中间的路，要找这中间的路，现时不宜于直接和他们武装冲突。我们的职任是等候时机，保存自己的力量以准备不可免之进攻。"① 事变发生后，中共湖南临时省委一度决定调长沙附近十余县的万余农军向长沙进军，但在中共中央上述方针下，有些人害怕攻打长沙会破坏国共合作，又中途改变计划，下令撤退。浏阳等地的5000名农军因未及时接到撤退命令，单独进攻长沙，被许克祥打败。各县农军先后被各个击破。许克祥由此更加疯狂，短短20多天里，在长沙附近各县屠杀1万多人。湖南共产党组织受到严重打击。

湖南是全国农民运动开展得最好的地方，有500多万农民协会会员，力量雄厚。毛泽东在《湖南农民运动考察报告》一文中盛赞湖南农民运动"好得很"，并列举了14件大事，指出农民协会"把几千年封建地主的特权，打得落花流水。地主的体面威风，扫地以尽。""孙中山先生致力国民革命凡四十年，所要做而没有做到的事，农民在几个月内做到了。这是四十年乃至几千年未曾成就过的奇勋。"并预见农民"将冲决一切束缚他们的罗网，朝着解放的路上迅跑。一切帝国主义、军阀、贪官污吏、土豪劣绅，都将被他们葬入坟墓。"②

马日事变，是一件坏事。但中国共产党如果采取正确的策略方针，利用湖南农民运动的雄厚基础，坏事有可能成为一个建立自己武装的契机。浏阳等地农民进攻长沙后，罗易认为："湖南和湖北现有的军队不足以镇压准备充分、组织良好、领导有方的起义。"建议"采取以下措施：（1）立即派200名有军事工作经验的共产党员去领导农民起义。（2）保证武装农民。武器可以向民团购买，甚至可以收买一些军队。（3）立即扩充在我们控制下的部队的人数。（4）谭平山委员会应去湖南组织农民自治，组建农民警卫队，加强土地改革的若干具体措施，而不

① 《中国共产党中央执行委员会告全党党员书》（1927年8月7日），中央档案馆编：《中共中央文件选集》（1927）第3册，第270页。

② 毛泽东：《湖南农民运动考察报告》（1927年3月），《毛泽东选集》第一卷，人民出版社1991年版，第13、14、15—16页。

是调查‘过火行为’。”并说：“如果有足够的财政援助，就可以由湖南农民起义参加者组成新的革命军。”①

不能说，罗易的建议都是完全正确的，但他提供了一个思路：即在马日事变后采取坚决措施，平定许克祥叛军，并利用湖南农民运动的雄厚基础，建立共产党直接掌握的军队。痛惜的是，由于鲍罗廷、陈独秀的错误决策，湖南各地农民协会得不到共产党的坚强有力领导，分散于各地，不仅未能有效地给反革命反击，反而受到严重破坏。历史的机遇又一次因为右倾机会主义者的错误擦肩而过。

许克祥叛乱没受到惩处，武汉国民政府内部其他反共分子的胆子也大了起来。5月底6月初，国民革命军第五方面军总指挥、江西省政府主席朱培德，用“礼送出境”的办法，把共产党员和国民党左派逐出江西。随后，宣布南昌戒严，禁止工农运动。

从5月上旬杨森进攻宜昌开始，一连串的反共叛乱发生，局势越来越险恶，汪精卫集团的所作所为表明，他们已日益走向反动。然而，共产国际和以陈独秀为首的中共中央仍然把汪精卫看成是国民党左派的代表，认为当前最重要的问题是搞好中共同国民党左派的关系，因此对汪精卫集团处处采取迁就的态度，跟在他们身后指责工农运动“过火”，不敢对反动派的进攻作坚决的斗争。

在5月18日至30日召开的共产国际执行委员会第八次全会上，斯大林等人仍然认为“武汉是中国革命的中心”，汪精卫仍是左派，称“中国左派国民党对现在中国资产阶级民主革命所起的作用，近乎苏维埃在1905年对俄国资产阶级民主革命所起的那种作用”。② 会议最后通过了《关于中国问题的决议》，提出开展农村土地革命、武装工

---

① 《罗易就湖南局势给联共（布）中央政治局的电报》（1927年6月5日于汉口），中共中央党史研究室第一研究部译：《共产国际、联共（布）与中国革命档案资料丛书·联共（布）、共产国际与中国国民革命运动》（1926—1927）第4册，第305页。

② 《斯大林关于中国革命和共产国际的任务的讲话》（1927年5月24日），中国社会科学院近代史研究所编译：《共产国际有关中国革命的文献资料》（1919—1928）（第一辑），中国社会科学出版社1981年版，第307、313页。

农群众、发展国民党而坚决反对退出国民党、积极参加武汉中央及地方政府机关等项任务与政策，并且不指名地批评陈独秀对上述问题的动摇态度。

中国革命不断恶化的形势的确让联共（布）领导人感到揪心，5月30日，联共（布）中央政治局听取关于中国问题报告后，决定给鲍罗廷、罗易和柳克斯发去以下电报指示：(1)不进行土地革命，就不能取得胜利，国民党领导机关就会变成不可靠将领手中的玩物。坚决主张通过农会，从下面实际没收土地。同时必须同过火行为作斗争，但不能动用军队。(2)对手工业者、商人和小地主作出让步是必要的。只应没收大、中地主的土地。如形势需要，暂时可以不没收中地主土地。不要触及军官和士兵的土地。(3)改变国民党领导层人员的构成，从下面多吸收一些新的工农领导人加入国民党中央。同时依靠工农组织中的数百万人扩大国民党地方组织。(4)动员两万共产党员，再加上湖南、湖北的5万革命工农，组建自己可靠的军队。(5)成立以著名国民党人和非共产党人为首的军事法庭，惩办和蒋介石保持联系或唆使士兵迫害人民、迫害工农的军官。①

总起来看，联共（布）政治局这个指示正确的成分是主要的，尤其是表现在动员2万共产党员和湖南、湖北的5万革命工农的基础上组建党自己的军队和成立军事法庭惩办反动军官上。关于实行土地革命和改变国民党领导层的指示，有正确的地方，也有相互矛盾的地方，操作起来有困难。比如，一方面要求实行土地革命，一方面又说只没收大、中地主土地。中国南方土地情况不像十月革命前的俄国。俄国地域辽阔，人烟稀少，地主都有很多土地。中国南方多是几十亩地的小地主，拥有50亩以上的被称之为大地主的很少。只没收大、中地主，形势需要的话，暂不没收中地主土地，实际上是无法开展土地革命的。又如改变国

① 见《1927年5月30日征询政治局委员意见》，中共中央党史研究室第一研究部译：《共产国际、联共（布）与中国革命档案资料丛书·联共（布）、共产国际与中国国民革命运动》(1926—1927)第4册，第298—299页。

民党领导层问题，若实现的话，必须召开国民党中央紧急会议。召开紧急会议则必须中共中央和国民党左派紧密合作，能够控制会议才行。但被联共（布）、共产国际领导人视为“左派领袖”、值得依靠的汪精卫，实际上是依靠唐生智军事力量支撑，并被一些军事将领和右派包围的风派摇摆人物，自然也是无法实现的。

对于联共（布）中央政治局的指示，若中国共产党有一个政治上成熟的中央，从实际出发，善于分析，执行其正确的部分，吸取合理部分，那么，历史将会以另外一种情况出现。遗憾的是，中国共产党还很年轻，以陈独秀为首的中共中央，不是一个政治上成熟的中央，在局势飞速恶化的情况下，像一个身患沉疴的病人，感到目眩、无力，脑子混沌。而且陈独秀还是一个有鲜明个性，不善听取别人意见的人。

6 月 2 日，接到联共（布）中央政治局电报指示后，鲍罗廷将电报给陈独秀看。陈独秀在没有让罗易看、也没有同政治局委员们和罗易商议的情况下，就给联共（布）中央政治局回了电。

虽然，陈独秀的回电连俄罗斯方面在编辑《共产国际、联共（布）与中国革命档案资料丛书》时也没有找到，但从 6 月 7 日联共（布）中央政治局紧急会议作出的两项决定，可以看出陈独秀、鲍罗廷没有认真贯彻其 5 月 30 日紧急指示。

联共（布）中央政治局作出的第一项决定是，给鲍罗廷、罗易和中共中央发去电报，表示“任何阻止土地革命的行为都是犯罪的。应当立即切实实行领导土地革命”；建议“让唐生智和冯向北京和济南推进，切断蒋介石的去路，进而在山东和北京站稳脚跟。要以伤亡减员为借口将张发奎的部分部队，如若有可能，则将其所有部队作为比较可靠的部队调作武汉的后备队，赶紧补充工人和农民，或把它们作为主要支柱留在武汉，或令其向南京蒋介石的后方推进，或利用它们去解放广州，然后从南面向福建推进。”要求“应当立即消灭长沙的反革命。招募农民，鼓动他们去进攻军官团，彻底将其摧毁，以儆效尤。”告诫“若是你们在这些事情上表现出软弱或迟缓，你们那里就会到处出现反革命策源地。”并批评说：“我们没有得到关于收到最近的电报的确认。这是不能容忍的。我们要求报告为贯彻执行指示所采取的措施。”①

联共（布）中央政治局另一项决定是给鲍罗廷和陈独秀发去答复陈独秀电报的电报。电报“再次重申阻止进行土地革命是犯罪行为，并会导致革命的毁灭。”并说“关于军事事务，我们重申我们上一份电报。你们应当在电报的范围内自行选择，你们看得更清楚。我们坚决要求你们在军事问题上务必要报告加伦签署的意见。”②

这两项决定说明，鲍罗廷和陈独秀没有贯彻执行联共（布）中央政治局的紧急指示。为此，联共（布）中央政治局强调了实行土地革命的重要性，并就军事问题提出了具体意见，还就中共中央贯彻其指示加强了督促。

6 月 8 日，中共中央政治局讨论了联共（布）中央政治局的指示，陈独秀在会上说：

电报表明，莫斯科不了解中国的实际情况，……在去湖南的问题上我与罗易有分歧。去是必要的。农民运动引起的过火行为［破坏］了同地主、绅士和军官的统一战线，过火行为妨碍了土地问题的解决。我们主张谭平山去纠正过火行为。应当先纠正过火行为，然后采取解决土地问题的进攻性措施。本应让谭平山委员会立即出发，但为时已晚。长沙的政变不只是反对土地革命，而且也是过火行为引起的。共产国际可能不知道，没有过火行为，反动派的统一战线不会这么容易形成。在这种情况下，我们不能谈及土地问题。

共产国际建议由工农领导人来加强国民党的领导。国民党的领导是在党的代表大会上选举产生的。现在我们怎么能改变它呢？对提议改变国民党领导的想法还有一种反对意见。如果像莫斯科希望那样撤换老领导人，

---

① 《联共（布）中央政治局紧急会议第 108 号（特字第 86 号）记录》（摘录）（1927 年 6 月 7 日于汉口），中共中央党史研究室第一研究部译：《共产国际、联共（布）与中国革命档案资料丛书·联共（布）、共产国际与中国国民革命运动》（1926—1927）第 4 册，第 306—307 页。

② 《联共（布）中央政治局紧急会议第 108 号（特字第 86 号）记录》（摘录）（1927 年 6 月 7 日于汉口），中共中央党史研究室第一研究部译：《共产国际、联共（布）与中国革命档案资料丛书·联共（布）、共产国际与中国国民革命运动》（1926—1927）第 4 册，第 307 页。

那么国民党就会变成工农党。由工农组成新的军队当然好，但存在一些困难。现在我们应当进行谈判，同军阀进行接触。我们不能同这些将领断绝往来，因为在这种情况下我们没有可能建立自己的［武装］力量。

组建革命法庭实际上是不可行的。我们衷心赞同指示，但问题是我们党未必能够贯彻执行。①

罗易对贯彻联共（布）中央政治局的指示很积极，但鲍罗廷、陈独秀和他意见不一致。为了能够贯彻莫斯科的指示，罗易去求得联共（布）、共产国际和中共中央都视为国民党左派的汪精卫的支持。6 月上旬末，在汪精卫去郑州和冯玉祥会晤之前，罗易将联共（布）中央政治局的五月指示拿给汪精卫看，幻想依靠汪精卫执行这个指示。汪精卫看过后没有表态。罗易将联共（布）中央政治局给苏联、共产国际驻中国代表和中共中央的指示拿给国民党领导人看，是违反纪律的，属于急病乱投医，适得其反。

这时，由于联共（布）中央政治局的督促，中共中央政治局及常委连续开会讨论在湖南进行暴动问题。6 月 17 日、20 日，周恩来两次在中共中央常委会议提出湖南暴动计划，指出：现在浏阳、平江一带农军还有 8000 支枪，军事部已派了军事干部十人（其中有营长三人）到那里去，计划先取湘潭，集中浏阳、平江，全力攻下反动势力薄弱的城池，而在反动势力较强的地方则到各处打土豪劣绅，在可能范围内成立乡村的临时委员会。但中共中央许多人态度动摇，鲍罗廷、彭述之等人认为共产党在湖南的势力已经完全瓦解，表示反对。这个计划最终被取消了。

在局势万分危急的情况下，无休止的争吵、犹豫动摇，将比黄金还贵的时间一分一秒地无为流逝，中国共产党又一次丧失了机会。

这时，罗易和鲍罗廷之间矛盾重重，罗易致电斯大林和布哈林，说："现在的危机是鲍罗廷过去实行的政策造成的。"提议"应当把陈独

---

① 《罗易给联共（布）中央政治局的电报》（1927 年 6 月 8 日于汉口），中共中央党史研究室第一研究部译：《共产国际、联共（布）与中国革命档案资料丛书·联共（布）、共产国际与中国国民革命运动》（1926—1927）第 4 册，第 308—309 页。

秀清除出共产党领导机构。”[①] 鲍罗廷则认为罗易将绝对不能给任何其他人看的电报拿给汪精卫看，是犯了组织性错误，要求共产国际将他召回。由于罗易犯的是组织纪律性的错误，共产国际执行委员会政治书记处6月22日会议决定召回罗易，任命诺伊曼接替他。

罗易在6月17日致斯大林和布哈林的电报中曾报告：“在国民党政治委员会内有一伙人积极参与反革命活动。汪精卫在这伙人的影响下进行的斗争更多的是反对共产党人，而不是反对反革命分子。”[②] 这说明，这时罗易已经看出了汪精卫的真面目，但没有引起联共（布）领导人的重视。6月23日，联共（布）中央政治局会议决定：“再给武汉政府拨款200万卢布”。会议还决定致信汪精卫，恳请汪精卫以他的威望向国民党的其他中央委员施加影响，支持土地革命和农民，继续与共产党人合作。但汪精卫已决心反共，这些措施已经拉不住他了。

为了挽救革命，以张太雷为书记的中共湖北省委曾提出了武装农民“上山”和争取地方武装的策略，并在武昌举行紧急会议，提出以武汉为中心，发动工农武装起义，推翻国民党右派反动政权的建议。以毛泽东为书记的中共湖南省委这时也提出过“上山”主张。但这些正确的策略和建议均被以陈独秀为首的中共中央所否定。

6月底，武汉风传第三十五军军长何键即将在当地制造反革命事变。陈独秀和鲍罗廷惊慌失措，召开中共中央政治局会议，决定武汉的工人纠察队自动缴械。他们的荒唐理由是，这样可以让何键找不到制造事端的借口。他们哪里知道，反动分子要制造事端，什么借口都是可以找出来的！

7月13日，中共中央通过了关于国共两党关系的决议。决议向武

---

① 《罗易给斯大林和布哈林的电报》（1927年6月17日），中共中央党史研究室第一研究部译：《共产国际、联共（布）与中国革命档案资料丛书·联共（布）、共产国际与中国国民革命运动》（1926—1927）第4册，第322页。

② 《罗易给斯大林和布哈林的电报》（1927年6月17日），中共中央党史研究室第一研究部译：《共产国际、联共（布）与中国革命档案资料丛书·联共（布）、共产国际与中国国民革命运动》（1926—1927）第4册，第321页。

汉国民党作出了种种让步，如“为了减少冲突，共产党的部长可以暂时离开政府”；“工农群众组织必须接受国民党的领导”；“根据国民党的命令，工农纠察队必须置于国民政府的监督之下”，“武汉现有的纠察队，为了减少冲突的可能性，可以减少或者编入军队”。[①]

中共中央作了这些无以复加的让步之后，共产党人还能做什么？还要做什么？这个决议，是陈独秀右倾机会主义发展到顶点的产物。

当时，任弼时代表共青团中央提出意见书，批评陈独秀，要求公布联共（布）中央政治局五月紧急指示。家长作风严重的陈独秀竟把意见书当场撕毁。

7月8日，联共（布）中央政治局召开紧急会议，认为武汉国民政府和国民党上层“转到工农的敌人的营垒里去了”，要求“共产党人必须示威性地退出国民政府”。[②] 12日，根据共产国际执行委员会的指示，中共中央进行改组，由张国焘、李维汉、周恩来、李立三、张太雷组成临时常务委员会。陈独秀自此离开中共中央最高领导岗位。13日，中共中央发表对时局的宣言，谴责武汉国民党中央和国民政府的反动行径，宣布撤回参加国民政府的共产党员。同时严正声明，中国共产党将继续支持反帝反封建的革命斗争，愿意同国民党的革命分子合作。与此同时，国民党左派邓演达、宋庆龄发表公开声明，强烈谴责汪精卫背叛革命，并先后到苏联、欧洲。国民党左派陈友仁等也相继出走。

7月15日，汪精卫控制的武汉国民党中央召开“分共”会议，决定同共产党决裂。随后，汪精卫集团对共产党员和革命群众实行大逮捕、大屠杀。至此，国共合作发动的大革命宣告失败。

大革命失败的原因是多方面的，毛泽东曾指出：“在一九二七年北伐战争达到高潮的时期，我党领导机关的投降主义分子，自愿放弃对于

---

① 中共中央党史研究室著：《中国共产党历史》（第一卷）（1921—1949）（上册），第218页。

② 《联共（布）中央政治局紧急会议第116号（特字第94号）记录》（摘录）（1927年7月8日于莫斯科），中共中央党史研究室第一研究部译：《共产国际、联共（布）与中国革命档案资料丛书·联共（布）、共产国际与中国国民革命运动》（1926—1927）第4册，第397、398页。

农民群众、城市小资产阶级和中等资产阶级的领导权，尤其是放弃对于武装力量的领导权，使那次革命遭到了失败。”①

大革命创造了辉煌，一度轰轰烈烈，掀起了撼动天地的狂飙，使民主革命思想空前大传播，推动中华民族大觉醒，沉重打击帝国主义和封建军阀的统治；但又迅速失败，大批共产党员和革命群众被屠杀，留下深深的切肤之痛。

在充满荆棘没有路的情况下，开辟出一条路来，付出沉重代价是必然的。在付出了鲜血和生命的沉重代价之后，中国共产党醒悟了，明白了这个道理：没有一支强大的人民军队，中国革命就不会胜利；要想领导中国革命取得胜利，必须建立一支无产阶级领导的人民军队！

---

① 毛泽东：《目前形势和我们的任务》（1947 年 12 月 25 日），《毛泽东选集》第四卷，人民出版社 1991 年版，第 1257—1258 页。

第二章　走上创建人民军队之路

一、打响武装反抗国民党反动派第一枪

一批中共领导干部秘密聚集九江

蒋介石、汪精卫先后背叛革命，轰轰烈烈的大革命中途夭折，中国共产党领导的人民革命斗争进入最艰苦的年代。

国家没有统一，旧军阀倒了，又出现了一批打着国民党旗号的新军阀。他们相互混战，抢占地盘，人民群众深受战火之害。

帝国主义仍然依仗不平等条约，在中国横行霸道，像吸血鬼一样，拼命掠夺中国的一切财富。

封建地主依然存在，依靠地租残酷剥削农民。身负重租的贫苦农民，悲惨地挣扎在饥饿线上。

国民党新贵们利用手中掌握的政治、军事和经济权力，对人民群众实行超经济的榨取和掠夺，把许多国家财产变成由他们任意支配的私产。官僚资本主义出现了，人民身上又增加了一重负担。

民族资本主义经济在夹缝中惨淡生存，日子一天比一天不好过，无

法得到充分发展的空间。

国民党南京政权建立后的所作所为表明，它是一个代表地主阶级和买办资产阶级利益的反动政权，中国仍然处于半殖民地半封建社会的境地。

国民党宣布共产党为“非法”，加入共产党成为最大“犯罪”。凡加入共产党者，被国民党抓住，往往就是杀头之罪，成千上万的共产党员倒在国民党的屠刀之下。

中国革命进入低潮，反革命的力量大大超过共产党领导的革命力量。面对严重的白色恐怖，中国共产党敢不敢革命？怎样坚持革命？

中国共产党不愧为中国无产阶级和广大劳动群众根本利益的代表者，不愧为中国工人阶级、中国人民和中华民族先锋队，面对建党以来的空前严重困难局面，勇敢地担当起独立领导中国革命继续前进的重任，以实际行动给予明确的回答。

贺龙，南昌起义时任总指挥兼第二十军军长。

1927 年 7 月中旬，中共中央临时常委会组成后做的第一件事，就是初步决定在南昌举行武装起义。以九江、南昌一带贺龙率领的国民革命军第二十军、叶挺率领的第十一军第二十四师和朱德原领导的第三军军官教育团等为起义军主力，并成立中共前敌委员会作为起义的领导机构，以周恩来为书记。会后，周恩来回到中央军事部，立即开始起义的准备工作。聂荣臻回忆说：

那天晚上，恩来同志在会后到了军委，向在军委工作的几个同志进行了传达。他传达的大意是，国共分裂了，我们没有别的办法，只有起义。今天，中央会议上做了决定，要在南昌举行起义。恩来同志还说，会议决定组织前敌委员会，指定他为书记。他传达完后，就指定贺昌、颜昌颐和我，组成前敌军委，我为书记。任务是先到九江去，通知我们的同志，叫他们了解中央的意图，做好起义的准备，但什么时候发难，要听中央的命令。[1]

根据周恩来的指示，聂荣臻、贺昌、颜昌颐等先到九江。他们到后，首先找到第二十四师，向叶挺传达了中央临时常委会会议关于发动武装起义的决策，并住在叶挺的司令部里。

7月19日，李立三、邓中夏奉中央命令也到了九江。这时到九江的还有谭平山、恽代英等。一时间，在九江云集了一批中共领导干部。

这时，九江的形势也很紧张，第四军、第十一军已向南昌移动，驻扎在马回岭、涂家埠一带，贺龙第二十军已渐次集中九江。国民党方面，朱培德的第三军移驻樟树，第九军移驻临川，程潜的第六军经江西萍乡分道向南昌集中，有包围共产党掌握的武装力量之势。在酝酿起义的时候，中共中央拟联合以国民党左派面目出现的第二方面军总指挥张发奎。但李立三等人到九江后，发现“张发奎态度虽仍表示反唐，却已深受汪之影响，高唱拥汪，并表示对我们不满，有‘在第二方面军之高级军官中的共产党分子如叶挺等须退出军队或脱离共产党’之表示，军事上已到了极严重之时期，而张尚徘徊于武汉，则张之不可靠，更可证明。”因此，他们认为“依靠张为领袖之回粤运动，很少成功之可能，甚至为三、六、九军包围而完全消灭。纵然回粤成功，我们亦必在张、汪协谋之中而牺牲”。[2]

李立三，南昌起义时为中共前敌委员会成员。

7月20日，谭平山、李立三、恽代英、邓中夏、叶挺、聂荣臻和一些中央委员等举行碰头会，商讨起义问

① 《聂荣臻回忆录》，第48页。

② 李立三：《“八一”革命之经过与教训》（1927年10月），中共中央党史研究室第一研究部编：《李立三百年诞辰纪念集》，第37、38页。

题。李立三等人鉴于张发奎不可靠，有些急躁，主张立即动手。聂荣臻表示不同意，说必须等中央的命令。李立三说，既然已经向部队传达了，起义工作已经组织了，下个命令不就行了嘛！聂荣臻说，不这么简单，我们来的任务是做好组织部队的起义准备，准备工作也很重要。

李立三的意见得到了几个中央委员的支持。李立三甚至讥讽聂荣臻是奴隶主义，胆子小。聂荣臻说，我们临来时，周恩来同志交代得清清楚楚，必须有中央命令，不能自由行动。李立三对聂荣臻说，你要听中央委员的。聂荣臻反驳说，都是中央委员，我听哪位中央委员的？中央委员也得听中央的。毕竟，周恩来是中央临时常委会会议指定的前敌委员会书记，碰头会决定还是接受了聂荣臻的意见，听中央的。

碰头会最后决定放弃依靠张发奎的打算，“在军事上赶快集中南昌，运动二十军与我们一致，实行南昌暴动，解决三、六、九军在南昌之武装。在政治上反对武汉、南京两政府，建立新的政府来号召。”①

会后，李立三和邓中夏即上庐山与瞿秋白商议。瞿秋白赞同这个意见。聂荣臻等则抓紧时间，向各部队负责人传达起义计划，告诉他们做好一切准备，接到中央命令，立即行动。

周恩来，南昌起义时任中共前敌委员会书记。

7月23日，贺龙部队开到九江，谭平山立即按照碰头会的决定，前往贺龙处，争取贺龙部队参加起义。这时，贺龙还没有参加共产党。但他在6月份时，曾在武昌向周恩来明确表示过：“只有共产党才能救中国，只有马列主义才是救国救民的真理。我听共产党的话，决心

① 李立三：《“八一”革命之经过与教训》（1927年10月），中共中央党史研究室第一研究部编：《李立三百年诞辰纪念集》，第38页。

和蒋介石、汪精卫这班王八蛋拼到底。”①

九江碰头会的意见立刻得到了中共中央常委和共产国际代表的同意。7 月 24 日，共产国际新任代表罗米那兹②与加伦、张国焘、周恩来在武汉举行会议。周恩来在会上要求中央从速决定南昌暴动的名义、政纲和策略，切实计划发动湘鄂赣和广东东江一带工农势力，并要求共产国际经由汕头迅速予以军火和物资接济。会议决定在南昌起义，并根据加伦的提议，规定部队起义后的行动方向：立即南下，占领广东，取得出海口，以取得国际援助，再举行第二次北伐。

中共中央为什么制定南昌起义后回广东的计划？吴玉章在《八一革命》中是这样讲的：

武汉是必战之地，南京上海是帝国主义势力最大的地方，且不容易得手，只有广东民众及工农已有相当的组织，且富于革命性，而有海口，交通便利，又是财富之区，有这几个理由，所以在武汉形势险恶的时候，就决定以广东为我们革命的根据地。③

南昌起义计划报告莫斯科后，7 月 25 日，联共（布）中央政治局给罗米那兹、加伦回电：“如果有成功的把握，我们认为你们的计划是可行的。”④

准备参加南昌起义的部队和大批干部涌向九江、南昌，引起了汪精卫、张发奎的警觉。汪精卫同张发奎等人经过密谋，决定以张发奎的名义，邀请贺龙、叶挺上庐山开会，届时予以扣留。同时令贺、叶部队到九江、南昌之间的德安一带集结，然后以三个军的兵力，包围贺、叶部队，将他们解决。

贺龙率部到九江后，国民党江西省主席朱培德宴请贺龙、叶挺。席

---

① 转引自中共中央文献研究室编：《周恩来传》（1898—1949）（修订本）（上），第 175 页。

② 有些著作也译作罗明纳兹、罗明纳滋。

③ 吴玉章：《八一革命》，中国人民大学出版社 1992 年版，第 99 页。

④ 《征询政治局委员意见》（1927 年 7 月 25 日），中共中央党史研究室第一研究部译：《共产国际、联共（布）与中国革命档案资料丛书·联共（布）、共产国际与中国苏维埃运动》（1927—1931）第 7 册，中央文献出版社 2002 年版，第 17 页。

间，朱培德把张发奎的口信转达给贺、叶，要他们第二天到庐山去，出席重要军事会议。当时，朱培德只是说有要事相商，具体商量什么，却没有说。

汪精卫、张发奎的阴谋，被时任第四军参谋长、已加入中国共产党的叶剑英①得知，立即连夜找到叶挺，告之汪精卫等人的阴谋。两人商定，立即通知贺龙、廖乾五和高语罕到甘棠湖烟水亭附近碰头，以划船赏景为掩护，共商对策。

在甘棠湖的一个小划子上，叶剑英将汪精卫、张发奎诱骗贺龙、叶挺上庐山，解除他们兵权的阴谋告诉了大家。贺龙、叶挺表示，不能上当，不上庐山。廖乾五、高语罕支持贺龙、叶挺的意见。大家经过磋商，作出三项对策：1. 贺、叶不上庐山；2. 不能接受张发奎调贺、叶部队到德安集中的命令，贺、叶部队要立即开往牛行车站，乘火车到南昌去；3. 叶挺的部队先行，贺龙的部队随后行动。②

在甘棠湖上举行的这次会议，又称“小划子会议”。这次会议对于保证起义重要领导人的安全和将起义主力部队及时开往南昌，使起义能够如期进行，起了重要作用。这是叶剑英加入中国共产党后，立下的首次大功。

“小划子会议”后，在九江的中共领导人曾决定叶挺、贺龙部队于7月28日以前集中南昌，当晚举行暴动。情况紧急，他们在7月25日又召开了第二次碰头会。关于这次会议的内容，李立三在《“八一”革命之经过与教训》中说：“此次会议对暴动计划完全一致。在政治上决定组织中国国民党革命委员会为集中政权、党权、军权之最高机关，以反对宁汉政府中央党部，继承国民党正统，没收大地主土地（此项决定在此会议上有很大的争论，至第二日，恩来同志始完全决定），实行劳动保护法为暴动之目的。在这项纲领之下发表宣言

---

① 叶剑英在1924年就提出加入中国共产党，当时党组织考虑到他是粤军高级军官，需要较长时间考验，没有批准。1927年7月上旬，经周恩来同意，中共中央批准他为共产党员。

② 见《叶剑英传》编写组：《叶剑英传》，当代中国出版社1995年版，第97页。

（用国民党中央委员名义）。”①

7月26日，周恩来在陈赓的陪同下到达九江。他向李立三等人报告了中央的意见。对于大家有争论的要不要没收大地主土地的问题，周恩来明确指出：应该以土地革命为主要口号。会议同意周恩来的意见，确定没收大地主的土地。会后，周恩来交代聂荣臻，到九江、南昌之间的马回岭，将第四军的第二十五师拉到南昌，参加起义。第二十五师是原叶挺独立团为基础建立起来的，后来的事实证明，这是周恩来一个非常英明的决策。

张国焘掀起风波

1927年7月27日，周恩来从九江来到南昌，下榻花园角二号朱德的寓所。

朱德是在1927年1月中下旬脱离杨森部后按照中共中央军事部的指示到南昌工作的。由于他和国民革命军第五方面军总指挥朱培德过去是云南讲武堂老同学，被朱培德任命为第五方面军总参议、第三军军官教育团（即南昌军官教育团）团长。4月上旬，朱培德任国民党江西省政府主席后，任命朱德为南昌市公安局局长。6月下旬，朱德被朱培德“礼送”出境，到达武汉；7月13日，出席周恩来召开的秘密会议，根据他在江西工作半年所了解的情况，提出可以在江西发展革命军事力量，并号召大家到江西去。中共中央确定在南昌举行武装起义后，鉴于他对江西情况熟悉，派他前往南昌做起义先期准备工作。7月21日，到达南昌后，他立刻投入起义前的准备工作，对驻军兵力部署做了详细了解，还精心绘制了南昌市区地图。

周恩来一到，朱德立即向他汇报了南昌城内国民党军驻扎的情况，并画了一张详细的驻军布防图，标明碉堡、火力点以及进攻路线。接下

① 李立三：《“八一”革命之经过与教训》（1927年10月），中共中央党史研究室第一研究部编：《李立三百年诞辰纪念集》，第39页。

去，朱德还向周恩来提供了朱培德等将领到庐山参加反共会议，南昌敌人兵力空虚的情况。

朱德在短短几天内把起义的准备工作做得那么出色，周恩来非常满意，当即称赞朱德为准备起义立了大功。

当天，由朱德出面租下南昌江西大旅社，在这里成立中共前敌委员会，成员有周恩来、李立三、恽代英和彭湃，周恩来任书记，决定于7月30日晚起义。

南昌起义总指挥部旧址——南昌江西大旅社。

第二天，周恩来到设在子固路的第二十军指挥部去看贺龙，把行动方针告诉他。贺龙当即表示："我完全听共产党的话，要我怎样干就怎样干。"① 曾是贺龙警卫连长的黄霖，在回忆中说：

① 《周总理亲笔修改的"八一"起义宣传提纲》，中国社会科学院现代革命史研究室编：《南昌起义资料》，人民出版社1979年版，第2页。

周恩来同志亲切地、庄严地对贺老总说：贺龙同志！党了解你，相信你。周逸群同志早已向我汇报过，你早已多次要求参加中国共产党，特别是你近来的表现，证明你是跟党走的，并且有决心成为共产党员，有决心听从党的指挥。因此，我现在正式通知你，党的前敌委员会已经决定：你和叶挺同志的部队就在南昌起义。同时，决定由你担任起义军的总指挥，由叶挺同志担任起义军的前敌总指挥。

贺老总考虑了一下，对周恩来同志说：这么重大的责任，党要我来担任，这是党对我的信任。但我是否承担得起，我实在没有把握。因此，我要求党重新考虑，派别人担任总指挥，我一定服从命令，党指到哪里我就打到哪里！

周恩来同志恳切地说：前敌委员会已经考虑好了，认为总指挥一职，目前只有你担任最恰当。你不能推辞，有什么困难和问题，前委一定会帮助你，你可随时找我商量。就这样决定了吧！

贺老总感到不能再推辞了，决定接受这一艰巨而光荣的任务，并坚定地表示：我向党保证，我和二十军全体官兵，从今以后就是党的战斗队伍，坚决听从党的指挥，完成党所交给的一切任务。贺老总还说："无论南昌暴动成功还是失败，我都干！失败了，我就上山！"①

就在起义的准备工作紧锣密鼓进行之时，中央代表张国焘于7月29日从九江发来两份密电，要求"暴动宜慎重，无论如何候他到再决定。"②张国焘为什么发这样的电报呢？原来情况是这样的。

7月27日早晨，张国焘到达九江，也就是说，他比周恩来晚一天到九江。当时九江码头人很多，非常拥挤。这些人中大部分是从武汉来的共产党人和国民党左派。多数是转车到南昌去，也有一些是疏散到长江下游和上海去的。

张国焘在九江很快找到了贺昌、高语罕、恽代英、廖乾五和关向应

① 黄霖：《南昌起义亲历记》，江西出版集团、江西人民出版社2010年版，第43页。

② 李立三：《"八一"革命之经过与教训》（1927年10月），中共中央党史研究室第一研究部编：《李立三百年诞辰纪念集》，第39页。

等，召开了一个会议。会上，张国焘简要传达了此前一天召开的中央常委会议精神。

关于这次中央常委会议的内容，张国焘在《我的回忆》中是这样说的：

会议开始后，由加仑将军首先报告，他大致说今天他会见张发奎将军，与他研讨军事问题。张氏已同意将他所统率的第四军、第十一军和第二十军三个军集结在南昌和南浔线上，不再东进，逐渐转移，返回广东。加仑认为张如同意回师广东，并不强迫叶挺等退出CP，在此两条件下，我们可以和张氏一同回师广东。他根据军事情况说明，指出与张同返广东，在军事上有利，如在南昌与张氏分家，参加暴动的兵力不过五千至八千，在优势敌军阻击之下，恐难到达东江。除非张氏不同意上述两条件，那就只有在南昌行动起来。

接着罗明纳兹发言，首先说到目前没有经费可供南昌暴动使用，莫斯科已有电令禁止俄国顾问们在任何情形之下参加南昌暴动。除了这两件不如意的事外，他更进而报告共产国际的回电，其内容是：倘若这暴动无成功希望，最好不要发动，张发奎部的共产党人可全部退出，并派他们到农民中工作。①

这是多年后张国焘的回忆，是否完全真实，有待于研究。但起码说明，加仑意思是尽量争取张发奎，但张不答应条件，南昌暴动还是要进行的。罗米那兹是把莫斯科不能提供经费，和不让苏联顾问参加这两个困难条件摆出来，让起义领导者了解这些情况，并提出了在起义无成功把握下如何做的预案，并没有明确阻止起义，而是给起义领导者留下余地，让他们想得更细一些。但张国焘却理解为“阻止暴动的举行”。②

张国焘在九江曲解加仑和罗米那兹原意的传达并要求重新讨论起义问题激起了与会者的激烈反对，他们一致表示南昌暴动势在必行，已无讨论的余地，尤其是恽代英表现最为激烈。

---

① 张国焘：《我的回忆》（第二册），现代史料编刊社1989年版，第282—283页。

② 张国焘：《我的回忆》（第二册），第283页。

张国焘追问恽代英：为什么不能重新讨论？恽代英表示，没有必要再讨论，因为事情已经决定了。恽代英不知道是张国焘曲解了加伦和罗米那兹的原意，对共产国际和中共中央改变主意表示不满，说：现在南昌暴动的一切准备好了，忽然又来了什么国际指示，阻止我们的行动，我是誓死反对的。[1] 他甚至对张国焘说，如果你再动摇人心，就要打倒你。文质彬彬的恽代英说出这样的话来，可见当时心中积压的怒火有多高！

恽代英，南昌起义时为中共前敌委员会成员。

南昌方面，也没有听张国焘的。军情紧急，机会稍纵即逝，起义已箭在弦上，哪能停下来？停下来弄不好就会前功尽弃！周恩来接到张国焘的电报后，同前委其他成员进行商议，果断地决定：暴动决不能停止，继续进行一切准备工作。

张国焘在九江等了两天火车，于7月30日早晨到南昌，前委立即召开紧急会议。张国焘在会上称："中央意见宜慎重，国际电报如有成功把握，可举行暴动，否则不可动，将在军队中的同志退出，派到各地农民中去。所以目前形势，应极力拉拢张发奎，得到张之同意，否则不可动。"[2]

李立三脾气急躁，在九江时他就想起义，现在张国焘又这样说，能不恼火？因此，张国焘话音还未落地，他就站起来，冲着张国焘说："一切都准备好了，哈哈！为什么我们现在还需要重新讨论？"周恩来明确表示："我们最好行动起来。"[3] 前委其他成员也都指出："暴动断不能迁移，

① 张国焘：《我的回忆》（第二册），第293页。

② 李立三：《"八一"革命之经过与教训》（1927年10月），中共中央党史研究室第一研究部编：《李立三百年诞辰纪念集》，第39页。

③ 张国焘：《我的回忆》（第二册），第295页。

更不可停止，张（指张发奎——引者）已受汪（指汪精卫——引者）之包围，决不会同意我们的计划。在客观应当是我党站在领导地位，再不能依赖张。”①

在十天前，先期到达九江的同志发现张发奎已经走向反动，决定不依赖张进行南昌起义，并在中央得到支持。现在张国焘把加伦尽量争取张发奎，争取不了的话，南昌暴动还是要进行的原意，变成了必须得到张发奎同意，才能起义，张发奎不同意，就不能起义，受到大家强烈的反对是必然的。

张国焘没有想到大家的情绪这么激烈，就拿共产国际代表作挡箭牌，说这是共产国际代表的意见。对于张国焘的狡辩，就连平时不易发火的周恩来也忍不住了，愤怒地说：“国际代表及中央给我的任务是叫我来主持这个运动，现在给你的命令又如此，我不能负责了，我即刻回汉口去罢。”② 由于生气，周恩来还拍了桌子。这是周恩来第一次给人拍桌子。

张国焘还十分有理地说，南昌暴动，事关我们几千同志的生命，我们应当慎重。谭平山见张国焘还是这么固执，甚至骂他“混蛋”。

争论了几个小时，张国焘还是坚持他的意见。因为他有中央代表的身份，是代表中央传达指示的，不能用多数来决定。所以这次会议无果而终。谭平山会后十分气愤地向周恩来建议，要将张国焘绑起来。周恩来没有同意，说：张国焘是中央代表，怎么能绑呢？

7 月 31 日早晨，贺龙、叶挺接到张发奎的电报，称他本人将于 8 月 1 日到南昌。前委当即于上午在贺龙第二十军军部再次开会。经过数小时的争论，到会者以张发奎已和汪精卫、孙科等人在庐山举行会议，商议解决叶挺、贺龙部队的事实，终于把张国焘说服了。张国焘表示服从多数。会议决定在次日凌晨 4 时举行暴动。

---

① 李立三：《“八一”革命之经过与教训》（1927 年 10 月），中共中央党史研究室第一研究部编：《李立三百年诞辰纪念集》，第 39 页。

② 叶挺：《南昌暴动至潮汕的失败》（1928 年），南昌八一纪念馆编：《南昌起义》，中共党史资料出版社 1987 年版，第 139 页。

排除了张国焘的干扰，一个震惊中国、震惊国际社会的伟大事件就要发生了！

寂静的深夜，南昌响起了划时代的枪声

前委决定起义之后，起义的准备进入最后阶段，与会人员立即分头传达会议决定。

叶挺早在30日下午就在第二十四师师部召开了营长和营教导员以上干部会议，进行起义动员，他说："蒋介石违背了孙总理革命的三大政策，违背了打倒帝国主义、打倒军阀的革命纲领，霸占东南各省，反共反革命，所以我们要东征打倒他。现在以汪精卫为首的武汉政府，也步了蒋介石的后尘，反共反革命。他们两方在反共反革命的反动立场上，势将合流。他们完全背叛了国民革命。共产党中央决定和国民党左派继续合作，在南昌起义，创立政治军事的革命新局面，打倒蒋介石，打倒汪精卫。在南昌的敌人比我们是绝对劣势。我要求同志们在行动前要绝对保守机密，在行动时要勇敢迅速消灭敌人。"①

叶挺讲完之后，参谋长徐光英下达了总指挥部拟定的作战方案，又作了一些扼要的布置。

第二十四师是叶挺抽调原独立团的一些骨干建立起来的部队，里边共产党员最多，是起义依靠的重要力量，因此周恩来更加关注这支部队的状况。7月31日下午，周恩来在叶挺的陪同下到第二十四师各部视察起义准备情况。时任第二十四师教导大队第三队党代表的李逸民回忆说：

7月31日下午6点左右，气温灼人，大家都在议论着部队将有什么新的行动，正焦急地等待着上级的命令。这时，周恩来同志和叶挺师长走进来了。二位首长详细问了枪支是否擦干净，手榴弹是否会用，还看了部队的营房。接着，叶师长就下了命令："吃完晚饭，把背包打好

① 陈子坚：《南昌八一起义回忆》，南昌八一纪念馆编：《南昌起义》，第277页。

待命。”随后，周恩来同志作了详细布置，他说：“每人买一条白毛巾，到了晚上8点以后，大家把毛巾围在脖子上，在右臂上扎一块红布，凡是有手电筒的，都用红布剪一个红十字贴在电筒玻璃上。”说罢，他还把自己贴了红十字的电筒给大家看，又嘱咐说：“今天晚上我们要缴反革命部队的枪，你们随时听号令行动，凡是碰到脖子上围着白毛巾、右臂扎红布，电筒上有红十字的部队，就是自己人，不准开枪。没有这些标记的，碰到就打。”周恩来同志布置完了以后，叶师长坚定地说：“这是和反革命搏斗，打起来以后，不要怕牺牲！”并具体给我们交代了任务：“一排到司令部协助警卫，二、三排参加战斗。”①

也是在7月31日下午，贺龙召开了第二十军营以上军官会议。在传达了前委决定后，贺龙坚定地说：“国民党已经叛变了革命，国民党已经死了。我们今天要重新树起革命的旗帜，反对反动政府，打倒蒋介石，打倒汪精卫。我们今天要起义了，我们大家在一块很久了，愿意跟我走的，我们一块革命；不愿跟我走的，可以离开部队。我们今后要听共产党的领导，绝对服从共产党的命令。”②

接着，贺龙宣布了作战命令，规定了起义时所佩戴的标志和“山河统一”的口令。

参加起义的部队忙于各种准备工作，朱德根据前委的指示，执行一项特殊的任务。7月31日晚上，为了消灭驻南昌的第三军第二十三团、第二十四团，以便为起义创造条件，朱德利用和滇军的关系，在嘉宾楼宴请这两个团的团长、副团长。酒足饭饱之后，朱德又摆出了麻将，尽量拖住这几个人，让他们晚些时候回去。晚9时许，由于第二十军一个云南籍的副营长告密，这几个团长、副团长慌忙向朱德告辞赶回部队。朱德立即赶到第二十军军部，把起义消息已经泄露的情况告诉贺龙。贺龙即报告前敌委员会。前敌委员会当机立断，决定提前两个小时起义。

---

① 李逸民：《南昌起义前后》，南昌八一纪念馆编：《南昌起义》，第291页。

② 转引自《贺龙传》编写组：《贺龙传》，当代中国出版社1993年版，第92页。

起义部队向南昌集结示意图

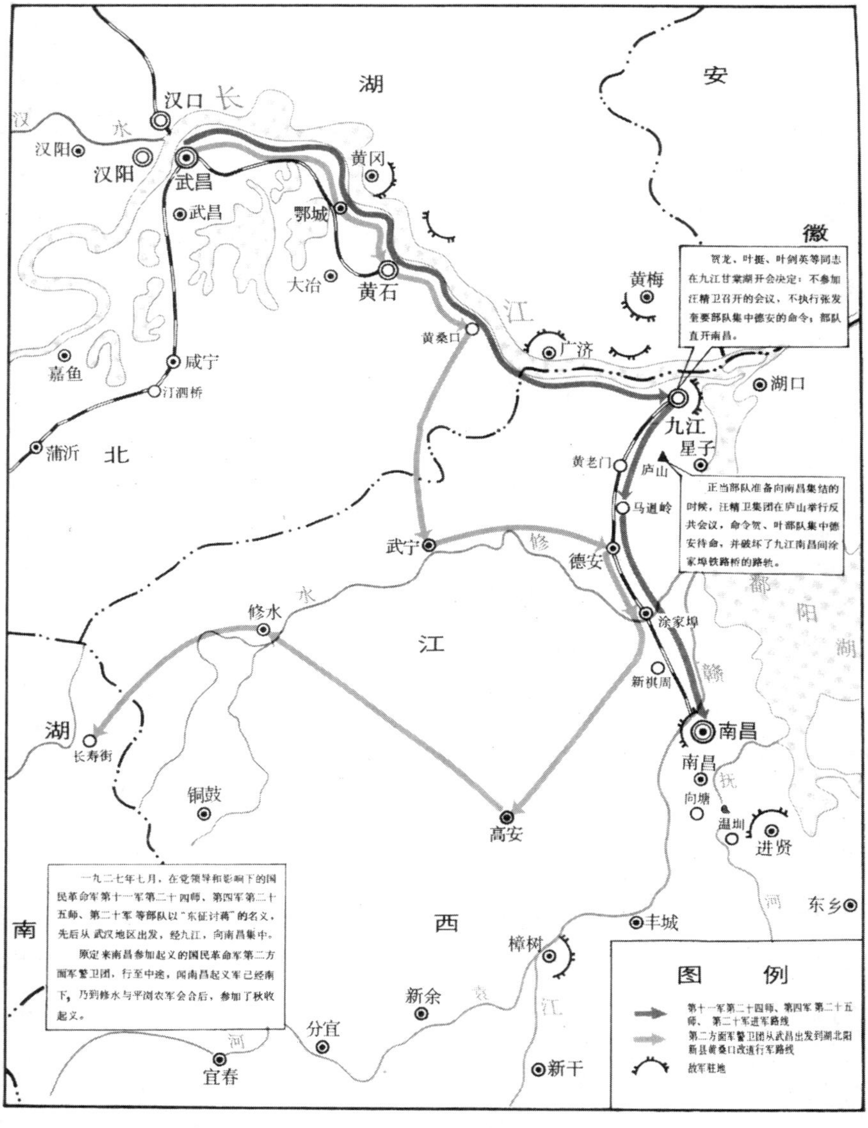

起义部队向南昌集结示意图。

8月1日凌晨2时，清脆的枪声划破了寂静的南昌夜空。起义开始了，各部队按照总指挥部的命令，分别向敌人发起了进攻。

在西大街，贺龙的指挥部同朱培德的指挥部隔街对峙，战斗进行得非常激烈。在朱培德指挥部里顽抗的是其警卫团。该团是朱培德的“精锐”部队，由于事先得到了叛徒告密，已经有准备。战斗一开始，敌警卫团就凭借有利地形，以密集的火力封锁了起义军进攻要道鼓楼。起义官兵架上云梯，从侧面登上鼓楼，居高临下，猛烈扫射，把敌人赶进了院子里。但敌人又依靠坚固的房屋进行抵抗。

这时，贺龙和刘伯承出现在指挥部的石阶上，在离敌人不到200米的地方，不顾敌人乱飞的子弹，观察形势，直接指挥战斗。战士们一看总指挥亲临指挥，顿时士气大振，一面从大门发起冲锋，一面迂回到敌人后院翻墙而入，同敌人展开拼刺刀，一个屋子一个屋子进行争夺。战斗持续了三个多小时，敌警卫团丧失斗志，全部投降。起义军从俘虏中认出了那个向敌人泄密的副营长，将他枪毙。

第二十军教导团、第二师和第十一军一部迅速包围了大营盘和小营盘。大营盘敌人守军一个团抵抗了一阵之后，觉得突围无望，便放下武器投降。起义军冲入敌人另一团驻守的小营盘，敌人高喊：“不要误会！不要误会！”就乖乖地缴了枪。

在城北的牛行火车站，驻着敌王均部一个20多人的巡防队。第二十军第四团第三营营长王炳南天黑以后，即派一个连埋伏在敌人驻守的院子外面。南昌城内开始行动后，埋伏在院外的起义军，随着连长李亚民的两声枪响和“冲呀”的喊声，一举冲入院内。敌人哨兵举枪投降，院内敌军正在酣睡，突然惊醒，不知所措。起义军冲进屋内，将敌人的枪支收缴。第三营立即占领有利地形，向赣江上游布置了警戒。

叶挺的部队负责进攻松柏巷天主教堂里的敌人。敌人紧闭大门，在钟楼上架起机枪，封锁住狭窄的街巷。第二十四师担任主攻的部队受阻。这时，共产党员、共青团员挺身而出，组成冲锋队，冒着枪林弹雨冲向敌人，硬是把天主教堂的大门砸开了。敌人被勇猛的起义军吓傻了，纷纷举手投降。

在松柏巷战斗激烈进行的时候，周恩来正在附近代号“炮兵营”的指挥部里，站在南昌市敌我态势图前，沉着冷静地掌握战斗的全局。

第二十四师第七十一团第二营负责进攻匡庐中学。这里驻着一个营的敌人，敌我力量相当。第二营营长廖快虎非常勇猛，在他的带领下，很快就把敌人冲垮。敌人爬上城墙，想往城外逃窜，不料遇到工人纠察队和起义的公安局警察的阻击。于是，敌人又掉头回跑，在起义军包围夹击中困兽犹斗。叶挺闻讯后，派一个机关枪排去增援。敌人看顽抗下去只有死路一条，树起白旗投降。

第二十四师第七十二团第三营执行的是一个独立的战斗任务。营长袁也烈利用关系，化装到敌人营房里以会朋友的名义，仔细调查了敌情、地形、道路，发现敌人两倍于己。经过反复思考，袁也烈决定采取出其不意、攻其不备的办法消灭敌人。战斗计划得到了团部批准。7月31日晚上，第三营以行军模样来到敌人团部营房，派营部副官带着传令兵走进团部，会见敌团长，称自己的部队刚从外面进城来，找不到宿营地休息，打算借他们营房前面的空地露营，并问可否借用一点房子办公。敌团长拒绝了借房子，但对于靠近他们的营房露营一事没有反对。副官随即请求发给联络口令，敌团长即指示参谋办理。有了口令，第三营的官兵可以随意出入敌人的营房了。

部队露营后，各连连长借机到各处察看地形，有的还到敌人的营房里看了看。各连选定的露营位置，都是他们即将到来的战斗中冲锋出发地。

当夜，两支互为敌对的部队，一支在营房内，一支在营房外，相隔数十米，最远的不过一百来米。睡在营房内的敌人，没有想到露营在外的那支部队，在几个小时后将会对自己发动突然袭击。在营房外露营的起义军第三营，把枪架成一排排，在打开的背包上装着酣睡，麻痹敌人，其实心里在焦急地等待起义的枪声。

时间一分一秒地过去了，午夜过去了，到了凌晨1时，第三营的战士们悄悄把枪拿在手中，刺刀已经装在枪上，子弹捆在身上，等待命令，随时准备战斗。在总指挥部发出起义枪声后，袁也烈高喊一声："冲!"早已准备好的战士似箭离弦般冲进敌营。在一阵"不许动!"和搏斗声、手榴弹爆炸声中，就听到有人喊："不要打啦!"敌人就这么快被解决了。

在贡院，第二十四师第七十二团第二营和师教导大队经过苦战，消灭了敌第二十三团。战斗中，教导大队中队长陈守礼身中数弹，在昏迷中还高喊："顶住！顶住！"在得知敌人已经被消灭之后，才慢慢闭上眼睛。

经过四个多小时的激烈战斗，2万余起义军全歼守敌3000余人，占领了南昌城。南昌起义成功了！

这时，聂荣臻、周士第在马回岭那里也干得非常漂亮！

聂荣臻根据周恩来在九江的指示到马回岭后，立即开展紧张的工作。他进一步扩大了关于起义的传达范围，多次进行个别和集体谈话，动员做好起义准备工作，拟定起义的各项具体计划。

8月1日早上，第二十五师第七十三团团长周士第接到师长李汉魂从九江以南老黄门车站西端老黄门村师部打来的电话，说是要他去商量要事。由于此前周士第听说过张发奎在庐山参加反共会议，而李汉魂又刚从庐山回来，说有要事相商，究竟葫芦里卖的什么药，他心里吃不准。但部队如何行动，还没有接到党的指示，周士第心里很着急。

周士第放下电话，召集第七十三团党组织的会议，讨论他去不去李汉魂那里的问题。到会同志都担心周士第到师部后被扣，于是第一营营长符克振表示愿意代周士第去。周士第经过反复考虑，认为李汉魂不会扣留他，为了了解李汉魂的意图，还是以去为宜。

周士第带了一个骑兵通讯员，骑马到了师部。到师部后，先找师参谋长张云逸。张云逸见他就说："今天要注意……"话还没有说完，李汉魂就走进来了。

寒暄之后，李汉魂压低声音对周士第说："总指挥①很称赞你，要重用你，希望你跟他走，不要跟共产党走。"周士第严正地说："第四军在北伐中能打胜仗，张发奎之所以有今天的地位，是由于共产党的帮助、共产党员的英勇牺牲。你们今天跟着汪精卫反共、分共，就是

---

① 即张发奎。

死路!”①

正在和李汉魂谈话时，周士第听到外面有一列火车由南边开来，就走出去探听南昌方面的消息。周士第登上火车，碰到许继慎。许继慎见到周士第，吃了一惊，暗暗告诉他：“南昌起义了，你快回去!”

周士第听到这个消息，立即下火车，从通讯员手中拉过马来，翻身上马，飞奔团部。当他到团部时，聂荣臻已在团部主持起义事项。聂荣臻与周士第共同商定了具体起义计划，立即举行起义。参加起义的部队有驻马回岭的第七十三团全部，驻老黄门西南的第七十五团三个营，驻马回岭的第七十四团重机枪连。起义的部署是：部队利用下午1时睡午觉的时间开始行动，以打野外为名将部队拉出驻地。第七十五团三个营先走，第七十四团的重机枪连接第七十五团团部，第七十三团走在最后，下午6时全部在德安车站附近集中。

下午1时，各部队按照计划行动，第七十三团第一营担任后卫，他们的任务是，如遇敌人追击时，坚决抵抗，掩护主力展开。不久，张发奎乘火车追来。聂荣臻回忆说：

七十五团还没有走完，只走了一半的时候，张发奎就乘火车来了。他知道七十三团是我们的部队，现在七十五团又动起来，就感到紧张了。他站在车门口喊：“你们干什么？要停止行动!”我同他之间只隔着一座铁路桥，张发奎的火车停在桥那边，看得清清楚楚，是他。我分析，张发奎除了想制止七十五团的行动，有没有调七十四团同我们对抗的可能，估计他还不敢。因为十师、二十四师都走了，就剩下十二师和二十五师，二十五师的两个团也被我们拉了出来，他还有什么办法呢？不过，南昌正在行动，不能放他过去。于是，我立刻向跟着我的李排长（名字忘了，也是留法勤工俭学学生，曾在苏联学习过）说：“快让他们开车，他不开，就向空中鸣枪。”李排长立即喊着叫他们开车，他们不动，我说：“放!”放了一排枪，张发奎慌里慌张跳下车跑了。跟他一块跳车的还有李汉魂等几个人。后来，叶剑英同志告诉我，张发奎跳车时，

① 周士第：《起义中的第二十五师》，南昌八一纪念馆编：《南昌起义》，第299页。

他也在那里。张发奎跑得慌忙，将他的卫队，还有一些东西，都丢在车上了，全部被俘获。贺昌同志也在那列车上。车开到德安后，张发奎派了个参谋来，带着他的一封信，要求把他的望远镜还给他。我说，可以。就连他的卫队都放了回去，因为那时我们与张发奎还没有完全决裂。①

起义部队到德安后，到南昌的火车不通了，第七十三团由周士第带领，第七十五团由聂荣臻带领，连夜赶往南昌，于 8 月 2 日拂晓抵达南昌城下。

到南昌后，聂荣臻找到周恩来的住地。他把情况向周恩来作了汇报后，周恩来高兴地说："行动很成功！我原来没想到这样顺利，把二十五师大部分都拉出来了。"

第二十五师是以叶挺独立团为基础扩编而来的，尤其是第七十三团，其前身就是叶挺独立团，一直掌握在共产党人手中，第七十五团也是从叶挺独立团抽调骨干组建起来的。周恩来为这支队伍的组建、成长付出了极大心血，聂荣臻也作出了很大贡献。当这两个团作为"好钢"，用在南昌起义军的"刀刃"上，能够为党创建人民军队发挥重要作用时，周恩来、聂荣臻心里应该都是非常高兴的。

在南昌，总指挥部决定重新组建第二十五师，隶属第十一军，以周士第为师长，李硕勋为党代表，原第七十三团仍编为第七十三团，原第七十五团三个营编为第七十五团，将由七八百青年组织起来的一支队伍拨给第二十五师，抽调一部分党员作骨干，与原第七十四团重机枪连合编为第七十四团。这样，第二十五师下辖三个团，成为一个建制完整的师，成为起义军的主力之一。

起义军南下潮汕失败

为了争取和团结国民党中一部分愿意继续革命的人士，揭露蒋介石、汪精卫背叛孙中山革命精神的面目，南昌起义仍使用国民党左派的

---

① 《聂荣臻回忆录》，第 51—52 页。

旗帜。起义成功后，成立中国国民党革命委员会，推举宋庆龄、邓演达（以上二人未到南昌）、贺龙、周恩来等 25 人为委员，以宋庆龄、邓演达等七人组成主席团。同时以宋庆龄等人的名义发表《中央委员宣言》，指出南京的蒋介石和武汉的汪精卫等曲解三民主义，背叛国共合作，毁弃联俄、联共、扶助农工的三大政策，已成为孙中山事业的罪人；号召一切革命者团结一致，继承孙中山的革命遗志，“继续为反帝国主义与实行解决土地问题奋斗”。①

刘伯承，南昌起义时任军事参谋团参谋长。

8 月 2 日，中国国民党革命委员会发布命令，任命下设机构负责人。关于军事方面，任命刘伯承为革命委员会参谋长，贺龙、叶挺、周恩来、蔡廷锴为参谋，组成参谋团；贺龙兼代国民革命军第四集团军第二方面军总指挥；叶挺兼代第十一军军长，蔡廷锴兼代第十一军副军长；韦杵为第九军军长，朱德为第九军副军长②；郭沫若为总政治部主任，章伯钧为总政治部副主任，在郭沫若未到任前，章伯钧代理主任；黄琪翔为前敌总指挥，未到任前由叶挺代理；周逸群为第二十军第三师师长。③

南昌起义军编成三个军后，由朱克靖、聂荣臻、廖乾五分别任第九、第十一、第二十军党代表。

8 月 3 日，南昌起义军按照中共中央在起义前的决定，开始撤离南昌，南下广东。

南下广东走哪条路线？当时有两种意见：一种主张沿赣江南行，经

① 《中央委员会宣言》（1927 年 8 月 1 日），中国社会科学院现代革命史研究室编：《南昌起义资料》，第 43 页。

② 由于韦杵未到职，朱德不久接任军长。

③ 见《中国国民党革命委员会令》（1927 年 8 月 2 日），南昌八一纪念馆编：《南昌起义》，第 21—22 页。

过樟树、吉安、赣州，取道韶关，直下广东。这是由南昌到广东常走的一条大路。另一种是周恩来等所主张的，由赣东临川（今抚州）、宜黄、广昌、寻乌，直取东江。周恩来等为什么主张走这条路线？理由是，前一条是大路，自然是敌军重兵驻扎的地区。朱培德的第三军在吉安，钱大钧部在赣州，广东的李济深可以利用粤汉铁路，集中兵力在粤北与起义军决战。张发奎手中的1万多人也可能沿这条路尾追而来。起义军走这条路线，势必会陷入腹背受敌的苦战之中。走赣东，这一路敌人的力量则比较薄弱，东江的农民运动又比较发达，周恩来两次东征到这里，很熟悉这里。直取东江，可以较快地取得当地群众的支持，使兵力得到补充；汕头又是重要的出海口，可以取得共产国际、苏联的接济。周恩来等的主张得到多数人的支持，起义军南下，走的就是这条路线。

由于起义军匆匆忙忙离开南昌，部队没有来得及整顿，意外和挫折便相继而来。8月4日，在左翼行进的蔡廷锴第十师到达进贤时，突然脱离起义部队，折往浙江。第十师有5000余人，占起义部队人数的四分之一。蔡廷锴部离去，是起义军一个不小的损失，也是一个教训。第十师隶属第十一军，当时的军党代表聂荣臻后来在提起这件事时，仍然不能释怀，他在回忆中说：

这支部队原属陈铭枢，后来归张发奎指挥。师长蔡廷锴，是陈铭枢的亲信。当时他对我们党并不真心拥护。部队又是在起义前一两天才赶到南昌的。本来应该加以调整，使我们能确有把握地掌握它，或者至少不能单独作前卫。十师的三十团，团长范荩，北伐中在河南打得很好，部队很有名气，范荩既是一个出名的团长，也是一位很忠诚的共产党员。我在九江曾向他传达过中央关于起义的决定。这个团里还有一些共产党员在营、连两级工作。只要我们有所部署，完全可以把整个团掌握起来。此外，二十九团里面也有我们的一些同志。所以说，对第十师，只要我们警惕，适当调整一下干部或调换一些部队，改变部队的组成，在党员中进行周密的布置，也是可以掌握的。可是，起义胜利后，没有及时整顿，也没有调整干部，虽然有人对此提出过意见，叶挺却认为蔡廷锴没有问题，盲目信任他，并认为蔡对打回广东抱热心态度，愿意听从指挥，什么措施也没有采取。出发时，反而让蔡廷锴率第十师作前卫，结果被蔡廷锴钻了空子。该师八月三日出发，四日到进贤就叛逃了，投他的老上司陈铭枢去了。这样，一下子搞掉了我们一个师。那个三十团，是多么好的一支部队啊！由于我们工作上的失误，竟被搞掉了。我们从南昌出发时听到这个消息，十分痛心。①

起义军南下时，正是中伏天，酷热难耐，且走的多是山路。因为要多带子弹，每人带了250发至300发子弹，还要扛着机枪、火炮，部队非常疲劳、辛苦。由于反动派的造谣，沿途居民大多逃跑，起义军连食物和茶水都无法买到。路上病倒、脱队等非战斗减员十分严重。行军三天，实力就损耗三分之一。

8月7日，起义军陆续到达临川，在这里停留三天，进行一次休息和整顿。就在这时，陈毅和一个叫肖劲的人追赶上了起义军。陈毅是怎么追赶上起义军的呢？原来是这样：

四川军阀刘湘追随蒋介石反共后，在合川做兵运工作的陈毅也面临危险，于是经过辗转在1927年4月到达武汉。5月，他被中共中央军事部分配到武汉中央军事政治学校任党委书记。汪精卫分共后，将军校改编为张发奎的第二方面军教导团，陈毅先是隐蔽在炮兵连负责教导团党的工作，后隐蔽到特务连，任准尉文书。

8月1日，教导团奉命“东征讨蒋”。次日，教导团2000多人乘船从武昌顺流东下。8月4日，船到九江，张发奎派人命教导团将武器留在船上上岸。这样，教导团实际上是被缴械。教导团上岸后集合，张发奎亲自讲话，要大家选边站队，是共产党的站一边，国民党的站一边。教导团的共产党员为了隐蔽待机，都站在了国民党这一边。

当晚，陈毅召集共产党干部分析形势，决定一是连夜分散出发到南昌去找起义军；一是回家乡搞农民运动。没有暴露共产党员身份的可以留下。大约有200名党员愿意留下，组成了一个支部。由于陈毅的身份已经暴露，决定星夜去南昌，参加起义军。特务连连长肖劲和

① 《聂荣臻回忆录》，第53—54页。

他同去。

8月6日，陈毅、肖劲赶到南昌。这时起义军已经全部撤离，城内是张发奎的部队。两人经一番周折，总算打听出起义军已去临川方向。于是，两人立即马不停蹄前往临川，终于在次日赶上了起义队伍，找到了周恩来和刘伯承。

这时，赣东有一股绿林武装，头目姓邓，通过傅大庆与起义军接头，表示愿意接受起义军委任，条件是发给他们几百条枪，起义军可以派人去领导。前委考虑到朱培德的队伍在后面追赶，答应绿林武装的条件，多少可以起到牵制朱培德部队追赶起义军的作用，于是派陈毅、肖劲前去领导这支绿林武装。这次任务，使陈毅和肖劲又经历一次惊险。陈毅多年后回忆说：

我本不愿去，但肖劲同志觉得搞个绿林部队也不错，于是决定去了。便把我们交给傅大庆，由他介绍了去。傅把我们安排在一个旅馆去等，说等一下就带我们和邓司令见面，谁知尽等，一直等到下午三四点钟，既没有等到什么邓司令，连傅大庆也没等到，却把朱培德的反动部队等来了。朱部杨如轩的兵开进了临川，就在街上戒严，抓共产党。再等下去很危险，我们赶紧出城。出城，就被步哨抓住了，说我们是共产党。朱部大部是云贵人，我说："你是云南人，我是四川人，我们是同乡。当兵的，讲那些干什么，共产党又怎样？共了你什么去了？"他一听我是四川人，就连说对不起，叫我快走。①

陈毅和肖劲机智脱险后，连夜赶50里路，于8月10日在宜黄追上了起义军。周恩来与刘伯承等商议后，分配陈毅担任第二十五师第七十三团的团指导员。周恩来对他说："派你做的工作太小了。你不要嫌小！"陈毅表示："什么小不小哩！你叫我当连指导员我也干。只要拿武装我就干！"

相比其他人来讲，陈毅参加南昌起义过程更曲折些，用一个字来概括，那就是"追"字。这个"追"字，体现了陈毅执着、苦苦寻觅、锲

---

① 刘树发、王小平编：《陈毅口述自传》，大象出版社2010年版，第59页。

而不舍的精神。也正是这种精神，使他无论在什么时候，无论面临何种困难，都能够坚持下去。

陈毅参加到起义军中，使党领导的武装中，又增添了一位杰出的军事家，这是人民军队的幸事。

8月19日，起义军到达广昌，休息一日，继续前进。在瑞金壬田，起义军受到了敌钱大钧部的阻击。在赣州的黄绍竑的十个团也赶来增援。这是起义军南下打的第一仗。26日下午，贺龙指挥第二十军乘敌人立足未稳，向敌发起猛攻。战至次日早晨，敌人向会昌退却。

在瑞金，起义军缴获敌人许多文件，得知钱大钧、黄绍竑两部准备在会昌集结18个团。周恩来、贺龙、叶挺、刘伯承担心部队继续南下时，集结在会昌的钱大钧、黄绍竑两部会从背后发动袭击。为了免除后顾之忧，他们决定乘黄绍竑部没有赶到，敌人兵力尚未集中之机，先击破会昌的钱大钧部，之后南下。30日，第二十五师和第二十四师作为主攻，经过一场恶战，于下午5时占领会昌，并派兵尾追敌人至寻乌筠门岭。

这次战斗，是起义军南下途中取得的大胜仗。钱大钧部是蒋介石的嫡系，在会昌战斗伤亡、被俘、逃散达6000人，只余3000人退走。起义军也伤亡1000多人，付出了不小代价。

会昌战斗后，在瑞金一座学校里，由周逸群、谭平山介绍，贺龙加入中国共产党。在贺龙入党宣誓仪式上，周恩来讲了话，说："组织上对贺龙很了解，贺龙同志由一个贫苦农民经过斗争，成为国民革命军第二十军军长很不容易。多年来，贺龙同志追求真理，是经过考验的，是信得过的。"①

李立三、恽代英、谭平山也讲了话。他们回顾了大革命以来，贺龙反对军阀、反对帝国主义列强，支持工农运动的表现，赞扬了他在革命危急关头挺身而出，率部参加起义的革命精神，也叙述了党对贺龙的考察经过。

① 转引自《贺龙传》编写组：《贺龙传》，第97页。

贺龙入党后，编入了中央特别小组，同组中有周恩来、张国焘、廖乾五、刘伯承、周逸群等。

在革命处于低潮时候，有的人因贪生怕死而叛党，有的人因动摇而脱党，而身为国民革命军高级将领的贺龙却抛弃高官厚禄，义无反顾地率部参加南昌起义并站进中国共产党队伍中，这是一种何等令人崇敬的选择！

8月31日，前委鉴于由寻乌南下的计划已被敌人得知，布下重兵，遂改道由汀州（今长汀）、上杭进入东江。走汀州还有个好处是可以用船运送大批伤员和战利品，并且这一带富饶，便于筹集部队给养。

起义军先头出发向长汀开进后，黄绍竑部五个团从洛口来攻会昌。这时贺龙的二十军已撤回瑞金，会昌是叶挺率领的第十一军的两个师防守。双方争夺非常激烈，互有伤亡，呈胶着状态。时任第二十四师党代表的阳翰笙回忆说：

眼看天色已接近黄昏，从缴获敌人的文件和俘虏口供里已经知道，敌人的援军还多得很。叶挺把第二十五师师长周士第、师党代表李硕勋、七十三团党代表陈毅叫到跟前，果断地说："仗不能这样打，再拖下去，不利。我把所有的机枪集中，迫击炮集中，号兵集中。你们要率领全体战士，把手榴弹带上。冲锋号一响，就冲上去，拼刺刀也要在半个小时内解决战斗。有把握吗？"三位坚强的指挥员，一声雷鸣："有！"机枪迅速集结，炮兵、号兵集结，战士们弹上膛、刀出鞘、手榴弹准备好。叶挺一声令下，几十个铜号同时吹奏，机枪、迫击炮、手榴弹同时爆响，战士们像猛虎下山、蛟龙出海，铺天盖地冲了上去。这阵势，如同山崩地裂，海啸潮涌，一下把顽强的敌人震走了魂，吓破了胆，丢盔弃甲，四散逃命。黄绍竑的先头部队，又土崩瓦解了。①

两次会昌战斗，都是恶战。叶挺指挥若定，刚毅果断，机智神速。

---

① 阳翰笙：《怀念叶挺同志》，《回忆叶挺》，第29页。

刘伯承后来说："我见过的将领很多，没有谁能像叶挺那样沉着坚定。"

9月5日，南昌起义军进入汀州城。在汀州，有一家医院，叫做"福音医院"，原是英国教会开办的。1925年五卅运动时，汀州群众纷纷举行示威游行，英国医生吓跑了，傅连暲被推举为院长。

傅连暲是个有进步思想的医生，8月中旬，他听说南昌起义军南下，就和汀州全城的医生约好，一旦起义军有伤病员，就以福音医院为中心，成立合组医院。当时傅连暲还担任了几个学校的校医，利用这个条件，约了一些教员和学生来担任护理工作。

南昌起义军在瑞金壬田和会昌，连续打了三次仗，有300多伤员被送到了汀州。会昌离汀州有180多里山路。虽是9月上旬了，但赣南、闽西的天气仍然和北方的三伏天一样热，许多伤员的伤口已开始化脓，必须马上开刀。但福音医院只有两个外科医生，傅连暲学的是内科，外科也懂一些，紧张时刻，顾不了那么多了，也充当外科医生。三个人白天黑夜连轴转做手术，没有一个人叫累。

在汀州师范学校，傅连暲还听了起义军宣传委员会委员郭沫若和恽代英作的报告。他回忆说：

郭沫若同志第一句话说："三百年前我也是汀州人。"他的和蔼可亲的姿态和热情而幽默的语言，吸引了许多青年热望革命的心情。恽代英同志身材瘦小，精神却十分饱满，穿一身朴素的蓝布制服，颈上系着鲜艳的红领巾，戴一副深度的近视眼镜，说起话来，声音响亮，充满感情，加上有力的手势，使听众们的情绪由不得被他紧紧抓住，和他一同悲愤、激昂。我的心也深深地被他的革命激情所感动。

我怀着兴奋的心情回到医院里，把我所听到的、看到的全部告诉了其他医生和护士们。他们也很激动。那时，护理人员大多是青年男女教员、学生，他们不但没有经验，许多人一看见血就发抖，一看见脓就要呕吐；可是现在都抢着替伤员洗伤上药，喂水喂饭。武昌大学学生张成荣、阙宝兴放暑假回来，也参加了护理工作，一连几夜不睡，眼睛熬得通红。那时候，南昌起义是大家最关心的事情，有些伤势较轻的伤员就时常讲起义的故事给大家听，有的讲得入了神，不禁眉飞色舞，护士们忘了手里的工作，重伤员也忘记了疼痛。屋子里一时寂静无声，沉浸在对这个伟大事件的思念中。

……

那时，起义军二十军第三师政治部主任徐特立同志正患重病，……他烧得很厉害，加上年纪大了些，身体也显瘦弱。但是，他那坚定乐观的心情，却使你看不出他像一个重病的老人。他病较好以后，常爱找些话和我谈谈，问我多大年纪了？做医生几年了？等等。从他的谈话中，知道他已经五十岁了，那年刚刚参加了中国共产党。也许是我的惊异的表情，引起了他的注意。他说："五十岁，正是做事业的时候。我起码还能有三四十年为党工作呢！"那年我才三十三岁，可是有时自己竟想到：青年时代已经过去了。当我站在这位年已半百还刚刚踏上了他的新的征途的共产党员面前的时候，我觉得自己的这种想法太可笑了，同时，也有一种新的强烈的愿望，在我心中产生。①

这段回忆表明，一个从小接受西方教会教育成长起来的医生，受南昌起义者革命思想的影响，开始告别过去，走上新的道路。

时任第二十军第三师第六团第二营营长的陈赓，在会昌作战时被敌人的子弹打断了腿骨，肿得厉害，面临着截肢的危险。虽然伤势很严重，但陈赓很乐观，同医护人员说话时，笑声朗朗。面对这样一个年轻、勇敢、有才干的军官，傅连暲实在不忍将他的伤腿截去。为了挽救陈赓的伤腿，傅连暲采取保守疗法，每天使用"由素"为他消毒，并用夹板固定，同时给他喝新鲜牛奶，增强抵抗力。总之，想尽一切办法，避免截肢。在傅连暲谨慎、细致的治疗下，陈赓的腿奇迹般地保住了，从而也就保住了人民军队的一员虎将。1955 年，陈赓被授予大将军衔。

在汀州，周恩来召开前委会议，讨论攻取东江计划。会上出现两种意见，一种是"主张以主力军由三河坝经松口取梅县，再经兴宁、五华取惠州，以小部分军力（至多两团）趋潮汕，盖料敌人恐慌已极，潮汕空虚，可以不战而败。并且经潮汕再取兴宁、五华攻惠州，过于迂缓，

---

① 傅连暲：《南昌起义的伤员》，南昌八一纪念馆编：《南昌起义》，第 415—417 页。

敌人有集中兵力攻击我之可能。”另一种意见是“主张以主力取潮汕，留一部分兵力于三河坝监视梅县之敌，再经揭阳出兴宁、五华取惠州。盖恐敌人死守，潮汕不得，便难取得外面的接济。”① 持第一种意见的为周恩来和叶挺。持第二种意见的为苏联顾问和贺龙、刘伯承。由于起义军中的一般军官在长途行军后渴望得到一个地方休息，多数赞成第二种意见，于是前委采纳了第二种意见。

起义军离开汀州后，经上杭进入广东境内，于9月19日占领三河坝。按照汀州会议的决定，起义军在这里实行了分兵：由朱德率第十一军第二十五师和第九军教育团，共约4000人留守三河坝，以防敌人从梅县抄袭主力部队进军潮汕的后路；由周恩来、贺龙、叶挺、刘伯承等率第二十军和第十一军第二十四师直下潮汕。

9月23日，起义军进入潮安（潮州）；24日晨，占领汕头。起义军在潮汕休整了三天，成立了汕头市政府，以赖先声为市政委员长；成立东江工农讨逆军总指挥部，以彭湃为总指挥；开始没收50亩以上地主的土地；把枪支发给当地农民武装。26日，在汕头召开数万人的群众大会，周恩来在会上作了演讲。

起义军在潮汕地区待了三天，没有见到国际援助的踪影，但敌人的重兵却在潮汕周围集结起来了。统治广东和广西的国民党第八路军总指挥李济深和副总指挥黄绍竑倾其全力对付起义军。陈济棠率领粤军主力第四军第十一师、第十三师和新编第二师从广州出发，向粤东推进，会合王俊的警备旅，乘起义军直入潮汕的机会，抢先占领了原来可以作为潮汕屏障的揭阳、汤坑等一带有利阵地。黄绍竑率领桂军第七军两个师在粤北渡过韩江上游，绕道窥伺潮汕后背；钱大钧部在梅县以东的松口镇，监视并牵制留在三河坝的朱德率领的起义军。

这时，起义军经过三河坝分兵，在潮汕又留了第二十军第三师约1000人防守，用于迎敌的只有第十一军第二十四师和第二十军第一、

① 李立三：《“八一”革命之经过与教训》（1927年10月），中共中央党史研究室第一研究部编：《李立三百年诞辰纪念集》，第42—43页。

第二师，三个师合计约6000人，兵力只有当面敌人的三分之一。由于情报有误，起义军以为当面敌人只有1000多人。

9月28日，起义军开始前进，第二十四师和第一师开往汤坑，还在潮州的第二师接到了迅速跟进的命令。下午1时，前锋第二十四师一部在玉湖地区与敌遭遇，交战一个多小时，敌人向汤坑溃退。下午3时，起义军进至汤坑附近的潭岭山，接近设防于竹竿山的薛岳新编第二师。

起义军被初战得手冲昏了头脑，犯了见敌就打的错误。敌人数倍于起义军，占据着预设阵地，起义军在没有弄清敌情的情况下，便贸然以第二十四师居左，第一师居右，发起进攻。第二十四师沿着一条狭谷向前进攻。前锋团勇猛冲锋，一举攻破敌军一线阵地，缴获颇多。但当他们接触敌人二线阵地时，大队敌人从山上压下来，疯狂反扑。起义军抵挡不住，所占敌人阵地，又被敌人占去。

9月29日晨，起义军又发起强攻，夺取敌薛岳新编第二师控制的二线阵地竹竿山。这时，起义军从战地上拾得敌军计划，方才知道敌军的后续兵力远比预计的多。粤军陈济棠部第十一师已经赶到，扼守高山，以猛烈的火力居高临下扫射。起义军杀红了眼，不顾自己数量上的劣势，反复发起冲锋，同敌展开白刃战，一时难分胜负。

深夜，急于求胜的叶挺提议，由第二十四师组织一个突击队，在第二十军机枪、火炮掩护下，趁夜色和敌人困乏进行摸营，得手后点火为号，召唤后续部队一举占领敌人阵地。敌人识破了起义军的意图，采取了反措施，当突击队摸上山顶时，遭到敌人包围夹击，官兵伤亡过半，被迫退了下来。

起义军经过两个昼夜苦战，疲惫不堪，虽歼敌3000，但自身也伤亡2000余人，占兵力的三分之一，子弹也将用尽，无力再战。鉴于这种情况，叶挺和贺龙决定撤出战斗，仍沿原路经过揭阳撤往潮州。敌军也因伤亡过大，未敢追击。

撤退之前，部队吃了一顿饭。官兵们都是哭着吃的。各连队炊事班饭做得多，吃饭的人少，有的连队甚至不到一半人。战士们怀念牺牲的战友，个个泪流满面。叶挺看到一个老炊事员哭得很伤心，便劝道：

“不要哭，打仗总是要牺牲的，我们的部队还要扩大，你说不定哪天要做连长呢!”老炊事员抹去脸上的泪水，说：“军长，我听你的，只要能打出去，牺牲再大，也值得!”

当起义军主力在汤坑同陈济棠部苦战时，敌黄绍竑部绕道插入起义军后背，在9月30日突然沿韩江西岸向潮州发起袭击。留守潮州的是起义军的第二十军第三师教导团一部，只有1000来人，大都是刚参军缺乏训练的学生，其中包括将近三分之一的伤病员。敌人有9000余众，起义军无法抵挡，于黄昏时撤出潮州。汕头原本就几乎没有防守兵力，不得不在10月1日凌晨2时弃守。

前委撤离汕头前，新任中共广东省委书记张太雷奉中共中央之命经香港到达汕头，传达会议精神，要求起义军取消原来所用的“国民党革命委员会”的名义，改为苏维埃，将军队开赴海陆丰，会合当地农民武装，改组工农红军。张太雷要李立三、张国焘、谭平山等离开部队，起义军一切事宜由周恩来负责处理。但这时形势已经急转直下，许多措施已经来不及实施了。

10月2日，前委机关到达普宁县流沙。次日，贺龙和叶挺先后率部到了流沙。起义军领导人周恩来、李立三、恽代英、彭湃、张国焘、谭平山、贺龙、叶挺、刘伯承、聂荣臻、郭沫若在此召开会议。会议决定：武装人员尽可能收集整顿，向海陆丰撤退，今后要作长期的革命斗争；非武装人员愿留的留下，不愿留的就地分散，已经物色好当地的农会会友作向导，分别向出海口撤退，再分头赴香港或上海。这次会议还决定不再使用国民党革命委员会的名义。

会议开到午后2时，村外山头发现敌人，于是匆忙结束。部队由流沙向西，经钟潭向海陆丰道上的云落前进。周恩来由于感染上了重病，发高烧达40度，有人劝他脱离部队，被他坚决地拒绝了。

起义军离开流沙后，向西南行军大约十来里路，经过一个三面环山的小盆地，地势险要。第二十军的第一、第二师刚通过这里，粤军陈济棠的第十一师从乌石赶到，将起义军拦腰截断，并据险对后续的总指挥部和第二十四师猛烈伏击。周恩来和贺龙、叶挺指挥部队奋起反击。但部队已连续作战数昼夜，伤亡巨大，新败之余，士气受到严重影响，遭此突然袭击，逐渐失去控制，很快被冲散了。

这时，周恩来身边只剩下叶挺、聂荣臻等几个人。他们设法找到了当地党组织负责人之一杨石魄。杨石魄先带他们到附近一个小村子隐蔽一下，晚上又找来一副担架，把周恩来抬上，转移到陆丰的甲子港。在这里，找来一条小船，送他们出海。周恩来、叶挺、聂荣臻和杨石魄四个人，挤在这条小船上，在茫茫大海中颠簸了两天一夜，到达香港，同中共广东省委取得了联系。

震惊中外的南昌起义失败了！起义军余部第二十四师一部1000余人由董朗、颜昌颐率领，于10月7日达到陆丰，与当地农军会合；驻守三河坝的第二十五师，在朱德、陈毅率领下转入粤赣湘边界地区坚持斗争。

对于南昌起义，中共中央党史研究室著的《中国共产党历史》（第一卷）作了如下评价：

南昌起义打响了武装反抗国民党反动派的第一枪，用血与火的语言，宣告了中国共产党人不畏强暴、坚持革命的坚强决心。它在全党和全国人民面前树立起一面革命武装斗争的旗帜，标志着中国共产党独立地领导革命战争、创建人民军队①和武装夺取政权的开始，因而具有重大意义。②

南昌起义失败的原因是多方面的，如打国民党左派的旗帜，群众不容易分清哪个是革命的国民党，哪个是反动的国民党；起义后，没有对部队及时进行整顿；以占领中心城市为目的，劳师远征，没有就近与当地农民运动相结合，开展土地革命，建立根据地，积蓄和扩大革命力量；作战采取阵地战和猛打猛冲攻坚战，没有根据起义部队的力量还很弱小，采取灵活机动的运动战或游击战；部队党的组织建在团一级，还没有在营、连建立党的组织；依赖外援，等等。

南昌起义的经验教训是起义者用鲜血和生命换来的，是此后人民军

---

① 1933年7月，中华苏维埃共和国临时中央政府通过决议，指出中国工农红军是由南昌起义开始组建的，因此“批准中央革命军事委员会的建议，规定以每年‘八一’为中国工农红军纪念日”。这是8月1日成为中国人民解放军建军节的由来。

② 中共中央党史研究室著：《中国共产党历史》（第一卷）（1921—1949）（上册），第236—237页。

队建设和发展的宝贵财富。

历史就是这样，没有一蹴而就的事情，只有在多次失败之后，才能找到成功之路。

南昌起义失败了，但起义军留下的火种仍然在燃烧！南昌起义的精神鼓舞着革命人民在继续战斗！

二、毛泽东大声疾呼："政权是由枪杆子中取得的"

在中国大革命即将失败的时候，联共（布）中央政治局在 1927 年 7 月 8 日召开紧急会议，通过给中国共产党的指示，其中之一是："中国共产党应该召开（最好是秘密召开）紧急代表会议，以便根据共产国际执委会的指示纠正党的领导所犯的根本性错误。"① 那么，由谁来帮助中国共产党召开这个紧急会议呢？共产国际、联共（布）对其在中国的代表鲍罗廷、罗易都不满意，于是派罗米那兹作为共产国际新任代表，完成这个任务。

罗米那兹，苏联格鲁吉亚人，1897 年生。1917 年 3 月加入俄国布尔什维克党。1922 年 11 月出席共产国际第四次代表大会。1925 年至 1926 年任青年共产国际执行委员会书记。1926 年 4 月至 12 月任共产国际执行委员会主席团委员。从罗米那兹到中国前的履历可以看出，他在共产国际中地位很高。

1927 年 7 月下旬，罗米那兹来到中国。中共中央临时常委召开了一次会议，罗米那兹在会上传达了共产国际的指示，作了批判陈独秀的报告。随着罗米那兹的到来，召开中央紧急会议便立即提上了日程。

① 《联共（布）中央政治局紧急会议第 116 号（特字第 94 号）记录》（摘录）（1927 年 7 月 8 日于莫斯科），中共中央党史研究室第一研究部译：《共产国际、联共（布）与中国革命档案资料丛书·联共（布）、共产国际与中国国民革命运动》（1926—1927）第 4 册，第 398 页。

中共中央临时常委原定在7月28日召开紧急会议，并由瞿秋白、李维汉和张太雷与罗米那兹一起进行筹备工作。但是，由于当时的形势非常紧张，交通困难，7月28日未能开成。29日，中央临时常委发出《中国共产党中央执行委员会致中国国民党革命同志书》，同时设法召集附近各省代表准备开会。

8月3日，中央临时常委讨论紧急会议的各项准备工作，确定了会议的议程。然而，由于时局紧张，交通非常不便，不但北方、上海、广东等地的代表来不及召集，就是江西省的代表虽经召集，也不能到会。即使到了会议召开时，出席会议的人数仍不能到齐，中央委员到了不过半数。

不能再等了，8月7日，紧急会议在汉口三教街41号（今鄱阳街139号）召开。这是一座公寓式的房子，会场选在楼上一间屋内。出席会议的有中央委员、候补中央委员、监察委员，以及共青团代表、上海、湖南、湖北代表和军事部代表，共计21人，即瞿秋白、罗迈

八七会议会址——汉口鄱阳街139号（原三教街41号）。

(李维汉)、张太雷、邓中夏、任弼时、苏兆征、顾顺章、罗亦农、陈乔年、蔡和森、李震瀛、陆沉、毛泽东、杨匏安、王荷波、李子芬、杨善南、陆定一、彭公达、郑超麟、王一飞等。共产国际代表罗米那兹和他的助手诺伊曼以及另外一个苏联人洛蜀莫娃参加。邓小平作为中共中央秘书处处长列席会议。参加会议的人数虽然还不到30人，但因环境险恶，中央内部交通却花了三天的功夫，将他们一个一个带进会场。这些代表会后离开，又花了三天时间。这样，代表们一进一出，花了六天的功夫。

会议由李维汉担任主席，首先致开幕词。李维汉简短介绍了会议酝酿和筹备经过后，说：

此会议是一紧急会议，议程有三：

1. 国际代表报告——指出党的过去错误及新的路线。

2. 常委代表报告——将来工作方针，过去我们与国际代表对于各种问题讨论得很多，并已提出草案。常委报告人已推定秋白。

3. 改组中央政治局。

今天的会只能开一天，发言请扼要。[①]

按照会议议程，接下来是共产国际代表罗米那兹作报告。罗米那兹的报告在传达了共产国际有关指示后，首先批评了中国共产党在大革命后期犯的错误，指出："四月一直到七月底，党的指导都是照着改良主义去决定他的策略。他不但对小资产阶级即对反动的小资产阶级也有很大让步，对国民党的让步，甚至失掉了我们党自己的独立性。""我们的党为要阻止农民的运动，结果使农民运动遭了大的摧残，农民群众遭了大的屠杀。我们的党为要使工人让步，结果使工人大大失败。""拿中央的理论及实际看，他简直是少数派的[②]，不革命的，社会民主党的党，这是我们根据中国党决定各种问题而得出的

---

① 《李维汉的开幕词》(1927年8月7日)，中共中央党史资料征集委员会、中央档案馆编：《八七会议》，中共党史资料出版社1986年版，第48页。

② 指俄国社会民主工党中的孟什维克派。

结论。”

接下来，罗米那兹讲了如何对待资产阶级的问题。他说：“我们应很坚决的不仅反对帝国主义封建余孽，并且还应该坚决的反对资产阶级。”认为“蒋介石一面与日美勾结，一面又要做反日运动。现在武汉政府现尚未成为帝国主义的工具，虽然我们明知他将来必成为帝国主义的工具。所以现在我们应问：我们是否应帮助武汉政府反对帝国主义？其实，如果 C. P. 党员来帮助资产阶级反对帝国主义，则 C. P. 党员的身份必失去。民族资产阶级内部在经济上虽有问题，但在政治上是一致的。现在他们虽与帝国主义有纠纷，但此纠纷是逐渐减少的。他们怕工人阶级比怕帝国主义厉害得多。他们不惜如何与帝国主义妥协来压迫无产阶级。”因此，罗米那兹的结论是：“我们不应帮助资产阶级反对帝国主义，我们在利用资产阶级的反帝国主义运动来揭露他们的阴谋，来达到反资产阶级的目的。我们须知道，只有资产阶级打倒后帝国主义才能打倒。”“民族解放斗争还要继续下去，此重担仍是无产阶级担负。‘取消不平等条约’、‘收回租界’等口号仍要存在，这些口号也是用来反对资产阶级的。”

关于对国民党的策略，罗米那兹批评陈独秀为代表的中央在大革命中“将我们独立的政策及批评国民党的权限取消”。他也批评了一些同志的“要与国民党联合，必不能很自由革命。”“现在南昌独立了①，我们可以独立的、自由的革命了”的观点，认为“这个结论也是同样错误的。”“南昌这次政策是对的。我们的政策不要依靠到几个国民党的领袖上，而要依靠到国民党的群众上面。现在不应退出国民党，与国民党破裂时，要在国民革命成功社会革命时才能提出。现既有一新的联合，我们有了过去的经验，我们要坚决的批评。只有照革命的路线，不怕小资产阶级的动摇，然后才能巩固革命。”

罗米那兹最后讲了关于大革命失败共产国际是否应该负责任的问题。针对有些同志认为中国党在大革命后期犯的错误应当共产国际负

① 指南昌起义。

责的看法，罗米那兹说："无论关于那一方面，我都可以坚决的声明：国际无一天不打算将中国党的路线引上正轨的。过去最大的错误是中央未将国际的指导达到群众中去，比如第八次扩大会议对中国问题的主要决议尚未译出，许多中央委员都还不知道。即第七次大会的决议都未传达到群众中去讨论。中央委员即知道了也不过仅是口头上的承认，甚至不能接受。"罗米那兹也承认"国际有时自然也是有错误的"，但认为"我们相信他有许多争斗的经验，我们应诚意接受他的指令，不然必遭失败"，"不然我们将会走到非共产主义的道路上去。"他还认为，关于过去犯的错误问题，中共中央总书记陈独秀在许多问题已经作出决议后，"仍以个人的意思来改变此决议。但此责任应政治局大家来负。"同时又认为"工人阶级的经济斗争，无论何人都不及由工人出身的人来领导得正确。"并表示："以后我们党的指导要集体化，不要族长化。"①

罗米那兹的报告是为会议定调子的。从笔者所见俄罗斯公布的资料看，罗米那兹的确是不走样地贯彻了共产国际、联共（布）的指示。从他所讲的这几个问题来看，有正确的地方，也有不正确或不符合中国实际斗争要求的地方。正确的地方表现在批评了以陈独秀为首的中共中央不善于处理同国民党的关系，企图以妥协让步和束缚工农运动等消极措施拉住即将叛变的同盟者，犯了右倾机会主义错误。并认为这个错误不应单由陈独秀来负，应由政治局来负。同时指出了中共中央集体领导，不要族长化的问题；承认共产国际有时也有错误；还指出了蒋介石、汪精卫都是帝国主义的工具，等等。不正确或不符合中国实际的地方是：把蒋介石和汪精卫定性为资产阶级和反动的小资产阶级。其实中国资产阶级比较复杂，既有大资产阶级，又有民族资产阶级，在共产国际、联共（布）和罗米那兹这里，却混为一体。汪精卫是国民党左派的时候，是小资产阶级的代表。当他逐渐站到反共一边时，

---

① 《共产国际代表罗明纳兹的报告》（1927 年 8 月 7 日），中共中央党史资料征集委员会、中央档案馆编：《八七会议》，第 51—55 页。

共产国际、联共（布）和罗米那兹仍然认为他是小资产阶级的代表，定性为“反动的小资产阶级”。其实，无论是蒋介石也好，汪精卫也好，都是大资产阶级和地主阶级的代表。他们在分析大革命失败后中国的阶级问题时，犯了形而上学的错误，即犯了将政治人物阶级属性定型化的错误。因此，将民族资产阶级、上层小资产阶级都视为敌人一起打倒，甚至还把民族资产阶级视为最危险的敌人打倒。这样，在实践中不可避免地会导致把应当争取和尽可能争取的广大中间阶级、阶层推到敌人一边，在政策上容易出现混淆革命性质的“左”倾错误。

罗米那兹报告的正确方面和不正确、不符合中国实际的方面，对中国共产党此后的革命斗争产生了重要影响。

罗米那兹报告之后，李维汉宣布与会代表就这个报告进行发言。

早就对陈独秀右倾错误充满怒火的毛泽东率先发言。他首先批评陈独秀等在国共合作时放弃党的独立性，接着批评了中央压制湖南农民运动的错误。再下来，对军事方面发表了自己的看法，指出：“此前我们骂中山专做军事运动，我们则恰恰相反，不做军事运动专做民众运动。蒋唐①都是拿枪杆子起的，我们独不管。现在虽已注意，但仍无坚决的概念。比如秋收暴动非军事不可，此次会议应重视此问题，新政治局的常委要更加坚强起来注意此问题。湖南这次失败，可说完全由于书生主观的错误。以后要非常注意军事，须知政权是由枪杆子中取得的。”②

毛泽东的发言，可以说是振聋发聩，是对大革命失败血的教训非常正确的总结，对中国革命发展产生了深远影响。

毛泽东发言之后，邓中夏、蔡和森、罗亦农和任弼时先后发言。邓中夏、蔡和森、任弼时表示接受共产国际决议，并对中央过去犯的错误

---

① 指蒋介石、唐生智。

② 《毛泽东关于国际代表报告的发言》（1927 年 8 月 7 日），中共中央党史资料征集委员会、中央档案馆编：《八七会议》，第 58 页。

进行了分析批评。罗亦农的发言则不同。

罗亦农在发言中指出："党不注意夺取政权的武装，上海、湖南都是半途而废，这是非常错误的。"接下来就说："大家都说国际是无错误的，我要公开的批评国际：国际的政治指导不成问题，是对的，但在技术工作问题非常之坏。既认中国革命非常重要，但同时又派魏金斯基、罗易来指导，他们都是无俄国革命经验的。魏金斯基在一九一七年以后才入党，我们在上海要暴动时他要反对，并且不帮助。至于罗易，谁也知道是国际犯了左派理论幼稚病的人，这种人如何指导中国的革命。国际的决议是好的，但派来的人不好，使人不满意。这是国际要负责任的。"①

共产国际是中国共产党的上级，罗亦农敢于批评共产国际和其驻华代表的错误，确实需要勇气。罗亦农善于思考，提出了一个发人深省的问题！

毛泽东等五人发言之后，罗米那兹作了一个结论。关于联共（布）、共产国际驻华代表的错误，他是这样说的："鲍罗廷，罗易、魏金斯基之错误，鲍的理论自然是错的，土地革命是不能在学校中可以训练得出来的。谁也不敢担保没有错误，我也许将来有错误的。不管罗魏等的路线如何，总比我们中央有错不改要好些。不管国际代表有无错误，主要的还是中共中央机关之健全。只要我们是革命的机关，纵然国际代表有错也是不十分严重的。最重要的还是我们如何能实行国际的指导。"

由于与会者提议选出工人同志来当党的领导，罗米那兹的答复是："有一困难，此次会议无权改选中央。还有一层，选出此等人还须得从事调查一下是否他能执行此新政策。新政治局提出正式七人，候补五人。"

关于当前的形势和革命性质问题，罗米那兹作了这样的估计："农

① 《罗亦农关于国际代表报告的发言》（1927年8月7日），中共中央党史资料征集委员会、中央档案馆编：《八七会议》，第63—64页。

工都遭了摧残，反动势力高涨，革命遭了一严重的打击和损失。但革命并未停止。现在仍是资产阶级德谟克拉西革命，但由民权革命的发展中而发展的阶级冲突仍未消灭。”

从上述估计出发，罗米那兹认为：“民族革命矛盾有五种：1. 上面说过我们仍要反对帝国主义，从帝国主义铁蹄下解放出来，此第一矛盾仍然存在；2. 生产力不发达的矛盾，土地革命便是解决此矛盾之最好的方法；3. 工人阶级的生活状况之改良仍未实行，因此，必然要号召工人反对资产阶级；4. 工农城市贫民必然起来反抗一切压迫夺取政权；5. 统一中国现在不但未做到，而且更加分裂了。”

罗米那兹在最后指出：“所有德谟克拉西的五个任务我们未实现一个。现在的问题是革命的浪潮何时爆发？反动势力能维持到何时？这只有在革命中才可看出。现在我们的党应尽力号召坚决的斗争。我们先要有一正确的策略后才能作此争斗。”①

应该说，罗米那兹对形势和革命性质的估计，对民族革命的存在的矛盾和任务的判断基本上是正确的。同时，对于与会人员提议选出工人同志当党的领导的意见没有采纳并说明的理由也是可取的。总体上看，罗米那兹对开好八七紧急会议还是起了积极作用的。

会议的第二个议程是瞿秋白代表中央常委作报告。他的报告并不长，明确提出：“土地革命已进到最高点，要以我们的军队来发展土地革命”。认为“农民要求暴动，各地还有许多的武装。有这样好的机会，这样多的力量，我们必须要燃着这爆发的火线，造成土地革命。”并指出：“我们的策略是独立的工农阶级斗争。”②

瞿秋白的报告明确提出土地革命和武装起义的方针，表明在大革命后期一直争论而没有结果的这两个重要问题，在惨痛的事实面前，党中央领导层内终于达成了共识。此后党的斗争，就有了方向和目标了。

---

① 《共产国际代表罗明纳兹的结论》（1927 年 8 月 7 日），中共中央党史资料征集委员会、中央档案馆编：《八七会议》，第 67—68 页。

② 《中央常委代表瞿秋白的报告》（1927 年 8 月 7 日），中共中央党史资料征集委员会、中央档案馆编：《八七会议》，第 71 页。

那么实行土地革命按照什么标准没收土地呢？会议作出《最近农民斗争的议决案》规定："没收大地主及中地主的土地"，"对于小地主则减租"。① 毛泽东认为这个可规定没有可操作性。他在瞿秋白报告后发言，提出：

1. 大中地主的标准一定要定，不定则不知何为大地主中地主。我意可以五十亩为限，五十亩以上不管肥田瘦田通通没收。2. 小地主问题是土地问题的中心问题。困难的是在不没收小地主土地，如此，则有许多没有大地主的地方，农协则要停止工作。所以要根本取消地主制，对小地主应有一定的办法。现在应解决小地主问题，如此方可以安民。……②

但罗米那兹对毛泽东的意见不以为然，表示："关于此问题用不着再讨论了。土地的根本问题是土地国有，这非有一个工农德谟克拉西的政权是无法解决的。此决议的目的是最近要叫起农村的扰乱暴动。我以为条文可仍照旧，谁是大小中地主，是无法确定的，且带地方性。此问题应由农协自己来决定，一切权力属于农协。我们要使城市小资产阶级中立，如开始即要没收一切土地，则必使城市小资产阶级动摇来反对我们。我们的口号一出去，马上即会引起小地主的动摇，要紧的是我们不要怕干下去甚或惊慌起来，因此，不必争论。"③

毛泽东对农村作过细致调查，了解中国南方土地状况，毫无疑问，他的意见是正确的，为日后开展土地革命，制定正确的土地革命路线奠定了认识上的基础。罗米那兹对于土地革命的理解则是没收一切土地，土地国有。因此，在他的概念中，要解决土地问题，就必须没收一切土

① 《最近农民斗争的议决案》（1927 年 8 月 7 日），中央档案馆编：《中共中央文件选集》（1927）第 3 册，中共中央党校出版社 1989 年版，第 295 页。

② 《毛泽东关于农民斗争决议案的发言》（1927 年 8 月 7 日），中共中央党史资料征集委员会、中央档案馆编：《八七会议》，第 73 页。

③ 《共产国际代表罗明纳兹关于农民斗争决议案的发言》（1927 年 8 月 7 日），中共中央党史资料征集委员会、中央档案馆编：《八七会议》，第 74 页。

地。而一开始革命就没收一切土地，就会使小资产阶级动摇而反对革命；只要一确定没收标准，就会使小地主动摇反对革命。他的理由似乎有道理，缩小反对面嘛。但仔细琢磨，他忽视了另外一面，不分配给农民土地，农民就没有革命积极性；让农协自己决定，它们无章可循，农协干部水平参差不齐，实际没收土地时更容易产生混乱。因此，罗米那兹的意见是脱离中国实际的。

由于罗米那兹不同意，会议没有采纳毛泽东的意见。

会议通过了《中国共产党中央执行委员会告全党党员书》《最近农民斗争的议决案》《最近职工运动议决案》《党的组织问题议决案》。

会议最后一项议程，是选举中央临时政治局。苏兆征、向忠发、瞿秋白、罗亦农、顾顺章、王荷波、李维汉、彭湃、任弼时被选为政治局委员；邓中夏、周恩来、毛泽东、彭公达、张太雷、张国焘、李立三被选为政治局候补委员。8 月 9 日，中央临时政治局第一次会议选举瞿秋白、李维汉、苏兆征为常务委员会委员。

八七会议无疑是最高效的一次会议，一天之内，解决了当时面临的最重要问题，确定了实行土地革命和武装起义的方针，提出了整顿队

八七会议会场。

伍、纠正错误而"找着新的道路"①，使全党没有为极其严重的白色恐怖而惊慌失措，重新鼓起同国民党反动派斗争的勇气，从而为挽救党和革命作出了巨大贡献。中国革命从此开始由大革命失败到土地革命战争兴起的历史性转变。

人们不禁要问：为什么中国共产党生命力这么顽强，能够从大革命失败的血泊中勇敢地爬起来，迅速找出正确方向，走向新的战斗？八七会议通过的《中国共产党中央执行委员会告全党党员书》中这两段话是最好的说明：

工人阶级的革命党，要纠正自己的错误，只有公开的批评这些错误，而且要使全党党员都参加这种批评。无产阶级的政党不怕公开的承认自己错误。如果共产主义者不能无所畏惧无所忌讳的批评党的错误，疏忽，和缺点，那么，共产主义者也就完了。我们党公开承认并纠正错误，不含混不隐瞒，这并不是示弱，而正是证明中国共产主义运动的力量。我们深信本党的生命与力量决不致于怕披露和批评我们的疏忽和缺点，甚至于披露之于我们的阶级仇敌之前也无所怕。等共产党的敌人幸灾乐祸好了！让他们去乱叫共产党崩坏好了！这种攻击，是吓不了我们的，我们胜过敌人的地方，正在于我们是最先进的阶级，无产阶级先锋队能够在自己错误经验里学习出来，绝无畏惧的披露自己的错误并且有力量来坚决的纠正。

我们党有这种伟大的力量，不但因为我们党的阶级性使然，而且因为有群众之奋斗，无产阶级及贫苦农民群众之奋斗作保证——这些群众是我们党的基础。②

这两段话说明中国共产党的顽强生命力来自共产主义理想，来自最先进阶级先锋队的自信，来自得到无产阶级及劳动群众拥护而有强大的力量的自信。

① 《中国共产党中央执行委员会告全党党员书》（1927 年 8 月 7 日），中央档案馆编：《中共中央文件选集》（1927）第 3 册，第 290 页。

② 《中国共产党中央执行委员会告全党党员书》（1927 年 8 月 7 日），中央档案馆编：《中共中央文件选集》（1927）第 3 册，第 252—253 页。

八七会议也有不足的地方。党这时还很年轻，会议选出的领导者也很年轻。年轻就容易冲动，在国民党反动派的残酷屠杀政策下容易产生“左”的拼命情绪；年轻就容易把共产国际及其代表的指示通通作为正确的来接受。因而，会议在反对右倾错误时没有注意防止和纠正“左”的错误，对革命处于低潮形势下党应当组织必要的退却缺乏认识，容许和助长盲目发动工人罢工和组织城市暴动的倾向。会议只是指责犯错误的领导人，没有着重从思想上、理论上对所犯错误的教训进行认真的分析和总结。与会人员不适当地强调党的领导机关进而党员的单纯工人成分意义。会议认为反对封建制度的资产阶级民主革命的完成（土地革命亦在其内），尤其是反帝国主义斗争的完成，必须实现于反对已成反革命的资产阶级的斗争之中。这种认识为以后“左”倾错误的发展提供了理论依据，给中国革命造成很大危害。

尽管有种种不足，八七会议的正确方面、贡献方面是主要的，将永载史册。

三、湘赣边界响霹雳

军叫工农革命

1927年8月初，毛泽东受中共中央临时常委会委托，研究湖南军事形势和农民运动状况，筹划湖南的秋收起义。

当时，广东农民武装约有1000来人驻在湘粤边境的汝城，正在南下的南昌起义军有可能抽出一部分兵力开赴汝城支援，浏阳、平江一带的农民武装也可以向这一带集中。毛泽东根据这些情况，向中共中央临时常委提出了《湘南运动大纲》，提出：“湘南特别运动以汝城为中心，由此中心而占领桂东、宜章、郴州等四、五县，成一政治形势，组织一政府模样的革命指挥机关，实行土地革命，与长沙唐政府对抗，与湘西之反唐部队取联络。”在军事方面建议：“（1）请中央命令彭湃同志勿将现在汝城之粤农军他调。（2）浏（阳）、平（江）军人千人立即由郭亮率领赴汝城。（3）江西革命军中调一团赴汝城。”认为“三部分共兵力约一师，以革命军一团作中坚，至少有占领五县以上的把握。”在政权和党的方面建议：“湘南须受江西革命领导机关的指挥，革命的粤政府成立，则受粤政府指挥。”“中央应命令江西方面执行此计划。”“党的湘南特别委员会，受湖南省委的指挥，在交通阻隔时候得独立行使职权。”①

毛泽东的建议得到中共中央的采纳，8 月 1 日，中共中央致信南昌起义前敌委员会，要求前委“分兵一团或二团交由郭亮处，希率领到湘南占据郴宜汝一带，组织湘南革命政府，受前方革命委员会的指挥，并供给相当的饷弹。党内由泽东郭亮夏希［曦］卓宣组织湘南特别委员会，以泽东为书记，在湘省委指导之下主持之，同时与前委发生关系。除派泽东克日动身往湘南工作。望兄处即遵照此信抽调兵力，交郭亮即日率领前往目的地为要。”②

8 月 3 日，中共中央颁发《中央关于湘鄂粤赣四省农民秋收暴动大纲》，其中，关于湖南的部分是：“准备于不久时期内在湘南计画一湘南政府，建设革命政权，及一切革命团体，在广东革命委员会指挥之下。现即须组织湘南特别委员会受省委指挥，于交通不灵通时得有（权）独立指挥此委员会所能活动的地方工作。”③ 并再次明确中共湘南特委的人员构成。

八七会议结束后，瞿秋白改变了此前中央给南昌起义前委的信和湘鄂粤赣四省暴动大纲关于毛泽东去湘南任特委书记的决定，要他到上海中共中央机关工作。毛泽东回答说：“我不愿跟你们去住高楼大厦，我

---

① 毛泽东：《湘南运动大纲》（1927 年 8 月）。

② 《中央致前委信——关于组织湘南革命政府及特别委员会问题》（1927 年 8 月 1 日），中央档案馆编：《中共中央文件选集》（1927）第 3 册，第 238 页。

③ 《中央关于湘鄂粤赣四省农民秋收暴动大纲》（1927 年 8 月 3 日），中央档案馆编：《中共中央文件选集》（1927）第 3 册，第 242 页。

要上山结交绿林朋友。”①

毛泽东不仅在思想上认识到掌握枪杆子的重要，而且决心在行动上去实现它。他是知行合一者。在人生的道路上面临选择时，毛泽东又一次选择了正确。

8 月 12 日，毛泽东作为中共中央特派员，秘密回到长沙，传达八七会议精神，改组湖南省委、领导秋收起义。

毛泽东与别人不同的地方就是遇事先作调查。他回到湖南后先是借送杨开慧回板仓村的机会，邀请五位农民、一位篾匠和一位小学教师开了两天调查会，了解当地农民要求全盘解决土地问题的想法。回到长沙城后，他又征询由韶山老家来省城的五位农民的意见。根据这些调查，毛泽东拟出了土地纲领数条。

在调查中，毛泽东发现，国民党军残酷镇压工农运动后，群众对国民党的看法已经完全改变了。因此，他开始考虑秋收起义打不打国民党旗帜的问题。

8 月 18 日，中共湖南省委在长沙市郊沈家大屋召开会议，讨论秋收起义有关问题。

会议首先讨论农民问题，毛泽东的意见是：“一、没收土地必有没收的对象，中国大地主少，小地主多，若只没收大地主的土地，则没有好多被没收者。被没收的土地既少，贫农要求土地的又多，单只没收大地主的土地，不能满足农民的要求和需要。要能全部抓着农民，必须没收地主的土地交给农民。二、没收土地的办法，要由革命委员会（我们党）制定一个土地纲领，将全部办法〈提出〉，要农协或革命委员会执行。三、这个没收土地的政纲，如对被没收土地的地主，必须有一个妥善的方法安插。因此，主张在不能工作或工作能力不足及老弱的地主，应由农协在农业税之内征收若干农产物平均分配给此等分子。四、宣布

---

① 谭震林：《回顾井冈山斗争历史》，井冈山革命根据地党史资料征集编研小组、井冈山革命博物馆编：《井冈山革命根据地》（下），中共党史资料出版社 1987 年版，第 10 页。

废除对农民的各种苛税；征收农业税。”①

毛泽东关于土地问题的意见，是他在新的调查研究基础上对八七会议上所提土地问题意见的新发展，既考虑到农民参加革命的要求，又提出了土地问题没收与分配的初步办法，同时考虑一些有特殊情况的地主，给予出路。他的意见无疑符合当时农民土地斗争的实际，为此后在革命根据地制定土地法提供了很好的思路。

与会的贺尔康、毛福轩等赞同毛泽东的意见。

易礼容不大赞同毛泽东的意见。他认为中国小地主占中国土地的多数，没收小地主的土地，小地主必定与大地主团结，站在反革命一边去，因此主张在此时小地主的土地应该不没收，只没收大地主及反革命的土地交给农民。他甚至忧虑，农民分了土地以后是否怠耕，使农产物减少。

易礼容的意见，实际上是大革命后期以来党内一些人的意见，生怕没收小地主会扩大打击面。他们只考虑了问题的一面，没有考虑到另外一面，农民没有分到土地怎么办？他们会跟着共产党闹革命吗？至于忧虑农民得到土地后会怠耕的问题，则更是十分可笑的了。土地是农民的命根子，得到土地，耕种自己的土地，积极性自然就会倍增，哪能怠耕呢？当然，极少数游手好闲之人得到土地，可能会不好好耕种，但只是个例，不能因噎废食！

在讨论暴动问题时，毛泽东和易礼容的意见一致，认为：“湖南的秋收暴动的发展，是解决农民的土地问题”。“但要来制造这个暴动，要发动暴动，单靠农民的力量是不行的，必须有一个军事的帮助。有一两团兵力，这个就可以起来，否则终归于失败。”他们并指出：“暴动的发展是要夺取政权。要夺取政权，没有兵力的拥卫或去夺取，这是自欺的话。我们党从前的错误，就是忽略了军事，现在应以百分之六十的精力

① 《彭公达同志关于湖南秋暴经过的报告》（1927年10月8日于武汉），中共湖南省委党史资料征集研究委员会《湘赣边界秋收起义》协作组编：《湘赣边界秋收起义》，湖南人民出版社1987年版，第96—97页。

注意军事运动。实行在枪杆子上夺取政权，建设政权。”①

毛泽东和易礼容的意见，初步阐明了土地革命、革命武装、革命政权三者之间的关系，对于此后进行革命根据地建设是十分重要的。

在这次会议上，还着重讨论了国民党问题和政权问题。

会议认为：国民党的招牌已经无用，并且人民群众已不要国民党了。理由是什么呢？

与会者认为，湖南发生马日事变后，武汉国民党中央没有能力去镇压许克祥的暴行，国民党的权力不能出武汉一步，甚至不能出国民党的中央党部，纯粹以几个投机的军阀的意见为国民党的意见。国民党自己的立场已失。这时国民党已经死了。汪精卫七一五政变后，国民党不但死了，并且臭了；不但臭了，而且臭气闻于天下！国民党这个工具完全为军阀夺去，变成了军阀争权夺利、抢夺地盘的工具。唐生智、蒋介石、汪精卫，甚至军阀张作霖都可以拿了这块招牌来作它压迫民众、屠杀民众的工具，国民党已变成军阀党了。这是其一。

其二，国民党从前的法律承认民众很多利益，但是民众要它实现，转眼相向来压迫民众。民众均认识国民党是骗人的党，现在唾弃了国民党。他们不要国民党了。

其三，国民党虽死，但还有一部分左派，可以继承国民党的工作。所谓国民党左派，大都是小资产阶级出身的人。他们对于革命只是同情，决不会自己开步走。他们的行动是要看风使舵，无产阶级领导力量大，他们可以站在无产阶级方面来附和革命；资产阶级力量大，他们就会站到资产阶级方面去。只要无产阶级的力量大，左派小资产阶级仍然可以来革命。不打国民党的招牌并不成什么问题，因此，湖南对于此次暴动，主张用共产党的名义来号召。

关于政权问题，与会者认为：中国革命现在已经到俄国 1917 年 10 月，但在中国，重要的过程是土地革命，其政权是工农的，不是纯粹无

---

① 《彭公达同志关于湖南秋暴经过的报告》（1927 年 10 月 8 日于武汉），中共湖南省委党史资料征集研究委员会《湘赣边界秋收起义》协作组编：《湘赣边界秋收起义》，第 97 页。

产阶级，现在应扩大宣传苏维埃政权。在我们暴动力量发展最大的地方，应即刻建设苏维埃式的政府。民选革命政府的口号已经臭了，北洋军阀吴佩孚、赵恒惕都自称是民选，所以现在不能用这个口号，现在应竭力宣传和建设工农政权。

以上表明，毛泽东指导下的中共湖南省委应是最先认识到联共（布）、共产国际要求中共打国民党左派旗帜存在问题的。从八一南昌起义开始打国民党左派旗帜，到8月18日，不到20天的时间，中共湖南省委就认识国民党已经死了、臭了，成为蒋介石、汪精卫甚至是张作霖屠杀民众的工具，变成军阀党了，提出以共产党的名义号召起义，建立苏维埃政权，这是一个非常大的进步，对于纠正打国民党左派旗帜错误，减少革命力量的损失，推动党领导的武装起义和土地革命的发展，均产生了重要的作用。

会议最后讨论暴动区域问题。中共湖南省委起初是想发动全省暴动，暴动区域划分为："一、湘中以长沙为中心；二、湘南以衡阳为中心；三、湘西以常德为中心；四、在西南之间的要冲是宝庆。宝庆是中心地点。"①

在讨论中，省委书记彭公达持全省暴动的意见。毛泽东坚决主张缩小暴动范围，理由是同时在四个区域发动暴动存在人力、财力困难。易礼容、夏明翰支持毛泽东的意见。经过几次讨论，最后"以党的精力及经济力量计算，只能制造湘中四围各县的暴动"，"放弃其他几个中心"。并"决定同时暴动的是湘潭、宁乡、醴陵、浏阳、平江、安源、岳州等七县。"②

8月19日，中共湖南省委将湖南秋收暴动计划报告中共中央。次日，毛泽东以中共湖南省委的名义给中共中央写信，提出了他对打国民党旗帜的不同意见。信中说：

---

① 《彭公达同志关于湖南秋暴经过的报告》（1927年10月8日于武汉），中共湖南省委党史资料征集研究委员会《湘赣边界秋收起义》协作组编：《湘赣边界秋收起义》，第100页。

② 《彭公达同志关于湖南秋暴经过的报告》（1927年10月8日于武汉），中共湖南省委党史资料征集研究委员会《湘赣边界秋收起义》协作组编：《湘赣边界秋收起义》，第100页。

某同志①来湘，道及国际新训令，主张在中国立即实行工农兵苏维埃，闻之距跃三百，中国客观上早已到了一九一七年，但从前总以为这是在一九〇五年，这是以前极大的错误。工农兵苏维埃完全与客观环境适合，我们此刻应有决心立即在粤、湘、鄂、赣四省建立工农兵政权。此政权既建设，必且迅速的取得全国的胜利。望中央无疑的接受国际训令，并且在湖南［上］实行。

因为国际这个新训令，影响到我对国民党的意见，即在工农兵苏维埃的时候，我们不应再打国民党的旗子了。我们应高高打出共产党的旗子，以与蒋、唐、冯、阎等军阀所打的国民党旗子相对。国民党的旗子已成军阀的旗子，只有共产党的旗子才是人民的旗子。这一点我在鄂时还不大觉得，到湖南来这几天，可见唐生智的省党部是那样，而人民对之则是这样，便可以断定国民党的旗子真是不能打了，再打则必会失败。从前我们没有积极的取得国民党的领导权，而让汪、蒋、唐等领导去，现在即应把这面旗子让给他们，这已经完全是一面黑旗。我们则应立刻坚决的树起红旗。至于小资产阶级，让他完全在红旗领导之下，客观上也必定完全在红旗领导之下。②

毛泽东，任中共湖南省委前敌委员会书记。

中共中央收到湖南省委秋收暴动计划和毛泽东的信后，于8月22日召开常委会议研究。次日，中共中央给湖南省委复信，只肯定以长沙起点的暴动计划在原则上是对的，接下来马上就是严厉的批评，指责湖南省委犯了两个错误：一是“对于长沙附近各重要县份农民暴动的准备非常薄弱，而要靠外面军事力

① 指共产国际代表之一马也尔。

② 《中共湖南省委给中共中央的信》（1927年8月20日），中共湖南省委党史资料征集研究委员会《湘赣边界秋收起义》协作组编：《湘赣边界秋收起义》，第50—51页。

量夺取长沙，这样偏重于军力，好像不相信群众的革命力量，其结果亦只是一种军事冒险。”二是“专注长沙工作，忽略了各地的秋暴工作（如放弃湘南计划并没有积极的有组织的准备长、潭、浏、醴、乡、宁等处暴动）。”①

批评过后，中共中央指示：湖南应以农民军事力量最大的地方，并且是战争地势最便利的地方为发动点；可以湘南为一发动点；长沙为一发动点。整个的湖南暴动要能与湖北互相呼应，尤其是湘北、鄂南发生直接联络。

中国共产党刚进入创建人民军队阶段，军事人才奇缺，中共中央原先负责军事工作的周恩来领导南昌起义去了，所培养的军事骨干，大都参加了南昌起义。因而，这时留在武汉的中共中央内，没有什么军事人才。毛泽东对于党掌握的正规部队在起义中的作用有较深的认识，中共中央却未能够认识到，所以批评毛泽东等“偏重于军力”，“不相信群众的革命力量”，“是一种军事冒险”。不过，中共中央要求湘中、湘南暴动配合，湖南暴动同湖北相互呼应，这个思路也有一定的道理。

关于政权的形式问题，中共中央没有采纳湖南省委和毛泽东的意见，认为：“中国现在仍然没有完成民权革命，仍然还在民权革命第二阶段。此时我们仍然要以国民党的名义来赞助农工的民主政权，但不是照以前那样的工农赞助国民党。到了第三阶段才是国民党消灭苏维埃实现的时候，你们以为目前中国革命已进到第三阶段可以抛去国民党的旗帜实现苏维埃的政权，以为中国客观上早已到了一九一七年了，这是不对的。”② 要求湖南省委执行中共中央打国民党旗帜的决定。

在大革命后期，斯大林同反对派就中国是否建立苏维埃曾发生激烈

① 《中央复湖南省委函——对暴动计划、政权形式及土地问题的答复》（1927 年 8 月 23 日），中央档案馆编：《中共中央文件选集》（1927）第 3 册，第 350 页。

② 《中央复湖南省委函——对暴动计划、政权形式及土地问题的答复》（1927 年 8 月 23 日），中央档案馆编：《中共中央文件选集》（1927）第 3 册，第 353 页。

的争论。托洛茨基、季诺维也夫当时主张在武汉建立苏维埃。斯大林坚决反对，他认为在武汉建立苏维埃就意味着同汪精卫的国民党决裂、推翻武汉政府，进行社会主义革命。这也是联共（布）、共产国际在汪精卫集团叛变后，要求中国共产党继续打国民党左派旗帜的原因。以瞿秋白为主要负责人的中共临时中央政治局，在没有联共（布）、共产国际点头的情况下，自然不敢赞同毛泽东等放弃国民党旗子的建议。

关于土地问题，中共中央也没有采纳毛泽东的意见，坚持“主要的口号是‘没收大地主土地’，对小地主则提出减租的口号”。要求湖南省委“‘没收小地主土地’的口号不要提出”。但表示：“我们不要害怕没收小地主土地，革命发展到没收小地主时，我们要积极去组织领导，其结果仍是没收一切土地”。并解释说：“不马上提出这一口号只是对小地主的一种策略”。①

对于中共中央不合实际的批评，毛泽东和中共湖南省委没有接受，按计划准备秋收暴动，并于 8 月 30 日向中共中央写信陈述了自己的意见。信中说：“关于指出此间两点错误，事实及理论均非如兄所说”。并答复如下两点：

其一，“夺取长沙与秋收暴动在革命的整个意义上说，是发展土地革命，长沙暴动与秋收暴动是一回事。长沙暴动是秋收暴动的起点，秋收暴动的发展是土地革命夺取政权。我们计划夺取长沙的主要战斗者是工农，要调某某两团进攻长沙意义是辅助工农力量之不足，不是主力，是掩护暴动的发展，不是唯一的重要暴动成分。兄处谓此间是军事冒险，令将长沙暴动计划取消，实在是不了解此间情形，是不要注意军事又要民众武装暴动的一个矛盾政策。”

其二，“兄谓此间专注意长沙工作，而忽略各地，这并不是事实。此间没有将各地已有相当准备之事实向兄陈述，这是一个错误（请看湘

① 《中央复湖南省委函——对暴动计划、政权形式及土地问题的答复》（1927 年 8 月 23 日），中央档案馆编：《中共中央文件选集》（1927）第 3 册，第 353 页。

中暴动计划)。关于湘南工作问题，也该说明一句，我们是以向长沙暴动为起点，并不是放弃湘南。没有把衡阳做第二个发动点，是因为我们的力量只能做到湘中起来，各县暴动，力量分散了，恐连湘中暴动的计划也不能实现。所以我们决定不以衡阳做第二个发动点，但是湘南各县的暴动计划及暴动准备均已令有组织的各县切实执行，长沙暴动开始，各县随之同时发动。"①

在 8 月 30 日这天，中共湖南省委接到安源市委关于湘赣边界工农武装力量的报告后，立即召开省委常委会议，讨论湖南秋收暴动的最后计划。会议确定，首先集中力量在条件较好的地区平江、浏阳、醴陵等县和安源发起暴动，决定成立暴动机关：由各地军事负责人组成中共湖南省委前敌委员会，以毛泽东为书记；由各暴动地区党的负责人组成行动委员会，以易礼容为书记。会议指定省委书记彭公达去汉口向中共中央报告湖南暴动计划，毛泽东去湘赣边界统率工农武装，组织前敌委员会，领导秋收暴动。

这时，能够由毛泽东统率的武装力量有哪些呢？第一支为卢德铭任团长的国民革命军第二方面军总指挥部警卫团；第二支为平江、浏阳等地的工农义勇队；第三支是安源路矿工人武装。三支队伍加起来约 5000 人。

卢德铭，任湘赣边界秋收起义部队总指挥。

警卫团成立于 1927 年 6 月，原叶挺独立团第二营营长、叶挺独立团改为第二十五师第七十三团后任参谋长的卢德铭受党委派担任团长。团指导员辛焕文、参谋长韩浚，也是党派去的共产党员。士兵及基层干部多系来自湘、鄂、赣等省的工农积极分子和

① 《中共湖南省委来信》（1927 年 8 月 30 日），中共湖南省委党史资料征集研究委员会《湘赣边界秋收起义》协作组编：《湘赣边界秋收起义》，第 56—57 页。

原叶挺独立团的一部分。长沙马日事变后，一批共产党员转移到武汉，卢德铭利用职务之便，把宛希先、何挺颖、何长工等安排在警卫团担任各级干部，更加强了党在警卫团的力量。因此，警卫团是党所掌握的武装。党领导南昌起义时，警卫团是计划中参加起义的部队之一。当时，只有卢德铭、辛焕文、韩浚三人知道。

警卫团以东征讨蒋名义参加南昌起义前，卢德铭让团副兼辎重队长范树德联系轮船。范树德经国民革命军第二方面军留守处主任兼第二方面军总指挥部军需处处长陈劲节的同意，调招商局“德兴”轮归警卫团使用。7月31日黄昏，警卫团登上停在黄鹤楼边长江中的“德兴”轮船。第二十四师武汉留守处新招募的补充团一个营编入警卫团第三营，也随之登船。

8月2日天亮之后，警卫团到达黄石港。卢德铭找到一艘小汽艇，派人乘艇去九江方向探听情况。小汽艇回来后，带来了这样的消息：九江那里有许多反动军队布防，轮船不好通过。于是，卢德铭决定由黄石港登陆，从陆地步行去南昌。

就在这时，卢德铭看到长江中有部队连舟东下，他知道，这是教导团，也是奉命开往南昌参加起义的，便让人进行号音联络，停止前行。无奈离得太远，教导团没有听见。

警卫团在黄石港登陆后，以两天行程到达阳新县城。在阳新休息一天后，乘船走了一段路程，然后又步行经过武宁县城，翻越九岭山脉，进入靖安。部队在靖安城外野营一夜，继续向南昌前进，到达南昌附近的奉新县城。因连日暑天行军，战士们非常疲劳，遂就地休息一天。此时，卢德铭等得知，南昌起义军已经撤出南昌南下了。卢德铭认为，再追赶南昌起义军已经不现实了，放弃同南昌起义军会合的计划，向西前进，到湘鄂赣三省交界的修水去，另作他图。

警卫团在奉新停留了两三天。卢德铭在奉新离开了部队，到中共中央去汇报工作。警卫团由第一营营长余洒度代理团长，带领部队到达修水县城。

警卫团到修水后，与余贲民率领的平江工农义勇队会合。这时，苏先俊带领的浏阳工农义勇队驻在江西铜鼓。8月下旬，余洒度、余贲民、苏先俊等在修水山口镇召开会议，决定将三部合编为一个师，由余洒度任师长，余贲民为副师长；警卫团编为第一团，团长钟文璋；浏阳工农义勇队编为第三团，团长苏先俊。平江工农义勇队分别补入第一、第三团。内部领导为师党的委员会。部队合编后，即派吴会治前往武汉汇报工作，请示行动。为了保存实力，麻痹敌人，部队使用江西省防军暂编第一师名义，并派宛希先以师部秘书身份前往南昌，说动国民党第五路军总指挥兼江西省政府主席朱培德将部队收编。这样，警卫团在修水获得了休整一个月的时间。

8月31日，毛泽东乘火车前往安源部署武装起义。途经株洲时，毛泽东会见了中共株洲镇宣传委员朱少连、湘潭县东一区区委书记陈永清等。听取了他们的汇报后，毛泽东指出：现在要搞秋收起义，搞武装暴动。敌人打我们，我们要还击。株洲是个重要地方，要把这个地方的工作抓紧恢复起来。首先要解决团防局，同时破坏白石港的铁路桥。

毛泽东于1927年9月在湘赣边界领导了秋收起义。这是部署秋收起义的军事会议旧址——江西安源张家湾。

9月初，毛泽东身穿农民衣裳赶到安源，在张家湾召开会议，到会的有中共浏阳县委书记潘心源、安源市委负责人宁迪卿、赣西农民自卫军总指挥兼安福县农军负责人王兴亚等。毛泽东在会上首先传达了八七会议精神和中共湖南省委的秋收暴动计划。接下来，会议讨论了军事和农民暴动的布置，决定分为三路暴动："第一路以安源工人及矿警队为主力，首先由工人暴动，夺取矿警武装，枪决反动官长，然后再进攻萍乡与醴陵，向长沙取包围形势。但无论如何，不能放弃萍、安，使敌人断绝我们退路。一面要株洲区委，在株洲鼓动株洲工农扰乱敌后方，又合醴陵农民暴动。第二路是以平江农民及义勇队为主力。平江义勇队由修水向平江进攻，鼓励平江农民在各地暴动，夺取平江后，再向长沙进展。第三路是以浏阳农民及义勇队及余洒度之一团为主力，由铜鼓向浏阳进攻，鼓动浏阳农民在四乡暴动。"①

在以上三路中，毛泽东以第三路为主力军，因为这一路军事力量比较强，并且所据地势较险，浏阳又靠近长沙，进可以战，退可以守。因此，毛泽东决定直接指挥这一路行动。

9 月 6 日，毛泽东在安源得知中共湖南省委常委决定的暴动日期：9 日开始破坏铁路，11 日各县暴动，15 日长沙暴动。他立刻以前敌委员会的名义，向在铜鼓的第三团下达起义计划和部署，通知他们将参加起义的部队名称统一定为工农革命军第一军第一师，并要他们立刻将这个决定和行动计划向在修水的师部和第一团转达。

毛泽东在安源作好安排后，立即由潘心源陪同前往铜鼓。不料，他们在浏阳张家坊村时，被当地民团抓住。在押送民团总部的途中，毛泽东机智脱险。1936 年 10 月，在陕北保安，毛泽东接受美国记者埃德加·斯诺采访时，曾谈到他这一次历险。毛泽东说：

当我正在组织军队而仆仆往返于安源矿工及农民自卫军之间时，我被几个民团捕获。那时常有大批"赤化"嫌疑犯被枪毙。他们命令将我解到民团总部，要在那里杀死我。不过，我曾向一个同志借了几十块钱，我想用它贿赂护送兵来放掉我。那些士兵都是雇佣的兵，他们并没

① 《秋收暴动之始末——潘心源 1929 年 7 月 2 日向中共中央的报告》，中共湖南省委党史资料征集研究委员会《湘赣边界秋收起义》协作组编：《湘赣边界秋收起义》，第 121 页。

有特殊的兴趣看我被杀，所以他们同意释放我。但是那个解送我的副官不肯答应，因此我决定还是逃走，但是一直到我距民团总部二百码的地方才有机会。在这个地点，我挣脱了，跑到田野里去。我逃到一块高地，在一个池塘的上面，四周都是很长的草，我就躲在那里一直到日落。士兵们追赶我并且强迫几个农民一同搜寻。好几次，他们走到非常近的地方，有一两次近得我几乎可以碰到他们，可是不知怎样地没有发现我，虽然有七八次我抛却希望，觉得一定再要被捕了。最后，到了薄暮的时候，他们不搜寻了。我立即爬越山岭，走了整夜。我没有鞋子，我的脚伤得很厉害。在路上我碰到一个农民，他和我很要好，给我住宿，随后又领我到邻县去。我身上还有七块钱，拿它来买了一双鞋子、一把伞和食物。当我最后安抵农民自卫军的时候，我的衣袋中只有两个铜元了。①

一次遇险，对于普通人来讲，只是影响他个人的一生；对于一个杰出人物、伟大人物来讲，可能就要影响历史的进程。历史不能假设，不能想象，没有毛泽东，湘赣边界的秋收起义结局将是什么样子，中国革命历史将会以什么方式呈现。但伟人就是伟人，在遇到危险时淡定、从容，能够找准脱离危险的时机，化险为夷，充分体现了超出常人的智慧。

9月10日，毛泽东到达驻铜鼓的第三团团部，宣布把部队改编为工农革命军第一军第一师第三团，向浏阳前进。毛泽东到铜鼓的前一天，湘赣边界秋收起义已按湖南省委原定日期爆发。中共湖南省委组织铁路工人破坏了长沙至岳阳和长沙至株洲的铁路。工农革命军第一师师部在修水率领第一团宣布起义，但没有按计划到铜鼓与第三团会合，而是单独向平江方向前进②。战斗打响前，去武汉汇报工作的卢德铭赶回部队，就任工农革命军第一师总指挥。10日夜，安源工农武装和矿警

---

① ［美］埃德加·斯诺笔录、汪衡译：《毛泽东自传》，中国青年出版社2013年版，第75—77页。

② 1927年10月19日，余洒度给中央的报告中说，“因以时迫，未便迟疑，乃将第一团改道长寿（九月九日）取平江”。

工农革命军第一军第一师军旗。

队起义，组成工农革命军第一师第二团，占领安源，向萍乡推进。

三路起义发动，目标直指长沙。从马日事变以来，一直酝酿的起义计划，终于付诸实施了。毛泽东此时心情也是非常兴奋的，写下了《西江月·秋收起义》：

军叫工农革命，旗号镰刀斧头。

修铜一带不停留，便向平浏直进。

地主重重压迫，农民个个同仇。

秋收时节暮云沉，霹雳一声暴动。①

然而，起义进展却不顺利。工农革命军第一师第一团在9月11日到达平江东郊金坪时，受到起义前夕收编的黔军邱国轩团的突然袭击，部队受到很大损失。张宗逊在回忆中说：

邱国轩部队被编为第四团，是起义前不几天的事情。当时，卢德铭不在部队。金坪战斗失利后，卢德铭回来了，批评了这件事。他说邱国

① 转引自中共中央文献研究室编：《毛泽东传》（1893—1949）上，中央文献出版社1996年版，第149页。

轩是夏斗寅残部[①]，是一支土匪队伍，不应该收编他。收编邱国轩，确实是我们的失策。由于邱国轩的叛变，在金坪战斗中，使我们团的二营、三营和团部受到很大损失，牺牲了许多同志。金文生和钟文璋就是在这次战斗中失踪的。[②]

邱国轩团系黔军王天培旧部，有数百人枪。派人与余洒度联络，愿为收编。余洒度派参谋彭楷和副官余浩前往邱国轩处，考察邱是否有诚意。彭、余二人向余洒度报告，说邱国轩忠实可靠，可以随意指挥。于是，余洒度深信不疑，将其编为第四团，从而种下第一团遭受损失的祸根。

工农革命军第一师第一团进攻平江，当时平江城内有敌第八军一个团防守，双方力量旗鼓相当。但工农革命军有平江农民群众组织的支援，打下平江应该是有很大可能的。余洒度对旧军阀部队缺乏认识，对邱国轩暗地里与敌勾结浑然不知，致使第一团尚未与敌作战便遭挫折。第一团是参加湘赣边界秋收起义唯一的正规军，本应堪当大任，然出师即遭此严重损失，余洒度难辞其咎。

金坪事变突发后，工农革命军第一师师部立即组织力量收集被打散的部队，指定长寿街大道以南的一个山庄为集合地点。当地群众与余贲民十分熟悉，工农革命军到这里后受到热烈欢迎。被打散的部队基本上都回来了。卢德铭等本打算重整旗鼓，再取长寿街，后侦察得知敌人已插到我后方，遂决定部队退向平、浏边界。

在第三团这边，进攻浏阳也不顺利。9 月 11 日清晨，第三团从桥头大沙洲出发，向浏阳白沙挺进。驻守白沙的是敌第八军的一个连哨和当地挨户团。下午 4 时，第三团分三路进击白沙，与敌激战一个小时，敌军不支，仓皇逃往东门市。

9 月 12 日，第三团向东门市前进，于当日下午攻克东门市。守敌

---

① 由于张宗逊的回忆文章是在解放后写的，关于卢德铭回部队的时间有误。卢德铭是在金坪战斗前已回到部队。邱国轩团不是夏斗寅残部，而是黔军王天培的旧部。

② 张宗逊：《回忆警卫团参加秋收起义》，中共湖南省委党史资料征集研究委员会《湘赣边界秋收起义》协作组编：《湘赣边界秋收起义》，第 131 页。

周倬营向达浒方向逃走。第三团进驻东门市，立即进行革命宣传，召开群众大会公审反动团总赖南秋和反革命分子赖晏初，将二人枪决。

败退达浒的敌周倬营经过休整，于 14 日向东门市反扑。单以敌周倬营的兵力，第三团还是可以对付的。遗憾的是，第一团没有按计划到浏阳来、并在金坪遭到严重挫折，使第三团这里失去右路配合，平江的敌人两个营也毫无顾忌地向东门市扑来。敌军分两路包围驻东门市的工农革命军第三团，形势非常不利。第三团虽英勇抵抗数小时，无奈敌我力量悬殊，无法坚持下去。毛泽东见此情况，决定部队分为三路，从马鞍山下撤往上坪方向。

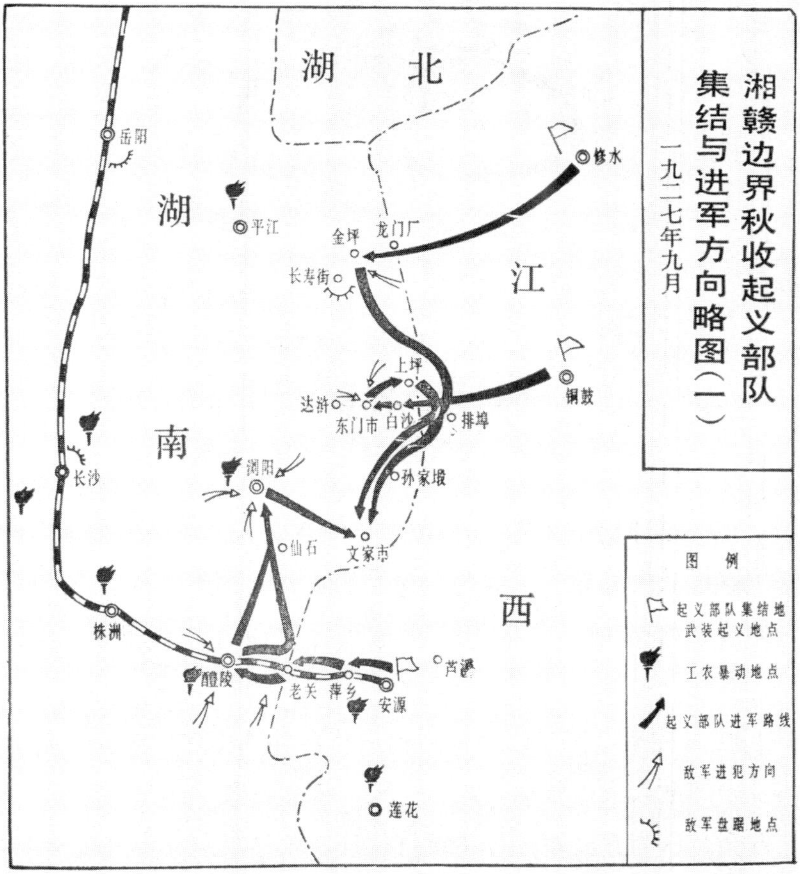

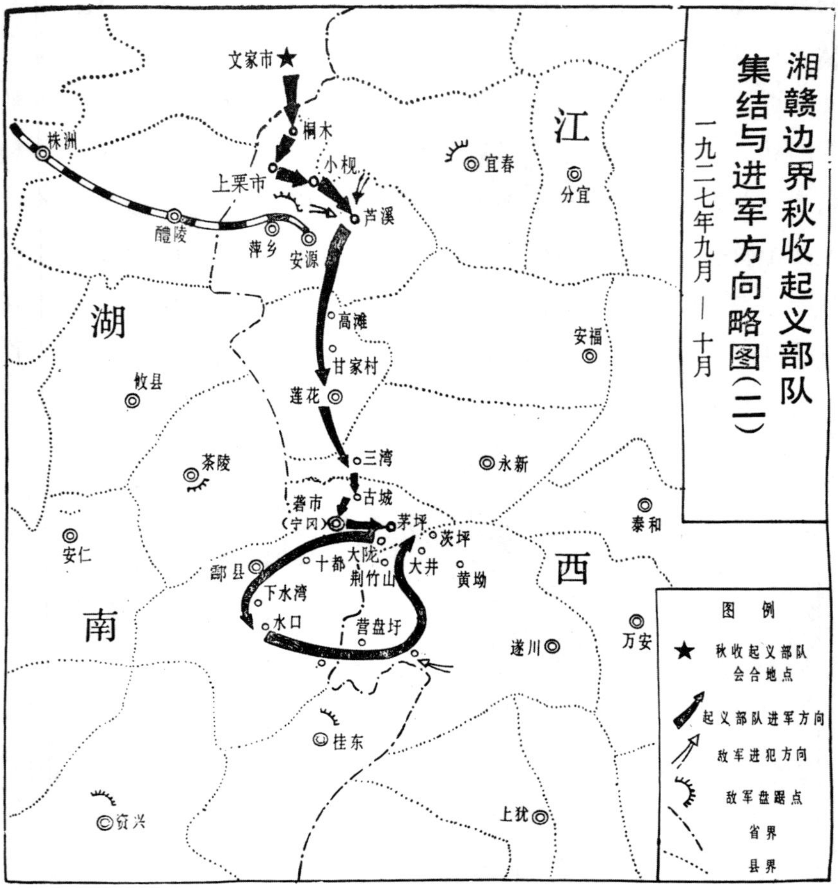

湘赣边界秋收起义部队集结与进军方向略图。

第二团按照计划于9月10日夜进攻萍乡。为了里应外合拿下萍乡，事先派出爆破队潜入城内，准备在起义部队到达时炸开城门。不料爆破队进入城后被敌发现，不得不退出城外，里应外合攻城的计划无法实现。

9月11日凌晨，第二团分两路到达萍乡外围山地，天亮发起强攻。由于萍乡防守敌人火力很猛，攻城一天，未能见效。团长王兴亚召集各营营长开会，认为起义军任务是攻打长沙，于是决定放弃进攻萍乡，向西进攻老关。老关只有敌人一个排，很快被第二团前卫部队解决。

9月12日，下午3时许，第二团乘火车到达醴陵，会合了醴陵的农民自卫军和起义农民，立即攻打醴陵城。醴陵城三面临河，秋天是枯水期，河水浅能够徒涉。敌人只注意到走在渌水大桥上的起义军，没有注意另一部分从右翼涉水而过，直扑东门。敌人措手不及，城门被起义军夺占。大部队一拥而入，同敌人展开巷战。巷战时，起义军的炸药包起了大作用，炸得敌人抱头鼠窜。最后敌人退到一座外国教堂附近的一条狭窄道里，被全部缴械。此战俘虏敌人 100 多人，缴获七八十支枪。起义军砸开监狱，救出了被关押的革命同志和群众 300 多人。醴陵城飘扬起了革命的红旗。

当天傍晚，第二团在醴陵县城文庙前召开军民大会，宣布工农革命军有关政策。第二天，成立中国革命委员会醴陵分会，醴陵革命气氛空前高涨。

9 月 14 日，由于敌人集结兵力准备包围醴陵城。第二团为争取主动，撤出醴陵，折回老关，再向北进攻浏阳城。浏阳城西南是浏阳河，第二团以一路涉河进攻东门，另一路绕到浏阳西面攻击西门。守敌认为西面是长沙，不大注意。因此，第二团这路与浏阳农民自卫军会合后，由农民自卫军带领，在 9 月 15 日拂晓顺利从西门突入城里。当日早晨，第二团占领浏阳。

第二团连续攻占醴陵、浏阳，产生了麻痹轻敌思想，认为敌人不过如此，长沙也一定能够拿下。于是，放松了对敌人反扑的警惕，干部、战士满街乱逛，团长王兴亚和几个营长去喝酒，团部连个管事的人都没有。9 月 17 日下午三四点钟，浏阳农民自卫军发现城外不远有敌人，报告团长王兴亚，王兴亚不相信。结果，第二团遭到敌人优势兵力的突然袭击，部队几乎全部溃散。

鉴于工农革命军第一师三个团起义后都受到挫折，毛泽东当机立断，改变原定部署，下令各路起义部队停止进攻，先退到浏阳文家市集中。这时，工农革命军第一师已由原来的 5000 人锐减至 1500 人了。

毛泽东的决断无疑是正确的。当时三个团，分散行动，缺乏坚强统一的领导，再照此各行其是前往进攻长沙，除了失败，没有它途。

9 月 19 日晚，毛泽东在文家市里仁学校主持召开前敌委员会会议，讨论工农革命军今后的行动方向问题。会上，余洒度坚持“取浏阳直攻长沙”，并认为“取浏有把握”。①

攻占浏阳后进攻长沙是原定计划，也是符合中共中央主张和湖南省委要求的。余洒度话说得很响亮，起义部队中不少人是赞同的。但问题来了，第二团前几天刚占领过浏阳，由于麻痹、轻敌，在敌人优势兵力的突袭下，不但浏阳丢了，部队也被打溃散了。敌人已有充分准备，遭受严重损失的工农革命军再攻浏阳，只能是凶多吉少。因此，余洒度的主张是脱离实际和轻率的。

毛泽东认为当地农民起义没有形成巨大的声势，单靠工农革命军现有的力量不可能攻占国民党军队设防的长沙，湖南省委原来定的计划已无法实现②。据此，他主张放弃进攻长沙，把起义军向南转移到敌人统治力量薄弱的农村山区，寻找落脚点。

当时，毛泽东提出这个主张，是需要很大勇气的。自大革命失败以来，面临国民党残酷的屠杀政策，中国共产党在大批党员和革命工农、知识分子被反动派杀害的情况下，产生了一种急躁和拼命的情绪，大家认可的是进攻，要是根据敌强我弱的情况退却的话，极有可能背上“逃跑”的罪名。

一种是盲从、讲漂亮话，有可能使革命力量遭受严重损失，甚至使工农革命军全军覆没，但却能受到中共中央赞扬；一种是讲实话，话不好听，有可能承担“逃跑”罪名，但能保存革命力量。毛泽东没有从个人荣辱出发，而是从保存革命力量出发，选择了后者。

会议经过激烈争论，在总指挥卢德铭的支持下，通过了毛泽东的主张，“议决退往湘南”③。这个决定，迈出了由进攻大城市转向农村建立革命根据地、保存和发展革命力量的第一步。

---

① 《余洒度报告——警卫团及平浏自卫军合并原委参加此次两湖战役报告略书》（1927 年 10 月 19 日），中央档案馆编：《秋收起义》（资料选辑），中共中央党校出版社 1982 年版，第 133 页。

② 1927 年 9 月 15 日晚，中共湖南省委决定停止原来准备在 9 月 16 日发动的长沙暴动。

③ 《苏先俊报告——关于浏阳、平江、岳阳作战经过报告书》（1927 年 9 月 17 日），中央档案馆编：《秋收起义》（资料选辑），第 51 页。

到井冈山去

9月20日清晨，工农革命军第一师集中到里仁学校操场上，毛泽东向大家宣布了改变行动方向的决定。他告诉大家：革命由高潮转入低潮了，我们也要变。我们的力量还不大，不能继续打长沙。以后我们的力量大了，一定会打长沙的。文家市不是久留的地方，要找个合适的落脚点，去当“山大王”。这次秋收暴动打了几个败仗，算不了什么，万事开头难，要革命嘛，就要不怕困难。

湘赣边界秋收起义部队会师地——浏阳文家市里仁学校。

毛泽东的话通俗易懂，使大家在困难之中受到极大鼓舞。

工农革命军沿湘赣边界南下后，毛泽东头戴斗笠，走在战士行列中，同他们谈心，鼓励他们勇敢向前。工农革命军南下不久，原浏阳工农义勇队中队党代表宋任穷受中共浏阳县委派遣赴南昌向江西省委请示工作后返回部队，带回了江西省委书记汪泽楷①的一封信件。他将信件

① 此人后来成为托陈取消派。

交给毛泽东的同时，还转告了汪泽楷告诉他的一个消息："宁冈县有几十支枪，是我党领导的"。[①] 毛泽东在安源张家湾会议上曾听王兴亚讲过这个情况，在宋任穷这里又得到了证实。尽管，毛泽东这时还没有更详细的了解，但这个消息对于他思考部队的落脚点问题应该是有影响的。

9 月 22 日，工农革命军到达萍乡上栗村时，得知萍乡县驻有国民党重兵，不能通过，便改道经桐木到芦溪南面山地宿营。次日拂晓，部队继续南行。部队开始行动后，第三团参谋长何杰带错了路，走错方向朝西南向萍乡走了，路上遭到朱培德部和地主武装的伏击，部队损失数百人。危急时刻，总指挥卢德铭带领参谋胡景玉就近指挥，掩护部队转移，不幸中弹牺牲，胡景玉也同时牺牲。在突出敌人包围时，何长工被敌抓住。当时他的挎包里有一吊多铜板，于是机智地把挎包往下一甩，铜板全洒在地上了。敌人只顾捡钱，何长工乘机逃脱。

卢德铭，又名继雄，字邦鼎，号又新，1905 年生于四川宜宾县双石乡狮子湾一富裕家庭。1921 年入成都公学，开始接受马克思主义。1924 年秋入黄埔二期学习，分在步兵队。第一次东征时任黄埔军校校军侦探长。1925 年 11 月叶挺独立团成立时，任第二营第四连连长。北伐战争中，因作战勇敢，任第二营营长。他的牺牲，是工农革命军的重大损失，毛泽东十分痛惜，愤怒地斥责侦察不力、指挥错误的第三团团长苏先俊："还我卢德铭！"

9 月 25 日，工农革命军到达莲花县甘家村，莲花县党组织派人前来联络。毛泽东等得知前几天莲花农民自卫军曾攻莲花城，但遭到失败，被关押有 90 多人；守卫莲花的是地方保安队，有 120 多人，战斗力不强。毛泽东召集前委会，一致决定攻打莲花县城。

第二天清晨，工农革命军冒雨奔袭莲花县城。在当地工农群众的配

---

① 《访问宋任穷同志记录》，中共湖南省委党史资料征集研究委员会《湘赣边界秋收起义》协作组编：《湘赣边界秋收起义》，第 129 页。

合下，工农革命军爬上城墙。敌人抵挡不住，全被缴械。部队进城后，砸开监狱，救出共产党员和革命群众100多人。

工农革命军自文家市南下以来，一再受到挫折，加上总指挥卢德铭牺牲，大家情绪十分低落，攻下莲花县城，这种沉闷的气氛才被打破。

但在这时，工农革命军领导层内的问题突出起来。师长余洒度，湖南平江人，黄埔军校第二期毕业生。由于警卫团的党组织原先并不归中共湖南省委领导，他没有把毛泽东任书记的湖南省委前敌委员会放在眼里。秋收起义爆发时，前委要他率领第一团到铜鼓与第三团会合，共同进攻浏阳，他没有按照前委命令行动，单独打平江。他自恃黄埔军校毕业，又是军事干部，认为毛泽东没有领兵打过仗，在文家市会议上，同毛泽东发生激烈争执。卢德铭任警卫团团长时，余洒度是营长，对有过独立团北伐作战经历的卢德铭，余洒度还是不敢心存不敬的。卢德铭牺牲后，余洒度更是不尊重毛泽东等前委领导人了。

打下莲花城，部队在此休息了三天。休息期间，毛泽东参加了余洒度召开的军事会议，得知他将抓获的县保安队长放走，于是严厉批评他：县保安队离城只有几公里，我们这些人的生命都交在你身上了，你还开什么会？余洒度不但不接受毛泽东的批评，反而反唇相讥："什么！你怕死吗？我可以担保，你若死了，我抵你的命。"工农革命军从莲花开拔，向永新方向前进，由于天色尚早，毛泽东提议再往前走十里后再宿营。余洒度认为他在工农革命军中的权威受到了挑战，私下里发牢骚说："我当什么师长，连十里路的指挥权都没有了。"

工农革命军南下这段时间，后面有敌人追赶，没有休整和补充的地方，加上疾病流行，使战斗力大减，一般干部和战士思想十分混乱。参加秋收起义的指战员们，最初都没有想到革命处于低潮时期，只是出于对屠杀工农群众的反动派的愤怒和仇恨，恨不得把这些敌人斩尽杀绝，充分表现出一种拼命和急躁情绪；一遇到挫折，就又产生悲观情绪，认为革命前途无希望了，感到彷徨无依，不少人离队而去。要想保住工农革命军，必须解决这些问题。

9月29日，工农革命军到达永新县三湾村。三湾村地处湘赣交界，有50多户人家，算是山区比较大的一个村子。工农革命军刚到这里时，老百姓不了解工农革命军，都跑掉了。前委把部队分成许多小组，挨家挨户宣传，向老百姓说明自己是穷苦人的军队，是打土豪的，并帮助群众挑水、扫地等。这样，老百姓才都陆续回来。

三湾村群山环抱，追敌已经被摆脱，又没有地方反动武装，比较安全。工农革命军遇到了秋收起义以来难得的休整机会，在这里停留了五天。进村当晚，毛泽东就在"泰和祥"杂货铺召开前委扩大会议，讨论部队现状及其解决的措施，决定对部队实行整顿和改编。这就是中共党史、军史上著名的三湾改编。

三湾改编时工农革命军第一军第一师第一团团部驻地——钟家祠。

三湾改编着重做了三件事：

第一，把已经不足千人的部队缩编为一个团，称工农革命军第一师第一团，团长陈浩，党代表何挺颖，副党代表宛希先，副团长徐庶，团参谋长韩昌剑；下辖第一、第三营，设特务连、卫生队、军官队、辎重队各一个，共有枪700多支。余洒度的指挥权实际上被取消。改编时，对于动摇不定的人，在思想教育的基础上，采取自愿的原则，愿留者留，愿走的发三到五元路费，开证明允许他们离队，希望他们回到本地继续革命，将来愿意回来的，欢迎。

第二，在部队实行民主制度，官兵平等，待遇一样，规定官长不准打骂士兵，士兵有开会说话自由。连以上建立士兵委员会。士兵委员会有很大的权力，参加对部队的行政管理和经济管理，官长要受它的监督。

第三，全军由党的前敌委员会统一领导。部队各级分别建立党的组织；班排设小组，支部建在连上，营、团建立党委；连以上设党代表，由同级党组织的书记担任。部队的一切重大问题，都必须经党组织集体讨论决定。

三湾改编，从组织上确立了党对军队的领导，开始改变旧军队的习气和农民自由散漫的作风，迈出了建设新型人民军队的非常重要一步。小小的三湾村，在人民军队的建军史上留下了永久的记忆！

经过三湾改编，工农革命军虽然只剩下一团，但精神面貌开始发生很大变化，战斗力反而加强了。10 月 3 日，工农革命军离开三湾村出发前，毛泽东对刚刚进行了改编的全体指战员作动员。开国大将谭政回忆此时的情景说：

从人丛中出来一个又高又大的人来，头上蓄有两三寸长的头发，身上穿着一件老百姓的衣服，脚上打上一双绑带，套上一双草鞋。听说他是第二次向部队讲话，我可是第一次见着他。他以和蔼的态度，含笑的脸色，跑到部队前面。顿时会场沉寂的空气，突然呈现热烈的气氛。大家高兴地鼓起掌来，毛泽东同志说：同志们，敌人只是在我们后面放冷枪，这有什么了不起，大家都是娘生的，敌人有两只脚，我们也有两只脚，贺龙同志两把菜刀起家，现在当军长，我们有两营人，还怕干不起来吗？我们都是暴动出来的。一个人可以当敌人 10 个，10 个人可以当敌人 100，我们现在有这样几百人的部队，还怕什么？……没有挫折失败，就不会有成功……听到这里，大家忍不住嗤嗤地笑起来，显出特别兴奋的样子。队伍解散后，只看到战士们一群一群地在那里议论：“毛泽东同志都不怕，我们还怕什么？贺龙同志两把菜刀能够起家，我们几百人还不能起家吗?!”①

工农革命军当天到达宁冈古城。毛泽东在古城文昌宫召开了两天前委扩大会议，参加的有营以上干部和宁冈县党的负责人龙超清及袁文才部文书陈慕平等。会上总结了秋收起义以来的经验教训。毛泽东说：秋收起义虽然受了一些挫折，军事上失利了，但战略上并没有失败。我们要鼓足信心，放下担子，轻装上阵，建立后方。会议着重研究建立根据地问题，确定在湘赣边界中段的罗霄山脉中段建立根据地，以井冈山为依托，以宁冈为中心开展工作；决定对原在井冈山的袁文才、王佐两支地方武装从政治上、军事上对他们进行团结和改造，并尽快先在茅坪设立后方留守处和部队医院。

前委古城扩大会议旧址——文昌宫。

10 月 6 日，毛泽东带几个人到宁冈大仓村会见袁文才，双方谈得十分融洽。毛泽东送袁文才 100 多条枪，袁文才回赠工农革命军 600 块银元，并同意革命军在茅坪建立后方医院和留守处，答应上山做王佐的工作。

① 谭政：《三湾改编前后》，井冈山革命根据地党史资料征集编研协作小组、井冈山革命博物馆编：《井冈山革命根据地》（下），中共党史资料出版社 1987 年版，第 140—141 页。

在井冈山建立革命根据地，团结、争取袁文才、王佐在当时来说是必须的条件，然而，争取他们是需要一个过程的。鉴于此，毛泽东决定工农革命军主力在井冈山周围盘旋打游击，先向湖南的酃县（今炎陵县）方向挺进，筹些款子，熟悉周围环境，打探南昌起义军进入广东后的情况，把留守部门和伤病员安置在茅坪，请袁文才代管。

10月13日，毛泽东率领工农革命军主力抵达酃县水口村。到这里后，毛泽东做的重要一件事就是落实三湾改编时“支部建在连上”的原则。而落实这个原则，重要的条件是发展新党员。10月15日，毛泽东在叶家祠主持了六名新党员的入党仪式。六名新党员之一的赖毅后来回忆说：

会议地点是在靠近水口街的一个大祠堂里。我和五班长李恒跟着党代表进入祠堂，上了阁楼。一进门，看见屋里已经有十几个人，各连的党代表都来了，其余大多数是各连的班长。毛泽东同志也来了，正和几个同志谈话。房间里放着几条长板凳，靠北墙有一张四方桌，桌上放着一盏煤油灯，桌面上压着两张下垂的长方形红纸，一张上写着入党誓词，另一张上写着弯弯曲曲的英文字“C·C·P”。我知道要举行入党宣誓了。

等人到齐后，毛泽东同志宣布开会。这次入党的有六人。首先由各个入党介绍人（都是各连党代表）分别介绍各个新党员的简历。接着，毛泽东同志便走到我们六名新党员面前，依次询问了许多问题，当他走到我们面前时，问我为什么要加入共产党？我说：“要翻身，要打倒土豪劣绅，打倒国民党，加入党更有力量。”毛泽东同志说，你讲得很好。接着，他把那三个大家没有见过的英文字作了解释：这是“C·C·P”，就是中国共产党的意思。并逐句解释了入党誓词。然后，毛泽东同志举起握着拳头的右手，我们也举起右手，他照着誓词念一句，我们也跟着念一句：“牺牲个人，努力革命，阶级斗争，服从组织，严守秘密，永不叛党。”①

① 赖毅：《毛泽东同志在连队发展党员》，井冈山革命根据地党史资料征集编研协作小组、井冈山革命博物馆编：《井冈山革命根据地》（下），第178—179页。

工农革命军到遂川大汾镇后，另一个连也举行了新党员入党宣誓仪式。不久，各连的党支部都先后建立起来。

经过一段转战后，工农革命军返回井冈山，于10月27日抵达茨坪，11月初到达茅坪，开始了创建井冈山革命根据地的斗争。

毛泽东在1936年10月提到从湘赣边界秋收起义到上井冈山这段历程时曾说了这样一段话：

因为“秋收暴动”的计划没有被中央委员会批准，又因为部队受了严重的损失，同时从城市的观点看来这个运动好像一定要失败的，现在中央委员会坚决地排斥我了，将我从政治局和前敌委员会中革出。湖南的省委会也攻击我，称我们为“劫掠运动”①。可是我们依然带着我们的军队，留在井冈山上，一面确切觉得我们在执行正确的路线，而以后的事实也充分证明了我们的正确。②

湘赣边界秋收起义计划制定时是以占领大城市长沙为目的的，在起义遭到挫折后，毛泽东从实际出发，没有继续执行中央的进攻路线，而是适时地率领部队退却到敌人力量薄弱的农村山区，才将这些珍贵的革命火种保存了下来。事实证明，毛泽东率领秋收起义部队上井冈山，在这里建立农村革命根据地，是一条保存和发展革命力量的正确道路。这条道路，代表了1927年大革命失败后中国革命的发展方向。

毛泽东率领秋收起义部队上井冈山的历史事实告诉我们，中国革命，单靠主观愿望是不行的，必须实事求是、从实际出发，才能找到正确的道路。党的八七会议提出要“找着新的道路”，毛泽东就是找着新的道路的代表者。

---

① “劫掠运动”一词系译者从美国《亚细亚》月刊发表的斯诺文章中翻译而来。毛泽东当时的原话由翻译讲给斯诺听，自然就与中文的原意有所差别。而译者再由英文翻译成中文，与原意距离就更远了。1927年11月14日中共中央临时政治局扩大会议通过的《政治纪律决议案》，指责湖南省委领导秋收起义犯了“旧的军事投机的错误”，“毛泽东同志为‘八七’紧急会议后中央派赴湖南改组省委执行中央秋暴政策的特派员，事实上为湖南省委的中心，湖南省委所作的错误毛同志应负严重的责任，应予开除中央临时政治局候补委员。”由此看来，这句应是指“军事投机”。

② ［美］埃德加·斯诺笔录、汪衡译：《毛泽东自传》，第77页。

参加秋收起义部分同志1937年在延安的合影。前排左起：赖传珠、张宗逊、孙开楚、赖毅、谭冠三、胡龙奎；后排左起：杨立三、陈伯钧、毛泽东、龙开富、周昆、谭希林、罗荣桓、谭政、刘型、杨梅生、胡友才及参加井冈山斗争的贺子珍。

四、建立广州苏维埃

广州起义计划搁浅

南昌起义之后，起义军奔赴广东。

中共中央临时政治局对南昌起义军南下广东后的前景充满信心，因此，在领导方面也采取了措施，于8月11日决定成立南方局，成员有周恩来、张太雷、彭湃、陈权、恽代英、黄平、张国焘，以张国焘为书记，管理广东、广西、闽南及南洋一带特支；在南方局之下设立军事委员会，由周恩来担任主任。考虑到周恩来等在率领南昌起义军前往广东途中，中共中央临时政治局决定在周恩来等未到以前，由张太雷、杨殷、黄平组织临时南方局，其职权在于准备并指导两广及闽南区域的暴动和一切政治军事事宜。同时，中共中央临时政治局派张太雷任广东省委书记。

张太雷，广州起义总指挥。

很明显，中共中央临时政治局拿出了所能够拿出的领导干部，希冀南昌起义军在广东农军配合下，迅速占领整个广东。

张太雷受命之后，与黄平一起风风火火南下，于8月19日到达香港。次日，张太雷主持召开中共广东省委会议，传达了八七会议精神。会议通过了《拥护中央紧急会议之决议》和《暴动后各县市工作大纲》。8月22日，张太雷给中央常委写信，报告了会议的情况和广东暴动计划。

就在张太雷发出致中央常委信的同一天，心急如火的中共中央也发出了致南方局转广东省委的信。该信就接到改组前的广东省委报送的广东农运暴动计划和新的形势提出了新要求：

（一）叶、贺之师须迅速到达目的地，占领东江，迟则恐被李（济深）、张、朱等联合围击，如能早拿住东江两个星期，则反客为主，可以进击敌军，夺取广州。

（二）东江须立即开始广大的暴动，发表政治口号，为叶、贺内应。

（三）为牵制李、黄军队起见，对西江及南路亦须立即有军事的动作和农民暴动。

（四）省委须立即派出原路交通（步哨）与贺、叶通消息，并为之作向导。①

9月9日，中共中央接到了8月22日张太雷的信，在给中共南方局并转广东省委的复信中表示："中央对于你们的暴动计划均大致同

① 《中共中央致南方局转广东省委的信（南字第一号）——对敌人进攻叶、贺军队的估计和对策》（1927年8月22日），中共中央党史资料征集委员会、中共广东省委党史资料征集委员会、广东革命历史博物馆编：《广州起义》，第26页。

意，惟须立即开始，不要等待贺、叶军队到来，技术上并可参照两湖暴动计划”。①

这时广州白色恐怖非常严重，中共地下机关被反动当局破坏六七处，逮捕四五十人。张太雷奔走于香港和广州之间，组织广州和东江、西江、北江的暴动。9月12日，张太雷主持召开省委会议，决定了广州工作大纲，并派黄平赴广州指导工运，杨殷负责广州暴动预备工作，黄锦辉到广州调查军事。

9月16日，张太雷向中共中央报告：“广州市及三条路刻日举行大规模破坏及恐怖工作，并同时准备将来军队到石滩时之大暴动”。② 这时，张太雷已从周恩来派人送来的南昌起义军从长汀出发向上杭前进的消息，认为很快就要到大埔，决定由广州返回香港，计划指挥东江各地农军配合南昌起义军打下汕头后，到汕头与周恩来等会面后，再返回广州。

9月20日，张太雷再次向中共中央报告，更为详细地补充了前次报告中没有谈到的情况。他在报告中确认，占领东江将不成问题，并认为“西江广西一带二十五日可动作，可动摇敌人后方”。他忧虑的是“中山、顺德、江门、南路等处农民力薄，须靠土匪”。但这些地方如果能发动起来，“可动摇广州”，“中路起事，亦甚重要”。关于广州暴动，张太雷告知：“广州暴动基本队［伍］四、五千人已有，惟少军火，购买军火亦需大款，据毛子预算，少需三万余元，总要有五万元来才能妥帖。请即设法筹得并即派人带来。”报告最后讲了广东省委的分工，说：“港方留我同啸仙三人，因港方能指挥各县，比省方好。今晚会到毛子时，决定是否他去沪、我去汕的问题。”③

---

① 《中共中央致南方局并转广东省委信》（1927年9月9日），中共中央党史资料征集委员会、中共广东省委党史资料征集委员会、广东革命历史博物馆编：《广州起义》，第36页。

② 《张太雷给中央的报告——关于南方敌我军事情况》（1927年9月16日），中共中央党史资料征集委员会、中共广东省委党史资料征集委员会、广东革命历史博物馆编：《广州起义》，第41页。

③ 《张太雷关于南方工作给中央的报告》（1927年9月20日），中共中央党史资料征集委员会、中共广东省委党史资料征集委员会、广东革命历史博物馆编：《广州起义》，第43、44页。

值得注意的是，张太雷这里提到了“毛子”。“毛子”是当时中共在一些文件中对苏联或共产国际军事顾问的叫法。不过，张太雷报告中所说的“毛子”，应是苏联驻广州领事馆的人员。这说明，苏联驻华人员这时已开始参与到广州起义中来了。

这时，不仅是苏联驻广州领事馆人员开始参与广州起义筹备，而且苏联和共产国际也开始关注起广州起义。

中共在准备南昌起义时，联共（布）、共产国际虽然赞同起义，但又对刚刚受到严重打击的中国共产党的军事能力半信半疑，指令在华的军事顾问不参加南昌起义。然而，出乎莫斯科的意料，南昌起义十分顺利。于是，联共（布）、共产国际领导人又兴奋起来，关注起南昌起义军南下的前景来。

8月13日，斯大林给汉口的罗米那兹和加伦发去电报，指示：“广东的暴动应在成立真正革命的国民党政府、切切实实实行土地革命并同共产党结成紧密联盟的口号下进行”。①

随着南昌起义军即将进入广东，莫斯科加大了派赴广东军事人员支援的力度。9月15日，联共（布）中央政治局开会，决定：“在三周内准备好向中国派遣两名高级军事人员和十名中级军事人员”，“将呆在库伦的41名中国人分成几个小组派往广东”。②

为了加强对广州起义的指导，共产国际还派德国共产党员诺伊曼前去广东。

这时，南昌起义军已经占领潮州、汕头，成立了汕头和潮州的革命政权。张太雷在9月25日从香港抵达汕头，并召开了中共南方局会议。会议讨论的一个重要问题是到广州后建立一个什么样名称的革

① 《征询政治局委员意见》（1927年8月13日），中共中央党史研究室第一研究部译：《共产国际、联共（布）与中国革命档案资料丛书·联共（布）、共产国际与中国苏维埃运动》（1927—1931）第7册，第21页。

② 《联共（布）中央政治局会议第124号（特字第102号）记录》（1927年9月15日于莫斯科），中共中央党史研究室第一研究部译：《共产国际、联共（布）与中国革命档案资料丛书·联共（布）、共产国际与中国苏维埃运动》（1927—1931）第7册，第70、71页。

命政权。

南昌起义用的是国民党左派的旗帜。起义军到了瑞金以后看到上海发行的报纸，得知“不但张发奎等已经旗帜鲜明反共，即所谓各省左派分子，亦完全投降武汉政府，而武汉政府又实际上投降了蒋介石，同时各省军阀都用国民党名义封闭工会农会，残杀工农群众。”因此，前委认为，国民党名义已为工农群众所唾弃，联合国民党左派，继承国民党正统已从事实上证明是不符合实际的。前委会议决定：“对于政权的性质，须根本改变，应该建立以无产阶级领导的工农政权。”①

起义军到汀州后，前委又决定仍沿用国民政府的名义，并以谭平山为委员长，常委委员中有国民党左派陈友仁等，这样做的原因是可以应付外交，避免帝国主义的干涉。

就在起义军到三河坝的当天，中共中央临时政治局通过了《关于“左派国民党”及苏维埃口号问题决议案》，指出：

最近几月的经验（包括南昌军队中的暴动与两湖广东革命的农民暴动的爆发）指示出中央以前复兴左派国民党的估计不能实现。资产阶级军阀的反动已经很快的把国民党变成政治的尸首，形式上国民党现在正经过分化堕落的过程。由其腐烂的尸体中产生出赤裸裸的军阀专政。所有共产党员的努力，打算创造秘密的革命国民党的组织，或稍微团结左派分子，一直到现在尚无成绩之可言。在别一方面呢，以前国民党在群众中的革命威信，已因资产阶级军阀之到处利用国民党的旗帜实行流血屠杀，恐怖与压迫而消灭了。这是毫无疑义的。现在群众看国民党的旗帜是资产阶级地主反革命的象征，白色恐怖的象征，空前未有的压迫与屠杀的象征。可见土地革命的急剧的发展，已经使一切动摇犹豫的上层小资产阶级脱离革命的战线。澈底的民权革命——扫除封建制度的土地革命，已经不用国民党做自己的旗帜。……

……现在的任务不仅宣传苏维埃的思想，并且在革命斗争新的高潮

---

① 李立三：《“八一”革命之经过与教训》（1927年10月），中共中央党史研究室第一研究部编：《李立三百年诞辰纪念集》，第45页。

中应成立苏维埃。……苏维埃的组织，首先应当在那些中心的地方如广州长沙等……①

这个决议无疑是正确的，但南昌起义军在行军途中，与中共中央联系困难，对这个决议案尚不知情。张太雷到后对南昌起义军仍沿用国民政府表示“极端抗议”。② 张国焘在《我的回忆》中说：“他（指张太雷——引者）要我们根据中央的新政策，将革命委员会改为苏维埃，丢掉‘中国国民党’这块招牌”；“我们现在挂的招牌是中国国民党革命委员会，并有一套合乎这个名称的政纲，我们的军队正与敌军对峙，就要发生激战。在此紧急关头，如何更改招牌和政纲，如何让军队脱离火线等具体步骤，才能切合时宜，都是要煞费考虑的，而代表中央的张太雷也无法解决这些难题。”③

鉴于放弃国民党左派的旗帜后一些具体问题在当时军事形势比较紧张的情况无法马上解决，会议同意停止恢复国民党的提法，决定“国民政府名单暂不发表，等毛子（指诺伊曼——引者）来决定”。④

中共南方局原定的书记是张国焘，但在开南方局会议时，大家一致推张太雷留下为书记。什么原因呢？张太雷在给中共中央的报告中说：“他们要我留的理由是因为此间党已失重心，各干各的。平、国（指谭平山、张国焘——引者）二同志均为同志所不满，恩来忙□□□□⑤难顾及党的工作。”张太雷原本是在汕头一两天，等诺伊曼一到，立即回香港。因为“广州暴动的准备积极进行”⑥，他要回去坐镇省委指导。

① 《关于“左派国民党”及苏维埃口号问题决议案》（1927年9月19日中央政治局会议通过），中央档案馆编：《中共中央文件选集》（1927）第3册，第369、370页。

② 《张太雷致中共中央紧急信——汕头的军事活动》（1927年9月27日），中共中央党史资料征集委员会、中共广东省委党史资料征集委员会、广东革命历史博物馆编：《广州起义》，第55页。

③ 张国焘：《我的回忆》（第二册），第320—321页。

④ 《张太雷致中共中央紧急信——汕头的军事活动》（1927年9月27日），中共中央党史资料征集委员会、中共广东省委党史资料征集委员会、广东革命历史博物馆编：《广州起义》，第55页。

⑤ 从上文看，应是指当时周恩来忙于军事方面的问题。

⑥ 《张太雷自汕头来信——关于汕头的军事活动》（1927年9月29日），中共中央党史资料征集委员会、中共广东省委党史资料征集委员会、广东革命历史博物馆编：《广州起义》，第57页。

因此，张太雷“请中央迁来，不然恐要倒台”。①

在中共南方局讨论占领广州后建立什么样政权之后不久，共产国际也在讨论同一个问题。10 月 1 日，共产国际执行委员会政治书记处会议讨论中国问题，其中占领广州后建立什么形式的政权问题，是会议的一项重要内容。共产国际执行委员会主席团委员洛佐夫斯基认为：广州离海岸只有 80 到 90 俄里，而英国和日本军队大部分在广州，新成立的革命政权有受到外国军队武装干涉的危险。因此，他认为伪装问题十分重要，主张新政权“不能以苏维埃工农共产主义政权等等名义公开出面”，建议新政权可命名为“人民代表国民政府”，即“共产党员在苏维埃或革命委员会中实际掌握权力的情况下使政府不具有纯共产主义的性质”，② 在这个政府里分几个席位给非党人士。

非常有趣的是，我们从中可以看出，洛佐夫斯基的主张与中共南昌起义军前委为避免帝国主义的干涉在汀州决定仍沿用国民政府的名义，是多么惊人的相似！

布哈林在发言中赞同洛佐夫斯基的意见，并进一步指出：外国军队不仅可以从海上对广州进行封锁，也可以进行轰炸。为了避免帝国主义的武装干涉，布哈林提出了“革命人民政府”“工农国民政府”两个政权名称供选择，但他倾向强调“国民因素”。③

10 月 6 日，联共（布）中央政治局接受了洛佐夫斯基和布哈林的意见，决定在发给罗米那兹和中共中央的电报中指示：“在成立广东政府时要考虑到国际上的情况作必要的伪装，因此最好称为人民代表国民政府或者诸如此类的名称，政府的构成中要共产党员占优势，实际权力

---

① 《张太雷致中共中央紧急信——汕头的军事活动》（1927 年 9 月 27 日），中共中央党史资料征集委员会、中共广东省委党史资料征集委员会、广东革命历史博物馆编：《广州起义》，第 55 页。

② 《共产国际执行委员会政治书记处讨论中国问题速记记录（摘录）》（1927 年 10 月 1 日于莫斯科），中共中央党史研究室第一研究部译：《共产国际、联共（布）与中国革命档案资料丛书·联共（布）、共产国际与中国苏维埃运动》（1927—1931）第 7 册，第 105 页。

③ 《共产国际执行委员会政治书记处讨论中国问题速记记录（摘录）》（1927 年 10 月 1 日于莫斯科），中共中央党史研究室第一研究部译：《共产国际、联共（布）与中国革命档案资料丛书·联共（布）、共产国际与中国苏维埃运动》（1927—1931）第 7 册，第 112、114 页。

集中在广州代表苏维埃手里”。①

联共（布）中央政治局作出这个决定时，南昌起义军已经失败。由于当时信息传递较慢的原因，他们知道消息需要有一定的时日，因此，这是一个无法贯彻实施的指示。

南昌起义军丢失潮州、汕头后，中共广东省委在10月2日致信中共中央，报告了这个情况。前几天，无论是联共（布）、共产国际还是中共中央，从广东得来的消息都是令人鼓舞和兴奋的，因此，他们都对广东的前景抱十分乐观的态度。然而几天之后，就接到了这么一个坏消息，中共中央感到难以置信，在给南方局暨广东省委的复信中说：“这次失败是非常奇怪”。

几天后，中共中央从来自各方面的报告确认南昌起义军已经失败，于是，调整了此前给南方局暨广东省委的指示，在给南方局并转广东省委的信函中指示：“叶、贺既已溃败，在最短时间暴动夺取广东全省政权的计划，暂时已经不可能，因叶、贺之溃败而停止各地之暴动。”“广州暴动的计划应即停止。”②

至此，以配合南昌起义军而准备的广州起义计划搁浅了。

震惊世界的广州起义

南昌起义军失败后，张太雷于10月15日主持召开了中共南方局及广东省委联席会议，参加者有阮啸仙、杨殷、黄锦辉、赵自选、恽代英、彭湃、黄谦、吴毅、沈宝同等，以及新到的共产国际代表诺伊曼。

① 《联共（布）中央政治局会议第128号文件（摘录）》（1927年10月6日），中共中央党史研究室第一研究部译：《共产国际、联共（布）与中国革命档案资料丛书·联共（布）、共产国际与中国苏维埃运动》（1927—1931）第7册，第119页。

② 《中共中央致南方局并转广东省委函——关于叶、贺军队失败后广东的工作及善后问题》（1927年10月12日），中共中央党史资料征集委员会、中共广东省委党史资料征集委员会、广东革命历史博物馆编：《广州起义》，第60、61页。

会上，由诺伊曼指定张太雷、周恩来、恽代英、黄平、杨殷、彭湃等六人为南方局委员；南方局下设军事委员会，指定周恩来、张太雷、黄平、赵自选、黄锦辉、杨殷等为成员。

会议通过了《通告第十四号——最近工作纲领》，认为："既然我们广东的暴动完全是独立的行动，当然决不能因叶、贺军队之失败而取消之"。"贺、叶军队的失败，并没有增加敌人的稳定，反而更引起激烈的内部冲突。李、黄、张已成为鼎立之势，而互相争夺广东政权之斗争益烈，火拼之期愈近。"据此，通告得出的结论是："广东土地革命运动仍是高涨，暴动的计划仍应继续实现，现在的暴动还不应停止，而应努力扩大"。并决定"国民革命军之名义立即废除"，"以后军队及全省工农讨逆军一律改称工农革命军。"①

很明显，南昌起义失败后，广东省委并没有按照中共中央的指示，暂停包括广州在内的各地暴动，而是认为广东革命形势仍是高涨，决定继续实施暴动计划，并且还要扩大暴动的规模。但不同的是，过去是等到南昌起义军打到广州城下时，组织城内的暴动，以配合南昌起义军占领广州；现在是自己独立地起义，占领广州，进而推动全省暴动，迅速取得革命在广东的胜利。

中共广东省委之所以坚持继续以广州起义为重点的广东暴动的准备工作，主要是得到了共产国际代表诺伊曼的支持。参与广州起义指导工作的不仅有诺伊曼，而且还有苏联驻广州领事馆总领事波赫瓦林斯基（化名韦谢洛夫）、副领事何锡斯（也译作哈西斯，是一位将军）、谢苗诺夫（化名安德烈）。可以说，这是苏联、共产国际驻华代表组成的一个空前的指导班子，足见他们对广州起义的重视程度。由于苏联驻广州总领事馆有电台，能够直接和联共（布）中央进行电讯联络，因而，广州起义直接连着联共（布）、共产国际高层的心！

---

① 《通告第十四号（节录）——最近工作纲领》（1927 年 10 月 15 日南方局、省委联席会议通过），广东革命历史博物馆编：《广州起义资料》（上），人民出版社 1985 年版，第 39、40、41 页。

10月下旬，张太雷前往上海汇报工作，随身带去了广东省委的最近工作纲领。这次汇报后，张太雷被留下参加中共临时政治局扩大会议。恶性疟疾经过治疗已逐渐康复、在香港参与筹划广州起义的周恩来，也被中共中央临时政治局召到上海参加会议。

中共中央临时政治局扩大会议从11月9日开始，举行两天，参加会议的除中央政治局委员外，还有中央指定的政治局候补委员和重要的省委或中央局代表，共十几人。会议由瞿秋白主持，在罗米那兹指导下进行。

会议通过了罗米那兹起草的《中国现状与党的任务决议案》。这个决议案强调“无间断的革命”，混淆了民主革命和社会主义革命的性质；并无视革命处于低潮的事实，认为中国革命的形势仍在“不断高涨”，“现时全中国的状况是直接革命的形势”。[①] 错误地规定了全国武装暴动的总策略，命令少数党员和少数群众在全国组织毫无胜利希望的地方起义。这次会议及其通过的决议，标志着“左”倾盲动错误在中共中央取得了统治地位。

张太雷还在上海的时候，广东的新军阀矛盾尖锐起来。张发奎、黄琪翔等人打着“拥护汪精卫，打倒共产党”的旗号，率领国民革命军第二方面军进驻广东，与新桂系军阀黄绍竑及和新桂系关系密切的李济深争夺广东地盘。11月17日，张发奎的部队驱除了李济深、黄绍竑驻广州的军队，夺取了广州政权。中共广东省委曾计划张发奎与李济深、黄绍竑武装冲突时发动广州起义，但遭到了苏联军事顾问谢苗诺夫的坚决反对。他认为这时广州有张发奎的重兵，“尝试暴动当然是不行的”。[②] 在谢苗诺夫的说服下，中共广东省委没有实施起义计划。在张发奎主力部队集中在广州，且起义的准备还充分的情况下，谢苗诺夫阻止起义是正确的，避免了一场莽撞的行动。

---

① 《中国现状与党的任务决议案》（1927年11月9日至10日），中央档案馆编：《中共中央文件选集》（1927）第3册，第453页。

② 《谢苗诺夫关于广州暴动的报告》（1928年2月15日于莫斯科），中共中央党史研究室第一研究部译：《共产国际、联共（布）与中国革命档案资料丛书·联共（布）、共产国际与中国苏维埃运动》（1927—1931）第7册，第321页。

就在粤桂新军阀开战的同一天，中央临时政治局扩大会议后组成的新常委班子瞿秋白、苏兆征、李维汉、周恩来、罗亦农开会，讨论通过了《广东工作计划决议案》。这个工作计划是中共中央常委会对张太雷带来的工作纲领所进行的修正，由此可见他们对广东工作的极其重视。

《广东工作计划决议案》对广东形势作了如下判断：

广东的政局最近又发生了一个变化，表面是两广实力派彼此争夺广东地盘的军阀之争，但实际上仍是工农群众革命潮流高涨的影响，动摇了统治阶级两广派在广东的政权。工农革命高涨的事实，只要看叶、贺军队来到广东前，广州、汕头、海陆丰、南路各地工农在城市、乡村自发的暴动，以及叶、贺军失败后，广州市工人犹英勇的自揭反政府的旗帜为流血的斗争，海陆丰农军与叶、贺残余的力量会合，而为工农革命军扩大农民暴动，进占了海丰县城及汕尾、碣石等海口，便知广东工农群众之自发的暴动正在继长增高的向前发展，走向会合各地暴动成为总暴动的途径。……

据此，决议案提出：

……广东工农群众在此次政变中唯一出路，只有利用这一政变的继续战争机会，坚决地扩大工农群众在城市、乡村的暴动，煽动兵士在战争中哗变和反抗，并急速使这些暴动会合而成为总暴动，以取得广东全省政权，建立工农兵士代表会议的统治。

为达到上述目的，决议案训令广东省委：

（一）广东省委应发表宣言，号召全省工农暴动，建立工农兵士贫民代表会议的政权，以反对两广军阀的私人战争。

（二）广州工人应站在阶级的利益上，自主的公开各地革命工会组织，召集产业的、职业的、地域的工人代表会议（苏维埃制度之开始），开始一切斗争，实现各项要求，捣毁反动工会，杀死反动领袖，直到形成全市的政治的总同盟罢工，以夺取政权。但当争斗期中，各工会原有之秘密组织仍须严格保存。并在罢工期中利用罢工机会，建立工厂、作坊委员会之雏形。

……①

决议案对广东其他区域的暴动也进行了布置。

对于中共中央常委通过的这个决议案，可以这么去评判：这是当时"左"倾盲动错误的产物，表现在：其一，过高估计广东革命形势。尽管这时南昌起义军余部和农军进占海丰城，其他地区也有一些农民暴动，但与反动力量相比，仍然是处于严重的劣势，广东革命形势是低潮。所谓城乡一齐暴动，会合成总暴动，一举夺取广东全省政权，是坐在上海租界洋房子里凭空想象出来的，是一种脱离实际无法实现的美好愿望。其二，偏重于工农暴动，没有把军队起义放在重要的位置。这是中共中央批评广东省委的计划"仍带有偏重军事的倾向，而未能完全把暴动主力建筑在农民身上"的结果。实际上，在中心城市或较大城市组织发动暴动，必须有党掌握的正规军队作主力，工农暴动作为配合，才有成功的可能。单纯工农暴动，武器落后，军事素质缺乏，战斗力不强，同武器装备优势并训练有素的反动军队作战，往往损失惨重。

这个决议案，完全是套用俄国十月革命的套路，对此后的广州起义起到了错误的影响。

11月20日，张太雷离开上海返回香港，即向广东省委传达了中共中央临时政治局扩大会议精神和中央常委通过的《广东工作计划决议案》的内容。到香港后，得到的消息是令人振奋的，彭湃在东江领导农民武装在南昌起义军余部配合下，已占领海丰全部、陆丰大部、紫金一部。海丰、陆丰相继召开工农兵代表大会，成立了苏维埃政府。于是，张太雷在写给中共中央的信中兴奋地说："湃兄（指彭湃——引者）去后，干得非常［好］。没收土地事，的确与中央议决相符，可无遗憾。军队精神很好，打仗甚勇，与工农携手。"②

① 《广东工作计划决议案》（1927年11月17日中央常委通过），广东革命历史博物馆编：《广州起义资料》（上），第54、55—56页。

② 《张太雷关于东江的情形、中央的交通问题等给中央的报告》（1927年11月22日），中共中央党史资料征集委员会、中共广东省委党史资料征集委员会、广东革命历史博物馆编：《广州起义》，第83页。

这时，逃到广西的黄绍竑在梧州布置军队，准备反攻广州。驻潮州、汕头的陈济棠和驻阳江的徐景堂部根据李济深的旨意，准备从东、南两面夹击广州。这样，张发奎处于三面受敌的境地，主力部队不得不从广州调出迎敌，固守广州的只剩下第四军教导团和警卫团及少量部队和保安队1000多人。广州防务空虚，张发奎为解除后顾之忧，多次派代表要求同共产党谈判如何保护广州，抵抗李济深、黄绍竑的军队。中共广东省委对张发奎不抱幻想，再次主张起义。中共广州市委也主张起义。但苏联军事顾问谢苗诺夫却主张拉拢张发奎，并同广州市委的同志大吵一架。广州市委无法，要求张太雷前去解决问题。

张太雷等到广州之后，11月25日，参加中共中央临时政治局扩大会议的诺伊曼因罗米那兹要回苏联而暂留了上海几天后也到了广州。

诺伊曼到后，张太雷在11月26日主持召开中共广东省委常委会议，讨论广州起义问题。会上争论激烈，谢苗诺夫仍然主张拉拢张发奎，反对广州起义。他认为，张发奎与李济深的冲突是小资产阶级与地主阶级的冲突，我们现在如果举行广州暴动，即是帮助了李济深，主张以共产党军事委员会的名义和张发奎部第四军军长黄琪翔谈判。

谢苗诺夫为什么会主张同黄琪翔谈判呢？后来，谢苗诺夫在向苏联指导中国军事的机构有关人员的报告中是这样说的："说服张发奎，特别是说服黄琪翔的投诚工作，……这种可能性是有的。……他是张发奎的助手，是个杰出的年轻将领，对苏联和共产党有一定的好感，他在自己军队里容留共产党员比谁都久。共产党员在他的军队里担任许多负责的职位。"①

诺伊曼坚决站到中共广东省委一边，支持起义，反对同黄琪翔谈判。由于诺伊曼是共产国际代表，谢苗诺夫只是军事顾问，大事情当然还是得听诺伊曼的，于是，中共广东省委常委会议作出了准备起义夺取

① 《谢苗诺夫关于广州暴动的报告》（1928年2月15日于莫斯科），中共中央党史研究室第一研究部译：《共产国际、联共（布）与中国革命档案资料丛书·联共（布）、共产国际与中国苏维埃运动》（1927—1931）第7册，第330页。

广州政权的决定。

这次会议之后，成立了起义最高指挥机关革命军事委员会，由张太雷、黄平、周文雍组成。张太雷任书记兼管军事，黄平兼任广州市委书记，周文雍兼任广州工人赤卫队总指挥。在军委工作的有聂荣臻、黄锦辉、杨剑英等，负责对各方面进行联络，了解情况，筹划军火等。

11 月 28 日，张太雷将 26 日会议的情况写信告知留守香港的省委成员恽代英、张善铭等。次日，恽代英以中共广东省委名义，将此信转报中共中央。张太雷在信中报告："这会议认为广州工人必须起来保卫广州，以抗拒李济琛（即李济深——引者）重入广州建立其反动的政权，同时反对张发奎，因为他与李济琛一样的反动，一方面广州工人只有自己起来夺取广州政权方有出路；一方面张、李两军阀的血溅，【给】广州工人以机会，所以决定立即暴动。其准备方法：(1) 召集全体工会同志一致活动，筹备总同盟罢工（此非示威性质，而为领导暴动的总同盟罢工）。(2) 组织赤卫队筹备武装暴动。(3) 加紧张发奎军队内的工作，使暴动时有一部分军队投到工人方面。(4) 市郊农民的暴动。"①信中还要求恽代英等组织各地农民与广州工人联合，特别是海陆丰方面的南昌起义军余部及农军，要向广东方向移动。

在号称"暴动专家"的诺伊曼指导下的广州起义计划，不折不扣地贯彻了 11 月 17 日中共中央常委通过的《广东工作计划决议案》，完全是俄国十月革命时彼得堡（十月革命后改名为列宁格勒，现又改回原名）起义计划的翻版。

聂荣臻在回忆中曾指出：

当时，共产国际派了代表来指导起义。为首的是德国人诺伊曼，是个"钦差大臣"，也是个十足的主观主义和教条主义者。他不懂军事，没有实战经验，连打败仗的经验都没有，对中国的情况和广州的情况完

---

① 《中共广东省委给中央信——转录张太雷同志 11 月 28 日关于广州暴动问题致省委函》（1927 年 11 月 29 日），中共中央党史资料征集委员会、中共广东省委党史资料征集委员会、广东革命历史博物馆编：《广州起义》，第 94 页。

全不了解，又听不进我们的意见，只是靠本本，生搬俄国城市暴动的模式。在举行起义的方式上，他主张像当年列宁格勒那样，举行总同盟罢工，从罢工发展为示威游行，进而形成城市暴动，夺取政权，成立城市苏维埃。我们提出不同意见，说明这个办法不行，中国的情况同当年俄国的情况不同，广州工人的主要力量不在我们方面，搞不到多少人来示威游行，又处于革命低潮，示威游行即便搞起来，也不会有多少人响应。对发动起义的时间，诺伊曼竟主张白天搞。我们建议还是晚上搞，趁敌人警戒稍微松懈的时机，来个突然袭击，首先占领敌人的军事机关，成功的可能性比白天大。但对这些话，诺伊曼都听不进去。

……

当时领导起义的以张太雷同志为首的省委一些同志，像恽代英、陈郁、张善铭、周文雍等同志，很勇敢，革命热情都很高，但缺乏军事知识，没有武装斗争经验，有秀才造反的味道，往往都是诺伊曼等国际代表说了算，对领导起义的部署、作战指挥等都是考虑不周的。①

11 月 28 日，中共广东省委印发了《中国共产党广东省委员会号召暴动宣言》，号召工友、农友、兵士、学生及一切贫民们联合起来，“打倒凶手蒋介石、张发奎!”“准备为广州苏维埃而战争!”“变军阀的战争为工农兵革命胜利的战争!”②

广州是中国南方最大的城市，举行起义事关重大，负责指导广州起义的共产国际代表诺伊曼不敢造次，于 11 月 29 日致电联共（布）中央政治局，报告了广州的情况。诺伊曼说：张发奎“采取了明显反动的方针，逮捕工人，驱散罢工者。工人强烈不满，情绪激昂”。“市内除警察外只有三个团，其中在特别独立团（即教导团——引者）里，共产党支部很强大，领导着大多数士兵和党员，在第二团（即警卫团——引者）也很大。海丰地区的农民暴动正在迅速发展……我们决定在广州采取准

① 《聂荣臻回忆录》，第 65 页。

② 《中国共产党广东省委员会号召暴动宣言》（1927 年 11 月 28 日），中共中央党史资料征集委员会、中共广东省委党史资料征集委员会、广东革命历史博物馆编：《广州起义》，第 92、93 页。

备起义和成立苏维埃的坚定方针。……张发奎和黄琪翔不止一次非正式地要求会见，……我们拒绝了。实际上我们还没有确定起义日期，因为鉴于上述决定的特殊性和重要性，恳请你们立即向广州发出指示。”①

诺伊曼的电报向联共（布）传递了广州起义的条件成熟，举行起义占领广州的把握性很大的信息。

然而在同一天，另外一种声音传到了莫斯科。苏联驻广州领事馆总领事波赫瓦林斯基仍坚持要拉拢张发奎，致电苏联副外交人民委员加拉罕：“立即举行暴动的方针是错误的，因为党没有力量在广州夺取和建立政权。举行暴动除了无谓的残杀外只会导致消除现时的改革派（指国民党改组派汪精卫、张发奎——引者），他们尽管有其反动性，但在国民党内是个特殊的派别……拒绝同张发奎会见，我认为是错误的。”②

对于驻广州的联共（布）、共产国际代表之间的分歧，联共（布）中央政治局对广州的情况还不太了解，没有马上表态。但在此后不久，来自驻中国的其他共产国际代表的消息，是倾向举行广州起义的。12月5日，驻上海的共产国际代表佩佩尔在给共产国际执行委员会的信中分析了广州的形势，认为张发奎同新桂系军阀之间的战争，如果“发展为真正的战争，如果统治阶层内部出现真正的裂痕，如果因为战争而在大城市里出现紧急的局势，如果我们能够不仅把自己的力量，而且把广大群众动员起来，那么我们党应该也必须转向直接组织武装暴动。在这种情况下，广州将自然成为暴动的中心”。③ 与此同时，赤色工会国际驻华代表米特凯维奇也在致共产国际执行委员会的信中说：“由于李济

---

① 《牛曼给联共（布）中央政治局的电报（摘录）》（1927年11月29日于广州），中共中央党史研究室第一研究部译：《共产国际、联共（布）与中国革命档案资料丛书·联共（布）、共产国际与中国苏维埃运动》（1927—1931）第7册，第140页。

② 《波赫瓦林斯基给加拉罕的电报》（1927年11月29日于广州），中共中央党史研究室第一研究部译：《共产国际、联共（布）与中国革命档案资料丛书·联共（布）、共产国际与中国苏维埃运动》（1927—1931）第7册，第141页。

③ 《佩佩尔给共产国际执行委员会的信》（1927年12月5日于上海），中共中央党史研究室第一研究部译：《共产国际、联共（布）与中国革命档案资料丛书·联共（布）、共产国际与中国苏维埃运动》（1927—1931）第7册，第156页。

深和张发奎的争斗，很明显又造成有利于最大限度开展工作的局势。”“在像广州这样的地方，苏维埃可能也应该作为暴动机关在夺取政权的斗争过程中建立起来。”①

上述两封信无疑对促使联共（布）、共产国际最高领导层下定批准广州起义的决心起了作用。

中共中央在收到广东省委 11 月 28 日的信后，于 12 月 5 日复信，明确表示：“关于广州暴动的计划，中央赞成。”

12 月 8 日，中共广东省委就广州起义工作的准备情况向中央作了汇报，认为“张、李军阀的混战使军阀势力在广州动摇，广州所遗两团（教导团、警卫团），教导团一千余枪，完全受我们的指导；警卫团团长是我们的，至少可以使该团不致反对我们，这种时机是难得的，在工人一方面夺取政权的要求非常之切，因为李、张无论哪个来，都将严重压迫广州工人，所以省委与德毛子（指诺伊曼——引者）决定广州暴动。”②

中共广东省委对李济深、张发奎新军阀的反动性质、对广州及其周围的军事形势的判断是正确的，对敌我力量的分析、估量也是正确的；所提出的口号简单明了，通俗易懂，对于动员群众参加起义是有号召力的。但广东省委对于起义后前景预测过于乐观，认为起义后在广州城被动硬撑，敌人就会瓦解，国际援助就会到来，形势就会出现转机。这种错误的设想，也就种下了起义失败的祸根。

报告中提到的教导团，说是党完全掌握的部队。那么，教导团的来历是什么呢？

中共广东省委报告提到的教导团，即是准备参加南昌起义在九江被张发奎缴械的那个教导团。

---

① 《米特凯维奇给共产国际执行委员会的信》（不早于 1927 年 12 月 5 日于上海），中共中央党史研究室第一研究部译：《共产国际、联共（布）与中国革命档案资料丛书・联共（布）、共产国际与中国苏维埃运动》（1927—1931）第 7 册，第 160—161 页。

② 《中共广东省委关于目前暴动工作的准备情形给中央的报告》（1927 年 12 月 8 日），中共中央党史资料征集委员会、中共广东省委党史资料征集委员会、广东革命历史博物馆编：《广州起义》，第 108 页。

教导团被张发奎缴械后，时任张发奎第二方面军第四军参谋长的叶剑英深知这是中国共产党掌握的一支武装力量，无论如何不能让敌人给吃掉，也不能没有人管让它垮掉，要想尽一切办法将其保存下来，交给党。于是，叶剑英尽量利用自己的有利条件，多次来到教导团，找教员和学员谈话，做工作，让大家的思想稳定下来。

教导团的团长是由第二方面军参谋长谢膺白兼任。一天，叶剑英见到谢膺白，谈起教导团的时候，谢膺白发牢骚地说，教导团不好管，早就不想兼教导团团长了。叶剑英乘机说：你不当教导团团长，我来当，怎么样？谢膺白把教导团视为烫手的山芋，见有人接，自然顺水推舟。

谢膺白一吐口，叶剑英马上就找张发奎。张发奎正为教导团大伤脑筋。他知道教导团是军校学员和教员组成，文化水平高，训练有素，是难得的队伍，若能为他所用，自然是好。但他又怕教导团管不好，出乱子。叶剑英摸透了张发奎这种矛盾心理，就劝其留下教导团，稳住军心，日后能派上大用场。张发奎被说动了，叶剑英就毛遂自荐，说谢膺白不愿兼团长，自己愿意兼任。张发奎哪里知道叶剑英是中共秘密党员，欣然答应。

叶剑英兼任教导团团长后，又向张发奎要求发回被缴的部分枪支，将教导团重新武装起来。

教导团进驻南昌后，国民党江西省长朱培德向张发奎提出解除教导团武装，肃清共产党的要求。叶剑英为了保住教导团，找到张发奎，提出将原先的第二方面军军官教导团改名为第四军教导团，直接并入第四军建制，加强整顿管束，以缩小攻击目标，缓和与朱培德的矛盾。张发奎表示同意。接下来，叶剑英又以适当的机会向朱培德透露，教导团经过整肃，不会闹事。朱培德听后，也就未再提解除教导团武装之事。

叶剑英以自己的智慧，巧妙地将教导团保存了下来。

8 月中旬，教导团在叶剑英率领下随第四军南下广东，于 9 月进驻花县。10 月中旬，经过叶剑英做张发奎、黄琪翔的工作，教导团进入广州，驻北郊四标营。稍事休整后，便获准重新发还武器。

叶剑英在广州与中共广东省委军委的黄锦辉接上了组织关系，接受了加强对教导团的控制、准备参加广州起义的任务。叶剑英为了避嫌，向张发奎辞去教导团团长的职务，推荐杨澍松担任代理团长。这时，教导团内中共党组织新发展了一批党员。在全团1300多名学员和教官中，有200多名共产党员和革命积极分子，三个营长中，有两个是共产党员。

为了做好起义的准备，教导团按照中共广东省委和叶剑英的布置，经常派出一些有战斗经验的学员深入到市区的工厂和工人住宅区，向群众宣传革命道理，指导工人纠察队使用武器。教导团党组织还以加强训练为名，成立了一个“士兵训练委员会”，根据城市起义特点，对各连队进行巷战中的攻击、射击、投弹、爆破、刺杀和夜战训练，并对全团的勤务、司号、炊事、饲养、看护等300多人，按时进行军事政治训练。部队战斗力、政治素质明显得到提高。

张发奎为了控制教导团，将自己的表弟朱勉芳安插进来当团参谋长，又派一批亲信到教导团，严密监视这支部队。由于教导团共产党的力量雄厚，叶剑英的影响较深，部队的领导权实际上仍然控制在叶剑英的手里。

由于起义急需加强正规武装力量，黄锦辉特意交代叶剑英想方设法扩充和组建第四军警卫团。警卫团这时只有两个营：第一营是由第四军军部特务营改编，第二营是由原李济深第八路军特务营改编。叶剑英受命后，即找张发奎，以广州城防空虚为由，提出扩编警卫团。张发奎觉得叶剑英说得有理，便听从了他的建议。叶剑英就势推荐中共地下党员梁秉枢担任警卫团团长。

得到张发奎的同意后，叶剑英安排了张诗教、陶剑寒（陶铸）、蔡申熙等一批共产党员担任警卫团内的主要领导职务，并将300多名参加过省港大罢工的工人招进该团，组建第三营，由共产党员施恕之担任营长，抽调教导团的进步学员担任各连的班、排长。这样，第三营成为共产党直接控制的武装，成为广州起义时党掌握的重要正规武装力量。

教导团内有共产党活动，张发奎也有耳闻，然而没有抓到可靠的把柄。但教导团内的反动分子向汪精卫告密，得到了汪精卫的重视。12月9

日，汪精卫连发三电给他在广州的代理人陈公博、张发奎、朱晖日，要他们火速解散教导团，查封工人赤卫队总部，认真肃清共产党组织。

张发奎之所以暂时还没有对教导团动手，是因为他的主力部队正与李济深、黄绍竑的部队作战，不在广州。一旦其能腾出手来，势必对教导团采取措施。不能坐等张发奎主力撤回广州，要立即举行起义！

12 月 9 日，诺伊曼致电联共（布）最高领导机关，报告了广州的形势及起义准备情况、起义计划和口号等。他在电报中说："暴动时机已完全成熟，拖延会给力量对比带来不利变化，因为铁军（指张发奎的第四军——引者）将回来，我们的部队将调走，汪精卫的正式政府将成立以取代现时的空缺状态。工人的胜利对整个中国会有无可估量的意义。"他认为"占领广州的希望是很大的，但要守住是非常困难的。"据此，他在电报中"坚决请求立即给我们指示"。在这封电报中，他还批评了波赫瓦林斯基等，说："这里的领事馆实行的是同张发奎进行谈判和不举行起义的腐朽的惊慌失措的方针。"①

心里十分着急的诺伊曼，在发出这封电报不久，就立即发出了另外一封简短的电报，说："如果我们收不到对今天这份电报的答复，我们就于星期一②清晨发动。"③

诺伊曼催得那么急，联共（布）中央政治局收到电报后，立即于次日开会，讨论中国问题，决定发给诺伊曼由斯大林亲自签署的电报。这个电报表示："鉴于群众中存在一定的情绪和当地有比较有利的形势，不反对你们的意见，建议行动要有信心要坚决。"④

---

① 《特里利塞尔对牛曼发自广州电报内容的报告》（1927 年 12 月 9 日于莫斯科），中共中央党史研究室第一研究部译：《共产国际、联共（布）与中国革命档案资料丛书·联共（布）、共产国际与中国苏维埃运动》（1927—1931）第 7 册，第 170、171 页。

② 指 1927 年 12 月 12 日。

③ 《特里利塞尔对牛曼发自广州电报内容的报告》（1927 年 12 月 9 日于莫斯科），中共中央党史研究室第一研究部译：《共产国际、联共（布）与中国革命档案资料丛书·联共（布）、共产国际与中国苏维埃运动》（1927—1931）第 7 册，第 171 页。

④ 《联共（布）中央政治局会议第 139 号（特字第 116 号）记录（摘录）》（1927 年 12 月 6—17 日），中共中央党史研究室第一研究部译：《共产国际、联共（布）与中国革命档案资料丛书·联共（布）、共产国际与中国苏维埃运动》（1927—1931）第 7 册，第 173 页。

广州起义时间原本定在12月12日清晨举行，但一件意外的事情发生了。为起义准备的手榴弹，是在乡下手工制造的。造好之后，再分散运到城内大北街一家米店存起来，到起义时用。运送方法是将手榴弹放在装有大米的袋子里。然而，这种方式被敌人发现了。随之，存放手榴弹的米店也暴露了。

米店被破获的消息，第二天登在了报纸上。这时，起义领导机关得知，敌人已经通过其他渠道，大体上知道共产党要在广州举行起义的计划，张发奎作出了屠杀全广州革命分子的决定，并于12月10日密调黄琪翔部从西江前线赶往广州。情况万分紧急，于是，张太雷为首的革命军事委员会决定于11日提前起义。

起义被迫提前，一切都很仓促。宣传、组织工作都很薄弱。除了教导团组织比较严密，能迅速行动外，预定参加起义的人员，临起义时有的还没有通知到。接到起义通知的个别人力车工人甚至说，我的车还没有拉完呢！预定担任起义军总指挥的叶挺，是在12月10日一早出发，晚上才赶到广州的。叶挺晚到，有组织考虑到他的安全有意安排的因素，但起义提前，就显得太匆忙了。他是在什么情况都不清楚的情况下来指挥起义的。

12月10日晚，起义总指挥部成员及有关人员举行了秘密会议。参加会议的有张太雷、叶挺、周文雍、黄平、聂荣臻、杨殷和徐光英，还有新任命的教导团团长李云鹏和各营营长叶镛、赵希杰、饶寿柏，警卫团团长梁秉枢，以及工人赤卫队、市郊农军的领导骨干多人。会议确定了起义的时间和各路起义队伍的战斗任务、行动路线、联络信号等。

这是一个不眠之夜，各路起义人员在兴奋而又紧张中准备迎接震惊世界的大事件发生。

12月10日午夜，教导团首先行动起来，先是处决了担任参谋长的张发奎的表弟朱勉芳，接着又将60多名反动分子抓起来，关进禁闭室。之后，各连党的负责人传达了马上暴动的指示，并要共产党员起模范带头作用。

由于教导团是起义的主要依靠力量，11日凌晨两点钟，张太雷、恽代英、叶挺和徐光英来到了教导团驻地四标营，在团部后面的一间屋子里，宣布叶挺为红军总指挥、叶剑英为副总指挥、徐光英为参谋长。接着，他们又接见了教导团全团官兵。曾是教导团战士的刘祖靖回忆说：

张太雷首先讲话："今天夜间，我们要在广州举行暴动，要打倒国民党反动派，要完全解除敌人在广州的武装，我们要成立工农民主政府。你们教导团是暴动的主力，你们要勇敢战斗，完成我们党交给的任务。现在时间紧迫，请党代表恽代英同志讲话。"恽代英同志的出现，大家发出内心的喜悦，也增加了力量①。由于没有月光，看不清他的面容，只能模糊地看见他穿着一身灰色中山服。他说："官长们，学生们，今晚你们叶团长很忙不能来，我来向你们讲话，我们离开你们好几个月了，很想念你们，我知道你们每个人的胸中都埋藏着对国民党反动派的无穷怒火。在九江，在韶关，两次都被反动派解除武装。前天，你们的叶团长告诉你们，反动派又想要解除你们的武装，这回我们可不交枪了。今天我们要报仇，要暴动，要起义，要和反动派算账，要讨还血债，要夺取政权，建立自己的工农民主政府。你们要勇敢战斗，解除敌人的武装，取得暴动的胜利。"……恽代英同志的讲话，对我们鼓舞很大，增添了力量。接着恽代英同志给大家介绍了叶挺同志。叶挺的讲话很简单，只说："各营、各连、各排的攻打目标，按照昨天军官会议分配的任务执行，现在按照路程远近次序，分途出发。"②

按照起义总指挥部的部署，教导团攻击的目标是：第一营攻打敌公安局；第二营第四连攻打敌学兵营，第五连和炮兵连第一排攻打敌沙河炮兵团，第六连攻打敌广九车站；第三营攻打敌第四军司令部；炮兵连第二排攻打敌省党部（"护党委员会"）和东校场敌警察分署，炮兵连第三排攻打敌薛岳新编第一师司令部；通讯队攻打敌第十二师缪培南司令部；工兵连攻打敌省政府、市政府、财政厅、中央银行等机关。教导

① 恽代英曾任武汉中央军事政治学校政治总教官，深受学员们的爱戴。

② 刘祖靖：《广州起义中的教导团》（节录），中共中央党史资料征集委员会、中共广东省委党史资料征集委员会、广东革命历史博物馆编：《广州起义》，第449—450页。

团还有约100来人的女生队，是由原武汉中央军事政治学校的女生大队缩编成的，主要任务是负责宣传和救护工作。她们每人也都发了武器，必要时参加战斗。特务连除留一个排担任四标营的警卫任务外，其余到起义指挥部担任警卫任务。4时许，各营、连、排纷纷出动，奔赴各自的攻打目标。

教导团第一营到达地处市中心的公安局时，工人赤卫队已经把这里包围了。敌军在铁甲车的掩护下，正向工人赤卫队疯狂反扑。第一营来得正是时候，立刻以强大的火力压制住敌人，用手榴弹炸毁了敌人的铁甲车，砸开大铁门，冲进了大院。守在大楼上的敌人负隅顽抗。教导团第一营迅速消灭了守卫在楼梯口的敌人，冲上了大楼。守敌见教导团士兵冲上了楼，便失去了抵抗的勇气，一个个战战兢兢举起了双手。

天亮了，教导团第一营完全占领了公安局。随即，起义总指挥部就设在公安局。

担负攻打沙河燕塘敌炮兵团任务的教导团第二营第五连和炮兵连第一排由团长李云鹏亲自带领。部队在途中收缴了敌一个公安分局的枪。他们在到达沙河后，先头部队首先和敌人交了火。在李云鹏的指挥下，部队迅速将敌人营地包围起来，进行攻击。敌人不经打，稍稍抵抗了一下，便喊："老乡，别打啦，缴枪啰!"

炮兵团有1000多人，中下级军官原系武汉中央军事政治学校学生，和教导团的官兵应是同学关系了。他们自动要求参加起义队伍。得到允许后，他们从炮房拉出炮车，从马棚拉出马匹，套上炮车，共有山炮30多门、野炮4门，重迫击炮数门。此外，起义军还缴获三四百支马枪。

起义军收缴完炮兵团的武器后，天色已亮。叶挺派了一个学炮兵的朝鲜同志到沙河，要李云鹏将炮兵团的事交给他负责。这个朝鲜同志不大会说中国话，都是由翻译翻给李云鹏听。

李云鹏交代完有关事项后，驱车前往设在公安局的起义总指挥部，向叶挺报告解决敌炮兵团的情况，接受新任务。

李云鹏到时，"老团长"叶剑英也在总指挥部。他向两位叶总指挥作了汇报后，鉴于粤汉铁路东站的残敌还未肃清，叶挺命令他往市北山脚高处选择炮兵阵地，向车站发射几炮。叶挺还叮嘱他，炮弹不要打到沙面去，以免给外国干涉提供口实。于是，李云鹏立即带领炮兵连第一排排长去执行任务。

薛岳新编第一师司令部是教导团炮兵连第三排用奇袭办法拿下的。当时，薛岳的司令部设在东校场西北一座三层大楼中，楼南驻有该师的特务营，营房没有围墙，只用篱笆围着。这里离四标营距离最近，炮兵连第三排只用了十多分钟就到了。由于敌人非常松懈，在营房外放了几个步哨，其他在呼呼睡大觉。第三排在大门散开后，向敌特务营营房内开枪射击。枪声突然打破了寂静的夜空。敌人门卫一下子懵了，仓皇退入院内，竟没有还击。营房内的敌人正在酣睡，突然被枪声惊醒，惊慌失措，来不及穿衣服、鞋子。不少人只穿一个裤衩，赤着脚，逃到门外。敌人四个门卫持着枪站在那里还没有回过神来时，就已被起义部队夺过了枪支。起义军冲进营房后，只见里面已经空无一人，只有敌人的枪支整整齐齐地摆在枪架上。起义军都不敢相信，就这样兵不血刃地解决了战斗。

失去了武器的敌特务营四五百人，乖乖地做了只有几十名起义军的俘虏。这是广州起义中最漂亮的战斗。炮兵连第三排派人控制了敌人司令部的值班室，碰巧，电话铃响了。电话是张发奎的第四军司令部值班室打来的，询问广州东郊有激烈枪声是怎么回事。于是，起义军的人就冒充敌薛岳司令部值班室的人回答："我们这里也听到了枪声，已派值班分队巡查去了。"

过了一会儿，值班室的电话又响了，这次是革命军事委员会打来的，询问这边的情况怎么样？炮兵连第三排的人马上回答，已经结束战斗，正在给俘虏训话。于是，革命军事委员会马上派了三部大汽车，汽车上全是工人赤卫队员。他们缺枪支，炮兵连第三排收缴敌人特务团的枪支，真成了工人赤卫队的"及时雨"。

负责解决敌学兵营的教导团第二营第四连进展十分顺利。他们到敌学兵营大门时，向里面打了一排子枪，敌人门卫没有还击。第四连很快占领了敌人的营房，进入里面一看，发现各学兵连没有武器。当他们搜查军械库时，才看到一排排的枪架上摆满了枪支。原来学兵营是新桂系的，有学兵四个连，已训练了半年。张发奎与新桂系开战时，将这些学兵们的武装给解除了，一直都是徒手，只有卫兵室的一个排有武器。看来该“谢谢”张发奎了，替起义军将学兵营解除了武装，使第四连没有费什么事就解决了这部分敌人。

教导团炮兵连第二排负责解决敌省党部和警察分署。他们兵分两路，一路袭击省党部，一路袭击警察分署。两路都没有开什么枪，就直接闯入大门，在收缴了敌人门卫的枪支后，那些政客、党棍们还在睡梦中。起义军把他们叫醒，站成一排，向他们宣布：我们是共产党的队伍，你们当俘虏了，任何人不得反抗。起义军要求他们自报出身，不许说假话。俘虏中有几名称自己是张发奎的“护党委员会”委员，但又极力辩白自己对国民党毫无信仰，只是混口饭吃。这些政客、党棍们丑态百出，令起义军感到作呕。不管他们如何辩白，起义军把他们关押了起来。

教导团工兵连攻占敌省政府、市政府也十分顺利。他们没有经过战斗，就相继占领了敌省、市政府及所属机构，缴获了许多武器，特别是在财政厅缴获了一百多支德国造的驳壳枪。这在当时来说可是好武器，需要花大价钱才能买得到。这些手枪后来发给了起义军排以上的军官。

教导团第二营第六连攻打广九车站却不是那么顺利。广九车站驻有保安队一个中队，还有英军一个中队。第六连到达车站时，敌人已经发觉，双方打成对峙。战斗非常激烈，第六连久攻不下，要求炮兵支援。炮兵派了一个班，带一门山炮到达第六连的阵地。有了山炮，消灭敌人就不用愁了。炮兵班只打了几发炮弹，其中有三发命中车站。敌人见起义军有炮，无心再守车站，慌忙登上铁甲车向石龙方向逃跑了。第六连在工人赤卫队的配合下占领了广九车站。

教导团的通讯队奉命攻打敌第十二师司令部。设在文德路的敌第十二师司令部房屋坚固，有一个特务连担任警卫。通讯队是在教导团到广州后才成立的，战斗力不强。当他们到达敌第十二师司令部时，动作迟缓，被敌人发觉开枪射击。通讯队与敌隔街对峙，最终未攻下敌第十二师司令部。

在教导团起义后不久，警卫团也举行起义。当时警卫团团部驻地在长堤二马路八旗会馆，共产党掌握的第三营是起义的基本队伍。部队起义后，首先处决了反动的团参谋长唐继元、第十连连长黄霖，解除了反动士兵武装。第二营的一部分人员参加了起义。第一营驻在石井，反动营长张强光不听命令，公开对抗起义。警卫团团长梁秉枢亲自到第一营去解除其武装，不幸中弹受伤。蔡申熙接任团长，陶铸任团参谋长，指挥警卫团攻打各个预定目标。

警卫团留第二营参加起义人员在原地警戒，严防河南李福林部渡河增援市内敌军。蔡申熙等率领第三营去攻打长堤肇庆会馆敌第四军司令部、仰忠街第四军军械库和占领敌第十二师驻文德路的后方留守处。

警卫团第三营的一个连到达肇庆会馆时，驻守之敌已在会馆门口一带戒备，楼上各层和天台也严加防守。敌人居高临下，加上珠江上英、美、日、法等帝国主义军舰开炮向警卫团轰击，警卫团死伤惨重。

警卫团进攻敌第四军司令部受挫时，教导团第三营赶到了。第九连是先头，队伍还未展开，敌人的装甲车冲了上来，用重机枪猛烈扫射。第九连有数十名人员伤亡。第七连、第八连跟上来时，因敌人火力猛烈，只好就地散开在街道两旁，利用街道两侧走廊柱子掩护身体，无法前进。最后，双方形成了对峙。

进攻仰忠街敌第四军军械库的警卫团第三营另外一部分人，也遇到了挫折。因军械库储备有充足的枪弹，工事严密，起义军经两天两夜战斗，不能攻下。只有进攻文德路敌第十二师后方留守处这一路，因敌尚未防备，顺利攻下。

工人赤卫队的任务是占领广州市内的各个警察局。工人赤卫队有七个联队、两个敢死连、消息局及汽车队。

大时代往往为杰出人物提供历史舞台。在参加广州起义的工人赤卫队中，走出一位杰出的无产阶级军事家。他就是徐向前。

徐向前从黄埔军校第一期毕业后，曾到国民二军待过一段，后又辗转于 1926 年 11 月底到达当时的革命中心武汉，先是到南湖学兵团当指导员，不久被分配到中央军事政治学校一队任少校队长。夏斗寅叛乱时，徐向前随军校学生被编入“中央独立师”，在叶挺指挥下参加平叛

徐向前1924年在黄埔军校。

战斗。7月间，汪精卫反共越来越露骨，徐向前被党调出武汉中央军事政治学校，在张发奎的第二方面军指挥部任上尉参谋。在7月底，张发奎的部队开往九江。南昌起义爆发后，张发奎撕下与“共产党合作到底”的画皮，突然集合军官讲话，宣布：“C. P. 分子三天以内保护，三天以外，不负责任！”徐向前觉得不能再在这支部队中待下去了，遂连夜出走，回到武汉。由于在武汉没有找到组织，他又到上海，终于和组织接上了关系。由于广州正在筹划起义，预定南昌起义军打倒广州城下时发动，配合夺取广州，亟缺军事干部，中央军委便派徐向前和其他一些同志，分批前往广州工作。

9月底，徐向前回到阔别一年多的广州后，中共广东省委派他到工人赤卫队，对赤卫队员们进行军事训练。徐向前回忆说：

我去的第六联队，大都是手工业作坊的工人，有修蒲团的，缝衣服的，做沙发木器的，修秤的，打铁的，等等。他们革命热情很高，但毫无军事素养，许多骨干连枪都没有摸过。

说是军事训练，其实是既没枪，也没手榴弹，更没有练兵场，只能关在屋子里，"纸上谈兵"。每天晚上，我到工人家里，召集一些赤卫队骨干讲解军事常识。大家围着张破桌子，我用铅笔在纸上画着，讲解怎么利用地形，怎么扔手榴弹，怎么冲锋等。因屋子狭窄，一次只能集中十几个人，便分期分批地训练。我是外乡人，广东话说不来，我说话他们不懂，他们说话我也不懂。幸好，联队的党代表是省港大罢工的工人，懂点普通话，由他当"翻译"，才解决了这个矛盾。工人学习很认真，他们白天干活，晚上听讲，一搞就是大半夜，但从来没有人叫苦叫累，打退堂鼓。他们对国民党反动派极端仇恨，迫切要求解放。我了解工人，也是从这时开始的。

我当时是个一般党员干部，不了解全局情况，也不知道起义的主要领导人是谁。根据中共广东省委的要求，我们的训练一直紧张地进行着，至起义前夕，共训练了四十多名骨干。起义总指挥部原定十二月十三日举行起义①，因起义计划被敌人知道了，便改为十一日凌晨起义。我在十日下午接到命令，晚上和党代表一同去集合联队成员，传达起义的决定。有这么几条：(1) 起义时间是十一日凌晨三时半；(2) 口令为"暴动"，特别口令为"夺取政权"；(3) 起义人员一律在颈上系红布条为记；(4) 战斗开始先占领要害据点，除掉反动军官，夺取武器武装工人赤卫队。我们联队准备袭击的据点是附近的警察局。

……工人赤卫队是赤手空拳。原说起义前要给各联队送武器来的。我们左等右等，等了半夜，不见人影。大家心急火燎，议论纷纷。这时，有位提着菜篮子的年轻女同志走了进来，从篮子里拿出两支手枪、几枚手榴弹。这点东西，加上些铁尺、木棒、菜刀，便是我们联队起义的武器。

十一日凌晨，起义的枪声打响了。我们按预定计划首先冲进警察局缴了一班人的枪，把附近的大街小巷严密地控制起来……工人队伍和军

① 史学界比较公认的原定广州起义时间为 1927 年 12 月 12 日。

队不一样，指挥那样的队伍，比指挥新兵还难。我说话他们听不懂，拿到枪后到处乱跑，说是去打反动派，很不容易捏到一块儿。一说胜利就认为万事大吉，竟一哄而散，各回各家吃饭去了。我急得要命，找了好半天才又把队伍集合起来。我们这个联队总算是个战斗单位，还能把多数人聚拢在一起。有些地方连个战斗单位也形不成，工人们像散兵游勇一样，跑来跑去，找不到个组织。起义很仓促，组织工作比较乱。①

徐向前这段回忆文字从一个侧面反映，在当时搞中心城市工人武装暴动面临的诸多问题，创建一支党领导的人民军队又是多么不易！而认识到中国革命的规律，更是需要一个艰难的过程！

参加广州起义，使徐向前走入了创建人民军队的行列，走向人生的一个新起点。

经过几个小时的激战，起义军占领了广州绝大部分市区。早晨的太阳从东方升起，照耀着新的、沸腾的广州城。马路上飘扬着红旗，革命标语、传单张贴得到处都是。脖子上扎着红带子的起义军，高唱着《国际歌》《少年先锋队歌》，在大街小巷奔走。起义队伍里，有些是刚从监狱里救出来的同志，他们披着长头发，拿着武器，又开始了新的战斗。青年学生和妇女组织了宣传队，有的担任运输、侦察、救护工作。来来往往的人们，脸上充满了兴奋、激动。自反革命政变后一直阴云笼罩的广州，现在又变成了生机勃勃、革命的广州了。

11日上午8时，广州苏维埃政府在市公安局成立，并发表了《广州苏维埃政府告民众》，提出了："没收一切土地"，"不交租，不纳税，不还债，烧尽一切田契和债约，组织乡村苏维埃政府"；"实行八小时工作制"，"增加一切工人的工钱"，"银行、铁路、矿山、大工厂、大轮船收归国有"，"没收大资本家和地主一切财产"；"一切政权归工农兵代表会议（苏维埃）"，"打倒帝国主义、军阀及一切反革命派"② 等政治纲

① 《徐向前元帅回忆录》，第36—38页。

② 《广州苏维埃政府告民众》(1927年12月11日)，中共中央党史资料征集委员会、中共广东省委党史资料征集委员会、广东革命历史博物馆编：《广州起义》，第121、122页。

广州苏维埃政府旧址。

领和法令。同时，还以苏兆征、张太雷、黄平、叶挺四人的名义，发表了《广州苏维埃宣言》，号召：工人、农民、士兵用“最后一点的热血，保障广州苏维埃的政权”，“解放全广东和全中国的被压迫民众”。①

廣州城紅旗蔽天——

蘇維埃政府正式成立

工農留守兵士聯合大革命

張發奎與黃琪翔隻身逃亡

市中惟有手執鐮斧之農工

中俄共產黨

在滬會議

北京《晨报》报道广州苏维埃政府成立。

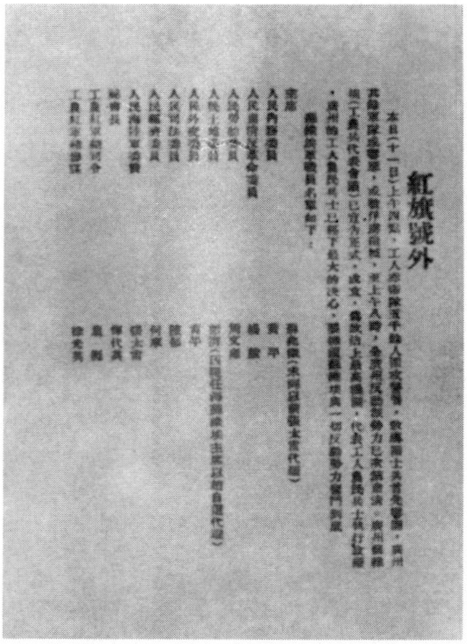

紅旗號外

苏维埃政府职员名单。

① 《广州苏维埃宣言》（1927 年 12 月 11 日），中共中央党史资料征集委员会、中共广东省委党史资料征集委员会、广东革命历史博物馆编：《广州起义》，第 125 页。

广州起义的消息以最快的速度传到莫斯科，苏联《真理报》以最快的速度发表了《工农的广州》的社论，欢呼“这次起义是工农群众发动的第一次获得胜利的起义”，是“伟大的胜利”，具有“伟大意义”；称“中国工人和农民的这一胜利有力地证明，中国革命正在向前发展”；并高呼“红色的工农广州万岁！”① 这些词句，足以透出莫斯科听到广州起义消息有多么兴奋！

然而，接下来的形势发展却不大好。原定下午两点在第一公园召开拥护苏维埃群众大会，这时敌人一个团反扑，占领了观音山（即越秀山），危急情况使群众大会不得不改到次日进行。占领观音山的敌人很凶，一部分向总指挥部所在的公安局进攻。总指挥部组织所有人员参加战斗，聂荣臻也参加了作战。没有工事，起义军就把米袋搬来当沙包做掩体。在起义军各部的努力反击下，将冲到公安局附近的敌人击退。接着，起义部队发起反击，收复了观音山这个制高点。

12 月 11 日，是非常紧张的一天，总指挥部的人一天一夜没有合眼，连饭都顾不上吃。参加起义的人也多是如此。由于提前起义，很匆忙，有些手忙脚乱之感。

苏兆征，广州苏维埃政府主席。

起义胜利后，缴获了很多武器。前来参加起义的工人很多，但真正会用武器的人不多，没有形成战斗力。

叶挺和聂荣臻都是南昌起义的参加者，有过一次失败的经验，他们一致认为，敌人不会善罢甘休，12 日将会进行猛烈的反扑。对此，总指挥部应该有所对策才行。

经过叶挺、聂荣臻一再建议，11 日深夜 12 点，起义领导人在公安局总指挥

① 《工农的广州》（苏联《真理报》1927 年 12 月 13 日社论），中共中央党史资料征集委员会、中共广东省委党史资料征集委员会、广东革命历史博物馆编：《广州起义》，第 142、143 页。

部召开会议，研究形势，讨论下一步的行动。叶挺分析了形势，认为广州周围敌人太多，而且近在咫尺，一旦组织起来向我反扑，形势对我们很不利。鉴于此，叶挺建议最好不要再在广州坚持，把起义队伍拉到海陆丰去。聂荣臻赞同叶挺的意见，认为起义军应当撤离广州，以避开敌人的锋芒，转移到乡下去，保存实力。

叶挺、聂荣臻的意见无疑是正确的。在汪精卫等已经发现教导团有共产党员、命令张发奎等解决的情况下，利用张发奎与李济深、黄绍竑之间发生战争、广州空虚的有利时机起义是对的。这样才能保住党掌握的这支来之不易的武装。但是，整个教导团再加上警卫团的部分力量，也就是两千来人；赤卫队虽说有近三千人，只有少部分有战斗力，很难和训练有素的军队进行硬碰硬的街垒战、巷战；市郊的农军以及起义后参加进来的工人，几乎是没有战斗力的。偌大一个广州，靠教导团、警卫团和工人赤卫队数千人去分兵把守，只能是摆在那儿被动挨打，最终被敌消灭。起义胜利后，及早撤出广州，到农村去，是保存革命力量的最佳选择。

共产国际代表诺伊曼反对叶挺、聂荣臻的意见。在他理念之中，在大城市中起义，不能退出，退出就是失败。因为，他的经历就是街垒战、巷战。他心目中的起义，就是占领城市，守住城市，等待乡村普遍起义和其他地方的援助，等待敌军瓦解，最后取得总的胜利。

广州起义后，诺伊曼对苏联的支援非常期盼。曾让教导团团长李云鹏陪同他到无线电台，把广州起义的情况发往海参崴，希望苏联派船只运送武器到广州支援。但到了电台，台长和报务员都不知逃往哪里去了，无法发电报。其实，就算电报能发出去，也是远水无法解近渴。苏联的武器也不是一直放在海参崴，专等广州起义后马上就送来的。就算苏联提供武器援助，也需要经斯大林为首的联共（布）中央政治局批准，然后才有武器调运，再由海参崴转船运到广州，中间多少环节！等到了广州，不知是在何日？诺伊曼曾告诉张太雷，苏联的援助从海参崴出发，到广州需要两个星期。这应该是在各个环节都不出现问题的情况下最快的速度。那么，某个环节出现了问题呢？肯定就不止两个星期了，甚至是三个星期、一个月了。把一个不确定的条件、甚至是无法实现的条件，作为一个武装起义非常重要的、甚至是坚持发展胜利的依赖条件，这本身就是十分荒唐的，焉能有不败之理？南昌起义军就是有依赖国际援助的心理，才制定了劳师远征、南下占领出海口的行动，并最终失败！广州起义，再走老路，结果可知！可见，将起义胜利寄托依赖国际援助，就种下了失败的种子。只有立足独立自主、自力更生，中国革命才能胜利！

诺伊曼不仅固执己见，还声色俱厉地批评叶挺撤出广州的主张是想去当土匪。由于诺伊曼是共产国际代表，拥有绝对的权威，年轻的张太雷听从他的意见，没有支持叶挺的正确主张。

总指挥部的会议一直开到深夜两点多，只具有进攻思维的诺伊曼，下达了凌晨4点重新进攻的命令，要求肃清长堤的敌人，然后向敌第四军军械库、河南等地进攻。下达命令时，离发起进攻的时间只有一个多小时了。由于当时情况比较混乱，无法组织进攻和通知有关部队，而且部队经过一天一夜的战斗，疲劳已极，这个命令实际上没有起到什么作用。

果然不出叶挺、聂荣臻所料，12日的情况严重恶化。张发奎、陈公博、李福林、黄琪翔、朱晖日等在河南第五军军部密谋策划镇压起义的行动。12日一早，原先按兵不动、保存实力的李福林第五军两个团由兵舰"江大号"和"宝壁号"掩护，从珠江南岸渡江，分两路进攻。由于敌人具有兵力上的优势，各路起义军虽然进行了英勇的抵抗，无奈力量悬殊，再加上缺乏统一的部署和指挥，只好节节退守。

同日晨，各帝国主义国家驻粤领事团在沙面举行会议，决定调英兵2000人、法兵400人、日兵300人驻守沙面，派英舰"摩轩号""莫丽翁号"，美舰"沙克明号"和日舰"宇治号"，掩护敌军渡江。

中午，敌军从韶关调来的两个团赶到，即猛扑观音山，并突破阵地，迫近起义总指挥部。叶挺、叶剑英命令教导团团长李云鹏带领队伍夺回了被敌军占领的一部分观音山阵地。不久，敌人后续部队上来，重新向观音山阵地反扑，观音山再度告急。叶剑英命令总指挥部副官陈赓率领部队增援。这时，徐向前率领工人赤卫队也奉命前来增援。起义军经过猛烈冲杀，粉碎了敌人多次反扑，守住了观音山阵地。

在收复观音山的战斗中，徐向前这个联队的党代表不幸负重伤牺牲。徐向前后来回忆说："他的名字我已经忘记，只记得大家叫他'阿陈'。'阿陈'年仅二十四五岁，曾参加过省港大罢工，待人热情朴实，革命意志坚决，在工人中有很高的威信。临死前他还紧紧拉着我的手说：要继续战斗，守住阵地……这位工人阶级的优秀战士，为革命献出了年轻的生命。"①

观音山方面战斗十分紧张，总指挥部这边又传出了坏消息。

12 日上午，总指挥部决定在市中心区域的丰宁路西瓜园召开群众大会。在市区中心区域，为什么有一个颇有乡村气息的名字呢？原来西瓜园在清朝道光年间还是一片农田，因种西瓜而得名。随着广州城区的不断扩展，城墙拆去，修筑马路，这里很快发展为中心区。西瓜园曾是广州基督教女青年会驻地，外面有一片很大的空地。大革命时期，这里经常举行各界民众集会，张太雷也多次参加，对这里十分熟悉，因此把会场选择在这里。

由于四周枪声不断，群众有顾虑，直到中午时分，到会的人仍然不多。张太雷把召开这次会议作为一个向广州人民群众宣传广州苏维埃、深入发动民众保卫苏维埃的重要举措，亲自主持大会，宣布广州苏维埃政府成立。大会通过了广州苏维埃政府的各项政纲和致共产国际的电文。

大会刚一结束，张太雷就得知敌军从东郊猎德进攻大北门的消息，于是和诺伊曼乘车去大北门指挥战斗。当他们的车子驶上大北直街时，遭到敌人的伏击。同车的诺伊曼无事，张太雷身中数弹，不幸牺牲。司机、卫士也同时牺牲。

张太雷，原名曾让，又名椿年、春木，字泰来，1898 年 6 月生于江苏常州古城西门外仓街外祖父薛锦元家。1915 年 12 月考入天津北洋

---

① 《徐向前元帅回忆录》，第 38—39 页。

大学法科临时预备班，次年升入本科一年级。1919 年积极参加五四运动。1920 年从北洋大学法科毕业。同年参加北京共产党早期组织。后在天津组织社会主义青年团。1921 年初赴苏俄伊尔库茨克，任共产国际远东书记处中国科书记。同年，先后参加在莫斯科召开的共产国际第三次代表大会、赤色职工国际第二次代表大会和少共国际第二次代表大会。1922 年 5 月，在中国社会主义青年团第一次全国代表大会上被选为中央执行委员。8 月，参加中共中央西湖会议，会后以个人名义参加中国国民党。1923 年 10 月任中国社会主义青年团驻少共国际代表。1924 年回国后负责团中央工作，并任上海《民国日报》主笔。1925 年 1 月在中共四大上当选为中央候补委员。在随后召开的共青团第三次全国代表大会上被选为中央委员会书记。后被派到广州，在国民党中央宣传部工作，并任苏联政治顾问鲍罗廷的翻译和助手。同年，任中共广东区委常委、宣传部长。1926 年主编中共广东区委机关刊物《人民周刊》，对国民党制造中山舰事件和整理党务案的阴谋给予揭露和回击。1927 年 5 月在中共五大上当选为中央委员，后任中共湖北省委书记。

从上述简介看，张太雷只有 29 岁的一生，犹如在当时旧中国黑暗的夜空中划过的一颗璀璨流星，尽管时间短暂，却毫无保留地释放了所有的能量，留下了永恒的记忆。

后来，张太雷的常州同乡、中学同学瞿秋白得知自己的入党介绍人牺牲的消息后，悲痛地写下了《悼张太雷同志》一文，其中有这样一段话：

张太雷同志死在几万暴动的广州工农兵群众与反革命军阀搏战之中，死在领导工农兵暴动的时候。他死时，觉着对于中国工农民众的努力和负责；他死时，还是希望自己的鲜血，将要是中国苏维埃革命胜利之渊泉！①

张太雷牺牲 11 年后的 1938 年，《共产国际》曾刊载了 N. 弗金撰写的《纪念广州起义的组织者张太雷》一文，文中称：“张太雷被杀害

① 《瞿秋白文集》（政治理论编）第 5 卷，第 671—672 页。

了。广州，这个中国革命的摇篮，也成了这位年轻的革命家的安息之处”。“张太雷同志和千百万无名英雄们牺牲了，他们为中国的工人和农民指明了解放的道路。光荣属于广州的英雄们。中国革命最伟大的战士张太雷同志永垂不朽！”①

人民没有忘记张太雷为中国革命和创建人民军队作出的历史贡献，2009 年，在新中国成立 60 周年之际，张太雷被作为“击碎旧世界的惊雷”入选“100 位为新中国成立作出突出贡献的英雄模范人物”。

张太雷的牺牲，使起义领导机构以至整个起义都失去了核心，是起义军的重大损失。

下午 4 时，敌人的又一批援兵到来，向观音山阵地发起了新的反扑。观音山阵地再度吃紧，叶剑英急把教导团第三营第十连连长邱维达召回总指挥部，命令他带全连火速前往观音山，支援陈赓部的战斗。观音山虽一时守住了，但敌人又从其他地方猛压过来，形势更加严重了。

当日黄昏，聂荣臻和叶挺一起到财政厅的天台上去观察各处的战斗情况。他们用望远镜看到，有很大一股敌人从观音山下来，形势显然很不利。聂荣臻认为再坚持下去，只能是无谓的牺牲。于是，他问叶挺怎么办？叶挺没有吭声。聂荣臻知道，由于前一天晚上诺伊曼对叶挺指责，再加上现在的形势已经很不乐观，叶挺心情当然是不好的。见叶挺此状，聂荣臻接着说，现在不能再坚持下去了，必须马上撤退，否则就有被消灭的危险。叶挺听了之后，没有表示反对。

得到叶挺默许，聂荣臻赶紧回到总指挥部去，下达撤退命令。

进了总指挥部，聂荣臻找到黄锦辉，进行了简短磋商后，决定分头传达撤退命令。当时既没有通信员，又没有通信工具，也没有助手，只好两人亲自去传达命令。聂荣臻是四川人，说话广东人听不懂，街道也不如黄锦辉熟，因此，聂荣臻分工传达教导团，黄锦辉去通知工人赤卫队。

---

① 人民出版社编辑部编：《回忆张太雷》，第 209 页。

教导团是一支经过良好训练的部队，接到撤退的命令后，马上集合，保持了完整建制的1200余人，撤到了花县。工人赤卫队就不同了，分散在各地，广州那么大，传达起来就不容易了。因此，有的地方通知到了，有的地方没有通知到。徐向前回忆说：

……观音山丢失了，部队也打散了。傍晚，我到公安局——起义军总指挥部驻地去找徐光英同志，请示下一步怎么办，谁知那里空空如也，办公机关已全部撤走。屋里乱糟糟的，地上摆着些木箱，盖子已打开，里面净是银毫子，我抓了两把，留着备用，转身走出了指挥部。正巧，碰上了武汉军校时期我那个队的区队长朱先墀，他和六七个人正匆匆忙忙路过这里。他说：人家都走了，你还不快走！快走，到黄花岗集合去。我就跟他们一起到了黄花岗。那里也没有队伍，听说已撤往花县。我们赶紧出城，去追赶部队。

……起义总指挥部决定撤退，许多人不知道。教导团的女子队就没有接到通知。她们几十个人，在游曦同志指挥下，同敌人血战到底，壮烈牺牲。……①

13日上午，敌人从四面进入广州。来不及撤退的起义者，坚守街垒，浴血奋战，终因寡不敌众而失败。敌人疯狂屠杀，见到口音不对、系有红带子的人就抓、就杀。到19日，遇难军民就有5700多人。苏联驻广州领事馆哈西斯等五人也遭到杀害。参加起义的200多名朝鲜革命者中有100多人牺牲。

广州起义是对国民党反动派屠杀政策的又一次英勇、悲壮的反击！它可歌可泣，永垂青史！

那么，得到斯大林的批准，并有多位共产国际、联共（布）顾问指导，中共中央也寄予厚望的广州起义，怎么仅短短三天就失败了呢？最根本的原因在于国民党新军阀在中心城市拥有强大的军队，中国共产党自己还没有拥有能够与之抗衡或更强大的军队。因此，想通过中心城市武装起义或攻取中心城市来夺取革命胜利，是不可能、不现实、不切合

---

① 《徐向前元帅回忆录》，第39、40页。

实际的。

历史是曲折复杂的，中国革命道路充满荆棘，创建人民军队是无比艰辛和坎坷的。广州起义的失败，是一种痛苦的经历，又是一种必须的经历。广州工农群众及革命士兵的英勇战斗，张太雷等许多革命者的鲜血，为探索中国革命道路，为创建人民军队，积累了宝贵的经验教训，把这个伟大事业又向前推进了一步。叶剑英、聂荣臻、徐向前、陈赓以及一批军事骨干，在广州起义中受到了锻炼和考验，走向了新征程。

广州起义失败后，被迫从广州撤出的教导团、警卫团、黄埔特务营和部分工人赤卫队，于 12 月 16 日在花县改编为工农红军第四师，叶镛为师长，袁裕（袁国平）为党代表，唐澍为党委书记，王侃如为政治部主任，转入海陆丰坚持斗争；少数起义者转到香港，后到广西参加了左、右江起义；还有少数人员撤到粤北韶关，加入了朱德、陈毅率领的南昌起义军余部。

除了南昌起义、湘赣边界秋收起义、广州起义外，从 1927 年 8 月到年底，党还在一些省份领导了一系列起义，比较重要的有：海陆丰起义，琼崖起义，黄安、麻城起义，东固起义，万安起义，清涧起义，玉田起义，确山起义等。

这些起义大多数由于敌我力量悬殊、领导者实行了错误的政策或客观条件不成熟，都失败了。但一些起义部队撤到数省边界地区的偏僻山村坚持了下来，在这里开展游击战争，实行土地革命，建立革命政权，为此后红军和根据地更大的发展奠定了初步的基础。

经过南昌起义、秋收起义、广州起义及各地一系列起义血与火的洗礼，党领导的革命斗争迈入了创建红军的新时期。

第三章　罗霄山脉飘红旗

一、初创井冈山根据地

开创红色割据区域

井冈山，位于江西省西南部，地处湖南和江西两省交界的罗霄山脉中段，这里山势雄伟，千峰挺立，飞瀑流泉，树木茂密，竹林青翠，杜鹃火红，云海缥缈，日出璀璨，乃人间仙境，美不胜收。

1927年10月，千百年来自然景观以绿色为主要色调的井冈山，又在人文社会景观上加了一层浓浓的红色，使井冈山在中国近代发展史上留下了鲜艳夺目的一页。

毛泽东为什么选择井冈山作为根据地呢？主要是因为：党在这个地区的群众基础比较好，大革命时期各县曾建立过党的组织和农民协会，并有袁文才、王佐领导的地方农民武装在这里坚持斗争，他们愿意同工农革命军相结合；这里地势险要，易守难攻，周围各县有自给自足的农业经济，易于部队筹粮；由于地处两省边界，距离国民党统治的中心城市比较远，加之湘赣两省的军阀之间又存在矛盾，反动统治阶级力量比

毛泽东率领秋收起义部队开辟了井冈山革命根据地。
这是1929年初拍摄的井冈山荆竹山。

较薄弱。因此，毛泽东反复教育干部战士，坚决为建立以宁冈为中心的罗霄山脉中段政权而奋斗。谭震林在回忆中说：

毛主席指出：我们要作战略性的转变，千百万群众是我们的基础，要以罗霄山脉中段为依托，建立后方，轻装上阵，还要建立地方武装，收缴敌人的武器来武装我们自己。有了群众和地方武装，我们的军队就不会孤立。毛主席还说，罗霄山脉中段包括江西的莲花、永新、宁冈、遂川和湖南的酃县、茶陵六县，境内井冈山地势极为险要，还有九陇山等重要屏障，有利于武装割据，开展游击战争。边界六县盛产稻米、油、茶、木材，群众基础又好。我们可以关了东面打西面，关了南面打北面。敌人奈何我们不得。中国的形势会有大的转变，广大农村是海洋，我们像鱼，农村是我们休养生息的地方。建立以宁冈为中心的湘赣边界武装割据，意义决不限于六县，对夺取湘鄂赣三省政权都是有很大意义的。①

毛泽东率领秋收起义部队上井冈山时，发生了国民党新军阀李宗仁

① 谭震林：《井冈山斗争的实践与毛泽东思想的发展——纪念伟大的领袖毛主席诞辰八十五周年》，《回忆井冈山斗争时期》，江西人民出版社1979年版，第21页。

与唐生智之间的战争。井冈山地区敌人兵力空虚，是毛泽东领导部队开创井冈山根据地的好时机。

位于井冈山西部的湖南茶陵，北伐战争时期建立了共产党支部，并建立起农协、工会、学联、妇联等群众团体，成立了自卫军。马日事变后，中共茶陵党组织率领几十个同志，拥有十几条枪，以潭湾山区为依托坚持斗争。

为了开辟茶陵的工作，毛泽东率领工农革命军到达酃县水口时，命宛希先率领第一营的第二、第三连前往茶陵。茶陵敌人兵力空虚，工农革命军袭击了敌县政府，抓住了反动县长。地方反动武装在工农革命军的进攻下，仓皇逃走。工农革命军只有少数人进入县城，其余都在城外警戒。进入城内的工农革命军打开监狱，放出了被关押的农运干部和群众。他们到处张贴标语和布告，宣传工农革命军是人民的军队，号召群众起来闹革命、打土豪。布告落款用的是工农革命军第一师第一团团长郭亮的名字。郭亮在大革命时期是湖南省总工会委员长，很有影响，布告用郭亮的名字是为了鼓励湖南省革命群众的情绪，让广大群众知道革命力量并没有被敌人消灭，郭亮还当了工农革命军的团长。实际上这时郭亮并未在部队。

在达到宣传目的后，为了防止敌人反扑，工农革命军主动撤出茶陵，回师井冈山，与毛泽东率领的团部会合，一同到达茅坪。

11 月初，毛泽东在茅坪象山庵召开永新、莲花、宁冈三县党组织负责人联席会议，一方面布置恢复和重建边界党组织的工作，一方面决定乘李宗仁和唐生智新军阀混战正酣之际，再次攻打茶陵。这次，毛泽东决定团部、第一营及特务连统由团长陈皓①及第一营党代表宛希先率领，举全力进击茶陵。

---

① 这时原任工农革命军第一师师长余洒度以汇报工作为名，同苏先俊一起脱离部队。余洒度于 1929 年参加中华革命党。1931 年被捕后投敌。1933 年任国民党第六十一军政训处少将处长。1934 年因贩毒被处决。苏先俊 1928 年在长沙被捕叛变，供出中共湖南省委负责人之一郭亮，致使郭亮被杀害。此后他成为国民党特务。1930 年夏红三军团攻下长沙，将其抓住，被彭德怀下令处决。

11月16日，部队在宁冈大陇准备出发。为了鼓舞士气，毛泽东亲自赶来，给部队作动员讲话。毛泽东最后说：你们马上要出发了，我是很想跟大家一起去的。他指了指自己的脚，面带微笑幽默地说："可是，我的脚不让革命，这真叫没办法。"原来，自秋收起义前毛泽东遇险开始，他的脚就磨破了。此后一直行军跋涉，迟迟不好，行动不便，所以没有随部队去攻打茶陵。

攻打茶陵非常顺利。11月18日早晨，工农革命军派一些战士化装成老百姓，混进茶陵城内。他们首先解决了看守城门的士兵，其他守城敌人还没有弄清怎么回事，就乖乖地做了俘虏。敌湘东"清乡"司令罗定和反动县长刘拔克听说工农革命军来了，魂飞胆丧，立刻逃命。

占领县城后，工农革命军在旧的县衙门成立了一个人民委员会，派曾担任过安徽旌德县县长的谭梓生担任县长，恢复了农民协会和工会。

这是工农革命军建立的第一个政权。这个政权如何与旧政权相区别？该怎么做事？没有人去思考。于是，一切都照旧政府的样子，升堂审案，收税完粮。

负责攻打茶陵行动的陈皓等只顾吃喝玩乐，不打土豪，专找商会派军饷，也不做群众工作，不作应敌的准备。甚至发生了这样一件怪事。一天，陈皓喝酒喝得醉醺醺的，碰到中瑶乡农民协会抓获转移钱财的劣绅陈老三，送县新政府处理。陈皓本不是县长，却要摆个县官大老爷的派头，要中瑶农民协会人员击鼓告状。农民协会人员击鼓后，陈皓端坐大堂，将惊堂木一拍，问告何状？当农民告诉他陈老三拥有190亩地时，陈皓不给农民们撑腰，反而斥责他们不应触犯陈老三，因他不到200亩地，不算大地主。陈老三乐了，农民协会人员怒了，这究竟是谁的政府？于是，他们抓起陈老三就走。路遇宛希先，问是怎么回事？他们将事情原原本本告诉了宛希先。宛希先听完，对他们说：边界大地主少，打倒中小地主，没收一切土地归农民是毛委员的一贯主张。你们要好好看管陈老三，开展揭发斗争，发动农民起来革命！农民们听了宛希先的话，高高兴兴地走了。陈皓知道了这件事，认为宛希先和他唱对台戏，对宛希先十分嫉恨。

宛希先觉得陈皓等人在茶陵所作所为很危险，就写信向毛泽东汇报了情况。毛泽东接信后，感到问题很严重，立即回信指示："要改变做法，召开工农兵代表大会，成立工农兵政府，保卫商店、邮局和学校。"①

宛希先召集中共茶陵县委、总工会、县农民协会负责人和工农革命军各连党代表开会，宣读毛泽东的来信，重新讨论茶陵县政府的组建问题。由于来不及通过召开县工农兵代表大会方式组成县政府，遂决定由各方推选出自己的代表，组成县工农兵政府。会议推选的工人代表是谭震林，农民代表是李炳荣，士兵代表为陈士榘。并一致推选谭震林为工农兵政府主席。

谭震林是攸县人，12 岁就当学徒，做印刷工人。大革命时期，任攸县总工会干事兼国民党县农工部特派员。马日事变后，在攸县无法立足，就到长沙找党组织，未果。于是又到武汉，结果也没有找到党组织。没有办法，只好回家。攸县老家自然是无法待了，就到茶陵来，找到当学徒时的老板。老板知道他搞过工运，但不知道他是共产党员，对他说，你在这里躲一两个月是可以的，但不要到外面去，只能在店里工作，不能到外面搞工运工作。就这样，谭震林留在书店里当装订工，白天在书店里干活，晚上出去活动。茶陵搞工运工作的人他都认识，和这些同志一起进行革命活动。工农革命军第二次打下茶陵后，谭震林找到宛希先，问他怎么办？宛希先回答说：你是工人，首先组织工会。不久，县总工会成立，接着又成立了各行各业工会，推选谭震林当县总工会主席。担任茶陵县工农兵政府主席，是中国杰出无产阶级革命家谭震林逐渐走向政治舞台的重要一步。

11 月 28 日，茶陵县工农兵政府正式成立。旧的"县长公署"牌匾被砸碎，换上了崭新的"茶陵县工农兵政府"牌匾。谭震林上任后，立即遵照毛泽东的指示，派人到城郊农村发动群众，打土豪，组织赤卫队，并准备分田。

---

① 谭震林：《回顾井冈山斗争历史》，井冈山革命根据地党史资料征集编研协作小组、井冈山革命博物馆编：《井冈山革命根据地》（下），第 12 页。

敌人是不会坐视茶陵革命轰轰烈烈开展的，湘敌第八军吴尚一个团及周围各县的反动地主武装挨户团向茶陵扑来。

敌众我寡，工农革命军的上策是主动撤回宁冈，但团长陈皓却采取最下策，命令拆除东门浮桥，固守茶陵城。

陈皓此举犯了兵家大忌，即断了自己的后路，把部队摆在那里硬拼。宛希先等人反对陈皓这样部署，陈皓不理，反而振振有词，说什么背水一战，置之死地而后生。陈皓是团长，宛希先等人无法，只好执行命令。

12 月 26 日，敌军向茶陵城发起猛攻。工农革命军在各界群众及游击队、赤卫队的配合下，英勇作战，屡屡击退敌人。战斗从早上持续到下午，敌人未能越过雷池一步。

就在双方胶着的时候，中瑶方向一支部队急速赶来。这支部队是敌还是友？一时还弄不清楚。由于工农革命军的弹药即将耗尽，若是敌人，就很难再支持下去。于是，茶陵城内大家心里都有些紧张情绪。

令人疑惑的是，团长陈皓以及副团长徐庶、参谋长韩昌剑、第一营营长黄子吉不但没有紧张之情，反而暗露喜色。宛希先等人联想到陈皓等人平日吃喝玩乐、私吞缴获黄金、排斥党的领导等军阀主义作风，以及第二连连长私逃、拆除东门浮桥等反常行动，怀疑他们几个人有可能投敌叛变。

陈皓等人的确想投敌。陈皓是黄埔一期毕业生，湖南祁阳人。他在茶陵所作所为受到毛泽东严厉批评后，心怀不满。当敌人到达安仁、攸县时，对革命悲观失望的陈皓就与徐庶、韩昌剑、黄子吉等串通一气，开始了阴谋投敌活动。有个叫陈明义的人找到陈皓，说：第十三军军长方鼎英是我舅舅，也是你在黄埔军校学习时的教育长。我可以为你联络，让我舅舅给你个番号，暂时存身，再图后举。陈皓不愿意再过艰苦的革命生活，想到国民党那里享受荣华富贵，闻之一拍即合，立即写了一封信给方鼎英，交给陈明义暗中联络，以便适时投敌。当他听说中瑶方向来了一支部队时，以为是驻防桂东县的方鼎英派人来接应他的，暗中窃喜。

不料，这支队伍不是陈皓望眼欲穿的方鼎英的接应部队，而是工农革命军第一团在大汾遭敌袭击与毛泽东率领的团部失散的张子清、伍中豪率领的第三营。当时他们由桂东游击到赣南上犹营前一带，恰遇朱德、陈毅率领的南昌起义军余部。不久，随南昌起义军余部改用国民革命军第十六军第四十七师第一四一团番号，从范石生那里得到一批弹药补充。他们按照朱德的指示，返回湘赣边界。当到茶陵境内时，发现湘敌围攻茶陵城，断定城内必是工农革命军守卫，于是从后面杀向敌人。第三营弹药充足，是生力军，敌人不支，溃败而去。茶陵之围遂解。

当晚，工农革命军营级干部开会讨论下一步怎么办问题。宛希先、张子清、伍中豪等一致认为，敌人虽退去，但不会善罢甘休。天亮之后，敌人将会增加兵力，组织反扑。我军必须乘敌尚未反攻之时，回师宁冈。陈皓等人本想拖延时间，等待敌方鼎英部进逼茶陵城，以便届时投敌。但张子清、伍中豪此时兵强马壮，弹药充足，陈皓不敢公开反对，提出南撤，退往湘南。

由于时间紧迫，不能无休止地争论下去，当务之急是先撤出城再说，于是，宛希先、张子清、伍中豪暂时接受了“南撤”计划，等出城后再说。

工农革命军于半夜秘密撤出茶陵城。中共茶陵县委和游击队一起随军南撤。12 月 27 日清晨，部队到达东向宁冈、南向湘南的岔道上的湖口镇。部队经过一天作战，又经过夜行军，十分疲劳。宛希先同张子清商定，部队先在这里休息一阵，然后东往宁冈。

休息过后，部队面临到底去哪里的问题。宛希先、张子清、何挺颖、伍中豪要求撤回宁冈，陈皓、徐庶、韩昌剑、黄子吉主张向湘南开进，形成了势均力敌两种不同意见。陈皓知道，若部队撤回宁冈，他的投敌计划就要落空，于是摆出团长的权威，以进一步扩大政治影响为借口，强令部队南撤。

陈皓握有军权，没有办法，部队只好向南行进。危险在向着湘赣边界秋收起义保留下来的这部分工农革命军一步一步逼近。

毛泽东一直关心着茶陵方面的情况。特别是当他得知国民党军围攻茶陵的消息后，就更加坐不住了。于是，他不顾脚疾未痊愈的情况，就让陈伯钧带领一个班护送他去茶陵。12 月 25 日，他们赶了六七十里路，夜宿茶陵境内的坑口圩。次日，估计当天可以赶到茶陵，就决定让护送的一个班战士回宁冈。陈伯钧不愿意待在后方，想跟毛泽东到大部队中工作，就留了下来。

当他们一行八九个人走到离茶陵约二三十里路时，就听到激烈的枪声。他们摸不清情况。好在茶陵周围的群众都组织起来了，沿途有农民赤卫队放哨，他们一边询问情况，一边继续前进。夜幕降临了，他们没有夜间通讯联络信号，又不知道部队的口令，不好轻易乱闯。毛泽东决定在茶陵城东南五六里路的一个小村子里暂且住下，由赤卫队派人到城边打听情况。

拂晓，赤卫队长返回村子，报告说：我军由茶陵城向南撤退了，敌人未进城。听到这个消息，大家都觉得十分奇怪，部队为什么不向井冈山方向撤退，反而向南撤退，这是什么道理。毛泽东已经明白了什么，果断决定马上向南追赶部队。

再说陈皓强令部队南下，许多干部战士都有情绪，行军缓慢。毛泽东等在后面急追，终于在部队刚离开湖口不久追了上来。毛泽东派陈伯钧传达命令，部队重回湖口宿营。

毛泽东是前委书记，是部队的最高领导，他的到来使陈皓无法再像此前那样专横。部队只得折回湖口镇。

当天晚上，毛泽东在湖口一家王姓大地主家的房子里主持召开了部队连以上干部会议。会上，宛希先、张子清、何挺颖、伍中豪等，揭露了昨天夜里及今天早上陈皓压制正确意见、坚持南下的行为。陈皓等人竭力狡辩。说来也巧，就在会议进行之际，部队截获了方鼎英派人送给陈皓的复函。在确凿的证据面前，陈皓等人再也无法抵赖。毛泽东当场下令，逮捕了陈皓、徐庶、韩昌剑、黄子吉四人。

第二天早晨，毛泽东召开了工农革命军全体指战员大会，代表前委公布了陈皓等人阴谋投敌的罪行，宣布撤销他们几个人的职务，任命张子清为代理团长。毛泽东还给讲了革命形势，指出："革命形势很好，军阀混战，革命群众经过挫折，觉悟提高了。我们的任务是建立井冈山根据地，我们屁股坐在罗霄山脉，两脚伸出江西、湖南。西有茶陵、酃县，向东有遂川、万安、泰和，向南有桂东，向北有永新、莲花，周围十几个县，上千万人口。"① 毛泽东讲话之后，部队东返宁冈。茶陵游击队 200 余人也跟随工农革命军到宁冈，被编入第二营。

12 月 29 日，工农革命军在砻市召开大会，公开处决了陈皓等四名叛徒。

从处理陈皓事件，我们不能不赞叹毛泽东遇事冷静判断和决策果断。假如他晚去茶陵一天，陈皓等人的阴谋就有可能实现。假如他听到部队南撤的消息，没有决定立即追赶部队，就有可能赶不上部队，陈皓等人还有可能率领部队叛变投敌。正是毛泽东的冷静判断和决策果断，才铲除了工农革命军内部的大毒瘤，度过上井冈山以来最惊心动魄的时刻，保留了极其珍贵的革命骨干力量和种子。

毛泽东率领工农革命军回到宁冈后，为了扩大红色区域，又把目标瞄准了遂川。1928 年 1 月 4 日，毛泽东、张子清等率领工农革命军两个营从砻市出发，攻打遂川重镇大坑。行前，毛泽东进行了生动的政治动员。赖毅在回忆中说："毛委员把部队集合起来说：上次你们从井冈山西边的茶陵来，这次我们一起到东边的遂川去。那个县里敌人只有很少地方武装，不敢同我们打仗。那里有很多大土豪，银元都埋在地下睡觉，工人农民穷得要命。到那里以后，大家都要做群众工作，要打土豪，筹款子，发动群众。"② 韩伟也在回忆中说："一个风和日丽的日子，部队集合在砻市向阳的山坡上，晒着暖洋洋的太阳，听毛委员交代任务。他说：井冈山这边是湖南，那边是江西，俗话说：'没江西人不成买卖，没湖南人不成军队。'可见湖南兵多，土生土长，力量较强。而江西多是客军，与当地反动武装有矛盾，战斗力也弱些。我们来他个

① 谭家述：《给茶陵县纪建办的信》，《回忆井冈山斗争时期》，第 305 页。

② 赖毅：《毛委员教我们发动群众》，《回忆井冈山斗争时期》，第 70、71 页。

‘雷公打豆腐——专拣软的欺’，到江西遂川去活动。”①

这样的政治动员哪个指战员不爱听啊！既生动，又明确。到哪里去，为什么要去，要干什么，怎么干？像一个老大哥给小弟弟亲切交代做一件事，听起来明明白白。

毛泽东的政治动员也说明他总结了两次打茶陵的经验，及时调整根据地发展战略方向，开始把江西作为主要发展方向。毛泽东与众不同的地方，就是善于总结，善于发现问题，及时调整和修正。

当日，工农革命军进抵遂川北部重镇大坑，这里是遂川大土豪、恶霸萧家璧的老窝。攻击命令下达后，广大指战员英勇作战，萧家璧所部抵挡不住，狼狈逃窜。工农革命军乘胜进军，于1月5日兵临遂川城下。

驻守遂川的敌人只一个工兵连和地方团队。他们听说凶悍的萧家璧都没有抵挡住工农革命军，知道守不住遂川城，遂弃城而逃。工农革命军兵不血刃便进了遂川城。

由于在此之前反动分子散布种种谣言欺骗群众，使不少群众受到蒙蔽。工农革命军进入遂川城后，群众都躲起来，店铺关门，冷冷清清。鉴于此种情况，毛泽东命令部队以排为单位，分散发动群众。

工农革命军进城后，缴获了敌人几百担白布。这些白布真是宝贝啊，是解决部队军服的好东西。毛泽东当即指示运回宁冈茅坪，让余贲民负责筹备被服厂。

进入遂川后，毛泽东住在邱家祠。1月8日，毛泽东在遂川天主堂主持召开遂川县党员会议，重建中共遂川县委，以陈正人为书记。

毛泽东想得更远，不仅要遂川的革命斗争坚持下去，还要周围其他县的革命斗争坚持下去。这些地方的斗争和井冈山斗争联系起来，革命才能坚持下去并发展。于是毛泽东又在天主堂召开了前委、遂川县委和万安县委联席会议。前委参加的有毛泽东、宛希先、张子清等；万安县委参加的有曾天宇、刘光万等；遂川县委参加的有陈正人、王瑞麟、王佐农等。

---

① 韩伟：《毛委员教导我们用兵作战》，《回忆井冈山斗争时期》，第78页。

毛泽东在会上作了形势报告，批判了陈独秀的右倾机会主义错误，也批判了大革命失败后一部分干部的悲观情绪，指出一定要走农民武装起义的道路，并着重指出了建立根据地的重要性。

工农革命军各部队根据毛泽东的指示，到各乡去发动群众，很快建立了一批区一级工农兵政权。这样，建立遂川县工农兵政府就提上了议事日程。毛泽东嘱咐陈正人等着手草拟了一个《遂川县工农兵政府临时政纲》。陈正人等草拟出初稿后，毛泽东进行修改，尽量使条文通俗易懂，让老百姓能够看明白，不识字的人也能够听明白。

1 月 23 日，是农历大年初一，毛泽东邀请了一批工农代表在遂川县城同工农革命军联欢，欢度春节。

次日，也就是初二，遂川县劳苦大众更高兴的事来了，在张家祠门口的李家坪召开万人参加的遂川县工农兵政府成立大会。王次模回忆成立大会的情景时说：

吃过早饭后，各乡武装起来的工农群众，有的打着红旗，有的扛着大刀、梭标、鸟铳，佩戴着红色袖章，敲锣打鼓拥进会场，部队的战士坐在会场的一边。大会主席台是头天下午临时用木板搭起来的，坐北朝南，台顶上插着两面大红旗，庆祝工农兵政府成立，字写得很大，台的两边木柱上，用红纸写了对联，一边是：想当年剥削工农，好就好，利中生利；一边是：看今日斩杀土劣，怕不怕，刀上加刀。据说这对联是宣传部的同志请毛委员作的。①

大会在上午 10 点钟开始，毛泽东、张子清、宛希先、毛泽覃、陈正人、王遂人、王次淳、王次楱以及群众代表依次走上主席台。

毛泽东在大会上讲了话。他声音洪亮地宣布：今天的大会，是庆祝遂川县工农兵政府成立大会，是我们工农劳苦群众开始掌权的大会，我们要打倒土豪劣绅，消灭国民党反动派，就要有自己的政权。他指着王次淳说：这位就是我们的县长，西庄人，农民出身，前几天还在挑

---

① 王次模：《忆遂川的革命活动》，井冈山革命根据地党史资料征集编研协作小组、井冈山革命博物馆编：《井冈山革命根据地》（下），第 278 页。

大粪，现在要当县长了。他伸出大拇指说：从前是土豪劣绅掌权。然后又伸出小拇指说：如今是工农群众当县长。但是，革命靠一个县长是不行的，还要靠大家团结，今天我们要团结一致向土豪劣绅彻底清算。

大会通过了《遂川工农兵政府临时政纲》。《政纲》共 30 条，包括政治、经济、军事、文化等方面。其中规定："工人、农民、士兵和其他贫民，都有参与政治的权利"；"凡工农兵平民有集会、结社、言论、出版、居住、罢工的绝对自由"；"全县工会、农民协会、工农革命军的组织到了全县以上的时候，应立即召集全县工农兵代表大会，并选举正式人民委员会，为全县执掌政权的机关"；"凡地主、祠庙、公共机关的田地、山林和一切附属"，分给"贫苦人民和退伍兵士耕种使用"；"工农平民从前的欠债、欠租、欠税、欠捐，一律停止偿还和缴纳"。[①] 这是茶陵、遂川建设工农兵政权经验的初步总结。

大会宣布李杏甫为农民协会主席，蒋世良为工会主席，王次椽为游击大队大队长，处决了大劣绅郭渭坚。散会后，举行了盛大的游行。

在遂川期间，毛泽东指导实行保护工商业和保护中小商人的政策，调动了中小商人的积极性，活跃了经济，不仅满足了部队的需要，同时也为实行工农武装割据提供了经验。

革命形势在遂川猛烈发展，吓坏了国民党江西省政府主席朱培德。2 月上旬，朱培德急令驻吉安的杨如轩第二十七师，以第八十一团和第七十九团的一个营进攻万安，进而威逼遂川；以第七十九团的另一个营进占宁冈新城，向工农革命军发动第一次"进剿"。

宁冈县党组织根据毛泽东的指示，组织赤卫队昼夜袭扰，使敌人一日数惊，坐卧不安。后来敌人发现只是赤卫队，没有工农革命军，便松懈了。毛泽东根据这些情况，决定率领工农革命军返回宁冈茅坪，消灭这股敌人。

---

① 转引自中共中央文献研究室编：《毛泽东年谱》（1893—1949）（修订本）（上卷），中央文献出版社 2013 年版，第 230—231 页。

2月中旬，工农革命军第一团返回茅坪，会合刚刚编为第二团的袁文才、王佐的部队，召开军事会议，制定了消灭宁冈新城敌人的计划。

2月17日深夜，毛泽东率领工农革命军第一团和第二团的一个营，悄悄赶到宁冈新城，做好一切战斗准备。

天亮以后，敌人还像往常一样，在城东的操场上进行操练。毛泽东带领工农革命军隐蔽在离操场不远的地方，等敌人架好枪支后，准备做徒手操之际，命令部队一排子枪打过去。敌人顿时大乱，有的连枪都顾不得拿就逃向城里。第一连连长带领战士们，扛着梯子，背着稻草，尾追敌人至东门。转眼间，梯子搭在城墙上，突击班飞奔而上；接着城门洞里冒出一股浓烟，烧城门的也得手了。工农革命军高喊："冲啊!""杀啊!"穿过浓烟烈火，冲进城内。

进攻南门的第三营也冲进来了。敌人在城里四处乱逃，企图突围，都被工农革命军压回去了，最后只好从西门逃走。当敌人庆幸逃出城时，没有想到神机妙算的毛泽东早在这里有安排。埋伏城西门外不远一片稻田的第二团一个营，对出城敌人就是一阵迎头痛击。工农革命军前后夹击，将敌人消灭在这一片开阔的洼地。

宁冈新城战斗打得干净利索，没到中午，赣敌第二十七师第七十九团的一个营和部分地方反动武装，及敌县公署的武装，都被工农革命军歼灭。

战斗结束后，数百名俘虏被押送到茅坪，有的战士和老百姓处于对敌军的愤恨而打骂俘虏。毛泽东在茅坪攀龙书院门口召开的军民大会上，宣布工农革命军宽待俘虏的政策：不打骂俘虏，受伤者给予治疗，愿留者收编入伍，要走者发给路费。经过教育，俘虏中大部分自愿留下加入工农革命军。少部分不愿留下的，给予路费释放，以后也做了工农革命军优待俘虏政策的宣传员。国民党赣军第九师师长杨池生的《九师旬刊》对于工农革命军的这种做法发出"毒矣哉"的惊叹。

宁冈新城大捷，标志着工农革命军打破了江西国民党军的第一次"进剿"。

对于这次战斗，韩伟在回忆中是这样说的：

宁冈战斗，是秋收起义以来我们第一次在毛委员亲自率领下进行的战斗，也是秋收起义以来军事上的第一次大胜利。这次战斗不仅歼灭了敌人，弹药装备得到了补充，巩固和扩大了根据地，而且它的全部进程也是一堂生动的军事课：湖南的敌人来进攻了，我们便巧妙地转到江西遂川，分散兵力，积极发动群众。等敌人重兵赶来，又迅速集中兵力休整，命赤卫队袭扰宁冈敌人。我们休整好了。敌人的弱点也暴露出来了，于是便集中绝对优势兵力，把敌人彻底歼灭。毛委员的“分兵以发动群众，集中以应付敌人”的作战原则，通过这次战斗，生动活泼地体现出来了。同时也使我们较深刻地体会到，在敌强我弱的情况下，如何用兵作战。①

中国共产党是在战争中学会打仗的，在挫折中总结教训，积累经验，形成了自己的作战原则、作战方法和战略、战术，造就了毛泽东这样的无产阶级军事家、统帅，也造就和培养了一大批像韩伟这样的军事指挥员、军事骨干。韩伟在 1955 年被授予中将军衔，他的回忆，是一个生动说明。

宁冈新城胜利之后，毛泽东为首的中共前委即开始筹备成立宁冈县工农兵政府。毛泽东提议，宁冈县工农兵政府设在砻市，首任主席由农民出身、在新城战斗中活捉敌县长的古城大江边村的暴动队长文根宗担任。毛泽东的提议得到前委成员和宁冈县党组织负责人龙超清的一致赞同。

2 月 21 日，在砻市河东的大河洲上，用十几个禾桶架着门板，搭起了一个临时主席台，上面挂着一个红色横幅，上写着：宁冈县工农兵政府成立、审判反动县长张开阳大会。工农革命军指战员、宁冈赤卫队、暴动队员和群众近万人聚集在这里，召开宁冈工农兵政府成立大会。

毛泽东首先讲话，并把文根宗请到台上，向大家介绍说：他就是文根宗同志。就是他，在新城战斗中活捉了张开阳，立了头功！从今天

① 韩伟：《毛委员教导我们用兵作战》，《回忆井冈山斗争时期》，第 80 页。

起，他就要担任大家的工农兵政府主席，大家要拥戴他，支持他，把宁冈的工作做得更好！

会上，还宣布成立中共宁冈县委，龙超清任书记；成立县赤卫大队，石敬庭任大队长。龙超清和文根宗分别代表宁冈县委、县工农兵政府讲了话。

从1927年10月至1928年2月，毛泽东率领工农革命军上井冈山后，经过艰苦斗争和探索，先后在茶陵、遂川、宁冈三县建立了工农兵政权，红色区域已经有宁冈全县，永新、遂川、莲花、酃县、茶陵各一小部。与此同时，宁冈、永新、茶陵、遂川四个县委和酃县特别区委先后成立，莲花县也开始建立党的组织。至此，奠定了井冈山根据地的基础。

改造袁文才、王佐绿林武装

毛泽东率领工农革命军上井冈山，创建革命根据地，一个必须解决的问题就是如何对待原在井冈山地区的袁文才、王佐两支绿林武装。这个问题解决不好，工农革命军在井冈山创建根据地将面临严重的困难。

袁文才，原名选三，1898年生于江西宁冈茅坪马源坑村一户贫苦农民家庭。1921年考入永新县禾川中学。在旧中国人吃人的社会中，袁文才屡屡遭遇地主豪绅、恶霸的欺压。青少年求学时，几次辍学。结婚后妻子又被谢姓土豪强占，继而又为捐税与豪绅结下冤仇。那时中国有句老话叫逼上梁山，袁文才就是被逼上绿林道路的。饱受欺压的袁文才正在痛苦之际，活跃在井冈山“马刀队”头领胡亚春主动邀他上山入伙。对此，袁文才处于矛盾心态。一方面觉得自己读过书，不愿为“寇”；另一方面，不上山靠自己的力量难以报仇雪恨。于是，他就暗地里和“马刀队”来往。然而，消息走漏，谢姓土豪得知，认为正是除掉袁文才、杜绝后患的好机会，于是请来官兵捉拿袁文才。袁文才得知消息，虽然逃脱，但母亲却被仇人杀害，房子也被烧毁。

被断了归路的袁文才上山后，胡亚春见他有文化，封他做“司书”。由于袁文才通文墨，有谋略，在“马刀队”威信不断增长，成为胡亚春的左膀右臂，被任命为“参谋长”。

1922年，时为宁冈进步学生的龙超清说服宁冈县政府，将“马刀队”收编为宁冈县总保卫团，袁文才被任命为团长，胡亚春等为稽查员。

1926年7月，这时已经先后加入共青团、中国共产党的龙超清，受江西党组织的派遣，以国民党特派员的身份由南昌回到宁冈，在9月组织成立县农民协会，并任委员长。10月，龙超清等策动袁文才率总保卫团起义，缴获了县清乡局十多支枪；逮捕了劣绅谢述庭，缴获驳壳枪两支，步枪两支；驱除了县长沈清源。起义后，组织了宁冈县人民委员会，龙超清任主席。袁文才、刘辉霄为常务委员。总保卫团改为宁冈县农民自卫军，袁文才为总指挥，谢益谦为副总指挥。这年底，袁文才在龙超清、刘辉霄的帮助下，加入中国共产党。

王佐，原名云辉，号南斗，1898年出生于江西遂川下庄村水坑一户贫苦农民家庭。早年学过裁缝。社会黑暗，人世艰难，在王佐心灵里种下了对土豪劣绅的刻骨仇恨。为了反抗，王佐开始习武，练了一身好拳脚。

1923年，军阀混战，一些散兵游勇开始在井冈山一带占山为王，这就给在各种重压之下夹缝中生存的王佐展示了另外一种生存之路。一次，外号朱聋子的绿林武装头目朱孔阳在王佐那里裁衣服时，觉得王佐胆识过人，又有武功，便邀请他充当“水客”（即眼线）。从此，王佐走上了绿林生涯。后来，王佐脱离了朱孔阳，自立山头。他带领的绿林武装以打击土豪劣绅为主要目标，因此，和永新反动土豪劣绅尹道一结下了深仇。

1927年初，在大革命影响和遂川县农民协会的劝导下，王佐将其部改编为农民自卫军。7月，大革命失败，永新的国民党反动派收缴了共产党和革命群众的枪支，并将他们关入监狱。龙超清、袁文才、刘辉霄等经过开会讨论，决定攻打永新县城，并邀请王佐部前来参加。袁文才、王佐两部，再加上永新、安福、莲花的暴动队，经过激战，一举攻下了永新城，解救出了被关押的共产党员和革命群众。攻下永新后，组成了赣西农民自卫军，王兴亚任总指挥，贺敏学、王佐、袁文才任副总指挥。自卫军占领永新城 20 多天，因为国民党军有五个团来攻，袁文才、王佐两部就退回了宁冈、遂川境内的井冈山。刚担任中共永新县委书记的永新县农民自卫军总指挥贺敏学和包括他的妹妹贺子珍在内的一批共产党员随袁文才一起退到了茅坪。

袁文才和王佐，对于黑暗的旧制度，都具有强烈的反抗精神，且都受到大革命的洗礼，袁文才还是共产党员，这是他们身上的优点。但不可否认的是，他们也有很浓厚的绿林习气，有占山为王的观念，对工农革命军上井冈山充满戒心，害怕夺取他们的地盘。

袁文才、王佐两部，人数并不多，但在当地有相当的社会基础，许多群众拥护他们。尽管他们身上有局限和不足，但本质上还是好的居多，是能够教育和改造过来的。毛泽东主张对他们进行改造、教育，使之成为工农革命军的一部分。何长工在回忆中说：

工农革命军开始进入井冈山区的时候，他们对我们不了解，有戒心。1927 年 10 月 3 日，在古城会议讨论对袁、王部队的方针时，有人曾提议，解除他们的武装，把他们解决，他们那几十支枪，一包围缴械就完了。毛泽东同志说，谈何容易，你们太狭隘了，度［肚］量太小啦。我们不能采取大鱼吃小鱼的吞并政策，三山五岳的朋友还多呢！历史上有哪个能把三山五岳的土匪消灭掉？三山五岳联合起来总是大队伍。毛泽东同志说服我们，不能只看到几十个人、几十杆枪的问题，是个政策问题；对他们只能用文，不能用武，要积极地争取改造他们，使他们变成跟我们一道走的真正革命武装。①

为了教育、改造袁文才的部队，毛泽东派陈伯钧、游雪程、徐彦刚

① 何长工：《改造袁、王与“双枪兵”》，井冈山革命根据地党史资料征集编研协作小组、井冈山革命博物馆编：《井冈山革命根据地》（下），第 247 页。

等到那里去任连长、副连长、排长职务，帮助练兵，培养干部。

袁文才的部队在茅坪步云山白云寺。寺前有一块大坪，可作练兵用的操场。大坪的下面便是梯田。一边是山，长满松杉，茅草丛生，不易攀登。寺后直通山上。此地确是“安营扎寨”、便于警戒的好地方。如果发现敌人，袁部可以居高临下打击敌人；若撤退，可以掩护主力从寺后登山。而且一有敌情，老百姓会及时通知袁部做好准备。

陈伯钧等人刚到步云山，还没有正式开展工作，山下就传来国民党军进攻的消息。袁文才就派人将陈伯钧等人送到一个非常荒僻的山沟茅屋“打埋伏”。所谓“打埋伏”，就是在敌强我弱的情况下，敌人一来，袁部就暂时躲避一下，待敌人走后，再出来活动。这是陈伯钧第一次听到“打埋伏”这个术语。他们被“埋伏”在一户贫苦农民家里，没有地方睡，四个人挤在一张木床上。10 月间，正是山区秋收季节。他们几个早晨起来，喝一碗米酒，吃过早饭，就拿个棍子随房东老头到打谷场上干活。房东老头除了供他们吃喝外，什么话都不问。敌人撤走后，他们又回到步云山。这次“打埋伏”，是陈伯钧等人从袁文才那里学到的游击战的“第一课”。

陈伯钧等人开始工作后，着重进行政治教育和军事训练。政治教育内容主要是讲时事，讲形势和讲革命出路问题；军事训练着重于练习射击和基本队列等。

毛泽东很关心袁文才部队的教育和改造。陈伯钧回忆：“练兵期间，毛委员住在步云山上一个谢姓的小村子里，他很关心练兵，常来观看指导。当时袁文才也很听毛委员的话，他说：‘毛委员讲的话中央都听，只要好好保护毛委员，将来革命还是有前途的。’”①

经过政治、军事训练，袁文才的部队发生很大变化，并在部队中建立了党组织和士兵委员会。

原“马刀队”的头领胡亚春、何正山不愿参加革命，又不肯缴枪，

---

① 陈伯钧：《井冈烽火岁月》，井冈山革命根据地党史资料征集编研协作小组、井冈山革命博物馆编：《井冈山革命根据地》（下），第 52 页。

还时常冒充袁文才的名义“吊羊”[①]。袁文才多次对他们劝告仍不改。已坚定跟着工农革命军走的袁文才决定与他们决裂，以吃酒为名将他们逮捕，押解砻市关押。

对王佐部队的改造比袁文才的部队晚些，是在1928年初。这时，毛泽东指挥工农革命军占领了遂川，何长工刚从粤北联系南昌起义军余部后返回部队，毛泽东决定派他去王佐部完成这个任务。

何长工问毛泽东：多少人去？毛泽东笑着说：又不是去打仗，要许多人去干什么，你先去做“长工”。人还是要派去的，只是现在不是时候，你的工作，就是要他们请我们的人上山。

听说只自己一个人去，何长工有些顾虑。他很清楚，王佐虽然和袁文才一样，都有劫富济贫、反抗旧势力的进步性，但阶级意识模糊，流寇思想、游民习气很浓，而且不讲政策，乱打乱杀，捉到人要拿钱来，不拿来钱赎就把人杀了。他怕自己单枪匹马去，完不成这项艰巨的任务。

毛泽东看出何长工的顾虑，便鼓励他说：不要怕，去了以后，困难是有的，要边工作，边学习，不入虎穴，焉得虎子！毛泽东还说：你去做工作，他愿意革命了，自己提出要派人去，我们派人去，那时候要派多少人，我们就派多少人。现在他怕我们会收拾他。我们派人多了，他会说我们要夺他的枪，夺他的权。你去做工作，他迫切要求进步，迫切要求革命，迫切要求入党，那就好了。他迫切要求派人，要一个我们可以派十个。要尽量用我们工农革命军第一团来影响他们。你去了要让他多出面，多让他讲话。他有群众，他是群众的领袖，别引起他的怀疑。毛泽东特别强调指出：我们把他们争取过来改造好了，不仅巩固了后方，同时还为今后改造旧军队摸索出一些经验。另外，边界土客籍矛盾很深，我们可以通过团结王佐、袁文才团结广大群众。

何长工带着毛泽东亲笔写给王佐的信，背着一个小包袱出发了。他

---

① 井冈山地区把土匪“绑票”称为“吊羊”。

到王佐部队后，一说是毛委员派来的，王佐便以贵宾相待。让人念了毛泽东给他的信，然后便说："好，好！欢迎，欢迎！"寒暄了一会儿，便命人摆设筵席，说是给毛委员派来的人接风。

第二天，王佐集合部队，当众宣布："弟兄们，毛委员给我们派来了党代表，今后大家要尊重党代表，同心同德，团结一致，发展我们的事业……"

王佐表面上客客气气，暗地里却有很大戒心。他把何长工安排在离他的指挥部一里路外的一个小屋子里，并派了一个高高大大、身子很壮实的"勤务兵"，明里说照顾何长工的生活，实际则是监视，采取"敬而远之"的态度。王佐还特地对何长工说："你初来山上，人生地不熟，千万不要随便行动，以免发生意外。"这话实际是警告何长工：不许私下活动，不准与士兵接触。

为了消除王佐的戒心，何长工经常到他家里去坐坐，有时还帮助他办些家务事，乘机向王佐的母亲、哥哥、妻子宣传革命道理。王佐对何长工到他家里并不反感，认为何长工这是"爱朋友""讲交情"。王佐脾气很坏，报复心很强，对人不做阶级分析。过去，王佐经常带人下山打民团，有时打赢，有时吃亏，捉到人就杀，对别人的劝说，听不进去。但他是个孝子，他母亲的话，还是能够听得进去。他母亲信"同善社"，认为他这样杀人不好。何长工得到了他母亲的支持。

一次，王佐正好捉住了死对头尹道一手下的几个人，准备杀掉。何长工发现了，问王佐为什么要杀掉这几个人？王佐说：这几个人虽然不是土豪，但是土豪的狗腿子。何长工说：对这些人要作分析，他们大部分是穷苦出身。山上山下多年对立，不利于你的发展。要搞好山上山下的群众关系，否则你就不能发展。这几个人可以审查一下，先不要杀，查清了再杀不迟。这时，王佐的母亲也出来帮助何长工讲话。王佐这才没有把这几个人杀死。

从这以后，王佐杀人就少了。有时捉到人，先把人关起来，叫他拿东西来交换。有时还通过捉到的人搞了一些情报，买到了一些山上紧缺的商品。由于注意了政策，山上山下的群众关系好多了。一次，何长工对王佐说，以后杀人要经过毛委员批准。如果随便杀人，搞坏了关系，毛委员就要开除我的党籍。杀错了人就破坏了我们的政策，失掉了政策就失掉了群众，革命就要失败。经过不断的灌输，王佐渐渐明白了这些道理，戒心也慢慢减少了。

王佐有三个最知心的朋友，一是袁文才，二是刁飞林，三是李克昌，有什么大事，总是和这些人商量。而刁、李二人是王佐的左膀右臂。这两人性情豪爽，重义气，比较容易接近。何长工发现了这些情况后，主动和刁、李二人接近，同他们谈心，很快就搞熟了。一天，刁飞林提出要和何长工结拜为兄弟。何长工经过慎重考虑，婉言暂时推开了。

王佐原先担心何长工会拆他的台。经过一段日子的观察，发现何长工没有做什么拆台的动作，加上他母亲、刁飞林等都说何长工的好话，疑心便消失了，开始把何长工当成知心朋友。

有一次，王佐给何长工谈起了他的死对头尹道一。尹道一是拿山反动民团总指挥，有名的恶霸地头蛇。王佐同尹道一斗了多年，连自己的侄女都被尹道一杀害了，结下深仇大恨。王佐问何长工，有什么办法把尹道一除掉。何长工想，尹道一反动武装是工农革命军在井冈山创建根据地的一大障碍，除掉这个反动武装不仅为创建和发展井冈山革命根据地扫除障碍，而且也有利于加快改造王佐部队的步伐，于是便问起了王佐以前和尹道一打仗的情况。

经王佐介绍过去他同尹道一打仗的情况，何长工得知尹道一仗着人多势众，每次和王佐打仗，总是追着打，有时甚至追到茨坪，便说了一句："好！只要他会追就好办了。"

王佐不解地问："为什么会追就好办了？"何长工说："他要是追的话，我们可选择一个有利地形，将他诱进我们的伏击圈，打他的埋伏！"

王佐听了，两手一拍，叫道："着！此计甚妙！不把这个贼子消灭我决不甘心。"

为了消灭尹道一，王佐和何长工、刁飞林、李克昌、王云隆等召开了一个秘密会议，摆了一张地图，分析地形。何长工说："只要能把尹道一的部队引到旗锣坳，就有办法把他的脑袋拿下来，你自己不用去打。”大家根据何长工的意见，仔细研究了行动计划，当晚率领部队下了山。

尹道一的司令部驻在永新县东乡的拿山。从拿山到茨坪，中间要经过一个险要的山坳，即是旗锣坳。相传从前井冈山有人科举中了一个探花，这个探花衣锦还乡，当地人举着旗子，敲着锣鼓曾在这个地方迎接他，后人就把这个地方叫做旗锣坳。何长工和刁飞林带了一个连埋伏在这里，王佐和李克昌带一支人马赶到尹道一所在的拿山。他们拂晓打响，天一亮便回撤。尹道一不知是计，便带领民团，在后面猛追。

王佐的部队佯装败退，天将中午时候，通过了旗锣坳，退到了白银湖附近。这时正是农历正月，天气寒冷，身上穿的衣服很厚。尹道一的部队追赶王佐去了，他自己带着一个班落在后面，慢慢到了旗锣坳。

由于穿得厚，追得急，尹道一觉得累了，便脱下衣服休息，抽锅大烟提神。手下的人觉得饿了，就在那里吃东西。平时骄横惯的尹道一，对周围没有一点警惕。

何长工和李克昌埋伏在林子里，对尹道一等人的一举一动看得清清楚楚。何长工一声令下，埋伏的部队一齐开火。几个排枪打过去，敌人死的死，伤的伤。李克昌带了一个班冲了下去，将尹道一活捉，把头割下来包了，带回去交给王佐。

这一仗，消灭了王佐的宿敌尹道一，也为井冈山根据地的创建和发展扫除了一个主要障碍。王佐大摆筵席庆贺，对何长工佩服不已，高兴地说：“毛委员派来的人，有办法！”

何长工抓住这个有利时机，请示毛泽东，增派了康健、萧万侠、宋任穷等到王佐部开展工作，发展党组织，筹集士兵委员会，教唱革命歌曲，进行政治文化教育等。

鉴于袁文才、王佐两支部队已经改造成功，毛泽东决定将他们合编，组成工农革命军第一军第一师第二团。

1928 年 2 月上旬的一天，在宁冈大陇朱家祠堂前，工农革命军第一团团长张子清代表前委，主持工农革命军第二团成立大会。前委任命袁文才为团长，王佐为副团长，何长工为党代表，贺敏学为党委书记。第二团下辖两个营，第一营营长由袁文才兼任，第二营营长由王佐兼任。从第一团派来的游雪程、徐彦刚、陈伯钧、金蒙秀、熊寿祺、陈东日、康健、萧万侠等分别在第一营、第二营担任连、排长或党代表。

两支绿林武装，经过改造，汇入了工农革命军，壮大了井冈山根据地的革命武装力量。在半殖民地半封建社会的中国，绿林武装大量存在。创建人民军队，对具有革命性的绿林武装进行改造，使之成为人民军队的组成部分，是革命的需要，历史已经证明是一种必然。而改造袁文才、王佐这两支武装，堪称改造绿林武装典范，为此后党在各个历史时期改造绿林武装，积累了十分宝贵的历史经验。

开辟红色区域中的军队建设

井冈山的斗争主要是军事斗争，在开辟红色区域，创建根据地的艰苦斗争中，毛泽东和前委十分重视军队建设。

工农革命军在向井冈山进军途中，经常遇到的一个问题，就是老百姓对工农革命军不了解，往往一到什么地方，老百姓都跑得十室九空。陈士榘回忆说：

当时，我们虽然已经改为工农革命军，打的是五角星加镰刀斧头的红旗，但部队的服装与旧军队没有什么明显的区别。旧军队给老百姓最深刻的印象，是抓伕、派差给他们挑东西，拿东西不给钱，动不动打人骂人。老百姓见到“丘八”就要“跑反”，到山上去。这说明群众对军队是非常痛恨和害怕的。我们是工农革命军，但由于新改编过来，没有进行政治教育，觉悟程度不高，侵犯群众利益的事情还是时有发生。每到一处，老百姓往往是十室九空，除留少数老年人外，很难见到青壮年人。[①]

① 陈士榘：《三大纪律、六项注意的由来》，井冈山革命根据地党史资料征集编研协作小组、井冈山革命博物馆编：《井冈山革命根据地》（下），第197页。

那么，如何才能改变这种状况呢？毛泽东认为部队必须要担负起武装宣传队的任务，向群众宣传工农革命军是代表工农大众的利益，反抗统治阶级的革命军队，是一支与旧式军队截然不同的军队。如果不让老百姓了解工农革命军的特点，了解工农革命军与旧军队有截然不同的区别，工农革命军便无法接近群众，发动群众。没有群众的支持，工农革命军就无法生存。因此，毛泽东根据群众的反映，每天都和部队讲话，要求大家沿途写标语，大家与群众说话要和气，买卖公平，不拉伕，请来伕子要给钱，不打人，不骂人，等等。

经过毛泽东的反复教育，部队的情况有所好转。但是，环境十分困难，战士们肚子实在饿了，拿老百姓一个红薯、一个鸡蛋的事还是很多。向地主土豪筹款，战士们乱拿一阵，有的还拿到贫农和小商人头上去。特别是有一部分人非常散漫，不听指挥，乱说乱动，侵犯群众利益。这时，党员水平不高，也无法说服和制止这些行为。在这些日子里，毛泽东经常在战士队伍中行军，一边走，一边和战士们聊天，了解情况，并给他们讲必须依靠群众的道理。

工农革命军沿湘赣边界向南行动，途经遂川大汾镇，遭到反动靖卫团武装萧家璧的伏击，担任前卫的第三营被隔断，继续南去。第一营和团部集合起来，决定上井冈山同王佐部队会合。

1927 年 10 月 23 日，部队来到遂川、酃县交界的荆竹山。当晚，部队在一个小村子里宿营。第二天一早，部队集合准备出发。为了部队上山后能与王佐部搞好关系，防止违反群众纪律的事情发生，毛泽东在村前“雷打石”给部队讲话。他简要地介绍了井冈山的情况，又说：我们就要上井冈山了，要在那里建立根据地，大家一定要和山上的群众搞好关系，和王佐的部队搞好关系，做好群众工作，没有群众的支持，根据地是建立不起来的。于是，他宣布了三项纪律：第一，行动听指挥；第二，打土豪筹款子要归公；第三，不拿老百姓一个红薯。[①] 这是工农

---

① 见陈士榘：《三大纪律、六项注意的由来》，井冈山革命根据地党史资料征集编研协作小组、井冈山革命博物馆编：《井冈山革命根据地》（下），第 198 页。

革命军最初颁布的“三大纪律”。

1928年1月，毛泽东率领工农革命军占领了遂川后，除了团部和特务连留在城里外，其他部队兵分三路到于田、草林、大坑等发动群众。

由于部队分散行动，纪律方面出现了一些问题。一些战士借了老百姓的门板和稻草没有主动归还；有的木板模样差不多，战士们归还时往往搞错；睡过的地方，战士们离开时没有打扫干净，等等。另外，在遂川城也出现了工农革命军侵犯中小商人的情况。陈士榘回忆说：

这期间，毛委员又宣布了城市政策。在这以前，我们曾犯过一些错误，把商人、小贩的货物没收了，甚至连药铺里称药的戥称也拿了。毛委员发现这些情况后，立即作了纠正。他指出：我们反对封建剥削，只能没收地主的财产，保护工商业利益。如地主兼商人，就只能没收封建剥削部分，商业部分，连一个红枣也不能动。如果有些特别坏的土豪必须没收他的商店的话，就一定要出布告，宣布他的罪状。没收来的财物、粮食，尽量召集群众大会，散发给群众，以提高群众的觉悟，敢于组织起来向旧势力作坚决斗争。除了订出这项城市政策外，毛委员还不断找群众谈话，进行调查研究。然后将群众对部队的反映，归纳起来，形成革命军的行动准则。没过几天，毛委员就在遂川城里把部队集合起来，宣布了六项注意：一、上门板；二、捆铺草；三、说话要和气；四、买卖要公平；五、借东西要还；六、损坏东西要赔。① 他特别解释说：“损坏老百姓的东西，一定要赔偿，虽说打破了旧缸赔新缸，新缸不如旧缸光，但是赔总比不赔好。”②

这是毛泽东第一次宣布“六项注意”。工农革命军按照毛泽东的“六项注意”去做，群众对工农革命军的某些不满情绪也就随之消失了。

---

① 中共中央文献研究室编的《毛泽东年谱》（1893—1949）（修订本）上卷中记载的“六项注意”为：还门板，捆铺草，说话和气，买卖公平，不拉伕、请来伕子要给钱，不打人不骂人。

② 陈士榘：《三大纪律、六项注意的由来》，井冈山革命根据地党史资料征集编研协作小组、井冈山革命博物馆编：《井冈山革命根据地》（下），第199页。

过去部队一到某个地方，群众便逃之夭夭，经过工农革命军广泛宣传和实际行动证实以后，群众再见到他们不仅不跑，还主动帮助他们调查土豪地主坏分子，配合他们开展工作，工农革命军和群众关系越来越密切。

4月3日，在湖南桂东县沙田圩，毛泽东针对部队受“左”倾盲动错误影响发生违犯纪律的情况，集合部队进行纪律教育。他根据开辟井冈山根据地几个月以来从事群众工作的经验，宣布了“三大纪律、六项注意”。“三大纪律”是：第一，行动听指挥；第二，不拿工人农民一点东西；第三，打土豪要归公。“六项注意”是：一、上门板；二、捆铺草；三、说话和气；四、买卖公平；五、借东西要还；六、损坏东西要赔。①

这是毛泽东第一次将“三大纪律，六项注意”合起来宣布，在顺序和语言上稍有改动，使之更规范和准确，成为人民军队必须执行的铁的纪律。后来，六项注意又增加了洗澡避女人和不搜俘虏腰包两项内容，从而发展成为“三大纪律、八项注意”。

毛泽东不仅是“三大纪律、六项注意”的制定者，且是力行者、监督者。张令彬回忆说：“毛泽东同志同部队一起行动，在情况许可下，出发时他总是跟着后卫部队检查我们有没有上好门板，捆好铺草，问住的这家姓什么，家庭情况，烧了房东的柴没有，水缸里的水挑满了没有，地扫干净了没有。连给房东的钱放在什么地方，他都会问。他说一定要放在恰当的地方，别让别人拿走了。”②

毛泽东关于军队建设的另一项内容就是规定了工农革命军的三项任务：第一，打仗消灭敌人；第二，打土豪筹款子；第三，做群众工作。③ 这是他根据1927年11月第二次打茶陵的经验教训提出来的。这三项任务与“三大纪律、六项注意”结合在一起，构成了人民军队初创

① 转引自中共中央文献研究室编：《毛泽东年谱》(1893—1949)(修订本)(上卷)，第235页。

② 张令彬：《井冈山斗争的回忆》，井冈山革命根据地党史资料征集编研协作小组、井冈山革命博物馆编：《井冈山革命根据地》(下)，第155—156页。

③ 转引自中共中央文献研究室编：《毛泽东年谱》(1893—1949)(修订本)(上卷)，第226页。

时期的建设准则。

从上述工农革命军“三大纪律、六项注意”和三项任务的提出和制定来看，不难看出这几个特点：

一是毛泽东善于调查发现问题。工农革命军是刚从国民革命军起义或农民自卫军参加起义编成的，或是绿林武装改造过来的。特别是刚从国民革命军起义的这一部分，当时身上穿的军装和旧军队没有什么区别，老百姓判别他们与旧军队的区别，只能通过他们的言行。而工农革命军中旧军队的作风、意识，原先农民的散漫意识、旧的习气，绿林的江湖义气、是非不分、阶级意识模糊、游民习气等等，若没有明确的纪律约束，则在当时环境十分困难的情况下，侵犯群众利益的事情随时都会发生。工农革命军是人民的军队，它的给养、服装，都需要从敌人那里夺取，而不是从群众那里夺取。若是从人民群众那里夺取，就和旧军队没有什么区别。因此，从老百姓那里取得粮食及其他用品，必须用钱去买，而且是公平买卖，绝对不能让群众吃亏。若是侵犯了群众的利益，哪怕是少数人的行为，哪怕是不甚值钱的东西，就会遭到群众的反对或反感。而遭到老百姓的反对，失去群众的支持，工农革命军就失去立足的基础。毛泽东最过人之处在于善于调查，从细微处着手，找到解决的办法。因此，他制定的各项纪律，同人民的一致性很强。

二是解决问题很及时。工农革命军作为人民军队的建设，是在探索中不断进行的。将起义部队建设成人民军队，需要有一个过程。在军队成员多是穿军装的农民或本身就是农民的情况下，其所存在的旧的思想意识、作风在革命的实践过程中，会不断显现出来。然而，出现了问题，就要及时解决问题。解决问题若不及时，就会铸成大错。工农革命军的三项任务、“三大纪律、六项注意”，都是在问题出现后，毛泽东马上提出的，并且立刻见到了效果，从而保证了部队的巩固和发展。

三是语言简单、明确。毛泽东制定和提出的纪律和任务，语言简单朴素、明确，所用词句，都是日常发生和大家常说的那些事、那些话，要干哪些事，哪些事不能干，针对性、可操作性非常强，不论文化高低，谁一听都明白。这从另外一个侧面反映了毛泽东不爱搞花架子，重视实际、实效的作风。

毛泽东提出的三项任务，制定的“三大纪律、六项注意”，是人民军队建设道路上迈出的又一大步。工农革命军执行了这些任务和纪律，不仅打了胜仗，而且广泛发动了群众，解决了经济问题，同人民群众建立了密切的鱼水关系。

同人民群众建立鱼水关系的军队，焉有不胜之理？

遭遇“左”倾冒险错误

历史总是在曲折中发展的。当井冈山革命根据地初步建成并有蓬勃发展趋势时，一个叫周鲁的人于 1928 年 3 月初来到井冈山。

周鲁的身份是中共湘南特委代表，任务是传达贯彻中共中央“左”倾盲动指示。按照道理来讲，湘赣边界秋收起义是中共湖南省委组织的，领导起义的前委是湖南省委任命的，怎么会有湘南特委派代表向毛泽东为书记的前委发号施令呢？毛泽东是八七会议选举的中共中央临时政治局候补委员，以中共中央特派员身份回湖南改组省委，又是前委书记，论党内地位，比湘南特委高出许多，湘南特委派代表来指挥毛泽东，这不是以下指挥上么？此事还要从当时特殊的情况说起。

毛泽东率领工农革命军上井冈山后，由于井冈山地处湘赣两省边界，工农革命军创建根据地的活动既与湖南省党组织发生关系，也和江西省党组织发生关系。作为中共湖南省委任命的前委书记，以及交通条件的原因，毛泽东一直主要是向湖南省委报告和请示工作。然而在 1927 年冬到 1928 年春，中共湖南省委多次遭到严重破坏，无法对井冈山根据地进行指导。而这时，中共江西省委虽然没有遭到破坏，且井冈山主要地处江西区域，但由于历史的隶属关系，也没有担当起指导井冈山斗争的责任。鉴于井冈山特殊的情况，中共中央于 1928 年 3 月 10 日致信湘鄂赣三省省委，指示：“湘东之醴萍茶攸酃与赣西南之遂川宁冈莲花诸县在工作上应有一定的密切关系，湘东特委与赣西特委，必须经常发生密切关系，如将来在这些地方的割据将会合”，“可以决定此两特委合并归湘南指挥”。①

中共中央的本意是协调湘赣边界两省党组织的关系，以利于井冈山根据地的发展，但将这个领导权交给了领导能力相差很远的湘南特委，自然就导致了错误的发生，使井冈山根据地受到很大损失。

周鲁是中共湘南特委军事部长、湖南省委军委特派员。他到井冈山根据地后，根据中共中央 1927 年 11 月临时政治局扩大会议决议和 12 月 31 日给湖南省委的指示，对以毛泽东为书记的前委横挑鼻子竖挑眼，说井冈山“行动太右，烧杀太少”，没有执行所谓“使小资产变成无产，然后强迫他们革命”的政策；批评毛泽东没有攻打长沙而上井冈山建根据地是“右倾逃跑”“枪杆子主义”，并把临时政治局扩大会议作出的开除毛泽东中央临时政治局候补委员的决定误传为“开除党籍”；取消以毛泽东为书记的前敌委员会，改组为不管地方只管军事的工农革命军第一师师委，以何挺颖为书记。这样，中国共产党湖南早期组织的建立者、中共一大代表毛泽东，反而成了“党外人士”，不能担任前敌委员会书记，只能担任工农革命军第一师师长。

尽管毛泽东、张子清、宛希先、何挺颖对周鲁传达的指示不理解，但毫无办法，谁让人家手中有“尚方宝剑”呢！

为了执行中共湘南特委的指示，3 月中旬，除了留少数部队守井冈山根据地外，工农革命军第一、第二团分三路向湘南进发，策应湘南起义。部队经酃县十都，在水口、中村集合。部队在水口正式成立师司令部，宣布毛泽东当师长。这是毛泽东一生中仅有的一次担任军事主管。毛泽东对部队讲话，说：“军旅之事，未知学也，我不是个武人，文人只能运笔杆子，不能动枪。秀才造反三年不成，当师长有点玄乎。可是，一个篱笆三个桩，一个好汉三个帮，三个臭皮匠，合成一个诸葛亮，要

---

① 《中央致湘鄂赣三省委信》（节录）（1928 年 3 月 10 日），中共江西省委党史资料征集委员会、中共江西省委党史研究室编：《井冈山革命根据地与各地的联系》，中央文献出版社 1993 年版，第 35—36 页。

靠大家了。我们有这么多干部，大家都是党的骨干，在斗争中积累了一些经验，大家来当个参谋长。当师长，就不愁不能打胜仗。”①

这次下井冈山，由于“左”倾冒险错误的原因，部队人心浮动，有人期盼到湘南，到大城市里享乐；有人担心回不了井冈山；有人对红色割据产生了怀疑。毛泽东根据部队的思想状况，认为有必要进行一次思想政治教育。毛泽东这时虽然成了“党外人士”，但何挺颖对他十分尊重，不仅同意，而且还让他来主讲。

对于这次政治课，参加听讲的陈士榘在多年后仍然记忆犹新，他在回忆中说：

毛委员详细地讲解了中国革命的形势、任务和特点，他分析了中国是一个经过了一次革命的、政治经济发展不平衡、半殖民地的大国。中国是农业国，经济主要是靠农村，城市的一切都要农村供给，靠农村来养活。通俗地说：城市里的青石板是不长禾的，而城市是统治农村的，农村的反动统治比较薄弱，我们可以开展游击战争，革命根据地和红军②就能存在和发展。中国需要一个反帝反封建的资产阶级民主革命，这个革命必须由无产阶级领导才能完成。他说：现在国民党军队虽多，但它是反人民的，得不到群众的援助。官兵之间政治分歧，它的士兵群众不能自觉地为国民党拼命，这就减少了它的战斗力。我们红军虽少，但有共产党的领导和农民的援助，有强大的战斗力，革命是能够胜利的，必须以武装革命来反对武装的反革命，建立革命根据地，建立革命政权，发动群众进行土地革命。③

透过陈士榘的回忆，我们仿佛看到了毛泽东在田间地头为工农革命军战士们讲课的画面；感受到浓浓湖南乡音中幽默风趣的话语，向那些文化水平不高的战士们展示了中国革命发展的规律，使他们看到了光明

---

① 何长工：《伟大的会师》，井冈山革命根据地党史资料征集编研协作小组、井冈山革命博物馆编：《井冈山革命根据地》（下），第366—367页。

② 当时还未叫红军。作者前面还称工农革命军，这里称红军是回忆中习惯性的说法。

③ 陈士榘：《井冈山斗争的片断回忆》，井冈山革命根据地党史资料征集编研协作小组、井冈山革命博物馆编：《井冈山革命根据地》（下），第211—212页。

的前途，提高了斗争的勇气，坚定了革命一定胜利的信心。

历史伟人毛泽东，在自己遭遇“左”倾冒险错误的不公正待遇时，没有消极情绪，反而积极工作，带给部队正能量，努力消除、解决“左”倾冒险错误带来的问题，真乃是共产党人的楷模！

工农革命军在酃县中村有十多天时间。他们普遍发动群众，开展分配土地工作。毛泽东也像普通战士一样，置身于群众斗争的行列，并亲自为农民丈量土地，书写和插下分田的牌子。军民之间还召开了一次大会，枪毙了两家罪大恶极的土豪。

正当工农革命军在中村轰轰烈烈开展打土豪、分田地之际，传来湘南起义部队处境危险的消息。于是，毛泽东把工农革命军第一师分为两路，他带领第一团为左翼，挺进桂东、汝城间活动。另一路为第二团，由袁文才带领，向彭公庙、资兴方向前进。

工农革命军进军湘南后，井冈山根据地遭到反动武装的疯狂进攻。

在宁冈新城，反动县长张开阳的老婆在新城战斗中侥幸逃脱后，到吉安拉来了一个营的国民党军回来报复。中共新城区委书记龙芳桂率领赤卫队、暴动队与敌展开激烈战斗，终因寡不敌众，退守七溪岭一带山中坚持斗争。敌人放火烧了中共新城区委、工农兵区政府的所在地。

在茅坪，敌人放火烧了 30 多幢民房，抓捕了乡政府秘书、共产党员谢甲开，对他施以重刑，逼他说出茅坪群众及乡党政干部的下落。任凭敌人怎么施虐，谢甲开就是不说。凶残的敌人将谢甲开押至茅坪河边，砍去了他的双臂，然后又剖腹挖心，将其碎尸五段，抛入河中。敌人的残忍手段，达到了令人发指的地步！

反动地主武装也到处逞凶。酃县挨户团进入宁冈睦村一带，杀人放火，无恶不作，一直从睦村烧到河桥，将上寨村烧为一片瓦砾。茶陵挨户团摸进九陇山，将蔡家田数十家群众的屋子烧掉。宁冈靖卫团将古城西沅村几十家房子烧毁。

地主豪绅依仗反动军队，到处捉拿共产党员、农民协会干部和工农革命军家属。砻市、古城等工农政权和党组织遭受严重破坏。遂川大汾的反动靖卫团首领萧家璧，进入根据地内，发现哪家有人参加工农革命军，就斩尽杀绝。王佐死对头尹道一的儿子尹豪民，叫嚣“替父报仇”，挨户搜捕农民协会干部，滥杀群众。酃县中村已分给贫苦农民的田地，尚未耕种，又被地主收了回去。中共中村区委委员周介甫，被敌人抓住杀害。残忍的敌人将他的头颅割下，挂在酃县县城示众数天。

在敌人的疯狂烧杀之下，井冈山革命根据地除少数山区仍掌握在地方革命武装手里外，遂川、茶陵两县城丢失，平原地带的红色区域被敌人占领一个多月。

然而，黑暗总会过去，黎明总会到来。井冈山根据地的党政干部、群众团体干部、革命武装和人民群众坚信，毛泽东会率领工农革命军回来的。

毛泽东不但率领工农革命军回来了，而另外一支经过艰苦转战的革命部队，也到井冈山来了。

井冈山革命根据地，一个新的历史阶段就要开启！中国革命史、中共党史、人民军队发展史上，一个历史性的大事就要发生。

二、湘南狂飙

朱德奉命坚守三河坝

在广东省大埔县南面，有一个叫做三河坝的大镇子，因梅江、汀江、韩江在此汇合而得名。从北面流过来的汀江，同从西南面流过来的梅江在此汇合后，向南流入韩江。在三河坝对岸，是 80 多米高的笔枝尾山。此山形如鱼尾，山势险要，雄视三江，易守难攻，是兵家必争之地。

在 1927 年 9 月 19 日以前，三河坝的日子是循环往复，在默默无闻中平静度过。然而到了 1927 年 9 月 19 日，三河坝的日子发生了惊天动地的变化。这天，南昌起义军来到三河坝。按照中共中央前敌委员会在汀州会议的决定，起义军在这里分兵，主力前往潮州、汕头地区，朱德奉命率领第十一军第二十五师和第九军教育团约4000人留守这里，准备抗击从梅县前来向起义军进攻的敌军。

这一日，朱德的军事生涯也发生了根本性的变化。自1922年夏朱德离开滇军寻找中国共产党起，已经五年没有指挥部队作战了。南昌起义后，朱德作为第九军的副军长手下只有一个教育团。陈毅在回忆中曾说："朱德同志在南昌暴动的时候，地位不重要，也没人听他的话，大家只不过尊重他是个老同志罢了。"[①] 而留守三河坝，则是朱德作为战斗最高指挥者的起点。过去，他是旧军队的高级将领，为了追求真理、为了中华民族的复兴，放弃了已有的高官厚禄。今日，他为了实现理想、为创建人民军队，又开始了新的军事指挥历程。留守三河坝，为朱德指挥人民军队，展现杰出军事指挥才能，搭建了舞台。

10月1日，得知敌钱大钧部正向三河坝开进的情报后，朱德带领第二十五师师长周士第等，仔细察看了三河坝的地形。经过察看，朱德认为，三河坝位于三江交汇处，发生战斗时，第二十五师如果留在三河坝将背水作战，这是兵家之大忌。于是，朱德决定把部队转移到三河坝对岸的东文部、笔枝尾山、龙虎坑、下村一带布防。部队在笔枝尾山、龙虎坑一带连夜构筑防御工事。师指挥所设在龙虎坑东边高地，朱德、周士第和第二十五师党代表李硕勋、师参谋处长游步仁都在这个指挥所，随时准备迎击敌人。

为了迎接激烈的大战，次日午后，朱德在河滩竹林旁边召集全师官兵讲话。他和普通士兵一样，背着一个小斗笠，穿着短裤和草鞋，宽厚、朴实的形象一下子就拉近了和第二十五师广大官兵之间的距离。朱德鼓励大家：要坚守三河坝，牵制敌人兵力，为向海陆丰的主力创造有利条件。他强调指出：我军都是农民出身，革命的军队必须与农民结合，才能取得革命胜利。并号召大家要发扬在会昌歼敌的精神，保持

① 刘树发、王小平编：《陈毅口述自传》，第64页。

“铁军”的荣誉，战胜来犯敌人。

朱德还向大家讲了如何构筑工事，如何防御阵地；对过江的敌人什么时候打、怎样打最有利。他丰富的军事知识使听者十分钦服。

第二十五师布防完毕，敌钱大钧部三个师十个团，约两万人向三河坝扑来。敌人用了20多只小船，企图利用夜色偷渡。岂料起义军早已严阵以待，当敌人木船行至江中时，按照朱德半渡而击之的命令，一齐开火，打得敌人丢盔弃甲，狼狈逃回对岸。

第二天，敌人卷土重来。周士第回忆说：“我军坚守阵地，顽强抵抗，一次又一次地粉碎了敌人强行渡河的企图，打沉了许多装载敌人的渡船。有的船上敌人全被我们打死了，无人掌舵，在河里团团打转；有的船上敌人被打落水，活活淹死。敌人伤亡很大。”①

10月5日，敌人依仗人多势众、装备又好，集中许多大炮和重机枪，向起义军阵地猛烈炮击和射击，掩护敌人渡过韩江。起义军虽然毙伤敌人甚众，但仍有数百敌人进到三河坝对岸南面的石子笃山脚。朱德、周士第命令第七十三团一部出击，全歼了这股敌人，缴枪几百支。

敌人不甘心，又有一股从大麻街附近渡过韩江，占领了梅子崇一带。朱德、周士第命令第七十三团又一次出击。由于敌众我寡，敌人又占领了有利地形，第七十三团未能把敌人击退，双方呈对峙状态。师参谋处长游步仁在梅子崇附近指挥第七十三团作战时，腹部中弹受重伤，部队转移到福建平和县时不幸牺牲。

从汀江上游渡江的一部分敌军占领了东文部。另一股敌人渡江进到笔枝尾山脚，被第七十五团消灭。于是，敌军继续集中火力向第七十五团阵地猛烈射击，掩护其部队向起义军进攻。第七十五团团长孙一中在战斗中负伤，第五连连长张子良和另外一个连长在战斗中牺牲。守卫在笔枝尾山顶的第三营，在营长蔡晴川的指挥下，打退敌人无数次进攻，杀伤许多敌人。由于连日作战，敌我力量悬殊，第三营

---

① 周士第：《起义中的第二十五师》，《星火燎原》（选编之一），中国人民解放军战士出版社1979年版，第70—71页。

的子弹、手榴弹全打光了，在与敌人进行肉搏之后，蔡晴川和全营官兵壮烈牺牲。

起义军坚守三河坝时，得到了当地农军的大力支援。当地农军100多人在龙虎坑、笔枝尾山、梅子岽与起义军并肩作战，共同杀敌。他们中不少人在战斗中负伤、牺牲。在战斗进行中，当地农民还燃放鞭炮，帮助起义军迷惑敌人。战地附近村庄的群众，帮助起义军做饭、烧水，不顾生命危险，冒着枪林弹雨将饭、开水送到阵地上。他们还抬伤员，掩埋牺牲的起义军指战员的尸体。起义军在三河坝能够同四倍于己的敌人战斗三天三夜，与当地人民群众的支援是分不开的。

夜幕来临之后，起义军已陷入敌人的重兵包围之中。朱德认为，经过三天三夜的坚守，大量杀伤敌人，掩护主力进军潮汕地区的任务已经完成。起义军伤亡也很严重，为了保存实力，必须立即撤出战斗，前去潮汕追赶主力。

10月6日清晨，朱德和周士第率领约2000人的起义军，撤出三河坝，向潮汕地区挺进。

三河坝分兵，固然削弱了南昌起义军的力量。但历史无法假设，不分兵留守三河坝，第二十五师的命运将会怎么样。庆幸的是，将第二十五师这支由叶挺独立团发展而来的英勇善战的部队，交到朱德这样一个充满智慧、有丰富带兵经验的杰出军事家手中，使其有了辉煌的未来。

三河坝阻击战，是人民军队创建史上的经典战例。三河坝也因此而永垂青史。

茂芝决策，赣南三整

10月6日当晚，朱德率领部队到达饶平县城以北一个叫做茂芝的小村子。第二天一早，遇见第二十军教导团参谋长周邦采带领的从潮安退下来的200多名官兵，这才得知起义军主力在潮汕失败的消息。前去追赶主力，主力却已经失败了，由于缺乏思想准备，部队中许多人一下子心情沉重，脑子里一片空白，下一步怎么办？部队要向何处去啊？

沧海横流，方显出英雄本色。在部队不知何去何从的时候，朱德站了出来。随周邦采从潮安退下来的粟裕在回忆文章中说：

当时我们这支队伍的处境极端险恶。敌人的大军压境，麇集于潮汕和三河坝地区的国民党反动军队有五个多师，共约四万人左右，其势汹汹，企图完全消灭我军，扑灭革命火种。从内部来说，我们的部队刚从各方面会合起来，在突然遭到失败的打击之下，不论在组织上和思想上都相当混乱。这时与周恩来等同志领导的起义军总部已失去联系，留下来的最高领导人就是第九军副军长朱德同志。虽然下面的部队绝大部分都不是他的老部队，领导起来有困难，但在此一发千钧之际，他分析了当前的敌我情况，作出了正确的决策。①

10 月 7 日，朱德在茂芝全德中学主持召开干部会议，介绍了起义军在潮汕地区失利的情况。朱德说：起义军主力虽然失败了，但“八一”起义这面旗帜绝对不能丢，武装斗争的道路一定要走下去。现在的情况是，反革命军阀部队已经云集在我们周围，随时都可能向我们扑来，我们必须尽快地离开这里，甩开敌人重兵，摆脱险恶的处境，否则我们将有全军覆灭的危险。他表示：我是共产党员，有责任把“八一”南昌起义的革命种子保留下来，有决心担起革命重担，有信心把这支革命队伍带出敌人的包围圈，和同志们团结一起一直把革命干到底。

会上经过讨论，朱德把大家的意见归纳为：第一，我们和上级的联系已断，要尽快找到上级党，以便取得上级的指示。第二，要保存这支军队，作为革命种子，就要找到一块既隐蔽又有群众基础的立足点。湘粤赣边界地区敌人兵力薄弱，是个“三不管”的地带。这一带农民运动搞得早，支援北伐最得力，我们应当以此为立足点。第三，据最新情况看，敌人已从南、西、北方面向我靠拢，我们要从东北方向穿插出去。现在敌强我弱，我军又是孤立无援，所存弹药不多，行动上要隐蔽，沿边界避敌穿插行进。第四，要继续对全军做艰苦的政治思想工作，要发挥党团员、干部的先锋模范作用，坚决扭转对革命失去信心的混乱思

① 粟裕：《激流归大海——回忆朱德同志和陈毅同志》，《星火燎原》（选编之一），第85 页。

想，安定军心，要防止一些失败主义者自由离队拖枪逃跑，甚至叛变投敌的严重事故发生。①

茂芝会议决定，部队隐蔽北上，穿山西进，直奔湘南。

在饶平，朱德对部队稍加整顿，立刻出发。这时，由于从潮汕地区退下来的零散部队陆续加入，部队人数达到了2500余人。

部队离开茂芝，一路急行军，经麒麟岭过闽粤交界的柏嵩关，进入福建境内，再沿闽粤边界北上。10月16日，部队到达武平。敌人发觉了这支部队的行动，钱大钧部一个师紧紧尾追。17日，敌人追至武平城，逼着起义军不得不在这里打了一个退却战。朱德指挥部队打退了敌人两个团的进攻，但自身又受到很大伤亡和散失，部队减员至1500多人。

打退敌人后，部队按计划从武平向西北方向转移，准备进入湖南时，在闽赣边界的石径岭附近的隘口遭到反动民团的阻击。危急时刻，朱德显示出超人的胆略。开国大将粟裕回忆道："朱德同志突然出现在队前，他一面镇定地指挥部队疏散隐蔽，一面亲自带领几个警卫人员，从长满灌木的悬崖陡壁攀登而上，出其不意地在敌人侧后发起进攻，敌人惊恐万状，纷纷逃跑，给我们让开了一条前进的道路。当大家怀着胜利的喜悦，通过朱德同志亲自杀开的血路时，只见他威武地站在一块断壁上，手里掂着驳壳枪，正指挥后续部队通过隘口。"南昌起义军余部并不是朱德带出来的部队，但朱德以身先士卒的精神赢得了这支部队的信任，成为大家的主心骨。粟裕谈到这件事时说："这次战斗，我亲眼看到朱德同志攀陡壁、登悬崖的英姿，内心里油然产生了对他无限钦佩和信赖之情。""经过这次石径岭隘口的战斗，我才发觉，朱德同志不仅是一位宽宏大度、慈祥和蔼的长者，而且是一位英勇善战、身先士卒的勇将。"②

读着粟裕的这段回忆文字，我们可以想象到朱德当年率领南昌起义军余部通过隘口的英姿。因而，笔者相信，这一幕不仅永远记在了粟裕

---

① 中共中央文献研究室编：《朱德年谱》（新编本）（上），中央文献出版社2006年版，第91页。

② 粟裕：《激流归大海——回忆朱德同志和陈毅同志》，《星火燎原》（选编之一），第86、87页。

的脑海，而且也深深刻入了目睹这一幕的其他将士们的脑海。朱德为什么被称为“红军之父”？为什么会被全军将士所爱戴？为什么会成为人民军队总司令、成为共和国第一元帅？我想，粟裕大将的这段回忆会有助于读者理解。

10月下旬，南昌起义军余部经筠门岭到达赣南安远县天心圩时，部队只剩下七八百人。由于一无供给，二无援兵，部队思想混乱。这时，又有一个人站了出来，成为朱德的得力助手。这人就是第七十三团指导员陈毅，唯一留下来的政治工作干部。

一年前，陈毅曾受李大钊派遣，到万县与朱德一起在川军杨森部做过兵运工作，后又分开了。没想到山不转水转，留守三河坝，又使两个四川老乡、战友走到了一起。

在风雷激荡的年代，道不同，可能使两个人碰面连个招呼不打，擦肩而过，彼此从此消失在茫茫人海之中；可能使两个好朋友、好同窗，互为对手，在战场上相互厮杀。而朱德和陈毅，共同的理想和信仰，使他们成为亲密战友，肩并肩为创建人民军队而奋斗，创造辉煌的历史。

朱德在天心圩召开全体人员大会，宣布这支军队今后由他和陈毅来领导。接着，他坚定地说：虽然革命是失败了，我们起义军也失败了，但是，我们还是要革命的。要革命的跟我走！不愿继续奋斗的可以回家！不勉强！只要有十支八支枪，我还是要革命的！针对部队存在的低沉情绪，朱德指出：大家要把革命的前途看清楚。1927年的中国革命，好比1905年的俄国革命。俄国革命在1905年失败后，是黑暗的，但黑暗是暂时的。到了1917年，革命终于成功了。中国革命也会有个“1917年”的，只要保存实力，革命就有办法。你们要相信这一点。①

朱德的讲话，精辟分析了当时的政治形势，展示了革命必然要继续向前发展的光明前景，令在场官兵们信服、钦佩。陈毅对之作了极高评价，认为是讲了两条政治纲领，并说：“当时如果没有朱总司令领导，

---

① 中共中央文献研究室编：《朱德年谱》（新编本）（上），第92页。

这个部队肯定地说，是会垮光的。个别同志，也许会上井冈山，但部队是很难保持的。”①

在场的杨至诚回忆听朱德讲话的情景时说：“朱德同志的讲话，既平易，又简单，却讲出了很深的革命道理，在这革命失败后的黑暗的日子里，在群众情绪极其低落的时候，他的讲话像黑夜里的一盏明灯，使我们看见了未来的光明前途，增强了我们的革命信念。我们觉得心里开朗多了。”②

朱德讲话之后，陈毅接着讲：“南昌起义是失败了，南昌起义的失败不等于中国革命的失败。中国革命还是要成功的。我们大家要经得起失败局面的考验，在胜利发展的情况下，做英雄是容易的，在失败退却的局面下，做英雄就困难多了。只有经过失败考验的英雄，才是真正的英雄。我们要做失败时的英雄。”③

朱德、陈毅的讲话，点燃了大家心中的火焰，鼓起了坚持革命斗争的勇气。

经过天心圩对部队进行思想整顿，广大官兵的情绪开始好转，思想混乱的现象得到了遏制。虽然一些不坚定分子离开了，但留下来的都是革命思想坚定的精华。

天心圩整顿，是南昌起义军余部转战途中的一个转折点。粟裕曾说：“从这次军人大会以后，朱德同志和陈毅同志才真正成了我们这支部队的领袖，我们这支部队也度过了最艰难的阶段，走上了新的发展道路。”④

10 月底，朱德、陈毅率领南昌起义军余部经信丰到大庾（今大余）。陈毅回忆说：“到大庾以后，反革命自己打起来了，屁股后没有追兵了，部队可以休整了。我们于是便开会，讲道理，传达朱总司令的

---

① 刘树发、王小平编：《陈毅口述自传》，第 65 页。

② 杨至诚：《艰苦转战》，《星火燎原》（选编之一），第 112 页。

③ 粟裕：《激流归大海——回忆朱德同志和陈毅同志》，《星火燎原》（选编之一），第 91—92 页。

④ 粟裕：《激流归大海——回忆朱德同志和陈毅同志》，《星火燎原》（选编之一），第92 页。

道理。”①

大庾整顿，首先是由陈毅主持，整顿党、团组织。南昌起义，虽然开始了党独立领导军队的开始，但当时部队中只是在上层领导机关和军官中有少数党员，而在士兵中，除了粟裕这个排，因其前身是第二十四师教导队，是由马日事变后从湖南逃出的部分学生和工人干部组成，全部是党、团员外，其他一般是没有党、团员的。因此，党的工作不能通过党员深入到基层和士兵中去。这次整顿，重新登记了党、团员，成立党支部。当时，部队中有五六十名党员，人数不到士兵人数的十分之一，虽然没有像毛泽东在三湾改编那样，确定将党的支部建在连上，但实行了将党、团员分配到各个连队去的办法，从而加强了党在基层的工作。这项措施对于部队的建设是有重要意义的。

在整顿党、团组织的同时，部队进行了统一整编。鉴于师已成了空架子，把部队编成一个纵队，下辖七个步兵连和一个迫击炮连、一个重机枪连。

11 月上旬，朱德、陈毅率领部队到湘粤赣三省交界处的赣南崇义上堡、文英、古亭一带山区。在这里，对部队进行整训，这次整训首先是整顿纪律。

部队在向西转移的路途中，破坏群众纪律，甚至敲诈勒索、抢劫财物的事情时有发生。大多数同志对此种现象十分气愤和不满，但由于原建制多已失去组织领导作用，有的军官甚至害怕坏分子从背后打黑枪，便睁一只眼闭一只眼，看见就当没有看见，不敢过问，导致这些违反纪律的行为未能得到及时制止和处理。当部队进入信丰城时，破坏纪律的行为就更为严重地暴露出来。少数不端分子钻进酒楼饭馆里大吃大喝，吃完饭不给钱。有的还闯进当铺，把手榴弹往柜台上一放，故意把弦掏出来，说：“老板，称称有多重，当几个钱零花。”这些人的恶劣行径，和军阀部队那些兵油子一样。尽管这是少数人的行为，但往往一个老鼠坏一锅汤，严重破坏着起义军的形象。

---

① 刘树发、王小平编：《陈毅口述自传》，第 65 页。

陈毅得知这些情况后，当机立断，要号兵吹紧急集合号，并叫传令兵传达发生敌情和转移出发的命令，带着部队一口气跑出离信丰县城约20多里地，在一个山坳间的平地上才停了下来。陈毅在讲话中气愤地说："这哪里像革命军队，简直像土匪一样了！"接着又谆谆告诫大家："我们是共产党领导的队伍，没有纪律是不能生存的。"① 经过陈毅的教育，那些犯了纪律错误的人都垂下了头，红着脸把拿群众的东西交了出来。

部队存在的纪律问题比较突出，而在上堡地区，部队的任务不仅是行军、打仗，更重要的是还要深入发动群众，打土豪，分钱财，因此，朱德、陈毅把整顿部队纪律放在重点位置。为此，部队还明确规定募款和缴获全部归公，只有没收委员会才有权没收财物，并对广大官兵进行了自觉遵守纪律的教育。

上堡整训，其次是军事训练。为了提高部队的军政素质，每隔一两天上一次大课，小课则保持天天上。为了适应客观要求，开始向游击战方向转变。起义军的指挥员多是原叶挺独立团的，不少是黄埔军校毕业生。他们参加的战斗，都是按照正规战的战法。起义军的战士，多数参加过北伐战争，打的也是正规战，南昌起义后，打的仍然是正规战。在敌强我弱的情况下，起义军虽然作战勇敢，给敌人以重大杀伤，但这种光知道"击"，硬打硬拼的战法，往往自己也损失十分严重。朱德针对新情况，提出了"不是采取过去占大城市的办法，而是实事求是，与群众结合，发动群众起义，创造革命根据地"的办法；在战术上则改变为："有把握的仗就打，没有把握的仗就不打，不打就'游'"；② "从打大仗转变为打小仗"，"把一线式战斗队形改为'人'字战斗队形。"③ 战略战术方向的转变，对于起义军的保存和发展有重大的意义。正如朱德所说："方向正确，革命力量就能够存在，而且还能得到发展。"④

---

① 杨至诚：《艰苦转战》，《星火燎原》（选编之一），第114页。

② 朱德：《在编写红军一军团史座谈会上的讲话》（1944年），《朱德选集》，人民出版社1983年版，第125页。

③ 朱德：《从南昌起义到上井冈山》（1962年6月），《朱德选集》，第394页。

④ 朱德：《在编写红军一军团史座谈会上的讲话》（1944年），《朱德选集》，第125页。

赣南三整，部队的组织状况和精神面貌都发生了很大变化，团结成了一个比较巩固的战斗集体。这时人数只有七八百人，比起茂芝会议后出发的人数，也就是三分之一。但就整体而言，这支队伍经过严峻的考验，质量更高了，是大浪淘沙保留下来的精华，具有顽强的生命力，是敌人扑不灭的革命火种。这时的部队生活逐渐活跃起来，指战员脸上凝重的神色不见了，谈笑声、议论声，常常在部队中间回响。原先离队的人，因为到处遭到反革命势力的追捕，又重新回到了部队。

可以看得出，朱德、陈毅率领的南昌起义军余部转移到湘粤赣交界地区，与毛泽东率领秋收起义部队上井冈山，有异曲同工之妙。都是整顿起义失败后的部队思想混乱状况，建立部队中的党组织，加强党对部队的领导，才稳定住了部队，然后寻找敌人统治力量薄弱的农村山区开展游击战争，保存和发展部队。

朱德与范石生

南昌起义军余部经过赣南三整，部队稳定住了，但物资供应却依然十分困难。11月份的赣南山区，天气阴冷，起义军的广大官兵还是穿着短裤和褴褛的单上衣，没有毯子，没有鞋袜，粮食供应不足，蔬菜无着，弹药得不到补充，伤病员没有药治。如何克服这些困难，是朱德、陈毅面临的问题。

上堡整训期间，朱德从报纸上偶然看了国民革命军第十六军从广东韶关移防到与崇义相邻的湖南郴州、汝城一带的消息。第十六军军长范石生，在南昌起义前同共产党保持着统一战线关系，该军内有共产党组织，他本人也有同起义军联合一起进入广东之意。南昌起义军南下后，周恩来曾给朱德写了组织介绍信，以备可能同范石生部发生联系时用。范石生同朱德也有旧谊，他们在云南讲武堂时是同学，并且一起参加过辛亥革命。当朱德率领部队进入赣南后，范石生曾几次派人秘密寻访，进行联络。鉴于这些情况，朱德同陈毅商议后，便写信给范石生，希望合作。

朱德的信发出后约过了半个月，范石生派人送来了复信，表示愿与朱德商谈，并希望朱德到汝城和他派出的第十六军第四十七师师长曾曰唯会面。

接信之后，朱德、陈毅、王尔琢等就同范石生合作问题进行了慎重的研究。朱德认为同范石生的合作是必要的，也是可能的，这样做，有利于隐蔽目标，积蓄力量，待机发展。朱德又向部队中全体党员讲明了同范石生合作的意义和目的。经过大家讨论，统一了认识，决定在确保共产党武装独立自主的原则下与之合作。

11 月 20 日，朱德受党组织委托，带着教导队从崇义上堡出发，前往汝城同曾曰唯谈判。他们途经汝城县濠头圩时，发生了一次惊险的遭遇。当晚他们住在一个祠堂里，半夜里突然被土匪何其朗部包围。土匪冲进了祠堂，遇见朱德，问："你是什么人?"朱德机智地答："我是伙夫头。"土匪又问："你们的司令在哪里?"朱德往后面的房子一指，说："住在那边。"朱德的穿着和普通士兵一样，加上他年龄大，胡子拉碴的，土匪也就信了，就往朱德指的房子走去。朱德乘机从窗户跳出，脱离危险。

朱德遇险的消息也着实让部队的其他同志惊出了一身冷汗。杨至诚回忆说：

这天早晨，朱德同志亲自带了学生队五六十人，到汝城找范石生谈判。我们不由得心里都捏着一把汗；谁知道范石生会不会伤害朱德同志？再说沿途一带都是大山区，是土匪何其朗的地盘，他只带少数人，会不会遭到不测?

次日下午，我刚想到纵队部打听一下情况，迎面碰上王尔琢同志，他神情紧张地说："朱德同志遭到了土匪袭击，离这里约有九十里地，赶快准备前去支援。"听到这个消息，全军个个紧张万分，连忙全部出动。傍晚时分，我们赶到了出事地点。但是土匪武装已经闻风逃窜了。抓了几个土匪询问，得知朱德同志没有遇害，但下落不明。次日，部队向汝城县城前进，在快到县城时发现黄绍竑部已经进城，便折向资兴进发。就在这天夜里宿营时接到了消息说，朱德同志和学生队的同志已到达资兴县城；在土匪袭击中，除部队稍受损失外，朱德同志安然无恙。这时，我们心中才一块石头落了地。①

朱德到汝城后，同曾曰唯进行了两天谈判。朱德提出的谈判条件是："我们是共产党的队伍，党什么时候调我们走，我们就什么时候走"；范石生"给我们的物资补充，完全由我们自己支配；我们的内部组织和训练工作等，完全按照我们的决定办"，范石生"不得进行干涉"。② 经过谈判，双方达成如下协议：1. 同意朱德提出的部队编制、组织不变，要走时随时可以走的原则；2. 起义军改用第十六军第四十七师第一四〇团的番号，朱德化名王楷，任第四十七师副师长兼第一四〇团团长（不久，范石生又委任朱德为第十六军总参议）；3. 按一个团的编制，先发一个月的薪饷，并立即发放弹药、被服。随后，湘赣边界秋收起义军第三营改称国民革命军第十六军第四十七师第一四一团，张子清任团长。

范石生认真执行了这些协议，朱德说："他接济我们十万发子弹，我们的力量又增强了。他还一个月接济万把块钱、医生、西药、被单"。③

杨至诚回忆当时获得被服、装备的情况时说："大家都忙开了，领东西，发东西，热闹得简直像过年。每人一套草绿色的新棉衣，外带一件绒线衣（士兵是棉线的），水壶、军毯、绑腿、干粮袋，连子弹袋都换了新的。军官还发了武装带、指挥刀和二十元毫洋的薪饷（士兵是五元）。子弹拼命背，每个士兵都背了二百发，各大队还带了几箱储备的。"④

陈毅、王尔琢率领部队到资兴时，在那里又从范石生处领了五六十万发子弹。

的确，从范石生那里得到弹药、被服的接济，对于一直艰苦转战的

---

① 杨至诚：《艰苦转战》，《星火燎原》（选编之一），第 117 页。

② 朱德：《从南昌起义到上井冈山》（1962 年 6 月），《朱德选集》，第 395 页。

③ 转引自中共中央文献研究室编：《朱德传》（修订本），第 116 页。

④ 杨至诚：《艰苦转战》，《星火燎原》（选编之一），第 118 页。

起义军来说就是“及时雨”。

不久，汝城、宜章农军组成的中国工农革命军第二师第一团200余人，由范石生部的中共地下党员韦昌义介绍，与朱德取得联系，改为第十六军特务营，原第一团团长何举成任营长，驻广东乐昌，朱德派人到这个营任副连长、排长。

为了统一第十六军中党领导的武装力量的行动，建立了中共第十六军军委，陈毅任书记。

12月间，起义军又从资兴南下，进入粤北，驻扎在韶关西北40里的犁铺头。起义军这次开往韶关，是按照中共广东省委的指示，支援广州起义。但他们到粤北时，坚持三天的广州起义已经失败了。于是，朱德就抓住这个难得的机会，抓紧部队练兵。练兵时，朱德亲自上课，要求部队抛弃旧的队形，改为梯次配备的疏开队形，以减少队伍密集受到敌人强火力的杀伤；要求指挥员重视对敌情的搜索和侦察，不摸清敌人情况时不要动手；要求士兵熟悉手中的武器，一定要做到不靠近敌人不开枪，打不中敌人不开枪。

犁铺头练兵，使起义军的军事素质日渐提高，提高了战斗力，为此后发展提供了条件。

就在朱德、陈毅等带领起义军驻扎犁铺头期间，一个不速之客来到了犁铺头。此人是何长工。

何长工为什么到这里呢？情况是这样的。毛泽东上井冈山后，一直关注着南昌起义军的情况。他派何长工去找湖南省委和衡阳特委联系，并打听南昌起义军的下落，相机和邻近地区革命力量取得联系。

10月5日，何长工从井冈山出发，于10日达到长沙。在长沙，他向中共湖南省委报告了秋收起义的经过。省委指示他不必再去找衡阳特委了，要他绕道粤北去联系革命力量。何长工遵照省委的指示，于12月中旬辗转来到广州，准备由那儿经粤北返回井冈山。正巧赶上广州起义，敌人调江西、湖南的队伍向广东集中，进行镇压，从广州到韶关的火车不通。何长工在旅馆老板的掩护下，躲过敌人的疯狂搜捕。十天后，他搭上火车，夜间来到韶关。

连续几个月的奔波，浑身都是脏兮兮的，下车住进旅馆，何长工马上就去洗澡。范石生第十六军驻扎在韶关，恰好有几个军官也在洗澡。澡堂子里水汽濛濛，谁也看不清谁，只听几个军官在议论：“王楷的队伍到犁铺头了，听说他原来叫朱德，是范军长的老同学。”另一个人说：“同学是同学，可是那是一支把暴徒集中的部队，我们对他有严密的戒备。”

说者无心，听者有意。何长工听到他们议论朱德的部队，抑制不住内心一阵狂跳。真是踏破铁鞋无觅处，得来全不费功夫！南昌起义保留下来的部队，原来在这里！

何长工匆忙洗完澡，结了账，看看钟表，已是凌晨一点多了。犁头铺地处韶关和乐昌之间，距韶关约40来里，他心急如火，顾不得天黑路远，马上离开韶关向西北方向走去。

到达犁铺头，看见起义军的哨兵后，何长工便说他要见朱德。哨兵把他送到司令部。最先接见他的是一个留着长发、一脸大胡子的青年军官。他把何长工带进里屋。何长工一眼便看到了在华容一起工作过的蔡协民。他乡遇故人，何长工不由得大喊一声：“老蔡，想不到在这儿碰到你！”扑上去和他握手。蔡协民没有思想准备，也大吃一惊，说：“老何，你怎么来了?”经过蔡协民介绍，何长工才知道大胡子青年军官是朱德的参谋长王尔琢。何长工开玩笑地对王尔琢说：“你这把胡子，简直像马克思。”蔡协民解释说：“王尔琢同志立了誓，革命不成功，就不剃头不刮胡子呢!”

就在他们谈笑的时候，朱德从里屋出来了。蔡协民把何长工介绍给他。朱德亲切地同何长工握手，并自报姓名：“朱德。”何长工也见到了曾一起留法勤工俭学的陈毅。多年后，何长工对他与朱德的会面记忆犹新。他在回忆中说：

我把毛泽东同志上井冈山，直到我这次由广州脱险，意外地找到此地来的经过，向他报告了。朱德同志高兴地说：“好极了。从敌人报纸上看到了井冈山的消息。我们跑来跑去，也没有个地方站脚，正要找毛泽东同志呢，前些天刚派毛泽覃同志（毛泽东同志的胞弟）到井冈山去联系了。”接着他详细地询问了秋收起义、广州起义的情况，问井冈山的环境怎样？群众多不多？……谈话中，不断有人来找他，一会儿是县委书记，一会儿是赤卫队长，人们出出进进，川流不息，看样子将要有什么大的行动。我们的谈话时断时续。朱德同志不时地回过头来，向我抱歉地笑笑。后来就叫陈毅同志招呼我休息。①

第二天，朱德给何长工一封介绍信和一些路费，同他握手道别，希望他赶快回到井冈山，和毛泽东联系，报告起义军正在策动湘南暴动。

何长工到犁铺头来，使朱德和毛泽东相互了解了情况，为此后两支部队会师创造了条件。

1928 年 1 月上旬，国民党广东省当局发觉朱德部队隐蔽在范石生部，要他解除朱德部的武装。范石生不忘旧谊，通知朱德撤离。这时，朱德也接到中共广东省委的通知，要他率部脱离范石生第十六军，到广东省东江地区的海丰、陆丰县境和广州起义军会合。朱德率部撤离第十六军之前，范石生给了他们几万元现洋作路费，并给朱德写了一封信，大意是："一、'孰能一之？不嗜杀人者能一之'；二、为了避免部队遭受损失，你们还是要走大路，不要走小路；三、最后胜利是你们的，现在我是爱莫能助。"②

朱德后来在回忆同范石生合作这一段时说："在红军的发展上来讲，范石生是值得我们赞扬的。"③

范石生是对革命有过帮助的人，不能忘记！

湘南刮起红色风暴

朱德、陈毅率部撤离范石生部后，准备按照中共广东省委的意见，去东江与广州起义军余部会合。但部队到仁化县时，发现国民党第十三军正开往仁化东面的南雄，切断了部队前往东江的路。鉴于此，朱德当

---

① 何长工：《伟大的会师》，《星火燎原》（选编之一），第 214—215 页。

② 朱德：《从南昌起义到上井冈山》（1962 年 6 月），《朱德选集》，第 396 页。

③ 转引自中共中央文献研究室编：《朱德传》（新编本），第 116 页。

机立断，在收集广州起义一部分失散人员后，折向湘南，准备发动酝酿已久的湘南起义。

朱德撤离范石生部后，派人秘密送信给第十六军特务营营长何举成，要他迅速脱离第十六军。但何举成行动迟缓，特务营被敌缴械，何举成在战斗中牺牲。

1928 年 1 月 5 日，朱德、陈毅率领部队从仁化西移至乳源县的杨家寨子（今属乐昌）。为起义军带路的是龚楚[①]。此时，宜章县农会主席杨子达就住在杨家寨子。

在杨家寨子里，还有一个叫胡少海的前程潜部的营长，其家是湖南宜章大户，因其排行老五，村子里称其为“五少爷”。胡少海虽是富家子弟，但求学期间受进步思想的影响，投身民主革命。四一二反革命政变后，蒋介石大肆屠杀共产党人和革命人士，胡少海受到怀疑，遂带领部分湘籍士兵，脱离部队，躲到杨家寨子，领导一支农民武装，打富济贫。后来，同宜章县共产党人杨子达、高静山取得联系，成为党领导下的一支武装。

如前所述，1927 年 8 月初毛泽东向中共中央临时常委提出的《湘南运动大纲》和中共中央发布的《中央关于湘鄂粤赣四省农民秋收暴动大纲》都提出在湘南举行暴动并建立革命政府问题。后来，由于条件不成熟，湘南暴动的计划未能实施。12 月 1 日，中共湖南省委根据宁汉战争唐生智失败后湖南的时局，发出第 21 号通告，提出“现在当此最严重的时局，尤须更进一步的全体动员实行总暴动。”要求“各级党部接到此项通告后，即须拟具具体暴动计划，实行暴动起来。”[②] 根据省委的通告精神，中共湘南特委在 12 月 6 日制定了《湘南暴动计划》。朱德、陈毅率部到达杨家寨子时，湘南起义已经箭在弦上。

南昌起义军余部一到杨家寨子，中共宜章县委书记胡世俭就赶过

---

① 龚楚，广东乐昌人，字福昌，曾用名龚鹤村，1901 年生。大革命时期参加中国共产党。1935 年叛变。

② 《中共湖南省委通告第二十一号——立即全体动员实行总暴动》（1927 年 12 月 1 日）。

来，向朱德、陈毅、王尔琢等报告宜章的敌情，说城里没有国民党的正规部队，只驻有邝镜明的500来人的团防局。经过大家商议，定下了智取宜章的计划。

1928年1月11日，胡少海以国民革命军第十六军第一四〇团副团长的名义，率领两个连先进宜章城。胡家“五少爷”荣归故里，县城头面人物都到南门外迎接。时值农历年关，宜章城里的土豪们风闻“泥腿子”要暴动，整天提心吊胆。看到胡家少爷带着军队回来了，一下子心放肚子里了，觉得年好过了。

胡少海进城后，立即布哨，换下了团防局的哨兵，把宜章城的交通要道全部控制在自己手中。之后，他给朱德发出一封密信，告知一切进行顺利，可以按照原计划行动。

次日，朱德率领大部队开进宜章。当晚，宜章县长杨孝斌在县参议会的“明伦堂”为“王楷”团长接风。酒过三巡，大厅里进来一个跑堂的，拉长声音高喊：“鱼——来啦!”这是行动的暗号。朱德立即把酒杯掷在地上，门外冲进来十几个战士，把黑洞洞的枪口对准那些官吏和士绅们。这些平时鱼肉百姓的反动统治者们，脑子里一片空白，还没有想明白是怎么回事的时候，就被战士们抓走了。

与此同时，陈毅、王尔琢指挥起义军迅速解决了驻在东山养正书院的团防局和警察局，俘虏了400多人，缴获300多支枪。

宜章城被起义军占领后，城内一片欢腾。时为宜章中共地下党员的吴汉杰回忆说：

“起义了!”“暴动了!”年轻人拿起了梭镖，妇女们抱着孩子，老年人依门扶杖，彼此奔走相告。不一会，消息就传遍了全城和四郊。我们和部队一道，组织了三、五人一组的宣传队，到街头、广场、郊区，向群众宣传革命道理。革命的怒火，一经点燃，便四处燃烧起来了。城里的工人（特别是盐卡上的搬运工人）、农村中的贫苦农民，成群结队地前来参加斗争。凡参加的人，都在颈上挂起约一寸宽、两尺长的红布带子作记号。这些积极分子当天就配合起义部队组成的许多宣传队，分别到四乡各重镇宣传打土豪分田地；打盐卡，成立工农政府。革命的浪潮很快就席卷了全县。①

智取宜章，是漂亮的一仗。

智取宜章，揭开了湘南起义的序幕。

1月13日上午，中共宜章县委在城内西门广场召开群众大会。朱德在大会上简要报告了暴动经过，并根据中共广东省委的指示，郑重宣布将起义军改名为工农革命军第一师，朱德任师长，陈毅任党代表，王尔琢任参谋长，蔡协民任政治部主任。

宜章暴动之后，国民党广东当局命令发动马日事变、双手沾满工农革命群众鲜血的独立第三师师长许克祥前去“进剿”。许克祥第三师有六个团的兵力，接到命令后，认为立功的时候又到了，以六个团去对付朱德的一个团，那还不是小菜一碟吗？于是，立刻带着全师人马，从广东乐昌出发，企图扑灭湘南革命烈火。许克祥的思维还停留在马日事变那时候，他哪里知道，当时之所以能够得逞，是中共党内出了右倾机会主义；今非昔比了，不光共产党纠正了右倾机会主义，而且他的对手也变了，领导者是有丰富军事经历和高超指挥才能、善于总结南昌起义失败教训的朱德。许克祥不可能再像马日事变那样逞凶了，等待着他的是失败的厄运！

智取宜章后，朱德早已想到敌人不会善罢甘休。他根据南昌起义后起义军没有同当地农民运动结合而失败的教训，在春节前夕就把部队秘密撤离宜章城，隐蔽乡间，休整队伍，准备迎接敌人的到来。中共宜章县委派人向朱德、陈毅报告了许克祥部进兵岩泉圩、囤粮坪石镇的情报后，朱德冷静分析了情况，指出：敌强我弱，我们决不可采取南昌起义后那种死打硬拼的办法，同敌人拼消耗。应该灵活机动，扬长避短，用游击战结合正规战的打法，去战胜敌人。大家同意朱德的意见，决定避实就虚，诱敌深入，主动撤退，寻找有利战机。

许克祥亲率两个主力团进到岩泉圩一带，将部队摆成了一字长蛇阵，给工农革命军各个击破敌军的好机会。1月30日，朱德、陈毅、王尔琢连夜制定作战计划，决定兵分两路：一路由熟悉地形的胡少海、

① 吴汉杰：《宜章起义前后》，《星火燎原》（选编之一），第124页。

谭新带领，迂回敌后，阻击增援之敌，截断岩泉圩敌军退路；另一路由朱德、陈毅率领主力，直捣岩泉圩。

1月31日，工农革命军悄悄向岩泉圩进发。许克祥根本没有把朱德放在眼里，疏于戒备，当工农革命军到达岩泉圩时，许克祥的部队正在开早饭。工农革命军以迅雷不及掩耳之势冲进岩泉圩，占领有利地形，对敌发起猛烈进攻。工农革命军虽然人数不多，但是南昌起义保留下来的精华，战斗力很强，一个冲锋，就把敌人打乱，歼敌一部，其他狼狈逃窜。工农革命军乘胜追击，一直追到坪石镇。

许克祥逃到坪石镇，尚未喘口气，工农革命军就追了过来。敌人已成惊弓之鸟，乱作一团，争相逃命。许克祥丢掉皮大衣，只带了少数随从逃命。

坪石大捷，工农革命军以不足2000人，却俘虏了敌人1000多人。在坪石三里长街上，到处都是敌人丢下的步枪、机关枪、迫击炮、山炮和各种弹药、器材以及炊事锅灶等军用品。许克祥成了朱德的“运输大队长”。朱德回忆说：“这一仗打得很好，我们抓了很多俘虏，其中一部分补充了我们的部队。特别是在坪石，把许克祥的后方仓库全部缴获了，补充和武装了自己，不仅得到了机关枪，而且得到了迫击炮和大炮。可以说，许克祥帮助我们起了家。”①

坪石大捷，是朱德运用游击战和运动战相结合取得的首次大胜利，是以少胜多的典范战例。

坪石大捷后，湘南革命形势迅速高涨。朱德、陈毅率领工农革命军第一师和各县农军密切协同，先后占领了郴州、永兴、耒阳、资兴、桂阳、安仁等县城。攸县、酃县也先后举行了暴动。影响所及，临武、嘉乐、衡阳、常宁以及江华、永明都有局部暴动。宜章成立了工农革命军第三师，郴州成立了工农革命军第七师，耒阳成立了工农革命军第四师，永兴、资兴各建一个独立团。先后成立县苏维埃政府的有宜章、郴州、永兴、资兴、耒阳、安仁、桂东等七个。3月16日至20日，在永兴县太平寺召开了湘南工农兵代表会议，成立湘南苏维埃政府，中共湘

---

① 朱德：《从南昌起义到上井冈山》（1962年6月），《朱德选集》，第397页。

南特委书记陈佑魁担任苏维埃政府主席，朱德、陈毅等当选为湘南工农兵代表会议执行委员。

湘南起义，是继南昌起义、湘赣边界秋收起义、广州起义之后，中国共产党领导的最大的一次起义。100多万农民群众参加了起义，建立起广大的苏维埃区域，刮起了一场猛烈的红色风暴，给大革命失败后处于低沉状态的革命群众以极大的振奋。

湘南起义，使工农革命军的力量得到很大发展，南昌起义军余部和湘南农军达到了1万余人，并且获得了一批军事骨干力量。黄克诚、萧克、邓华、杨得志、唐天际、朱良才都是在这时带领当地农民起义军走进工农革命军中的。在此后的革命战争中，都成为了人民军队的虎将。在中华人民共和国成立后，黄克诚被授予大将军衔，其他人则授予上将或中将军衔。

湘南起义，在人民军队创建的过程中，有着不可磨灭的历史功绩。

三、朱德、毛泽东会师

湘南起义军向井冈山转移

历史像条长河，有起有伏，弯弯曲曲。就在湘南起义形势大好之时，“左”倾盲动错误却发展起来。

如前所述，1927年11月的中共中央临时政治局扩大会议，标志着“左”倾盲动错误在中共中央占统治地位。中共湖南省委积极贯彻会议精神，在1927年11月30日的第18号通告中要求各地暴动，夺取政权，提出：“我们的暴动政策是各县各乡尽量暴动！没收，屠杀，兴起广大的群众”①。

中共湘南特委积极贯彻省委的指示并且不断升级，在发动农民起来

---

① 《中共湖南省委通告第十八号——加紧发展各地暴动夺取政权》（1927年11月30日）。

插标分田和惩治反革命中提出“杀杀杀，杀尽土豪劣绅”的口号，导致惩治镇压的扩大化。当军阀战争暂时停止，湘南面临湘、粤两省敌人联合进攻时，中共湘南特委又在“使小资产变为无产然后强迫他们革命”的精神指导下，提出了“焦土战略”，硬性推行焚烧湘粤大道两侧30里以内的房屋和烧毁郴州等县城的决定。他们愚蠢地认为，这样做就能使敌军到了湘南后无房可住，无法立足。他们哪里知道，这样做，老百姓也没有地方住了，心里会怎么想。

中共湘南特委的指示下达后，遭到群众和当地干部的强烈反对。中共湘南特委一面作了些让步，将焚烧范围缩小到湘南大道两侧各五里，一方面仍向各级干部施加压力，强令执行。许多区乡基层干部抵制不住，只得在湘粤大道烧了少数房屋。然而，消息传出之后，人心大乱。土豪劣绅乘机煽动说：“鸟都有一个窝。我们房子烧了，家都没啦，那共产党有什么好处?”①

执行中共湘南特委焚烧决定的结果，是郴州发生了严重的“白带子”杀“红带子”事件。3月12日，中共郴州县委在城内城隍庙召开群众大会，说服群众执行焚烧房屋决定。到场许多人迅速扯下颈上的红带子标志，换上事先准备好的白带子，杀死了县委书记夏明震及县干部、群众组织负责人等多人。顿时全场形成了一场“白带子”杀“红带子”混战，当场死伤200多人。接着，“白带子”们离开城隍庙，在大街上见“红带子”就杀，见商店就抢，相继捣毁县总工会和少先队等驻地。

当天下午，土豪劣绅散布“城里的工人要杀农民”“共产党要烧郴州方圆50里的民房”等谣言，煽动数千农民包围了已搬迁到郴州城外东塔岭的中共郴州县委机关，将县委机关洗劫一空。

郴州事件发生后，陈毅受命带领工农革命军第一师一个营赶往郴州。陈毅到时，郴州城内和郊区已被“红带子”控制，城郊的五里碑、栖凤渡尚未平息。陈毅率领部队在农军配合下，平息了那里的“白带子”。

---

① 转引自中共中央文献研究室编：《朱德传》（新编本），第137—138页。

这次事件，郴州损失惨重，除了良田、上坳等少数基本区没有破坏外，其他无论城乡，都遭受一场由于错误的焚烧举措而发生的浩劫。

中共湘南特委推行烧杀政策，遭到朱德的抵制。参加过湘南起义的黄克诚回忆说："我知道他（指朱德——引者）没有烧房子，坪石没有烧，宜章也没有烧嘛。"李奇中在回忆中也说："当时朱德同志也到各县去看了看，并纠正杀人、放火的错误。""朱德同志说房子不要烧，房子留下我们还可以住。"① 在朱德的抵制下，工农革命军第一师没有执行过烧杀等盲动错误。

在湘南革命形势一片大好的情况下，中共湘南特委推行"左"倾盲动的烧杀政策，使党与群众的关系受到很大损害，丧失了革命发展的大好时机。这是十分痛惜的！朱德曾指出："湘南暴动之时，正好军阀白崇禧和唐生智之间发生战争，形势对我们是很有利的。如果政策路线对头，是有可能继续扩大胜利，有条件在某些地方稳得住脚的。但是由于当时'左'倾盲动路线的错误，脱离了群众，孤立了自己，使革命力量在暴动之后不久，不得不退出了湘南。"②

鉴于湘、粤军阀纠集了七个师，从湖南衡阳和广东乐昌两个方向进逼湘南的情况，为了保存工农革命军，避免在不利条件下同敌人决战，朱德决定率领工农革命军退出湘南，上井冈山。

3 月 29 日，朱德率领部队完成了转移的准备。4 月上旬，朱德与王尔琢率领工农革命军第一师主力和耒阳新成立的第四师、宋乔生领导的水口山工人武装，经安仁、茶陵到达酃县沔渡。随后，唐天际带领安仁农军赶来会合。

陈毅当时在郴州，接到朱德向井冈山转移的通知后，立即组织湘南各县的党政机关向东撤退。4 月 2 日，宜章的工农革命军第三师 3000 多人到达郴州，与郴州的工农革命军第七师会合。陈毅率领中共湘南特委机关、各县县委机关和工农革命军第一师的部分部队以及第三师、第

① 转引自中共中央文献研究室编：《朱德传》（新编本），第 138 页。

② 朱德：《从南昌起义到上井冈山》，《朱德选集》，第 398 页。

七师共4000余人，于4月8日到达资兴县城。在这里，陈毅等同从井冈山前来接应的工农革命军第二团会合。不久，黄克诚带着永兴800农军也赶到了资兴县的彭公庙。

四个月前，陈毅、何长工两位留法勤工俭学的老同学在犁铺头见了一次面，没有想到在资兴意外会合，当然十分高兴。两人把部队布置在资兴城郊，然后同新任中共湘南特委书记杨福涛等到资兴城北七八十里地的彭公庙开会，研究下一步行动。关于他们在彭公庙开会的情况，何长工是这样记述的：

一开会，杨祜［福］涛及共青团湘南特委书记席克思，就提出要回衡阳去。杨祜［福］涛说："我们是湘南特委，不是井冈山特委，我们不应该离开自己的地区。"席克思慷慨激昂地说："共产党员应该不避艰险。我们湘南特委机关躲上井冈山，这是可耻的行为。"陈毅同志苦口婆心地劝说他们："你们男女老少七八十人，各种口音，各种装束，挑着油印机，这一路民团查得很紧，怎么走得过去呢？同志们，不要作无谓牺牲吧，上井冈山以后，我们再设法陆续送你们走。"当时，我对于他们这种固执的态度也很生气，但警惕到不能用军队干部的身份来压服他们，便说："毛泽东同志是中央委员，我们可以请示一下毛泽东同志再作决定。"

他们根本不理会这个提议，下午，收拾了一下东西，就带着特委机关出发了。陈毅同志和我一同送了他们一程，一路上继续劝说他们留下，可是他们主意已定，再说也无用了。

回来的时候，陈毅同志和我并马缓行，大家的心情都很沉重：不幸的预感、无能为力的自疚，在我们心头起伏。①

陈毅、何长工的担心很快就得到了验证。杨福涛、席克思率领中共湘南特委机关七八十人离开大部队几天后，即在安仁、耒阳边境地区被敌人抓住，全部牺牲。一个特委机关，就这样成为"左"倾盲动错误的殉葬品。可见，单凭一些慷慨激昂的革命词句，不从实际出发，莽撞、

① 何长工：《伟大的会师》，《星火燎原》（选编之一），第217—218页。

急躁、拼命，是会害死人的！

这时，毛泽东率领工农革命军第一团进入汝城，阻击国民党军追击湘南农军的部队，并占领了汝城。陈毅和何长工回到彭公庙后，就接到毛泽东的指示，要他们立即撤回井冈山。毛泽东本人带第一团在后面掩护，并正由汝城向酃县撤退。

4月中旬，陈毅、何长工带领部队，一起向沔渡进发，与朱德率领的主力部队会合。他们快到沔渡时，走在前面的侦察员回来报告：朱德同志带领部队已经到了沔渡了。他俩一听，十分高兴，立即带领大家飞速赶去。进到沔渡街里，果然看见一些军人来来往往。他们有的穿军衣，但大部分是穿便衣，颜色有黑有灰的，帽子也不一致，但个个都精神抖擞。

陈毅、何长工以及工农革命军第七师师长邓允庭，还有几个县委书记，一齐来到朱德的屋里。朱德笑呵呵地和大家一一握手。大家问朱德："这次没有受到损失吧？"朱德说："很好，没有受损失。就是忙得没有理发，胡子长得很盛了。家务还是很大的，缴了武器，队伍也扩大了，干部也充实了。"何长工说："我们拼命向南打，想不到你撤得这么利索。"朱德笑眯眯地说："你们的行动，直接掩护了我们的撤退。"接着，又问何长工："毛泽东同志在哪里？"何长工报告说："毛泽东同志担任后卫，大约还得三四天才到。"

朱德招待大家一起吃了饭。饭后，何长工告辞："我先回宁冈，准备一下房子和给养，还要动员群众热烈欢迎你们呢！您还有什么指示？"

朱德和蔼地说："你们是主人，咋个料理都行。"

何长工与袁文才、王佐率领工农革命军第二团回到砻市，将部队布置在东边，向江西方面警戒，然后将附近的后方机关及广大群众动员起来，为朱德、陈毅部队的到来筹备房子和给养。

两支历经磨难、锤炼，英勇、坚强的革命军队，即将实现历史性的会师了！

成立工农革命军第四军

就在工农革命军第二团回到砻市不久，朱德、陈毅率领湘南起义军一部分直属部队从沔渡经睦村也到达了砻市，分别驻在附近的几个小村子里。不久，毛泽东率领工农革命军第一团也从湘南的桂东、汝城返回砻市。湘南起义军的主力部队，也从安仁、茶陵一带开来了。砻市，这个地处井冈山北麓茫茫丛林中的小镇，一下子分外热闹。

毛泽东回到砻市，马上就到龙江书院去见朱德。35 岁的毛泽东，42 岁的朱德，两个充满智慧、有着坚毅性格、一直为保存革命火种而各在一方艰苦斗争的历史伟人，在这里第一次见面、握手。见证这历史时刻的何长工在回忆文章中叙述了当时的情景：

毛泽东同志和朱德同志会见地点是宁冈砻市的龙江书院。朱德、陈毅同志先到了龙江书院，当毛泽东同志到来时，朱德同志赶忙偕同陈毅等同志到门外来迎接。我远远看见他，就报告毛泽东同志说："站在最前面的那位，就是朱德同志。左边是陈毅同志。"毛泽东同志点点头，微笑着向他们招手。

快走近龙江书院时，朱德同志抢前几步，毛泽东同志也加快了脚步，早早把手伸出来。不一会，他们的两只有力的手掌，就紧紧地握在一起了，使劲地摇着对方的手臂，是那么热烈，那么深情。①

朱德、毛泽东在龙江书院第一次握手，开始了他们长达 48 年亲密合作的生涯。时人将朱德、毛泽东简化为"朱毛"，许多不知道的人还以为"朱毛"是一个人。"朱毛"成为中国革命的一个特殊符号。

握手之后，俩人进到龙江书院屋里，毛泽东把井冈山的干部介绍给朱德，朱德也将湘南来的干部向毛泽东作了介绍。

毛泽东带着祝贺的口吻说："这次湘粤两省的敌人竟没有能整倒你！"

---

① 何长工：《伟大的会师》，《星火燎原》（选编之一），第 219—220 页。

朱德说：“我们转移得快，也全靠你们的掩护。”

谈了一阵军情后，毛泽东热情地说：“趁‘五四’纪念日，兄弟部队和附近群众开个热闹的联欢大会，两方面的负责同志和大家见见面。”说着，他让何长工负责准备大会的有关事项，并特别强调：“要多动员些群众来参加。”

接下来，毛泽东同朱德、陈毅共同商议成立工农革命军第四军问题。根据毛泽东的意见，确定了以罗霄山脉中段为根据地，发动群众斗争，实行土地革命，向北发展，向南游击的方针。关于这个计划，毛泽东1936年10月曾这样告诉斯诺：“1928年5月（应为4月——引者），朱德来到井冈山，我们的力量合并起来了。我们共同拟了一个计划，要建立一个六县的苏维埃区，我们要稳定和加强湘赣粤三省接境区域的共产党政权，并以此为根据地逐渐发展到更广大的区域中去。”①

毛泽东和朱德会面之后，又在龙江书院召开了两支部队连以上干部会议。根据中共湘南特委决定，两支部队合编为工农革命军第四军，朱德任军长，毛泽东任党代表，王尔琢任参谋长。下辖三个师：原湘南工农革命军第一师、第三师改编为第十师，朱德兼任师长，宛希先任党代表，原湘南工农革命军第一师所部改为第二十八团，第三师改为第二十九团；井冈山工农革命军第一师改为第十一师，张子清任师长（因酃县战斗负伤未到职，由毛泽东兼），何挺颖任党代表，原第一团、第二团，分别改为第三十一团、第三十二团；湘南工农革命军其他各部组成第十二师，陈毅任师长，蔡协民任党代表②。接着，召开了工农革命军第四军党的第一次代表大会，选举产生第四军军委，毛泽东担任书记。中共第四军军委由23人组成，委员有毛泽东、朱德、陈毅、宛希先、何挺颖、袁文才、王尔琢、何长工等。全军实行毛泽东在三湾改编提出的建军制度，在第十、第十二师连以上各级开始建立党组织，设立党代表，

① ［美］埃德加·斯诺笔录、汪衡译：《毛泽东自传》，第79页。

② 此说采取何长工《伟大的会师》，当代中国出版社1991年出版的《陈毅传》采取江华回忆说为邓允庭。

建立士兵委员会。

就在两军会师之时，湖南、江西两省国民党军发动对井冈山第二次“进剿”。毛泽东闻讯敌情后，即召开中共工农革命军第四军军委会议，与朱德、陈毅等根据敌情，采取避敌主力，攻击侧翼，声东击西，集中兵力歼敌一路的作战方针。决定朱德、陈毅、王尔琢率领第十师第二十八团、第二十九团担任主攻，在遂川方向迎战敌第八十一团，相机夺取永新县城；毛泽东、何挺颖、朱云卿率领第十一师第三十一团，到宁冈、永新交界的七溪岭阻击向宁冈进攻的敌第七十九团。

4 月底，朱德、陈毅、王尔琢率领军部和第二十八团、第二十九团经茨坪、下庄、小行州，迅速向南挺进。第二十九团赶到黄坳，与敌第八十一团一个先头营相遇。第二十九团是宜章农军组成，有 1000 来人，枪却不到 300 支，大部分使用的武器是梭镖。也没有多少战斗经验。农军武器虽然不好，但仗着人多，在团长胡少海的指挥下，勇敢作战，分几路向敌人冲去。只见漫山遍野的梭镖，像潮水一样，冲过黄坳河，又往山上冲，从气势上把敌人压垮了。激战两个小时，一举击溃了敌人的先头营，缴获 50 多支枪。第二十九团初战告捷，挫败了国民党军队的锐气。

第二十九团得胜后，军部率领第二十八团上来了，继续前进，当天下午到达遂川五斗江。从黄坳逃回拿山的溃敌向其团部报告，说在黄坳遭到农军的袭击，并说农军没有什么武器，都是些梭镖，敌团长周体仁一听，立即率领两个营向五斗江反击。敌团长失算了，等待着他的可不是什么农军，而是工农革命军最强的第二十八团。第二十八团是南昌起义军余部改编的，本来就是铁军，自三河坝后跟着朱德转战，经过政治整顿、军事训练，军政素质高，武器又好，周体仁碰上它，就注定要面临失败的命运。

敌人进入第二十八团的包围圈后，团长王尔琢一声令下，全团出击，枪弹齐飞，敌人顿时溃不成军。遭到如此猛烈的火力攻击，周体仁这才知道，他遇到的不是拿梭镖的农军，而是工农革命军的主力，不敢恋战，夺路而逃。朱德、陈毅、王尔琢见敌人溃逃，率部乘胜追击，一口气追至拿山。当晚，部队在拿山宿营。

次日，在朱德的指挥下，部队向永新奔袭，中午时分，在永新城外的北田附近追上了逃敌。这时，敌第二十七师师长杨如轩命令守永新城的第八十团出城救援，企图挽回败局，可是其部士气已经大挫，在工农革命军的猛烈冲杀下，全线败退，逃往吉安。工农革命军乘胜占领永新。这是第一次占领永新，即“一打永新”。永新是一个比较富裕的县城，缺衣少食的工农革命军在这里得到了很大的补充。工农革命军在永新召开庆祝胜利大会，宣告成立永新县工农兵政府。这是井冈山革命根据地成立的第四个县级红色政权。会后，按照毛泽东、朱德的布置，第二十八团留在永新就地休整，第二十九团和第三十一团在永新境内分兵发动群众，协助当地工农兵政府成立农民协会，组织赤卫队、暴动队，打土豪分田地，毛泽东把这个经验概括为：“分兵以发动群众，集中以对付敌人。”

正向龙源口开进的敌第七十九团，听到第八十师惨败的消息后，害怕被歼，也向吉安退去。至此，赣军对井冈山革命根据地的第二次“进剿”被彻底粉碎。

两支工农革命军队伍刚会师，就初试锋芒，得到一个“开门红”，为会师联欢大会献了一个厚礼！

5 月 4 日，这是一个井冈山革命根据地喜气洋洋的日子。在砻市南边的一个草坪上，有一个用门板和竹竿搭起来的主席台，两旁插满了写着“庆祝两支革命部队胜利会师”“打倒国民党反动派”的标语版。会场四周插满了鲜艳的红旗。

刚刚粉碎了敌人的第二次“进剿”，现在又开两军会师大会，每个人脸上都挂着笑容。歌声、笑语、人山、旗海，河里水清、山上竹翠、杜鹃花红，田里油菜花黄、水稻苗绿，构成了井冈山地区最美的图画。

陈毅是大会执行主席，他宣布：根据第四军军委的决定，全体部队改编为中国工农革命军第四军，军长是朱德同志，军党代表是毛泽东同志。陈毅还宣布了第四军下辖各师、团领导的名单。[①]

朱德在讲话中指出："我们党领导的两支革命武装的会合，意味着中国革命的新的起点。参加这次胜利大会师的同志，一定都很高兴。可是，敌人却在那里难过。那么，就让敌人难过去吧，我们不能照顾他们的情绪，我们将来还要彻底消灭他们呢！这次胜利会师，我们的力量扩

---

① 关于工农革命军第四军成立时的师、团编制，目前说法不一。中共中央文献研究室编的《毛泽东传》（1893—1949）关于工农革命军第四军成立部分，只提朱德任军长，毛泽东任党代表，陈毅任教导大队队长，共辖六个团，没提师一级建制。六个团分别为第二十八团、第二十九团、第三十团、第三十一团、第三十二团、第三十三团。中共中央文献研究室编的《毛泽东年谱》（1893—1949）（修订本）在提到工农革命军第四军成立时，关于军领导同《毛泽东传》（1893—1949）相同。但提到军下辖两个师一个教导大队。朱德兼任第十师师长，宛希先任党代表；毛泽东兼代第十一师师长（本任张子清，因负伤未到任），何挺颖任党代表；陈毅任教导大队大队长。没有提下辖多少团。该书在提到1928年5月4日砻市庆祝大会时，追述一句：后编为六个团（即第二十八团、第二十九团、第三十团、第三十一团、第三十二团、第三十三团），取消师的建制，由军部直接指挥。中共中央文献研究室编的《朱德传》（修订本）有关部分，关于工农革命军第四军的军领导与《毛泽东传》（1893—1949）基本相同，只是增加了军参谋长为王尔琢，但说工农革命军成立后，先编成三个师九个团，至于番号都哪些没有列出。只是在接下来说，不久，又缩编为两个师六个团：第二十八团、二十九团、三十团、三十一团、三十二团、三十三团和一个教导大队。由于该书这里没列出师的番号，笔者根据前面提到的第十师、第十一师，认为是作者省略没提。中共中央文献研究室编的《朱德年谱》（新编本）有关部分，关于工农革命军第四军军、师两级建制与《毛泽东传》（1893—1949）、《朱德传》（修订本）相同，但在提到1928年5月4日庆祝大会时，追述一句：后编为六个团即第二十八团至第三十三团，取消师的编制，由军部直接指挥。中国工农红军第一方面军史编审委员会的《中国工农红军第一方面军史》有关部分提到工农革命军第四军成立时，军部领导成员与《朱德传》（修订本）相同，但提到师的建制时说为三个师，即第十师、第十一师、第十二师。其中，第十师、第十一师的师长、党代表名单，与《毛泽东年谱》（1893—1949）相同。只提第十二师师长为陈毅，没有说党代表是谁。只提到了原湘南工农革命军第一师、第三师改编为第十师，其中第一师所部改编为第二十八团，第三师改编为第二十九团。井冈山的工农革命军第一师改编为第十一师，原来的第一团、第二团分别改编为第三十一团、第三十二团。湘南工农革命军其他各部组成第十二师。至于第十二师多少团，该书没说。《陈毅传》编写组的《陈毅传》在有关部分根据江华谈话，说工农革命军第四军成立时编为三个师八个团，第十师下辖三个团，即第二十八团、第二十九团、第三十团；第十一师下辖两个团，即第三十一团、第三十二团；第十二师下辖三个团，即第三十四团、第三十五团、第三十六团。何长工在《伟大的会师》中说，工农革命军第四军成立时为三个师六个团。他列出的军领导与《朱德传》（修订本）、《中国工农红军第一方面军史》相同。各师的领导，列出了朱德、毛泽东、陈毅，其中第十师、第十一师，没有列出党代表的名单，只列出了第十二师的代表为蔡协民。关于六个团，列出的是第二十八团至第三十三团。由此可见，关于工农革命军会师后的师、团建制问题，尚须继续深入研究。

大了，又有了井冈山作为根据地，我们就可以不断地打击敌人，不断发展革命。”[①] 最后，朱德希望两支部队会师后，要加强团结。并向群众保证，工农革命军一定保卫红色根据地。

朱德的讲话刚结束，就响起了热烈的掌声。

毛泽东在讲话中指出了两军会师的意义，分析了工农革命军的光明前景。他说：我们工农革命军不光要打仗，还要发动群众，组织群众。现在我们虽然在数量上、装备上不如敌人，但是我们有马列主义，有群众的支持，不怕打不过敌人。毛泽东还生动形象地说：“敌人并没有孙悟空的本事，即使有孙悟空的本事，我们也有办法对付他们，因为我们有如来佛的本事。他们总逃不出如来佛的手掌！我们要善于找敌人的弱点，然后集中兵力专打这一部分。十个指头有长短，荷花出水有高低，敌人也是有弱有强，兵力分布也难保没有不周到的地方。我们抓住敌人的弱点，狠狠地打一顿，打胜了，立刻分散躲到敌人背后‘捉迷藏’。这样，我们就能掌握主动权，把敌人放在手心里玩。”[②]

毛泽东这一番话，使大家信心倍增，看到了革命胜利的光明前景，激起了会场暴风雨般的掌声。

会上，毛泽东还代表第四军军委宣布“三大任务”和“三大纪律、六项注意”。

朱德、毛泽东井冈山会师，无论在中国现代史、革命史，还是在党史、军史上都是一件意义重大的事情。他们两人的合作，无论是从威望、魅力，还是从领导能力、军事指挥艺术，都是强强组合，对中国革命事业产生的影响是无法估量的。他们领导下的军队，是任何一支国民党军队都闻之胆寒的军队，是令反动统治者寝食难安的军队。

朱德、毛泽东井冈山会师，为井冈山根据地、为中国革命发展提供了条件。

---

① 何长工：《伟大的会师》，《星火燎原》（选编之一），第221页。

② 何长工：《伟大的会师》，《星火燎原》（选编之一），第221—222页。

四、我自岿然不动

打破国民党军第三、第四次“进剿”

工农革命军第四军成立后，国民党江西省政府主席朱培德不甘心对井冈山根据地第二次“进剿”的失败，急令杨如轩率领第二十七师全部由吉安反攻永新；另加派王均第七师一个团，杨池生第九师一个团，由樟树调防湘赣边界。5月中旬，赣军向井冈山根据地发动第三次“进剿”。

毛泽东、朱德根据敌情，决定采取“敌进我退，声东击西”的战术，待敌进入根据地内再消灭它。

毛泽东、朱德命令第二十八团主动撤出永新，退回根据地的中心宁冈。第二十九团在永新南面的高桥、天河一线，不断骚扰敌人。第二十九团与敌保持一定距离，敌人不来，他们不走；敌人来了，就抵抗一下，慢慢撤退，牵着敌人的鼻子走，疲惫敌人。

为了能把敌人引出来，分而歼之。第三十一团第一营于5月16日从永新西乡出发，经莲花边境向湖南茶陵的高陇奔袭，摆出主力西出湖南的架势，迷惑敌人。高陇是国民党政府主席谭延闿的家乡，也是湘赣边界的重要通道，军事地位十分重要，湖南国民党军队派有重兵防守。第一营没有得手，营长员一民不幸牺牲，双方呈相持状态。接着，朱德、陈毅等率领第二十八团从宁冈赶到高陇增援，在界首附近同第三十一团第一营会合后，立即向守军发起猛烈攻击。经过两个小时激战，歼敌一个多连，缴枪百余支。

工农革命军出击高陇的行动，果然迷惑了驻永新的敌人。杨如轩不知这是毛泽东、朱德的“声东击西”妙计，以为工农革命军主力已西去湖南，根据地内兵力空虚，便放心大胆地向根据地腹地进犯，命令主力南渡禾水，企图乘虚进占宁冈；同时命令第七十九团团长刘安华前往西乡，出击浬田、龙田。杨如轩本人则随师部和一个特务营坐镇永新城督战。

毛泽东这时在宁冈，得知赣军主力离开永新城后立刻给朱德、陈毅写信，要他们率领部队迅速折回，东袭永新；同时命令第二十九团、第三十二团及宁冈、永新地方武装赶往新、老七溪岭，利用有利地形，阻击敌人北进。

接到毛泽东的来信，朱德、陈毅召开营以上干部会议。为了使大家明白这次行动的目的，朱德在会上形象地告诉大家："打他的心脏，打他的指挥机关，打他的脑袋瓜子，一个铁掌把他的脑壳打碎，他们就完了。我们今天走几十里路，明晚奔袭永新城。如果你们同意，就准备爬城头，准备楼梯。"① 这就是朱德的军事指挥艺术，短短几句土得掉渣的话，却又把作战意图明明白白告诉部下。这些干部明白了，一心一意实现这个作战意图，能不打胜仗么？

朱德、陈毅率领第二十八团和第三十一团第一营从高陇出发，突然向东袭击。萧克在回忆文章中说：

我主力在高陇打垮敌人以后，即由西向东，一天走了个百多里，从高陇走到离永新县城 30 里的浬田，前卫到浬田的时候，天已经黑了，与浬田的靖卫团打起来，敌人看不见我们后面的大队伍，以为我们只有 100 多人，不知道我们有大队人马，我们的队伍当天住在浬田，第二天早晨便前进去袭击永新。地主武装跑到县城报告杨如轩，说从西出来了数百人的红军，杨如轩以为我军是被湖南军队打败了退下来的，便不在意，第二天早晨他就派了那个团长叫刘胡子的带着七十九团向浬田去，走了 15 里路，恰好我军主力从浬田开来，两军在草市坳遭遇了，敌人一个团，我们四个营，只用一个多小时就把敌人打败了，连敌人的团长刘胡子都打死了。当时敌人在城里有一个团加上杨如轩的师部，他们还不知道七十九团在草市坳都被我打垮了，我们追到永新城，街上队伍和行李辎重都挤乱了，我们缴了很多东西，缴到一门山炮，抬不动就丢到河里去了。那时，当我们追到城边时，杨如轩还在听留声机，有人听到

① 转引自中共中央文献研究室编：《朱德传》（新编本），第 152 页。

打枪，向他报告，他说，没有事，七十九团前面去了，再过了一会，又有人来报告，说枪声近了，杨如轩听留声机正听得高兴，把报告的人骂了一顿，枪声越打越近，报告人怕挨骂也不敢报告了，这时我们红军已经离城不远，忽然一颗流弹打在瓦上，哗啦一响，他才听到，停下留声机，往外就跑。结果街上满街是行李辎重，挤得乱七八糟。杨如轩走到城门口，人和担子把城门口塞住了，根本挤不出去，喊也没有人听他的，城门两边有石阶，他就从阶梯上城墙，我军越打越近，他只得从城墙上跳下去逃命，这时一颗流弹打到了他，使他受了伤，手下的人赶快把他送走了。战后，我们一个战士编了快板，叫《杨如轩带花》，他根据历史事实和想象加上文艺的词句，一唱唱了一二十分钟，大家听了很高兴。①

俗话说，狗急跳墙。萧克的回忆，活生生地描绘出当时杨如轩逃命从城墙上跳下去的狼狈状。

工农革命军在一天内连打两个胜仗，第二次占领永新，缴获迫击炮七门、山炮二门，银元 20 余担，彻底粉碎了赣军的第三次“进剿”。

时任第二十八团党代表的何长工赞扬说：“朱德同志出色地领导这次奔袭草市坳、二占永新的胜利战斗，是有远见，有预见的。”“特别是二占永新的胜利，表现了朱德同志非凡的指挥才能。”②

粉碎了赣军的第三次“进剿”，井冈山根据地得到巩固，加强根据地建设提上议事日程。5 月 20 日，在茅坪召开了湘赣边界党的第一次代表大会，出席大会的有毛泽东、朱德、陈毅、谭震林、陈正人、宛希先以及永新、宁冈、遂川、茶陵、酃县、莲花和工农革命军第四军党组织的代表 60 多人。毛泽东在会上作了重要报告，总结创建井冈山根据地的经验，批评了右倾悲观思想，反对逃跑主义，重申建设罗霄山脉中段政权的方针，提出深入土地革命，加强革命根据地建设、军队建设和

① 萧克：《四打永新》，井冈山革命根据地党史资料征集编研协作小组、井冈山革命博物馆编：《井冈山革命根据地》（下），第 396—397 页。

② 转引自中共中央文献研究室编：《朱德传》（新编本），第 153 页。

党组织建设的任务，初步回答了一些人提出的“红旗到底打得多久”的疑问。这是关系到中国革命根据地和工农革命军能不能存在和发展的基本问题。大会经过讨论，统一了思想，坚定了建设井冈山革命根据地的决心和信心。

大会选举产生了中共湘赣边界特委，毛泽东任书记。中共湘赣边界特委的成立，使边界各县的党组织有了中心，有了统一的领导机构，对井冈山革命根据地的建设产生了重要作用。鉴于毛泽东任了中共湘赣边界特委书记，原先他任的第四军军委书记一职改由陈毅接任。

为了统一领导湘赣边界各县工农兵政权，在宁冈茅坪建立了湘赣边界工农兵苏维埃政府，袁文才任主席。在湘赣边界特委和苏维埃政府的领导下，边界各县开展起轰轰烈烈的土地革命。

与此同时，军队建设也取得了很大发展。由于两军会师后达到了1万人，而井冈山“人口不满两千，产谷不满万担，军粮全靠宁冈、永新、遂川三县输送。”[①] 因此，吃粮成为令人挠头的问题。湘南农军，人数虽众，但手中的武器多是梭镖，只有少数枪支和土枪，在国民党军不断加紧对井冈山根据地“进剿”的情况下，对敌作战能力有限，反而有可能拖累主力部队。鉴于这种情况，5月底，工农革命军第四军军委研究决定，湘南农军除具有战斗力的第二十九团留下外，其他各团除少数补充第二十八团、第三十一团外，一律返回原籍。随即，第三十团、第三十三团、第三十四团、第三十五团、第三十六团及随农军上山的群众，从江西宁冈，经酃县的水口向湘南转移，到达资兴县边界的彭公庙后，兵分数路，各自回乡。这样，工农革命军第四军就只剩下第二十八团、第二十九团、第三十一团、第三十二团，取消师一级建制，四个团直属军部。

5月25日，中共中央发出第51号通告，指示：“在割据区域所建立之军队，可正式定名为红军”。[②] 6月4日，中共留守中央在致朱德、

---

① 毛泽东：《井冈山的斗争》（1928年11月25日），《毛泽东选集》第一卷，第68页。

② 《中央通告第五十一号——军事工作大纲》（采用广东省委扩大会议军事问题决议案内容）（1928年5月25日），中央档案馆编：《中共中央文件选集》（1928）第4册，中共中央党校出版社1989年版，第233页。

毛泽东并前委的信中指示："关于你们的军队，你们可以正式改成红军。"① 以后，中国工农革命军第四军就改名为中国红军第四军，简称红四军。

这时，毛泽东、朱德还根据敌强我弱、以弱胜强只能采用游击战术的原则，总结南昌起义、秋收起义以来工农革命军多次作战的经验，总结出"敌进我退，敌驻我扰，敌疲我打，敌退我追"的十六字诀，为后来红军整个作战原则的形成奠定了基础。

国民党反动统治者当然不许毛泽东、朱德率领的红四军安安稳稳地建设根据地，朱培德奉蒋介石之命，于6月上旬又对井冈山革命根据地发动了第四次"进剿"。由于杨如轩在前次"进剿"中遭到惨败，这次朱培德改以第九师师长杨池生为总指挥，率领第九师三个团和第二十七师两个团，采取"分进合击"的战术，向边界地区大举推进。朱培德还向蒋介石请求命令湖南当局派兵配合。在南京政府的严令下，湘军吴尚第八军第二师三个团，向酃县、茶陵进逼，企图从西面骚扰井冈山根据地，配合赣军进攻。

面对敌情，毛泽东、朱德命令红四军从永新撤出，集结宁冈休整，待机歼灭敌人。毛泽东、朱德、陈毅分析敌情，认为湖南国民党军队数量多且战斗力较强，江西国民党军虽有五个团，但经过几次打击，有畏惧心理，定下了对湘敌取守势，对赣敌取攻势的方针，决定集中兵力对付赣军杨池生和杨如轩部，对湘军吴尚取守势。

6月20日，毛泽东、朱德、陈毅在宁冈古城召开连以上干部会议，制定具体迎敌方案。

根据方案，21日，朱德、陈毅、王尔琢率领第二十八团、第二十九团和第三十一团第一营移驻宁冈新城，密切注视赣军动向。22日，毛泽东率领第三十一团第三营前往永新西乡的龙团、潞江一带发动群众骚扰赣敌和牵制湘军。当日，毛泽东给中共红四军军委写信，通报赣敌

① 《中央致朱德、毛泽东并前委信》（1928年6月4日），中央档案馆编：《中共中央文件选集》（1928）第4册，第253页。

由永新出动向宁冈猛进的情况，并提出了破敌策略。朱德、陈毅接到毛泽东的信后，立即由陈毅主持召开营以上干部参加的军委扩大会议，讨论并确定具体作战方案。会议期间，袁文才报告进驻酃县、茶陵、攸县的湘敌第八军无行动迹象。这消息是太好了，说明湘、赣两省当局原定的“会剿”，湖南当局并没有履行协定，变成了赣敌单方面的“进剿”。既然西线无战事，那么红四军就可以放心大胆地对付东面的赣敌了。会议作出了以朱德率领第二十九团和第三十一团第一营守新七溪岭，以陈毅、王尔琢率领第二十八团守老七溪岭的作战方案。

6月23日，朱德率领第二十九团和第三十一团第一营，占领新七溪岭的有利地形，阻击杨池生部的李文彬团；陈毅、王尔琢率领第二十八团，赶往老七溪岭迎击杨如轩的两个团；袁文才率领第三十二团一部和永新赤卫大队，从武功潭一带侧击敌人。

萧克在回忆这次战斗时说：

敌军进占永新后，便从新、老七溪岭分路向宁冈进攻，新七溪岭来一个团，叫二十七团，老七溪岭是两个团和师部，永新城内有一个团，是被我军打败的残部，可能是七十九团或八十一团。敌人一直想打进宁冈来，这支敌人能打仗，北伐时期，他是打南昌的主力（1926年冬天），军官多属云南人，是云南军队，国民党叛变后，他们也一起叛变了，朱德同志对他们的部队很了解，很多人都认识，有些还是他的老部下。我们军委在宁冈开会，会议决定打，当时我们三个团，二十八团全部，三十一团一个营，二十九团也只有两个营，敌我相比，我们比较弱，是劣势，军队在宁冈集中时，我带了一个连正守新七溪岭，开始说不打，叫我们撤退。第二天天刚亮，下山接到通知，说军委决定要打仗，马上回阵地上去。我们回去时，新七溪岭下龙源口，亭子对面的山已被敌人占领。我们大部队二十九团和三十一团一个营及特务连这时也开来了。这一路由朱德、陈毅直接指挥。老七溪岭那边是由二十八团去打的，因为敌人已占领了老七溪岭，二十八团一去就与敌人遭遇打起来了，这一仗打得很厉害。新七溪岭方面，我们从早上六七点钟就开始打，接着主力来了，三十一团战士们情绪很高，他们一边走，一边讲，我们今天要打个大胜仗才好啊！三十一团全部都有步枪，敌人占领了我们对面的山头，我们向山上攻，就是那么一条路不好展开，打了几个钟头也没有解决战斗。到了中午，二十九团团长胡少海要我们这个连攻上去，路很小，路边上有矮树，部队不好展开，敌人在那边打机关枪，我们利用路边地形打，冲上去也站不住，结果我右脚负了伤。战斗一直打到下午，相持不下，敌人从对面山头上往我们军部冲过来。这时，朱德同志身边有四支手提机关枪和一支花机关冲锋枪，他叫其他的战士和部队站到山后边，派了这几支机关枪，守在那个路口上，敌人冲上来，我们的手提机关枪一阵射击，把敌人打下去，敌人又冲上来，又把他们打下去，虽然只有几支机枪，但我们目标小，好隐蔽，而火力集中，这样敌人怎么也冲不上来，我们的队伍则利用这种间隙进行休整，再回到阵地上向敌人发起攻击，同敌军在山头对抗起来。①

难怪朱德被称为"红军之父"，在战斗关键时刻，往往能够沉着、冷静，显示出稳定军心的作用。这样的指挥者，得到红军指战员们的衷心拥戴是必然的。

老七溪岭这边，战斗也是异常激烈。第二十八团由于路途较远，他们到时，杨如轩已经率部抢先占领制高点百步墩。由于地形不利，王尔琢指挥第二十八团多次发动攻击，均未奏效。赣军居高临下，向第二十八团压来。怎么办？王尔琢召开紧急会议，决定组织作战勇敢、有战斗经验的党员、班排长组成"敢死队"，由第三营营长肖劲统一率领。"敢死队"配备较好的武器，在肖劲带领下，趁敌人中午休息之机发起攻击，经过几次冲锋，占领了百步墩。然在夺取百步墩的过程中，肖劲不幸中弹牺牲。

肖劲，湖南石门人，黄埔军校第三期毕业，曾任国民革命军第二方面军教导团特务连连长。在大革命即将失败的时候，武汉中央军事政治学校被改编为教导团，归属张发奎第二方面军，时任军校中共党委书记

---

① 萧克：《四打永新》，井冈山革命根据地党史资料征集编研协作小组、井冈山革命博物馆编：《井冈山革命根据地》（下），第 398—399 页。

的陈毅，先是隐蔽在炮兵连，后又隐蔽在肖劲任连长的特务连。教导团到南昌参加起义时，途经九江被张发奎缴械，肖劲和陈毅一起南下追赶上了起义部队。肖劲的牺牲，陈毅失去了一位同生共死的好战友，红四军失去了一位重要骨干！

"为肖营长报仇！"第二十八团在王尔琢的带领下，向敌人发起了猛攻。敌人见制高点丢了，无心恋战，纷纷溃逃。第二十八团不给敌人以任何喘息机会，一直把这支赣军压到龙源口一带。

新七溪岭上的赣军李文彬部，听到红军夺取了老七溪岭上的百步墩、杨如轩的部队已经溃逃的消息后，惧怕被歼，准备逃走。朱德抓住这一有利时机，组织第二十九团和第三十一团第一营发起全面进攻。李文彬招架不住，带着部队冲向龙源口，打算夺路而逃。这时，袁文才带领第三十二团和永新赤卫大队埋伏在武功潭山上，趁势袭击了杨如轩设在白口的前线指挥部。也是杨如轩活该倒霉，在逃往永新的途中又一次被击伤。

朱德率领第二十九团、第三十一团第一营，从新七溪岭上乘胜追击，在龙源口会同第二十八团，将赣军团团围住。进攻激烈的肉搏战，红军歼灭赣军一个团，击溃两个团，缴获步枪400余支，重机枪一挺，取得了井冈山革命根据地创建以来最辉煌的胜利。

龙源口大捷后，红四军乘胜第三次进占了永新县城，彻底粉碎了国民党赣军对井冈山革命根据地的第四次"进剿"。当时，边界群众流传着一首歌谣："不费红军三分力，打败江西两只羊。"[①] 歌谣中的"两只羊"，是指对井冈山根据地发动"进剿"的赣军第九师师长杨池生和第二十七师师长杨如轩。群众把这两个姓杨的赣军师长比作"羊"，巧妙地用"杨"与"羊"的谐音，形容他们在猛虎般的红军面前像两只羊，不经打！

粉碎了国民党赣军的第四次"进剿"后，井冈山革命根据地迅速扩大到宁冈、永新、莲花三县全境，吉安、安福各一小部分，遂川的北

① 转引自中共中央文献研究室编：《朱德传》（新编本），第158页。

部，酃县的东南部。红色割据区域的面积达 7200 多平方公里，50 多万人口。

朱德、毛泽东两支部队会师，两个月时间，连续打破国民党赣军一次比一次规模大的两次“进剿”，初步显现了“朱毛红军”的威力，使井冈山根据地达到了全盛时期。

“八月失败”

粉碎赣军第四次“进剿”后，红四军抓住赣军受到重创，一时无法发动反攻的短暂时机，将各部队分兵发动群众，开展土地革命，建立红色政权，扩大红军和地方武装：第二十八团开往安福，第二十九团开往莲花，第三十一团在永新的石灰桥、吉安的天河一带活动。

鉴于永新在井冈山地区各县中人口多，经济发达，有兵源，有粮食，有给养，又有宁冈作为后方，毛泽东则把主要工作放在“大力经营永新”上，决心抢在国民党军队反攻以前，争取一个月的时间把永新根据地建立起来。他在军中抽出大批干部，并把遂川、茶陵、酃县的负责人集中在永新一县加紧工作。毛泽东对中共湖南省委刚派去工作的杨克敏说：“我们看永新一县，要比一国还重要，所以现在集中人力在这一县内经营，想在最短的期间内，建设一个党与民众的坚实基础，以应付敌人下次的‘会剿’。”①

为了大力经营永新，毛泽东自己也三次到永新县西乡的塘边村。当时，中共永新县委、县工农兵政府机关也在这里。毛泽东和中共永新县委书记刘真同住一户贫农家中，从事调研和试点工作。毛泽东在这里先后住了 40 多天，领导分田，总结分田经验，制定了分田临时纲领 17 条。

在塘边村，毛泽东还有另外一个收获，就是与贺子珍的爱情。贺子珍是永新黄竹岭人，原名桂圆，又名自珍，父亲贺焕文是个有名的乡绅。1925 年加入中国共产主义青年团，次年加入中国共产党。曾

---

① 《杨克敏关于湘赣边苏区情况的综合报告》（1929 年 2 月 25 日）。

任共青团永新县委书记、中共吉安县委妇女运动委员会书记。1928年在中共湘赣边界特委机关做机要和宣传工作。贺子珍这时也在塘边村工作，对毛泽东由敬佩逐渐发展为爱慕。毛泽东告诉她，自己结过婚，且还有三个孩子，留在湖南老家，现在杳无音讯。他俩在塘边村结为伴侣。

红四军分兵发动群众和经营永新都取得了明显成效，不仅建立了各种党群组织，深入了土地革命，而且地方武装赤卫队、暴动队也发展到七八千人；同时还营造了九陇山军事根据地，使井冈山根据地多了一道军事屏障。

就在井冈山根据地蓬勃发展之际，中共湖南省委派的两个代表来到井冈山，打断了根据地顺利发展的进程。这两个人，一个叫杜修经，一个叫杨开明。

杜修经是湖南慈利人，1925年入党，1926年曾任中共华容县委书记，1927年冬中共湖南省委遭到破坏，醴陵农民武装起义建立起来的革命政权也遭到失败，杜修经被调到中共醴陵县委当书记。不久，他又担任了中共湘东特委兼安源市委的秘书。

杨开明是湖南长沙县人，毛泽东爱人杨开慧的堂弟，1926年加入中国共产党。大革命失败后曾参与组织安源工人武装起义。1928年任中共湖南省委委员、秘书长。

在这之前，1928年5月下旬，杜修经受中共湖南省委委派曾来过井冈山，在井冈山，他见到了毛泽东，将贺昌起草的中共湖南省委给湘赣边界特委和红四军的指示信交给了毛泽东。这封指示信介绍了湖南的形势，“要求红军应有个休息、训练的地方，要有一个根据地；而且要把这个根据地巩固好。”① 毛泽东看了指示信后说，就该是这样。在井冈山，毛泽东先是让陈毅主持红四军军委召开会议，接着又召开了一次部队干部会议，让杜修经传达了中共湖南省委的指示，并带着他到根据

① 杜修经：《四上井冈山》，井冈山革命根据地党史资料征集编研协作小组、井冈山革命博物馆编：《井冈山革命根据地》（下），第420页。

地各地看了看。

杜修经回到安源后，于 6 月 15 日向中共湖南省委递交了一份《红四军的组成、状况，湘赣特委成立和边界分配土地情况，湘南情形》的报告。杜修经在这份报告中介绍了红军的情形和湘赣边界特委的情形，以及湘南的情形。报告只是叙述过程，对于井冈山根据地能够坚持下来的经验没有作更多的介绍。他在报告中认为："边界特委工作日益扩大，实际上一切工作与指导都集中在泽东同志身上，而泽东同志又负军党代表责，个人的精力有限，怎理得这多，实际上也就有很多地方顾及不到了。"建议"目前派得力的人去参加特委工作，并加派干部参加各县委"。还建议"省委应注意派几个干部去参加军委，使军委健全起来，对各团的工作有计划的去督促和指导"。关于湘南情形，杜修经在报告中说："现在二十九团有几个同志请求回去工作，我已许他，在打开酃县时便走，并要泽东同志与之详谈军事运动中我们应注意之要点。""离宁冈时，已嘱边界特委今后应尽可能派人去湘南"。①

中共湖南省委在贺昌的主持下，讨论了杜修经的报告后，于 6 月 19 日写了一封给湘赣边界特委和红四军军委的指示信。指示信接受杜修经的建议，要求湘赣边界特委和红四军军委"应即派少许武装，冲过敌人防线（沿小路），立即与他们发生联系"。并表示："以罗霄山中脉为根据地的计划，省委完全同意"；"积极的发展罗霄山中脉周围各县的暴动，造成以工农为主力的割据局面。同时须根据省委前次的指导，积极向湘南发展并向萍乡推进，以与湘东相联系。"②

同一天，中共湖南省委认为前一个指示信对一些重要问题没有说透，又给中共湘赣边界特委和红四军军委写了一封指示信。这封信尤其重视扩大根据地问题，认为："你们应采取积极向外发展的策略，一切

---

① 《中共湖南省委巡视员杜修经的报告——红四军的组成、状况，湘赣特委成立和边界分配土地情况，湘南情形》（1928 年 6 月 15 日）。

② 《中共湖南省委给湘赣边特委及四军军委的信——对付二次"会剿"的策略与红军的改造，边界各县土地革命、游击战争、发展党的组织与加强特委指导等》（1928 年 6 月 19 日）。

经济的（米粮、布疋……）、军事的（如浑之[①]）困难的问题，都可解决。目前只有宁冈一县完全在赤色政权之下，而宁冈全县周围不过百余里，永新县城及近郊尚在敌人手中，其他边界各县（茶陵、攸县、酃县、遂川……）均在白色恐怖势力之下，如此宁冈则孤立无援，四方八面在敌军包围之中，异常危险。”指责“上次战败杨如轩，已占领永新县城，而不四方搜索，歼灭敌人残余势力，反而畏惧退缩，使敌人又得重新占领县城，团结残部，准备反攻，成为心腹之患，在战略上、工作上均为错误。莲花县城仅有敌军枪支五六十支，你们亦未注意向此方向发展。如此均证明过去确犯有极严重的保守观念，缺乏积极发展的决心，事实上使所谓罗霄山中段的政权无从建立。”指示“你们必须很有计划的善于利用四军的军力努力向外发展，于最短时间首先努力促进这一区域的割据，肃清湘赣边各县的反动势力，由普遍的大规模割据，进而争夺县城，完全（成）此割据计划。”指示信同意“进攻酃县的计划”，要求在胜利后，“应快速回茶、攸发展，向莲花推进，解决县城及四乡敌军武装，相机进攻永新”。“以后四军须集中力量向湘南发展，与湘南工农暴（动）相一致，进而造成湘南割据，实现中央所指示的割据赣边及湘粤大道的计划。”[②]

从这封指示信看，中共湖南省委充满着想当然，无视敌我力量悬殊，把只有 3000 余人的红四军当作可以左冲右突、南下北上横扫周围国民党数万军队的无敌之师；把红四军从实际出发稳步、波浪式地向外发展看作“极严重的保守观念”。显然，中共湖南省委认为井冈山根据地发展得太慢，希望能够快速又快速地发展，急躁、冒进的思想又开始冒头。但这封信还没有马上要求红四军向湘南冒进，而是要等占领了酃县、茶陵、攸县、永新后再向湘南挺进。

中共湖南省委派袁德生带着这两封指示信上了井冈山。

---

① 可能指军火。

② 《中共湖南省委致湘赣边特委及四军军委信——扩大根据地、红军建设及分配土地问题》（1928 年 6 月 19 日）。

然而，在过了五天以后，中共湖南省委根据对国民党新军阀混战形势的判断，其急躁、冒进错误又有了新的发展。

中共湖南省委指示："四军应即向湘南发展，与三十、三十三团相结合，留一部分武装在宁岗，并分配少许枪支给宁岗，永新，莲花的工农群众。到湘南后，首先用全力帮助耒阳，资兴，永兴，郴州的党部，发动四县的广大群众，然后向茶陵，攸县，酃县，安仁发展，以与湘东相联系，造成从平江沿赣边到湘南的割据。"并强调："在四军内应与同志的保守观念奋斗，目前只有积极的向湘南发展才有出路，才能解决一切军事的经济的财政的困难。"①

中共湖南省委一个接一个、连珠炮似地发出指示信，在盲动错误的道路上大踏步前进，杜修经在多年后的回忆中曾自责说："我从井冈山回到安源后，便向湖南省委作了汇报，这些汇报给省委当时作出错误的决定是有关系的。我到井冈山时，只是单纯地看到军事上的现实，只看到我们有多少人和武器，敌人有多少人和武器，仅仅看到这些情况。在这期间，毛泽东同志有经验总结，但未被我所理解所认识，对这支武装的存在；边区的成绩是如何取得的；对边区长期革命斗争的经验和经受的锻炼；对如何来决定我们的行动等都很不理解，很不认识。所以在汇报时，我只单纯地讲军事，没有汇报土地革命、政权建设等问题。会上很快地就作出了决定。当作出错误的决定之后，我才在会议的末尾提到了一些边区是如何组织苏维埃的，如何进行土地革命等简单情况。当时贺昌就对我说：这些你怎么不首先汇报呢？所以，我的汇报对省委作出错误的决定是有关系的，为什么要红军大队往湘南呢？因为当时湖南省委与江西省委没有什么联系，站在湖南的立场当然要求去湘南，便于省委的工作，这也是作出错误决定的原因之一。"②

关于中共湖南省委要红军开往湘南，杜修经在另外一个回忆中的说

---

① 《中共湖南省委给各特委、各县委、四军军委的信——目前军阀战争与群众暴动的形势和实现鄂湘粤大道沿赣边割据的工作布置》(1928年6月24日)。

② 杜修经：《四上井冈山》，井冈山革命根据地党史资料征集编研协作小组、井冈山革命博物馆编：《井冈山革命根据地》(下)，第424页。

法与上一个略有不同。他说："我于6月中旬回到湖南省委，向省委作了汇报。汇报内容，着重于简单的军事形势，至于边界党的路线政策，党群工作的基础，对人民群众在战争中的作用以及政权的建设，土地革命的深入等内容，由于我没有认识到它的重要性，在汇报中几乎没有提到，因而造成了省委粗率的错误决定，要红军'杀出一条血路，到湘南去'。"①

中共湖南省委作出错误决定的确与杜修经的汇报有关系。以笔者之见，杜修经的汇报主要表现在三点：其一，是对井冈山根据地和红四军的介绍只是一般叙述，使省委对井冈山根据地和红四军的状况感到悲观；其二，是说中共湘赣边界特委和红四军军委领导力量薄弱，需要加派干部；其三，是说红二十九团一些人愿回湘南，建议湘赣边界特委派人去湘南。因之，使湖南省委得出了湘赣边界特委和红四军在根据地发展问题上保守，急需加强领导力量。

但是，仅仅杜修经的汇报还不能够使中共湖南省委在盲动错误的道路上越走越快。最主要的原因还是在于湖南省委对国民党新军阀占领北京后的矛盾和湖南各派军阀的矛盾进行分析后，对湖南革命形势作了过高估计，头脑高度发热所致。

6月26日，中共湖南省委分别给湘赣边界特委和红四军军委发出指示信。在给湘赣边界特委的信中指示："四军攻永新敌军后，立即向湘南发展，留袁文才同志一营守山"；"泽东同志须随军出发，省委派杨开明同志为特委书记，袁文才同志参加特委。"② 在给红四军军委的信中指示：占领永新后，"立即向湘南发展，与三十、三十三团相联合，帮助湘南党部努力于最短时间发动耒阳，永兴，资兴，郴州的群众力量以造成四县的乡村割据，对衡阳取包围形势，然后用全力向茶陵、攸县、酃县、安仁发展，以与湘东暴动相联系。""军队到湘南后还有一个最重要的任务，就是红军的充实与扩大。""四军可立即扩充到十二团"。

① 杜修经：《八月失败》，井冈山革命根据地党史资料征集编研协作小组、井冈山革命博物馆编：《井冈山革命根据地》（下），第522页。

② 《中共湖南省委给湘赣边特委的指示信——红四军向湘南发展，杨开明同志任特委书记》（1928年6月26日）。

还指示："出发湘南时四军军委应取消，另成立前敌委员会指挥四军与湘南党务及群众工作。""前敌委员会省委指定下列同志组织之：泽东，朱德，陈毅，龚楚，乔生及兵士同志一人，湘南农民同志一人组织之。前委书记由泽东同志担任，常务委员会由三人组织，泽东、朱德、龚楚。并派杜修经同志前来为省委巡视员，帮助前委工作。"①

坐在屋子里的中共湖南省委遥控湘赣边界特委和红四军军委，把两个指示信写得头头是道，但与外面对敌斗争的严酷环境却是相差巨大，给井冈山根据地带来了灾难性的后果。

6 月底，杜修经怀揣着两封中共湖南省委的指示信，与省委新委派的湘赣边界特委书记杨开明一起动身，前往井冈山根据地。

杜修经、杨开明进入莲花境内，杜修经去了永新，杨开明去了宁冈。6 月 30 日，杜修经到达永新县城。交通员把他领到毛泽东的住地。当时，毛泽东正在主持召开中共湘赣边界特委、红四军军委、永新县委的联席会议。毛泽东见到杜修经，忙迎上来说："你来了好。我们的一切问题都解决了。"

会议继续开，杜修经回忆说："在这次会议上，我首先表明了省委决定的不适宜，然后传达了省委的决定"。"当时毛泽东同志听了，面色顿时沉闷。但仍继续主持会议。对于省委的决定，由于我的表态，会上没有发生争论，只就省委的这个决定不适宜处作了讨论，并通过了不执行省委意见的决议。此外，还着重讨论必须在一个星期内，如何加速永新全境的基层政权建立，土地革命，发展武装建设以及筹款等项工作。"②

7 月 4 日，毛泽东代表中共湘赣边界特委、红四军军委给中共湖南省委写报告，陈述了红四军不能去湘南的理由：1. 红四军正根据中央和湖南省委批准的计划，建设以宁冈为大本营的根据地，洗刷"近于流寇"的"遗毒"，永新、宁冈二县的群众已普遍起来，不宜轻率变动。

---

① 《中共湖南省委给红四军军委的指示信——红四军向湘南发展，取消军委成立前委统一指挥红军及湘南党的工作》（1928 年 6 月 26 日）。

② 杜修经：《八月失败》，井冈山革命根据地党史资料征集编研协作小组、井冈山革命博物馆编：《井冈山革命根据地》（下），第 524 页。

2.“湘省敌人非常强硬，实厚力强，不似赣敌易攻”。“故为避免硬战计，此时不宜向湘省冲击，反转更深入了敌人的重围，恐招全军覆灭之祸。”3.“宁冈能成为军事大本营者，即在山势既大且险，路通两省，胜固可以守，败亦可以跑”，“实在可以与敌作长期的斗争，若此刻轻易脱离宁冈，‘虎落平阳被犬欺’，四军非常危险”。4. 过去全国暴动，各地曾蓬勃一时，一旦敌人反攻，则如水洗河，一败涂地。这都是因为“不求基础巩固，只求声势浩大”的缘故。因此，我们全力在永新、宁冈工作，建设罗霄山脉中段的政权，求得巩固的基础，这“绝非保守观念”。5. 湘南各县经济破产，土豪打尽，四军此刻到湘南去，经济困难绝不可能解决。6.“伤兵增到五百，欲冲往湘南去，则军心瓦解，不去又不可能，此亦最大困难问题之一。”因此，毛泽东在最后写道：“上项意见，请省委重新讨论，根据目前情形，予以新的决定，是为至祷!”①

永新联席会议后，毛泽东、朱德等指挥红四军转战于永新、莲花、安福和吉安边境，分兵发动群众，扩大井冈山革命根据地。

就在这时，湘赣国民党军对井冈山革命根据地和红四军发动了第一次“会剿”。

如何对付敌人的“会剿”？毛泽东在永新一所学校里主持召开了各部队营以上干部会议。针对一些干部流露出的对宁冈的敌人打还是不打的犹豫不决的态度，毛泽东主张一部分队伍继续做巩固永新的工作，另一部分去收复宁冈。毛泽东说：一定要把宁冈的敌人赶走。经过讨论，会议最后作出打宁冈敌人的决定，集中第二十八团、第二十九团、第三十一团于龙源口东南的绥远山一带，侧击由宁冈进入永新之湘敌第八军。

7 月 11 日，红四军各团到达预定地区，不料，敌军与红军错道而过，已经离开了宁冈，向永新方向去了，红军扑了个空。红四军军委立即改变部署，决定由毛泽东率领第三十一团，对付即将进入永新的江西敌军；朱德、陈毅率领军部和第二十八团、第二十九团进攻湖南酃县，威逼茶

① 转引自中共中央文献研究室编：《毛泽东传》（1893—1949）上，第 181—182 页。

陵，迫使湘敌第八军退出“会剿”，回援其后方，达成目的后，立即返回永新，与第三十一团一起对付赣敌，彻底粉碎湘赣两敌的“会剿”。

次日，朱德、陈毅率领第二十八团、第二十九团和军部特务营，一举攻下酃县县城。湘敌在永新还没有站稳脚跟，见后院起火，便于14日匆匆退回高陇。赣军虽然推进到永新，但与湘军会师的计划没有实现，又受到红军第三十一团的不断骚扰，处在进退维谷之中。一切都在按照红四军的反“会剿”计划顺利进行，态势良好。但意外的事情发生了！

第二十八团、第二十九团打下酃县后，原计划北攻茶陵。但是，国民党吴尚第八军已经被迫由宁冈、永新一带返回茶陵，红军调动湘敌回防的目的已经达到，再执行攻打茶陵的计划已经没有必要，于是，朱德、陈毅决定改变攻打茶陵的计划，率领部队折回宁冈，增援永新。

然而，就在这时，第二十九团的一些官兵发出了不同声音，要求“打回老家去！”“就地闹革命！”第二十九团是由湘南起义后成立的宜章农军第三师改编的，乡土观念十分严重，上井冈山后，由于当地因经济条件有限遇到了一些生活困难，他们不愿意在井冈山地区继续过艰苦的生活，一心想回家乡去。杜修经5月下旬上井冈山时，第二十九团就有一些人向他流露出这种情绪。当时，杜修经就答应过这些人的要求。因此，杜修经对于这些闹着要回湘南去的人们是支持的。

第二十九团党代表龚楚，更是一个要求回湘南的鼓吹者，要各连士兵委员会负责人在部队中造成“非回湘南不可”的声势。就在7月12日当晚，第二十九团士兵委员会召开秘密会议，决定在第二天由酃县去湘南。萧克回忆说：“那天晚上，二十九团士兵委员会给各营、连发了通知，让第二天早上3点钟起床吃饭，4点钟集合出发去湘南。我觉得很奇怪，怎么营部没有命令啊？就跑去问营长，营长说：‘没有接到团部的命令。’又派人问团部，回话说：军部没有命令。”①

朱德、陈毅得知第二十九团内部出现情况后，立即写信给留在永新的毛泽东，并且召开红四军军委扩大会议，对第二十九团要求返回湘南

① 《萧克回忆录》，解放军出版社1997年版，第100页。

的行动加以阻止。为了阻止第二十九团返回湘南，朱德亲自召集部队讲话。萧克在回忆录中说：

朱德军长来讲话，他大声说："罗霄山脉的形势很好，还需要我们在这里干！二十八团不去湘南，你们二十九团回去行吗？"但是讲不通，朱军长又说："你们要革命，就要听军长的命令。"有些战士就嚷起来："军长带我们回湘南去呐！回宜章去呐！"军长说："二十八团不去，你们二十九团行吗？"二十九团是农民团，没有二十八团在旁边，信心不大。朱军长见下边有些犹豫，便说："你们特务连很听命令，特务连先出发，回沔渡去。"特务连确实很好，作为前卫出发了，后续部队有些人就骂开特务连了，但骂归骂，走还是走，各营按次序向东，回到沔渡。①

由于第二十九团弥漫着回湘南的情绪，部队行军缓慢，士兵垂头丧气，稀稀拉拉，走不成队形，一天只走了 30 来里。到了沔渡后，刚一宿营，第二十九团的官兵就又开始闹起来，仍坚持要回湘南。

7 月 15 日，为了整顿红军的纪律和确定部队的行动方向，红四军军委在沔渡召开了扩大会议。朱德、陈毅、王尔琢、何长工、胡少海和杜修经参加了会议。会上，朱德表示不同意去湘南。龚楚竭力主张把部队拉到湘南去。他振振有词地说：围魏可以救赵，我们到湘南，把敌人引过来，可以促进毛泽东率领的部队在永新发展。②

这时，随队负有监督责任的杜修经有很大发言权。他是中共湖南省委巡视员，也就是湖南省委的代表，在有两种不同意见的情况下，他的意见就有举足轻重的作用。遗憾的是，他是去湘南的支持者。如前所述，中共湖南省委作出红四军去湘南的决定，很大程度上与他的汇报有关。杜修经回忆这次会议时说："会上提出要到湖南去，重提执行湖南省委的决定，这时，主要是二十九团，逃避斗争，欲回家乡的影响，对当时敌情并不清楚，也没有考虑到边界党的路线的正确，群众基础好，怎么与敌周旋的有利条件，便贸然决定去湘南，并谓

① 《萧克回忆录》，第 100 页。

② 转引自中共中央文献研究室编：《朱德传》（新编本），第 167 页。

‘围魏可以救赵’。就是说，我们主力去湘南，敌人主力也会紧追我们，从而会减轻边界的压力。这些错误的认识，对我也有一定的影响，反认为去湘南，还是有利的。因此，在会上，我并没有坚持永新联席会议的精神，反对去湘南，对二十九团的欲回家乡的情绪，不知是政治动摇，是逃避斗争”。①

杜修经主张到湘南，使部队中的农民意识更加狂热。在此种情况之下，红四军军委十分为难，迁就了主张去湘南的意见，改变返回永新的决定，同意第二十九团去湘南的要求。但考虑到第二十九团单独回去，孤军奋斗难以支撑，决定第二十八团同去湘南。但第二十八团的士兵不大愿意去湘南。杜修经看到此情，也觉得事大，需要征求毛泽东的意见，建议部队推迟一天行动，等他去特委找到毛泽东商议后再行动。龚楚在散会后对杜修经说：等你一天，你不来，我们就走了。

次日，杜修经赶到茅坪，恰好毛泽东上午去永新了，只见到特委书记杨开明。杨开明听杜修经讲了情况以后，也没有作慎重考虑，就说：“决定了，就走吧！老毛那里，我跟他说。”杜修经马不停蹄赶回部队，这时，天已经黑了，看到许多战士在休息。他们问杜修经到底走不走，杜修经说：“走！”

7 月 17 日，第二十八团和第二十九团从沔渡南下湘南。

毛泽东接到朱德、陈毅的信后，得知部队要去湘南，便派中共茶陵县委书记黄琳（江华）带着他的亲笔信去追赶部队。为什么派江华去送信？据江华自己说要他去劝部队打茶陵，打了茶陵再回永新。江华从永新县城跑到酃县，跑了一百多里，总算追上了部队，把信交给了杜修经。杜修经看信时，陈毅在旁边。他看完后交给陈毅。毛泽东这封写给杜修经、朱德、陈毅的信，苦口婆心地说：罗霄山脉中段的政权必须坚持，绝不能放弃。现在形势的发展对坚持井冈山根据地的斗争、建设巩固的罗霄山脉中段的政权十分有利。如果此刻离开边界去湘南，必然会

① 杜修经：《八月失败》，井冈山革命根据地党史资料征集编研协作小组、井冈山革命博物馆编：《井冈山革命根据地》（下），第 525 页。

被敌人各个击破。毛泽东在信中希望朱德、陈毅耐心说服部队，不要前去湘南，留在边界坚持斗争。陈毅看完信后，杜修经问他怎么办，陈毅表示宿营后，晚上开军委会议决定。

部队宿营后，军委决定就地休息一天。第二天召开了连以上干部会议，杜修经主持会议。会上争论十分激烈。朱德、陈毅拿来了军用地图，摊在桌子上，计算回去的路程。朱德提出按照毛泽东的意见，不去湘南，劝说大家回去解永新之围，说井冈山离这里不远，只需两三天时间就到了。龚楚力主去湘南，说从地图上看不远，但因大山阻隔，实在很远；还说回去走的是山路，去湘南是下坡，似乎说得有些道理。但这些理由还不足以让大家都赞同他的主张，于是他搬出了这是执行省委的指示，所以就显得气粗。主持会议的杜修经支持龚楚的意见。萧克回忆说：

部队走到水口，还有两种意见，二十八团不同意回去，二十九团也有人不同意回去，就在水口开会。我连党支部派代表参加。他回来对我说："王尔琢团长反对回湘南，杜修经就指着王团长质问：'是你听省委的，还是省委听你的？'"①

很明显，杜修经、龚楚利用执行省委指示这顶大帽子压不同意见的同志，别人自然不好再说什么。

杜修经在会上提出：以第二十八团、第二十九团到湘南去，第三十一团、第三十二团到边界，这样一面可以分散敌人"会剿"的目标，一面湘南工作也可以进行。于是军委召集扩大会议，决定照湖南省委指示，将军委改为前委，因毛泽东在永新，由陈毅代理书记，毛泽东以军党代表名义指挥第三十一团、第三十二团，前委指挥第二十八团、第二十九团往湘南。

红四军从酃县南下后，作为前卫的第二十九团战士们思乡心切，一改回井冈山那种拖拖拉拉的行军速度，快步如飞，第二十八团在后面紧追都追不上。

7月24日，红军攻打郴州。当时，守郴州的是范石生的部队。朱

① 《萧克回忆录》，第101页。

德从城里出来的老百姓那里得知驻郴州的部队是范石生时，有些犹豫。杜修经回忆说："因为朱德离粤来湘起义时，是从韶关范石生军中出来的。范曾对朱德同志说：'今后我们相遇时，你不打我，我也不打你'。这时候，我根本没有具备对敌的战略思想，就说：'已打响了，就打吧！'部队遂于上午 9 时攻入郴州，敌人仓皇撤至北郊山下。"① 对此，朱德个人也有说法，他在一部书稿中曾有一段详细叙述："在郴州的范石生部队，我不想去袭击。有人批评我是讲'个人交情'，实际是他与红军的确有交情。当时上面是盲动，下面农民意识那么浓厚，也是没有办法的……我们给范石生部队一个袭击，在军事上说，这一次是胜利了。白天他们约一团人正在出操，结果一打就垮了，赶进城里去，在里面有很多的西药、子弹、地图、衣服"。②

郴州城内是范石生补充师的部队，全是新兵，不经打，但装备却不错，除了武器，崭新的水壶、饭包等日用品扔得到处都是。第二十九团士兵农民意识严重，包袱、毯子、银元，什么都捡，一个个肩背手提一大堆。还有一些士兵，不顾打仗，就忙着理发，吃东西。直到朱德进了城以后，才制止了这种违犯纪律的行为，并派特务营在各个仓库设了岗，维持秩序，检查纪律。

下午 4 时，朱德、杜修经到第二十八团前线视察时，在团部见到王尔琢。王尔琢向朱德汇报，敌人没有溃乱，情况比较紧张。而陈毅这时正在生病，头昏腿软，但仍然关心敌情。于是朱德、陈毅、杜修经、王尔琢召开紧急会议。他们从范石生部的地下党员中得知，范部兵力远远超过红军，而且正在调整部署，组织原驻城外的主力部队反击。朱德、陈毅等决定迅速收集缴获的各种军用物资，准备撤出郴州。会后领导干部分头到各部队检查督促。陈毅有病，在军部留守。天快黑时，杜修经找到一位老中医为陈毅诊治，去街上买药的人尚未回来，敌人已开始

---

① 杜修经：《八月失败》，井冈山革命根据地党史资料征集编研协作小组、井冈山革命博物馆编：《井冈山革命根据地》（下），第 526 页。

② 转引自《陈毅传》，第 78—79 页。

反攻。

时为红四军特务营第三连第三排第七班战士的杨得志回忆当时的情景说：

天快黑的时候，城北响起激烈的枪声，我们很快接到了准备出发的命令。枪声越来越紧，守卫城北的部队垮下来了。原来敌人有两个师约五六个团，驻扎在城北十几里路的地方，我们攻城时，他们没有受到很大打击，尤其城北敌人的四个团根本没动，现在一起向我们反攻了。

情况突然，毫无准备，天又黑了下来，只见街上人来人往，你喊他叫，乱成一团。部队仓促集合，乱哄哄地向东门转移。东门外就是耒水，河上有一座大桥，朱军长亲自掌握着机枪连，掩护部队过桥。二十八团、军部和我们特务营都过来了。二十九团却因为动作缓慢，犹豫不决，被敌人插断，大部分没能过桥。

我们特务营是在后边过桥的。……我们过桥后，隔着河又和敌人打了一阵，直到深夜才平静下来。[①]

时为第二十九团第二营第七连连长的萧克回忆道：

枪声一响，二十九团各部就拥到了街上，没有命令，没有指挥，建制混乱，也不集合就向南跑，老少和行李担、伙食担夹在部队中乱跑。走出两三里路，队伍还不停。我看情况不对，二十八团在打仗，二十九团不去增援，反而向南跑？我当即命令我连坐在路边不要走动，也不许散兵乱插队。我站在南面最前头，把班长、排长叫来，对他们说："二十八团在北边打，敌人还远嘛。上级没有命令就向南乱跑，一定是那些想回家的发谣风。"

有的班、排长也说："是发谣风。"

"军长在北面，二十八团也在北面，我们单独回宜章行吗？"

部队对朱德军长带点神秘式的信仰，又佩服二十八团能打胜仗。我这句话，提醒了他们。大家都说："不行！"

---

① 杨得志：《崎岖的井冈》（节录），井冈山革命根据地党史资料征集编研协作小组、井冈山革命博物馆编：《井冈山革命根据地》（下），第383页。

征得他们同意，我命令回头走，走了三四里路，天黑了，听到北面的枪声向东移，而且稀了，我就向东北的岔路走，恰巧遇到二十八团向东撤退。我问了情况，就跟着二十八团走。第二天，退到东江，二十九团团长胡少海、党代表龚楚带着团部和通讯排、特务连八九十人，四五十支枪，也来了。这时，二十九团基本散了，总共剩下不到200人，约百支枪，只有我连是保持完整建制归队的。①

7月25日，朱德、陈毅、杜修经、王尔琢带领部队撤到资兴布田村，接着又退到桂东、资兴、汝城之间的龙溪12洞。在这里进行了一次整训，将第二十九团余部并入第二十八团。萧克被调任第二十八团担任第一营第二连连长。之后，部队开展地方工作，并派第二营营长袁崇全率领所部及团部机关枪连、迫击炮连作前卫，向罗霄山脉前进。

部队遭受严重挫折，情绪低沉。为鼓舞大家士气，陈毅说："半年前，我们还没有现在这么多人呢。打个败仗要什么紧！再干就是。打剩一个营，朱德当营长，我当营党代表；剩一个连，朱德当连长，我当连党代表；一个排，朱德当排长，我当排党代表；一个班，朱德当班长，我当班党代表。总而言之，革命到底。"② 萧克当时听了，深受鼓舞。在严重困难面前，陈毅又一次显示出善于做思想政治工作的能力。

8月1日，是南昌起义周年的纪念日，红二十八团召开了纪念大会。朱德在会上讲话，指出只要努力奋斗，革命一定胜利。

8月中旬，红二十八团开到桂东沙田。前委书记陈毅鉴于自己在南下湘南的行动中领导不力，与前委成员商量决定在沙田召开一次党员代表大会。会议由何长工主持，没有通知杜修经参加会议。陈毅在会上就自己对第二十九团逃避斗争欲回家乡的错误倾向制止不力作了检讨。与会人员对朱德、陈毅进行了尖锐的批评。特别是前委委员、特务营营长宋乔生的批评更是激烈，要求将朱德、陈毅撤职查办。会议决定给朱德、陈毅"留党察看三个月"的处分，并请求湖南省委对导致第二十九

① 《萧克回忆录》，第101—102页。

② 《萧克回忆录》，第102页。

团解体的杜修经予以处罚。接着，由王尔琢主持召开士兵代表大会。朱德、陈毅都在讲话中回顾了4月至7月间井冈山根据地开展革命斗争的大好形势，分析了第二十八团指战员的思想状况和部队目前的困难处境，沉痛地指出了不顾永新联席会议决议，把部队拉到湘南的错误。朱德宣布：只有重上井冈山才能保存和发展这支部队，才能扭转目前存在的被动局面。

红四军大队离开湘赣边界后，赣军11个团从吉安、安福进攻永新。毛泽东在永新县境内一面动员群众组织起来、武装起来，实行坚壁清野；一面把第三十一团分东、北、中三路，每路成立行动委员会负责指挥，用一个团兵力，充分依靠地方赤卫队、暴动队和广大群众，利用地形熟悉、敌情较明等条件，采取以逸待劳、四方游击等方式，牵制赣军11个团近一个月。后来，赣军发现红四军主力已去湘南，发起猛攻，第三十一团和地方武装从永新城郊区及周围撤走，随后又丢失了莲花、宁冈。敌人疯狂烧毁房屋，屠杀人民。土豪劣绅乘机报复，分了田的地方，面临收割季节，又被他们霸占。

这时，湖南国民党军第六军与江西国民党军第三军为争夺地盘发生内讧。参加对井冈山革命根据地"会剿"的国民党军相继退去。湘赣两省的敌军的第一次"会剿"草草收场。

8月中旬，中共湖南省委又派袁德生给湘赣边特委送来指示信。信中认为"红军向湘东发展的战略在目前形势上是绝对的正确，红军四军应很迅速的毫不犹豫的取得萍、安，武装安源工人，建立豫［赣］边、湘东、平江各区暴动的联系，与湘南暴动相呼应。"①

中共湖南省委这个指示又是坐在屋子里空想出来的。红四军主力去了湘南，留下来的第三十一团抵挡不住赣军11个团的进攻，丢失了边界的各县县城和平原地区，处境已经非常艰难。难道造成了去湘南的红四军主力丢掉第二十九团还不够？还要把留在边界的第三十一团也丢

---

① 《中共湖南省委给湘赣边特委的指示信——全国与湖南的形势，红四军应坚决向湘东发展》（1928年7月20日）。

掉吗？

毛泽东召开了连以上干部参加的特委扩大会议，讨论湖南省委的指示。会上，毛泽东列举了反对红四军向湘南发展的五条理由："（A）有经营了一年多的群众基础。（B）党有相当的基础。（C）有颇丰富斗争经验的地方武装，经过一年来的创造才有现在规模，这是十分难得的；加以红军第四军的补助，是任凭什么敌人也不能消灭的。（D）有很好的军事根据地井冈山，其他地方武装的根据地各县都有。（E）影响两省，且能影响两省的下游，比较湘南赣南各处影响一省，且在一省的上游与僻地者，政治意义大不相同。"① 开会期间，大家从郴州回来的农民那里知道，红四军主力在湘南已经失败。于是，会议经过讨论，拒绝中共湖南省委要红四军去湘东的指示，决定由毛泽东率领第三十一团第三营前往湘南迎回红军大队，留下第三十一团第一营、特务连会同第三十二团坚守井冈山。

为什么在毛泽东的领导下革命力量就能发展，细究起来，就是不盲目执行上级指示。当上级的指示来的时候，他总是要认真思考一下，是否符合当地的实际情况。他非常清楚，在敌强我弱的严酷武装斗争环境中，一着不慎，就会遭受惨重损失。而这种损失是无论怎样检讨、后悔都无法挽回的。

毛泽东率领第三十一团第三营南下后，边打边走，边做战士们的思想工作。因担心第二十八团不回井冈山，他对官兵们打了"预防针"，要求见了第二十八团后，不要讲他们的缺点，要采取团结和欢迎的态度。

朱德、陈毅等率领第二十八团一部于 8 月 18 日打下桂东县城。8 月 22 日，毛泽东、宛希先率领第三十一团第三营进入桂东县城。第二十八团同第三十一团第三营分别一个多月，经历了一个多月的劫难后，再次相见，分外亲切和高兴。有人甚至称为这是"第二次会师"。

毛泽东到桂东县城后，派人去东水红四军军部，同朱德、陈毅取得

① 中共中央文献研究室编：《毛泽东年谱》（1893—1949）（修订本）（上卷），第 249 页。

联系。朱德、陈毅、杜修经即由沙田到桂东县城见到毛泽东。杜修经回忆说："我们赶到桂东，已是天晚，当即到毛泽东同志的驻地。我见到毛泽东同志时便说：'这次到湘南，就没有搞得好！'毛泽东同志说：'当时你们不要走就好了。'"①

陈毅向毛泽东报告了部队失控和先胜后败的情况，并作了自我批评。毛泽东对他说："打仗就如下棋，下错一着马上就得输，取得教训就行了。"

第二天，在桂东唐家大屋召开有营以上干部参加的前委扩大会议，出席会议的有毛泽东、朱德、陈毅、王尔琢、龚楚、宛希先、杜修经等。下午会议仍在进行时，湘军吴尚第八军第三师两个团在桂东挨户团的配合下，分两路袭击桂东县城，将第二十八团和第三十一团第三营隔开。毛泽东和朱德立刻指挥第二十八团第一营和第三十一团第三营冲出城去，占领有利地形，进行阻击。战斗一直打到天黑，打退湘敌多次进攻后，红军随即撤出县城，转移到沙田附近的寨前。在这里，中断了的前委扩大会议继续进行。会上总结了第二十八团、第二十九团南下湘南的教训，批评了杜修经的错误，决定红四军返回湘赣边界，继续坚持罗霄山脉中段的政权。会上撤销了按湖南省委指示组织的前委，另组织行动委员会，以毛泽东为书记。会议决定将引导第二十九团返回湘南的主要责任人杜修经、龚楚留在湘南，组织湘南特委，进入资兴龙溪，继续领导资兴、汝城、桂东、安仁各县的赤卫队，以此为基础，开展湘南工作。这应该是发挥他们的工作积极性吧！

杜修经对留在湘南缺乏自信。他在回忆中说："我那时正是打摆子以后，身体不太好。我就说：'是不是要陈毅同志也去？'朱德同志就恼火了，他说：'你硬是要把我们拉垮么？'当时陈毅同志没有表态。第二天天一亮，我们还没有离开，敌人又来了，我们边打边退，这时，二十八团二、三营也从桂东沙田赶来了，于是我们离开桂东，到湘南资兴龙

① 杜修经：《八月失败》，井冈山革命根据地党史资料征集编研协作小组、井冈山革命博物馆编：《井冈山革命根据地》（下），第527页。

溪组织湘南特委，我任特委书记。”①

8月25日，红四军分两路回师井冈山。但部队经崇义县境时，又发生了一件意外的事。事情是这样的：当第二十八团到新地圩宿营时，听老百姓说前面30里处思顺圩有一支二三百人的队伍，还有三门迫击炮。王尔琢等一听便知是叛变的原第二营营长袁崇全部。

前面已述，第二十八团到桂东后开展地方工作，并派第二营营长袁崇全率领所部及团部机关枪连、迫击炮连作前卫，向罗霄山脉前进。袁崇全在打郴州时按兵不动，红四军领导觉得此人不可靠，决定调整他的职务，但没有执行。派他率领所部及机关枪连、迫击炮连作前卫后，袁崇全想独树一帜。第一天，他还派人送来报告，接着就断了信息。后来，袁崇全给杜修经送去密信，要他杀掉朱德、陈毅。杜修经与朱德、陈毅商议后，决定派人追击。追至沙田，遇到第二营各步兵连和机关枪连归来。经询问，方知袁崇全自行组织了“特委”，自任“书记”。各连官兵识破其阴谋，脱离了他，返回第二十八团。由于第五连连长是袁崇全的亲信，迫击炮连是因为和营部在一起，这两个连没有回来。

听说袁崇全叛军在思顺圩，第二十八团团长王尔琢愤怒至极，当天黄昏后即和团党代表何长工带领一个营前往思顺。将思顺圩包围后，叛徒打枪，王尔琢带传令兵直往街上去，边走边喊：“我是团长，来接你们的！”战士们听到王尔琢的声音，不打枪了。袁崇全等几个叛徒铤而走险，对着王尔琢一阵驳壳枪射击。王尔琢中弹牺牲。但大部分队伍还是回来了，袁崇全只带着几个人向遂川方向逃去，投奔敌刘士毅部。

王尔琢，字蕴璞，湖南石门人，1903年生。1917年入石门县立高等小学读书。1920年夏考入长沙省立甲种工业学校。1924年到广州考入黄埔军校第一期，曾任学生队分队长。同年加入中国共产党。1926年7月参加北伐战争，任国民革命军第三军第三师第二十六团党代表。

---

① 杜修经：《八月失败》，井冈山革命根据地党史资料征集编研协作小组、井冈山革命博物馆编：《井冈山革命根据地》（下），第528页。

1927年任国民革命军第四军第二十五师第七十四团参谋长。同年8月参加南昌起义，任第十一军第二十五师第七十四团参谋长。自三河坝战斗之后，一直是朱德的得力助手。上井冈山后，任红四军参谋长兼第二十八团团长，并是中共红四军军委委员和湘赣边界特委委员。他作战勇敢，能团结人，在部队很受敬重。他的牺牲，使红四军痛失一员杰出战将，是红军的重大损失。

第二天，红四军举行了追悼会。朱德亲自主持安葬。他在王尔琢遗体前脱下军帽，站了好久好久，对失去这位好战友、好助手感到万分悲痛。毛泽东写了一副挽联："一哭尔琢，二哭尔琢，尔琢今已矣！留却重任谁承受？生为阶级，死为阶级，阶级后如何？待到胜利方始休！"①毛泽东的挽联代表了红四军全体指战员对他们参谋长的悼念之情。

9月8日，毛泽东、朱德、陈毅率领红军大队回到了井冈山。

再说毛泽东率领第三十一团第三营离开边界后，湘赣国民党军对井冈山根据地发动了第二次"会剿"，留守井冈山的何挺颖、朱云卿等指挥第一营会同袁文才、王佐率领的第三十二团坚守井冈山。袁文才率领一部防守酃县通向茅坪的山路。王佐防守八面山、双马石、朱砂冲、桐木岭四个哨口。第一营的第一连、第三连防守黄洋界。8月30日，敌军四个团向黄洋界连续发动了四次冲锋，都被红军打退。参加黄洋界保卫战的刘型回忆说："下午4时许，我们把二十八团留在茨坪修械厂修理的一门较好的迫击炮也抬来了，安放在我指挥阵地附近。我们向敌人发了三发炮弹，第三发正落在敌人的指挥所驻地——腰子坑爆炸了。敌人原以为我主力红军不在山上，听见炮响，又以为我主力红军已经回到井冈山，吓得魂飞魄散。夜间，敌人利用云雾弥漫，我无法下山追击的时刻，逃之夭夭，跑到酃县境内去了。我们阻止了敌人的进攻，保卫了井冈山，取得了黄洋界保卫战的胜利。"②

---

① 《萧克回忆录》，第106页。

② 刘型：《黄洋界保卫战前后》，井冈山革命根据地党史资料征集编研协作小组、井冈山革命博物馆编：《井冈山革命根据地》（下），第408页。

黄洋界保卫战的胜利，使井冈山革命根据地从“八月失败”的阴影中透出一抹亮色。毛泽东听到这个消息，欣喜之余，写下了《西江月·井冈山》：

山下旌旗在望，山头鼓角相闻。

敌军围困万千重，我自岿然不动。

早已森严壁垒，更加众志成城。

黄洋界上炮声隆，报道敌军宵遁。①

井冈山革命根据地正在蓬勃发展之际，却遭到“八月失败”，谁之过？

始作俑者应是杜修经。他到井冈山后，在没有和毛泽东、朱德等沟通的情况下，便答应第二十九团一些人回湘南去，助长了这些人错误思想的发展。回到安源后，在给中共湖南省委的报告中，杜修经对根据地的建设经验没怎么谈，问题倒是讲了一堆，造成省委对井冈山根据地的悲观误判。以省委巡视员身份参加井冈山根据地领导层工作后，杜修经不仅不拥护永新联席会议的决定，反而支持第二十九团一些人的错误要求，以至铸成第二十九团解体的大错。杜修经应对“八月失败”负主要责任。第二十九团的党代表龚楚，是回湘南的竭力鼓吹者。他作为红四军领导层成员，对“八月失败”负有不可推卸的重要责任。

中共湖南省委在井冈山根据地的发展问题上，犯了急躁、冒进错误，不顾红四军的实际实力，总希望红四军能够不停地到处出击，扩大根据地。特别是在国民党新军阀占领北京后，湖南省委对本省的政治局势和敌我力量作了过于乐观的判断，恨不得革命马上在湖南取得全省胜利，犯了“左”倾盲动错误。湖南省委给湘赣边界特委和红四军出击湘南的指示，给了第二十九团一些人要求回湘南的依据。湖南省委还要求红四军出击湘东。要不是毛泽东的抵制，红四军和根据地“八月失败”的损失会更大！湖南省委对“八月失败”要负主要的领

① 《毛泽东诗词选》，人民文学出版社1986年版，第13页。

导责任。

从更深层的原因来讲，是当时第二十九团不少官兵的农民意识。他们到井冈山后，不愿过艰苦的生活，逃避斗争，总想回乡。不让回湘南，就发牢骚，说怪话，自由散漫。攻下郴州后即抢战利品，不顾正在作战，就去理发、吃东西，无组织无纪律。中国是一个半殖民地半封建社会的农业国，军队士兵绝大多数是农民，红军也不例外。建设无产阶级政党领导下的军队，如何解决部队中的农民意识问题，是中国共产党人面临的课题。

“八月失败”，又一次说明创建人民军队之曲折和艰辛。

重新开展边界割据局面

井冈山根据地虽在“八月失败”中受到严重挫折，但红四军主力第二十八团和第三十一团损失不大。红四军虽然伤些皮肉，但骨头还在。吃一堑长一智，正如陈毅所说，红四军“在一个失败之后，政策方面较前进步，单独军事行动，打硬仗，忽略地方武装，冒进观念等，皆渐次改变，军队有相当休养，各种组织有极切实的整顿，军队训练亦有进步，边界群众组织亦逐渐恢复”[①]。

部队经过一段休息、整顿、训练后，即开始恢复根据地的行动。9月13日，红四军在遂川赤卫队的配合下，攻克遂川县城。此战，打败了赣军刘士毅部五个营，缴枪250余支，俘敌营长以下官兵200余人，敌人余部退往赣州。在战斗中，红军击毙了杀害王尔琢的袁崇全。为王尔琢报了仇，红军战士们真是人心大快。

攻克遂川，是红四军回师井冈山后重振雄风取得的首战胜利。

9月24日，赣军李文彬部从泰和县赶来增援，刘士毅部独立第七师也从赣州开来，企图夹击红四军。敌众我寡，红四军遂撤出遂川，于

① 《陈毅关于朱毛军的历史及其状况的报告（一）》（1929年9月1日），中央档案馆编：《中共中央文件选集》（1929）第5册，中共中央党校出版社1990年版，第753—754页。

9 月 26 日返回井冈山上的茨坪。

这时，红四军的手下败将杨如轩和杨池生两部调到吉安整编，国民党第五师第十四旅周浑元部接替两杨“进剿”井冈山的任务。周浑元踌躇满志，派了两个女探子化装到井冈山茅坪刺探红军情况。这两个女探子被当地暴动队员抓获。经过审讯弄清了敌人的情况后，朱德决定将计就计，故意向她俩透露出红军大队未归的印象，并有意给她们逃走的机会。两个女探子逃走后，向周浑元报告了茨坪的情况，他果然中计，派第二十七团一个营，在营长周宗昌的带领下，会同当地地主武装靖卫团，偷袭茅坪。

10 月 1 日，周宗昌带着六个连的兵力，准备血洗茅坪。岂知，毛泽东、朱德早在坳头陇布下伏击圈。当敌人全部进入伏击圈后，朱德一声令下，埋伏在两侧高山上的红军如饿虎扑食般冲下来，一举将敌消灭，活捉了周宗昌。之后，红军乘胜收复宁冈，取得了第二次战斗的胜利。

红军在坳头陇吃掉一个营后，赣军李文彬错误地估计情况，认为红军将进攻永新，匆忙从遂川出发，绕道泰和增援永新，在遂川只留下独立第七师一部。朱德、陈毅经过周密研究，决定杀敌人一个回马枪，进攻遂川解决部队给养问题。10 月 3 日，朱德率领第二十八团再攻遂川，留守遂川的敌人不敢恋战，仓皇出逃。红军不战再下遂川，筹集到 1 万块大洋和大批物资，然后分五路游击，发动群众，分配土地，重建党组织和苏维埃政权，壮大地方武装。

周浑元乘红四军主力在遂川，遂派第二十七团于 10 月底从永新再次进犯宁冈新城，企图占领茅坪，进攻井冈山。李文彬部两个团在刘士毅独立第七师的配合下进攻遂川。红二十八团不与敌人硬碰，于 11 月 2 日退出遂川，回师井冈山，准备以迅雷不及掩耳之势，进攻兵力较弱的宁冈、永新之敌。11 月 9 日，红二十八团、第三十一团一部在毛泽东、朱德的指挥下，由茅坪出发，攻击宁冈新城之敌。红军攻势凶猛，歼敌一个营。赣军余部向龙源口逃窜，红军紧追不舍，再战龙源口，又歼灭敌人一个营。一天之内，红四军歼敌两个营，击毙营长一人，俘虏副营长二人、连长一人、排长一人及士兵100多人，缴获枪支160余支，并乘胜第四次占领永新新城，取得了第三次战斗的胜利。

红四军主力返回井冈山后，三战三捷，粉碎了国民党军队对井冈山根据地的第二次“会剿”，扭转了“八月失败”后的被动局面，收复边界大部分地区。

在这段时间内，湖南国民党军第八军吴尚部营长毕占云率领120人起义加入红军，被改编为红四军特务营，毕占云任营长；江西国民党军营长张威率领100多名官兵起义加入红军，改编为红四军独立营，张威任营长。在第二次反“会剿”结束时，红四军已经发展到近5000人。

红四军主力返回井冈山后，为什么能够取得三战三捷的胜利？主要是利用湘赣两省国民党军队之间利害不一致、行动不协调之弱点，集中兵力打击对红军威胁最大的赣敌。同时，利用灵活机动的战术，避强击弱，牢牢抓住作战主动权，忽南忽北，调动敌军，创造战机，各个击破。这表明，红四军的游击战术运用越来越纯熟。红军不但壮大了，而且战术也发展了。

毛泽东、朱德在井冈山的斗争引起了中共中央的重视。6月4日，中共中央发出致朱德、毛泽东并前委信[①]，指出：“数月来，你们转战数千里与反动势力奋斗，中央对于你们在这种刻苦的劳顿的生活中而能努力不懈的工作甚为欣慰。”信中介绍了国内局势和各地武装斗争情况，批评了盲动错误，提出“你们的任务就是在湘赣或赣粤边界，以你们的军事实力发动广大的工农群众，实行土地革命，造成割据的局面，向四周发展而推进湘鄂赣粤四省暴动局面的发展”。并指出“中央前此依江西省委的提议主张你们向赣南发展占领赣南夺取吉安为屏障，这一计划如果在事实上有胜利的把握，那当然在政治上有更大的影响，而且可以与广东的北江联系，但如无胜利的把握而且地理上如果不及赣西湘赣边界之可进可守，那么，你们仍然是以选择你们现在已经占领的地方为根据地为适宜。”信中指示：“中央认为有前敌委员会组织之必要。前敌委

① 据李维汉回忆说：“这封信是中央（留守）发的，也可能在秋白、恩来出国前曾讨论过。”

员会的名单指定如下：毛泽东，朱德，一工人同志，一农民同志，及前委所在地党部的书记等五人组织，而以毛泽东为书记。前委之下组织军事委员会（同时即是最高苏维埃的军事委员会），以朱德为书记。”并规定：“前委所管辖的范围当然要由环境决定，暂时可包括：永新宁冈遂川万安茶陵攸县酃县，所有这一区域内的工作完全受前委指挥，如前委在江西境内时受江西省委指导，在湖南境内时受湖南省委指导，同时与两个省委发生密切关系。”①

中共中央这封指示信对朱德、毛泽东领导的红四军的发展是有积极作用的，主要表现在：其一，对他们领导红四军的奋斗历程给予了肯定；其二，对于他们活动的区域，只是提出了建议，没有硬性的规定，这使红四军可以有自己视情况决定自己活动区域的空间；其三，以中央的名义组织前敌委员会，使红四军有了在活动区域内领导地方党组织的权力，有了更多的自主决定行动方向的权力，也可以更好地处理同湘赣两省委关系；其四，明确毛泽东为前敌委员会书记，朱德为军事委员会书记，从而确定了毛泽东、朱德在红四军中的领导地位，也为此后毛泽东、朱德在红军中的领导地位提供了基础。

当然，这封指示信也有不足之处。发出这封指示信的李维汉在回忆录中说：“中央这封信的错误方面，就是只把中心区域的割据作为‘全省总暴动’的条件，并要求红四军向四周发展，‘而推动湘鄂赣粤四省暴动局面的发展’。同时，还错误地要在红四军中‘取消党代表’制度。”②

由于交通的关系，毛泽东收到中央这封指示信时，已是 11 月初了。11 月 6 日，在茨坪召开了中共湘赣边界特委扩大会议。会上，根据中共中央指示信，成立了中共中央红四军前敌委员会，由毛泽东、朱德、谭震林（地方党部书记）、宋乔生（工人同志）、毛科文（农民同志）组

---

① 《中央致朱德、毛泽东并前委信》（1928 年 6 月 4 日），中央档案馆编：《中共中央文件选集》（1928）第 4 册，第 239、251、256—257 页。

② 李维汉：《回忆与研究》（上），中共党史资料出版社 1986 年版，第 251 页。

成，毛泽东为书记。

11 月 14 日，红四军党的第六次代表大会在宁冈新城召开。大会历时两天，讨论了政治、军事、党务等项重要问题，并作出相应决议。大会“选举了二十三人的军委，朱德为书记（照中央指定），对内是军中党的最高机关，隶属前委。对外是边界苏维埃军事委员会，指挥红军及地方武装。”①

毛泽东等没有机械地执行中共中央的指示，而根据实际情况坚持自己的意见。关于党代表问题，前委认为“党代表制度，经验证明不能废除”。理由是：“特别是在连一级，因党的支部建设在连上，党代表更为重要。他要督促士兵委员会进行政治训练，指导民运工作，同时要担任党的支部书记。事实证明，哪一个连的党代表较好，哪一个连就较健全”。党代表伤亡太多，前委还“希望中央和两省委派可充党代表的同志至少三十人来”。②

还在红四军主力返回井冈山不久的 10 月 4 日至 7 日，在茅坪召开了中共湘赣边界第二次代表大会，通过了《政治问题和边界党的任务》等决议，选举“谭震林、朱德、陈毅、龙超清、朱昌偕、刘天干、盘圆珠、谭思聪、谭兵、李却非、朱亦岳、袁文才、王佐农、陈正人、毛泽东、宛希先、王佐、杨开明、何挺颖等十九人为第二届特委会的委员，五人为常委，谭震林（工人）为书记，陈正人（知识分子）为副书记”。③ 前委成立后，但没有取消特委，“因为前委有时要随军行动”。“特委及军委统辖于前委”。④

中共中央红四军前委、湘赣边界特委和中共红四军军委，构成了井冈山革命根据地的领导模式。

11 月 25 日，毛泽东在给中共中央的报告中，汇报了组建中共红四

① 转引自中共中央文献研究室编：《朱德传》（修订本），第 180 页。

② 毛泽东：《井冈山的斗争》（1928 年 11 月 25 日），《毛泽东选集》第一卷，人民出版社 1991 年版，第 64 页。

③ 毛泽东：《井冈山的斗争》（1928 年 11 月 25 日），《毛泽东选集》第一卷，第 76—77 页。

④ 毛泽东：《井冈山的斗争》（1928 年 11 月 25 日），《毛泽东选集》第一卷，第 77 页。

军前委和军委的情况，并将井冈山革命根据地创建以来情况作了一个全面的汇报①。这个报告再加上他为中共湘赣边界党的第二次代表大会起草的《政治问题和边界党的任务》的决议②，提出并阐述了一个重要命题——“工农武装割据”。

毛泽东率领秋收起义部队上井冈山创建根据地一年多来，经历了风风雨雨，既有成功的经验，又有失败的教训。当初对于上井冈山，党内有非议；跟随上井冈山的人，也有对红军能不能站住脚持怀疑态度者。在白色政权的包围中，红色政权能否长期存在并发展？这是一个非常现实的问题，也是一个重大的理论问题，必须在总结经验教训的基础上予以回答。

毛泽东在上述给中共中央的报告和为湘赣边界党的第二次代表大会起草的决议中，根据中国社会和中国革命的特点，论证了红色政权能够长期存在并发展的主客观条件：第一，中国是帝国主义间接统治的经济落后的半殖民地国家。半封建的地方性的农业经济（不是统一的资本主义经济）和帝国主义对中国实行划分势力范围的政策，使反动统治阶级内部继续不断地发生分裂和战争。这种分裂和战争既然总是继续不断，小块区域的红色政权就能够利用这种矛盾而发生并长期坚持下来。第二，红色政权之所以在小块地区发生，是和大革命运动的影响有密切关系的。这样的政权首先发生和能够长期生存的地方，就是在大革命过程中工农群众曾经发动起来的地方。第三，小块红色区域能否长期存在，还取决于全国革命形势是否向前发展。中国革命形势是跟着国内买办豪绅阶级和国际资产阶级的继续分裂和战争而必然继续向前发展的，所以红色政权不但能够长期存在，而且还会继续发展。第四，有相当数量的正式红军的存在，是红色政权存在的必要条件。第五，共产党组织的有力量和它的政策的不错误，更是一个要紧的条件。此外，还需要有便利于作战的地势和能提供足够给养的经济力等。

---

① 这个报告收入《毛泽东选集》第一卷中，篇名为《井冈山的斗争》。

② 《毛泽东选集》第一卷中《中国的红色政权为什么能够存在?》是决议的第一部分。

阐明工农武装割据的局面长期存在和发展的条件是非常重要的，只有正确回答这个问题，才能既同那种怀疑红色政权能够存在的右倾悲观思想划清界限，又同那种头脑发热认为可以无条件地在农村发动武装暴动的“左”倾盲动错误划清界限。

毛泽东科学地阐明，工农武装割据就是党领导之下的武装斗争、土地革命和根据地建设的密切结合：武装斗争是中国革命的主要形式，没有革命的武装斗争，就不能有效地进行土地革命和发展革命根据地；没有土地革命，红军战争就得不到群众的支持，革命根据地也就不能巩固和发展；不建设革命根据地，武装斗争就没有后方依托，土地革命成果就无法保持。当时就全党来说，还没有解决以农村为工作中心问题，但工农武装割据思想的提出，为解决这个问题找到了钥匙。

毛泽东在给中共中央的报告中，还提出了一个非常重要问题，即思想建党问题。他指出：“我们感觉无产阶级思想领导的问题，是一个非常重要的问题。边界各县的党，几乎完全是农民成分的党，若不给以无产阶级的思想领导，其趋向是会要错误的。”①

毛泽东提出了问题，这时还没有找到解决问题的具体办法，但是，只要注意到了问题的存在，找到解决问题的办法就不远了。

反“会剿”胜利，红四军壮大，领导机构健全，领导人员确定，提出新的理论，这一切都为红四军的新发展提供了条件。一个崭新的台阶，更加广阔的天空，向红四军展现。

红五军来到井冈山

平江，大革命时期工农运动开展得最好的县之一。大革命失败后，平江工农义勇队参加了毛泽东领导的湘赣边界秋收起义。1928年3月，平江党组织发动农民群众进行了一次声势浩大的“扑城”行动。由于起义农民群众手中没枪，只以梭镖、锄头、木棒为武器，敌

① 毛泽东：《井冈山的斗争》（1928年11月25日），《毛泽东选集》第一卷，第77页。

人坚守县城，“扑城”没有成功。这次“扑城”虽然受挫，但有力地打击了反动统治。

平江农民的“扑城”行动震动了国民党湖南当局，当即组织了“平浏会剿”，派周仲儒旅前来“清乡”。周仲儒和平江县长王紫剑“清乡”的口号是“宁可错杀三千，不可枉放一人。”在这种反革命政策之下，平江东南乡的辜、徐、灶三洞与南乡的百福洞，所有房屋都被烧光，所有群众不许在山里居住，无数革命群众惨遭屠杀。周仲儒、王紫剑因杀人如麻，被平江人民称之为“阎王”，小孩子哭时，只要说一声“周仲儒来啦!”或“王紫剑来啦!”小孩子就不敢哭了。

但敌人的屠杀政策吓不倒平江红色游击武装，在南乡的百福洞，上东乡的黄金洞、九岭，中东乡的周方、横江、淡江、浊水、宦田，下北乡的车田、胡珮、钟洞、思溪，以及西乡的岑川、谭家坊等地，他们昼伏夜出，出没无常，积极地打击敌人。

6月中旬，国民党湖南当局派独立第五师到平江，接替周仲儒旅“清乡”“剿共”。但游击队很快发现了怪事，独立第五师第一团“清乡”时，不动真格的，没有目标地放枪，走时还丢下不少子弹。

为什么会这样呢？事情还得从第一团团长彭德怀说起。

彭德怀，原名得华，号石穿，湖南湘潭人，1898年生。1916年投入湘军，先后为二等兵、一等兵、副班长、班长，1919年任排长。1920年任代理连长。他嫉恶如仇，除暴安良，在连中与李灿、张荣生、王绍南、席洪全、祝昌松、魏本荣等组织救贫会。救贫会是自发的士兵进步组织，对于维护部队纪律是很有作用的。不久黄公略也加入救贫会，救贫会发展到十人。这些人后来有的在北伐战争中牺牲，有的加入了共产党，在红军中牺牲。1921年，部队驻南县注滋口时，彭德怀曾派救贫会员王绍南、魏本荣等三人秘密处决恶霸地主欧盛钦。后事发被抓，在押解长沙中途逃脱。之后，为避风头，曾回家务农一段时间。

1922年六七月间，好友黄公略、李灿先后致信彭德怀，相约投考湖南军官讲武堂，并替他办理了一切入校手续，还将彭德怀原先的名字得华改为德怀。经过一年的学习，彭德怀又回到湘军第二师第六团第一连任连长。1924 年 4 月、7 月两次任第一营代理营长。1926 年 5 月任营长。北伐战争开始后，第二师改编为国民革命军第八军第一师，彭德怀随第一师第一团参加了攻打武昌城南门的战斗。武昌城攻下之后，彭德怀同师政治部秘书长段德昌有了接触。段德昌是共产党员，给彭德怀讲了许多共产党的政治主张，使他受益匪浅。彭德怀后来回忆说："段同我谈话有好几次"，"段每次谈话，我都在救贫会中传达了。在北伐时，党在第一团的政治影响、思想影响，是经过段德昌之口散布的"。[①] 在此期间，彭德怀曾向段德昌要求加入中国共产党。段德昌没有同意，理由是中共中央决定不在第八军中发展党员，彭德怀的要求不可能得到批准。

1927 年元旦，彭德怀召集救贫会会员会议，参加会议的除了攻打武昌牺牲的两个人外，其余的八个人参加了会议。会议讨论了两个问题：

一是修改会章问题，将过去的灭财主，实行耕者有其田；灭洋人，收回海关租界，取消领事裁判权；发展实业，救济贫民；反对克扣军饷，废除对士兵的笞责罚跪，实行士兵自治等四条原则，改为拥护孙总理遗嘱，实行联俄、联共、扶助农工三大政策；打倒帝国主义，废除不平等条约，收回海关租界，取消领事裁判权；打倒军阀、贪官污吏、土豪劣绅，实行减租减息，逐步实现耕者有其田；国民革命军应当官兵平等，废除笞责、体罚，组织士兵委员会，实行士兵自治，自觉管理军风纪，不赌博、不强奸妇女、不扰民；反对克扣军饷，实行救济公开，士兵有阅读进步书报的自由；士兵委员会有权逮捕反革命分子押送革命军事法庭，并有陪审权等六条。

除了修改会章，还通过了一个政治教育口号：吃农民的饭，穿工人的衣，吃饭穿衣都是工人农民的，我们要为工人农民服务。要求部队每日早晚点名、吃饭站队时，先喊这个口号。

二是讨论了救贫会的存废问题。与会者一致认为，救贫会仍然应当秘密存在，成为领导士兵委员会的核心。

---

① 《彭德怀自传》，解放军文艺出版社 2002 年版，第 46 页。

会后不久成立了士兵委员会。

彭德怀回忆说："这次制定的章程和口号，很明显的是接受了共产党的统一战线纲领和军队中的政治工作制度。这六条比起五年前的那四条，有很大进步。救贫会员和全体士兵的政治觉悟，在共产党的政治影响下，有了很大的提高，对国民党和国民革命军表示了怀疑，特别是为工人农民服务，这不是简单的。"①

应该说，在湘军中，彭德怀指挥下的部队，明显和其他部队不同。尽管这时部队中还没有共产党组织，但是一支受共产党主张影响的部队。此后，这支部队走向党的领导之下，也是必然的。

1927 年 7 月，彭德怀任第一团代理团长，同年 9 月任团长。10 月中旬，中共南、华、安特委同彭德怀接上了头。当月下旬，段德昌在李灿家会见了彭德怀，并告诉他，中共南、华、安特委通过了他加入中国共产党的申请，已报告给湖南省委。段德昌还叮嘱彭德怀，要注意保守秘密，在军队中建立一个党的基点是不容易的。要以第一营为基础，逐步发展到全团，以至全师。在条件成熟时，将来是要起重大作用的。段德昌还说，共产党永远是要革命的，但有些人把每个共产党员都理想化，那也是不合实际的，看到个别坏现象，也不要失望。段德昌还送给彭德怀两本马克思主义的书籍。

段德昌可谓是彭德怀革命的领路人。彭德怀听了这番话，觉得身上增加了许多力量，改变了马日事变后的孤独感；感觉同共产党取得了联系，就是同人民取得了联系，也就有了依靠。在此后的革命生涯中，他总是记着这次谈话。

12 月，中共南县特派员邓萍到彭德怀处工作，任第一营文书。从此，邓萍成为彭德怀的得力助手和战友。当月下旬，中共湖南省委批准彭德怀为党员。1928 年 2 月，在彭德怀的团部，正式举行了入党宣誓仪式。中共南、华、安特委代表张匡主持，宣读了入党誓词，并作了简短的时事报告。彭德怀庄严地举起右手，宣誓愿意为中国革命和

---

① 《彭德怀自传》，第 48 页。

世界革命、为共产主义事业奋斗终生，牺牲一切，必要时献出自己的生命。

彭德怀加入中国共产党，使人民军队此后又增添了一位军事家，一位杰出的军事指挥者。在人民军队的发展历程中，彭德怀发挥了非常重要的也是不可替代的作用。

彭德怀入党后，加上原有的党员邓萍、张荣生、李光，共四个党员，成立了支部，张匡指定彭德怀担任书记。不久支部召开会议，又吸收李灿、李力入党。随着以彭德怀为书记的中共支部的建立，拥有3000多人的第一团成为共产党掌握的武装力量。

彭德怀任团长不久，曾向师长周磐提出要在团里办一个学兵连。周磐说师里也要办一个学校。于是，彭德怀就建议办一个随营学校，团里就不办了。随营学校是培养基层军官的学校，岗位很重要，彭德怀建议校长由周磐兼任，并推荐黄公略任副校长。

得到周磐的许可，彭德怀马上给在黄埔军校高级班的黄公略写信，让他一毕业马上回部队中来。

1928年2月中旬，黄公略由广州回到南县彭德怀的团部。但令人想不到的是，黄公略差点把命丢了。

分别一年多，李灿、张荣生、李力都跑团部来和黄公略畅叙分别以后的情况。彭德怀回忆说：

晚饭后除谈团的情况外，又谈到了随校准备工作快完毕，周兼校长，黄公略为副校长，实际周不会来校，对工作反而会有好处；军事教科书以湖南讲武堂的教材为准，正在翻印。讲到学校宗旨章程时，其中有打倒新军阀，黄石（即黄公略——引者）突然发问，新军阀指谁呀？我说："当然是指蒋介石。"黄公略突然发怒说："我们的校长"如何如何……大家也突然失色：一切秘密工作都告诉了他，这还了得！大家气愤到不可形容。我说："公略呀！我们多年友好，过去你说，对革命事业如何如何，现在一反过去，那就好吧！你走你蒋介石的阳关大道，我走我艰难险阻的独木桥。"张荣生拿了一条毛巾在他嘴上一封，颈项上一缚，黄石脸上立即发白。张荣生、李力都说："绞死他，今晚抛到南县河中去灭迹。”这时，黄石手指着皮鞋后跟，被邓萍察觉，邓说：“慢一点，放松一些，等他好出气，跑不了的。”把皮鞋后跟扦开，发现了广东省委的介绍信。大家猛吃一惊，半小时后，他才清醒过来。我说：“公略！你这是干什么？开这样的大玩笑！”他说：“你现在当了团长，谁知道你是真革命还是反革命。”又说：“还有黄纯一同志一道来的，在外面伙铺里，请派人接他进来。还有一个贺国中同志，候补党员，不知他今天到了没有，请到伙铺里查明一下。”幸而当即弄清了真相，马上消除了误会，免除了意外的损失。①

虽然是一场误会，但也可以看出，在革命与否和友情之间，彭德怀等人泾渭分明。虽然是好朋友，若是成了反革命，立刻就是对手和敌人，是消灭的对象。由此彰显了他们革命的坚定性。

第二天早饭后，彭德怀和黄公略又就革命形势和第一团党的工作交谈了四个小时。黄公略写了一首诗递给彭德怀，诗的内容是：“广暴失败旗帜在，树立红军苏维埃。旅沪武岳语弃市，乌云蔽日只暂时。欣谈时局喜春风，柳絮飞舞庆重逢。锦绣洞庭八百里，四江精粹在湖滨。”彭德怀也写了一首诗送给黄公略：“求知心切去黄埔，夜梦依依我不然。马日事变教训大，革命必须有武装。秋收起义在农村，失败教训是盲动。惟有润之工农军，跃上井冈旗帜新。我欲以之为榜样，或以湖泊和山区。利用周磐办随校，谨慎争取两年时。”② 待黄公略看完诗，彭德怀说：“关键在‘谨慎争取两年时’，一旦暴露，周磐必下毒手，我们就会遭到损失。”

诗言志，彭德怀、黄公略两人写的诗，表达了对未来革命胜利充满信心，也表达了他们学习毛泽东，走井冈山道路的愿望。

就在他们谈话时，贺国中、黄纯一也到了第一团。

黄公略等到后不久，随营学校举办了开学典礼。独立第五师师长周磐参加了典礼，宣布黄公略为校长，贺国中为教育长，黄纯一为大队长。

---

① 《彭德怀自传》，第 76 页。

② 《彭德怀自传》，第 78 页。

随营学校开学典礼后，彭德怀约黄公略、贺国中、黄纯一到第一团团部商议此后的工作，开了一次党的会议。彭德怀的计划是：在随营学校每期毕业时，吸收三分之一学员为秘密士兵委员会会员，到年关时做到第二、第三团每个连平均有一个会员。到明年按情况，再发展一些，做到每个团有一两个进步连为核心，全师以第一团为核心，在情况有利时，就可以争取全师起义。会议决定贺国中由候补党员转为正式党员。由于已经有了八个党员，代表中共南、华、安特委出席会议的张匡指示成立团党委，由彭德怀任书记；随营学校成立分支部，黄公略任分支书记，受团党委领导。

然而，一件突然的事情发生，打乱了彭德怀的计划。

事情是这样的，第一团随独立第五师由南县移驻平江"剿共"半个月后，师长周磐要去省城长沙。周磐的马弁（即侍卫人员——作者注）陈玉成到彭德怀处，告诉了周磐的行程，并送他一本密电码本。陈玉成说：这是周与李副师长的通电密码，我抄了一本送给你保存，如有至关紧要机密事，我就译发两份，一份给李副师长，一份给你。特别机密要事，先发给你，后发给他。陈玉成还告诉了彭德怀密码的使用办法。陈玉成原在彭德怀的第一连，是救贫会会员，因与周磐是同乡，深得周磐信任。但周磐想不到，他的一举一动，陈玉成都会告诉彭德怀。

7 月 18 日早晨，彭德怀带着传令排长张荣生和传令兵数人，到驻思村的第二营。第二营营长陈鹏飞集合队伍，请彭德怀讲话。中午，在第二营营部吃饭时，恰恰陈鹏飞的亲戚从长沙来，说昨日长沙破获共产党，发现有独立第五师随营学校校长黄公略亲笔写的通行证，是师长周磐认出笔迹的。此消息如晴天霹雳，彭德怀和陈鹏飞听后，即无心再吃饭了。在客人休息后，陈鹏飞很紧张地对彭德怀说："我们同公略都是讲武堂的同学，团长想法救他。"彭德怀心里也很急，但不露声色地问他："你想想看，怎么才能救他呢？"陈鹏飞说："你放他逃走，或隐蔽起来。"陈鹏飞虽然同情黄公略，但不是出于政治上的共同目标，而是出于个人感情。他和黄公略在湖南军官讲武堂同班，私交关系很好。彭德怀当然更想救黄公略，这可是党的一个难得的军事人才啊！但彭德怀不敢把自己的真实想法告诉陈鹏飞，只是说：回到团部了解长沙的情况后，再告诉你吧！

彭德怀返回团部时，陈鹏飞送到镇外，还再三说："我们同公略同事又同学，团长同他的关系更深，一定要救出他来。"最后，陈鹏飞还深切地叫彭德怀的名字："石穿！只要能救黄公略脱险，一切我都听你的话。"彭德怀最想听的就是这句话了，这句话让他心里有了底。于是握着陈鹏飞的手说："我的心情和你一样！"

回到平江城已是下午 4 点，彭德怀忧心如焚，未回团部，即到电报局。电报局局长见彭德怀大驾光临，亲自接待。彭德怀问他："长沙有电报来吗?"电报局长答："有密电给你，还有一份是给师部的，正在核对。"彭德怀说："我正要去师部，交给我带去吧。"电报局长说："好!"彭德怀给他写了两份电报的收条，便急急忙忙回到团部。

彭德怀在团部将密电译出，不由得出了一身冷汗，电报正是陈玉成发给他的，内说：南华安共产党特委已破获，特委负责人在长沙被捕，供出黄公略是共产党员。周磐认出是黄公略亲笔写的通行证，命李慧根副师长立即逮捕黄公略、黄纯一、贺国中三人。周磐给李慧根的电报内容也基本如此。

好歹算是抢先一步拿到电报，若迟一会儿，周磐给李慧根的电报送到其人手中，后果不堪设想。黄纯一这时因肺病复发，正在县立医院住院治疗。事不宜迟，彭德怀立即通知团党委成员，以探视黄纯一病情为名，下午 7 时到县立医院黄纯一病房开会。

就在这时，邓萍告诉彭德怀："省委特派员滕代远来了，现安置在李灿的住处。"彭德怀一听，喜出望外，高兴地说："真巧!"彭德怀把黄公略、黄纯一、贺国中已经暴露的情况告诉了邓萍和张荣生，并把陈玉成拍来的电报让他们看了。邓萍问："怎么办?"彭德怀说："现在只有暴动，决不能有任何犹豫。"邓萍、张荣生几乎同声说，好在提前掌握了情况，否则就被一网打尽。

当晚，在黄纯一病房，滕代远、彭德怀、邓萍、张荣生、李灿、李力、李光等八人召开了团党委紧急会议。邓萍先介绍了滕代远。接着滕代远传达了省委的有关指示，扼要报告了当前的政治形势和党的任务。彭德怀介绍了黄公略等三人已经暴露和陈玉成拍了密电的情况。彭德怀建议，当晚就召集秘密士兵委员会，做好准备，以闹饷为名，发动起义。大家听了以闹饷为手段，信心百倍，劲头大增，说有过去闹饷的经验，一定能够胜利，一致表示："决心起义，毫不动摇！"会议决定在7月22日下午1时乘敌人午休时起义。

会议研究了起义前的各项准备工作，对具体任务作了明确分工。会后，彭德怀派人通知在嘉义的这时已任第三团第三营营长的黄公略和驻岳阳的师随营学校实际负责的贺国中，迅速做好准备，率部一道起义。

为了麻痹敌人，7月20日早饭后，彭德怀以副师长李慧根的名义致电周磐："砥公师座，巧电奉悉。三人已遵示逮捕，随校已令开来平江，请勿念。"①

黄公略接到起义通知后，积极进行准备工作，不料他的行动引起反动团长刘济仁的怀疑。为防意外，黄公略提前于7月21日下午以闹饷为名，发动全营士兵起义，杀死一个反动连长，缴获当地挨户团30多支枪，并与中共平江第四区区委书记涂正坤等取得联系，然后率领第三营奔赴平江县城，准备与彭德怀会合。当日深夜，彭德怀、滕代远得到黄公略在嘉义提前起义的消息后，决定起义仍按原定时间进行。

7月22日，在彭德怀、滕代远等领导下，平江起义爆发。上午11时半，第一团在平江东门外天岳书院集合，召开起义誓师大会。全体队列整齐，脖子上都系上了红带子，精神振奋，焕然一新。

平江起义，是在革命低潮时期中国共产党成功地在国民党军队中发动的一次重要起义。领导平江起义，这是彭德怀积聚了数年心血，入党后干的轰轰烈烈的第一件大事。他的军事生涯由此开始了新时期，从此可以公开打着红旗干革命了。因此，平江起义这一幕，深深地印在了他的脑海，无论何时回想起来仍然是记忆犹新。他在回忆中说：

---

① 《彭德怀自传》，第93页。

大家颈挂着红带子，队伍立时改变了样子，精神抖擞，个个摩拳擦掌，勇气百倍，向城进发。下午一点开始行动，到两点多钟反动武装全部缴械。不到一个半小时，就将全城反动武装肃清，比预计顺利，未打一枪，未死伤一人。我三点多进城，亲眼看到满街红旗飘扬，秩序井然。国民党党旗和国旗不见了，这完全是出于学生和市民的自动。从监狱中放出的革命人民自动在街上宣传，游行示威、喊口号、捉反动派。标语、传单满街都是，真是人人高兴，个个喜气洋洋。人民群众来来往往，喜笑颜开，商店照常营业，没有关门现象。①

7月23日，黄公略率领第三团第三营到达离平江县城五里地的一个小镇，只身进城与彭德怀会面，不料该部在第九连连长贺仲斌的煽动下南逃。第二天，贺国中率随营学校学员100多人到达平江，同起义部队会合。这样，起义部队达2500余人。

7月24日，第一团士兵委员会在团部召开联席会议，宣布成立工农红军第五军，选举彭德怀为第五军军长兼第十三师师长，邓萍为参谋长，成立第一、四、七团；滕代远任军党代表，李灿、黄公略、贺国中分任各团党代表。同时成立中共红五军委员会，滕代远任书记。

同一天，中共平江县委负责人胡筠等带领游击队来到县城，会见了彭德怀和滕代远。中共红五军军委和平江县委举行联席会议，决定成立由胡筠任主席的平江县工农兵苏维埃政府，并确定以平江东乡的长寿街为中心，力争在最短的时期，从平江开始，建立湘鄂赣三省边区革命根据地。

当日下午4时，中共平江县委召集群众大会，庆祝起义胜利。红五军全体人员参加，参加大会的群众有数万人。大会根据群众的要求，公审、处决了40名反革命分子。军民革命热情极为高涨，到会人员深受鼓舞。

平江起义后，湖南国民党当局极为震动，立即派八个团兵力向平江进攻。彭德怀、滕代远等于24日得到消息，敌人将在27日至迟在29日到达平江近郊。红五军在25日召开军事会议，讨论应敌办法。经过讨论，红五军以第一团在平江西南天车岭等地构筑工事，吸引敌军攻

---

① 《彭德怀自传》，第99页。

击；第四团、第七团配置在城外西南的机动位置上，随时准备对进攻之敌实行夹击。

7月29日，敌人以五个团兵力分为两个梯队，向平江城外西南的红军阵地发起攻击。红军第一团依托工事，进行顽强抗击，杀伤敌人200多人，但未能阻止其进攻。正午时分，第七团投入战斗，迫使敌军第一梯队后撤。下午，敌人第二梯队投入攻击，战斗更加激烈。这时，原计划负责夹击任务的第四团却不见动静。这样，战斗进入相持。战至黄昏，第一、第七团和军直属队撤出战斗，经北乡至东乡龙门集结。这次战斗，第七团伤亡100余人，团长黄纯一牺牲，红五军痛失一位骨干。第一团和机枪连、特务连伤亡数十人。第四团在第三天的晚上才到龙门，原来他们在28日下午离开指定地点自由行动，未经请示向浏阳方向单独进攻独立第五师第三团，打算喊回逃跑了的第三团第三营，结果，第四团的损失最大，原先的约700人剩下了不到300人。

红五军在龙门进行了近十天的整顿：1. 建立政治部，军党代表滕代远兼任主任，张荣生任副主任。政治部对军内进行思想政治工作，对外打土豪。没收分配要经过政治部批准。出布告、杀人宣布罪状等，由政治机关署名。2. 继续加强士兵委员会工作，发展党组织。连以上建立党的秘密支部，发展党员的对象主要是秘密士兵委员会会员。到10月，绝大多数基层单位都有了支部。3. 从上到下建立党代表制度。4. 加强宣传工作。连队、机关都做宣传工作，多数人手里都提着宣传筒。开始用红土，后用白石灰写大字标语。

龙门整顿非常及时，起义官兵由旧军队成为党领导下的红军，政治素质急需提高，这对于巩固部队，提高战斗力，迎接敌人的“会剿”起了非常重要的作用。

8月中旬，湖南国民党军队十几个团继续向平江、浏阳集结，准备进攻红五军。敌我力量悬殊，为避免同敌人硬碰，红五军适时向江西修水城进攻，进占渣津、修水约十天，消灭敌军一个营和二三百反动民团，解决了冬衣。

9 月初，湘鄂赣三省国民党军队对红五军发动第一次“会剿”。红五军退出修水，南进铜鼓。江西敌“会剿”军追至铜鼓。红五军又折回东乡黄金洞一带。这时，当地党组织报告长寿街只有敌军一个营，要求红五军再攻长寿街，红五军按当地党组织的请求，向长寿街发起进攻。谁知当地党组织的情报有误，长寿街敌人竟有三个团。红五军遂主动撤出战斗，退回黄金洞。长寿街之敌追至黄金洞。红五军即转兵北上，向鄂南通城、通山的九宫山转移。鄂南国民党军赶来堵击，红五军又返回平江、浏阳、修水、铜鼓等县的边界山区，坚持斗争。

彭德怀不愧为军事经验丰富的指挥员，在指挥红五军反敌人三省“会剿”的战术上，主要同敌人打圈子、打推磨战（即盘旋战术），经常跳到敌军侧后方，使敌人摸不着头脑，弄得敌人疲惫不堪。拖到10 月下旬，敌人已精疲力竭，红五军在渣津消灭朱培德部一个整营，敌人停止了“会剿”。红五军粉碎了湘鄂赣三省国民党当局 8 月会议制定的“会剿”计划。

在 45 天的转战中，红五军遇到很大困难，减员 1000 余人，剩下的人数不足 2000，取消师、团的番号，缩编为五个大队。军政治部副主任张荣生和特务连连长李力牺牲。张荣生是彭德怀的老战友，也是红五军资格最老的共产党员，在平江起义中起了重要作用。他在牺牲前仍坚定地说：“共产党的事业一定会胜利!”

也有一些人经不住严峻形势的考验。第一团团长雷振辉企图叛变，被连长黄云桥打死。第一团的第一连连长李玉华，蒙蔽十多人，逃跑投敌。第四团团长陈鹏飞过不了艰苦生活，给彭德怀留下了一封信，表示决不反共，离队出走。

9 月 17 日，滕代远以中共湖南省委特派员名义，在铜鼓的幽居召开湖南平江、浏阳和江西修水、铜鼓、武宁等县党组织负责人及红五军党委联席会议，决定成立湘鄂赣边特委，确定滕代远、彭德怀、李宗白、邱训民、王首道等五人为常委，滕代远为书记。

会议总结了平江起义的经验：1. 有共产党的领导；2. 有边区群众特别是平、浏群众的支援；3. 有井冈山的旗帜和榜样；4. 有北伐时期的影响。此外，士兵委员会对维系军队良好纪律、巩固部队，起了重要作用。

可见，平江起义的部队能够保留下来，井冈山的旗帜和榜样还是起了非常大的作用。彭德怀曾说：

当时，我个人认识到，为什么要以井冈山为旗帜、为榜样呢？这个旗帜是具体的，不是抽象的；是实际的，不是空洞的。南昌起义、秋收起义是失败了，都留存了一小部分力量，在井冈山会合，形成了当时的朱毛红军，成为红军旗帜，不仅有号召作用，而且要在红军发展中成为统帅，使全军有头。在打土豪、分田地、建设根据地的问题上，我在一九二七冬、一九二八年春就注意井冈山。我当时感觉，对天上有飞机，陆上有火车、汽车，水上有兵舰、轮船，且有电讯、电话等现代化交通运输与通讯联络的敌军作战，没有根据地是不行的；不实行耕者有其田，也就建立不起根据地。在这个问题上产生了对毛润之的敬仰。①

当别人还没有认识井冈山根据地的榜样作用，甚至还批评毛泽东建立罗霄山脉中段政权的斗争为右倾，怀疑“红旗到底能打得多久”的时候，彭德怀有如此认识，不能不钦佩他的远见。也正是这种认识，才有此后彭德怀同毛泽东的合作，并在毛泽东领导下为人民军队发展作出杰出贡献，为人民革命胜利作出重大贡献。

这次会议还肯定了各县的工作成绩，批评了各地乱烧滥杀现象，提出了加快党组织的恢复发展、建立工农兵苏维埃政府、发动群众打土豪分田地、建立赤色武装等任务，确定以平、修、铜三县毗连的台庄为中心，扩大革命根据地。

会后，为壮大红五军力量，中共湘鄂赣特委从各县抽调一批干部和赤卫队员编入红军，部队由五个大队扩编为三个纵队共 11 个大队。

红五军活跃于湘鄂赣三省交界地区，对长沙、武汉、南昌威胁太大，国民党三省反动当局欲消灭之而后快。11 月间，湖南国民党军约 15 个团集结于平江，湖北国民党军三个团进入通山，江西国民党军三

---

① 《彭德怀自传》，第 114—115 页。

个团抵达修水、铜鼓，准备对红五军发动第二次“会剿”。中共湘鄂赣特委和红五军军委得悉后，决定红五军按照中共湖南省委关于南下井冈山与红四军会合的指示，由彭德怀、滕代远率领第一、第三纵队，南下井冈山地区；黄公略率领第二纵队200多人，依托平、浏、修、铜之间的山区，坚持湘鄂赣边的斗争。

彭德怀、滕代远率领红五军主力南下后，先是袭占了江西万载县城，在这里筹款万余元，补充了部队的冬服。官兵们听说要和红四军老大哥会师，十分兴奋，每人都为与红四军会师准备了礼物。大家用自己的津贴买了鞋子、袜子，有的是自己打草鞋，准备送给红四军的同志。

江西国民党当局得知红五军占领万载，派了约二三个团的兵力，由南昌向万载急进。当敌人离万载城还有约半日距离时，红五军主力从容经萍乡和宜春之间向井冈山前进。在莲花城北约40里处，红五军主力与红四军何长工率领的前来接应的部队会合，于12月1日到达砻市。毛泽东见到彭德怀，高兴地说：“你也走到了我们一条路了”。

红五军到井冈山后，两军在砻市召开了隆重的庆祝会师大会。开国中将，时为红五军中队长的李寿轩回忆说：

会师大会是在宁冈城外的一个广场上举行的，会场上临时搭起一个台子。当我们整队入场时，首长们还没有来到，我们即挨次列在台前等待着。

忽然一阵热烈的掌声，毛党代表和朱德军长来了，人们争先恐后望着。我坐在前头，看得很真切。毛泽东同志和朱德同志，都穿着一身灰布军服，头上戴着五角星帽子，脚上穿着草鞋，一见我们，立刻含笑向我们挥手，那亲切、慈爱、充满胜利信心的笑容，真是让人一辈子也忘不了。

领导同志们一齐走上台去，因为台子搭得比较简陋，也没有想到会上去这么多人，竟一下子将台压垮了。我们立刻七手八脚的又把它搭了起来。正在这时，人群里有人说话了：“哎呀，这可是不吉利呀，今天会师就垮台了。”这句话，大概让朱军长听到了，他笑嘻嘻地跑上台去，朝着大伙说：“同志们，不要紧，刚才台垮了，但是我们立刻又搭起来了，无产阶级的台是垮不了的！”

在会上，毛泽东同志分析了国内外的形势。当他说到“今天，我们红四、红五军胜利地会师了，我们的革命的力量更加强大了”时，会场又掀起了一片热烈的掌声。我感到毛泽东同志说出了我们千百个战士蕴藏在心中的话。

接着，彭军长、滕党代表，都在会上讲了话。最后，朱德军长站起来，他是那样乐观而又充满信心地说：“同志们，我们革命是一定要胜利的。今天，我们有红四军、红五军，将来，我们会有几十个军，我们能够粉碎敌人的‘围剿’，最后胜利一定是我们的。”

当时，在敌众我寡，敌强我弱的困难形势之下，首长们的这些充满乐观情绪的讲话，大大地鼓舞了我们广大士兵的胜利信念。①

红四军、红五军会师，进一步增强了井冈山地区工农武装的力量，不仅震惊了江西、湖南两省国民党当局，也使国民党中央政府逐渐感觉到它已成为心腹之患。11 月 7 日，蒋介石任何键为湘赣两省“会剿”代理总指挥，金汉鼎为副总指挥，由湘赣两省集中了六个旅约 3 万人兵力，于 1929 年 1 月 1 日分五路向井冈山革命根据地发动第三次“会剿”。同时，对井冈山根据地实行严密的经济封锁。

1929 年 1 月 4 日，中共红四军前委在宁冈柏露村召开有红四军军委、红五军军委、湘赣边界特委、各地方党组织以及红四军、红五军代表共 60 多人参加的联席会议。这次会议有两项议程，一是传达中共六大决议，二是讨论如何应对湘赣两省国民党军队的第三次“会剿”。

1928 年 6 月 18 日至 7 月 11 日，中国共产党第六次全国代表大会在莫斯科郊区五一村召开。中共六大为什么在莫斯科召开呢？主要因为国内白色恐怖太严重。开全国代表大会需要 100 多名代表参加，若在国内开，很难保证万无一失。若要有失，中国共产党的中央领导机关就有可能遭受灭顶之灾，党的一批地方领导干部也会遭到严重损失。因此，经与共产国际协商并得到批准，中共六大在莫斯科召开。中共六大，是中国共产党历史上唯一一次在国外召开的全国代表

① 李寿轩：《从九都山到井冈山》，《星火燎原》（选编之一），第 268—269 页。

大会。

大会分析了大革命失败后中国的政治经济状况，明确指出中国仍然是半殖民地半封建社会，中国现在阶段的革命性质是资产阶级民主革命，批评了混淆民主革命与社会主义革命界限的所谓“不断革命”论的观点。大会指出，当前中国的政治形势是处于两个革命高潮之间，即低潮时期，革命的发展具有不平衡性。

大会总结过去革命斗争的经验教训，提出反对“左”、右两种错误倾向。大会决议案在指出大革命失败的客观原因的同时，进一步批评党的领导机关的右倾机会主义错误，认为这种错误是造成大革命失败的主要原因，其要害是放弃革命领导权。决议案在基本肯定大革命失败后党所进行的斗争的同时，批评了“左”倾盲动错误，并着重指出，盲动主义和命令主义是当前使党脱离群众的主要的危险倾向。

中共六大也有不足之处，存在对中国社会的阶级关系缺乏正确认识、把党的工作重心放在城市、对中国革命长期性估计不足、在组织上片面强调党员成分无产阶级化和党的领导机关工人化等缺点。尽管如此，党的六大的路线基本上是正确的，各地贯彻执行六大路线，革命出现了新局面。

由于井冈山革命根据地与中共中央通讯联络困难，中共六大闭幕后差不多五个来月，会议的文件才送到中共红四军前委。大家学习和讨论了党的六大文件后，以前弄不清楚的问题弄清楚了，心里亮堂多了。彭德怀回忆说：“我对这次会议印象很深，认识了中国革命形势是处于两个革命高潮之间，而不是什么不断高涨；对民主革命的性质、任务，党的十大纲领①等有了比较深刻的认识。前委对反对盲动主义解释得很详细，平江起义后，我对于乱烧、乱杀的盲动主义很有反感，觉得把房子

---

① 中共六大通过的《政治议决案》提出了“中国革命现在阶段的政纲”：1. 推翻帝国主义的统治。2. 没收外国资本的企业和银行。3. 统一中国，承认民族自决权。4. 推翻军阀国民党的政府。5. 建立工农兵代表会议（苏维埃）政府。6. 实行八小时工作制，增加工资，失业救济与社会保险等。7. 没收一切地主阶级的土地，耕地归农。8. 改善兵士生活，发给兵士土地和工作。9. 取消一切政府军阀地方的捐税，实行统一的累进税。10. 联合世界无产阶级和苏联。

烧了，人民住到哪里去？红军也没有房子住。反革命是人而不是房子。占领修水时，渣津、马坳一带的群众已有初步发动，我军转移后，被平江游击队狗队长（老百姓这样称呼）把那块地方烧光。半个月后红军再去，农民挂白带子，对我们打土炮，封锁消息。当时盲动主义者叫这些群众为反水，对反水群众不是争取而是镇压。完全不检查自己的错误，反而把错误当做真理，把执行错误政策的说成是坚决革命，把反对错误政策的同志，说成是对革命不坚决，军阀出身靠不住。'六大'解决了这些问题，是使人高兴的。"①

联席会议上，大家认为"六次大会的决议案非常正确，我们欢跃地接受。"② 会议决定油印500余本，发给各地党组织。

在中共六大通过的《苏维埃政权的组织问题决议案》中，关于"对土匪的关系"部分规定："暴动前可以同他们联盟暴动后则应解除其武装并消灭其领袖。与土匪或类似的团体联盟，仅在暴动前可以适用。暴动之后宜解除其武装并严厉的镇压他们。""他们的首领应当作反革命的首领看待，即令他们帮助暴动亦应如此。这类首领均应完全歼除。"③

这些规定对绿林出身的袁文才、王佐来说非常不利。由于他们参加了联席会议，会上没有传达这些内容。虽然会上没有传达，但袁文才后来也知道了。这些规定，毛泽东能够从实际出发予以正确理解，别人就不一定了。这是中共六大决议精神在井冈山根据地传达后产生的消极方面的影响。

传达完中共六大决议后，会议重点讨论了如何粉碎敌军第三次"会剿"的部署。这时，红四军的经济状况更加困难，指战员穿的还是草鞋、单衣，无盐吃，每人每天三分钱的伙食费也无法解决。会议经过反

---

① 《彭德怀自传》，第117页。

② 《红军第四军前委给中央的信》（1929年3月20日），中共中央文献研究室、中国人民解放军军事科学院编：《毛泽东军事文集》第一卷，军事科学出版社、中央文献出版社1993年版，第56页。

③ 《苏维埃政权的组织问题决议案》（1928年7月10日），中央档案馆编：《中共中央文件选集》（1928）第4册，第399页。

复讨论，决定采取“攻势的防御”方针，由彭德怀、滕代远率领的红五军和袁文才、王佐率领的红四军第三十二团守山，毛泽东、朱德率领红四军主力第二十八团、第三十一团和军直属队出击赣南，以打破敌人的经济封锁。由于井冈山地势险要，工事坚固，“八月失败”时只留少数兵力仍能守住，又估计红四军下山后，将会吸引开相当数量的进攻井冈山的国民党军队，会上把这种方针称为“围魏救赵”。

为便于统一指挥，会议还将红四军、红五军合编，红五军改编为红四军第三十三团，彭德怀任红四军副军长兼第三十三团团长，滕代远任红四军副党代表兼第三十三团党代表。红四军留下一批干部充实第三十三团和地方党政机关。

红五军对于留下守山，有两种不同意见：一种意见认为，我们是来取得联络的，任务已完成，应立即回湘鄂赣边区，传达中共六大决议。如果我们长期留在井冈山，就会影响湘鄂赣边区的发展。另一种意见认为，应该执行前委的决定，保卫井冈山后方，使红四军主力安全脱离敌军包围，向白区发展。如果红五军不承担这项任务，红四军离开后，湘赣边界红色政权也可能受到损失，甚至搞垮。所以，我们应当承担起来。红五军大多数领导干部持第一种意见。彭德怀和滕代远持第二种意见。他们说服了不同意见的同志。

彭德怀，在历史的关键时候，总是顾全大局。不仅这次留守井冈山如此，在此后的革命生涯和社会主义建设中也是如此，堪称楷模！

寒冬腊月，一场大雪，把雄伟的井冈山装点得银装素裹。雪后，毛泽东、朱德、陈毅等率领红四军主力3600多人，于1929年1月14日离开井冈山根据地，走向新的征程，奔向更加广阔的天地！

再见，井冈山！再见，难忘的峥嵘岁月！井冈山，留在中国人民革命永远的记忆之中！

离开亲手创建的井冈山根据地，毛泽东也没有想到，再回井冈山，已经是在36年之后了！

第四章　驰骋赣南与闽西

一、毛泽东绘制根据地新蓝图

艰险赣南路

赣南，是红四军生疏的地区。由于脱离根据地流动作战，没有地方党组织的接应和群众的配合，红四军挺进赣南后处境非常困难。这支红色军队，面临着新的严峻考验。著名美国新闻记者艾格妮丝·史沫特莱1937年采访朱德后所写的《伟大的道路》中有关内容是这样描写红四军下井冈山的情景的：

这些面庞消瘦、衣衫褴褛的男女排成一路纵队，开始攀越井冈山与湘赣边界高山巨峰间的山脉。那些不知经过多少世纪风吹、雨打、雪盖的石头和山峦，变得异常平滑。白雪漫谷，刀子一样的山风吹打到这些人的身上，他们只能一步一步前移，匍匐爬过巨大的石峰，他们还得一个紧拉着一个，以免滑入山下漆黑的深渊。

夜幕四垂，他们来到一处又窄又陡的有着坚硬石质的高地上，拿出随身带着的饭团，各自吃了一半。大家挤在一起，臂挎臂，就这样坐在陡坡上过了一夜，人们冷得直哆嗦，不时传来咳嗽声。天刚蒙蒙亮，他们又向南爬行，将近傍晚时，来到了一条杂草没膝的小径，从这儿穿过满是树林的山坡，便可以到大汾村，那儿有一营敌军驻守。他们在这里停下来，吃了剩下的饭团。天色黑暗之后，他们悄悄地沿着小径而下，一路上禁止人们发出任何声音，连咳嗽都不准咳一声。[①]

红四军消灭了大汾的敌人，经左安、营前、杰坝、崇义一直向南，每天行军五六十里。沿途经过的村庄、集镇，老百姓生活十分困苦。尽管红四军经济也十分困难，缺衣少食，但指战员严格遵守群众纪律，不给贫苦的群众增加负担。红四军还向沿途群众做宣传工作，以军长朱德、党代表毛泽东的名义发布了《红军第四军司令部布告》，并发表了《中国共产党红军第四军军党部宣言》，宣传共产党和红军的革命宗旨和政治、经济、民族政策，号召工农群众打倒列强、打倒军阀、统一中华、夺取政权。

1929年1月22日，红四军攻下大庾县城。大庾旧称南安府，比较富庶，部队在大庾住下来，打土豪筹款，改善生活。

红四军下井冈山后，赣敌李文彬第二十一旅和刘士毅独立第十五旅从遂川尾追而来。红四军估计到敌人会来进攻，军委在大庾天主教堂召开党的活动分子会议，讨论打还是不打的问题。参加会议的有毛泽东、朱德、陈毅、林彪、何挺颖等。会上有两种意见：多数人主张打，其中包括第二十八团团长林彪、党代表何挺颖。尤其是何挺颖，坚决主张打。少数人认为不能打，但在多数人主张打的情况下，也不好坚决反对。最后，军委会议决定迎敌。

迎敌的决定是仓促决定的，红四军既没有摸清敌人进攻的方向，也没有搞清敌人进攻的时间。次日，红军侦察员突然报告，说敌人追来了。红四军立即出大庾城迎敌，第二十八团担任主攻。由于林彪事先连地形都没有看，部队出大庾城四五里路就和敌人接触了。李文彬第二十

---

① ［美］艾格妮丝·史沫特莱著，梅念译，胡其安、李新校注：《伟大的道路》，东方出版社2005年版，第279—280页。

一旅是朱培德部较有战斗力的部队，红二十八团与优势兵力的敌人激战到下午，终不能抵挡住敌人的进攻，只好撤出战斗。此次战斗，何挺颖身负重伤，不久牺牲。

何挺颖，字策庸，号科生，陕西南郑（今汉中）人，1905 年生。1925 年进入上海大学学习，同年加入中国共产党。1926 年参加国民革命军，后任第八军第三师团政治指导员，第二方面军总指挥部警卫团排长、连党代表，参加北伐战争。1927 年 9 月参加湘赣边界秋收起义，随毛泽东上井冈山。他工作扎实，联系群众，很受干部、战士的爱戴。他的牺牲，使红四军指战员十分悲痛。

何挺颖的牺牲，使红四军痛失一位领导骨干，是一个重要损失。

大庾之战后，红四军沿九连山北麓向东急行。朱德与特务营营长毕占云亲自殿后。萧克在回忆当时的情况时说：

> 那一带都是崇山峻岭，偶有村寨，也是些少数民族。时值数九寒冬，部队在冰冻寒天中行走，很多人衣着单薄，大部分人穿草鞋。群众没有受红军的影响，有的逃跑，即不跑，对我们也是怀疑的。地主武装还来骚扰。我们既要对付后面穷追不舍的敌人，又要克服自然界的重重困难。这一段行军很危险，也很艰苦。①

红四军到广东南雄乌迳时，又遇到一次很大的险情。朱德回忆道：“到了乌迳，天也要黑了，都很疲倦了，就讲讲话，开开会，就都在平坝子上露营了。可是当时敌人却来了，正在晚上九点钟。我们丝毫不晓得，还（以）为敌人也十分疲乏，休息整理，准备进攻。就在这时，这里地方党支部派出去的侦探把这消息带来了。我们即刻惊起，出发，连号都没吹。是冬天露营，所以说走就走了。这一次红军的命运那是极端危险的了。如果没有地方党的支部，那一下就会被敌人搞垮了。”②

红四军在乌迳避免一次极大危险的事例说明，有地方党组织支持和没有地方党组织的支持，差别是非常大的。毛泽东后来经常以此事例说

① 《萧克回忆录》，第 113 页。

② 转引自中共中央文献研究室编：《朱德传》（修订本），第 186 页。

明，红军做群众工作、建立地方党组织的重要性。

避免了一次危险，又一次危险来临了。

离开乌迳后，红四军先到南雄的界址，再折入江西信丰县境。

红四军在信丰只休息了一夜，便经安远进入寻乌境内，在项山的圳下村宿营。在这里，红四军遇到了下井冈山以来最严重的一次危险。粟裕回忆说：

凌晨，我们在项山受到刘士毅部的突然袭击。那次第二十八团担任后卫，林彪当时任第二十八团团长，他拉起队伍就走，毛泽东同志、朱德同志和军直机关被抛在后面，只有一个后卫营掩护，情况十分紧急。毛泽东同志带着机关撤出来了，朱德同志却被打散了，身边仅有五名冲锋枪手跟随。敌人看到有拿冲锋枪的，认定有大官在里面，追得更凶，越追越近。朱德同志心生一计，几个人分作两路跑，自己带一个警卫员，终于摆脱险境。这时我们连到达了一个叫圣公堂的地方，听说军长失散了，我们万分着急，觉得像塌了天似的，情绪很低沉、恐慌。因为军长威信很高，训练、生活、打仗总是和我们在一起，大家对他有很深的感情。下午四点朱军长回来了，此时部队一片欢腾，高兴得不得了，士气又高涨起来了。但不幸的是军长的爱人伍若兰同志却被敌人抓了去，惨遭杀害。我们看到朱军长把伍若兰同志为他做的一双鞋子一直带着，很受感动。①

对于朱德圳下脱险的情况，还有一种更具体的回忆：“朱德同志身穿一件军大衣，他身边有个卫士挂了花，不能走。朱德很留恋他，跑了几步，还回来看他。”跑了一里多路，到一条小河边。“因为小桥又软又小，部队涉水而过。这时正是严冬腊月，雪花满地。毛泽东同志、朱德同志也同战士一样，在寒冷刺骨的水中过了河。”②

陈毅在圳下突围时大衣来不及穿在身上，披着急走，被突然冲上来

---

① 《粟裕战争回忆录》，解放军出版社 1988 年版，第 81—82 页。

② 黎崇仁、谢甫鹏：《圳下战斗与罗福嶂会议》，《回忆中央苏区》，江西人民出版社 1984 年版，第 52—53 页。

的敌人一把抓住大衣。幸亏大衣是披在身上的，陈毅机智地把大衣往后一抛，正好罩住了这个敌人的脑袋。当敌人弄掉罩在头上的大衣时，陈毅已经逃远了。也有回忆说："陈毅同志被敌抓住，他用拳头打倒两个敌人，摆脱了危险。"①

红四军圳下遭到敌人突袭，几位领导人历险，党和红军的历史差点儿被改写。

鏖战大柏地

圳下脱险后，红四军冒着大雪，翻越了几座大山，到达闽粤赣三省交界的罗福嶂。这里地势险要，只要堵住路口，敌人就很难冲上去。

红四军在罗福嶂得到了休息的机会，前委召开会议，就部队的领导体制、行动方向进行了讨论。过去，前委有大量的地方工作需要领导，所以有军委专管军队。现在暂时没有固定的地区做地方工作，前委可以全力管军队工作，与会人员认为不需要领导机构叠床架屋，军委可以暂时停止办公，军委机关可以改为军政治部，由前委直接领导红四军。为了解决部队给养和宿营困难，与会人员认为部队有必要分成两个有独立机动作战能力的单位，于是提出将红四军所属部队改编为第一、第三纵队。第一纵队由第二十八团、特务营组成，纵队长为林彪，党代表为陈毅；第三纵队由第三十一团编成，纵队长为伍中豪，党代表为蔡协民，必要时军长朱德、军党代表毛泽东分别率领第一、第三纵队行动。毛泽东不同意立即分兵，认为分兵活动容易遭到敌人各个击破，此事议而未决。事实证明，毛泽东的意见是正确的。关于行动方向问题，这时红四军已经得知吉安东固一带有江西红军独立第二团，遂决定逐步向东固转移，以便能够找到有党组织有群众的地区休息，安置伤员，并可以拊吉安敌军之背，救援井冈山的红军。

① 陈茂：《从井冈山出发向赣南闽西挺进》，《回忆井冈山斗争时期》，江西人民出版社 1979 年版，第 559 页。

前委会议刚开完，中共寻乌县委书记古柏前来通知，国民党“追剿”军正在前来包围罗福嶂。于是，红四军从罗福嶂出发，向北走寻乌、澄江、会昌、瑞金。赣敌刘士毅穷追不舍。刘士毅曾得意地向“会剿”军总司令致电报捷：朱毛部“自寻乌属之吉潭附近被职旅给与重创后，即狼狈向项山罗福嶂逃窜”，仍未能立足。刘士毅宣称：该旅现正分路堵截追剿，“以绝根株”。①

物极必反，当红四军连遭失利，困难到极点的时候，转机即将来临；刘士毅得意忘形，也就是厄运即将到来的时候。

2 月 9 日，红四军打下瑞金，很快又撤出瑞金。在城外，红四军第一纵队被优势敌人严密围住。危急时刻，朱德命令第一支队跟着他从中间突破，第二、第三支队左右配合，向敌人反冲锋。第一纵队冲出敌人包围圈后，同第三纵队会合，到达瑞金北部的大柏地、隘前一带。

刘士毅闻风追来。陈毅、林彪命令第二支队队长萧克、党代表胡世俭率部阻击敌人。敌人暂时不敢前进，胡世俭却不幸牺牲。

这天正是农历除夕，大柏地的老百姓因不了解红军，逃跑一空。部队连续 20 多天被敌人追赶，战士们憋了一肚子的火，不免要发些牢骚，甚至提出要与敌人拼命。当晚，前委召开会议，研究部队的行动。朱德在会上说：“南昌起义失败后，只剩下八九个连，还能打，我们现在还有 22 个连，要打，要煞煞敌人的威风，刘士毅部队战斗力不强，我们在井冈山时同他交过手，曾在遂川县城打得他七零八落。”② 会议决定在大柏地打伏击战。

大柏地是一条十余里长的峡谷，山高林密，是打伏击的好场所。前委决定利用大柏地的地形，布置一个长形“口袋阵”，以主要兵力埋伏在通往宁都的道路两侧高山密林中，以一部分兵力引诱刘士毅进入伏击圈。粟裕回忆道：

这时朱军长、毛委员已发现追击之敌刘士毅的第十五旅孤军突出的

---

① 上海《民国日报》，1929 年 2 月 9 日。

② 《萧克回忆录》，第 114—115 页。

弱点，且大柏地地形有利，故决定再在大柏地有计划地打一仗。这天正是阴历年除夕（二月九日），我们闯到土豪家，把土豪准备的年夜饭吃个精光。吃饱喝足以后，我们离开大柏地，埋伏在石板道两旁山上的树林里。朱德同志安排一些人挑着担子停在道上，装作掉队人员，要他们见到敌人就向埋伏区里跑。……第二天大年初一，我们继续设伏待敌。那天，下起了毛毛雨，雨停后又起风，风停了又下雨，衣服湿了刮干，刮干又淋湿，时间显得漫长。①

2月10日下午3时，立功心切的刘士毅两个团大摇大摆来到大柏地，红四军一部把敌人诱进“口袋阵”底部，东、西两伏兵向后迂回，扎住了“口袋”。这是关系到红四军主力下井冈山后生死存亡的关键一仗，紧急关头朱德亲自带队冲在前头，连平时不摸枪的毛泽东，也提枪带警卫排向敌军阵地冲锋。在朱德、毛泽东两位最高首长的带领下，全军将士奋勇作战。由于弹药缺乏，红军用刺刀、枪托同敌人搏斗，甚至连树枝、石块都用上了。战至第二天下午，红军全歼被围敌军，俘虏正副团长以下800余人，缴枪800余支，机关枪6挺，刘士毅率领残部灰溜溜退往赣州。

大柏地一战，红四军一改原先接连受挫的局面，取得了作战主动权。1929年9月1日，陈毅在给中共中央的《关于朱毛军的历史及其状况的报告》中谈到大柏地之战时说：“是役我军以屡败之余作最后一掷击破强敌，官兵在弹尽援绝之时，用树枝石块，空枪与敌在血泊中挣扎始获最后胜利，为红军成立以来最有荣誉之战争。”②

红四军在大柏地取得胜利，指战员情绪高涨，痛痛快快过了一个春节。四年之后，毛泽东经过大柏地时，写下了《菩萨蛮·大柏地》：

赤橙黄绿青蓝紫，谁持彩练当空舞？

雨后复斜阳，关山阵阵苍。

---

① 《粟裕战争回忆录》，第83页。

② 《陈毅关于朱毛军的历史及其状况的报告（一）》（1929年9月1日），中央档案馆编：《中共中央文件选集》（1929）第5册，第755页。

当年鏖战急，弹洞前村壁。

装点此关山，今朝更好看。[①]

这首词充分体现了大柏地之战在毛泽东心中的位置和深深的印记，也能透过词意看到当年他率领红四军在经历了一连串的失利后，大柏地之战胜利一扫精神上的压抑带来的喜悦。

东固会师

国民党军第十四军军长赖世璜的弟弟赖世琮率一个保安团驻守宁都县城，红四军在大柏地痛击刘士毅后，赖世琮闻风丧胆，弃城而逃。2月13日，红四军不费一枪一弹便占领了宁都县城。宁都是赣南比较大的县城，过去是一个州治。红四军找到当地商会，筹集到5000元款，买了布，补充了给养，每人还发了五角零用钱。

红四军在宁都住了一天，就出发前往东固。第三纵队为前卫，毛泽东随第三纵队行军，朱德、陈毅随第一纵队在后。2月19日，红四军到达东固。

东固位于吉安县城东南120余华里，与泰和、兴国、吉水、永丰等四县交界，四面环山，地势险峻，物产丰富。这里远离国民党反动统治的中心，是开展武装割据的好地方。

大革命时期，东固有一批青年学生在吉安读书。他们先后加入中国共产党和青年团。大革命失败后，曾在吉安县教育局任巡学员的共产党员赖经邦和县总工会秘书长曾炳春、县农协常委高克念、县农协招待委员汪安国等回到家乡，开展革命活动。1927年9月下旬，赖经邦在敖上村秘密召集曾炳春、高克念、刘经化、汪安国等12名党员开会，成立中共东龙（东固和南龙）支部，赖经邦任书记。同时，决定重建东固农民协会，收集原第九区农协的九支枪，建立东龙游击队，以赖经邦为队长。会后，赖经邦通过亲属关系，争取到永丰县芹菜坑三点会绿林武

① 《毛泽东诗词选》，第40页。

装段月泉（段起凤）部30余人、14支枪参加游击队，段月泉任游击队副队长。赖经邦又领导党员和农民协会会员夺取了南龙土豪的11支枪，加上赖经邦自己原有两支短枪，至10月底，东龙游击队已经发展到近100人、36支枪，为武装暴动打下了很好的基础。

11月12日，中共东龙支部乘吉安城国民党军调防、兵力空虚之机，发动武装暴动。赖经邦、段月泉率领游击队出击富田，抓获大土豪王初曦的弟弟王良照，缴获步枪6支，子弹数十发，将王家财产没收，粮食衣物分给当地贫苦农民。次日，游击队又在永和圩打土豪，筹款上万银元。18日，东龙游击队又出击吉水县水南圩，缴获反动自卫军枪16支，于19日胜利返回东固。

东龙游击队越战越强，成为赣西南红色武装的一支重要力量，附近的绿林武装纷纷前来投奔游击队。这样，东龙游击队像滚雪球般，越滚越大。

1928年2月，中共赣西特委决定将东龙游击队与永吉游击队合编，同时吸收吉安、吉水、永丰等县部分工农青年，组建江西工农革命军第三师第七纵队，以吴江为纵队长，赖经邦为党代表兼参谋长。不久，纵队长改由段月泉担任，党代表为詹天龙，秘书长曾炳春、柏金吾，参谋长赖经邦。全纵队180余人，80多条枪。第七纵队成立后，以养军山为中心，积极向外开展游击战争，并与吉安县北部延福地区的江西工农革命军第三师第九纵队南北呼应，打击国民党反动统治。

5月，中共江西省委为加强对赣西南的革命斗争的领导，决定在东固设立赣西南行动委员会，以刘士奇为书记，成员有萧韶、丘倜、詹天龙、赖经邦等。中共赣西特委调第九纵队东渡赣江到东固，与第七纵队配合作战。随后，成立了第七、第九纵队总指挥部，由叶天雷任总指挥。6月30日，第七纵队向兴国县枫边靖卫团进攻时，赖经邦不幸牺牲。

赖经邦，又名泽智，吉安县（今吉安市青原区）东固山古瑞仁村人，1899年生。幼时读过两年私塾，1915年到东固涧东书院读书，毕业后考入吉安第七师范学校。1923年毕业后到吉安永和高等小学教书。1926年9月24日，北伐军攻克吉安。时任吉安县教育局局长的共产党员梁明哲是赖经邦的同学。他介绍赖经邦加入中国共产党。党组织决定让赖经邦到教育局任巡学员，利用这个身份到东固建立党组织，开展农民运动。赖经邦在东固发展了涧东书院青年教师刘经化、汪云和篾匠李会风为党员，加上在吉安入党的汪安国，于 1927 年 2 月成立了中共东固小组。在中共东固小组的领导和组织下，东固九区成立了农民协会，开展如火如荼的农民运动，还成立了有九支步枪的农民自卫军。赖经邦是东固党组织和革命根据地的主要开创者，为革命事业献出了宝贵生命，将被人民永远铭记。

为适应武装斗争发展的需要，1928 年 9 月，中共赣西特委秘书长李文林奉命将第七、第九纵队合编，成立江西工农红军独立第二团，李文林任团长兼政治委员，段月泉任副团长，刘泽明任参谋长，曾炳春任团政治部主任兼宣传队队长。红二团共 300 多人，160 余支枪，下辖四个连，一个政治宣传队。红二团的成立，使东固革命根据地进入一个新的发展阶段。

12 月中旬，红二团辗转来到兴国东村，与桥头暴动发展而来的红十五纵队会合。两支部队配合，于 12 月 20 日清晨一举攻占了兴国县城。此后，红二团又与红十五纵队在桥头地区的黄田脑、固石坑、琵琶陇等地，击溃敌人的三路“进剿”，缴获 28 支枪，保卫了桥头红色区域。

1929 年 1 月 8 日，中共于北特区委以红十五纵队缴获的 28 支枪为基础，成立了以桥头农民为主体的红十六纵队。与此同时，兴国县的崇贤、城冈、东村、莲塘等地，也先后成立了小规模的游击队。

2 月上旬，红二团再次攻占兴国。12 日，红二团在东村与红十五、红十六纵队会合。15 日，在红二团的帮助下，红十五纵队、红十六纵队以及桥头、东村、城冈、莲塘等游击队合编成立红四团，红十五纵队编为第一连，红十六纵队编为第二连，城冈游击队编为第三连，桥头、东村、坝子上的部分游击队编为第四连。红二团抽调 100 多名骨干充实红四团。全团 400 多人，300 多支枪。原红二团副团长段月泉担任红四团团长，党代表由金万邦担任。

红四团成立后，桥头红色割据区域不断扩大，不久与东固红色区域连成一片。当地老百姓有一个说法：“上有井冈山，下有东固山。”①

红四军指战员进入东固地区后，立即感受到这里同赣南其他地方的不同。萧克回忆说：“从南隆往西走就到了大山环绕的东固。这时，群众和游击队都到街上欢迎我们。他们没有打红旗，但那种热烈动人的场面真叫人感动。”②

2月20日下午，红四军与红二团和红四团在东固螺坑召开了会师大会。陈毅主持大会，李文林向东固军民逐一介绍了红四军领导人，红二团、红四团官兵鸣号举枪致敬。毛泽东和朱德先后登上用四张八仙桌拼成的讲台，发表讲话。毛泽东传达了中共六大文件，毛泽东在会上说：目前军阀混战将起，是我们发展的大好时期，胜利一定属于我们。毛泽东赞扬了红二团、红四团和东固人民在革命斗争中所取得的成就。朱德在讲话中说：“国民党反动派天天说打朱、毛，可是朱、毛越打越多，你们都成了朱、毛。”③ 朱德的讲话引来大家一阵欢乐的笑声。

会师后，红四军向红二团、红四团赠送了一批枪支，并决定留下毛泽覃、谢唯俊帮助他们工作。红二团和红四团向红四军赠送了2000块银元，以及一部分子弹、衣物。

为祝贺东固会师，陈毅兴奋地赋诗：“……东固山势高，峰峦如屏障。此是东井冈，会师天下壮。”④

红四军在东固得到了休整和补充，安置了伤病员。萧克在回忆中说：“东固的群众非常好，我们住在东固的时候，他们送米、送菜、送柴，保证了我们3000多人的吃、住、用，使我们得到了下山以来最好的一次休息。”⑤ 粟裕也在回忆中说：“由于有了这块根据地军民的掩护，我们从从容容地休整了一个星期，恢复了体力。”⑥

---

① 曾山：《赣西南苏维埃时期革命斗争的历史回忆》，《回忆中央苏区》，第13页。

② 《萧克回忆录》，第116页。

③ 李祖轩：《江西红军独立第二团、第四团》，《回忆中央苏区》，第41页。

④ 《陈毅诗词选集》，人民文学出版社1977年版，第4页。

⑤ 《萧克回忆录》，第117页。

⑥ 《粟裕战争回忆录》，第83页。

红四军在东固期间，对部队进行了改编，将第一纵队改编为两个纵队，即把第三、第四支队分出来，成立第二纵队，纵队长胡少海，党代表彭祜。

按照原定计划，红四军在东固休整、补充后准备打回井冈山去。就在这时，毛泽东和朱德从中共赣西特委那里得到一个不好的消息：井冈山根据地已经失守，彭德怀、滕代远已率守山的红四军第三十团从井冈山突围，前来赣南游击。敌情方面，一直尾追红四军的赣军李文彬部赶到东固，吉安的张与仁旅也进窥东固。前委认为，东固地形民情条件固然很好，但红四军战斗力尚未完全恢复，红二团、红四团尚未与优势兵力的敌人正规军作过战，缺乏战斗经验，红军若以东固为阵地同强敌作战是不利的，将会使这个地区原来秘密割据的优势完全丧失。据此，毛泽东、朱德、陈毅等研究后，“乃决定抛弃了固定区域之公开割据政策，而采取变定不居的游击政策（打圈子政策），以对付敌人之跟踪穷追政策。”①

多年后，萧克在回忆录中说：“这个决定有重要意义，原先我们都有一种在固定地区作长期斗争的思想，认为只有‘固定区域的公开割据’才是正确的，现在这个决定，实际突破了红军初创时期在认识上的片面性和局限性，为以后在闽赣两省大范围的游击行动，以至最后创立中央苏区，打开了一条道路。”②

历史就是这么奇妙，原本是件坏事，认真分析局势，从实际出发，权衡利弊，寻找出另外一条路来，坏事反而变成了好事。

2 月 25 日，恢复了体力的红四军离开东固，又踏上了新的征程。

第一次入闽，制定创建根据地新战略

红四军离开东固后，沿闽赣边界转移。当时，曾有人提出各纵队分路走，毛泽东不同意，认为那样容易被敌人各个击破，坚持集中

① 《红军第四军前委给中央的信》（1929 年 3 月 20 日），中国井冈山干部学院编：《井冈山斗争时期文献导读》，党建读物出版社 2015 年版，第 144 页。

② 《萧克回忆录》，第 118 页。

行动。

这时，蒋介石同控制两湖的新桂系军阀矛盾激化，蒋桂战争已处于一触即发的状态，江西国民党军纷纷北调，准备参加对桂系的作战，顾不上再“追剿”红军，赣南兵力空虚，红四军遇上了难得的发展机遇。

红四军发展的方向应该指向何方？就在红四军离开东固的前一天，中共福建省委在写给中央的报告中，建议“红军暂时开到闽西长汀、上杭一带来作一短时间的休息，是有可能的，因为汀杭与赣粤相距较远，同时福建的反动统治力量比较弱”。福建省委还指示上杭、武平、长汀三县县委设法同红四军联系，把当地的军政情况报告红军，“同时把省委的意见提供给他们参考。”①

中共福建省委写给中央的这个报告，毛泽东、朱德、陈毅不可能会看到，但这时他们也把方向锁定了闽西，可见，对于善于判断形势的革命者来说，他们的心是相通的。

红四军离开东固后，调头向东，经永丰、乐安、广昌、石城，进入瑞金的壬田市。萧克支队是前卫，走到瑞金东面约 30 里的虎头嘴，发现敌人从东南来堵截红军。当时萧克不了解东来之敌的虚实，恰好纵队党代表陈毅来支队直接掌握情况。在陈毅的同意下，部队立即转向东南，进入闽西，插到了古城与长汀南的四都。这并不是军部预定的方向，但在游击战争时期，军部规定前卫纵队的领导人，可以根据情况临时决定全军性的行动方向。

四都是个重山环抱、两条大路交叉的小镇，没有敌军驻守，但有中共地下组织。红四军准备在这里稍事休整。不料第二天上午 9 时，驻守长汀的敌郭凤鸣部一个团的兵力，在敌团长钟铭清带领下沿着大路气势汹汹向红军进犯。

郭凤鸣是土匪出身，闽西封建割据的三个土皇帝之一。他仗着自己

---

① 《中共福建省委给中央的信》（1929 年 2 月 24 日），转引自中共中央文献研究室编：《朱德传》（修订本），第 192 页。

有一旅兵力盘踞在瑞金、长汀一带，奸淫掳掠，无恶不作。当地人民提起郭凤鸣，莫不恨之入骨，但又敢怒不敢言。开辟根据地，鼓舞群众革命斗志，必须消灭郭凤鸣。

要消灭郭凤鸣一个旅也不是那么容易的，红四军只有两个团另两个营的兵力，又是初次到闽西，人地生疏，武器弹药奇缺。再加上部队行军苦战月余，虽在东固得到一个星期的休整，但尚未完全恢复，而敌人却处于以逸待劳的状态，这个仗打起来还真有些难度。

毛泽东和朱德分析了这一情况后，召集各纵队负责人开会研究作战方案，最后决定利用红军善攻的特点，主动迎击，打乱敌人进攻步骤，变被动为主动。

萧克回忆说：

……军部决定迎战这股敌人。我支队奉命担任正面主攻。敌人占领了对面一座山，中间隔着一条小河，河上有座桥。那时是冬天枯水季节，河水很浅。战斗打响后，我支队有的从桥上过去，有的干脆涉水，很快冲过了河。敌人虽然在山上，但火力不强，连机关枪都没有。我们展开队伍，呈扇面往上冲，敌人也有一部向我冲，副支队长温朝盛率一排多人从右侧突击，敌退却，我部乘胜迅速前进，占领敌中间阵地。这时，一支队也从右边打了上来，敌人完全垮了。①

这是红四军第一次同闽西地方小军阀交手。红军从缴获的敌人武器看，有些枪是汉阳兵工厂造的，有些是本地造的土快枪，火力不行。从战斗力看，敌人虽然占领了高地，但不会利用进行反击。他们与红军一接近，又不敢拼刺刀。由此证明，敌人战斗力不强，士气不高。通过这一仗，红四军摸清了闽西敌人的底牌——武器差，战斗力不强。广大指战员对消灭郭凤鸣部自信心大增，纷纷说："就算郭凤鸣是三头六臂，也逃不出咱们红军的手掌。"

中共长汀县委负责人段奋夫赶到红四军军部，在随后召开的前委扩大会议上，汇报了长汀县和郭凤鸣的情况。段奋夫说，闽西党的基础较

---

① 《萧克回忆录》，第118—119页。

好，1928年党组织领导的几次暴动虽然失败了，但每个农会会员还保存着“三毛钱的驳壳”——匕首，在党的领导下坚持地下斗争。敌人方面，官兵关系恶劣，生活腐化，士气消沉。郭凤鸣、陈国辉、卢新铭三个小军阀，各霸一方，互不相让。毛泽东、朱德听完汇报，又征求了大家的意见，决定进攻长岭寨，夺取长汀城，彻底消灭郭凤鸣部。

长岭寨离长汀城30华里，山高林密，毛竹丛生，地势十分险要，是长汀南的重要屏障，红四军攻占长汀的必经之路。郭凤鸣的一个团在四都被红四军击溃后，他亲自率领部队占据此山，企图凭险阻止红军进攻长汀。

3月14日晨8时，红四军兵分三路向长岭寨发起攻击。在红四军的猛烈进攻下，据守山头的敌人一个团很快就被打得四处溃逃，敌团长拼命举枪高喊：“打，谁退我就枪毙谁！”但敌士兵早已魂飞魄散，纷纷扔下武器，四处逃窜。只有敌旅部企图顽抗，死不缴枪。朱德指挥红四军主力分兵合击，敌人终于不支，被全部歼灭。此战，红四军俘敌2000余人，缴获各种枪支500多支，迫击炮3门，炮弹100多发。郭凤鸣在指挥向红军攻击时左腿中弹，由两名马弁搀扶着逃到牛头村一片栗树园中的茅坑内躲藏，后被打扫战场的红军战士搜出，红军连长王良一枪将其击毙。

当日下午，红四军押着俘虏，抬着郭凤鸣的尸体，浩浩荡荡开进长汀城。城内有些老百姓开始还不相信郭凤鸣已被打死，等看到郭的尸体，始才相信。于是奔走相告，轰动全城。他们高兴地说：“郭凤鸣被打死了，这回没有后患了，起来干吧！”“苦日子可熬出头了！”“红军前天还在江西，今天就到这里，真是神兵！”

长汀系旧汀州府治，是闽赣边界的重镇。汀州城建在武夷山下、汀江之滨。汀江是闽西最大的一条河流，经过上杭流入广东，再汇入韩江，从潮汕出海，水运极为方便。因此，汀州又是闽西物资集散地，商业和手工业比较发达，是商贾云集之地，也是闽西富庶的中等城市。

红四军自成立后，都是在湘、赣、闽、粤边界的大山里行动，还没有进入过像长汀这样的城市。为了防止违反群众纪律的现象发生，红四军制定了各项城市政策。红四军发布的《告商人及知识分子》指出："共产党对城市的政策是：取消苛捐杂税，保护商人贸易。在革命时候对工商人酌量筹款供给军需，但不准派到小商人身上。城市反动分子（军阀的走狗，贪官污吏，国民党指导委员、工贼、农贼、学贼）的财物也要没收。乡村收租放息为富不仁的土豪搬到城市住家的，他们的财物也要没收。至于普通商人及一般小资产阶级的财物，一概不没收。"并提出了"商人起来帮助工农阶级"，"学生起来帮助工农阶级"，"商人只要赞助革命，共产党就不没收他们的财产，并保护他们营业自由"①等口号。

红四军指战员在长汀严格执行纪律和城市政策，秋毫无犯，深得人民群众拥护。毕占云在回忆中说：

进城后，我们和以往一样，自觉地遵守毛党代表制定的"三大纪律、八项注意"和城市政策。那时物资供应艰难，没有军服。打土豪分来一些衣裳，也不管长的短的，有啥穿啥。而且经过长期行军作战，已经脏破不堪。洗洗缝缝吧，又只有身上的一件，没有换的。没办法，只好利用开大会的时间，洗晒上衣；开小会时洗晒下衣。群众看我们这样困难，仍然买卖公平，秋毫无犯，深受感动，说："有这样的部队，革命一定成功！""红军真是穷人的队伍！"②

红四军入城后，在长汀党组织的帮助下，按照城市政策，没收十余家反动豪绅的财产，罚得款子2万余元，并向当地资本千元以上的商人筹借了3万元军饷，两者相加，共5万元。前委遂讨论决定：通过邮局的地下党员罗旭东，汇一笔款子给上海的党中央作活动经费；派负责军需的宋裕和带上500元前往大柏地，赔偿群众在战斗中的损失；发给官兵每人4元大洋作零用钱；购置了布匹，用缴获敌人的被服厂，赶制了

---

① 《告商人及知识分子》（1929年），中国井冈山干部学院编：《井冈山斗争时期文献导读》，第138、139页。

② 毕占云：《三战闽西》，《星火燎原》（选编之二），战士出版社1979年版，第20页。

4000 套军服。红军战士每人发了一套崭新的灰军装，一顶带红五星的军帽，一个挎包，一副裹腿，两三双“陈嘉庚胶皮鞋”。毛泽东、朱德和战士们一样，也是第一次穿上这么整齐的红军服装。这是红四军第一次有了统一的军装，队伍拉出来，齐刷刷一色带有红星的八角帽，灰布军装，显得特别精神，威武雄壮。

朱德特意到福音医院会见了傅连暲。南昌起义军经过长汀时，傅连暲积极为起义军伤病员治伤，尤其是治好了陈赓严重的腿伤，使之免去了截肢的危险，为人民军队保留了一员大将。朱德对这位爱国的教会医生十分尊重。傅连暲向朱德建议，红军指战员要普遍接种牛痘，防止天花蔓延。朱德采纳了傅连暲的建议。后来傅连暲率领医院许多医务人员参加红军，并将医院迁到瑞金，改名中央红色医院。新中国成立后，傅连暲曾任中央人民政府卫生部副部长。1955 年被授予中将军衔。

红四军在长汀期间，还依据东固秘密割据的经验，帮助长汀党组织秘密发展党员，比原来扩大了两倍；组成了 20 多个秘密农民协会，5 个秘密农会，成立了总工会。并且召开了各界代表会议，选举产生了长汀县革命委员会。这是闽西第一个红色政权。

为了适应新形势，红四军根据中共六大决议的要求，将原有的工农运动委员会改为政治部，由毛泽东兼任政治部主任；每个纵队设政治部，由党代表兼任主任；支队、大队两级不设政治部。

攻占长汀后，红四军下一步该如何行动，这是一个急需解决的问题。3 月 20 日，毛泽东在长汀“辛耕别墅”主持召开了前委扩大会议，讨论红四军下一步的战略方针问题。会上，大家讨论了江西、福建、浙江等南方各省的政治经济状况，针对蒋桂战争即将爆发的有利时机，“决定四军、五军及江西红军第二第四团之行动，在国民党混战的初期，以赣南闽西二十余县为范围，从游击战术，从发动群众以至于公开苏维埃政权割据，由此割据区域以与湘赣边界之割据区域相连接。”①

---

① 《红军第四军前委给中央的信》（1929 年 3 月 20 日），中国井冈山干部学院编：《井冈山斗争时期文献导读》，第 142 页。

这是一个视野开阔、富有远见的战略决策。赣南闽西地域宽阔，境内山峦起伏，树木茂密，回旋余地很大，适合红军大部队纵横驰骋，开展游击战争；党和群众基础很好，物产比较丰富，能够为坚持武装割据提供足够的人力、物力支持；国民党军队力量薄弱，并且离中心城市远，交通不便，军队来往集聚都很困难。这个战略决策的实施，为红四军的发展壮大和创建赣南、闽西根据地打下了坚实的基础。

红四军自下井冈山以来，经历了最困难的时期，损失了 200 余支枪、600 余人，并且牺牲了何挺颖等多名干部。付出了这些血的代价，换来了宝贵的经验，尤其是换来了正确的发展战略，值！

二、中共红四军七大风波

回师赣南

红四军在长汀期间，国民党新军阀之间的蒋桂战争爆发了。由于江西的国民党军北调参战，赣南兵力空虚。同时，中共红四军前委得知从井冈山突围的红五军经过转战已到达赣南，遂决定全军迅速回师赣南。

那么，彭德怀率领的红五军是怎样到赣南的呢？

彭德怀率领红五军三个大队从井冈山突围后，在大汾又遭敌军三面伏击。这时，红五军有遭全部被敌歼灭的危险。彭德怀将三个大队集中起来，向中间一面奋勇突破，终于冲出了敌人的包围。从大汾突围后，红五军只剩 500 余人。之后，部队越过上犹、崇义的大山，从南康上游渡过章水。时值农历除夕，红五军在离章水三里地的一个大村庄里宿营，又遭敌人突袭，只剩下 283 人。

1929 年 2 月上旬，红五军转移到于都桥头，同当地党组织接上头。桥头游击队为红五军侦察敌情，准备向导，并为他们收买了近千发子弹。在桥头党组织和游击队的帮助下，一路转战、十分艰苦的红五军得以短暂休息。

两三天之后，敌人又追来了，红五军转移到兴国的莲塘和东山，与莲塘党的地下支部和红二、红四团取得联系。红五军余部在这里休息了五天，赣军刘士毅旅前来进攻。莲塘党支部告诉彭德怀，敌人只来了五个营，有一个营和民团留守于都城。彭德怀决定，绕过刘士毅部主力，出敌不意奔袭于都城。

红五军 18 个小时走了 140 里路，在夜半时分到达于都城。趁着夜色，红军爬城袭击，立即猛攻城内敌人。敌人做梦也想不到红军会来进攻，稀里糊涂就作了俘虏。红五军消灭了留守于都的敌人一个营及靖卫团、县警备队全部六七百人，缴获三四百支步枪和两挺轻机枪。被敌人穷追一个多月的红五军，取得突袭于都城胜利，出了一口恶气！彭德怀在回忆中说："在井冈山突围以后，连遭败仗，力争打了这样一个胜仗，意义很大"。①

红五军突袭于都县城成功，当地老百姓都称红军为天兵。红军对敌军伤兵给予医治，还给每人发了两元零用钱，向他们做革命宣传；并把被击毙的敌士兵收集一处，等刘士毅旅回城处理。被俘敌军士兵 300 多人，看了无不感动，其中半数以上留下当了红军。

彭德怀估计刘士毅一定回于都救援，于是主动率领红五军在下午 2 时后撤出于都城。红五军党代表滕代远在邮局收集报纸时，不幸手枪走火，子弹从胸前洞穿，身负重伤。

红五军在下午 3 时许渡过于都河，计划到于都城南三四十里的小密宿营。红军渡河不久，刘士毅的先头部队已经进于都城。双方隔河相望，敌人只敢放枪射击，未敢渡河追击。

在小密，由于滕代远伤重，彭德怀劝说他留下治伤。邓萍见当地有党组织和群众，要求留下斗争，彭德怀同意了，并给他留下近百支枪。此后，邓萍以此发展为赣南独立团，成为黄公略红六军之一部。

由于小密离于都城太近，彭德怀决定率红五军转移到会昌、信丰、

① 《彭德怀自传》，第 123—124 页。

于都三县交界的牛山。这里距小密东南 30 里，地处大山之中。红五军到牛山时，当地群众插红旗表示欢迎，称红军为“大兄”。红五军在这里住了十来天，当地十余贫苦农民参加红军。

在牛山，彭德怀从滕代远在于都收集的报纸和信件中得知，“会剿”井冈山的湘赣敌军已经回防。湘、桂军阀之间，蒋、粤、桂军阀之间存在矛盾，敌刘士毅旅一个团驻于都城，旅部和缺一个营的团回驻赣州城，敌人已经没有力量追击红军了。据此，彭德怀判断，军阀战争正在酝酿之中，新的形势就要到来。他召集大家，讨论井冈山突围和于都战斗的经验教训。

为了解决夏衣问题，2 月下旬，红五军奔袭了安远县城，消灭了靖卫团、警察等反动武装。红五军在安远住了十天左右，放出了监狱里的在押犯人，缝制了夏衣。彭德怀收集各种报纸，经过分析形势，认为蒋桂矛盾日益严重，江西省军阀内部亦有矛盾，决定打回井冈山去，恢复湘赣边界根据地。一天，彭德怀从安远县署的反动文件中，得知了红四军在长汀消灭郭凤鸣旅的消息，即改变打回井冈山的原定计划，经会昌进占瑞金县城。此时，红五军原来的 300 来人发展到 600 人。

4 月 1 日，毛泽东、朱德率领红四军进驻瑞金。红四军、红五军在经历了近三个月的分离辗转作战后又会合了。彭德怀向前委汇报了撤出井冈山的经过。毛泽东说：这次很危险，不应该决定你们留守井冈山。

会合后，红五军被编为红四军第五纵队，由彭德怀以红四军副军长名义进行指挥，拟在数日后返回湘赣边界，收集失散旧部，恢复红色政权，与赣南取得联络，仍属前委指挥。

在瑞金，红四军前委收到中共中央的“二月来信”。这封来信是根据共产国际领导人布哈林的意见写的。周恩来曾说，布哈林在中共六大上所作的报告中，“对中国苏维埃、红军运动的估计是悲观的。他认为只能分散存在，如果集中，则会妨害老百姓利益，会把他们最后一只老母鸡吃掉，老百姓是不会满意的。他要高级干部离开红军，比方说，要调朱德、毛泽东同志去学习。”① 共产国际是中共中央的上级，因此，中共中央的“二月来信”要求“将红军的武装力量分成小部队的组织散入湘赣边境各乡村中进行和深入土地革命”，认为这样才能“避免敌人目标的集中”；并要求朱德、毛泽东“离开部队来中央”，以免“徒惹敌人更多的注意”②。

中共中央的指示显然是脱离实际的。这时，正是红四军蓬勃发展之际，分散行动，无疑将使红四军作为赣南、闽西革命的拳头力量消于无形。况且朱德、毛泽东是红四军的灵魂和核心。二人离去，必将使红四军失去灵魂和核心。失去了灵魂和核心的红四军，将会岌岌可危。没有当时战斗力、政治素质最强的红四军，中国革命将会怎样？不堪设想！显然，机械地执行中央的指示，将会铸成大错！

敢于从实际出发，敢于担当，敢于说真话的毛泽东，自然不会机械地执行中央脱离实际的指示。

毛泽东将中央的“二月来信”送给彭德怀看，彭德怀表示，时局紧张，主要负责人不能离开部队。有共产党领导，有正确的政策，红军是能坚持的。

4月5日，毛泽东主持召开中共红四军前委会议，讨论“二月来信”。会后，毛泽东代表前委给中共中央复信，指出：“中央此信对客观形势及主观力量的估量都太悲观了。三次进攻井冈山表示了反革命的最高潮。然至此为止，往后便是反革命高潮逐渐低落，革命高潮逐渐生长。我党的战斗力组织力虽然弱到中央所言，但在反革命潮流逐渐低落形势之下，恢复一定很快，党内干部分子的消极态度也会迅速的消灭。群众是一定倾向我们的。”并认为，“我们感觉党在从前犯了盲动主义极大的错误，现实却在一些地方颇有取消主义的倾向了。”

针对中共中央把领导城市工人运动、建立产业工人支部作为主要工

① 周恩来：《关于党的“六大”的研究》（1944年3月3日、4日），《周恩来选集》上卷，第184页。

② 《中央给润之、玉阶两同志并转湘赣边特委信——关于目前国际国内形势和党的军事策略》（1929年2月7日），中央档案馆编：《中共中央文件选集》（1929）第5册，第35、37页。

作，忽视农村游击战争的观点，毛泽东指出："农村斗争的发展，小区域苏维埃之建立，红军之创造与扩大，亦是帮助城市斗争、促成革命潮流高涨的条件。""抛弃城市斗争沉溺于农村游击主义是最大的错误，但畏惧农民势力发展，以为将超过工人的领导而不利于革命，如果党员中有这种意见，我们以为也是错误的。因为半殖民地中国的革命，只有农民斗争不得工人领导而失败，没有农民斗争发展超过工人势力而不利于革命本身的。"

对于中共中央要求红四军分兵问题，毛泽东是不同意的。如前所述，自下井冈山后，红四军内部也有一些人主张分兵，由于毛泽东坚持，才没有分兵。而事实也证明，毛泽东不分兵的主张是对的。因此，毛泽东在给中共中央的复信中据理力争，认为过去多次实行分兵"都是失败的"，"五军在平、浏，四军在边界在湘南，因分兵而被敌人击破者共有五次之多"。"愈是恶劣环境，部队愈须集中，领导者愈须坚强奋斗，方能应付敌人"。"此次离开井冈山向赣南闽西，因为我们部队是集中的，领导机关（前委）和负责人（朱、毛）的态度是坚决奋斗的，所以不但敌人无奈我何，而且敌人的损失大于他们的胜利，我们的胜利则大于他们的损失。"

毛泽东也不同意中央要求他和朱德离开红四军，但他婉转地说："中央若因别项需要朱毛二人改换工作，望即派遣得力人来。我们的意见，刘伯承同志可以任军事，恽代英同志可以任党及政治，两人如能派来，那是胜过我们的。"①

不久，蒋桂战争爆发，中共中央改变了"二月来信"中所提的一些意见。此事证明，在通讯联络困难，中共中央与地方信件来往需要差不多两个来月的情况下，在地方从事武装斗争领导者从实际出发，决定斗争策略的重要性。

4月8日，毛泽东主持召开有赣南特委和中央军事部派来的罗寿男

---

① 《红军第四军前委给中央的信》（1929年4月5日），《毛泽东军事文集》第一卷，第59、60、61、62页。

参加的前委扩大会议。会议正式同意彭德怀率领红五军返回井冈山，恢复湘赣边界根据地。这也是为了实现前委3月20日在“辛耕别墅”制定的“以赣南闽西二十余县为范围，从游击战术，从发动群众以至于公开苏维埃政权割据，由此割据区域以与湘赣边界之割据区域相连接”发展战略。这个关于红五军的行动决策，事实证明是很正确的。红五军此后在恢复湘赣边界革命斗争、开辟湘鄂赣根据地中发挥了极为重要的作用，并且逐渐发展成为红三军团，成为红军中一支劲旅。

前委扩大会议作出的另一个决策就是红四军在赣南实行近距离分兵，发动群众打土豪、分田地，发展地方武装，建立红色政权，巩固并扩大赣南革命根据地。

会后，朱德率领第一、第二纵队与军部，毛泽东率领第三纵队，实行分兵活动。

4月中旬，朱德率领第一、第二纵队攻打宁都。宁都守敌赖世琮上次不战而退，这次却率领六个连坚守宁都城，红军围了六天六夜，没有攻下来。红军硬攻不行，改为智取。萧克回忆说：

宁都城墙有两丈高，还有外壕。我们2000多人，从四面把城围起来，我率二支队从西门进攻。我估算了一下，城墙有九里长，旧中国一里是570米，九里就是5130米，我想，这么长的城墙有3000多个垛口，五六百人是守不过来的，就采取了一个办法。靠近城西门外约百米处有一幢火砖砌的铺子，上下两层，后面还有一些住房，也多为两层，我让士兵在下层挖了不少枪眼，从枪眼处可以看到敌人，也可以射击，我们的枪眼小，敌人不容易看到我们。上层有窗，更好观察射击。

开始几天从枪眼向城墙上打枪，吸引敌人的火力，并不强攻。等到第六天，我估计敌人也麻痹了，锐气已过，就令部队停止打枪，准备了一些长梯子放在铺子边，然后让一些赣南兵对着城墙喊话。敌人见我不打枪，又跟他们拉家常，也停止打枪，有的还站起来看。我见城墙垛口处站了很多人，下令“快放!”二三十支枪突然射击，敌人受到袭击昏了头。我又指挥早已准备好的进攻部队，拖起梯子，靠近城墙。敌人还没有反应过来，见我军已登上垛口，便纷纷向两边逃跑。

我们占领了城西门，向两边延伸。各部队也纷纷爬城而上，攻下了宁都城。这是红四军下山以来第一次攻下的有敌人据守的州城。①

打下宁都城后，红四军军部决定在四周大力发动群众，建立地方武装和红色政权。

毛泽东带领第三纵队到兴国县城发动群众，并开展社会调查，指导建立兴国革命委员会。他在兴国的一项重要活动，就是制定兴国《土地法》。兴国《土地法》规定："没收一切公共土地及地主阶级的土地归兴国工农兵代表会议政府所有，分给无田及少田的农民耕种使用。"② 毛泽东在井冈山制定的《土地法》是规定"没收一切土地"③，兴国《土地法》中关于没收土地的规定是根据中共六大决议进行的一个正确的原则性的改动。

为了推动兴国《土地法》的实行，毛泽东还在潋江书院崇圣祠办了一期土地革命干部训练班。毛泽东告诫党员干部：要像和尚念叨"阿弥陀佛"一样时刻念叨群众。这是让那些文化水平不高的干部时刻将群众利益挂在心上的最通俗而又最经典的语言！

红四军分兵做群众工作，扩大根据地，取得了明显成效。

从 4 月中旬到 5 月中旬，于都、兴国、宁都三县建立起了县级革命政权，工农武装割据局面初步形成，赣南革命形势如火如荼。

第二次入闽，三打龙岩

红四军于 3 月中下旬占领长汀，动摇了闽西反动派统治，极大地鼓舞了闽西地方党组织和人民的斗争情绪。各种革命活动更加积极地开展起来。中共龙岩县委星夜在全县张贴标语："欢迎红军来龙岩，打倒陈国辉！"这些标语贴到了福建省防军第一混成旅旅长陈国辉的旅部里，

---

① 《萧克回忆录》，第 121—122 页。

② 《土地法》(1929 年 4 月)，中国井冈山干部学院编：《井冈山斗争时期文献导读》，第 120 页。

③ 《土地法》(1928 年 12 月)，中国井冈山干部学院编：《井冈山斗争时期文献导读》，第 118 页。

吓得陈国辉连夜调一个团到他的旅部，预防共产党领导暴动。闽西党组织掌握的武装力量也积极活动，永定溪南、金丰的红色武装攻进了湖雷，赶走了敌人，策应红四军的行动。

当时，中共闽西特委设在上杭城水南，派邓子恢到长汀去找毛泽东，中途听说红四军已回师赣南，又折回去。于是，特委将闽西党组织、斗争情况及敌我情况，写了一封详尽的信，并迫切要求红四军再次到闽西活动，派人送给毛泽东。

中共红四军前委接到闽西特委的信后，在瑞金召开了扩大会议，决定利用有利时机，再次入闽，开创闽西革命新局面。

毛泽东、朱德写了两封信，派前委委员宋裕和先行出发到闽西。一封信交给中共闽西特委书记邓子恢，告诉他红四军正向闽西进军，要求特委准备策应；另一封信送交上杭地方武装领导人傅柏翠，要他们在庙前等候，商讨红四军下一步的行动计划。

邓子恢接到信后，立即通知各县，准备暴动响应。

5月中旬，毛泽东、朱德率领红四军从瑞金出发，再次入闽。再次踏上闽西土地，红四军指战员立即感到与前次大不相同了，濯田、水口、涂坊等地的群众，纷纷给他们送茶水、送干粮，青年人争着参加红军，老年人焚香祈祷，盼望红军能够打胜仗。人们称红军是“命根子”“救命菩萨”。这时闽西天气已经十分炎热，但当地群众的大力支持，使红四军忘记了酷热和疲劳。

这时，蒋桂战争虽然以蒋胜桂败而结束，但粤军徐景堂部又宣布反蒋，向控制广东的“南天王”陈济棠开战。广东战云又起，盘踞在闽西、闽南的小军阀们也很快卷了进去。蒋介石命令陈国辉率领第一混成旅主力，离开龙岩，随驻漳州的新编第一师张贞部赴广东与徐景堂作战。闽南、闽西国民党军主力先后调走，驻地空虚，真乃天赐红四军良机！

红四军到庙前后，毛泽东、朱德在庙前孔清祠会见上杭地方武装领导人傅柏翠等，听取他们关于闽西敌情的介绍。弄清情况后，毛、朱二人决定暂时不去攻打长汀，而是出敌不意直取龙岩，再打永定或漳州，甩开李文彬，消灭陈国辉，相机打击张贞，以便扩大红军在闽西的影响。为了争取时间，红四军不在庙前久留，立即向龙岩进发。要求傅柏翠率部做好后方侦察，阻击追敌，掩护红四军进攻龙岩。

红四军离开庙前后，经古田向龙岩挺进，于 5 月 22 日黄昏到达离龙岩西 30 里的小池圩。当晚，毛泽东、朱德在小池圩的“赞生店”召开军事会议，听取中共闽西特委派来的代表介绍龙岩城内陈国辉部的情况。是时，龙岩城里陈国辉部兵力不足 500 人，对红四军来说，取之易如反掌。

龙岩是闽西的政治、经济、文化中心，盘踞这里的陈国辉部，原系闽南一股打家劫舍、残害百姓的土匪部队。北伐军入闽时，陈国辉率部投靠何应钦。土匪部队盘踞龙岩，当地老百姓的日子能好过吗？消灭陈国辉，是龙岩群众的迫切要求。

5 月 23 日上午 7 时许，红四军第一、第三纵队占领龙岩城郊的龙门圩，打垮了陈国辉的第一补充营，跟踪追击，突破龙岩西门，首先攻入龙岩城；第二纵队按照计划，占据北门外的制高点，居高临下，向城内发起猛烈攻击。整个战斗非常顺利，红军砍瓜切菜般消灭了守敌。上午 9 时，龙岩已在红四军手中。这次战斗，除逃跑少部分敌人外，红四军击毙敌官兵 90 余人，俘虏 330 余人，缴获机关枪 2 挺、驳壳枪 23 支、步枪 549 支，子弹 35 担、迫击炮弹 9 担。这些缴获，无论是对于急需补充和发展的红四军来说，还是龙岩地方武装来说，真是太重要了。

邓子恢、张鼎丞回忆说：红四军占领龙岩后，“在城里展开了宣传活动，街上张贴满了标语、布告。毛泽东同志亲自在龙岩第九中学向学生讲话。又拨了一二百条步枪给龙岩县委，装备龙岩游击队。这一来，龙岩地方武装的实力便空前地增加了，更有力地配合主力展开了活动。”①

红四军于当天下午撤离龙岩，继续奔袭张贞部的总兵站永定城。

5 月 25 日，红四军在张鼎丞领导的地方武装的配合下，占领了永定县城。27 日，在永定城关南门坝召开了万人祝捷大会。会上宣布成立永定县革命委员会，张鼎丞任主席。这是闽西成立的第二个县级红色政权。

---

① 邓子恢、张鼎丞：《闽西的春天》，《星火燎原》（选编之二），第 31 页。

从龙岩败逃到漳平永福的陈国辉残部，于5月25日返回龙岩。毛泽东、朱德判断张贞、陈国辉主力仍在广东，一时难以回援，决定二打龙岩。

红四军第三纵队在伍中豪、蔡协民、罗荣桓率领下，在龙岩地方游击队、暴动队配合下，于6月3日拂晓攻入龙岩城内。守敌原本是红四军的手下败将，见红四军又杀回马枪，哪敢抵抗！又没命地逃回了漳平永福。5日，红军和闽西地方革命武装在龙岩中山公园召开群众大会，宣布成立龙岩革命委员会，邓子恢任主席。这是闽西第三个县级红色政权。

正在广东参加军阀战争的陈国辉，得知自己的老巢被红军端了之后，震惊万分。没有了龙岩，自己的部队吃什么？喝什么？于是率部日夜兼程由粤返闽。红四军得悉这个消息后，主动撤离龙岩，转攻驻守上杭白砂的敌卢新铭部钟铭清团，引诱陈国辉主力回到龙岩，再待机加以消灭。为了示弱于陈国辉，朱德派出小股红军，沿途阻击陈国辉的部队，边打边退。陈国辉果然上当，还真以为红四军害怕与他交手，必定会退到赣南去。6月6日上午，陈国辉回到龙岩，得意扬扬，举行“祝捷大会”，放假三天。

毛泽东、朱德于6月5日在龙岩、上杭交界处大池召开各纵队负责人会议，研究作战计划。同时，集结部队，严密封锁消息，为进攻白砂做好充分准备。

6月7日，是农历五月初一，正逢白砂举行抬“定光古佛”的庙会。由于红四军消息封锁得好，钟铭清对红军来临竟毫无察觉。红军突然发起进攻后，钟铭清一下子就懵了。仓促抵抗少许，便纷纷溃退。经过一个小时战斗，红军俘虏100余人，缴枪100余支、火炮2门。钟铭清只带了20来名随从逃回上杭。卢新铭听了钟铭清报告白砂丢失经过后，知道红军神勇，龟缩在上杭城里，暗地里祈祷红四军不要前来攻城。

白砂战斗结束后，为了麻痹陈国辉，红四军故意显示出向江西退却的迹象。6月10日，毛泽东、朱德率领红四军沿着通往赣南的大道，开往连城新泉。红四军在新泉休息一周，一面整训，一面深入农村发动群众。

陈国辉得知红军开到新泉，对红军将撤回赣南更加深信不疑，觉得此后可以高枕无忧了。

消灭陈国辉的时机已经成熟，红四军于6月18日秘密开抵龙岩附近的小池。中共红四军前委召开军事会议，研究第三次攻打龙岩的作战计划。

这次攻打龙岩，和前两次有很大不同。前两次攻打龙岩，敌军兵力薄弱，这次可是陈国辉的主力驻守。开国中将毕占云在回忆文章中说："陈国辉是福建著名的另一条地头蛇。这家伙和郭凤鸣不同，老奸巨猾，在指挥上有一套办法，手下的士兵都是老兵痞子，有战斗经验，武器弹药也很充足，虽然也只有一个旅兵力，可比郭匪的战斗力强多了。怎么消灭这股敌人？我们心里没有底。"①

为了提高大家消灭陈国辉部的决心，部队召开了班以上党员活动分子会议。毛泽东亲自进行政治动员。毛泽东指出：要承认陈国辉有许多有利条件，但也有致命的弱点：内部腐败，士兵都拉家带口，贪生怕死。尤其是长汀一战之后，我们威震闽西，敌人十分畏惧。而我军是为人民而战，士气旺盛，消灭敌人是有把握的。大家听了毛泽东的话后，对消灭陈国辉的信心倍增。

红四军这次打龙岩，采取了秘密突袭的办法。朱德回忆说："我们到离城三十里左右的大池、小池集中，敌人还不晓得就去打。夜晚十一点钟出发，三十里走完将将天亮。敌人一旅三千多人，我们有六千多人，统统用上去。我带两个团在左面，另一个团在右面。切断通漳州的道路，正面安上一个新编成的团。将将天光亮，恰恰完成了对城的包围。"②

6月19日拂晓，在陈国辉部出操时，红四军第三次攻打龙岩的战斗打响了。攻击从北门开始，伍中豪率第三纵队突袭松涛山，抢占了敌人设在制高点上的机枪阵地。进攻北门战斗打响后，第一纵队第一支队猛扑花山锣石鼓阵地，消灭一营敌人，为进攻南门扫清道路。

此时，进攻西门的战斗也在激烈进行，敌军凭借街道房屋负隅顽

---

① 毕占云：《三战闽西》，《星火燎原》（选编之二），第22页。

② 转引自中共中央文献研究室编：《朱德传》（修订本），第206页。

抗。由于是进行巷战，红军使用兵力多，则施展不开；使用兵力少，因自己的刺刀、手榴弹少，同有刺刀、手榴弹的敌人肉搏，很是吃亏。激战了两个钟头，红军虽给敌人以重大杀伤，但战斗进展不大，自身伤亡也不少。朱德见这样战斗于红军不利，立刻传下命令，采取“掏墙挖洞打老鼠”的战术，对敌军实行分割包围，各个击破；同时，开展政治攻势，向敌人喊话。敌人撑不住了，纷纷竖起白旗，向红军投降。

这时，红四军第一纵队也越过河上的浮桥，突入龙岩南门。两周前，陈国辉还没有把红四军放在眼里，这时尝到了红军的厉害，见势不妙，带着少数亲信化装逃向漳州。一些红军指战员对于没有活捉陈国辉感到懊悔，毛泽东笑着说：把敌人打跑了也是胜利啊！再说，我们有办法让他回来。朱德也风趣地告诉大家：跑了和尚，跑不了庙。同志们，准备好吧，还有机会消灭他！

红四军第二次入闽，在一个多月时间里，连续三次克龙岩，连克永定、白砂、新泉，闽西革命形势一片大好。连连胜利，红四军个个喜上眉梢，陈毅当时写的一首诗代表了大家的心情：

闽赣路千里，春花笑吐红。

铁军真是铁，一鼓下汀龙。①

刘安恭来到红四军

红四军下井冈山后的一段时间里，屡屡遭受挫折，处境非常艰难。于是，红四军内部，包括领导干部中，对井冈山时期及下井冈山后的一些政策和做法产生了各种议论，对红军中党的领导、民主集中制、军事和政治的关系、红军和根据地建设等问题，争论一直不断，并于4月份前委在于都召开会议后，又逐渐发展到基层。这时，一个人来到红四军，又把争论推向了顶端。这人便是刘安恭。

刘安恭，字季良，四川永川县（今重庆市永川县）人，1899年生

① 陈毅：《反攻下汀州龙岩》（1929年6月），《陈毅诗词选集》，第5页。

于一官宦人家。其父曾在 1911 年辛亥革命后率领群众推翻满清永川县政权，被推选为该县第一届民选县长。刘安恭幼时随父迁居省城成都，在此接受中等教育。1917 年在父亲支持下留学德国，进入柏林大学攻读电机工程专业。1924 年回国，先是在成都电话局任职，不久去万县，就任杨森第二十军参谋。同年参加中国共产党。1927 年参加南昌起义。起义军南下广东后，他到上海，被党派往苏联高级射击学校学习。1929 年回国后，被中共中央派到红四军工作。

前面说过，红四军下井冈山后，由于脱离了原来的根据地，每天行军打仗，军情紧急，前委和军委重叠，罗福嶂会议决定军委暂停办公，权力集中于前委。后来，随着赣南、闽西革命局面的开展，军队和地方的工作都增加了，前委决定成立临时军委。由于刘安恭在苏联学过军事，是中央派来的，就以他为临时军委书记兼政治部主任。刘安恭初来乍到，对红军的斗争形式没有多少了解，当了军委书记以后，就开始用苏联那一套来衡量红四军的领导体制，指手画脚，对毛泽东从实际出发的一些主张任意指责，嫌以毛泽东为书记的前委管得太多。于是，刘安恭在他主持的军委会议上竟作出了一条规定：前委只讨论行动问题，不要管其他事。这个决定使前委成为空架子，无法开展工作。因此，决定一出，上下议论纷纷，下级怎么能决定上级的权力范围呢？对此事的议论，又引发了大家对过去的争论。时任红四军政治部秘书长的江华后来在有关回忆文章中说："这时，原来在井冈山时期即存在的关于红军建设问题又开始议论起来，一些不正确的非无产阶级思想也颇有表露。"①

5 月底，毛泽东在福建永定县湖雷主持召开前委会议时，有些人对前委领导提出了很多意见，并要求恢复正式的军委。这样，设不设军委问题，成为会议争论焦点。一种意见认为：既有四军，就要有军委，建立军委是完成党的组织系统。持这种意见的人指责前委"管得太多"，"权力太集中"，"包办了下级党部的工作"，"代替了群众组织"，甚至指责前委是"书记专政"，有"家长制"的倾向。另一种意见认为：赣南、

① 江华：《关于红军建设问题的一场争论》，《党的文献》1989 年第 5 期。

闽西的苏区尚未发展，地方工作不多，前委工作的重心还在军队，“军队指挥需要集中而敏捷”，由于战斗频繁和部队经常转移，由前委直接领导和指挥更有利于作战，不必设立重叠的机构，并批评在前委之下、纵委之上硬要成立军委实际上是“分权主义”。

这次会议，不仅意见未能统一，反而使争论扩大起来。毛泽东感到自己难以继续工作。

6 月 8 日，中共红四军前委在白砂召开扩大会议。毛泽东在会上提出了一份书面意见，列举了红四军党内存在的主要问题，并提出如果这些问题不解决，他不能担负这种不生不死的责任，请求马上更换书记，让他离开前委。会议在对取消临时军委进行表决时，参加会议的 41 人中，以 36 票赞同、5 票反对通过了取消临时军委的决定。这样，刘安恭的临时军委书记一职自然免去，政治部主任一职后来也由陈毅接任。

这次前委扩大会议决定召开中共红四军第七次代表大会，以统一认识，解决分歧，结束争论，以利革命。但在当时，解决问题的条件不成熟，指导思想上也存在缺点，即前委把各方面的争论意见原文印发给各党支部，并号召“同志们努力来争论”。这样做，使争论更加激烈，难以达到统一认识。由于毛泽东提出辞职，前委决定由陈毅代理前委书记，主持筹备中共红四军七大。①

在要不要军委这个具体问题的争论背后，实质上是一场关于党和军队关系问题的争论。江华在回忆文章中指出：“所谓党和军队的关系问题，主要是由于当时红军还建设不久，其大部分是从旧式军队脱胎出来的，而且是从失败环境中拖出来的，旧军队的旧思想、旧习惯、旧制度带到了红军队伍中来。因而，一部分人习惯于旧军队的领导方式，对党对军队的领导不赞成，有怀疑。他们强调‘军官权威’，喜欢‘长官说了算’，相反认为现在是‘党太管事了’，‘党代表权力太大’，提出‘党不应管理一切’，‘党所过问的范围是要限制的’，‘党支部只管教育体

---

① 见《陈毅传》编写组：《陈毅传》，当代中国出版社 1991 年版，第 101 页。

制’；并主张‘司令部对外’，政治部只能‘对内’，对军队只能指导，不能领导等等。这些都严重影响了党对军队绝对领导权的建立。”“在这场争论中军内存在的单纯军事观点、流寇思想、极端民主化和军阀主义残余等非无产阶级思想有所抬头。”①

白砂会议后，红四军党内争论更严重了，萧克回忆说：

……6月中旬，我们在新泉住了七八天，连以上尤其是支队、纵队干部天天开会，老是争论那几个问题。这中间，林彪和刘安恭起了不好作用。

“七大”前林彪给前委写了一封信，意思是有前委就不要军委，还说设立军委“这是个无耻的阴谋”。我们读了后都不高兴。要不要军委，是组织形式的问题，哪里说得上是“无耻阴谋”。

刘安恭采取的一些做法也很不合适，如他“把四军党分成派”，并且说成是拥护和反对中央的两派。在争论发生后，又提出用“完全选举制度及党内负责同志轮流更换解决纠纷”。这些论调更助长了争论。一时间，由下而上，大家议论纷纷。②

林彪给前委的信究竟是什么内容呢？中共中央文献研究室编的《朱德传》（修订本）有关内容是这样写的：

当时，林彪是红四军第一纵队司令员。他在白砂会议开会前五小时（一说是三小时）写信给毛泽东，含沙射影地攻击朱德。他在信上说：“现在四军里实有少数同志的领袖欲望非常高涨，虚荣心极端发展。这些同志又比较在群众中是有地位的。因此，他们利用各种封建形式成一无形结合（派），专门吹牛皮的攻击别的同志。这种现象是破坏党的团结一致的，是不利于革命的，但是许多党员还不能看出这种错误现象起而纠正，并且被这些少数有领袖欲望的同志所蒙蔽阴谋，（附）和这些少数有领袖欲望的同志的意见，这是一个可叹息的现象。”平时，林彪也常散布对朱德的流言蜚语。朱德同士兵的关系历来很亲密，林彪却指责

① 江华：《关于红军建设问题的一场争论》，《党的文献》1989年第5期。

② 《萧克回忆录》，第123页。

说朱德“拉拢下层”。这些挑拨性的言词，加深了红四军内的意见分歧。[①]

毛泽东根据前委“各作一篇文章，表明他们自己的意见”的要求，于6月14日给林彪复信，并送交前委。复信将红四军党内存在的问题和争论原因，归纳为“个人领导与党的领导”、“军事观点与政治观点”、“小团体主义与反对小团体主义”、“流寇思想与反流寇思想”、“罗霄山脉中段政权问题”、“地方武装问题”、“城市政策与红军军纪问题”、“对时局的估量”、“湘南之失败”、“科学化、规律化问题”、“四军军事技术问题”、“形式主义与需要主义”、“分权主义与集权”、“其他腐败思想”等14个问题，指出红四军还没有能建立起党的绝对领导的原因是：第一，红四军的大部分是从旧式军队脱胎出来的，便带来了一切旧思想、旧习惯、旧制度；第二，这支部队是从失败环境中拖出来结集的，原来党的组织很薄弱，因此造成了个人庞大的领导权；第三，一种形式主义的理论从远方到来。毛泽东在信中批评了不要建立巩固的根据地的流寇思想，指出流寇思想历来在红军中是很厉害的。流寇思想产生于红四军中的游民部分，党与这种思想曾经作过许多斗争，但它的尾巴至今还存在，这种思想影响到城市政策与红军军纪。信中还指出：红四军中向来有些同志偏于军事观点，同站在政治观点即群众观点上的人意见不合。毛泽东在信的最后指出：“四军党内显然有一种建立于农民、游民、小资产阶级之上的不正确的思想，这种思想是不利于党的团结和革命的前途的，是有离开无产阶级革命立场的危险。我们必须和这种思想（主要的是思想问题，其余是小节）奋斗，去克服这种思想，以求红军彻底改造，凡有障碍腐旧思想之铲除和红军之改造的，必须毫不犹豫地反对之，这是同志们今后奋斗的目标。”[②]

毛泽东这封信，闪烁着思想建党、政治建军的光辉，尽管这时大家还未认识到他的良苦用心，但时间会证明毛泽东这些思想是正确的、是真理。

---

① 中共中央文献研究室编：《朱德传》（修订本），第212页。

② 毛泽东：《给林彪的信》（1929年6月14日），《毛泽东文集》第一卷，人民出版社1993年版，第74—75页。

毛泽东落选红四军前委书记

6 月 22 日，经过仓促准备的中共红四军七大在龙岩城内国民小学召开。出席会议的除前委委员及大队以上党代表外，还有部分军事干部和士兵代表，约四五十人。会议由军政治部主任、前委代理书记陈毅主持并作报告，毛泽东、朱德都作了发言。会场空气紧张热烈，有什么意见都可以讲。代表们对几位领导提出了很多意见，有的意见比较中肯，有的意见偏激夸大。

大会通过了《红军第四军第七次党代表大会决议案》，选举了新的前委，毛泽东、朱德、陈毅、林彪、伍中豪、傅柏翠及各纵队的士兵代表共 13 人为前委委员，陈毅当选为前委书记。会前，毛泽东曾向前委建议：通过总结过去斗争经验的办法以达到统一认识，解决红军建设中存在的主要问题，以提高红军的政治素质和战斗力。这个建议没有被采纳。大会只进行了一天，原定两个议题只讨论了一个“党内争论问题”，另外一个“分兵问题”则留下“由新前委讨论”。

红四军党的七大所作的决议对许多具体问题的结论是正确的或比较正确的，但错误地否定了毛泽东提出的党对红军的领导必须实行集权制（当时对民主集中制的称谓）和必须反对不要根据地的流寇思想的正确意见。通过的决议说：“流寇思想和反流寇思想的斗争，也不是事实”，还把“集权制领导原则”视为“形成家长制度的倾向”。

决议对刘安恭和林彪都作了批评。认为刘安恭“把四军党分成派，说朱同志是拥护中央指示的，毛同志是自创体系到不服从中央指示。这完全不是事实，是凭空臆断的”。认为林彪在白砂会议前给毛泽东写那样内容的信，“这是不对的”，“不要离开党而谈党的严重问题，因为这样不但不能解决党内纠纷而更之加重”。指出林彪信中的词句“未免过分估量，失之推测。这是错误的”。①

---

① 转引自中共中央文献研究室编：《朱德传》（修订本），第 213 页。

红四军党的七大决议也批评了毛泽东、朱德。会议认为毛泽东是前委书记，对争议应多负些责任，给予党内“严重警告”处分。

毛泽东在会上最后发言说：现在还是要根据我们历来的实际斗争中间的经验，加强这个政治领导，加强党对红军的领导，军队要做群众工作，要打仗，要筹款；至于会议对我个人有许多批评，我现在不辩，如果对我有好处，我会考虑，不正确的，将来自然会证明他这个不正确。①

毛泽东是中共中央指定的前委书记，在中共红四军七大上却落选，而陈毅被选为前委书记，为什么？参加了会议的萧克在回忆中说：

在选举前委书记时，大多数代表投了陈毅的票。我也在内。为什么大家选陈毅而没有选毛泽东或朱德呢？

毛泽东、朱德、陈毅在红军初创时期，都积极探索中国革命道路，寻找人民军队由小到大，由弱到强的发展方向。大的方面，如要建立革命根据地，建立地方武装，建立群众组织，建立革命政权等等是一致的。但当时朱毛对一些问题认识不一致，在我们看来，尽管这些意见多属认识和工作方法上的不同，可是给部队造成了一定的影响，对他们俩人的威信也有些影响。陈毅在大敌当前，出面调解朱毛的矛盾，基本上稳定了局面是对的。于是选举陈毅担任前委书记。②

另一位参加者江华，对会议作了这样评价：“那时召开七大是完全必要的，是想统一认识，解决分歧，结束争论，加强团结，以利革命。七大的决议，对井冈山时期的一些历史问题和红四军实行的一些制度等结论，也是基本正确的。七大非一无是处。至于七大未能解决分歧，这也是客观的历史局限性所决定，并非任何个人的主观意志所能转移。”“总之，我国国情复杂得很，在我军初创时期，大家都没有经验，在探索革命道路的过程中出现分歧，发生一些曲折，是不可避免的。”③

红四军党的七大后，前委派毛泽东带着谭震林、蔡协民、江华、曾

---

① 《陈毅在中央老同志座谈会上的发言》（1971 年 9 月 29 日和 10 月 4 日），转引自中共中央文献研究室编：《毛泽东传》（1893—1949）上，第 202—203 页。

② 《萧克回忆录》，第 124 页。

③ 江华：《关于红军建设问题的一场争论》，《党的文献》1989 年第 5 期。

志等去上杭蛟洋指导中共闽西特委召开闽西党的第一次代表大会。失去了灵魂的红四军，将面临着一段艰难的路要走。

三、制定建党建军的伟大纲领

陈毅上海之行

根据中共中央来信要红四军派领导干部去上海出席中央政治局召集的军事会议、并汇报红四军情况的指示，前委派陈毅前往上海，由朱德代理前委书记。

陈毅在中共闽西特委书记邓子恢的陪同下，经上杭、龙岩到厦门，开始了赴上海汇报工作之旅。陈毅的上海之行，无疑将对中国红军、中国革命，产生极为重要的影响。

在厦门，陈毅给在上海担任四川军阀刘存厚代表的胞兄陈孟熙发了一封信，告知自己将乘英国轮船到上海的日期。陈毅这么做，是在白色恐怖下的上海，为自己增加一道“护身符”。

此时，陈毅的堂兄陈修和也在上海兵工厂任职。他们兄弟三人，虽然各有不同信仰，走了不同的道路，但陈毅判断他们会顾及手足之情，为他到上海后提供方便和掩护。

陈毅乘坐轮船到达香港后，同中共广东省委接上了头，见到了阔别数年的留法勤工俭学的老同学聂荣臻和邓小平。聂荣臻时任中共广东省委军委书记，邓小平则是准备到广西领导武装起义。三个老同学短暂相聚，却又各奔东西。

8 月下旬，陈毅抵达上海。黄浦江租界码头搜查很严，陈毅正准备挤到人流中乘乱下船时，发现胞兄陈孟熙和堂兄陈修和已登船，正在四处寻找他。三兄弟见面后，两位兄长示意陈毅立刻随他们上岸。陈孟熙、陈修和西装革履，佩戴上海龙华警备司令部徽章，陈毅跟着他们下船，穿过码头稽查线，警察没敢拦着盘问。

陈孟熙在英租界四马路新苏旅馆开了一个有里外间的客房，他住在外间，陈毅住里间。陈修和则回兵工厂，时不时过来关照。他们还为陈毅备好了一套西服和上海龙华警备司令部徽章一枚。有了这些护身，陈毅可以在上海安全出入。

陈毅很快同中共中央接上头，并向留法勤工俭学的老同学、时任中共中央政治局常委李立三报告了红四军党的七大的情况。李立三听完汇报后表示，他会尽快向政治局报告，并要陈毅尽快写几种上报的书面材料。在这次见面中，陈毅从李立三那里得知，就在他抵达上海的前两天，由于叛徒白鑫的出卖，中央政治局候补委员、中央农委书记彭湃，中央常委、军事部部长杨殷，陈毅的入党介绍人、中央军委委员颜昌颐，以及正与他们在一起的邢士贞、张际春，于8月24日下午4时同时被捕。陈毅这才明白，他到那天为什么码头敌人搜查甚严。多亏有两个在国民党中做事的兄长“保驾”，他才得以安全离开码头。

中共中央对红四军的发展一直非常关心。在陈毅到达上海之前，中共中央已收到了福建省委派秘密交通送来的红四军党的七大决议案和毛泽东、刘安恭等的信件。8月13日，中央政治局开会讨论红四军的问题，认为红四军党的七大决议案有些是正确的，有些是不正确的；刘安恭的信将毛泽东、朱德分成两派，许多是不符合事实的，在故意制造派别。会议决定，由周恩来起草一封致红四军前委的信，要他们努力与敌斗争，军委暂时可以不设立，军事指挥由军长、党代表管理，调刘安恭回中央。

8月21日，中共中央发出由周恩来起草的给红四军前委的指示信，指出：“红军不仅是战斗的组织，而且更具有宣传和政治的作用”，红军“必须采取比较集权制”，党的书记多负责任“绝对不是家长制”，事事“要拿到支部去讨论解决——这是极端民主化的主张”。信中批评红四军党的七大侧重于解决内部纠纷是不正确的，“前委同志号召‘大家努力来争论’”和“刘安恭同志企图引起红军党内的派别斗争”[①] 是错误的。这封指示信发出时，陈毅已离开闽西，到了厦门，未能看到。

陈毅自与李立三会面后，连续几天深居简出，赶写材料。李立三在8月27日向中央政治局扼要报告了与陈毅谈话的内容。政治局决定专门召集一次会议，听取陈毅作一详细的报告。

8月29日，中央政治局会议听取了陈毅全面、详细的报告后，鉴于红四军的经验和问题极为重要，决定以李立三、周恩来、陈毅三人组成一委员会，由周恩来召集负责起草对红四军工作的指示文件。

9月1日，陈毅写完了李立三代表党中央要求写的五个书面材料：《关于朱毛军的历史及其状况的报告》《关于朱毛红军的党务概况报告》《关于朱、毛争论问题的报告》《关于赣南、闽西、粤东江农运及党的发展情况的报告》《前委对中央提出的意见——对全国军事运动的意见及四军本身问题》。这些材料完整、客观地反映了红四军的组成、发展、党的组织状况、成功经验、存在的不足，等等，充分体现了陈毅对革命事业高度负责的态度。这些材料为中共中央了解红四军的斗争历史，找到红四军内部发生争论的症结，作出正确的判断，给红四军前委发出正确的指示，起到了重要作用。

在陈毅提供的材料中，尤其重要的是《关于朱毛军的历史及其状况的报告》和《关于朱毛红军的党务概况报告》。

在《关于朱毛军的历史及其状况的报告》中，陈毅除介绍了红四军的组成、发展阶段、军队编制外，还重点介绍了以下几个方面：

1. 政治训练。包括讲演、讲课、早晚点名与呼口号、总结战斗经验、识字运动、参加群众大会、在士兵委员会将士兵分成小组进行各种报告和自我批评，等等。

2. 调查工作。红军每到一地，第一步必须做调查工作。调查内容包括群众斗争状况、反动派情况、当地经济生活工价物价、土地分配情

① 转引自中共中央文献研究室编：《周恩来传》（1898—1949）（修订本），中央文献出版社1998年版，第236页。

况、交通河流测量，等等。调查的“好处可以使红军不会不顾环境而只凭主观决定自己的政策”①。

3. 宣传工作。红四军有宣传兵制度，凡部队每一个机关如连部、营部或政治部、卫生队等，均须派五人担任宣传工作。这五人不背枪，不打仗，不服勤务，就叫宣传兵，专门做宣传工作。五人分成两组：一组为演讲队，担任口头宣传；一组为文字宣传组，两人每人提一个石灰桶，大小笔各一支，凡部队经过的地方，墙壁上要统统写满红军标语。写字要正楷，愈大愈好。要用梯子写得高，使反动派不能随便抹掉。“红军到达一个县城只要三小时，宣传工作可以普遍”。“许多地方群众说：‘红军一到，满街鲜红，等于过年’”。②

4. 组织工作。红军到达工农运动开展得较好地区，帮助当地党组织发展，参加他们的会议，帮助他们纠正过去的错误及制定目前工作计划，成立临时革命委员会或工农会筹备处。

5. 红军的游击战术。共有 14 条，包括红军的行军；红军的驻军；红军不攻坚；打圈子脱离敌人包围与穷追；在没有党及群众组织的地方不轻易作战；不明敌情绝不作战；出敌不意奔袭；用群众封锁消息突袭；用群众扰乱，红军以主力解决敌人；在后有追兵，前有阻挡部队的时候，或追兵过于强硬的时候，为了脱离敌人，可以一部队伍距敌四五里引其走大道，大队则取间道脱离敌人；不打硬仗，不能十分有把握的仗就不打；敌人若进攻我的根据地，我军则绕道去劫其后方；我要攻击某处，不直接前去，偏偏走旁一个方向，到了中途忽然打转，以迅雷不及掩耳手段击溃敌人；敌人急急追来，择一个好地形，埋伏得好好的，俟敌一来一网打尽。陈毅认为，这 14 条，“均为四军的法宝”③。

---

① 《陈毅关于朱毛军的历史及其状况的报告（一）》（1929 年 9 月 1 日），中央档案馆编：《中共中央文件选集》（1929）第 5 册，第 762—763 页。

② 《陈毅关于朱毛军的历史及其状况的报告（一）》（1929 年 9 月 1 日），中央档案馆编：《中共中央文件选集》（1929）第 5 册，第 763 页。

③ 《陈毅关于朱毛军的历史及其状况的报告（一）》（1929 年 9 月 1 日），中央档案馆编：《中共中央文件选集》（1929）第 5 册，第 768 页。

6. 优点和缺点。优点是："（1）红军是无产阶级的军队，为自己本阶级利益而战，没有雇佣性质；（2）红军是工农阶级的学校，官长尽是提高士兵各种文化智识，不象旁的军队以严刑峻法，把士兵造成一个好管理的奴隶；（3）红军各部分间非常团结，内部官兵是弟兄一般关系，非常欢爱，不会象反动军队之不能团结，发生互相厮杀等事；（4）红军是由工农斗争中产出，不能脱离工农群众。"缺点是：造成党军的错误倾向；政治组织与军事组织时常发生职权上的纠纷；士兵委员会的运用不好，有时超出士委职权的范围，有时又不发生作用，等于空头机关，① 等等。

在《关于朱毛红军的党务概况报告》中，陈毅在叙述了红四军党的组织沿革后，特别强调基层组织建设的作用，指出："连以上成立支部的作用非常大，因每一连可以担任一方面的任务，一个支部恰可以应付这个任务，连支部的精神，在'一切工作归支部'这个口号上，四军党的基础在连支部上面，军队力量也寄托在上面。"②

党务报告也不回避红四军党的工作存在的一些问题：如"政治工作人员与军官常常发生纠纷，恍惚是国民革命军旧习一样，前委为根本解决这个问题，特考查政治工作人员与军官可以有四个方式：一个政治工作人员与军官平等（结发夫妻式）结果天天要吵嘴。二，把政治工作人员权力只限于政治训练，这样军官权力过大，政治人员会变成姨太太。三，照江西红军二四团的办法，军官须听命于政治工作人员，这样成了父子式了。四，军官与政治人员平等，由党内书记总其成，一切工作归支部，这样可以解决许多纠纷，划分职权"。③ 还有，四军党内存在右倾危险、极端民主化倾向、小团体主义、取消或缩小红军观念，等等。

---

① 《陈毅关于朱毛军的历史及其状况的报告（一）》（1929 年 9 月 1 日），中央档案馆编：《中共中央文件选集》（1929）第 5 册，第 770 页。

② 《陈毅关于朱毛红军的党务概况报告（二）》（1929 年 9 月 1 日），中央档案馆编：《中共中央文件选集》（1929）第 5 册，第 774 页。

③ 《陈毅关于朱毛红军的党务概况报告（二）》（1929 年 9 月 1 日），中央档案馆编：《中共中央文件选集》（1929）第 5 册，第 773—774 页。

这些材料，把红四军的优势、特点、经验得以全部展现，所存在的缺点、不足也一一客观列出，充分体现着四个字：实事求是。试想，若为中共中央提供的材料含有大量水分，或隐瞒事实，或歪曲事实，那将会产生什么样的结果！正因为他提供的是实事求是的资料，才会有后来产生对党和军队都极为重要的结果。我们不禁要为陈毅高尚的品质点赞！一个对革命事业高度负责的陈毅！一个胸怀坦荡的陈毅！一个无私的光明磊落的陈毅！

周恩来对陈毅提供的《关于朱毛军的历史及其状况的报告》非常重视，由他主持创办的中共中央军委机关刊物《军事通讯》在创刊号上全文刊登了这个报告。编者按指出：这是很值得我们宝贵的一个报告，朱毛红军这个“怪物”，在我们看了这个报告以后，都可一目了然。朱毛红军在编制、筹款、政治军事训练、官兵平等、开支公开与群众关系等方面的经验，都是在中国“别开生面”，在过去所没有看过听过的。①编者按还要求各地红军、各地方党组织学习红四军的经验。

近年来，俄罗斯方面新公布的档案资料表明，陈毅的《关于朱毛军的历史及其状况的报告》还被送到了共产国际，引起了共产国际的高度重视。1930 年 4 月 15 日，大革命时期曾任苏联驻华顾问的马马耶夫，在共产国际执行委员会东方书记处处务会议上专门作了《中国的游击运动》的报告。马马耶夫在介绍中国红军斗争情况时，把着重点放在毛泽东、朱德率领的红四军上。他所依据的材料，就是陈毅的《关于朱毛军的历史及其状况的报告》。在马马耶夫的报告中肯定了中国共产党在农村领导武装斗争的成绩，肯定了毛泽东、朱德领导的红四军无论各方面都是中国工农红军中发展最好的一支队伍。马马耶夫的报告对共产国际将指导中国革命的方针以城市为中心转向以农村为中心产生了重要影响。

非常明显，陈毅的《关于朱毛军的历史及其状况的报告》，不仅对中国

① 中共中央文献研究室编：《周恩来年谱》（1898—1949），中央文献出版社 1989 年版，第 177 页。

各支红军的发展，对共产国际指导中国革命方针的转变，都起了重要作用。陈毅当时不可能想到，他这篇客观完整、实事求是的报告，竟对中国产生了如此深刻的影响。历史不应忘记，为中国革命立下大功的陈毅！

从8月29日中央政治局会议后，李立三、周恩来便一次次来到陈毅下榻的英租界四马路新苏旅馆客房，阅读陈毅写的关于红四军的各种材料，然后同陈毅一同讨论。他们一谈往往就是几个小时。他们讨论时，陈毅的胞兄陈孟熙就在外间摆弄围棋望风。有时陈修和来了，两人便进行对弈。陈孟熙曾留法勤工俭学，与李立三相识。后来，陈孟熙和陈修和同时考入黄埔军校第五期，同周恩来有师生关系。他们都十分熟悉，相见十分自然。陈孟熙、陈修和有国民党高级军官的身份。尽管上海租界鱼龙混杂，侦探、特务遍布，但有他俩在外面守护，周恩来、李立三、陈毅在里间里讨论红四军问题是十分安全的。

周恩来对红四军党的第七次代表大会和前委扩大会议在处理领导内部分歧问题时的缺点提出了四点批评：第一，红军是生长于与敌人肉搏中的，它的精神主要的应是对付敌人，前委没有引导群众对外斗争，自己不提办法，而将问题交下级讨论，客观上有放任内部斗争、关门闹纠纷的精神；第二，没有从政治上指出正确路线，使同志们得到一个政治领导来判别谁是谁非，只是在组织上来回答一些个人问题；第三，这次扩大会议、代表大会的办法，是削弱了前委的权力，客观上助长了极端民主化的发展；第四，对朱、毛问题没有顾及他们在政治上责任的重要，公开摆到群众中，没有指导地任意批评，而一般同志的批评大半又是一些唯心的推测，这样不但不能解决纠纷，而且只能使纠纷加重。并且指出：朱、毛两人仍留前委工作，毛泽东应仍任前委书记，并须使红四军全体同志了解并接受。

陈毅以中央8月21日给红四军前委的指示信为基础，并按照周恩来、李立三多次谈话的精神，代中央起草了一封指示信，经周恩来审定后，以《中共中央给红军第四军前委的指示信》（即九月来信）名义发出。

九月来信详细分析了军阀混战的政治形势，总结红四军及各地红军的斗争经验，说明了红军在中国革命中的重要地位和作用，强调："先有农村红军，后有城市政权，这是中国革命的特征，这是中国经济基础的产物。如有人怀疑红军的存在，他就是不懂得中国革命的实际，就是一种取消观念。如果红军中藏有这种取消观念，于红军有特殊的危险，前委应该坚决地予以斗争，以教育方法肃清。"

关于红四军活动的区域，指示信认为："在目前反动政局走向崩溃过程中，在全国革命高潮未来时，红军此时主要地采取粤、湘、赣、闽四省边界游击的策略是对的，但要注意使这四个区域的赤色势力联系起来。"

指示信指出："目前红军的基本任务主要有以下几项：一、发动群众斗争，实行土地革命，建立苏维埃政权；二、实行游击战争，武装农民，并扩大本身组织；三、扩大游击区域及政治影响于全国。"

针对红四军有人把集权制称为家长制的观点，指示信指出："党的一切权力集中于前委指导机关，这是正确的，绝对不能动摇。不能机械地引用'家长制'这个名词来削弱指导机关的权力，来为极端民主化的掩护。前委对于一切问题毫无疑义又应先有决定后交下级讨论，绝不能先征求下级同意或者不作决定俟下级发表意见后再定办法，这样不但削弱上级指导机关的权力，而且也不是下级党部的正确生活，这就是极端民主化发展到极度的现象。"

对于红四军中存在的非无产阶级意识问题，指示信认为："红军的来源只有收纳广大的破产农民，此种农民固然有极浓厚的非无产阶级意识表现，但只有加强无产阶级意识的领导，才可以使之减少农民意识，决不是幻想目前红军可以吸收广大工人成份改变红军倾向的。"提出"纠正一切不正确的倾向。红军中右倾思想如取消观念、分家观念、离队观念与缩小团体倾向，极端民主化，红军脱离生产即不能存在等观念，都非常错误，皆原于同志理论水平低，党的教育缺乏。"强调指出："这些观念不肃清，于红军前途有极大危险，前委应坚决以斗争的态度来肃清之。"

指示信还要求"党代表名称应立即废除，改为政治委员，其职务为监督军队行政事务，巩固军队政治领导，副署命令等。军政治委员可由前委书记兼，军政治委员可不兼任政治部主任。”①

10月1日，陈毅带着中共中央的指示信，踏上了返回红四军的路程。行前，周恩来嘱咐他：回去后，要请毛泽东复职，并召开一次党的会议，统一思想，分清是非，作出决议，维护毛泽东和朱德的领导。

上海之行的两个月，陈毅的思想发生大幅度提升，眼界开阔了、看得远了，心里亮堂了、有底了、踏实了，方向明确了。上海之行，使陈毅终生难忘。多年后，陈毅曾几次对跟随自己工作的同志说，到上海向党中央汇报的两个月，等于上了两个月的训练班。

陈毅思念在前方的战友们，不知道他们怎么样了。他知道，大家在盼望他赶快回来。有了党中央的新指示，红四军的问题能够解决了，他恨不得立刻回到闽西。

粉碎敌人三省“会剿”

陈毅离开红四军赴上海后，朱德按照前委会议的分兵两路计划，决定8月2日第一、第二、第三纵队到白砂集中，向国民党军兵力薄弱的宁洋县城挺进，出击闽中，在外线打击敌人。然而，第二、第三纵队按时到了，林彪率领的第一纵队却因汀江水涨，过江迟缓，没能按时与第二、第三纵队会合，仍留在闽西，会同第四纵队同国民党军队周旋。第一纵队是红四军战斗力最强的纵队，没有第一纵队参加，由朱德率领出击闽中，从外线打破敌人“会剿”的兵力就比原计划减少很多。看来，计划赶不上变化啊！

情况有变计划就要变。朱德分析三省敌人的情况，蒋光鼐、金汉鼎这两部敌人比较难打垮，打张贞部比较有把握。吃柿子要专拣软的吃，打仗就要专打弱敌。于是，朱德决定打敌张贞部。8月4日，朱德指挥红四军第二、第三纵队攻占了宁洋县城。部队在城内住了三天，做了三

① 《中共中央给红军第四军前委的指示信》（1929年9月28日），《周恩来选集》上卷，第32、33、37、38、40—41页。

件事：一是张贴标语、布告，召开群众大会，宣讲红军的宗旨和工农革命的道理。二是打击了当地三个土豪，没收了他们的粮食和财物，分给贫苦群众。三是烧毁国民党宁洋县政府，处决了从连城押来的两个土豪劣绅，震慑反动分子。

8 月 7 日，朱德率领部队离开宁洋县城，沿双溪南下。在过罗溪渡口时，对岸有敌把守。朱德亲自到前沿阵地观察情况，选择有利地点，指挥部队泅渡，一举击溃守敌，并乘胜追击，于第二天进入漳平，消灭当地反动民团和张贞部一个营。

朱德在漳平召开群众大会，号召当地贫苦群众跟着共产党起来闹革命，打土豪分田地。会后，红四军把从土豪劣绅那里没收的财物分给贫苦群众。

在漳平，朱德还召集手工业工人和农民代表，分别座谈，进行调查研究。红四军组织了漳平县工会、县农民协会和城防第一赤卫队，并武装了城区赤卫队。红四军占领漳平，推动了漳平革命的发展。

红四军占领漳平的军事行动打乱了敌军的“会剿”行动。林知渊指挥的闽军第二路“会剿”部队，原计划从泉州进入安溪后再入漳平进攻闽西，一听说红四军打了漳平，就不敢向漳平前进了。张贞只好令张汝励旅尾随红军监视，不敢轻举妄动。

8 月 15 日，红四军前委会议决定出击闽中。17 日至 19 日，红四军分两批由漳平向闽中挺进。

闽中土皇帝卢兴邦有十几个团，上万人马，还有一个兵工厂。他仗着枪多势众，占据着闽中、闽北和闽西 20 多个县，连国民党福建省政府主席杨树庄都不放在眼里。红四军进入闽中后，卢兴邦的部队据守各县城里，以逸待劳。红四军前委发动党员进行讨论，广泛听取大家对作战的意见。朱德冷静分析了形势，集中大家的意见，决定暂时不与卢兴邦部交战。

红四军到大田县城附近，朱德派人送信给卢兴邦司令部，称红军“借道过境”。老谋深算的卢兴邦怕红军“暗度陈仓”，借口“本乡地僻土瘠”，没有答应。8 月 20 日，朱德指挥部队围攻大田县城未克，转入永春、福鼎一带。这时，红四军前委接到闽西特委来信。信中说：闽中山河险阻，防守不便，又无群众基础，如红四军过了乌龙江则敌人消息灵通，运输便利，更有受大军包围的危险。建议前委调红四军回闽西。朱德根据实际情况，决定率领部队返回闽西。

8月28日，红四军突然回师漳平境内杨美村住宿。第二天，在当地农民带领下，从溪南后面的打鼓岭发动突然袭击，一举占领溪南圩，全歼一直跟踪的张汝勖旅一个团，击毙团副一人，俘敌200余人，缴获大批枪支弹药。红四军乘胜追击，于8月30日第二次攻占漳平城，又消灭张汝勖一个团，俘敌100多人。张汝勖残部逃到永福后，红军又追至永福，歼敌一部，占领永福。永福一带农民在红四军节节胜利的鼓舞下，揭竿而起，举行武装暴动。红四军派出干部指导永福群众开展革命斗争，短短几天内，永福、龙车一带就建立了四个乡苏维埃政府，土地革命如火如荼在这几个乡展开。

朱德率领红四军第二、第三纵队在漳平一带前后活动28天，足迹遍及13个乡镇、近百个村庄。红军纪律严明，所到之处一律住宿在祠堂、庙宇、桥亭、市场等公共场所，不扰民，买卖公平，一律付现款。有时用了群众的东西，群众不在家，就留下信和钱。有的红军战士用了杨美一家粮店的米，老板不在家，就在墙上写下了：“老板，你不在家，你的米我买了二十六斤，大洋二元，大洋在观泗老板手礼（里）。”① 有些红军战士喝了茶水，也都留下铜板和银毫子。当地人民群众对红军的严明纪律交口称赞。

红四军第二、第三纵队在溪南、漳平、永福等地的胜利，将敌人三省“会剿”的包围圈撕开一个大口子。龙岩守敌杨逢年旅见红军势不可挡，魂早已经没了，连夜弃城逃回闽南老巢。9月6日，朱德率领部队重新占领龙岩。由于三省“会剿”中力量最弱的闽军张贞部已被击破。粤、赣两军见状，也不愿意落个同样下场，各自收兵回本省去了。蒋介石对闽西革命根据地的第一次“会剿”就这么灰头土脸地结束了。

---

① 转引自中共中央文献研究室编：《朱德传》（修订本），第218页。

这时，在闽西具有重要战略地位的上杭县城仍被土著军阀卢新铭所盘踞。这是一个可恶的钉子，严重阻碍着闽西根据地的发展和巩固。朱德决定拔除这个钉子。

9月中旬，朱德率领红四军第二、第三纵队到上杭白砂同第一、第四纵队会合，准备攻打上杭城。

上杭位于汀江中游，汀江绕城而过，城垣三面环水，有砖石建造的三丈多高的坚固城墙，易守难攻，素有“铁上杭”之称。当地流传着一首民谣：“铁打上杭，固若金汤。东退无路，西无战场。南有河道，北有池塘。嘱咐子孙，莫打上杭!”卢新铭部2000余人，号称福建省防军第二混成旅，据险在此固守。“铁上杭”或许在其他旧军队眼中如此，但红四军不信邪，坚决要攻下它。

9月18日，朱德率领红四军四个纵队，再加上地方武装，共有1万来人，秘密向上杭运动前进。前委同城内党组织取得联系，并要求各地赤卫队配合攻城。次日，朱德带领有关人员登上山头，仔细查看地形，制定具体攻城方案。红军主力趁夜间能见度低，由当地赤卫队员带路，从汀江上游水浅处渡过汀江。第一纵队攻西门，第二、第三纵队主攻北门，第四纵队在赤卫队配合下攻东门，另一部分赤卫队佯攻南门。

红四军在作战斗准备时，上杭城内敌人毫无知晓，还在河对岸游泳、洗衣服。凌晨一点，红军开始进攻。赤卫队乘着竹筏，划过汀江，用步枪和土枪射击，同时，在洋铁桶里燃放鞭炮。敌人分不清真假，只得扼守城池，胡乱放枪。当第一纵队的枪炮把守军主力吸引到西面后，第二、第三纵队立刻在北门发起猛攻。朱德在北门外一个小高地上指挥作战。红军战士架起云梯，登上城墙，奋力杀敌。卢新铭发现中计，急调兵力增援北门，然而为时已晚，红军已经突破北门，广大指战员和赤卫队员蜂拥而入。朱德也随军进入上杭城。20日晨，红四军攻克了上杭。“铁上杭”在红四军面前成了“纸上杭”。

这次战斗，红四军大获全胜，除卢新铭带着20余名随从潜逃外，守城敌人全部被歼。从白砂败逃到上杭城的钟铭清这次没地方逃了，乖乖作了红军的俘虏。

红四军进了上杭城后，在县衙门前广场召开军民祝捷大会，朱德亲自主持大会并在会上宣传中共六大制定的十大政纲，并号召城乡群众拆掉城墙，除掉祸根。红四军还帮助建立了县总工会、农民协会、工人纠察队、赤卫队等组织。随后，红四军各纵队迅速分赴武平、永定、上杭三县，发动群众，打土豪分田地，建立革命政权，扩大工农武装。邓子恢、张鼎丞在回忆中兴奋地说：

在短短的时间中，我们即在永定、上杭、长汀、连城、武平等县原来没有基础或基础薄弱的广大地区，如湖雷、坎市、蓝家渡、太阳坝、黄岗、白沙、旧县、新泉、南阳、才溪、畲心、象洞等地方，发动了广大群众，进行了土地革命，成立了区、乡红色政权。这时，各地都建立了赤卫军、少先队，各县都成立了赤卫军总队部。县、区都有脱离生产的武装。①

红四军打下上杭后，也得到了一个休整的机会，并且发展到 7000 人，每个纵队由两个支队发展为三个支队，兵强马壮。

闽西革命形势蒸蒸日上，红旗如潮，一片大好。

共产国际误传毛泽东病逝

红四军七大后，毛泽东以红四军前委特派员的身份到闽西指导地方工作。这时，中共闽西特委在上杭蛟洋正准备召开党的第一次代表大会。毛泽东到蛟洋后，发现会议的准备工作还不够充分，提议会议推迟一周召开，由代表先在本地区进行调查。他本人也参加调查活动，并为大会制定切合实际情况的方针政策作准备。

8 月 20 日至 29 日，中共闽西第一次代表大会举行，毛泽东在会上作政治报告。邓子恢、张鼎丞回忆当时的情景时说：

毛泽东同志讲话时，赞扬了闽西的革命斗争。他在指出闽西党今后的基本任务是巩固和发展闽西红色根据地以后，便高声地向全场代表问道：

“能不能巩固？”

---

① 邓子恢、张鼎丞：《闽西的春天》，《星火燎原》（选编之二），第 32 页。

大家都满怀热情地回答："能！"

毛泽东同志又侧着头问道："有什么条件？"这一问，把大家问住了，会场上一片寂静。

这时，毛泽东同志拿起粉笔，就在主席台的黑板上，写下了这样六个条件：

一、闽西根据地已有八十万群众，经过长期斗争，而且暴动起来了；

二、闽西各县有了共产党，这个党与群众建立了亲密的联系；

三、闽西各县已建立了人民武装——红军、赤卫队；

四、闽西粮食可以自给；

五、闽西处于闽粤赣三省边沿，山岭重迭，地形险阻，便于与敌人作战；

六、敌人内部有矛盾，可以利用。

接着，他又告诉大家巩固根据地的三条基本方针，这就是：一、深入进行土地革命；二、彻底消灭民团土匪，发展工农武装，有阵地地波浪式地向外发展；三、发展党，建立政权，肃清反革命。

毛泽东同志的指示，方向明确，内容深刻，大大提高了闽西党的水平，也鼓舞了大家的斗争信心。①

大会在毛泽东指导下总结了闽西土地革命的经验，通过了《土地问题决议案》。这个决议案比井冈山和兴国《土地法》又有新的发展：对大小地主区别对待，地主也可"酌量分与土地"；对富农土地只没收"自食以外的多余部分"，"不过分打击"；对中农"不要予以任何的损失"；"对大小商店采取一般的保护政策"；在土地分配上，以乡为单位，在原耕基础上"抽多补少"，"按人口平均分配"。会后，闽西 600 多个乡按照这个决议案进行土地革命，约 80 万贫苦农民分得了土地。农民的革命积极性空前高涨。

指导中共闽西第一次代表大会，彰显了毛泽东的作风：脚踏实地，调查研究，以简单明了生动的语言，清楚的条理，告诉大家要做什么，

---

① 邓子恢、张鼎丞：《闽西的春天》，《星火燎原》（选编之二），第 32—33 页。

怎么做。不像那些教条主义者，满口都是些抽象名词，大家听了一头雾水，不知其所以然，回去以后不知该怎么做。

会议以后，毛泽东因患疟疾病倒了，由上杭蛟洋转移到苏家坡。以后，又到永定金丰山区养病。

9月下旬，朱德在上杭城太忠庙主持召开红四军党的第八次代表大会。前委致信毛泽东，要他出席大会。毛泽东回信表示，红四军党内是非不解决，我不能随便回来；再者，身体不好，就不参加会了。[①] 回信送到上杭，前委给了毛泽东“党内警告”处分，并要他马上赶来。毛泽东只得坐担架到上杭。但他到时，会议已经结束。大家见毛泽东确实病得不轻，让他继续养病。

红四军党的八大，本意是想解决七大没有解决的一些争论问题。由于陈毅到上海向党中央汇报工作尚未回来，毛泽东因病未能参加会议，前委不健全，会议又没有做好必要的准备，事前不能拿出一个意见，就让大家讨论。结果，会议开了三天，大家七嘴八舌，毫无结果。萧克回忆说：“在此期间，林彪和熊寿祺[②]也闹矛盾，林彪一连写了三封信，要求辞职。前委专门开了一次会，解决他俩的矛盾，朱德说：‘不要再吵了！’”[③] 会议最后进行前委选举，为了要各纵队都有前委成员，决定选举17人，在大会上临时推选，把新由中央派来工作的同志张恨秋、谭玺、郭化若等都选为前委委员。

10月上旬，毛泽东移住上杭临江楼继续治病。经过当地一位名医吴修山的十多天治疗，毛泽东的病情好转起来，心情也逐渐好转。正适农历九月九日重阳节，毛泽东看到院中菊花盛开，当即词意大发，填了一首《采桑子·重阳》：

人生易老天难老，岁岁重阳。今又重阳，战地黄花分外香。

一年一度秋风劲，不似春光。胜似春光，寥廓江天万里霜。[④]

---

① 见中共中央文献研究室编：《毛泽东传》（1893—1949）上，第204页。

② 时任红四军第一纵队党代表，与林彪是搭档。

③ 《萧克回忆录》，第125页。

④ 《毛泽东诗词选》，第20页。

10月下旬，毛泽东随中共闽西特委机关撤出上杭县城，转往苏家坡，又休养了一个多月。

疟疾在当时来说，是非常难缠的疾病，在转移苏家坡途中，毛泽东对随行的曾志说，看起来我这个人命大，总算过了这道“鬼门关”。

毛泽东的存在，是国民党反动当局的一大块心病。当他们听说毛泽东患病后，高兴之极，甚至谣传毛泽东已死于肺结核。在信息不畅通的年代，苏区的消息传到中共中央就需要两个月的时间，传到共产国际时间就更长了。共产国际听到毛泽东病逝的误传，1930年初在《国际新闻通讯》上发了一个一千多字的讣告，对毛泽东作了很高的评价：

据中国消息，中国共产党的奠基者，中国游击队的创立者和中国红军的缔造者之一的毛泽东同志，因长期患肺结核而在福建前线逝世。……这是中国共产党、中国红军和中国革命事业的重大损失。……毛泽东同志是被称之为朱毛红军的政治领袖。他在其领导的范围内完全执行了共产国际六大和中共六大的决议。

……作为国际社会的一名布尔什维克，作为中国共产党的坚强战士，毛泽东同志完成了他的历史使命。①

人还健在，却被发了讣告，虽然闹出了笑话，但折射出毛泽东在中国革命和中国共产党中的重要地位，说明了一个事实，即只要是一个实干家，作出了成就和贡献，谁都会承认的。毛泽东不仅没有像讣告中说的“完成了他的历史使命”，而且还在勇往直前，为中国革命创造出更加辉煌的成就和贡献，他还任重道远！

红四军出击东江

1929年9月中旬，广东政治局势发生重大动荡。9月17日，张发奎在湖北宜昌发表通电，响应汪精卫的反蒋活动，率部南下，配合国民党广西省政府主席俞作柏进攻广东。十天后，俞作柏在南宁就任“护党

① 转引自中共中央文献研究室编：《毛泽东传》（1893—1949）上，第205页。

救国军总司令”，通电反蒋，同拥蒋的广东军阀陈济棠开战。9 月 28 日，中共中央鉴于广东局势的变化，在给中共红四军前委的信中要求他们利用两广军阀混战的有利时机南下，同时也估计到局势发展有几种可能性，允许红四军根据情况灵活采取行动。

10 月 6 日，中共福建省委发出给闽西特委转红四军的信，提出："当此两广军阀混战爆发，广东西北江风云紧追，东江防地较弱，同时东江丰顺、大埔、五华、兴宁、海陆丰……等地广大工农群众起来作剧烈的斗争时"，"朱毛红军全部立即开到东江去，帮助东江广大群众斗争。""朱毛红军在这军阀混战中，必定要极力扩充，建立并巩固基础，坚决的采取进攻策略，到群众基础比较强大与军阀战争附近的区域去实行游击，发动与扩大群众的斗争，以促进革命高潮更快的到来。""这一原则之下，目前朱毛红军无疑的是要开到东江去工作。开往东江并不是放弃闽西，反是，要扩大我们的工作到东江来，与闽西相呼应，取得很好的联络，使闽西、东江联成一片。"①

对于出击东江，中共中央给红四军前委留有余地，而中共福建省委却头脑发热了，犯了革命急性病，硬性要求红四军全部立即开到东江去，并派谢汉秋前去巡视工作。这下，红四军前委没有思考的余地了。

10 月 13 日，谢汉秋抵达上杭。由于中共福建省委声称出击东江是中央指示精神，朱德虽然觉得红四军力量不足，还是遵照执行。由于陈毅去中央未归，毛泽东又有病在身，不能随红四军去东江，红四军领导力量薄弱，朱德感到心里不踏实，在给中央的报告中希望中央派"粤省委、东委重要同志来指示我们的工作。"②

从 10 月 15 日开始，红四军第一、第二、第三纵队按照前委命令，分别由闽粤边界出击广东东江地区。

广东国民党军队无论是在数量上还是在战斗力上，都远比赣南和闽

① 《中共福建省委给闽西特委、四军前委的信——关于闽西党的工作任务》（1929 年 10 月 6 日），江西省档案馆、中共江西省委党校党史教研室选编：《中央革命根据地史料选编》（中册），江西人民出版社 1982 年版，第 151 页。

② 转引自中共中央文献研究室编：《朱德传》（修订本），第 222 页。

西要强大。红四军一进入粤东北，粤军有较强战斗力的第七旅陈维远部就从潮汕开往韩江上游堵截。10 月 19 日，红四军第一纵队由象洞进攻广东梅县的松源，与敌陈维远激战，击败敌军一个营；第三纵队由武平进攻岩前反动民团钟绍葵部。

朱德率领红四军军部和前委机关由上杭进抵象洞，得悉刘安恭任纵队长的第二纵队由于轻敌，在进攻广东大埔虎市时，部队伤亡数十人，刘安恭也牺牲。这是红四军自入闽以来遭受的最大损失。虽然出师不利，但部队士气很高，要求进攻梅县。于是，朱德决定改变原定计划，转攻梅县松口。然而，陈维远部一个团已抢先占领松口，红四军占领松口计划又无法实现。

10 月 22 日，从上海返回的陈毅到达红四军军部驻地梅县松源。

陈毅是怎么来到松源的呢？事情是这样的。陈毅于 10 月 1 日离开上海后，于 4 日到达香港，6 日到汕头，11 日到达丰顺中共东江特委所在地，同特委开会研究中央指示红四军进入东江的工作。之后，他继续北行，走梅县南部山区，绕过梅县，一路了解敌军分布情况。当他从梅县到蕉岭时，意外路遇正向南开的红四军第一纵队，才知道红四军已经开始了出击东江的行动，军部在松源。于是，陈毅立刻赶到松源。

陈毅和朱德会面后，首先询问了毛泽东的情况。朱德告诉他毛泽东在上杭养病尚未回来，并说，毛泽东离开后，大家感到全军政治上失掉了领导的中心，便联名写信请毛泽东回来主持前委工作，他本人也表示希望毛泽东回前委工作。但毛泽东回信说不能回来。[①] 陈毅向朱德详尽地介绍了在党中央的所见所闻、感受和讨论决定红四军问题的经过。当晚，红四军前委召开会议，听取陈毅传达中央指示，并研究东江的情况。会议根据中央的指示，致信毛泽东，请他回红四军重新担任前委书记；

---

① 关于此事，《萧克回忆录》第 125 页是这样说的：“当时，陈毅到中央汇报工作去了，毛泽东因病离开了部队，由朱德代理前委书记。朱既要指挥部队进行反‘会剿’作战，又要抓党的建设和政治工作，有些应付不过来。我们也感到，由于毛泽东的离开，部队的领导和政治思想工作受到了削弱。那时，大家一致认为，毛对政治工作有办法。二支队副党代表张恨秋就给毛泽东写信，请他回红四军。但毛回信说，他不能回来。”

同时考虑到毛泽东因病一时不能返回部队，决定暂由陈毅代理前委书记。

次日，鉴于粤军第七旅陈维远部已在松口集中了三个团的兵力，为避免与敌硬碰硬战斗，红四军前委决定放弃夺取松口直下梅县，向兴宁、五华进军的计划，改为由焦岭、平远进入兴宁，到东江红色区域，再设法解决陈维远的计划。当晚，朱德和陈毅率领红四军离开松源，向蕉岭出发。

10 月 24 日，红四军占领蕉岭县城，一边休息，一边筹款。这时，前去梅县侦察人员报来消息，该城没有敌军重兵把守，只有一支人数不多的警卫队。梅县敌人兵力空虚，于是红四军在 25 日向梅县进发。敌人见大队红军来攻，哪敢抵抗，弃城而逃。红四军入城后，打开监狱，释放政治犯 200 多人。当天，东江红军总指挥古大存在梅县附近滂溪见到了朱德、陈毅等，汇报了有关情况。陈毅作为红四军前委和政治部负责人，与东江特委、梅县、蕉岭县委召开会议，决定成立东江革命委员会，朱德、古大存等为主席团委员。次日上午，红四军以朱德、毛泽东、古大存等联合署名发布《东江革命委员会关于颁布执行土地政纲的布告》，号召推翻豪绅地主官僚的政权，解除反革命武装去武装农民，建立农村中的农民代表会议政权；主张无代价地立即没收豪绅地主阶级的财产，没收土地归农民代表会议处理，分配给无地及少地的农民使用。

当日下午，红四军前委和东江特委在梅县县城召开东江革命委员会成立大会，国民党第十九路军蒋光鼐率三个团向梅县反扑过来。朱德决定红四军撤出梅县县城。撤退前，朱德在群众大会上说："乡亲们，不要怕，我们红军会很快打回来的，革命一定要成功!"

梅县是红四军参谋长朱云卿的老家。他家在梅县城内开了一个卖毛衣的商铺。红四军攻进梅县后，朱云卿从自家商铺里拿了一千来件毛衣，准备发给部队。红四军还没有来得及把毛衣抱走，敌人就来了。

敌人来势凶猛，一部分敌军仗着人地熟悉很快突入城内。朱德、陈毅率领红军与部分突入城内的敌人进行巷战。梅县城两面临水，难以机动，朱德、陈毅当机立断，乘敌人尚未插到南门河边，迅速指挥前委和军部人员抢渡南门河。当时，南门河边渡口仅有一条木船，朱德立即派人到上游勘察水情，旋即指挥部队在一浅水处涉水渡河，安全退入丰顺县的马图与东江红军会师。

在马图，红四军前委才得知两广军阀混战已经结束，粤军已经能够腾出更多的力量对付红军。东江地区原来留有蒋光鼐部两个旅，陈济棠又将蔡廷锴部从广西梧州调回东江，敌军力量强劲，形势对红四军日渐不利。

马图是个小苏区，红四军在这里休整了四天。朱德、陈毅同古大存商讨了红军建设和巩固粤东根据地以及向赣南发展，争取和江西苏区连成一片等问题。

在马图休整完毕，如果红四军撤回闽西，这次出击东江损失还不算大，然而，一个不实的情报误导红四军前委作出了一个错误的决定。情报说，粤军占领梅县后，只留一个教导团驻守县城。以当时红四军三个纵队的力量来说，吃掉敌人一个团还是不成问题的。朱德和陈毅等决定出敌不意，杀一个回马枪，反攻梅县。

10 月 31 日，朱德、陈毅率领红四军进攻梅县县城。拂晓战斗打响后，红军突袭得手，前锋冲入大街。粤军有巷战经验，红军对巷战生疏，在巷战中红军抵挡不住敌军用手提机关枪、手榴弹等优势火力反击而被迫退到城外。

梅县城内实际上有国民党军两团兵力防守，且占据制高点，红军组织两次突击均未奏效。战斗中，有人根据历史上“火烧连营”的战例提出用火攻的建议。朱德反对，指出：历史上火攻的是“营”，这里是“城”，城里有老百姓，放火会使群众遭受损失。我们是人民的子弟兵，不能这么干。

红四军的攻城战斗持续至傍晚，终因在城内街中无阵地立足和部队缺乏巷战经验，伤亡较大。为避免更大的牺牲，红四军主动撤出战斗。随后，朱德、陈毅决定部队退出东江，经广东平远石正进入赣南寻乌。在这里整顿部队，安置伤病员 200 余人。

红四军这次冒进东江，攻打梅县，造成重大损失。在回师闽西途中，原来在上杭收编的俘虏兵大部分逃走了。红四军的兵力损失三分之一，减员约 1000 多人，第一、第二、第三纵队实行缩编。这是红四军继1928年“八月失败”后，又一次受到的重大损失。后来，朱德称这是当时“接受主观主义瞎指挥的第二次的失败教训”。

在中国革命前进的道路上，向来都是弯弯曲曲、坎坎坷坷的，建军道路也是如此。从中共红四军七大到红四军出击东江，既有党内的分歧争论，又有反国民党军三省“会剿”的胜利，再有出击东江的失利，红四军经过了一段风风雨雨。然而，风雨过去之后是彩虹。红四军每经过一次挫折之后，就是更加坚强、更加发展壮大。

永远的古田会议

1929年11月初，红四军由寻乌回师闽西，18日到达上杭官庄。朱德、陈毅在官庄召开前委会议，“决定扩大闽西赤色区域，建立闽西政权的政策”。[①] 会议还决定立即攻打长汀。会后，朱德、陈毅致信毛泽东，请他立即回红四军主持前委工作。11月23日，红四军再占长汀。

在蛟洋养病的毛泽东于11月下旬接到中共中央九月来信和朱德、陈毅请他回前委主持工作的来信。这时，毛泽东的健康正在恢复，便随前来迎接的部队回到长汀。他向朱德、陈毅等表示接受中共中央九月来信，包括对他工作方式的批评。陈毅诚恳地作了自我批评，并介绍了他上海之行的情况。毛泽东也说，自己在红四军党的八大时因为身体不好，情绪不佳，写了一些伤感情的话。毛泽东、朱德、陈毅三位红四军领导者，在一些具体问题上、方式方法上有分歧，但在大的方面是一致的。现在各作自我批评，找到共同点就容易了，相互间的矛盾和隔阂自然冰释。后来，中共中央特派员涂振农来到红四军，毛泽东、朱德分别谈了这次争论的经过，各作了自我批评。涂振农在给中央军委的报告说：“据我在那里时的观察，确实都从行动上改正过来。朱德同志很坦白的表示，他对中央的指示，无条件的接受。他承认过去的争论，他是错的。毛泽东同志也承认工作方式和态度不对，并且找出了错误的原因。

① 转引自中共中央文献研究室编：《朱德年谱》（1886—1976）（新编本）上，第225页。

过去军政关系的不甚好，是做政治的和做军事的人对立了，缺乏积极的政治领导的精神。同时要说到四军党内虽有争论，但都是站在党的立场上，在党的会议上公开讨论，虽有不同的意见，但没有什么派别的组织，只是个别同志间个人的争论，而不是形成了那一派和这一派的争论。”①

看到涂振农报告中的这一段内容，读者就不难理解毛泽东和朱德两人之间的亲密战友关系了。他们彼此间可能有过意见分歧，但事后却能各作自我批评。经过红四军七大前后之间的风波，他们之间更加团结和信任、尊重，谁也不能分离他们，甚至把“朱毛”当成一个人。连朱德自己也认为，“朱毛”是不能分的。后来，张国焘在长征中闹分裂，逼着朱德表态，朱德说：“中国工农红军在党中央统一领导下，是个整体。大家都知道，我们这个‘朱毛’，在一起好多年，全国和全世界都闻名。要我这个‘朱’去反‘毛’，我可做不到呀！”② 张国焘的追随者要朱德与毛泽东划清界限，朱德斩钉截铁地回答：“你可以把我劈成两半，但你割不断我和毛泽东的关系。”③ 有了毛泽东、朱德之间亲密无间的团结、支持，中国革命能不胜利吗？

11 月 28 日，毛泽东主持召开了中共红四军前委扩大会议，中共福建省委巡视员、组织部长谢汉秋和中共东江特委的代表也先后到会。会议除同意前委官庄会议决议外，还深入分析了红四军的一般情况，认为部队此时不加以整顿和训练，必定难以执行党的政策，遂决定进行整训。会议还规定 12 月份的工作主要是：召开中共红四军第九次代表大会，建立红四军的政治领导，纠正红四军党内的各种错误倾向。

毛泽东一回到红四军，部队就有了政治上的主心骨，做事有章有法，一切都走上了正轨。

会后，毛泽东给中共中央写信，告知：“我病已好”，“遵照中央指示，在前委工作”。“四军党内的团结，在中央正确指导之下，完全不成

① 转引自中共中央文献研究室编：《毛泽东传》（1893—1949）上，第 207—208 页。

② 《徐向前元帅回忆录》，第 340 页。

③ ［美］艾格妮丝·史沫特莱著，梅念译，胡其安、李新校注：《伟大的道路》，第 389 页。

问题。陈毅同志已到，中央的意思已完全达到。惟党员理论常识太低，须赶急进行教育。”①

红四军是全国最强的一支红军队伍，领导班子出现了问题，中共中央在陈毅离开上海后十分惦记，收到毛泽东的信后，看到陈毅已回到红四军，领导班子之间的矛盾和隔阂顺利得到解决，十分欣慰，在给广东省委的信中说：“润之现已复职，中心的政治亦已确立，此稍可使中央放心”②。

这时，闽粤赣三省国民党军对闽西革命根据地发动第二次“会剿”，赣军金汉鼎部由赣入闽，向长汀袭来。毛泽东、朱德、陈毅率领红四军第一、第二、第三纵队于 12 月 3 日开赴连城新泉，与第四纵队会合，在此进行为期十天的政治、军事整训。

毛泽东、陈毅为了了解部队真实情况，冒着严寒深入到连队座谈，同基层指战员们展开讨论。大家无拘无束，畅所欲言。毛泽东十分重视对党内情况的调查，多次召开各级党组织书记、组织委员、宣传委员和各级党代表会议。他还带领一些干部到周围进行农村社会调查，为起草中共红四军九大决议准备材料。

朱德负责军事整训。部队举办了基层军事干部训练班，朱德亲自上课，言传身教，开展军事技术、战术训练。他还主持制定了红军的各种条例、条令等法规，为克服红四军的各种倾向和提高战斗力，开好中共红四军九大创造了条件。

12 月中旬，赣军金汉鼎部占领长汀后，向连城新泉一带逼近。红四军前委为集中精力开好红四军九大，决定留一部分部队在新泉一带警戒来犯敌人，其余部队向苏区中心撤退。

红四军前委和军部机关移驻到上杭县的古田镇。古田地处上杭、龙岩、连城三县交界地方，有三条大道与外界相通，地势险要，易守难攻。这一带群众基础很好，已经建立起苏维埃政权。前委选择这里开红

---

① 转引自中共中央文献研究室编：《毛泽东年谱》（1893—1949）（修订本）（上卷），第 288 页。

② 《中央关于红四军问题致广东省委信》（1930 年 2 月 1 日），中共江西省委党史研究室等编：《中央革命根据地历史资料文库·党的系统》第 1 册，中央文献出版社、江西人民出版社 2011 年版，第 714 页。

四军党的第九次代表大会，是一个比较理想的地方。前委移驻古田后，召开了各级党代表联席会议。时任第二纵队第四支队第十二大队党代表的赖传珠回忆说：

我们开到古田后的一天，忽然接到通知，要我到军部开会。

到了军部一看，各支队、纵队的党代表全到了。此外还有一部分大队的党代表。一打听，才知道这是毛党代表召开的一次联席会，要了解部队里存在着哪些不良倾向，准备召开红四军第九次党的代表大会。

果然，毛党代表主持开会了。他首先讲了这次会议的意义，指出：这次会议是为了彻底肃清红四军党内存在着的各种不正确倾向，把红四军建成一支真正的人民军队。他列举了存在于红四军党内的各种非无产阶级思想和不良倾向之后，鼓励大家打消顾虑，充分发表意见。毛党代表讲话之后，便分组讨论。我参加了研究如何克服非组织观点的小组。

听了毛党代表的讲话，一致认为这是一个英明的决定。因此大家对各种不良倾向和错误思想，进行了充分揭发和批判。

在我们分组讨论时，毛党代表不断深入到各个小组，具体指导。他一面听我们发言，一面还做记录，并不时向我们提出一些问题：你们那里有多少人有这种思想？这是什么思想？这种思想应该怎样纠正？……当时，我们的水平还很低，虽然知道这些思想不对，但却不能提高到理论上来认识和分析。每当我们回答不出来的时候，毛党代表便耐心地进行分析、解释，启发大家认识产生这些错误的根源及其危害性，提高大家的认识，指出克服的办法。

在毛党代表的亲自领导下，经过十多天的讨论，大家不但对产生错误思想的根源及其危害性取得了一致的认识，而且找到了纠正的方法。这次会议虽然才开了十多天，但是我却感到就像进了一次学校，各方面有了很大的提高。我回到十二大队之后，立即召开了支部委员会，传达了会议的精神，对本大队存在的问题作了初步检查，并决定以支部委员会的名义，向全大队重申不许打骂士兵等纪律。①

---

① 赖传珠：《古田会议前后》，《星火燎原》（选编之二），第 37—38 页。

赖传珠的回忆说明了这几点：其一，中共红四军九大召开作了较长时间的准备。从 11 月 28 日毛泽东主持前委扩大会议作出 12 月份主要工作是召开中共红四军第九次代表大会的决定，到会议的召开，整整历时一个月，时间上是很从容的。其二，召开了各种座谈会，尤其是各级党代表联席会议，通过调查研究，摸清了红四军中存在的各种错误倾向。其三，采取正确的民主方式，指导大家打消顾虑，畅所欲言。与极端民主化，让大家进行无原则、解决不了问题的争论形成鲜明对照。其四，对各种非无产阶级思想进行梳理，分析其危害性，找出纠正办法。其五，将各级党代表分成不同的小组，研究纠正各种错误倾向的办法。这样相当于办了一个理论和实践相结合的培训班，提高了政治工作人员的理论水平，便于他们在实际工作中纠正部队中的错误倾向和非无产阶级思想。

由此可见，毛泽东在为中共红四军九大做准备时的特点是：接地气，合理科学，细致系统，问题找得准，纠正方法具有很强的可操作性。

毛泽东根据中央九月来信精神和红军创建以来的经验，以及对红四军状况的调查，为红四军党的九大起草决议案，陈毅参加了决议案的起草工作。在会议召开的前几天，他们俩房间的灯光经常是彻夜不灭。

召开中共红四军九大，纠正党内各种错误思想，水到渠成！

12 月 28 日、29 日，在毛泽东、朱德、陈毅主持下，中共红四军第九次代表大会（即古田会议）在古田曙光小学（原为廖氏宗祠）举行。出席大会的代表共 120 余人，包括一些基层干部和士兵代表。会场正面墙壁上挂着“中国共产党红军第四军第九次代表大会”的会标、中国共产党党旗和世界无产阶级革命导师马克思、列宁的画像，会场内四根红柱子上张贴着“中国共产党万岁”“反对机会主义”“反对盲动主义”“反对冒险主义”等标语。会场显得庄严而又热烈。

大会秘书长陈毅宣布开会，毛泽东首先代表前委作了政治报告，并有多次讲话。他不仅谈了苏区和红军，还谈了国内局势和当时所了解的国际局势。毛泽东的报告内容丰富，具体生动，深入浅出，说理透彻，代表们听了受到极大教育和鼓舞。

接下来，朱德作了军事报告，陈毅传达了中央九月来信和中央关于反对托洛茨基、陈独秀取消派的决定，还专门作了关于废止肉刑和反对枪毙逃兵的报告。

会议一致通过了《中国共产党红军第四军第九次代表大会决议案》（即古田会议决议）。

古田会议决议由八个决议案组成，其中最重要的是关于纠正党内的错误思想的决议。古田会议决议系统地回答了建党、建军的一系列根本问题，不仅把中央九月来信的精神具体化，而且发展了中央九月来信的内容。

古田会议决议的中心思想是要用无产阶级思想进行军队和党的建设。

在军队建设方面，决议明确规定了红军的性质、宗旨和任务，指出："中国的红军是一个执行革命的政治任务的武装集团"[①]，这个军队必须服从于无产阶级思想领导，服务于人民革命斗争和根据地建设。这个规定，从根本上划清了新型人民军队同一切旧式军队的界限。从这个基本观点出发，决议阐明了军队同党的关系，指出军队必须绝对服从党的领导，必须全心全意地为着党的纲领、路线和政策而奋斗，批评了那些认为军事和政治是对立的，军事不要服从政治，或者以军事指挥政治的单纯军事观点。决议再次提出红军必须担负起打仗、筹款和做群众工作这三位一体的任务，即"除了打仗消灭敌人军事力量之外，还要担负宣传群众、组织群众、武装群众、帮助群众建立革命政权以至于建立共产党的组织等项重大的任务"。决议规定了红军政治工作和政治机关的重要地位，批评了"军事好，政治自然会好"，"军事政治二者是对立的"[②] 等错误观点，强调加强红军政治工作，特别是加强政治教育。决议还规定了红军处理内外关系的准则，提出要军队内部实行民主制度，要建立官兵一致的新型关系。

---

① 《中国共产党红军第四军第九次代表大会决议案》（1929 年 12 月），《毛泽东文集》第一卷，第 79 页。

② 《中国共产党红军第四军第九次代表大会决议案》（1929 年 12 月），《毛泽东文集》第一卷，第 79 页。

在党的建设方面，决议着重强调加强党的思想建设的重要性，并从红四军党组织的实际出发，全面地指出了党内各种非无产阶级思想的表现、来源及纠正办法。为了加强党的思想建设，决议强调要注重调查研究，坚决反对各种形式的主观主义；强调必须“教育党员用马克思列宁主义的方法去作政治形势的分析和阶级势力的估量，以代替主观主义的分析和估量”；“使党员注意社会经济的调查和研究，由此来决定斗争的策略和工作的方法，使同志们知道离开了实际情况的调查，就要堕入空想和盲动的深坑。”① 为了有效地纠正各种错误思想，决议提出要加强党内教育特别是党的正确路线的教育和开展党内的正确批评。决议在着重强调党的思想建设的同时，又指出必须加强党的组织建设，必须坚持党的民主集中制，反对极端民主化、非组织观点等错误倾向，并提出了加强各级组织的工作等要求。

为了保证党员质量，决议提出了以后发展新党员的条件：“（1）政治观念没有错误的（包括阶级觉悟）；（2）忠实；（3）有牺牲精神，能积极工作；（4）没有发洋财的观念；（5）不吃鸦片、不赌博。”② 强调只有符合全部五个条件的人，才能够介绍其入党。介绍人首先要审查被介绍人是否确实具备这五个条件，经过必需的介绍手续。介绍入党后，要详细告诉新党员支部生活要求及应遵守的要点。介绍人对所介绍人应当负责。党支部要派人同发展对象谈话，考察其是否具备入党条件。

从上述发展新党员规定的五项条件看，语言朴素、易懂，涵盖了新党员必须具备的思想政治、品格、作风等方面的要求。同时，决议所规定的入党程序也非常严格。这些规定是从当时红四军的实际状况出发作出的，体现了保持党的先进性、纯洁性的要求。

大会选举出新的前委，毛泽东、朱德、陈毅、李任予、黄益善、罗荣桓、林彪、伍中豪、谭震林、宋裕和、田桂祥等 11 人为正式委员，

① 《中国共产党红军第四军第九次代表大会决议案》（1929 年 12 月），《毛泽东文集》第一卷，第 84、85 页。

② 《中国共产党红军第四军第九次代表大会决议案》（1929 年 12 月），《毛泽东文集》第一卷，第 90 页。

杨岳彬、熊寿祺、李长寿等三人为候补委员，毛泽东为前委书记。

我们不能不赞叹、钦佩毛泽东为代表的老一代无产阶级革命家的大智慧和探索、创新精神。他们把共产国际、联共（布）领导人认为不可能的事情变成了可能，把国际共产主义运动中从没有过先例的事情变成了现实。

中国是半殖民地半封建国家，工业基础十分薄弱，产业工人不多且集中在沿海和中心城市，占绝大多数人口的是农民及其他小资产阶级。中国共产党搞武装斗争，学习苏俄，先占领中心城市。由于反动统治的力量在城市十分强大，所有以占领城市为目的的武装起义都失败了。没有办法，毛泽东等共产党人转入敌人统治力量薄弱的农村山区开展武装斗争，建立革命根据地，但问题又来了。在农村，产业工人微乎其微，红军要不断发展壮大，并要置红军于党的绝对领导之下，必须在部队中不断发展党员，因而大量的农民和其他小资产阶级分子涌进红军队伍、涌进党的队伍。这样，红军和红军中党的组织必然受到来自农民和小资产阶级以及其他非无产阶级思想影响。这些非无产阶级思想严重地妨碍党的路线的贯彻执行。

在城市搞武装斗争不行，在农村进行武装斗争，红军和红军中的党组织又受到各非无产阶级思想的困扰，似乎形成了一个无法解开的死结，怎么办？

在联共（布）、共产国际的思维中，共产党是工人阶级先锋队，是与工人阶级紧密地联系在一起的。作为无产阶级政党建设的一般原理，这本身是没有错的。但是，它们往往把共产党和党员主要为工人成分机械地联系起来，担心中国共产党长期在农村会丧失无产阶级先进性，变成农民党。因此，它们要求中国共产党把工作重心放在城市，片面强调加紧在工人中发展党员，提拔工人出身的党员到领导岗位。很显然，按照它们的要求是不能解决中国党的问题的，在实际中是行不通的，中国革命是无法进行的。

在农村游击战争的环境中，在党员成分主要是农民的条件下，如何克服非无产阶级思想，把党建设成为无产阶级先锋队，把以主要是穿军装的农民组成的军队建设成为一支无产阶级领导的新型人民军队，这个难题，被毛泽东主持起草的古田会议决议破解了！

萧克在谈到古田会议决议时曾说："这个决议是毛泽东根据中央九月来信内容并结合红四军的实际主持起草的，它总结了从南昌起义开始两年多来的建军经验，划清了我军与旧式军队的界限。总结的经验有高度原则性，有理论的系统性，也很具体、实在。对红军的错误倾向，不仅提出了问题，而且有的放矢地提出了纠正的方法，针对性强，有废有兴，有破有立，文辞质朴，没有空谈阔论。直到今天，不仅在原则上，而且在许多具体规定上对我军建设、尤其是政治工作，仍有现实意义。"①

在中国共产党成立100周年之际，经中共中央批准于2022年7月出版的《中国共产党的一百年》，对古田会议作了这样的评价：

古田会议决议是中国共产党和红军建设的纲领性文献，是党和人民军队建设史上的重要里程碑。古田会议确立了马克思主义建党建军原则，确立了军队政治工作的方针、原则、制度，提出了解决把以农民为主要成分的军队建设成为无产阶级性质的新型人民军队这个根本性问题的原则方向，使军队实现了浴火重生、凤凰涅槃。古田会议奠基的军队政治工作对军队生存发展起到了决定性作用。②

永载史册的古田会议！永远的古田会议！

四、提出中国特色革命道路思想，红四军发展壮大

毛泽东提出：星星之火，可以燎原

古田会议之后不久，红四军面临着一个严重的问题：给养困难。中共红四军前委决定：朱德率领第一、第三、第四纵队到连城一带筹款，

---

① 《萧克回忆录》，第127—128页。

② 中共中央党史研究室著：《中国共产党的一百年》（新民主主义革命时期），中共党史出版社2022年版，第114页。

毛泽东率领第二纵队暂留古田策应和处理善后工作。与此同时，毛泽东从古田到蛟洋红军医院看望伤病员，请地方党组织负责人在红四军离开当地后妥善安置这些伤病员。

1930年1月5日，朱德率领红四军第一、第三、第四纵队从古田抵达连城，筹款以解决粮饷问题。毛泽东指挥第二纵队开往龙岩小池，打击前来“会剿”的闽敌刘和鼎之第五十六师先头部队，掩护红四军主力转移。第二纵队完成阻击任务后，返回古田。

在1930年元旦的这天，第一纵队司令员林彪分别给毛泽东和陈毅写了一封信。林彪为什么要写这封信呢？前面已述，林彪在红四军党的七大前后没有起什么好作用，他攻击军长朱德，挑拨毛泽东与朱德之间的关系，受到陈毅等人的批评。陈毅从上海回来在红四军中传达中央九月来信精神，特别是红四军党的九大后，决议案中提出纠正党内的错误倾向，林彪的思想有所触动，主动给毛泽东和陈毅写信，一是向前委和军部祝贺新年，二是建议新前委召开一次扩大会议，前委同志各作自我批评，也表示希望大家对他多批评帮助，使他有较快的进步。

陈毅对林彪的进步表示欢迎，很快给林彪复信，予以鼓励，并对林彪的主要缺点提出了批评。

毛泽东接到林彪的信后，引起了思索，没有很快复信。毛泽东认为，林彪信中流露出的一种对时局悲观情绪不是他一个人独有，而是具有一定的代表性，觉得有必要通过党内通信的方式，对这种悲观情绪进行分析，对红四军广大指战员进行形势与任务的教育。经过深思熟虑，毛泽东于1月5日返回古田后，在赖房村“协成店”给林彪写了复信①。信中说：

林彪同志：

新年已经到来几天了，你的信我还没有回答。一则因为有些事情忙着，二则也因为我到底写点什么给你呢？有什么好一点的东西可以贡献给你呢？搜索我的枯肠，没有想出一点什么适当的东西来，因此也就拖延着。现在我想得一点东西了，虽然不知道到底于你的情况切合不切

① 这封信后来以《星星之火，可以燎原》为题收入《毛泽东选集》。

合，但我这点材料实是现今斗争中一个重要的问题，即使于你的个别情况不切合，仍是一般紧要的问题，所以我就把它提出来。①

接下来，毛泽东认为林彪“对于时局的估量是比较的悲观”，指出“去年五月十八日晚上瑞金的会议席上，你这个观点最明显”。批评林彪“不相信革命高潮有迅速到来的可能”，在行动上“不赞成一年争取江西的计划，而只赞成闽粤赣交界三区域的游击”，“没有建立赤色政权的深刻的观念，因之也就没有由这种赤色政权的深入与扩大去促进全国革命高潮的深刻的观念”。指出林彪“认为在距离革命高潮尚远的时期做建立政权的艰苦工作为徒劳，而有用比较轻便的流动游击方式去扩大政治影响，等到全国各地争取群众的工作做好了，或做到某个地步了，然后来一个全国暴动，那时把红军的力量加上去，就成为全国形势的大革命。你的这种全国范围的、包括一切地方的、先争取群众后建立政权的理论，我觉得是于中国革命不合适的”。

毛泽东分析：林彪这种理论的来源，“主要是没有把中国是一个帝国主义最后阶段中互相争夺的半殖民地一件事认清楚”。认为林彪对于时局估量比较悲观的原因，是“把主观力量看得小一些，把客观力量看得大一些”。指出“这亦是一种不切当的估量”，“必然要产生另一方面的坏结果”。

毛泽东在分析了中国社会特点和总结了各地红军、游击队和根据地建设的经验之后，指出：“红军游击队及苏维埃区域之发展，它是半殖民地农民斗争的最高形式，也就是半殖民地农民斗争必然走向的形式。”“朱毛式、贺龙式、李文林式、方志敏式之有根据地的，有计划地建设政权的，红军游击队与广大农民群众紧密地配合着组织着从斗争中训练着的，深入土地革命的，扩大武装组织从乡暴动队、区赤卫大队、县赤卫总队、地方红军以至于超地方红军的，政权发展是波浪式向前扩大的政策，是无疑义地正确的。必须这样，才能树立对全国革命群众的信仰，如

① 《毛泽东给林彪的信》(1929 年 1 月 5 日)，中央档案馆编：《中共中央文件选集》(1930) 第 6 册，中共中央党校出版社 1989 年版，第 553 页。

苏俄之于全世界然；必须这样，才能给统治阶级以甚大的困难，动摇其基础而促进其内部的分解；也必须这样，才能真正的创造红军，成为将来大革命的重要工具之一。总而言之，必须这样，才能促进革命的高潮。”

为了说明革命发展的局势，毛泽东用了一句中国老话：“星星之火，可以燎原”。他指出：“中国是全国都布满了干柴，很迅速的就要燃成烈火；‘星火燎原’的话，正是现时时局的适当形容词。只要看一看各地工人罢工、农民暴动、士兵哗变、商人罢市、学生罢课之全国形势的发展，就知道已经不仅是‘星星之火’，而距‘燎原’的时期，是毫无疑义的不远了。”

信的最后，毛泽东以形象的语言形容中国革命高潮快要到来，说：“它是站在地平线上遥望海中已经看得桅杆尖头的一支［只］航船，它是立于高山之岭［巅］远看东方光芒四射喷薄欲出的一轮朝日，它是躁动于母腹中的快要成熟了的一个婴儿。”①

毛泽东在这封信中，实际上提出了把党的工作重心由城市转移到农村，在农村地区开展游击战争，深入进行土地革命，建立和发展红色政权，待条件成熟时再夺取全国政权的关于中国特色革命新道路的思想。

毛泽东阐明的农村包围城市、武装夺取政权道路的思想，是对马克思列宁主义关于武装夺取政权学说的重大发展，从而为复兴中国革命和争取中国革命的胜利指明了唯一正确道路。

有了正确的建党建军纲领，有了明确的中国特色革命道路，红四军迎来了发展的新时期。

十万工农下吉安

朱德率领红四军第一、第三、第四纵队到连城筹款后，国民党赣军从新泉跟踪追到连城县境，切断了朱德率领的红四军主力同暂时留在古

---

① 《毛泽东给林彪的信》（1929 年 1 月 5 日），中央档案馆编：《中共中央文件选集》（1930）第 6 册，第 553、554、555、563 页。

田的毛泽东率领的第二纵队之间的联系。

怎么办？朱德和红四军其他领导干部对形势进行冷静的分析，认为如果红四军离开闽西转入江西，可以迫使敌人这次“会剿”的主力金汉鼎部回援江西。这样，闽西革命根据地受到的敌军压力就会减轻，得到巩固和扩大，对闽西的工作有利。且红四军主力入赣后，又可以打通闽西、粤北、赣南三角地区的联系，扩大革命根据地。

朱德将和大家商议后的意见通报毛泽东后，果断决定部队实行转移，进入赣南，威胁金汉鼎部后方，调动赣敌回援。

1 月 9 日，朱德率领红四军主力从连城出发，经清流、归化向江西方向急进。1 月 10 日，红四军主力到达宁化县。朱德从缴获的金汉鼎的命令中得知，国民党军队这次三省“会剿”计划，是准备分七路围攻新泉，并约定在 1 月 4 日同时出动。由于红四军主力已经离开新泉，敌人扑了个空，瞎忙乎一场。

由于敌人追得很紧，红四军主力没有在宁化停留多久，便翻过武夷山，冒着严寒，日夜兼程，进入江西省石城县境。1 月 16 日，朱德指挥红四军主力攻占广昌。尔后向西开赴宁都东韶地区，准备在这里休息二日，再部署下一步行动。

再说毛泽东率领的红四军第二纵队，拟按原定计划开向龙岩梅村，与此时还在连城的红四军主力联络。就在部队还未离开古田时，毛泽东接到中共闽西特委书记邓子恢送来的急信。信中通报了闽西军民反“会剿”的情况，要求红四军留下一个纵队在闽西游击，帮助地方消灭敌人，巩固刚建立的红色政权。毛泽东对送信人说，敌人是跟着我们走的，不会停留在闽西跟你们走。他当即写了八个字：“离开闽西，巩固闽西。”毛泽东这八个字增强了中共闽西特委保卫闽西苏区的信心。以后闽西苏区反国民党三省“会剿”的情况确如毛泽东判断的那样，邓子恢、张鼎丞在回忆中说：

红四军一走，敌人失掉目标，加之闽西各地开展了游击战争，敌人到处挨打，因而广东敌人裹足不前，江西敌人仓皇撤退。剩下个刘和鼎，又因福州政变，只好溜之大吉。嚣张一时的“三省会剿”，就这样黯然收场。

敌人这次“会剿”，不但没有动摇闽西群众的革命信心，相反地却更加提高了他们的阶级觉悟。闽西党组织根据毛泽东同志所确定的战略方针、路线和政策，根据闽西的客观情况和主观力量，在军事建设、土地革命及财政经济各方面，都作了艰巨的工作，因而局面大为开展。各县都先后召开了工农兵代表大会，成立了红色政权。又在纵横三百多里的地区内，解决了五十多个区、六百多个乡的土地问题，约有八十万人得到了土地。一九三〇年三月十八日（巴黎公社纪念日），召开了闽西第一次工农兵代表大会，制定了各种法令，成立了闽西革命政府。这期间，是一九二六年以来，闽西革命局面的全盛时期。①

就在毛泽东率领红四军第二纵队向龙岩前进途中，得知朱德已率红四军向宁化方向前进，便连夜追赶，经清流、归化、宁化，翻过武夷山，进入江西境内。就在这时，毛泽东接到黄公略报告赣西南红军发展情况的信，立即召开前委会议研究决定，成立红六军，调陈毅、宋裕和前去协助黄公略做筹备工作。

1月19日，红四军第二纵队进入广昌县境，20日在广昌县赤水击溃广昌靖卫团，活捉国民党广昌县长。在广昌，毛泽东又得到消息，红四军主力正在宁都东韶，于是立即带领部队赶往东韶。24日，红四军第二纵队经洛口到东韶，同先期到达的主力会合。1月30日，是农历正月初一，心情高兴的毛泽东诗兴大发，以这次从闽西到赣南的转移经历写了一首词《如梦令·元旦》：

宁化、清流、归化，路隘林深苔滑。

今日向何方，直指武夷山下。

山下山下，风展红旗如画。②

红四军四个纵队在东韶会合后，毛泽东、朱德立刻决定在赣南分兵发动群众，深入土地革命，开展游击战争，扩大革命根据地。这次

① 邓子恢、张鼎丞：《闽西的春天》，《星火燎原》（选编之二），第34—35页。

② 《毛泽东诗词选》，第22—23页。

分兵预定 15 天，是古田会议后红四军第一次分兵。古田会议的成果很快就在这次分兵中体现出来。第一纵队、第三纵队在朱德、毛泽东的率领下，先后攻克乐安、永丰。第四纵队占领宁都县城，歼敌 300 余人，并帮助中共宁都县委分配土地，建立苏维埃政权，组建赤卫队，发展苏区。

这时，蒋介石同阎锡山的矛盾日趋尖锐化，双方剑拔弩张。蒋介石把第七师由江西调到皖北，江西境内只剩下第十二师、第八师两个旅和第五师一个旅，兵力大大减弱。而在这时，江西革命武装力量突飞猛进发展。1930 年 1 月，江西红军独立第二、第三、第四、第五团在东固地区合编为红六军（同年 7 月改为红四军），黄公略担任军长，刘士奇担任政治委员（不久改为陈毅），在吉安到泰和的赣江两岸活动。红五军主力也由湘鄂赣地区开到吉安、泰和一带活动。敌我力量此消彼长，赣西南地区革命大发展的好机会到来了！

为了抓住有利时机，促进赣西南革命形势发展，中共红四军前委提出召开赣西特委、赣南特委、红五军军委、红六军军委联席会议。毛泽东等三人组成红四军前委代表团到赣西特委驻地吉安陂头，同赣西特委商定联席会议于 2 月 7 日在陂头召开。毛泽东同曾山、刘士奇等开始进行会议的筹备工作。

2 月 6 日至 9 日，毛泽东主持召开联席会议，因会议提前一天进行，赣南特委代表团未能赶上参加。这次会议史称陂头会议，也称二七会议。

毛泽东在会上作了关于政治形势和今后任务的报告。会议分析了以江西为中心的闽、粤、浙、赣、湘五省武装斗争形势，讨论了扩大苏维埃区域、深入土地革命、发展工农武装等问题。会议认为，江西反动派内部矛盾加剧，赣西南革命形势发展很快，江西有首先胜利夺取全省政权之可能。据此，会议确定赣西南党的主要任务是：扩大苏区、深入土地革命、扩大工农武装。

会议批评了赣西南地区迟迟不分配土地和按劳动力、耕作能力分配土地的不利于贫农而有利于富农的右倾错误，肯定了按人口平均分配土地的办法。会议通过了《土地法》，规定“分田以抽多补少为原则”，

“男女老幼平均分配”。[①]

会议作出的军事计划是集中红军第四、第五、第六军夺取江西全省政权，第一步先打吉安；打吉安的第一步是占领与吉安为犄角的吉水、安福、泰和等县；由红四军担任攻取吉水的任务。为实现这一任务，统一领导红军和地方党组织，将红四军前委扩大为领导红四军、红五军、红六军和赣西南、闽西、粤东江革命根据地的中共共同前敌委员会；红四军另成立军委，调潘心源任军委书记（未到任，由熊寿祺代理）。共同前委由毛泽东、郭贞、曾山、王怀、方志敏、朱德、潘心源、黄公略、刘士奇、彭德怀、谭震林、陈毅、邓子恢、张鼎丞、袁国平、李文林、滕代远等17人组成，毛泽东、朱德、曾山、刘士奇、潘心源为常委，彭德怀、黄公略为候补常委，毛泽东任书记。会议将赣西特委（在这以前湘赣边界特委已并入赣西特委）、赣南特委合并为赣西南特委，刘士奇任书记；并决定成立红军第六分校，朱德任校长，毛泽东任政治委员。

陂头会议的重要性表现在两点：一是成立以毛泽东为核心的共同前委。这个共同前委并不是在上级指示下成立的，是毛泽东等根据赣西南及其闽西、粤东江的革命实际情况，整合这几块革命根据地的红军力量成立的，有利于集中统一领导，发展壮大红军，巩固和扩大革命根据地。二是批评了赣西南党在土地问题上的右倾错误，推动了土地革命的深入开展。

历史的机遇是不常有的，当它出现后，必须不失时机地抓住。若抓不住，就不知道下次何时再来，因为机遇不是总是眷顾你的。而为数不多的机遇，往往能够被那些善于从实际出发，审时度势，作出正确决断的人所抓住。陂头会议又一次表现出毛泽东善于从实际出发抓住历史机遇、勇于创新、敢于决断的非凡胆略和能力。会议作出的决定，不仅对赣西南、闽西革命根据地的巩固和扩大产生了重要作用，而且为此后红一方面军和中央革命根据地建立打下了坚固的基础。

---

① 《土地法》（1930年2月7日），江西省档案馆、中共江西省委党校党史教研室选编：《中央革命根据地史料选编》（下册），第378页。

毛泽东后来同斯诺谈到陂头会议时曾说："1930 年 2 月 7 日，在江西南部召开了一个重要的地方党会议，讨论苏维埃今后纲领。""对于这个新的纲领，农民报以热烈的拥护，这有助于我们在后来的几个月中打败国民党军队围剿的斗争。"①

根据陂头会议的军事计划，毛泽东、朱德在会后立即率领红四军由滕田地区向吉安推进，同黄公略的红六军会合，准备先占吉水，后取吉安。行军途中，毛泽东为冒雪行军的壮观情景所感染，又填了一首词《减字木兰花·广昌路上》：

漫天皆白，雪里行军情更迫。

头上高山，风卷红旗过大关。

此行何去？赣江风雪迷漫处。

命令昨颁，十万工农下吉安。②

毛泽东对革命大发展的乐观态度跃然纸上！

蒋介石得知朱毛红军逼近吉安，急忙命令成光耀旅死守吉安，金汉鼎部伺机占领宁都，湘军朱耀华旅开至乐安，戴岳旅在南丰、乐安之间集结；同时，急调唐云山独立第十五旅火速开赴江西，于 2 月 20 日抵达吉水县城至乌江镇一线。国民党军队对红军形成包围圈，形势骤然严重。

由于吉水地处乌江北岸，红军涉渡困难，加之这一带又是当地地主掌握的会道门武装红枪会活跃地区，红军在此作战不利。于是，红四军决定放弃原定进攻吉水的计划，改为诱敌深入、相机歼敌，撤至富田地区休养待机。

唐云山号称"铁军"，还没有吃过红军的苦头，发现红军向富田撤退，不知是毛泽东、朱德的诱敌之计，还以为是红军怯阵，为立头功，不顾其他各路国民党军还在原地未动，便分三路冒进到距富田 40 里之水南、值夏、富滩一线。骄兵必败！

敌人送上门来，毛泽东、朱德当然照单全收，立即作出消灭唐

---

① 《毛泽东一九三六年同斯诺的谈话》，人民出版社 1979 年版，第 60 页。

② 《毛泽东诗词选》，第 24 页。

云山旅的作战部署。2 月 24 日凌晨 3 时，红四军和红六军第二纵队悄悄从富田出发，以一部牵制值夏、富滩之敌，主力直扑水南。晨 7 时，敌人两个营正在吃早饭，红军发起猛烈攻击。敌人遭到突然袭击，慌忙丢下碗筷，拼命向值夏、富滩逃命。红军穷追猛打，将蜂拥过桥的敌人扫落水中。仅半个小时，红军就将水南两营敌人全部歼灭。

25 日拂晓，红军以一部向敌侧后施家边迂回，抄敌后路；主力向值夏、富滩之敌发起猛攻。激战一整天，红军再歼敌两个营。残敌两个营，在唐云山的带领下，仓皇从施家边附近抢渡赣江，逃回吉安。在红军面前，唐云山旅根本不是什么“铁军”，而是一打就烂的“豆腐军”！

此次战斗，红军共歼灭唐云山部四个营，俘敌 1600 余人，缴获步枪近 2000 支、机枪 24 挺、迫击炮 8 门、子弹百余担。

这是古田会议后取得的第一次重大军事胜利，朱德后来谈到这次战斗时说：“蒋介石派唐云山一个旅二十四个连，还附有炮兵来攻我们这样多的人，我们先诱他到了吉安的富田，然后拿一部分兵力，由左面绕包值夏，正面一打就缴了枪了。正在需要枪的时候，又阔起来了，人也得到了补充，迫击炮什么都有了。一方面我们得到了会合，一方面又有人送来这么多财富。”①

这一胜利，有力地促进了赣西南革命形势的发展。不久，以曾山为主席的赣西南苏维埃政府宣告成立。红四军在这一战中，诱敌深入方针初见成效，为此后大规模反“围剿”作战积累了作战经验。

没有调查，没有发言权

打垮唐云山旅后，红四军和红六军第二纵队在值夏休息数日。共同前委决定红四军全部和红六军第二纵队乘胜北进，由吉水、新干直下樟树镇。到樟树后，如不能北入南昌即由樟树折回抚州，到湘东一带活

---

① 转引自中共中央文献研究室编：《朱德传》（修订本），第 232 页。

动；同时，以各县赤卫队进驻吉水、永丰，扩大赣西苏维埃区域。但当红军进至吉水乌江南岸时，遇到水涨不能徒涉，同时发现国民党军第十八师两个旅和唐云山残部已集结于永丰、吉水一线，阻击红军北进。共同前委在乌江南岸召开扩大会议，调整部署，决定红军退回水南休整。

到水南后，共同前委与赣西南特委召开联席会议，讨论下一步军事行动。联席会议决定，红军经广昌进入福建建宁，取得给养补充后，再看事态变化决定以后的行动。根据这一决定，毛泽东、朱德率领红四军和红六军第二纵队，于 3 月 10 日到达东固，准备向广昌开进。这时，获悉兴国和于都一带没有敌军，于都北乡群众正准备攻打土围子里的靖卫团。毛泽东、朱德决定改变原定计划，不去广昌，乘兴国、于都一带敌人兵力空虚之机移师兴国。

红四军和红六军第二纵队移师兴国后，又得到消息，原驻赣州的敌金汉鼎部已全部调往福建打地方军阀卢兴邦，赣州空虚。国民党军队之间内讧，乃是夺取赣州的好时机。毛泽东、朱德得悉这个消息大喜，决定留红六军第二纵队在兴国发动群众，红四军乘虚攻打赣州。岂料攻打赣州战斗打响后，发现得到的情报不准。原先得到的情报是赣州只有靖卫团数百人，正规部队也就一营人，使毛泽东、朱德认为以红四军收拾这些敌人是不费多大劲的。而实际上赣州守敌是第七十团全部，有数千人。

赣州城始建于汉代，有 2000 多年的历史，历经南宋、元、明、清、民国，历时 900 多年的不断修缮、加固，形成了一道周长约 13 华里，高大坚固的城墙。加之贡江和章江环城交汇，易守难攻，有“铁城赣州”之称。3 月 16 日，朱德、毛泽东指挥红四军从东门、南门、西门三面发起攻击。由于守敌凭借坚固城池抵抗，红军缺乏攻城的重武器，多次攻城均未奏效。未避免强行攻城造成重大牺牲，红四军遂撤出战斗。

鉴于蒋介石正忙于在北方准备同阎锡山、冯玉祥的大战，没有分身术对付南方红军，且金汉鼎主力入闽，毛泽东、朱德经过分析形势后，提出应该抓住这个时机，实行“分兵游击”的方针，对红四军、红五军、红六军的行动作出了新的部署：以三个月为期，分散在赣南、赣西、闽西、东江、湘鄂赣等广阔地域内，发动群众，全面开展土地革命，分配土地，建立政权，扩大红军和地方武装，把闽、赣、粤三省的苏维埃区域连系起来。

对于这次打赣州失利，毛泽东、朱德及时于 3 月 19 日总结了经验教训，认为一是对敌情判断不准确；二是对地形未预先观察；三是事先未充分准备；四是上下决心不一致；五是战场报告不确实；六是不按时实行总攻；七是部分指挥官指挥不适当。红四军司令部发出训令，要求各部队都要召开军官会议，认真总结经验教训，并报告司令部。

毛泽东、朱德为什么能够打胜仗？他们打胜仗的原因在于善于总结作战失利的经验教训。谁也不是神，每战必胜，打败仗是不可避免的。而只有善于总结经验教训的人，才能取得最后决定性的胜利。而对于广大红军指战员来说，他们是在战争中学会打仗的。他们绝大多数没有上过军校，进入人民军队后，军事技术是从最基本开始的。人民军队在制定作战计划或具体某一战斗方案甚至某一攻坚方案时，与旧军队根本不同的是充分发扬军事民主。战前发动大家讨论，把问题和困难摆出来，献言献策；战后无论胜利或失利，都进行经验教训总结。如此往复，红军指战员们成长很快。在红军这个大学校中，许多文化程度不高，甚至大字认识不了几个的人，后来成为战功赫赫的将军。

毛泽东、朱德率领部队到达唐江镇以后，立即召开红四军干部会议，部署下一步行动。这时，赣军金汉鼎部第六十八团、第六十九团起来进攻红四军。毛泽东、朱德指挥部队经过激战后，于 3 月 23 日攻克南康，25 日攻克大余。在大余，毛泽东、朱德先后召开有信丰、南康、崇义、上犹、南雄等六县共产党活动分子会议，讨论发展武装斗争、开展土地革命、建立革命根据地问题。根据会议决定，成立红军第二十六纵队，并建立这一地区的苏维埃政权。

4 月 1 日，毛泽东、朱德乘军阀混战、广东空虚之机率领红四军主力向广东南雄进发，打通粤赣边境。在梅岭关，红四军与粤军一个团遭遇，歼敌两个营，俘虏数百人，缴获大批枪支弹药。红四军乘胜追击，当天攻克粤北重镇南雄。

红四军在南雄数日，广泛发动群众，筹措给养。这时，好消息传来，赣军金汉鼎部发生兵变。毛泽东、朱德认为这是打击敌人、扩大赤色区域的好时机，立即率领红四军回师江西。4 月 10 日，红四军主力在地方武装的配合下，攻占信丰县城，歼敌 1700 余人。17 日，红四军从信丰新田圩出发，经安远进驻会昌县城。

红四军进驻会昌后，中共中央致信红四军前委并转红三、红四、红五军总前委，提出：革命形势“突飞猛进”，只有总前委的集中指导是不够的，应当立即成立红三、红四、红五军总指挥部，以朱德为总指挥，以统一军事行动计划；第六军应按中央统一规定改为第三军。① 从这个指示看，毛泽东主持召开陂头会议，为统一领导红军和地方党组织，将红四军前委扩大为领导红四军、红五军、红六军和赣西南、闽西、粤东江革命根据地的中共共同前敌委员会是多么及时、正确！那时，信息传递缓慢，如果事事都坐等中央指示，然后再去做，早就时过境迁，什么都晚了！

4 月下旬，为打通赣南苏区与闽西苏区的联系，毛泽东、朱德率领红四军第一纵队和寻乌县的红十团，攻克寻乌的澄江，歼灭反动地主武装 1000 多人。5 月 2 日，红军又攻克寻乌县城，扫清了通往闽西的道路。此后，红四军第一、第二、第四纵队以寻乌为中心，在江西安远和广东平远一带发动群众，筹措给养，开展游击战争。

在寻乌期间，鉴于古田会议已经召开近半年，为了总结部队近半年来执行古田会议决议的经验，毛泽东、朱德在寻乌县的马蹄岗召开红四军大队以上干部会议。会议总结出红军管理教育的七条原则：第一，干部要处处以身作则，做战士的表率；第二，干部要深入群众；第三，干部要时刻关心战士，体贴战士；第四，干部要学会发动战士自己教育自己，管理自己；第五，说服教育重于惩罚；第六，宣传鼓动重于指派命令；第七，赏罚要分明。

有了好的决议、好的制度，不是摆个样子看的，关键在执行、抓落

---

① 见中共中央文献研究室编：《毛泽东年谱》（1893—1949）（修订本）（上卷），第 303 页。

实。毛泽东、朱德总结近半年来古田会议决议执行的经验，制定了七条原则，是对古田会议决议的深入和发展，无疑进一步推动了红四军的建设。难怪红四军越战越勇！毛泽东、朱德的措施得力啊！

毛泽东利用红四军在寻乌、安远、平远分散发动群众的机会，在中共寻乌县委书记古柏的帮助下，连续开了十多天的调查会，作了他有生以来最大规模的社会调查。这次调查，毛泽东后来整理成《寻乌调查》，共五章 39 节，8 万多字。这个调查，对寻乌县的地理交通、经济、政治、各阶级的历史和现状，进行了全面系统而详细的考察分析。不仅调查了农村，而且调查了城镇，尤其调查了城镇的商业和手工业状况及历史发展过程和特点。通过寻乌调查，毛泽东懂得了城市商业情况，掌握了分配土地的各种情况，为制定正确对待城市贫民和商业资产阶级的政策，为确立土地分配中限制富农的“抽肥补瘦”原则，提供了实际依据。

在进行寻乌调查时，毛泽东还写了《调查工作》① 一文。在文章的开篇，毛泽东即提出：“没有调查，没有发言权”。指出：“许多的同志都成天地闭着眼睛在那里瞎说，这是共产党员的耻辱”。强调“离开实际调查就要产生唯心的阶级估量和唯心的工作指导”，“它的结果，不是机会主义，便是盲动主义”。他批评“许多巡视员，许多游击队的领导者，许多新接任的工作干部，喜欢一到就宣布政见，看到一点表面，一个枝节，就指手画脚地说这也不对，那也错误。这种纯主观地‘瞎说一顿’，实在是最可恶没有的。他一定要弄坏事情，一定要失掉群众，一定不能解决问题”。那么，如何才能解决问题呢？毛泽东的结论是搞调查研究。“召集那些明了情况的人来开个调查会，把你所谓困难问题的‘来源’找到手，‘现状’弄明白，你的这个困难问题也就容易解决了。”因而，他要求那些抱着“本本”“饱食终日，坐在机关里面打瞌睡”的人，“迅速改变保守思想”，“到斗争中去”，“到群众中作实际调查去”！

---

① 1961 年 3 月 11 日，毛泽东将这篇文章印发给他在广州召开的一次会议，并作了以下说明：“这是一篇老文章，是为了反对当时红军中的教条主义思想而写的。那时没有用‘教条主义’这个名称，我们叫它做‘本本主义’。”这篇文章收入《毛泽东著作选读》（甲种本）时，题为《反对本本主义》。1991 年收入《毛泽东选集》第一卷。

并大声疾呼："中国革命斗争的胜利要靠中国同志了解中国情况"。①

在 20 世纪 20 年代后期和 30 年代前期，在国际共产主义运动中和中国共产党内把马克思主义教条化、把共产国际决议和俄国革命经验神圣化错误倾向盛行的情况下，毛泽东冲破教条主义者的重重阻力，发出"中国革命斗争的胜利要靠中国同志了解中国情况"的呼声，无疑是振聋发聩的，表现出巨大的理论勇气。

第三次入闽，赣南、闽西连成一片

闽西苏区在粉碎国民党军队第二次三省"会剿"后迅猛发展，形势喜人。1930 年 3 月下旬以邓子恢为主席的闽西苏维埃政府成立后，做的第一件事便是采用升级的办法，将各县赤卫团升编为正规红军，组建了中国工农红军第九军，军长邓伟，政治委员高静山。全军下辖六个团。

5 月上旬，中共中央指示闽西红军应编为第十二军。据此，闽西红九军改称红十二军，军部领导人也作了调整，军长邓毅刚，军政治委员邓子恢。全军仍辖六个团，原红九军第一、第二、第三、第四、第五、第六团依次改为第一〇〇团、第一〇一团、第一〇二团、第一〇三团、第一〇四团、第一〇五团。全军共 3000 余人，2000 余支枪。

5 月中旬，奉中共中央和福建省委之命，红十二军全部向广东东江地区出击，闽西苏维埃政府抽调各县赤卫军部分武装，组建红二十军，以胡少海为军长，黄苏为政治委员。全军最初编为三个纵队：龙岩赤卫军编为第一纵队，700 人、400 支枪；上杭赤卫军编为第二纵队，600 人、400 支枪；永定赤卫军编为第三纵队，700 人、400 支枪。后来又增编了两个纵队：连城赤卫军编为第四纵队，300 人、200 支枪；长汀赤卫军编为第五纵队，900 人、500 支枪。此外，武平游击队 200 人、150 支枪；平和游击队 200 人、150 支枪，也编入红二十军序列。全军 3600 人，2200 支枪。红二十军组建后，主要活动于闽西苏区各县，巩

① 《毛泽东选集》第一卷，第 109、110、112、115、116 页。

固和扩大根据地。

这时，蒋介石和阎锡山、冯玉祥的中原大战打得正酣，无力顾及南方各省日趋活跃的红军。福建军阀张贞、卢兴邦、刘和鼎之间又自相火拼，打得不亦乐乎。形势对闽苏区非常有利，毛泽东、朱德决定按原定计划第三次挥戈入闽，打通闽赣之间的联系，巩固扩大闽西苏区，并取得部队给养补给。

6月1日，毛泽东、朱德率领红四军主力冒着炎炎烈日，从寻乌出发，经吉潭、剑溪，越过闽赣边界的崇山峻岭，进入福建武平县境，在溪头圩击溃武平钟文才保商队。次日，红四军与红六军第二纵队合进，随即不费一枪一弹占领了武平县城。

由闽西子弟兵组建的红四军第四纵队，回到自己的家乡格外高兴，于6月1日发表《红军第四军回闽报告工农贫苦群众书》，欣喜而又自豪地向自己家乡的父老乡亲们报告了他们随红四军主力离开闽西征战江西半年来的战绩，以及江西革命的大好形势，表示今后要和闽西父老兄弟一起，与红十二军等一起并肩作战，打破地方保守主义、保守观念，继续努力奋斗，向外扩大战果。

6月5日，红四军政治部发布《红军第四军各级政治工作纲领》，对军、纵队、支队政治部和大队政治委员的工作内容和工作方法作出了明确规定，使红军的政治工作机构和工作制度更趋完善。

这时，占据长汀的金汉鼎第十二师调集兵力至汀江岸边的上杭回龙、官庄一线，企图阻挡红四军向长汀前进。6月上旬末，红四军从武平出发，在上杭县官庄击溃金汉鼎部周志群新编第十四旅，并一路追击，再度占领长汀。至此，赣南、闽西革命根据地连成一片。

红四军从1929年1月下井冈山挺进赣南，到1930年6月第三次入闽，整整一年半的时间。期间历经磨难，既有刚下井冈山时被敌人追着打在冰天雪地行军而又缺衣少粮的困境；又有遭敌突袭险象环生的几近绝境的局面。在党内、军内，各种非无产阶级思想造成困扰，领导层乃至基层干部之间发生分歧争论。然而，在共同的革命理想的支撑下，在以毛泽东为代表的共产党人的努力下，找到从思想建设入手解决红四军党内非无产阶级思想的办法，制定了建党建军的伟大纲领。红四军抓住国民党军阀多次混战的历史机遇，在赣南、闽西三次折返，左冲右突，纵横驰骋，横扫国民党反动军队，越战越勇，深入开展土地革命，建立红色政权，扩大革命武装，开辟了赣南、闽西革命根据地。赣西南、闽西苏维埃政府成立了，地方各级苏维埃政权建立了；地方红军发展壮大了，一支支走进主力红军的行列。红色革命热潮，在赣南、闽西大地上升腾……

放眼这时的全国，这时中国共产党已经建立大小十几块农村革命根据地，红军发展到约 7 万人，连同地方革命武装，共约 10 万人，分布在湖南、湖北、江西、福建、广东、广西、河南、安徽、江苏、浙江、四川等十多个省的边界地区或远离中心城市的偏僻山区，革命烽火已成燎原之势。大革命失败后似乎陷入绝境的中国共产党，经过近三年艰苦卓绝的斗争，使红军游击战争和农村革命根据地日益扩大和巩固起来。红军战争已成为中国革命斗争的主要形式，农村根据地已成为积蓄和壮大人民革命力量的主要战略基地。

中国共产党又站起来了，活跃在中国政治舞台上！

中国共产党领导人民军队，由诞生、初创时期的弱小开始成长壮大起来，成为反动军队望而生畏的人民军事力量。中国革命开始走入一个新阶段！

第五章　在反“围剿”战争中越战越强

一、红一军团成立及北上

李立三脑子发烫

1930年春夏，中国革命根据地和红军蓬勃发展，呈现出一派喜人形势。然而，就在这时，又一次“左”倾错误向年轻的中国共产党袭来。

为什么会出现新的“左”倾错误，这还得从当时的国内国际政治形势说起。

1927年国共合作的北伐战争打倒了北洋军阀，却又起来了打国民党旗号的新军阀。国民党新军阀尤以蒋介石、李宗仁和白崇禧、冯玉祥、阎锡山等四大派系的力量最大。此外，各省还有许多大大小小的土著军阀、“土皇帝”。1928年4月，蒋、桂、冯、阎四大派系暂时联合，进行“北伐”，打垮了奉系军阀张作霖。张作霖在6月初退往关外时，途经皇姑屯被日本关东军密谋炸死。张作霖之子张学良任东北保安司令后，面对国仇家恨，再加上受美国的影响，没有顺从日本使东北独立的意图，于1928年底宣布“服从国民政府，改旗易帜”。至此，国民党政府实现了全国统一。但这种统一是表面的，此后，国民党新军阀之间的混战连年不断。

军阀政治，是中国半殖民地半封建社会的特征之一，其特点是以军队私有为基础，形成军阀割据。军队是军阀的命根子，而军队是不生产的，军阀养军队，就需要大量的钱。需要钱，就要搜刮老百姓。需要更多钱，就需要搜刮更多的老百姓，就需要扩大地盘。扩大地盘就要同其他军阀进行争夺，争夺就要打仗。此外，中国的各派军阀都是以一个或几个帝国主义国家之间的支持为背景的。因此，英、美、日等帝国主义国家为争夺在华利益的矛盾和斗争，必然直接导致国民党内部的派系纷争和军阀之间的混战。国民党新军阀之间的战争真乃是：“狗咬狗，一嘴毛”！它们打仗，害苦了老百姓！

蒋、桂、阎、冯四大派系打垮了奉系军阀张作霖后，它们之间的矛盾就越来越尖锐起来。它们之间为了扩大自身利益，除了争夺地盘外，主要表现在对国民党中央政府控制权的争夺。1929 年三四月间，曾爆发蒋介石对桂系李宗仁之间的战争。此后又爆发蒋介石、阎锡山、冯玉祥三派之间的战争；张发奎、俞作柏联盟的反蒋斗争；唐生智、石友三联盟的反蒋斗争。这些反蒋斗争都被蒋介石一一击败。阎锡山、冯玉祥、李宗仁等不肯乖乖听蒋介石摆布，于 1930 年 1 月开始磋商抱团，共同对付蒋介石，终于在 3 月达成以阎锡山为首的反蒋联盟，并着手做反蒋战争的准备。5 月，阎锡山、冯玉祥在中原和鲁西南，李宗仁、张发奎在湘粤桂边界，向蒋介石集团发动了大规模战争。这次国民党新军阀之间的中原大战和湘粤桂边战争，双方投入兵力达 100 万以上，总耗资达 5 亿元，波及中原和华南广大地区，给当地人民造成了深重灾难！

频繁不息的国民党新军阀混战，加深了全国各阶层人民的苦难，也削弱了各派军阀自身的力量，在客观上为革命力量的发展提供了条件。红军和革命根据地虽发展较快，但同反动势力的 200 万军队比较起来，敌强我弱的局势没有根本性改变，更没有形成中国革命的高潮。帝国主义和国民党统治集团的力量仍然相当强大，它们对革命势力的防范还很严密。

在国际上，从 1929 年 10 月开始，资本主义世界爆发前所未有的经济危机。这年的10月24日，美国最大的城市纽约股票市场抛售了300多万股股票。面对这种情况，花旗银行、大通银行等几家银行的大佬们在摩根公司大厦密谈，筹划组织了一个2.4亿美元的购进公司，希望能够控制住抛售股票的形势。然而，大佬们过高估计了自己的实力，股票就像溃坝的洪水、脱离牢笼的猛兽、脱缰的野马一样无法控制。这一天，人们称之为“黑色星期四”。到了10月29日，纽约股票市场抛出量高达1650万股，是最糟糕的一天。11月2日，美国《商业及财政记事报》说，本周发生了世界上从未有过的股票市场灾难。一时间，各地谣言四起，说：“所有的银行都已崩溃！政府已下令封闭一切股票交易所！20个银行家已自杀！”恐惧阴云笼罩着那些垄断集团、大财团的大亨们。到年底，纽约股票交易所上市的各种股票价值总共下跌了450亿美元左右。

以美国纽约股票市场崩溃而引起的经济危机，就像迅猛的台风一样，很快刮向了其他资本主义国家，德国、英国、法国、意大利、日本，以及奥地利、匈牙利、捷克斯洛伐克、罗马尼亚、波兰等国，大批银行倒闭，工业生产大幅度下降、农业生产大倒退、大破坏，大量拆毁高炉设备，很多牲畜被活埋或杀死在山沟里，一桶桶新鲜的牛奶倒进了密西西比河里，盛产咖啡的巴西有2200万袋咖啡豆倒进了大海里。造孽啊！为了追逐剩余价值，资本家把工人阶级辛辛苦苦劳动创造的价值、社会财富，顷刻之间化为乌有！

经济危机造成资本主义世界工人失业队伍越来越庞大，工人挣扎在死亡线上。为了生存，工人运动和群众斗争发展起来。这些国家中一部分知识分子向往社会主义、反对资本主义的倾向迅速增长。但世界资本主义的统治并未临近崩溃，也没有随着经济危机的爆发而形成世界范围的革命高潮。

国内、国际形势对中国革命有利，中共中央是看到了。那么对这些有利形势该如何判断？该采取什么样的斗争方针？中国共产党是共产国际的一个支部，共产国际是中共中央的上级，在政治上、理论上都不成熟的中共中央，自然要听共产国际的指示。

1929 年 2 月、6 月、8 月和 10 月，共产国际执行委员会连续向中共中央发来含有“左”倾错误主张的指示信和决议案。特别是 10 月 26 日的指示信，认定“中国进到了深刻的全国危机的时期”，“工人运动的新潮正在高涨，这是革命新浪潮的发动”，“农民运动以及其中的游击战争运动，正在复兴”。“现在已经可以并且应当准备群众，去实行革命的推翻地主资产阶级联盟的政权，而建立苏维埃形式的工农独裁，积极的开展着并且日益扩大着阶级斗争的革命方式（群众的政治罢工，革命的示威运动，游击战争等等）。”认为“党内的主要危险，现在是右倾的机会主义情绪和倾向”。①

1930 年 1 月 11 日，中共中央政治局通过《接受国际一九二九年十月二十六日指示信的决议》。2 月 26 日，中共中央发出第七十号通告，对革命形势作了过高估计，认为“目前全国危机是在日益深入，而革命新浪潮是在日益开展”。全国群众斗争“走向平衡发展的道路”。根据这种估计，通告提出“目前党的总任务毫无疑义的是更加重了党之争取群众动员群众组织群众以准备武装暴动。”要求在“变军阀战争为国内的阶级战争”的口号下，执行“以推翻国民党统治，以建立苏维埃政权”为“目前总的政治路线”。② 通告改变中共六大制定的积蓄力量的策略，要求各级党组织执行集中力量积极进攻的策略，组织工人政治罢工、地方暴动和兵变，并集中红军进攻大城市。

中共六大后，因工人出身被选为中共中央政治局主席、常务委员会主席的向忠发并没有领导能力，中共中央的工作实际上由周恩来主持。1929 年底，中共中央同共产国际远东局在如何看待中国的富农、游击战争、赤色工会等问题上发生了意见分歧，争论激烈。由于这些争论无

---

① 《共产国际执委致中共中央委员会的信——论国民党改组派和中国共产党的任务》（1929 年 10 月 26 日国际政治秘书处通过），中共中央党史研究室第一研究部编：《共产国际、联共（布）与中国革命档案资料丛书・共产国际、联共（布）与中国革命文献资料选辑》（1927—1931）第 11 册，中央文献出版社 2002 年版，第 578、579、585 页。

② 《中央通告第七十号——目前政治形势与党的中心策略》（1930 年 2 月 26 日），中央档案馆编：《中共中央文件选集》（1930）第 6 册，第 27—28 页。

法解决，中共中央决定派周恩来赴莫斯科向共产国际汇报。1930 年3 月初，周恩来前往莫斯科。在这期间，中共中央的工作实际上由中央政治局常委、中央宣传部部长李立三来主持。

李立三，原名隆郅，1899 年生于湖南醴陵县阳三石一户没落地主家庭。生时正逢家里栽的一棵凤尾蕉开了花，故起乳名凤生。父亲李昌珪，字镜蓉，是一个晚清秀才，以私塾为业。李立三在学生时代追求进步，1915 年 9 月，正在湖南省立第一师范读书的毛泽东发出“二十八画生征友启事”，他经同班好友罗章龙介绍，同毛泽东在定王台省立图书馆会面。1917 年中学毕业后，李立三曾回醴陵教小学。1918 年到护国军程潜部当兵，因其有文化，旋到师部当文书。程潜部占领长沙后，一度担任邮政检查官，因而有机会阅读各种报刊书籍，看到《新青年》杂志，爱不释手，深受影响。

因看不惯护国军军官腐败好色，纪律松弛，1919 年春，20 岁的李立三离开军队。同年春到北京读书，因交不起学费不能进入大学，遂入留法勤工俭学预备班学法语。五四运动爆发后，李立三参加了学生游行运动。10 月 6 日，他怀揣救国梦想，意气风发，同 48 名勤工俭学学生一起，在上海乘美国轮船“沃隆”号启程，远渡重洋，到法国勤工俭学。

在法国，李立三受当地工人运动的影响，开始阅读马克思主义的书籍，初步形成了马克思主义世界观。1921 年 2 月，他和赵世炎、鲁易、刘伯坚等人一起组织了留法中国学生中共产主义组织——劳动学会。与此同时，蔡和森、李维汉等人成立了工学世界社。同年 7 月，应邀代表劳动学会去蒙达尼参加工学世界社会议。蔡和森在会上提议创建少年共产党，引起了会议争论。李立三在发言中明确表示劳动学会同意创建少年共产党。劳动学会与工学世界社团结起来，为后来联合斗争，共同成立“旅欧中国少年共产党”和旅欧中共支部打下基础。

由于参加发动留法勤工俭学学生争取里昂中法大学的斗争，李立三于 1921 年 10 月被法国当局遣送回国。回国后，于 12 月被中共中央批准入党，并派回湖南工作。中共湘区负责人毛泽东派他去安源矿区开展工人运动。

李立三到安源后，创办工人补习学校，建立安源党支部，成立安源路矿工人俱乐部并任主任，倡议成立安源工人消费合作社。1922 年 9 月 14 日，李立三同刘少奇一起领导了安源路矿工人大罢工。李立三任罢工委员会总指挥，以工人俱乐部名义发表《萍乡安源路矿工人罢工宣言》，提出保障工人权利、增加工资、改善待遇、发清欠饷、废除封建把头制等 17 项要求。在李立三的一声号令之下，1.3 万名路矿工人在“从前是牛马，现在要作人”的口号下罢工。

安源路矿工人罢工后，当局极为恐慌，玩弄各种阴谋诡计对罢工进行破坏，甚至悬赏 600 块银洋，派人暗杀李立三。工人们听说后怒不可遏，一面提出警告：如果俱乐部主任被害，将使路矿当局全体人员不得生离安源；一面对李立三实行严密保卫措施，不让他轻易外出，偶出办事即有几百工人自动前去保卫，使路矿当局的阴谋始终不能得逞。路矿当局迫于工人罢工和社会舆论的压力，不得不于 9 月 18 日派出全权代表，同李立三正式签订有 13 款内容的条约，接受工人提出的要求。安源路矿工人罢工取得完全胜利！

领导安源大罢工取得胜利，是李立三人生最辉煌的一幕。中共中央党史研究室著的《中国共产党历史》第一卷曾这样评价安源罢工的胜利：

罢工的胜利，提高了党组织在工人群众中的威信，扩大了党的影响。这次罢工，是中国共产党第一次独立领导并取得完全胜利的工人斗争，是中国工人运动史上的一次壮举。①

领导安源大罢工，使李立三走上中国工人运动的舞台。1924 年，李立三任中共上海区委职工运动委员会书记。1925 年任上海总工会委员长。同年冬，去苏联参加赤色职工国际大会。1926 年在第三次全国劳动大会上当选为中华全国总工会执行委员会委员，并任总工会组织部长、武汉办事处主任。在第四次全国劳动大会上继续当选为执行委员，担任秘书长。1925 年爆发的震惊中外的五卅运动，1927 年 1 月武汉市民收回汉口英租界行动，李立三都是直接指挥者。

---

① 中共中央党史研究室著：《中国共产党历史》（1921—1949）（第一卷）（上册），第 90 页。

由于李立三在中国工人运动中的贡献，中共五大选举他为中共中央委员、政治局委员，并担任工人部部长。1927 年 7 月成立中央临时政治局常委会时，他为五人成员之一。八七会议上，被选为中央临时政治局候补委员。在 1928 年 6 至 7 月召开的中共六大上，当选为中共中央委员、中央政治局候补委员、中央政治局常委会候补委员，并担任中央农委书记。同年 11 月 20 日，中共中央政治局会议解除蔡和森中央政治局常委职务，李立三被转为中央政治局委员、中央常委会委员，并接替蔡和森的中央宣传部长职务。

从李立三过去的经历看，其优点是有魄力，不怕困难，敢干。如前所述，南昌起义前夕，张国焘到南昌后借传达共产国际、中共中央指示之名阻挠起义，他当即指责张国焘，要求如期举行南昌起义。他的缺点是脾气暴躁，容易冲动，考虑问题不够细致，缺乏冷静的分析。党内发生瞿秋白“左”倾盲动错误时，李立三也是支持者之一。在中共六大召开前的预备会议上，李立三还认为中国革命形势仍在不断高涨，不愿接受革命失败的局面，要不断组织起义，支持瞿秋白的观点，不承认犯有盲动错误。

在中共六大召开的前两天，斯大林召集瞿秋白、苏兆征、李立三、向忠发、周恩来等谈话，说：“现时我们不能说中国革命已高涨了。诚然，有些地方城市工作已经起来，有些地方农民暴动已高涨，而统治阶级不能稳定，人民不满意资产阶级的统治。但这不能说，革命已高涨了。广州暴动不是革命高涨之开始，而是革命退后之结束。”“农民游击战争是农民革命行动的宣传。过去有的，将来也是有的。是不是它们可以取得一省政权？不可能的。不过只是革命准备时期。如一壶水在未开前，亦有波动，海潮亦有起伏，但不是高潮。”①

年轻气盛的李立三不服气，说：“现在还是高潮，因为各地还存在

① 《周恩来对斯大林同瞿秋白和中共其他领导人会见情况的记录》（1928 年 6 月 19 日于莫斯科），中共中央党史研究室第一研究部译：《共产国际、联共（布）与中国革命档案资料丛书·联共（布）、共产国际与中国苏维埃运动》（1927—1931）第 7 册，第 477、479 页。

工人、农民的斗争。”斯大林解释说：“在低潮时也有几个浪花。”①

对于此事，李立三在《自述》中说：

斯大林同志像一位经验丰富的老师，用通俗易懂的语言向我们解释了极为复杂的政治问题，从政治形势和党的任务一直谈到斗争方式和工作方法等问题，苦口婆心地让我们理解盲动主义错在哪里。他说，所有运动中都有涨潮和退潮，革命中同样既有高潮、也有低潮，自从帝国主义在南京开枪以来，中国革命已开始退潮，蒋介石的叛变和对上海工人的屠杀是中国革命的局部失败，武汉国民党左派的叛变是对革命工农又一次沉重打击，而广州起义已是革命退却中的一次后卫战。中国的新的革命高潮一定会在近期出现，因为引起中国革命的重大矛盾没有一个得到解决，但眼前我们还看不到新的高潮，我们还处于革命运动的退潮和低潮之中。……他说，在目前形势下，武装起义的口号应改为争取群众的口号，以便积蓄力量来迎接新的革命高潮。②

斯大林对当时中国革命形势的论断自然是最权威的论断，李立三转过了弯子，在中共六大讨论瞿秋白的报告时，发言批判了“左”倾盲动错误，承认自己任中共广东省委书记期间基本上执行了盲动方针，对此应该承担责任。

然而在 1930 年春，当中国红军和革命根据地蓬勃发展之时，李立三爱冲动的老毛病又犯了，头脑发烫，认为革命形势已在全国成熟。他在《红旗》《布尔塞维克》等党的机关刊物上发表《新的革命高潮前面的诸问题》等多篇文章，提出关于中国革命的一系列“左”倾观点。他后来反思说：“遗憾的是我没有深刻理解斯大林同志的谈话，否则后来在 1930 年革命运动重新高涨时可能不至于犯下我最大的政治错误。我的错误在很大程度上是盲动主义方针的再现，给党和中国革命再一次造成了很大的危害。”③

---

① 周恩来：《关于党“六大”的研究》（1944 年 3 月 3 日、4 日），《周恩来选集》上卷，第 175 页。

② 《李立三自述》（1940 年），中共中央党史研究室第一研究部编：《李立三百年诞辰纪念集》，第 586—587 页。

③ 《李立三自述》（1940 年），中共中央党史研究室第一研究部编：《李立三百年诞辰纪念集》，第 588 页。

6月11日，中央政治局会议通过了由李立三起草的《目前政治任务的决议》（即《新的革命高潮与一省或几省首先胜利》），标志着李立三“左”倾冒险错误开始在中共中央取得了统治地位。决议对革命形势作了错误的估计，认为当前党已经不需要逐步积蓄和准备革命力量了，因为群众已经不要小干，只要大干，也就是只要武装暴动，而且是全国性的武装暴动。决议机械地照搬俄国十月革命的经验，认为只要在产业区域或政治中心突然爆发一个伟大的工人斗争，就可以立即通过武装起义实现一省或几省的首先胜利，建立全国性的政权，进而取得全国所有省区的胜利。

李立三在上述错误思想主导下，制订了以武汉为中心的全国中心城市起义和集中全国红军攻打中心城市的冒险计划。7月间，他又重点部署了南京、上海、武汉等城市的暴动工作。

很明显，李立三想当然地认为，只要在几个中心城市给敌人重重一击，就能取得一省或几省胜利，紧接着就是全国革命胜利。他这种想法，像一个不高明的拳师，在同对手搏击时，并无一击将敌击倒的能力，却用尽全身力气，鲁莽出击，幻想一击制敌。但结果是不仅没有制敌，反而耗尽自己体能，露出破绽，让对手绵绵不断回击，遭到惨败。

红一军团被指令夺取九江、南昌

1930年春，就在毛泽东、朱德率领红四军不断巩固和扩大赣南、闽西根据地时，却遭到了中共中央的严厉批评。2月17日，中共中央政治局第76次会议讨论红军的行动问题时，认为：“在红军中不仅是深入土地革命的任务，红军应更集中地向中心城市发展，便于全国政治有影响。如只束缚在深入土地革命上，必然限制在农村中，朱毛就是如此。”并强调：“我们现在应集中红军攻坚。”[①] 3月10日，在中共中央政治局召开的第79次会议上，李立三提出：“朱毛应向江西发展，与江西的红军配合，夺取江西的政权，以便配合武汉的暴动。”这次会

① 转引自中共中央文献研究室编：《朱德传》（修订本），第239页。

议确定的基本方针是夺取中心城市。会上有人指责毛泽东、朱德领导红四军进行的游击战争为“兜圈子主义”，提出要“批评他们的兜圈子主义”。①

4 月 3 日，中共中央就红军当前任务给红四军前委发出指示信。为了确保红四军前委能够及时收到这封指示信，中共中央是通过粤、赣、闽三个省委转送的。信中指责毛泽东、朱德率领红四军向大余一带的行动“与全国革命形势和党的总任务是相背驰的”。认为“目前的革命形势，就全国范围而言，都无疑的走向革命高潮”。批评红四军前委“‘造成粤闽赣三省边界的红色割据’，或者是‘争取江西一省的政权’这是你们历来的观念，在目前这是极端错误的了！前者是割据政策，是保守观念，是没有以全国胜利为前提，在目前革命形势之下，自然是极端与党的总任务相冲突的，而且割据保守更是失败主义的表现”。指示信要求“你们与三军联系，坚决执行向赣江下游发展，配合整个革命的形势与武汉首先胜利的前途，取得九江以保障武汉的胜利”。②

4 月 15 日，中共中央军委制定了《军事工作计划大纲》，《大纲》对全国红军的行动都作了具体部署，其中要求红四军“转变路线，猛烈的扩大，急进的向外发展，扩大全国的政治影响，使其成为全国红军的模范，现在应领导第三军，协同动作，向着赣江下游，夺取吉安、南昌。”③

5 月中旬，中共中央在上海秘密召开了全国红军代表会议，会议决定把各地主力红军分别编成军团，开始实行由游击战争向正规战争的转变。对于这次会议，李立三在回忆中曾反思说，红军代表会议“决定扩大红军。这一决定对苏区造成很大危害，因为决议上说，扩大红军的主要措施之一是把游击队集中起来改编为红军。一些苏区执行这一决议时削弱了游击战争，引起农民群众的不满。会上还通过了在各地苏区和游

① 转引自中共中央文献研究室编：《朱德传》（修订本），第 239 页。

② 《中央关于红军的当前任务给四军前委的指示信》（1930 年 4 月 3 日），中央档案馆编：《中共中央文件选集》（1930）第 6 册，第 57—58、59 页。

③ 转引自中共中央文献研究室编：《朱德传》（修订本），第 240—241 页。

击区建立22个红军集团的计划，这自然只是一派空谈，自吹自擂，实际上当时根本没有这种可能性。”①

5月20日至23日，中共中央和中华全国总工会中央执行委员会在上海召开全国苏维埃区域第一次代表大会。大会通过的《目前革命形势与苏维埃区域的政治任务》决议案中，把过去的游击战争指责为“农民错误意识的反映”。强调指出：“目前红军的战略，是坚决进攻，以消灭敌人的主力，向着主要城市与交通要道发展。过去的不打硬仗，避免与敌人主力冲突，分散游击等的游击战术，已经与目前的形势和任务不相合了，必须坚决地纠正过来。”②

由于远在上海的中共中央同各地苏区和红军之间的信息传递困难，中共中央对红四军连续指责的指示或许毛泽东、朱德没有收到，或许是收到了从实际出发没有立即执行。总之，直到6月中旬为止，未见有毛泽东、朱德执行中央指示精神的决定和行动。

红四军没有执行中央指示，李立三恼火了。6月9日，李立三在中央政治局会议上怒气冲冲地说：“在全国军事会议中发现了妨害红军发展的两个障碍：一是苏维埃区域的保守观念，一是红军狭隘的游击战略。最明显的是四军毛泽东，他有他一贯的游击观念，这一路线完全与中央的路线不同。”③ 6月11日，中央政治局会议通过的《新的革命高潮与一省或几省首先胜利》，不点名地批评毛泽东：“想‘以乡村包围城市’，‘单凭红军来夺取城市’，是一种极错误的观念。”要求：“红军的战略与战术，不只是要坚决进攻打击敌人的主力，向着主要城市与交通道路发展，根本改变他过去的游击战术”。④ 6月15日，中共中央致信红四军前委，劈头盖脸地一顿指责：

---

① 《李立三自述》（1940年），中共中央党史研究室第一研究部编：《李立三百年诞辰纪念集》，第603页。

② 转引自中共中央文献研究室编：《朱德传》（修订本），第242页。

③ 《柏山在中央政治局会议上关于目前政治任务决议案草案内容的报告》（1930年6月9日），中央档案馆编：《中共中央文件选集》（1930）第6册，第108—109页。

④ 《新的革命高潮与一省或几省首先胜利》（1930年6月11日政治局会议通过目前政治任务的决议），中央档案馆编：《中共中央文件选集》（1930）第6册，第123页。

四军前委：

（一）中央过去曾经屡次把新的路线传递给你们，写了几次信，同时又委托蔡申熙同志口头传递，虽然我们的信都比较简单，蔡同志口头传达又不充分，但完全都是根据中央的路线，可是这［这］一个路线，直到现在你们还完全没有懂得，还是在固执你们过去的路线。

（二）你们固执过去的路线，主要的原因是你们没有了解整个革命形势的转变。这的确也难怪你们，因为你们处境太偏僻了。……

……

（四）……你们的错误：（一）站在农民的观点上来作土地革命，如象你们认为：“农村工作是第一步，城市工作是第二步”的理论，……你们没有懂得，现在土地革命已走入更高的阶段，——准备夺取全国胜利的时期，土地革命的彻底完成，只有推翻豪绅资产阶级国民党的统治才有可能，你们因为反映了农民意识，所以忘却了这一个真理。（二）你们的割据观点，这同样是一个农民观点，如象你们认为先完成三省边境割据再打南昌……你们提出打南昌与中央指出争取一省或数省首先胜利的立场，完全不同。你们的意见是错误，尤其是你们打南昌的理由，更包括着严重的错误。（三）你们对于资产阶级更完全是一种机会主义的路线，如你们提出保护大小商人的口号，以及不强迫缴商团的武装，要注重你们所谓的秩序，这完全是武汉时代的机会主义的残留，你们应当完全站在阶级利益上来转变这一个策略，你们这一个机会主义错误与第四个错误有密切关联的。（四）你们对于帝国主义更是机会主义的观点，你们非常怕帝国主义，所以过去我们指示你们到东江，你们说东江帝国［主义］力量大，中央指示你们应当准备争取一省或数省的首先胜利，向南昌发展，争取武汉的胜利，你们说武汉帝国主义力量大，不可能。……你们只看到帝国主义要压迫中国革命的事实，并没有看到帝国主义动摇的加速，与国际革命运动正在成熟。你们因为对帝国主义的不正确估量，所以对于革命因为帝国主义做出取消的结论，这是一个极严重的错误。

……

中央新的路线到达四军后，前委须坚决按照这个新的路线转变，四军的路线转变对于全国有极大的意义，希望四军能坚决的执行，如果前委有谁不同意的，应即来中央解决。①

在这封指示信中，李立三把所有对毛泽东等淤积的不满都一股脑地发泄出来，“农民意识”“机会主义”“怕帝国主义”，大帽子一顶顶飞来，似乎要把毛泽东等批评得体无完肤。但李立三忘记了这样一件事实，即毛泽东、朱德率领的红四军是全国发展得最好的一支红军队伍。如果说以毛泽东为书记的红四军前委犯了那么多错误，红四军怎么能发展得那么好呢？如果说全国最好最强大的一支红军的领导机构犯了那么多错误，其他地方的红军领导机构恐怕更是一团糟了！而在这封指示信中，李立三还把红四军视为“对全国有极大的意义”的军事力量，这与他对红四军前委的严厉指责显然是自相矛盾的。被“左”倾冒险错误燃烧着的李立三，理智已经远离他而去，只剩下狂热和蛮干了！

为了督促红四军执行中共中央的“新路线”，李立三派涂振农前往闽西。6 月 21 日，涂振农到达长汀。这时，中共红四军前委和闽西特委正在继续召开联席会议，讨论红军如何在政治上、思想上、组织上开始从游击战向运动战转变及红军的整编工作和闽西地方工作等问题。由于涂振农是带着中央指示来的，自然就成了会议的主角。连续两天，都是由涂振农在会上作传达中央精神的报告。对于中共中央的指示，作为下级的中共红四军前委是必须接受的，于是，联席会议决定集中红军，先打下吉安，作为进攻南昌、九江的根据地，同时在打吉安进攻南昌的口号下，发动赣西南红军，猛烈扩大红军。

对于涂振农传达的中共中央的指示，毛泽东、朱德曾有疑虑。后来朱德曾对史沫特莱说过：

毛泽东和我对于整个方案都表示怀疑，但是我们久居山区多年，能够得到的有关国内和国际局势的情报很不全面。在这种情况下，我们不得不接受我们中央委员会的分析。我们知道资本主义世界的经济萧条，

① 《中央致四军前委的信——关于执行新的中央路线问题》（1930 年 6 月 15 日），中央档案馆编：《中共中央文件选集》（1930）第 6 册，第 137、138—141 页。

我们笼统地知道中国的情况比辛亥革命以前清朝执政时还糟糕。中央委员会认为全国已经处在总起义的前夕，我们只好接受。

话虽如此，就我们所知，我们的部队以及其他红军部队力量既弱，装备又不好。即或我们能够攻占几座工业城市，即或有些产业工人参加战斗，但能否坚守城市的确是大可怀疑的。反革命的部队在数量上占优势，在装备上更不知好多少倍；我们比过去还更坚信，支持国民党独裁政权的帝国主义会积极进行干涉，来保护那个独裁政权。蒋介石虽然正在跟冯玉祥作战，我们还是觉得他正在计划对我们发动一次大的攻势，而且不久就要开始。

除了毛泽东和我之外，很少人反对李立三路线。我们别无选择，只有接受。……①

根据中共中央的指示，长汀联席会议按照新的编制原则，将红军第四、第六、第十二军整编为红军第一路军（不久改称红一军团），朱德任总指挥，毛泽东任政治委员，朱云卿任参谋长，杨岳彬任政治部主任。同时，以毛泽东、朱德等组成中共红军第一路军前敌委员会，毛泽东任书记。红一军团下辖三个军：第四军，林彪任军长，彭清泉（即潘心源）任政治委员，曾士峨任参谋长，李涛任政治部主任，下辖三个纵队；第六军，黄公略任军长，陈毅（后蔡会文）任政治委员，周子昆任参谋长，毛泽覃任政治部主任，下辖三个纵队；第十二军，伍中豪任军长，谭震林任政治委员，林野任参谋长，谭政任政治部主任。全军团共2万余人②。不久，又将闽西、赣南和赣西南的红二十军和红三十五军等地方部队，归属红一军团建制。会议还根据中共中央的指示，把原来决定向赣东游击、进攻抚州的计划，改变为集中力量，积极进攻，准备夺取九江、南昌。

同时成立中国革命军事委员会，统一指挥红军的军事行动和政权建

---

① ［美］艾格妮丝·史沫特莱著，梅念译，胡其安、李新校注：《伟大的道路》，第324—325页。

② 这个数字来自中共中央文献研究室编的《毛泽东传》（1893—1949），中国工农红军第一方面军史编审委员会：《中国工农红军第一方面军史》称红一军团成立时为1万多人。

设工作。毛泽东任革命军事委员会主席，委员有：朱德、曾山、李文林、刘士奇、黄公略、彭德怀、王怀、林彪、彭清泉、伍中豪、谭震林、陈毅、段月泉、方志敏、邵式平等。

此外，红四军第四纵队、红十二军第一纵队和闽西苏区部分地方武装合编为红军第二十一军。

这次整编和红一军团的建立，适应了红军由游击战为主向运动战为主的战略转变，对于红军和苏区的壮大和发展具有重要意义。

6月22日，朱德、毛泽东签发命令："本路军有配合江西工农群众夺取九江、南昌以建设江西政权之任务，拟于七月五日以前全路军开赴广昌集中。"①

长汀群众听说朱德、毛泽东将率领红军北上，在城南郊举行欢送大会。当时总共才20多万人口的长汀，到会群众就达三四万之多，许多群众都是从数十里外赶来的，可见朱毛红军与人民群众的情谊有多深！

当时，红一军团如果不北上，继续在赣南、闽西扩大根据地，那该是多好的机会呀。但是，没有办法，在"左"倾冒险错误统治下的中共中央的严厉指责、督促下，朱德、毛泽东只好硬着头皮率领红一军团北上。

6月23日，朱德、毛泽东率领部队由长汀出师北上。6月25日，进入江西石城县境。红军1万多人马浩浩荡荡开来，石城县城国民党守军自知不是对手，弃城而逃，红军随即进入县城。离开石城后，红一军团经广昌、瑞金，于7月9日到达兴国。

红一军团这一次大张旗鼓行动，自然惊动了国民党江西省当局。由于蒋介石正与阎锡山、冯玉祥进行中原大战，江西国民党军兵力不足，江西省政府主席兼第九路军总指挥鲁涤平得知红军夺取南昌、九江的计划后立即命令南昌、九江、吉安等城市加紧修筑工事。蒋介石又调第十八师两个旅返回江西，加强防务。

按照原定计划，红一军团先打吉安。7月14日，涂振农以中共中

---

① 转引自中共中央文献研究室编：《朱德传》（修订本），第245页。

央特派员身份召开了中共红一军团前委和赣西南特委联席会议。与会人员认为，吉安的国民党军队正凭险死守待援，工事坚固，如果硬攻，没有大炮等攻坚重武器的红军将会遭受很大伤亡。于是会议决定主力红军暂不进攻吉安，改向吉水、永丰、樟树前进。

7 月 20 日，红一军团进入永丰城。当天下午，朱德、毛泽东发出第二期推进计划表，这个计划表没有提出具体部署进攻南昌，表明他们在执行中共中央命令时，采取了视实际情况而定的灵活方针。7 月 24 日拂晓，红一军团向樟树镇发起进攻，歼灭国民党军两个营，缴枪近 200 支，俘虏 100 余人。

打下樟树镇，下一步该怎么办？红一军团是东夺抚州，还是按照中央指示北取南昌、九江？这时，中共中央特派员涂振农已经离开了红一军团总部。他若在的话，那当然是没有选择，必须北取南昌、九江了。他离开了，红一军团就有了自主选择的余地。7 月 25 日，毛泽东召开中共红一军团前委扩大会议，讨论行动方向问题。会议从缴获的国民党军的作战文件中得知敌军在江西的配置情况，认为如按中央命令直接进攻南昌，敌军第十八师两个旅正处在红军东部侧后，威胁较大，南昌城郊池塘较多，又有坚固工事，不易攻克。那么进攻抚州行不行呢？此时抚州有敌人两个团，敌戴岳部则有由新淦渡河来樟树之势。若去进攻抚州，抚州敌人必然弃城而逃，红军只能得到一个空城。若在樟树伏击前来之敌，没有消灭敌人的把握。红军若在樟树停留，则有遭敌三个旅夹击的可能。针对敌情，会议决定既不向北直取南昌、九江，也不向东攻略抚州或在樟树附近伏击可能由抚州、阜田增援南昌的鲁涤平部队，而是向西渡过赣江，绕道逼近南昌。7 月 26 日拂晓 4 时，红一军团渡过赣江，向北前进，攻占高安、上高等十余县。

7 月 30 日，红一军团挺进到离南昌 30 华里处。南昌敌军修筑了层层坚固的防御工事，朱德、毛泽东从实际出发，没有硬攻南昌，而是派红十二军代理军长罗炳辉带领两个纵队，于 8 月 1 日攻击南昌对岸的牛行车站，隔江向南昌城鸣枪示威，以纪念八一南昌起义三周年。南昌守敌龟缩在城内，一枪不还。罗炳辉返回军团总部后，向朱德、毛泽东报告，说南昌国民党军队防务严实，不宜进攻。朱德、毛泽东立即下令撤围南昌，进至安义、奉新一带，休息、整顿、筹款，进行扩大红军工作。

从长汀出发北上这一个多月以来，毛泽东、朱德不盲目机械地执行中共中央进攻南昌、九江的命令，始终坚持从实际情况出发，不断灵活机动地使用兵力，不断改变进军方向，不攻坚，不硬打，不但避免了李立三“左”倾冒险错误统治的中共中央指令占领大南昌、九江可能造成的严重损失，而且红军还得到了很大发展。红一军团由出发北上时的1万来人发展到1.8万人，为此后开展大规模反“围剿”战争打下了基础。

什么是历史伟人？历史伟人是当面临复杂的局面和危险的时候，能够审时度势，在复杂局面的夹缝中寻找出一条路来，带领人们走出危局，走进安全，走向发展！

二、红三军团成立，攻占长沙

红三军团成立

就在毛泽东、朱德率领红四军驰骋在赣南、闽西，不断发展、壮大之时，另一支红军队伍也在迅速发展壮大。这就是与红四军有着密不可分关系的红五军。

1929年4月中旬，彭德怀率领红五军离开赣南，返回井冈山，开展恢复湘赣边界根据地的斗争。不到十日，红五军即到井冈山的茨坪。彭德怀在茨坪住了一晚，会见了王佐。王佐的特务营没有受到多大的损失，但井冈山的群众被敌人摧残得很厉害。特别是敌人撤退时，进行了彻底破坏，烧光、抢光，还杀了不少革命群众；且这时疟疾流行，无药医治；盐、布等生活必需品也没有。见到此状，彭德怀拨了两千银元救济群众。

次日，彭德怀率领部队到砻市，得知永新有一个区保存比较完好，其他区有的被破坏了，有的转入地下。莲花、宁冈等县的情况大体上和永新差不多。据此，彭德怀断定，边界革命力量没有完全被敌人摧毁，大多数还保存着。边界最大的困难是日用品奇缺，特别是缺盐、布、药品等，迫切需要解决。

与红五军失散的李灿、张纯清率领第二大队还在湘赣边界地区坚持着，除了伤亡 20 余人外，其他没有损失。彭德怀将红五军编为第四、第五两个纵队，贺国中为第四纵队纵队长，李灿为第五纵队纵队长，另外还有一个特务大队，全军共有 1200 余人。红五军又壮大起来了。

时值蒋介石与桂系矛盾尖锐，彭德怀认为这是湘赣和湘鄂赣两苏区发展的有利时机，不能错过，遂和滕代远商议，以红五军党委和军委名义召开一次联席会议，讨论恢复湘赣边界苏区问题。会议决定，红五军和王佐的特务营共同行动，先攻占酃县、桂东，消灭民团，救出关押在监狱里的革命群众和干部，筹款和征集必需的物资。但攻克上述两城后，除救出监狱里的同志外，缴获物资不多。为了解决物资问题，彭德怀决定袭占广东仁化县城口镇。城口镇是广东省向湘东南出口的小商埠，有三四百户商家。红五军占领城口后，缴获步枪数十支，子弹 3 万发，筹款 3 万元。在城口，彭德怀、滕代远又得知南雄没有国民党正规军防守，遂又决定夺取南雄。红五军占领南雄五天。

红五军在城口和南雄买到了大批药品及盐、布，特别是买到了奎宁。这种药是治疗疟疾的特效药，对于边界正在流行的疟疾来说是“及时雨”。

7 月初，红五军返回莲花、永新、宁冈三县交界处。回来不久，中共湘赣边界特委召开了有永新县委、红五军军委参加的联席会议。湘赣边界特委书记邓乾元提出，根据向外发展的方针，红五军应夺取安福。因为安福只有一个营，兵力薄弱。彭德怀反对攻打安福，他的理由是：安福县城虽小，但城墙高且坚固，不易攻克，守敌是否一个营，还不能够确定，且有民团，红五军攻城时，敌人必然从永新、莲花、吉安三面来援；红五军力量不够，若攻城则无力打援，可能陷入被动；安福城北侧溪河，水深流急，下雨即不能徒涉，即使攻克了安福，也不能巩固。

邓乾元等人的理由是：红五军打安福时，敌人必放弃永新、莲花向吉安撤退。彭德怀争辩说：敌人会支援安福，从三面夹攻我军是肯定的，没有消灭敌人相当的兵力，敌人是不会放弃莲花和永新两城的。除彭德怀外，与会人员都赞成打安福。于是，会议采取了少数服从多数的原则，决定打安福。

7 月中旬，红五军按照联席会议决定进攻安福。敌人派一个营在离安福县城 30 里处迎击红军，先于红军占领了一个小高地，一遇红军接触，便向安福县城逃窜。红五军追到安福县城边，发现敌军有一个团还多，而且是严阵以待。彭德怀判断：敌人是引诱红军攻坚，调莲花、永新之敌从背后夹击红五军。于是，彭德怀当即决定立即撤退，当日黄昏从原路撤退 30 里，在严田与安福间休息、吃晚饭。这时已经半夜，计划在次日拂晓出发，从原路撤回苏区。第二天拂晓出发后，行军不到一里路，中敌预先埋伏，枪声一响，永新、莲花、安福三路敌军同时猛烈射击。红五军先头部队勇猛杀入敌阵，彭德怀指挥后续部队一齐猛攻，将敌人阵地打开了一个缺口，杀出一条血路，退回了永新根据地，从而避免了被敌三面包围、全军覆灭的危险。

红五军伤亡 300 余人，尤其是干部伤亡严重，参谋长刘之志和第四纵队纵队长贺国中牺牲，第五纵队纵队长李灿负伤。11 个大队长，9 个负伤。要不是彭德怀对敌人的阴谋早有防范，损失会更惨重。

攻打安福失利，使彭德怀非常痛惜，他在回忆中说：攻打安福是“一次非常错误的行动，几乎全军覆灭”。“那次行动本来应向遂川、泰和方向发展，或者向酃县、茶陵方面发展，这两方面都没有敌军主力。赣州只有刘士毅旅五个营，另一个营在雩都被消灭。蒋桂矛盾很大，何键拥蒋牵动了湘军援蒋打桂，而茶陵、酃县固无守军，安仁、攸县、醴陵守敌亦不多。他们硬是不同意向敌薄弱方向发展。”①

一次决策失误，没有利用有利的时机向有利的方向发展。红五军攻打安福失利，湘赣边界苏区失去了一次很好的发展机遇，红五军也失去

① 《彭德怀自传》，第 135—136 页。

了一次快速壮大的机会。

红五军在永新、宁冈、莲花边界休整了一个月。8 月份，张辉瓒和谭道源两个师共四个旅开始向红五军进攻。红五军这时兵力约 1100 人，从敌人结合部之间进至离莲花县城约 40 里的潞口砂埋伏，待敌人进占莲花时，出敌不意，袭击其后卫部队。当晚，敌人后卫一个营和辎重进至潞口砂宿营，红军已在敌人前进路上两侧埋伏，乘敌集合出发时，发动猛烈攻击，敌人顿时大乱。红五军猛烈冲杀，仅半个小时就歼灭了该敌，缴获了其全师的辎重，打了一个漂亮伏击战。由于群众听说敌人来了，都跑到山里躲藏起来，没有人搬运战利品。红五军除了尽量将缴获物资埋藏外，也顾不上打扫战场了。

虽然取得潞口砂战斗的胜利，但彭德怀深知，如不扩大战果，仍然打退不了敌人的进攻，于是决定采取“避实就虚”“攻其不备”战术，迅速北进，攻占宜春、分宜，消灭地主武装，后又攻克万载，先威胁樟树，进一步威胁南昌。进攻湘赣边界苏区之敌，被迫放弃永新、莲花县城，乘夜退回吉安。至此，敌人这次进攻遭到失败。

9 月间，红五军乘胜进到铜鼓地区，回到了离开一年多的湘鄂赣苏区。红五军的归来，让正处与敌苦斗之际的苏区军民欢欣鼓舞，战胜敌人信心大增。根据中共湖南省委的指示，红五军与湘鄂赣边境支队合编，仍称红五军，军长彭德怀，党代表滕代远，副军长黄公略，参谋长邓萍，政治部主任滕代远（兼）。下辖五个纵队，全军 3100 余人。

9 月初，中共湘鄂赣边境特委和红五军军委召开联席会议，交流湘赣边界根据地和湘鄂赣根据地及红四军经验，主要是军队做群众工作、根据地建设和军队政治工作经验。彭德怀、滕代远带回的红四军、井冈山根据地的经验，无疑对湘鄂赣根据地和红军发展，起到非常重要的积极作用。会议分析了形势，认为蒋桂矛盾已很紧张，蒋介石嫡系钱大钧集结衡阳，湘军吴尚第八军集结祁阳，蒋桂军阀战争，大有一触即发之势；江西第二军鲁涤平部和第三军朱培德部也有矛盾，客观形势有利于革命发展，开展游击战争扩大苏区。

红五军军委抓住这一有利形势，认为红五军的主要任务是要把井冈山脉、幕阜山脉、九宫山打通，把湘鄂赣、鄂南和湘赣连成南起井冈山，北抵长江的一个长块，在此放手发动群众，消灭地主武装，实行土地革命，建立党组织和苏维埃政权，建设比较巩固的根据地，配合中共红四军前委一年夺取江西的计划。

按照作战计划，红五军第五纵队在李灿、何长工的率领下开赴鄂东南，于9月中旬进入鄂东南后，首战崇阳，旗开得胜。接着，第五纵队与中共大冶中心县委取得密切联系，从10月初开始，在一个多月的时间里，配合当地工农武装，横扫通山、大冶、阳新三县的国民党军队和反动民团，缴获了大量军用物资。一时间，鄂东南工农武装割据烈火熊熊燃烧。

12月14日，在中共大冶中心县委和红五军第五纵队的配合下，驻大冶城的国民党独立第十五旅的两个连，在中共党员程子华的领导下，举行了著名的“大冶兵暴”，于15日撤离县城。红五纵队随即进占大冶县城。与此同时，国民党独立第十五旅驻阳新的两个连也在中共党员的率领下开出县城，宣布起义。29日，进驻大冶的该旅一个连又在中共党员带领下宣布起义。这些起义部队统一编为红五军第五纵队第二支队，程子华任支队长，陈奇任党代表。

12月中旬，彭德怀从各方面收集到的情报得知，驻吉安的国民党军又在蠢蠢欲动，准备进攻永新。于是，彭德怀、滕代远、黄公略、邓萍率领吴溉之的第三纵队、军特务大队和干部训练大队，经株潭、宜丰、莲花城以东之严田，到达永新城以东，靠拢第四纵队集结，准备配合第四纵队迎击来犯之敌。当时驻吉安的是敌谭道源师，他认为红五军主力北进了，可以轻易拿下湘赣苏区。该敌刚出吉安城十余里，即被红五军第四纵队袭击，消灭一个整营。经这一打，敌人立刻又缩回了吉安城。敌人发现红五军主力集结，便当了缩头乌龟，不敢再出吉安城。

乘着敌人缩回吉安，彭德怀、滕代远即将红五军第三、第四纵队分开，消灭遂川、泰和两县的地主武装，发动群众建立红色政权。那些地主武装哪里是红五军对手？被打得稀里哗啦，于是泰和等地革命局面很快开展起来。

中共赣南特委和湘赣边界特委为适应形势发展的需要，准备将江西红军组建成红六军，但军事干部很缺，看到红五军干部多，很是羡慕，向彭德怀提出要一些干部到红六军。向来以革命大局为重的彭德怀，毫不吝啬，除了派黄公略、李聚奎、王如痴、陈振亚等高级干部外，把干部训练大队 100 多人枪也全派给了红六军。

1930 年春，彭德怀、滕代远率领红五军第三、第四纵队集结于永新、安福边界，整训、休息，做群众工作，准备夺取安福和袁水流域各城。

3 月初，彭德怀率领红五军第三、第四纵队攻克安福城，消灭守敌一个营和靖卫团共约六七百人。去年 7 月，中共湘赣特委主张打安福，彭德怀反对，结果，红五军攻打安福失利；这次是彭德怀主动攻打安福，结果成功。两次攻安福，结果相反，为什么？上次，对安福和周围敌情没有准确掌握，盲目作出决定，时机选择错误；这次，作了充分准备，知己知彼，时机选择得好。可见脱离实际的决策和符合实际的决策，结果是冰火两重天。

攻占安福后，湘赣根据地已经有永新、莲花、宁冈、泰和、遂川、安福六个县，另外还有茶陵、酃县、万安各半个县。根据地不仅完全恢复了，而且比原先还有所扩大。

攻占安福后，红五军没有停止攻势，又继续攻克了新余、分宜，接下来攻占了宜春（即袁州）。在宜春休整了十天后，红五军于 4 月上旬占领了万载、铜鼓；中旬，进攻浏阳东门市、文家市，歼敌 200 多人。4 月 20 日前后，红五军第一、第二、第三、第四纵队在平江长寿街集中。25 日前后，第五纵队在进攻瑞昌受挫后，也从瑞昌、阳新边界到达长寿街。这样，经过半年多分离作战，红五军五个纵队又聚集到一块了，兵力达到五六千人，兵强马壮！

4 月 30 日，红五军集中兵力向平江前进，决定五一节前夺取平江城。平江守敌是何键部王东原旅一个团。战斗从上午 8 时许开始，战至下午 4 时，敌人大部被歼灭，少数敌人逃走。攻克平江后，红五军休息两天，接着又进攻江西修水、武宁。红五军歼灭了修水之敌后，武宁守敌弃城逃走。

湘鄂赣苏区饱受敌人摧残，红五军所到之处，人民群众热烈欢迎自己的子弟兵。彭德怀回忆说：

红军所到之处，人民群众热烈拥护。浏、平、万、铜、修根据地遭敌严重摧残，多数地区被白军烧得片瓦无存，人民对红军尤爱之如亲人。残存的半升粮米和薯干，自己不吃，留给红军吃。进至阳新县龙燕区，该地群众对红军的热爱，比平江群众有过之而无不及。外地红军到达该区，均不愿离开。群众对伤病人员之照顾，真是无微不至。沿途欢迎红军之口号、歌声、锣鼓声，响彻云霄。当年天旱，苦久不雨，可是红军路过，茶水满布，宿营用水煮饭，亦不感困难。妇女老小，人手一扇，站立道侧，替红军扇凉。到宿营地时，房屋打扫得干干净净，开好铺，他们自己露宿，决不让红军露营。在营地终日歌声、口号声不绝于耳。不间断地宣传鼓动，对敌军一层又一层地警戒，封锁消息，保护红军。粮食缺乏，农民将自己仅有的一点粮食、薯丝、玉米、稻米，自动地送到各部门首，倒在桶里就走了。……①

有这样的军民关系，红五军怎么能不打胜仗呢？

在群众高度热情的鼓舞下，红五军决定进攻阳新城。由于阳新城很坚固，红五军虽然攻破敌人一道道副防御工事，但还是未攻下来。这时敌郭汝栋部从大冶赶来增援，彭德怀决定把进攻阳新改为佯攻监视，主力撤围打援。然而，他下了两次命令，部队愣是不愿撤下来。战士们说，一定要打下阳新，打不下阳新城，消灭不了敌罗霖师，对不起阳新人民。经过彭德怀耐心说服，主力部队才撤了下来，转移到大冶、阳新边境，击溃了敌郭汝栋部五个团，消灭敌人小半，乘胜占领大冶，猛追敌军至鄂城、黄石港，威逼武昌。在英、美、日帝国主义军舰的掩护下，郭汝栋部残部才狼狈逃到长江北岸。

红五军在湘鄂赣取得一连串的胜利，扩大了苏区，平江、浏阳、万载、修水、宜春等县苏维埃政权如雨后春笋般建立起来。各革命群众组织的成员由 4 万人增加到 26 万人。湘鄂赣边境独立团扩编为独立师，

---

① 《彭德怀自传》，第 149—150 页。

师长为邱训民，政治委员为汪希范，有枪 500 余支；赤卫队和守备队有 13 万多人，苏区出现了前所未有的新局面。

6 月初，派往上海参加全国红军代表会议和苏维埃区域代表会议的滕代远、何长工先后回到了红五军军部。6 月 10 日，中共红五军军委召开扩大会议，滕代远、何长工传达中央两个会议精神。会议根据全国红军代表大会精神和中共中央的指示，决定成立红三军团。这一天，红三军团宣告成立，由彭德怀任总指挥，滕代远任政治委员，邓萍任参谋长，袁国平任政治部主任。同时成立中共红三军团前敌委员会，彭德怀任书记。红三军团下辖两个军：第五军，彭德怀兼任军长，滕代远兼任政治委员，邓萍兼任参谋长，袁国平兼任政治部主任；第八军，何长工任军长，邓乾元任政治委员，卢匿才任参谋长，柯庆施任政治部主任。全军团近 1 万人。

红三军团的成立，使中国红军队伍中出现了一支能打硬仗、恶仗的铁拳部队，对于此后红军的发展，产生了非常重要的影响。

攻占长沙，何键仓皇出逃

就在红三军团成立这天，中共中央军委长江办事处给中共红三军团前委来信，提出红三军团的总任务是在最短时间内，迅速肃清鄂东南反动武装，然后截断长沙到武汉的铁路，沿铁路、长江向武汉发展。

6 月 15 日，彭德怀召开会议，讨论中央军委长江办事处的来信指示。他在会上表示不赞成打武汉，认为：“武昌城有白军五个团据守，修了坚固工事，江面上各帝国主义兵舰满布，长江正是涨水期间，南湖水满，沿江只有一条大堤，只沿大堤才能接近城墙。蒋桂战争结束后，钱大钧十二个团驻岳州休整，罗霖师驻阳新城。我军进攻武昌，钱、罗两部必尾后攻击。前有坚城，后无退路，侧长江，背南湖，这比一九二九年一月井冈山突围和六月进攻安福还要危险多了，有全军覆灭的危险。”①

① 《彭德怀自传》，第 153 页。

彭德怀这时尚没有认识到这是李立三的“左”倾冒险计划，但他从过去受到挫折的经验教训中认识到不能硬攻中心城市，避免了红三军团可能遇到的危险，从实际上抵制了李立三的“左”倾错误。彭德怀后来成为人民军队的副总司令，共和国排名第二的元帅，是理所当然。

根据湘鄂赣根据地和红三军团的实际情况，彭德怀提出一个方案：先消灭鄂东南六县地主武装，发动群众建立政权，扩大红军，占领岳州（岳阳）为后方，为攻打武汉作准备。此方案得到与会人员的赞同，决定红三军团继续向西南进击，开展攻势作战。同时决定红八军留下两个营，坚持鄂东南斗争。

这时，岳州钱大钧 12 个团约 4 万人，另外还有王东原旅直属队和一个团。以红三军团 1 万多人直接攻岳州，显然是自不量力。久经战阵的彭德怀当然不会这么做。6 月 16 日，红三军团主力由大冶分兵向鄂城、通山进击，先后攻占了铁山、金牛、鄂城等重要市镇。为了把钱大钧部两个师 12 个团调动出岳州，红三军团放出风声进攻武汉。这时，湘鄂西的红二军团开始向东北发展，鄂豫皖的红一军在武汉以北活动，蕲春、黄梅、广济的游击队在武汉以东活动。各路红军逼近武汉，引起敌人惊慌。国民党武汉行营急调钱大钧部 12 个团星夜赶赴武汉，加强武汉防御力量。这样，岳州就只剩王东原旅直属队和一个团了，吃掉他们，对于红三军团来说，已经算不了什么了。

6 月下旬，红三军团开始向敌人兵力空虚的岳州方向前进。23 日，攻占通山县城，击溃国民党军第七十七师第三团，缴获步枪 60 余支。24 日，占领崇阳县城，同时控制了咸宁县大部分地区。至此，鄂东南六县的反动民团，基本上被红三军团肃清，进攻岳州的时机已经成熟。25 日，彭德怀在通山县城召开中共红三军团前委会议，讨论攻打岳州问题，大家一致同意攻打岳州。7 月 1 日，红三军团相继占领湖北蒲圻县的赵李桥、羊洞楼和湖南临湘县城及羊楼司、城陵矶、云溪等城镇，进抵岳州附近。红三军团所到之处，都与当地中共组织取得联系，发动群众，帮助建立工会、农会和苏维埃政权，没收土豪劣绅财产，分配给贫苦群众。

7 月 4 日，红三军团向岳州发起进攻，消灭了王东原部一部分兵力。其直属队和团的主力哪敢恋战，在帝国主义兵舰的掩护下，乘船逃到洞庭湖中的君山。攻占岳州，红三军团缴获长短枪 500 余支，机关枪 18 挺，75 野炮 4 门，山炮 12 门，子弹、炮弹 250 余担，以及大批军用物资和粮食。有了野炮、山炮，红军开始有了自己的炮兵。

红三军团占领岳州后，英、美、日军舰开炮对着岳州城岸乱轰。这一次，红军有了炮，狠狠地教训了它们一顿。彭德怀回忆说：

占领岳州后，英、美、日兵舰仍如黄石港一样，很猖獗，对城岸乱轰。我们隐蔽地架好了炮（当时，还只有我自己和一个朝鲜同志武亭会用炮），待敌舰迫近时，还击了几十炮，大概十发以上打中了兵舰，从此它们不敢抵岸射击了。在黄石港时，我们没有炮还击它。在岳州，红军战士看到我们的炮击中了敌军兵舰，不约而同的打倒帝国主义的口号声，响彻云霄。①

占领岳州期间，红三军团开仓济贫，释放被敌关押的共产党员和革命群众，帮助地方恢复和重建党组织，组建工会、农会。

国民党当局当然不能听任红三军团占领岳州，急调武汉、长沙之敌向岳州反扑。红三军团乘敌人主力尚未集中之际，在占领岳州五天后，于 7 月 6 日主动撤离。红三军团撤离时，缴获的四门野炮太重，不好带，只好忍痛炸毁，只将缴获的 12 门山炮带了两门，其他也只好毁掉了。

7 月中旬，红三军团回到平江及其周围地区，进行短期休整，并将部队进行了改编，原先的纵队、支队，改为师、团的建制。彭德怀、滕代远不再兼任红五军军长、政治委员，改由邓萍兼任军长，张纯清任政治委员。红五军又补充了 5000 余新兵。

在平江，彭德怀、滕代远等得知湖南军阀何键第四路军主力追击李宗仁、张发奎联军，集中在湘桂边界地区，省城长沙防务空虚，夺取长沙的好时机出现，决定夺取长沙。7 月 22 日，红三军团召开誓师大会，号召工农群众打到长沙去，建立湖南省苏维埃政府。

---

① 《彭德怀自传》，第 155—156 页。

红三军团还未开始行动，湖南敌人倒开始向平江行动了。何键匆忙调集驻衡阳的第十九师第五十五旅到长沙，会同留守长沙的第十五师第四十五旅等部共七个团的兵力，由第十五师师长危宿钟指挥，于7月19日由长沙向平江扑来，对红三军团实行“进剿”。何键过高估计了自己部队的战斗力，认为一举可以荡平红三军团，解除对长沙的威胁。他哪会想到，红三军团已经强大起来了，派来的七个团不过是向“狮子”嘴边送的“肥肉”。

7月22日，敌人先头梯队进到离平江城30来里的晋坑、三脚塘一带，第二梯队进到金井，第三梯队进到春华山一线，各相隔三四十里，摆成了一字长蛇阵。彭德怀发现了敌人进攻部署上的弱点，决定集中力量，首先歼灭敌人先头部队，然后跟踪追击。红三军团经过激烈战斗，歼敌第五十五旅一个团，其残部逃向金井。

红三军团乘胜追击，于26日分两路向金井发起攻击。红八军从正面进攻，红五军一部插到敌后，断其退路，主力占领金井东侧要地，同红八军一起向金井发起猛攻。在湘鄂赣边境独立师的配合及苏区群众的大力支援下，经过数小时激战，占领金井，歼灭敌第四十五旅大部，残敌向长沙方向溃退。此战，红三军团缴获长短枪数百支，轻重机关枪六挺。红三军团也付出了一定代价。战斗中，红八军第四师师长何时达、第六师政治委员郭一清牺牲。

金井战斗后，红三军团尾追溃逃之敌，于27日在春华山、永安市击溃了敌军的抗击，直逼浏阳河东岸榔梨。彭德怀以红五军从正面进攻榔梨，以红八军从杉木港渡河向榔梨侧后迂回，前后夹击敌人。战至午后，攻占榔梨，突破敌浏阳河防线，歼敌一部，残敌纷纷逃亡长沙。但长沙也将保护不了他们。

红三军团乘胜追击，直抵长沙城下。长沙守敌惊慌万状，正是红军进攻的好时机。红三军团马不停蹄，立即对长沙发起进攻。27日20时，红三军团突破敌城东阵地，由小吴门、四十九标、韭菜园、浏阳门等处攻进长沙城内，迅速攻占国民党湖南省政府和“清乡”督办署所在地。何键见大势已去，率其残部向沅江、湘阴、湘潭、宁乡等地撤退。没有活捉这个屠杀几十万湖南革命人民的刽子手，使彭德怀恨恨不已，在回忆中曾说：“何键这只狼狗只身逃于湘江西岸。没有活捉这贼，此恨犹存!”[①] 当日午夜，红三军团控制了长沙全城，并以红五军一部追击逃敌到易家湾。

从7月25日至27日，红三军团三天连打四仗，一路杀得敌人连滚带爬，丑态尽显，彰显出英勇、威猛作风，创造了红军史上一个光辉战例。此战，红三军团共俘虏敌人4000多人，缴获长短枪3000余支，手提机关枪20余支，轻重机关枪28挺，迫击炮20余门，山炮2门，以及大批弹药、物资。由此，红三军团的武器装备也大为改善。红三军团自身伤亡1600余人。

红三军团攻下长沙后，根据中共湖南省委原先的决定，以原红五军第一纵队和湘鄂赣边境独立师为主，以平江、岳州、修水、铜鼓、茶陵、醴陵赤卫队共3000余人组成第十六军，编入红三军团序列。红十六军由胡一鸣任军长，李楚屏任政治委员，孔荷宠任副军长，余发明任参谋长，吴天骥任政治部主任。下辖第七师、第九师。此时，红三军团三个军，总兵力达1.7万人。

红三军团攻占长沙，沉重打击了湖南国民党反动统治，扩大了共产党和红军的影响。红三军团本身也得到锤炼和壮大。

李立三部署全国暴动

远在上海的李立三从报纸得知了红三军团占领长沙后，欣喜若狂，更加认为“会师武汉”“饮马长江”，以至于夺取全国胜利的目标很快可以实现。李立三为什么这样呢？这其中还另有原因。

还在6月11日中共中央通过《新的革命高潮与一省或几省首先胜利》决议后，驻上海的共产国际远东局负责人罗伯特提出不同意见，要求缓发决议，说现在共产国际正在讨论中国的形势，研究一个决议，材

---

① 《彭德怀自传》，第159页。

料很快就会发过来，应该等一等。李立三认为，客观形势发展很快，不允许我们浪费时间。李立三坚信，自己的观点来自共产国际，此决议无疑是符合共产国际精神的。于是，李立三不顾罗伯特的劝阻，坚持将决议发出了。7 月 13 日，李立三在中央政治局会议上作了《关于南京问题与全国工作布置的报告》，加紧部署南京兵暴、武汉暴动和上海总罢工等冒险计划，并要求全国配合。次日，李立三亲自任江苏省总行动委员会书记，任命曾中生为起义总指挥，命曾中生领导学兵营起义，攻击国民党中央党部，占领南京。

让李立三始料不及的是，共产国际方面的指示给他当头泼了一桶冷水。7 月 23 日，共产国际执行委员会致电中共中央，指示："我们坚决反对在目前条件下在南京、武昌举行暴动以及在上海举行总罢工。"① 在同一天，共产国际执行委员会政治秘书处还通过了关于中国问题议决案。这个议决案指出："暂时我们还没有全中国的客观革命形势。工人运动和农民运动的浪潮还没有汇合起来。这些运动总合起来还不能够保证必需要的力量，去袭击帝国主义和国民党的统治。农民的革命斗争，现在能够胜利的，还只不过在南部几省发展着。统治阶级各派的分裂和互相斗争，还没有使他们完全削弱而走到政治上的完全破产。"②

中共中央在 7 月底收到共产国际的电报指示和决议。李立三看到共产国际的指示和决议，感觉如"晴天霹雳"。他在自述中这样写道：

共产国际对形势的估价、对党的任务及斗争策略、组织形式和工作方法等方面的提法内容全新，与我的想法及我所作所为截然不同。看到这个电报，我彻夜未眠，翻来覆去地想着：难道我的路线真的偏离了国际路线吗？最后我得出这样的结论："这可能是因为共产国际代表罗伯

① 《共产国际执行委员会给中共中央的电报》（1930 年 7 月 23 日于莫斯科），中共中央党史研究室第一研究部译：《共产国际、联共（布）与中国革命档案资料丛书・联共（布）、共产国际与中国苏维埃运动》（1927—1931）第 9 册，中央文献出版社 2002 年版，第 225 页。

② 《共产国际执委政治秘书处关于中国问题议决案》（1930 年 7 月 23 日通过），中共中央党史研究室第一研究部编：《共产国际、联共（布）与中国革命档案资料丛书・共产国际、联共（布）与中国革命文献资料选辑》（1927—1931）第 12 册，中央文献出版社 2002 年版，第 210 页。

特同志错误地通报了中国的革命形势，也可能因为周恩来同志向共产国际作报告时低估了中国革命运动的发展速度。共产国际很可能是因为得到这种不正确的信息才作出这个决议的。”①

共产国际是上级，中国共产党是下级，下级不执行上级的指示就意味着抗上，彻夜未眠的李立三，首先想到的是他应当立即到莫斯科去讲中国的形势，把中国党的任务、政策等问题向共产国际讲个明明白白。但又一想，去一趟莫斯科不是那么容易的，路途遥远而曲折，往返一趟需要多日。国内形势太紧张了，南京、上海、武汉正准备武装起义，红三军团逼近长沙，红一军团指向南昌，在这种形势下自己离开中国，不就等于开小差吗？自己应当担负起全部责任，在党和共产国际面前替中国的命运负责。

敢于担当，这应该是李立三值得称道的地方。但是，担当看用在什么时候、什么地点、什么事情。在头脑发热的情况下，李立三的这种担当，只能给党的事业造成严重损失。

收到共产国际指示的第二天，中共中央政治局开会讨论共产国际指示。李立三把自己的想法向大家和盘托出。但是，他把共产国际发出这样指示的原因，归结到罗伯特和周恩来错误的汇报上，提出应该给共产国际回电详细说明中国形势。政治局成员一致支持李立三的意见，通过了李立三起草的给共产国际的电文。

虽然，李立三等发出了给共产国际的电报，但缺乏有力的证据，心里底气还不十分足。当得知红三军团占领长沙后，李立三的底气足了。用他自己的话来说是“听到这个消息更是近乎疯狂，认为这证明我的方针是正确的，这是我的方针的胜利。”②

8月2日，中共中央政治局开会，李立三在会上指责了共产国际，认为红三军团夺取长沙很好地证明了政治局的方针和对待共产国际的指示的态

---

① 《李立三自述》（1940年），中共中央党史研究室第一研究部编：《李立三百年诞辰纪念集》，第610页。

② 《李立三自述》（1940年），中共中央党史研究室第一研究部编：《李立三百年诞辰纪念集》，第611—612页。

度是正确的。他在会上阐述了加速准备汉口、南京、上海的起义计划和红军的行动计划，要求各地起义和红军攻势相互配合，在中心城市推翻国民党政权，建立苏维埃政府。根据李立三的建议，中央政治局决定成立中央汉口局来领导起义准备和红军行动，并任命项英任汉口局书记。

当晚，李立三等与罗伯特会面时，由于有红三军团占领长沙的依据，罗伯特也被李立三震住了，没有批评中央政治局的决定，而且同意在汉口成立中央局、加速准备起义。三天后，罗伯特本人也去汉口进行实地考察。

8月3日，李立三在政治局会议上再次发言，进一步谈了全国工作布置和军事战略，要求华北、华南的工作配合汉口、南京、上海的起义。在谈到北平、天津、哈尔滨、河南、广州等地起义时，李立三甚至提到了云南、贵州这些党的组织基础很薄弱的地方起义问题。他声言："我们的战略也必须推动国际无产阶级对帝国主义的决战"，"国际在目前形势，我想必须采取积极进攻路线才有办法"[①]。因此，李立三认为日本帝国主义将要向苏联进攻，苏联就应当采取进攻性战略，共产国际也应采取积极措施动员各国共产党和各国无产阶级声援中国。

李立三完全失去了理智，不仅不顾实际要求全国各地起义配合汉口、南京、上海起义，而且指挥起苏联、共产国际来了，让苏联、共产国际、蒙古和各国共产党都行动起来，围着他的冒险计划转。

由于李立三见7月底中共中央政治局给共产国际的电报发出后共产国际未回电，估计共产国际不会同意中共中央的意见，便在这次政治局会议上建议给斯大林拍电报，请斯大林对于共产国际进行干预。在给斯大林的电报中，李立三几乎一字不差地重复了7月底发给共产国际的电文，力图用来自各地夸大了的数字，说明他的冒险计划是正确的，以说服斯大林支持他。

李立三在会上作了《目前政治形势与党在准备武装暴动中的任务》的报告。在报告中，李立三说："列宁在一九一七年十月革命之前，坚

---

① 转引自中共中央文献研究室编：《周恩来传》（1898—1949）（修订本）上，第266页。

决的反对季罗维也夫①及加米列夫②关于暴动的动摇。季罗维也夫与加米列夫在当时坚决地反对暴动，以为布尔塞维克取得政权，不能得着其他政党的帮助，一定没有广大群众的拥护。列宁坚决反对这种意见。列宁说，无疑问的，只要布尔塞维克取得了政权，一定可以得着广大群众之热烈的拥护。特别是在变帝国主义战争为革命战争的口号之下，无产阶级首先可以夺取广大农民士兵的同情。在今天中国的情形看来，正与列宁所说的一样，无产阶级政党若能真正坚决的起来号召反对军阀战争，领导变军阀战争为革命战争，则我们无疑问的必然得着广大中国工农兵士劳苦群众的拥护，建立与巩固中国的苏维埃政府。”他认为：“第五军③进攻长沙的时候，红军不过三四千人，何健④的兵却有七团以上，但红军与何健部队接触的时候，何健部队都水一样的向红军投降。我们在长沙工人中的工作特别弱小，可是在何健军队日益失败的时候，长沙工人便在城内暴动起来，使何健军队更迅速的动摇而完全失败。现在红军进攻武汉的时候，又安知道不会过［遇］着这样的形势？假使是可能的——的确不仅是可能而且是必然的，我们为什么不能领导红军进攻武汉呢!”“党在坚决的准备武汉工人的武装暴动的时候，便同时应当指挥红军向武汉进攻。”由此，李立三提出：“我们现在的工作布置，必需在全国范围内同时加紧。要准备天津，武汉，上海，广州及各产业中心的政治罢工，要准备各省重要城市的暴动，要组织全国铁路海员的反对军阀战争的总罢工，要组织前线上以及后方之重要军事政治中心兵士暴动，要配合着全国红军以向大产业中心集中发展等等，这些都是全国范围内的工作。一定要有全国的总动员，然后才能有夺取武汉的胜利。”⑤

从李立三的报告中不难看出这两点：其一，将当时中国革命形势与

---

① 一般译作季诺维也夫。

② 一般译作加米涅夫。

③ 应为红三军团。

④ 应为何键。

⑤《目前政治形势与党在准备武装暴动中的任务——李立三 1930 年 8 月 6 日在中央行动委员会上的报告》，中央档案馆编：《中共中央文件选集》（1930）第 6 册，第 236、240、242 页。

俄国十月革命前相类比。把列宁不顾季诺维也夫、加米涅夫的反对，坚持起义，作为他部署全国起义冒险计划的依据，并仿照列宁当时提出的变帝国主义战争为革命战争的口号，提出变军阀战争为革命战争的口号。其二，把红三军团占领长沙作为依据，认定红军可以同样占领武汉。这两点表明李立三既有教条地照搬俄国十月革命的经验，又有在不了解红三军团占领长沙的实际情况下，想当然地认为只要城市工人一暴动，又有红军配合，就能占领中心城市，迅速取得全国革命胜利的幻想。脱离实际的幻想气球，一和实际情况相碰，很快就会破碎。

就在李立三踌躇满志，组织全国武装暴动，迎接中国革命胜利之际，坏消息一个一个传来。

长沙失守后，蒋介石急电武汉行营主任何应钦并让其转告何键："速集各部，克期进剿，俾得早日恢复长沙，以挽危局。"[①] 何键不敢怠慢，集中第十九师、第十六师、第十五师第四十五旅残部、独立第七旅等部 15 个团，在游弋湘江的十几艘帝国主义军舰的掩护下，由株洲、湘潭、宁乡、湘阴等地向长沙反扑，于 8 月 5 日进到长沙的南、西、北郊区；第七十七师由鄂南进到湖南新市地区。

由于敌我力量悬殊，中共红三军团前委召开紧急会议，决定撤出长沙，向平江、浏阳转移。彭德怀率领红五军一个师为后卫，控制浏阳门外高地，掩护部队转移。

8 月 6 日，敌人南北两路向浏阳门对进。此时，红三军团政治部和省苏维埃政府机关尚未撤出长沙。眼看着两路敌人相距不过五里，快要合拢了，特别是由北南进的一个团，进得比较快。彭德怀以两个连阻击由南北进之敌，集中全力突击由北南进之敌，消灭敌人一个整团，才使得军团政治部和省苏维埃政府机关出城，并掩护全军及十几万群众安全撤向浏阳、平江。在撤离的战斗中，红八军第六师师长陈毅安英勇牺牲。

陈毅安，曾用名陈斌，1904 年生于湖南湘阴金龙乡界头铺。1922 年加入社会主义青年团。1924 年加入中国共产党。曾在汉阳兵工厂从

---

① 李勇、张仲田编：《蒋介石年谱》，中共党史出版社 1995 年版，第 274 页。

事工人运动。1926 年入黄埔军校第四期学习，毕业后任国民革命军连长、连党代表，第二方面军总指挥部警卫团辎重队队长兼供给主任。1927 年 9 月参加湘赣边界秋收起义，跟毛泽东上井冈山，历任工农革命军第一军第一师第一团军需股长、连长、副营长，第一团副团长兼第一营营长，红四军第三十一团副团长兼第一营营长。1929 年 1 月任红四军第三十团副参谋长、参谋长。月底，回乡疗伤。1930 年 7 月归队，担任红八军第六师师长。红三军团进攻长沙时，担任前敌总指挥。他的牺牲，使红军失去了一位久经战阵的猛将。

南京的消息也不妙。8 月中旬，李立三接到中共南京市委的报告，市委要求中央立即批准起义计划。李立三认为，南京起义必须和上海、苏州等地起义相配合，因此，南京起义必须推迟一段时间。出于这种考虑，中央总行动委员会派吴黎平以中央特派员身份赴南京，传达中央指示和视察起义准备工作。

吴黎平到后两天，即向李立三紧急报告，国民党南京驻军中一个同志向市委通报消息，敌人决定处决所有被捕同志。这位同志还说，要挽救这些同志的生命，必须立即起义。得知这个消息，中共南京市委负责人曾中生和中央特派员吴黎平发生了意见分歧。曾中生坚持要立即起义，挽救被捕同志。而吴黎平则反对立即起义，认为仓促起义，就会牺牲更多的同志。两人谁也无法说服谁，请示李立三，解决这个问题。中央总行动委员会根据李立三的建议，指示南京市委：曾中生、吴黎平的意见都是错误的。挽救被捕同志，应安排执行处决命令的那部分士兵当场起义，其余部队则尽可能推迟起义，以保存实力，保证未来起义的成功。这个指示送到南京时，被捕同志已被敌人处决。事后，李立三追究责任，撤了吴黎平的职。

李立三的指示别说送到晚了，就算及时送到也无法实施。哪些士兵去执行枪决被捕同志的命令，不是地下党组织说了算的，是由国民党南京驻军司令部说了算。其实，组织南京起义本身就是“左”倾冒险错误。在敌人重兵防守的中心城市，企图组织少数士兵和工人起义，都不可能成功。在总的决策错误之下，具体工作的同志，无论采取立即起义也好，推迟起义也好，为营救被捕者现场起义也好，都是错误的。

李维汉在回忆录中谈到南京兵暴时说："从六月到十月，宪兵连、军官团、学兵营等国民党士兵支部的党员，因组织兵暴而暴露，遭到秘密杀害的至少有四十人。南京市委机关也因而两次遭到搜查，全市被敌人逮捕的党员有一百多人，使南京党组织受到大破坏。南京兵暴的计划终成泡影。"①

江苏的形势也不容乐观。中共江苏省委曾部署了徐海、南通两地区的暴动。在南汇泥城组织的暴动，仅有两支枪，参加者七八个人，却打出红十八军的旗号；淮涟暴动，参加者只有几十人，就去攻打县城。听起来是个笑话，不失败才怪呢！中共南通特委组织了黄桥总暴动，让红十四军进攻黄桥，但因内奸通敌，部队遭到意外的袭击，不得不撤出战斗。结果，红十四军在敌人"协剿"下被打散。这样，不但黄桥总暴动未成，而且还将好不容易建立起来的红十四军给赔进去了。

在上海，中共江苏省委组织的多次工人罢工和游行示威活动，不但没有形成总同盟罢工，还使许多积极分子被捕。

在武汉，党组织发动"反对军阀战争拥护红军运动"，不断组织党员、进步群众举行飞行集会，致使许多党组织被破坏、党员被捕。8 月上旬，以项英为书记的长江局成立后，在武汉部署武装暴动时，整个武汉只有党员 100 余人，团员 80 余人。为响应武装暴动，在监狱里被关押的一批革命者组织越狱，不幸失败，87 人被敌人分六批用大刀砍死。即便如此，"左"倾冒险错误的执行者还不醒悟，于 9 月 7 日在汉口华景街组织了一次政治示威，共产党员张培信等三名党员当场被捕，三天后被杀害于示威地点。从此，武汉工人运动进入沉寂时期。

李立三的"左"倾冒险错误使党和革命事业遭到严重损失。在国民党统治区，党的许多地下组织如满洲、顺直、河南、山西、陕西、山东、湖北、福建、浙江、广东、湖南等十几个省委的机关先后被破坏，武汉、南京等城市的党组织几乎全部瓦解。许多共产党员、共青团员和

① 李维汉：《回忆与研究》（上），第 309 页。

革命群众遭到敌人的捕杀。在一些农村，由于没有群众基础，少数人发动的军事冒险暴动都失败了。在红军奉命进攻大城市的过程中，农村根据地有的缩小，有的丢失，红军也遭受不同程度的损失。

中共六大后，各地党组织经过努力所积蓄的革命力量，所积蓄的“家底”，经李立三“左”倾冒险错误这么一折腾，又被破坏了许多。

李立三“左”倾冒险错误的历史教训是沉痛的，应该永远记取！

三、红一方面军成立，再攻长沙

红一方面军成立

毛泽东、朱德率领红一军团在赣西北奉新、安义一带经过几天发动群众工作后，于 8 月 7 日在奉新得到了上海出版发行的 7 月 30 日和 8 月 1 日的报纸，从中得知彭德怀率领的红三军团已乘虚攻克长沙的消息。于是，毛泽东、朱德决定红一军团继续西进，向红三军团靠拢。

8 月 10 日，朱德、毛泽东发布红一军团命令，规定各军于 15 日以前到达万载县城集中。8 月 12 日，红一军团总部进驻万载县城。红一军团各部集中后，于 8 月 18 日到达湘赣边界的黄茅。在这里，毛泽东、朱德得悉，红三军团在敌人优势力量的进攻下，已于 8 月 6 日退出长沙，正在平江长寿街及其附近转入防御。何键部十团以上的兵力正向红三军团追击。其中敌第三纵队司令兼第十七旅旅长戴斗垣率领四个团，孤军突出地盘踞在浏阳县的文家市和孙家塅一线。

好机会！毛泽东、朱德立即召开红一军团高级干部会议，决定乘戴斗垣旅立足未稳，迅速奔袭文家市，歼灭该敌。

8 月 19 日，红一军团兵分四路进入阵地。戴斗垣想不到，螳螂捕蝉，黄雀在后。他毫无顾忌地追击红三军团，没想到另一支红军劲旅却悄悄逼近，一张铁网向他撒开。

8月20日拂晓，红一军团各部突然向文家市发起猛攻，经过近一个小时的激战，全歼戴斗垣旅。粟裕在回忆这次战斗经过时说："记得八月十九日那天天气特别热，我们的部队黄昏时出发，急行军跑了三十五公里，从一条河的中段游了过去，二十日拂晓，一下子就冲到了敌人的阵地前面，其气势好比从天而降。敌人措手不及，打了不到一个小时，戴斗垣一个旅就被歼灭了。戴斗垣被打死了，俘虏了敌一千多人。"①

此战，红一军团缴获步枪1400多支，水机关枪20多挺，手机关枪和轻机关枪17挺，驳壳枪100多支，得到了相当大的补充。这是红一军团建立后作战取得的第一个重大胜利，有力地支援了红三军团。

然而，在这时却发生了一件令毛泽东非常惋惜的事。事情是这样的：敌军在逃跑时，丢下了一部电台。红军战士看到上面都是些电钮、电键、指示灯之类，不知道这"洋玩意儿"是什么东西，觉得没有什么用，就给砸了。殊不知这东西是"顺风耳"。这时，红一军团还没有建立无线电通讯，要是有它，只要摁摁电键，一阵"嘀嘀嗒嗒"，上级或下级就知道什么意思了，不用派人跑来跑去送信了。毛泽东得知这个情况后，说这是游击主义的破坏性，要制止战争中的破坏性，非经过长期深入的教育不可。

再说红三军团，退到平江长寿街不久，彭德怀接到中共万载县委来信，告知红一军团已转移到万载境内。彭德怀立即派袁国平前往万载联络。袁国平返回后，带来红一军团要红三军团向永和市进击配合红一军团进攻文家市的信件。8月中旬，红三军团主力由长寿街出发，向永和市方向进击。

由于从长寿街到万载往返需四天时间。红三军团接信后立即行动，但到永和市时，因红一军团歼灭戴斗垣旅，驻守这里的敌人已在两天前退向长沙了。

红一军团在文家市战斗后，按照预先与红三军团的约定，于8月

① 《粟裕战争回忆录》，第90页。

23日北进到永和市，与红三军团胜利会师。这是毛泽东、朱德与彭德怀的第三次会合。当天，红一军团前委和红三军团前委召开联席会议。会上，红三军团前委提议成立红一方面军和总前委。彭德怀提议红三军团所辖之第五、第八军编为红一方面军建制，便于统一指挥。联席会议决定成立红一方面军，一致同意朱德任总司令，毛泽东任总政治委员，彭德怀任副总司令，滕代远任副总政治委员，朱云卿任参谋长，杨岳彬任政治部主任，辖红一、红三军团；成立以毛泽东、朱德、彭德怀、滕代远、黄公略、林彪、谭震林等为委员的中共红一方面军总前敌委员会，毛泽东任书记；成立毛泽东、朱德、彭德怀、滕代远、黄公略、林彪、谭震林等为委员的中国工农革命委员会，毛泽东任主席，统一领导红军和地方工作。

红一军团总指挥部由方面军总部兼理，朱德兼任总指挥，毛泽东兼任政治委员，朱云卿兼任参谋长，杨岳彬兼任政治部主任，辖五个军：第三军，黄公略任军长，蔡会文任政治委员，周子昆任参谋长，毛泽覃任政治部主任；第四军，林彪任军长，曾士峨任政治委员，彭祜任政治部主任；第十二军，罗炳辉任代理军长，谭震林任政治委员，林野任参谋长，谭政任政治部主任；第二十军，曾炳春任军长，刘士奇任政治委员，刘泽民任参谋长，萧以佐任政治部主任；第二十二军，陈毅任军长，邱达三任政治委员，钟效蔚任参谋长，罗寿南任政治部主任。

红三军团，彭德怀兼任总指挥，滕代远兼任政治委员，邓萍任参谋长，袁国平任政治部主任，辖三个军及炮兵团：第五军，邓萍兼任军长，张纯清任政治委员，吴溉之任政治部主任；第八军，何长工任军长，袁国平兼任政治委员，卢匿才任参谋长，袁国平兼任政治部主任；第十六军，孔荷宠任军长，黄志竞任政治委员，陈建军任参谋长，吴天骥任政治部主任。

红一方面军的成立，是人民军队历史上的一件大事。两支活动于赣南、闽西和湘鄂赣苏区的主力红军汇集一起，兵力达3万余人，在战略上进一步集中了兵力。这是一支当时全国空前强大的红军队伍，既有毛泽东、朱德这样英明、杰出的政治、军事领导，同时又有彭德怀、陈毅、黄公略、林彪、邓萍、罗炳辉等一批能征善战的将才，还有谭震林、滕代远、何长工、蔡会文、袁国平、谭政等一批经验丰富的政治工作人才。这对于加强部队建设，提高部队战斗力，实现以游击战为主向运动战为主转变，开展土地革命战争的更大局面，意义非凡深远。

红一方面军的成立，中国土地革命的战场上，出现了一支横扫敌军，所向披靡的军队。

挥戈再攻长沙

红一方面军成立后，下一步将如何行动？还在 8 月 10 日，李立三“左”倾冒险错误统治下的中共中央给长江局写信，严厉指责红三军团攻下长沙后没有“向武汉发展”，“这是很严重的错误”，“不仅是军事上的失策，而且是政治上极大的损失”。①

什么叫纸上谈兵，李立三“左”倾冒险错误统治下的中共中央给长江局的这封指示信就是典型的纸上谈兵。

李立三在上海闭门纸上谈兵，但在前方指挥打仗的毛泽东、朱德对攻打中心城市持反对的态度。他们深知，以红军现有的装备攻打敌人坚固防守的中心城市，意味着将有许多红军干部、战士付出鲜血和生命，会拼光好不容易才积攒下来的革命本钱。在 8 月 23 日召开的红一方面军总前委会议讨论李立三的指示时，毛泽东表示对再攻长沙表示疑问。朱德明确表示：“红军的装备和训练都不宜打阵地战，如果执行这政策的话，今后就完全要打阵地战了。光是敌人开到长沙的增援部队就布置了三道防御工事，还有通电的电网。武汉的防御工事更为坚强，还有许多外国军舰停在长江里，准备红军一旦来时就开炮轰击。攻打这样强大的敌军，这样坚强的工事，其结果将是红军全部被消灭，革命力量在几十年内也无法抬头。”②

---

① 转引自中共中央文献研究室编：《朱德传》（修订本），第 251 页。

② ［美］艾格妮丝·史沫特莱著，梅念译，胡其安、李新校注：《伟大的道路》，第 328 页。

彭德怀也是不同意再攻长沙的。他在回忆中说：“从三军团本身来说，迫切需要短期整训。从一九二九年十一月起，到一九三〇年八月，部队扩大了六倍，从五月开始一直没有得到休整。有些连队不但没有党的支部，连党员也没有，只有士兵委员会而没有核心。这次打长沙和第一次是不同的。那次是迅速各个击破敌军，迅雷不及掩耳地给敌以袭击。这次追击之敌四个旅，一军团在文家市全歼了戴斗垣旅，其他三个旅安全退回长沙，原在长沙还有一个旅未出动。我军迫近长沙时，敌取得了五六天时间准备，野战工事做好了，这就使我失去进攻的突然性，变成正规的阵地进攻战。攻城能否速胜，难以肯定。”①

然而，由于有了红三军团此前占领过长沙的经历，红一方面军总前委中不少委员认为以红一方面军之力，拿下长沙当无问题。滕代远回忆说：“当时我们认为，第一次三军团 2 万多人也打下了长沙，现在 4 万人还不能去打吗？”②

中央有命令，总前委内部多数委员又主张再攻长沙，红三军团此前占领过长沙，红一军团刚歼灭戴斗垣旅，全军士气正旺，毛泽东、朱德尊重大家的意见，会议遂决定红一方面军再攻长沙。

8 月 25 日，红一方面军分三路向长沙开进。经过四天的行军，于 8 月 29 日先后进抵长沙东南近郊，对长沙取包围之势。

当红一方面军向长沙推进的时候，何键率领三个旅于 8 月 28 日由浏阳县撤回长沙，同原来留守长沙的一个旅会合。此外，何键又调其他援军进入长沙防守。这样长沙敌人的防守兵力达 31 个团之多。敌人修筑了欧式的重层配备的防御工事，碉堡、壕沟和电网等共有八九层之多。

敌人兵力处于优势，又凭借坚固的工事进行防守，红军该怎么打？朱德、毛泽东当然知道，红军没有重武器，特长是野外作战，若弃长用短，硬攻敌人的坚固防御工事，必将遭受重大损失。因此，朱德、毛泽

---

① 《彭德怀自传》，第 162 页。

② 《滕代远回忆有关罗坊会议的情况》，赵泉钧等编著：《罗坊会议》，浙江大学出版社 1993 年版，第 35 页。

东决定将敌诱出工事，逐个加以消灭。8 月 31 日，朱德、毛泽东发出命令："长沙敌军仍依据工事向我顽抗中"，"方面军仍拟诱歼敌军于其工事之外，然后乘胜攻入长沙。"① 然而，守敌采用"老虎不出洞"的办法，龟缩在工事里，红一方面军主力未获得歼敌战机。

9 月 1 日，朱德、毛泽东下达向长沙总攻击的命令。命令规定：2 日晚 7 时全线向敌攻击，次日，红一方面军各部队按照总部部署冒雨发起进攻，广大指战员们发扬英勇顽强、不怕牺牲的革命精神，勇往直前，奋勇作战，向敌人展开猛烈冲杀，但被敌人阻在电网之外。粟裕在回忆录中谈到进攻长沙的战斗时说：

我们支队的作战任务是从南面的大托铺向长沙市进攻。那时部队还不会搞迫近作业，连交通壕还不大会挖，更不会爆破，也没有炸药，挖工事的铁锹也不足。可以说，完全没有打敌人坚固设防城市的装备和技术。怎么打法呢？为了破坏敌人的工事，我们利用黑夜，挺进到敌人的铁丝网前，挖起前沿工事，天一亮在前沿顶不住，只好撤下来；第二天天黑再突到前面去继续挖，但头一天挖的工事已被敌人破坏了，只得重挖。就这样地往返了好几天，仍然不能破坏敌人的重重防御工事。有的同志想起了古代的火牛阵，把牛尾巴上绑起鞭炮，点响后，牛向前窜，部队跟着向前冲。结果敌人机枪一扫，没有被打倒的牛掉过头来，反而冲散了我们自己的部队。②

萧克在回忆录中对"火牛阵"的描述更为详细：

长沙有城墙，敌人在城外设防，还有电网，我们没有攻城的重武器，便硬着头皮打，各种手段都使出来了，甚至连战国时期田单的"火牛阵"都用上了。说起来也好笑，原以为牛尾巴上挂了响炮，就会驱使牛向前走，冲敌人的电网和防御工事，谁知我们花了一千多块大洋，买了二三十头牛，晚上攻打敌人时，点燃牛尾巴上的响炮后，但受惊的牛

① 《红一方面军关于诱敌出工事外消灭之然后乘胜攻入长沙的命令》（1930 年 8 月 31 日午后于白田铺），赵泉钧等编著：《罗坊会议》，第 197 页。

② 《粟裕战争回忆录》，第 91 页。

根本不受我们操纵，向两边跑，甚至掉回头冲我们自己的阵地，造成混乱。①

用"火牛阵"攻击敌人阵地，这是人民军队历史上唯一的一次"古为今用"战法，表现出当时只有落后武器装备的红军攻打敌人坚固防守中心城市的无奈。

"火牛阵"不奏效，红军还又采取过"土坦克"的办法。红军从群众那里买来许多打禾的木桶，将每只桶装上两只轱辘，用浸湿的棉被蒙在上面来挡敌人的子弹。这种办法被称为"土坦克"。攻击开始后，红军战士们推着"土坦克"向敌阵地冲去。然而，这种办法也因敌人的火力阻击而失利。

何键见红军进攻受阻，误认为反攻时机已到，于9月3日拂晓对红军实行反攻，在敌新编第三十一师张牙舞爪向红军反扑时，敌新编第五师和第七十七师在原地未动。红一方面军总前委根据敌情，于11时命令红三军团监视正面之敌，红一军团第三军及第四军、第十二军各一部由石马铺、洞井铺向敌新编第三十一师发起进攻，红四军主力在林家咀、陈家冲一带，向敌独立第七旅发起进攻。激战到17时，红军将两敌击溃。这次战斗，共歼敌一个多团，毙敌900余人，俘敌1000余人。

9月5日，红一方面军总部侦知敌第十九师第五十五旅和被红四军击溃的敌独立第七旅分别到易家湾、大托铺、回龙铺的湘江对岸，准备偷渡湘江偷袭红军侧背；防守长沙城的敌军一部由黄土岭、洞井铺向红军反扑；东山一带之敌，坚守工事策应。敌人此举，正是红军求之不得。朱德、毛泽东决心歼灭出击之敌，发出命令："第一军团任歼灭由大托铺、易家湾之线偷渡来袭之敌。须于明（6号）晨由现地进至朱家岭左亘与田心桥迄东南之线，相机歼灭大托铺、易家湾之线之敌。""第三军团任歼灭由长沙城及东山两路出击之敌，应于明日黄昏前全部（十六军在内）相机移至同仁堂、白茅堂、盘石坝、斑竹圩以至朱家岭东端一带，与第一军团在朱家岭附近部队十二军确取联络。""湖南赤卫军应

① 《萧克回忆录》，第137—138页。

移至鲞斯港、鹿芝岭迄至镇头市之线，任后方输送交通及牵制东山之敌。”①

9月3日吃了红军苦头被歼一个多团的何键学乖了，命令部队坚守工事没有出动。红一方面军歼灭敌第五十五旅和独立第七旅的计划未能实现。

在诱歼敌人的计划不能实现的情况下，朱德、毛泽东于9月10日9时下达了第二次总攻命令，当晚8时，红一方面军主力向敌发起总攻。广大红军指战员冒着敌人密集的弹雨，英勇地向敌连续冲锋了四五次，仍未能冲破敌人的阵地。

鉴于长沙敌军工事坚固，红一方面军两次总攻均未奏效，诱歼敌人不能实现，又得知蒋、阎、冯中原大战已接近尾声，蒋介石已开始调集兵力增援长沙，毛泽东、朱德认为不能再继续攻长沙了，若继续攻下去，不但难以奏效，而且会使红军遭受重大损失。于是，毛泽东于9月11日在易家湾召开有湖南省委代表参加的总前委扩大会议，讨论撤围长沙问题。这时，从中共长江局的来信得知，国民党李宗仁、张发奎部队已开到湘潭。大家认为，李、张部队到湘潭不是打何键的，而是进攻红军，红军有腹背受敌的危险，从而下决心从长沙撤围。那么撤围后退到哪里去呢？对此，会上有四种意见：一是认为不应该放弃对长沙的进攻计划，可由株洲萍乡铁路撤退，以消灭后面的敌人；二是撤退到岳州；三是撤退到江西袁州；四是撤围长沙，改打南昌。最后由毛泽东作总结，会议决定先退到株洲、萍乡，休整待机。②

次日，红一方面军总部、红一军团、红三军团转移到株洲、醴陵、萍乡、攸县地区，就地休整、筹款和做群众工作。

红一方面军进攻长沙十数天，共歼敌两个多团，自身也伤亡不小，红三军第一纵队政治委员刘作述及红八军第三团团长、原第三纵队纵队长谢振亚英勇牺牲。但打长沙也使新成立的一些红军部队受到了锻炼，

---

① 《红一方面军关于诱歼两路出击之敌的命令》（1930年9月5日午后11时于白田铺总部），赵泉钧等编著：《罗坊会议》，第215页。

② 《关向应在中央政治局会议上发言记录》（1930年10月14日），转引自中共中央文献研究室编：《毛泽东传》（1893—1949）上，第233页。

萧克在回忆录中说：

长沙虽然没有攻下，但十天的围攻战却锻炼了我们的农民军。文家市战斗后，军领导对我们三纵队信任了，打长沙时，便让我们和另两个老纵队共同担负作战任务。那天，敌陈光中部三个团由湘江西岸东渡，企图迂回于我攻长沙城主力军侧后，总部令红四军抗击该敌。我们在猴子石与敌人激战，反复冲杀，直至日沉。在战斗中，我纵队刚成立不到20天的机关枪连发挥了大作用。这个连的军官干部和机枪手，多属解放过来的敌方兵员，他们射击技术高，打得准，又听指挥，一声令下，四挺重机枪齐发。打惯了游击战的农民军，听到自己的机关枪响了，精神振奋，冲向敌群。那天我纵队打得很出色，连一纵队都对我们刮目相看了。战役后期，又参加了夜间进攻长沙敌之外围防御阵地的战斗。

长沙大战，使我们这支农民军见了世面，经受了锻炼，已能和正规部队一样打大仗了，我的精神得到大的解放。同我一起从一纵队调来的教导队学员（大部分任连排长），心情也和我一样，他们有时还十分感慨地议论：“司令官以前很少有笑容，最近笑得多了。”①

人民军队，是在曲折和挫折中不断地成长、壮大起来的。

不打南昌，剑指吉安

红一方面军到达株洲后，部队缴获了国民党政府在内部印发的中共中央和中央军委8月初的一封信。信中提到：“第一军团的任务是夺取南昌、九江，占领南浔铁路，建立江西政权及全国性政权，封锁长江，向右进攻南京、向左保障武汉胜利”。“第三军团在江西工作一个时期后，再去湖南或湖北。”② 这封信落入国民党手中，中共中央和中央军委的战略意图自然暴露无遗，国民党当局肯定会针对性地作好充分准备。红一方面军若再按照中共中央和中央军委这封信的指示行动，不就

① 《萧克回忆录》，第138—139页。

② 转引自中共中央文献研究室编：《毛泽东传》（1893—1949）上，第234页。

落入国民党军布好的圈套吗？然而，红一方面军部分干部主张立即进攻南昌、九江；一些干部又主张在湘鄂赣坚持斗争，再攻长沙。对此，彭德怀在回忆中说：

当时三军团方面有人提出打南昌，也有人反对。反对者的理由是：长沙既未打开，又去打南昌。南昌守敌虽不及长沙之多，但工事不弱；且城周多水池、湖泊，地形不利于进攻，而利于防御；蒋、冯、阎军阀战争已停止，敌军将要向我进攻，我应准备在赣湘两江之间，各个歼灭敌人。至于打南昌或长沙，那时再看具体情况。另一派说，在湘赣两江之间进行机动作战，是打拳战术，打来打去胡子都白了，还取不到湘赣两省政权。①

9 月 13 日，毛泽东主持召开中共红一方面军总前委会议，初步总结围攻长沙的经验教训，并决定红一军团攻取吉安，红三军团略取峡江、新淦。会后，红一方面军沿株萍铁路从湖南挺进江西。

红一方面军到达醴陵后，毛泽东以红一军团前委书记名义给中共中央写信，报告了红一方面军攻打长沙的经验教训。毛泽东在信中说："此次攻长沙不克，其原因有三：(1) 未能消灭敌之主力于打工事之前，敌共有 31 团之众。我在文家市、猴子石两役虽已消灭敌兵 5 团以上，但大部队尚未消灭，即退入城壕，因此敌有余力守城；(2) 群众条件不具备，城内无工人暴动，无士兵暴动以为响应，粤汉路、株萍路及对河群众没有起来，不能断绝敌人之水陆交通，不能封锁敌人之经济及军事运输；(3) 技术条件不具备，敌人之工事是欧式的重层配备，铁丝网、壕沟等计八九层，我们只有肉搏没有重炮火破坏敌之工事，交通器具如无线电等我们也没有，以致两个军团连络不好，因而失机。"毛泽东认为，上述三点中，以第一点为主要原因。在信中，毛泽东还说："前次我们从永丰经过樟树镇、生米街、牛行车站，没有一个支部，没有一处有组织的群众予红军的行动以帮助。瑞州等处亦然，行军一个月之久，完全是单纯的军事行动。依我们的经验，没有群众条件是很难占领中心

① 《彭德怀自传》，第 162—163 页。

城市的，也是很难消灭敌人的。”[①] 很明显，经过再攻长沙不克的经验教训，毛泽东已经深切认识到，在当时各种条件不具备的情况下，红军强攻敌人防守力量雄厚的中心城市是不可能取得成功的。

红一方面军经过几天休整后，朱德、毛泽东于 9 月 23 日在萍乡发布命令，令红一军团遵照方面军命令攻取吉安城，限令总部各直属队及第四军于 24 日移至安源工作三天。

9 月 24 日，毛泽东、朱德率领红一方面军司令部抵达安源。在安源期间，毛泽东到红三军团驻地同领导干部谈话，并召开了军队干部和安源地方党干部联席会议，对安源工作作出指示。当天，毛泽东、朱德出席了由安源工人举行的欢迎红军大会。朱德在大会上讲话，号召安源工人跟共产党走，踊跃参加红军，坚决同国民党反动派作斗争。会后三天之内，有千余名安源工人参加红军，其中有一百个矿工挑着一百担炸药参军，成立了红军第一个工兵连。9 月 27 日，红一军团（缺第十二军）由安源、萍乡两处向袁州开进。

红一方面军虽然踏上了攻打吉安的征程，但那些不想打到“胡子都白了，还取不到湘赣两省政权”的同志的思想问题并没有解决。他们急于取得攻下中心城市的胜利。9 月 28 日，红一方面军到达袁州后，召开红一方面军总前委会议。会上，发生了激烈的争论。滕代远回忆说：

会上，毛主席提出先打吉安的主张，但三军团的一部分干部却提出了不打长沙就去打南昌。那时我们水平低，觉悟不高，立三路线的盖子也没有揭开，盲目地相信中央，看到主席不同意去打南昌，就质问，你又不打长沙，又不打南昌，你执不执行中央路线？[②]

有些与会同志，还给毛泽东上纲上线，说：“先打吉安后打南昌，就是不执行中央的指示，就是断送中国革命高潮。”[③]

毛泽东耐心地做这些同志的工作，告诉他们：吉安是赣西南一个城

---

① 毛泽东：《给中央的报告》（1930 年 9 月 17 日于醴陵），赵泉钧等编著：《罗坊会议》，第 226、227—228 页。

② 《滕代远回忆有关罗坊会议的情况》，赵泉钧等编著：《罗坊会议》，第 356—357 页。

③ 《何长工回忆罗坊会议前后的几个问题》，赵泉钧等编著：《罗坊会议》，第 363 页。

市，又是敌人的一个据点，但敌人只有一个师在那里驻守，力量较弱，其他地方都是地方武装，吉安周围都是苏区，形成一座孤城，打下吉安使苏区连成一片，对巩固发展根据地意义重大。朱德支持毛泽东的意见，并与毛泽东一起做说服工作，统一认识。会议最后确定仍按原计划不打南昌，以红一军团攻打吉安，红三军团进攻樟树并担任警戒任务。

9月29日，朱德、毛泽东发布攻打命令。

朱德、毛泽东发出命令的当晚，一个肩负重要使命的人来到红一方面军司令部。此人叫周以栗，时为中共中央长江局军事部部长。

周以栗，字子慎，曾用名王仲英、岳易云，1897年生于湖南长沙九福乡（今属望城）。县立师范毕业，当过小学教师。1924年加入中国共产党。第一次国共合作后，以个人身份加入国民党，任国民党省党部执行委员、中共党团书记，国民党湖南省党部青年部部长，湖南农民协会执行委员会委员。1926年冬任中共中央农民运动委员会委员，协助书记毛泽东领导农民运动。1927年大革命失败后，受中共中央指派，先后担任湖南省委军事部部长（未到职）、河南省委书记。

从周以栗此前的经历看，在大革命时期曾和毛泽东有较深的交集。他到红一方面军司令部，是传达中共中央长江局指示的，说长江局已经查明，李宗仁、张发奎的部队并没有到达湘潭，要红一方面军回去再打长沙。

周以栗此行还带来了中共中央8月29日给长江局并转湖南省委、湘鄂赣前委及行委的一封指示信。信中说：

（一）我们预料你们既然取得联络，必然有过会议，讨论再度占领长沙问题。如果你们是决定以三、四、五、八军的主力军集中进攻长沙，而以小部队留守赣省，牵制南昌、九江之敌，并通知二、六军逼近武长线以切断敌联络线为任务，这一战略无疑是正确的，望你们照此战略执行。你们执行时须特别注意五件事，①将何健[①]及在湖南之主要部

① 应为何键。

队完全予以消灭，不让湖南敌人再有机会集聚力量反攻（你们上次不及时穷追何健，让其聚集力量反攻，是绝大错误）。②应立即与二、六军取得联络，二、六军发展方向应以主力进攻岳州，截断武昌（长）铁路，切断湘鄂敌人的联络，只以小部队威吓牵制常德之敌力（有可能，当然进占常德）。③长沙一占领，岳州必须在二、六军团联络之下取得。湘东主要敌力击溃与消灭后，便应调转主力击溃江西主要敌军，进一步做到占领南昌、九江，使湘、赣苏维埃能配合而巩固的向前发展。④在湘、赣主要敌人击溃的条件下，红军应向着武汉中心前进。中央指示在湘、赣包围我们主要敌力还没击溃以前，我们不应轻于冒进武汉。我们应巩固的向前发展，有配合有联系的向前发展。⑤在军力的配备上，最要紧的是你们应集中主力在一起，同时你们无论在攻取长沙或反攻南昌时，你们都应切实联络与指挥赣西南的红军同时动作。

（二）占领长沙后，便须立即召集广大的群众大会，宣告成立“中国（华）苏维埃共和国中央工农革命委员会”（这是中央临时政权），宣布委员会名单，经群众通过（名单录以后）。……总之，在现在以国内战争消灭军阀战争，以苏维埃政府推翻国民党政权的总路线下，中央主张在攻下长沙或南昌后，便须成立一个苏维埃的中央政权，与国民党的反动政权对立起来，有绝大的政治意义，有绝对的需要。我们要知道，现时散乱的苏维埃政权还多是农民苏维埃政权，我们必须坚决的建立工农民主专政的中央政权，才能领导苏维埃革命底完成，才能更加影响非苏维埃区域和广大群众一致行动起来。

这封指示信，完整地表现了李立三所描绘的取得中国革命胜利的蓝图：红军占领长沙或南昌后，即建立临时性的中央政权，一个月内建立正式的中央政权。红军占领长沙或南昌后，再马不停蹄地向武汉发展，夺取武汉。只要湘鄂赣三省的省会城市长沙、南昌、武汉被占领了，中国就又一次掀起革命高潮，其他省份就会工人罢工、农民暴动、士兵哗变，中国革命就马上要胜利了。这是一幅多么美妙的画面！也是令人热血沸腾的前景！然而，美妙的幻想不能代替无情的现实，李立三哪里知道，红一军团在进攻长沙时，“高级干部有柯武东、刘作述两同志阵亡，死伤中级干部数十，下级干部100以上，士兵1600左右”。[①] 红三军团“阵亡了2个师长，5个团长，连长21个，师团政委伤亡共6个，连政委10余名，官兵共1600名。”[②] 红一方面军再攻长沙的事实说明，无论付出多么沉重的代价，也是无法攻占敌人重兵坚固设防的中心城市的。李立三要求红军迅速占领长沙、南昌、武汉的指令，完全是不顾实际的鲁莽冒险，是瞎指挥。有着兵力和武器装备优势的国民党军队，不是泥捏的，而是武装到牙齿的怪兽，是要吃人的！

毛泽东、朱德等作出了撤围长沙的决策，使红一方面军避免了遭受更严重的损失，是非常及时和正确的。而这时周以栗却来传达长江局要求红一方面军回攻长沙的指示，这不是再把红一方面军往“虎口”中送吗？

周以栗是中共中央长江局派来的代表，既是传达长江局的指示，也是传达中共中央的指示，说服他改变态度非常重要。红一方面军内部本来就有一些同志坚持打长沙或打南昌，周以栗若坚持要求红一方面军回打长沙，由于他带有“尚方宝剑”，势必形成回打长沙的主导性意见。

毛泽东和这位大革命时期一起做过农民运动的老同事谈了一个通宵，终于用事实说服了他。周以栗放弃了原先的想法，接受毛泽东的正确主张。

9月30日，毛泽东再次主持召开红一方面军总前委会议。周以栗在会上不但没有坚持红军回打长沙，转而说服部分干部不打长沙，暂时也不要打南昌，而先打吉安。会议最后作出决定：“夺取江西政权，一军团以很短时间攻下吉安，建立江西省苏维埃政府，补充新兵筹措给养等。三军团则占领清江县城及其附近，封锁赣江，筹款发动群众，整理补充等。”[③]

经过一番周折，袁州会议最终放弃了回打长沙的打算，也没有采取立刻进攻南昌、九江的冒险计划。

---

① 毛泽东：《给中央的报告》（1930年9月17日于醴陵），赵泉钧等编著：《罗坊会议》，第226—227页。

② 彭德怀：《给中央的报告》（1930年9月20日于萍乡），赵泉钧等编著：《罗坊会议》，第230页。

③ 毛泽东：《给中央的信》（1930年10月14日夜于吉安城），赵泉钧等编著：《罗坊会议》，第258页。

应该为周以栗喝彩！在中共中央、长江局的“左”倾冒险错误指示和毛泽东等的正确主张之间，他选择了正确。这是需要很大的勇气和担当的。他站到了毛泽东的一边，使红一方面军避免了回打长沙可能遭受的严重损失，是其一生最闪光、最耀眼的亮点。由此，周以栗而载入人民军队发展的史册。

10月2日，朱德、毛泽东发出红一军团“4号拂晓总攻吉安城”①的命令。次日，朱德、毛泽东又发布红一军团总攻吉安命令，指出：“本军团有攻取吉安消灭邓英部队，汇合赣西南群众力量直下南昌、九江以建立江西政权，封锁长江、进攻南京、保障武汉暴动胜利之任务，决于4号拂晓总攻吉安城，限于5号拂晓前夺取吉安城。”②

红一方面军开进吉安境内后，遇到从中共中央开会回来的赣西南党的负责人李文林。李文林告诉毛泽东，中央还是要红一军团去打南昌的。毛泽东很平静地对他说：我们准备去打吉安，你看，队伍已经向吉安开去了！箭已离弦，自然是不能回头的。李文林没有办法，说：那也只好这样了。

当红十二军经安福向吉安前进时，军长伍中豪不幸中弹牺牲。又一员战将离红军而去。

伍中豪，曾用名伍昭蔈，湖南耒阳人，1905年生。1922年加入中国社会主义青年团。1924年6月加入中国共产党。曾任团支部书记、党支部书记，中共耒阳地方执行委员会宣传委员。1925年夏考入黄埔军校第四期学习。毕业后任广州中央农民运动讲习所少校副官。不久回耒阳从事农民运动。1926年秋参加国民革命军，任第二方面军总指挥部警卫团连长，参加北伐战争。1927年9月参加湘赣边界秋收起义，跟随毛泽东上井冈山，历任工农革命军第一军第一师第三团第三营副营长、第一团营长，红四军第三十一团团长、第三纵队纵队长，红十二军

① 《红一军团进攻吉安的命令》（1930年10月2日午后8时于阜田总部），赵泉钧等编著：《罗坊会议》，第241页。

② 《红一军团总攻吉安的命令》（1930年10月3日午后2时于山前总部），赵泉钧等编著：《罗坊会议》，第243页。

军长。1930 年 6 月红一军团北上时，他因病留长汀休养。没想到在10 月初刚归队就牺牲。真是“出师未捷身先死，长使英雄泪满襟”。

失去伍中豪这位得力部下，朱德非常悲痛。多年后，他谈起伍中豪时，还十分沉痛地说：伍中豪同志是黄埔军校学生，英勇善战，忠实于革命事业，他的牺牲是我们的一大损失。

萧克的第三纵队，担任红四军的前卫，在攻占吉安中发挥了先锋作用。他回忆说：

吉安东北面的骡子山是敌人的重要防御阵地，军部命令我纵队主攻骡子山，我们很快攻下了，就沿赣江逼近吉安城东北门。敌人凭城抵抗，我命令部队占领城外房屋、土坎，构成阵地。敌人不断从城内发射迫击炮，我军按战术要求分散隐蔽并积极准备攻城。

天黑了，我们一面监视敌人，一面继续做攻城准备。半夜，突然发现赣江上有大批船只向下游移动。我判断是城内的敌人从水路退了，立即组织部队追击。那时，雨季刚过，水面很宽，敌人靠东岸走，我们在西岸追。追了一二十里，在一条小叉沟找到几条小船，一条船约坐一个班，队伍中有会划船的，立即带领上船从河中继续追。敌船走得快，我们赶不到前面。我命重机枪向敌船扫射，但夜幕笼罩，效果不大，敌船反而走得更快了。直到天亮，敌人大部分上东岸走了。即便如此，我们还俘虏了百把人，缴获 110 支枪，还有两万多发子弹。

这个胜利，我们把梭镖统统换下了，人人背起步枪，好不威风。就在这天上午，红军占领了吉安。①

从 1929 年 11 月至 1930 年 8 月，赣西南红军和人民群众曾先后八次围攻过吉安，都没有打下。这次，红一军团终于打下了吉安，拔除了国民党反动军队长期盘踞的赣西南地区的重要据点，当地人民群众异常高兴。红军攻占吉安的第二天，赣西南各县的赤卫军、青少队，从十几里、几十里的地方赶来观光，走了一批，又来一批。他们身扛红缨枪，脖子上系着红带子，有的还扛着大红旗。大家都显得无比兴奋，像过盛

---

① 《萧克回忆录》，第 139—140 页。

大的节日一样。这种情景形成了自土地革命战争以来最热烈、最壮观的群众场面。

10月7日，中共红一方面军总前委和赣西南特委在吉安召开"庆祝吉安暴动胜利大会"，有13万群众和红军将士参加。毛泽东、朱德等红军领导人出席大会并发表了热情洋溢的讲话。在这次大会上，正式宣布江西省苏维埃政府成立，曾山任主席。

红一方面军占领吉安后，在吉安及其周围地区一面休整，一面开展群众工作，组织群众，建立基层政权；打土围子，肃清反动势力；开展土地革命，分配土地。经过短期工作，就有8000多青壮年踊跃参加红军。之后，红军又续攻泰和、安福、吉水、峡江、新淦、清江等地，使赣江两岸几十个县的红色政权连成了一片。整个赣西南地区成了红彤彤的世界！这对此后开展赣西南革命斗争，巩固和发展中央苏区，具有十分重要的意义。

1962年3月，时任全国人民代表大会常务委员会委员长的朱德到吉安视察工作，30多年前攻打吉安的情景历历在目，写下了一首《忆攻克吉安》：

八打吉安未收功，四面包围群众中。

红军速到声威震，一克名城赣水红。①

四、连续取得三次反"围剿"胜利

中共中央设定中央苏区

土地革命战争开始后，联共（布）、共产国际指导中国革命的方针是以城市为中心。同时，在国际共产主义运动的历史上，无产阶级政党

① 朱德：《忆攻克吉安》（1962年3月），胡国强主编：《朱德诗词赏析》，中央文献出版社2006年版，第204页。

还没有首先在农村建立革命根据地，在革命力量超过反革命力量时占领城市的经验。因此，革命工作以城市为中心，把占领中心城市作为迅速取得革命胜利的主要条件，在一个时期内，无论联共（布）、共产国际也好，中国共产党也好，是一个共识。瞿秋白犯“左”倾盲动错误，李立三犯“左”倾冒险错误，很重要的根子就在城市中心论上。

然而，城市斗争不尽人意，农村革命根据地发展却如火如荼。这一点，共产国际也逐渐认识到了。1930 年 2 月，驻上海的共产国际远东局给共产国际执行委员会的报告中，在谈到中共党内的状况时说：“最近华南和华北游击队取得了辉煌的战绩”，“特别在华南，党已深入农民群众”，“农村党组织在苏区日益壮大”。相比之下，党在“白色恐怖笼罩的地区组织发展十分缓慢”。① 4 月 15 日，马马耶夫在共产国际东方书记处处务委员会扩大会议上的报告中，虽然认为“1929 年，不仅在上海，而且在中国所有的工业中心城市罢工斗争都加强了”，“经济斗争迅速发展成政治斗争”。但他把话锋一转，认为“与农民运动相比，工人运动的发展速度还是缓慢的”。②

面对中国农村革命根据地在南部区域建立、发展，并在革命斗争中日渐重要的事实，共产国际开始转变指导方针。1930 年 1 月，鉴于农村革命根据地的扩大，共产国际远东局向中共中央建议召开各苏区代表大会，以便“从组织上统一各个苏区”③。6 月 19 日，共产国际执行委员会东方书记处给中共中央发出电报，指示：“请在苏区成立有权威的中央局，采取一切措施尽可能加强红军。现在就必须最大限度地集中和保证

① 《共产国际执行委员会远东局给共产国际执行委员会的报告》（1930 年 2 月于上海），中共中央党史研究室第一研究部译：《共产国际、联共（布）与中国革命档案资料丛书 · 联共（布）、共产国际与中国苏维埃运动》（1927—1931）第 9 卷，中央文献出版社 2002 年版，第 63、67 页。

② 《马马耶夫在共产国际执行委员会东方书记处处务委员会扩大会议上的报告》（1930 年 4 月 15 日于莫斯科），中共中央党史研究室第一研究部译：《共产国际、联共（布）与中国革命档案资料丛书 · 联共（布）、共产国际与中国苏维埃运动》（1927—1931）第 9 卷，第 105 页。

③ 《共产国际执行委员会远东局给共产国际执行委员会东方书记处的信》（1930 年 1 月30 日于上海），中共中央党史研究室第一研究部译：《共产国际、联共（布）与中国革命档案资料丛书 · 联共（布）、共产国际与中国苏维埃运动》（1927—1931）第 9 卷，第 40 页。

党对红军的领导。红军在保持坚强的工人骨干的同时应实行农民化。”① 7月10日，共产国际执行委员会在给中共中央的电报中，再一次重申了这一点。16日，共产国际执委会政治秘书处召开扩大会议，讨论中国问题，周恩来、瞿秋白等参加了会议。23日，共产国际执委会政治秘书处作出《关于中国问题议决案》，认为：“暂时我们还没有全中国的客观革命形势。”指示：“建立完全有战斗力的政治上坚定的红军，在现时中国的特殊条件之下，是第一等的任务。”② 29日，共产国际执行委员会就红军建设和游击运动问题给中共中央发出指示信，指出：要“牢牢占领并保持具有巩固和进一步扩大苏维埃政权的足够政治经济前提的根据地。”“越是迅速地具有这样的根据地，越是迅速地把武装斗争从各种独特的游击战形式转变为正规军作战形式，我们就越能迅速地保证从组织上掌握农民革命运动，就越能迅速地保证无产阶级对农民的领导，从而保证革命的胜利。”③ 8月8日，共产国际执行委员会致电中共中央政治局，更明确地指示：“建立一支坚强的、组织严密的、政治上坚定的、有充分供应保障的红军，是中共工作中目前的中心环节。”为此，共产国际提出：“必须选择和开辟能保证组建和加强这种军队的根据地。对根据地的基本要求是：相当程度的农民运动，从容组建的可能性，获得武器的前景和保证今后能夺取一个有足够工人居民的大的行政政治中心的发展前景。目前显然赣南、闽南、粤东北地区首先能够成为这样的根据地。”④

---

① 《共产国际执行委员会东方书记处给中共中央的电报》（1930年6月19日于莫斯科），中共中央党史研究室第一研究部译：《共产国际、联共（布）与中国革命档案资料丛书·联共（布）、共产国际与中国苏维埃运动》（1927—1931）第9卷，第175页。

② 《共产国际执委政治秘书处关于中国问题议决案》（1930年7月23日通过），中央档案馆编：《中共中央文件选集》（1930）第6册，第584、585页。

③ 《共产国际执行委员会就红军建设和游击问题给中共中央的指示信》（1930年7月29日于莫斯科），中共中央党史研究室第一研究部译：《共产国际、联共（布）与中国革命档案资料丛书·联共（布）、共产国际与中国苏维埃运动》（1927—1931）第9卷，第241—242页。

④ 《共产国际执行委员会给中共中央政治局的电报》（1930年8月8日于莫斯科），中共中央党史研究室第一研究部译：《共产国际、联共（布）与中国革命档案资料丛书·联共（布）、共产国际与中国苏维埃运动》（1927—1931）第9卷，第278页。

从上述共产国际的连续指示看，中心内容是：建立中共苏区中央局，统一红军指挥，加强红军和农村根据地建设，尤其是毛泽东、朱德所创建的赣南、闽西根据地的建设。这表明，共产国际指导中国革命的方针已开始由以城市为中心转向以农村为中心。但需要指出的是，共产国际虽然已要求中共中央加强红军和革命根据地的建设，但对中国革命的长期性仍然缺乏认识，一旦红军有一定的壮大，仍然要求其向大城市发展，占领大城市。

这时，正是李立三"左"倾冒险错误统治全党之时。雄心勃勃的李立三提出"会师武汉""饮马长江"的豪言壮语，指令各地红军集中，强攻中心城市，沉浸在中国革命马上就要胜利的幻梦之中，将共产国际的一连串指示束之高阁，没有贯彻执行。

对于李立三漠视共产国际指示的态度，共产国际及派驻上海的远东局十分恼火。8月4日至7日，共产国际远东局致电共产国际执行委员会，请求："立即召李立三到莫斯科去"。① 8月7日，远东局又给共产国际执行委员会东方书记处写信，建议："应该解除李立三的领导职务，我们越早这么做，带给我们的痛苦就越少。"② 共产国际执行委员会于8月9日致电远东局，口气严厉地指示中共中央："必须无条件执行共产国际执委会下达的指示：进一步开展群众性战斗，从组织上加强党，千方百计巩固苏区，为红军创建一个或几个据点作为进一步发展运动的必要前提"。③

当在索契休假的斯大林得知李立三"左"倾冒险情况后，在给莫洛

① 《共产国际执行委员会远东局给共产国际执行委员会的电报》（1930年8月4—7日于上海），中共中央党史研究室第一研究部译：《共产国际、联共（布）与中国革命档案资料丛书·联共（布）、共产国际与中国苏维埃运动》（1927—1931）第9卷，第256页。

② 《共产国际执行委员会远东局给共产国际执行委员会东方书记处的信》（1930年8月7日于上海），中共中央党史研究室第一研究部译：《共产国际、联共（布）与中国革命档案资料丛书·联共（布）、共产国际与中国苏维埃运动》（1927—1931）第9卷，第277页。

③ 《共产国际执行委员会政治书记处政治委员会给共产国际执行委员会远东局的电报》（1930年8月9日于莫斯科），中共中央党史研究室第一研究部译：《共产国际、联共（布）与中国革命档案资料丛书·联共（布）、共产国际与中国苏维埃运动》（1927—1931）第9卷，第289页。

托夫的电报中愤怒地说：“中国人的倾向是荒诞的和危险的。在当前形势下，在中国举行总暴动，简直是胡闹。建立苏维埃政府就是实行暴动的方针。但不是在全中国，而是在有可能成功的地方。中国人急于攻占长沙，已经干了蠢事。现在他们想在全中国干蠢事。决不能容许这样做。”① 斯大林在联共（布）、共产国际有至高无上的权威，他对李立三的暴怒，自然就决定了李立三的政治命运。

8 月 25 日，联共（布）中央书记莫洛托夫主持召开中央政治局会议，听取了米夫、皮亚特尼茨基、曼努伊尔斯基、库西宁关于中国问题的报告，原则上通过了共产国际执行委员会给中国共产党中央的电报草稿。这个电报认为：“李立三同志根本不想尊重事实，在苏维埃地区还没有真正的苏维埃政府，还没有真正的红军，而在中国其它地方还没有工业中心城市无产阶级的群众性发动，在农村还没有千百万群众的强烈骚动。”“在这种情况下还没有占领大城市的重大机会。现在就号召工人在汉口、上海、北京、奉天等大城市举行武装暴动（就像李立三所希望的那样）是最有害的冒险主义。”表示：“我们一再建议政治局坚决放弃这样的计划。必须一天也不迟疑地集中一切力量去组建坚强的、装备精良的、清除了富农分子的和真正置于共产党领导下的红军，并在业已占领的地区为它建立哪怕一两个真正牢固的据点，而不要热衷于试图立即扩大苏维埃根据地。”要求：“立即恢复党、工会和共青团的正常领导机构”；“李立三同志务必尽快到这里来。”指示：“将此电报和七月提纲以及共产国际执委会电报的内容传达到全体中央委员会和区委会。”②

为了纠正李立三“左”倾冒险错误，8 月中旬末和下旬，周恩来和瞿秋白奉共产国际之命，先后回到上海，开始采取措施，停止执行城市

① 《斯大林给莫洛托夫的电报（摘录）》（1930 年 8 月 13 日于索契），中共中央党史研究室第一研究部译：《共产国际、联共（布）与中国革命档案资料丛书·联共（布）、共产国际与中国苏维埃运动》（1927—1931）第 9 卷，第 300 页。

② 《联共（布）中央政治局会议第 5 号（特字第×号）记录（摘录）》（1930 年 8 月 25 日于莫斯科），中共中央党史研究室第一研究部译：《共产国际、联共（布）与中国革命档案资料丛书·联共（布）、共产国际与中国苏维埃运动》（1927—1931）第 9 卷，第 330—331、332 页。

暴动和红军攻打大城市的冒险计划。

瞿秋白、周恩来为纠正李立三的“左”倾冒险错误，做了许多细致的工作。特别是周恩来，向李立三、向忠发等全面分析了形势，阐述中国革命发展不平衡的特点，强调建立和发展根据地的重要性，使他们对错误有了一定的认识。周恩来等所做的这些工作，为党的六届三中全会的顺利召开准备了条件。

9 月 24 日至 28 日，在瞿秋白和周恩来的主持下，在上海召开了扩大的中共六届三中全会。会议通过了《关于政治状况和党的总任务的决议案》。这个决议案是接受共产国际执行委员会政治秘书处 7 月份关于中国问题决议案的决议。

根据共产国际的指示，中共六届三中全会通过的《组织问题决议案》决定：“立即在苏维埃区域建立中央局”，“以统一各苏区之党的领导”。[①]

值得注意的是，中共六届三中全会改选了政治局，补选了中央委员、候补中央委员和中央审查委员。毛泽东重新被选为中央政治局候补委员，朱德被补选为候补中央委员。这应是共产国际重视红军和根据地建设的结果。

中共六届三中全会结束了李立三“左”倾冒险错误在中央的统治，贯彻了共产国际关于中国红军和根据地建设的指示。接下来，就是如何进一步落实和实施了。

周恩来长期在中国共产党的军事领导岗位上工作，对各地红军和根据地的发展状况了如指掌，共产国际派他回国来负责这项工作，无疑是正确的选择。

9 月 30 日，在周恩来主持下，召开了中共中央军委扩大会议。会上，周恩来作了《目前红军的中心任务及其几个根本问题》的报告和结论。周恩来在报告中回顾了自南昌起义、秋收起义、广州起义以来红军成长的历史，将全国苏维埃区域分为六大块：第一块是“北从通城南达

---

① 《组织问题决议案》（1930 年 9 月 28 日扩大的三中全会通过），中央档案馆编：《中共中央文件选集》（1930）第 6 册，第 314 页。

赣州，包围到湘鄂赣三省边界及赣西南的一个广大区域”；第二块是鄂西与湘西；第三块是鄂豫皖边界；第四块是赣东北；第五块是闽粤赣；第六块是广西。在这六大块苏维埃区域中，周恩来最重视第一块，认为是“最主要的红军区域”，红一军团“党的领导强，战斗力也好”①。关于六大苏维埃区域之间的关系，周恩来认为：“除了广西外，都能联系起来，一致地向着武汉发展。譬如人身，以鄂东北为首，武汉成为咽喉，湘鄂赣及赣西南为身躯，左手在鄂西湘西，右手在赣东北，右腿在闽粤赣，左腿在广西，总之如一人的身体全副脉络都要打通起来，这样才能有巩固的发展。”他要求：“在目前，必须坚决执行这一策略，把现有的苏区联系而巩固起来，以武汉为中心的目标，向着这些省的中心城市交通要道发展，而且要有巩固的后方。”② 很明显，周恩来认为，湘鄂赣和赣西南根据地在全国根据地中处于中心和重要的位置。

周恩来不愧为伟大的军事家，不像教条主义者那样，对共产国际指示只是机械照搬，而是结合实际，从历史和现实的具体实际出发，从全局的高度，科学分析全国革命根据地的布局，描绘了中国革命根据地和红军发展的蓝图。

10月24日，中共中央依据周恩来的报告，讨论通过《关于苏维埃区域目前工作计划》，确定：“湘鄂赣联接到赣西南为一大区域，要巩固发展它为苏区的中央根据地。”③ 这是中共中央文件中第一次出现“中央根据地”。后来，人们亦称中央根据地为中央苏区。中共中央设定中央苏区，是以其为中心点，周围其他苏区都向这里发展，以期最终和中央苏区连成一片，从而取得湘鄂赣三省的首先胜利。

从此，中央根据地及中央苏区，成为中国近现代历史上的特定名

---

① 周恩来：《目前红军的中心任务及其几个根本问题》（1930年9月30日），《周恩来军事文选》第一卷，人民出版社1997年版，第116—119页。

② 周恩来：《目前红军的中心任务及其几个根本问题》（1930年9月30日），《周恩来军事文选》第一卷，第122—123页。

③ 《中央政治局关于苏维埃区域目前工作计划》（1930年10月24日），中央档案馆编：《中共中央文件选集》（1930）第6册，第429页。

词。在中央苏区，上演了一场中国共产党领导下的红军在人民群众支持下，为主义、为理想而英勇奋斗的活剧，创造了一段光芒四射、影响巨大而深远的历史。

齐声唤，前头捉了张辉瓒

就在中共中央谋划革命根据地和红军发展新战略之时，蒋介石也在策划对毛泽东、朱德领导的红一方面军及其他红军发动大规模的军事“围剿”。

蒋介石从中原大战和湘粤桂边战争取胜之后，马上要做的事，就是对日渐发展壮大的共产党和红军进行军事“围剿”。当然，他首先要消灭的就是毛泽东、朱德领导的红一方面军。1930 年 10 月 20 日前后，蒋介石将其第七十七师、新编第五师、第五十师和第六军的第二十四师、第八师分别由湖南、河南调入江西境内，连同原驻江西的第十八师、新编第十三师、独立第十四旅，共集中了七个师又一个旅，兵力达 10 万之众。另外，蒋介石又令在武汉休整的第十九路军（辖第六十师、第六十一师）准备进入江西。他以国民党江西省政府主席、第九路军总指挥鲁涤平指挥以上各部，向红一方面军扑来，想一口把红军吞下去。

由于与以往一省或数省国民党军对红军的“进剿”“会剿”不同，这次是蒋介石统一调动全国的反革命军事力量对红军进行“围剿”，10 万大军来势汹汹，大有“黑云压城城欲摧”之势，红一方面军面临着前所未有的严峻考验。

国民党军来者不善，使一位刚到中国一个多月的共产国际要员忧心忡忡。这人就是新任共产国际驻华代表、远东局书记米夫。

米夫，全名巴威尔·亚历山大罗维奇·米夫，原名米哈伊尔·亚历山大罗维奇·弗尔图斯，曾化名威廉、约瑟夫、屈珀等，苏联人，1901 年生。1917 年 5 月加入俄国社会民主工党（布）。1918 年参加红军后开始学习和研究民族殖民地问题，并关心东方革命运动。1926 年任莫斯科中山大学副校长，1927 年至 1929 年任校长。1927 年初曾带领联共（布）宣传工作者代表团来华访问，参加中共第五次全国代表大会。1928 年2 月开始兼任共产国际执行委员会东方书记处副主任。并在同年 6 月出席在莫斯科召开的中国共产党第六次全国代表大会。由于中共中央同共产国际远东局从 1930 年 2 月至 7 月接连发生意见分歧，共产国际执行委员会政治书记处政治委员会于 7 月 29 日召开会议，决定任命他为远东局书记。

米夫于 1930 年 10 月份到达上海，即遇到国民党军对中央苏区发动第一次大规模军事“围剿”。米夫在莫斯科发号施令可以，但到中国遇到实际问题，便显得六神无主。他对毛泽东、朱德领导的红一方面军能否打破国民党军的“围剿”缺乏信心。12 月 2 日，米夫在给共产国际执行委员会的信中，一方面认为红军取得反“围剿”胜利“并不是没有希望”的；另一方面又说“也不排除这样的可能，即在敌人优势兵力的压力下，我们将暂时撤离这个地区”。至于“是保卫苏区直到最后一个红军战士”，还是撤离根据地，他的选择是，“比较合适的做法，当然是后者”。很明显，米夫认为红一方面军撤离根据地是上策。他要共产国际考虑：“我们撤退到什么地方为好，在这种情况下，选择什么样的地区作为新的根据地，并继续解决组建红军的问题。”他提出的意见是：“老的地区位于三省交界处，朱德和毛泽东已在那里坚持了两年多，这个地区未必适合……以前朱德和毛泽东率领一支不大的队伍能够在这个山区作战，而现在，当谈到要形成一个有力的红军拳头的时候，该地区以前的优势会成为完成这项任务的障碍。另一方面，远离发达的群众运动的地区也是不适合的。”① 然而，究竟在哪里建立新根据地合适，米夫也没有拿出意见来，只是把球踢给共产国际。米夫这封信，除了怀疑毛泽东、朱德领导的红一方面军能否粉碎国民党军的“围剿”外，其他基本没有什么实际意义。

应该说，米夫创造一个“第一”，即他是提出红一方面军撤离中央

---

① 《米夫给共产国际执行委员会的信》（1930 年 12 月 2 日于上海），中共中央党史研究室第一研究部译：《共产国际、联共（布）与中国革命档案资料丛书·联共（布）、共产国际与中国苏维埃运动》（1927—1931）第 9 卷，第 501、502 页。

苏区进行战略转移的第一人。米夫此后不久主持召开中共六届四中全会，扶持王明上台，从此开始了"左"倾教条主义错误在中共中央长达四年的统治。米夫被国民党10万大军大规模"围剿"中央苏区所吓倒，表明教条主义者能把马克思、恩格斯、列宁、斯大林对革命的论断倒背如流，把革命道理说得头头是道，但真正遇到困难和严峻的形势后，就束手无策，什么管用的办法都没有，露出了空谈家的原形。

我们来看一看，受到米夫怀疑的毛泽东、朱德是如何应对敌人的"围剿"的。

红一方面军打下吉安后，不少干部仍坚持按照李立三"左"倾冒险错误统治的中央的决定去打南昌、九江。这时中共六届三中全会已经开过，由于红一方面军和中共中央没有电讯联系，不知道李立三的"左"倾冒险错误已被纠正的情况。但毛泽东从攻打长沙失利的教训中已经认识到，这样做是不能取得成功的。考虑到中共中央和红一方面军许多干部主张打南昌、九江，一时还难以说服，毛泽东和朱德于10月13日发出红一军团北上向清江集中的命令，指出："本军团有进攻南昌、九江消灭鲁涤平敌军，夺取江西全省政权，向左保障武汉暴动胜利，向右进攻南京，以促成全国直接革命之任务，决于明日开始北上，以四天行程分两路到达清江附近集中。"①

10月17日，红一方面军总部到达峡江县城。毛泽东召开总前委会议。会议在讨论时局问题时，毛泽东已经敏锐地觉察到严重的局势即将到来。会后，他在给中共湘东特委的信中说："对于时局，我们认为统治阶级的军阀混战，暂时决不能调和停顿。但也不会继续扩大到底。""我们不能离开阶级立场来分析，以为军阀混战会扩大下去，继续到底。要知道阶级矛盾超过统治阶级内部矛盾时，反动统治阶级，必联合起来进攻革命。"② 这表明，毛泽东已经预见到国民党军要对红军进行大规

① 《红一军团移师北上向清江集中的命令》（1930年10月13日午后1时于吉安城总部），赵泉钧等编著：《罗坊会议》，第256页。

② 毛泽东：《给湘东特委的信》（1930年10月19日夜于峡江县），赵泉钧等编著：《罗坊会议》，第264页。

模进攻了。

峡江会议后，朱德、毛泽东发布命令：“方面军以直占南浔路待机略取九江、南昌之任务，第一步拟先歼灭高安当前之敌而占领之。”①值得注意的是，这个命令对南昌、九江只是“待机略取”，是否攻打，要看形势发展和具体情况而定。

25 日，毛泽东、朱德率领红一方面军总部转移到新余罗坊镇陈家闹。在一家染布店中，毛泽东主持召开红一方面军总前委和中共江西省行动委员会联席会议。此即关系到中央苏区反“围剿”成败的罗坊会议。

陈正人回忆说：

罗坊会议是一次很重要的决策会议。当时出席会议的人不多，我记得有毛主席（前委书记）、朱德（红一方面军总司令）、周以栗（党中央长江局派来的代表）、林彪（红四军军长）、罗荣桓（一军团四军政委）、滕代远（三军团政委）、彭德怀（三军团军团长）、杨岳彬（一方面军总政治部主任）、袁国平（三军团政治部主任）、何长工（红八军军长），还有地方干部李文林（江西省行委书记）、曾山（江西省苏维埃政府主席）和我（省行委宣传部长）。会议前后开了好多天，进行了七八次。多半是从下午开始，一直到晚上结束。会议期间，敌人的飞机经常来，有时白天也会在外面树底下开。会上讨论的中心问题是：打不打南昌和如何粉碎敌人的进攻。②

会议就如何应敌问题产生了激烈的争论。在历史的关键时刻，毛泽东坚持从实际出发，科学分析敌我态势，作出正确的判断和对策，表现出一个伟大军事家、战略家在面临严峻形势时的从容、淡定。

李立三“左”倾冒险错误统治中共中央时，曾让红一军团攻打南昌、九江，会师武汉。针对一些同志主张红一方面军进攻南昌，毛泽东在会上提出：“在强大的敌人进攻面前，红军决不能去冒险攻打南昌，南昌是敌人重兵驻守的地方，红军还没有足够的力量去攻打城市，红军

---

① 《红一方面军进攻高安的命令》（1930 年 10 月 19 日午后 7 时于峡江城外竹山下总部），赵泉钧等编著：《罗坊会议》，第 262 页。

② 《陈正人回忆罗坊会议》，赵泉钧等编著：《罗坊会议》，第 374—375 页。

必须采取‘诱敌深入’的作战方针，退却到根据地，选择好战场，创造有利条件，充分依靠人民群众，实行人民战争，把敌人放进来，才能集中力量消灭敌人。”①

李文林不同意毛泽东提出的“诱敌深入”作战方针，仍主张打南昌、九江，会师武汉。他给毛泽东扣了一连串的帽子：“不打南昌、会师武汉，就是违背中央精神，就会断送中国革命。”② 指责毛泽东的“诱敌深入”是保守主义，认为把敌人引入根据地，人民要遭受很大损失。

红三军团有些同志提出“夹江而阵”，即红三军团在赣江西岸，红一军团在赣江东岸，分头对付敌人的“围剿”。

为了说服大家，毛泽东明确地指出：“此次蒋介石调取兵力要大举进攻革命，敌人利在速战，使红军深入白色区域，然后包围袭击。我们就是利用敌人的弱点，看明敌人毒计，站在主动地位来定战略。我们所采取的大规模决战，诱敌深入赤色区域，配合群众，这是实际消灭敌人，实际进攻南昌、九江，争取革命胜利的唯一正确策略。”③

周以栗也以中共中央长江局代表身份劝说大家不打南昌、九江。

参加会议的朱德、罗荣桓、曾山、陈正人等支持毛泽东的主张。由于李文林和红三军团部分同志仍坚持反对“诱敌深入”的方针，特别是红三军团政治部主任袁国平态度尤其坚决，联席会议没有就“诱敌深入”方针达成一致意见。但是会议对打不打南昌、九江问题基本上达成了共识。第二天联席会议一致通过了《目前政治形势与一方面军及江西党的任务》的决议，确定红一方面军的军事战略为“在吉安、南昌之间一带地区发动广大的人民群众，筹措给养，同时加紧后方的群众调动与给养筹措，准备与敌人作大规模的决战，消灭敌人主力，实现全省胜利。”④

---

① 《陈正人回忆罗坊会议》，赵泉钧等编著：《罗坊会议》，第 375 页。

② 《陈正人回忆罗坊会议》，赵泉钧等编著：《罗坊会议》，第 375 页。

③ 《何长工回忆罗坊会议前后的几个问题》，赵泉钧等编著：《罗坊会议》，第 368 页。

④ 《目前政治形势与一方面军及江西党的任务》（1930 年 10 月 26 日），赵泉钧等编著：《罗坊会议》，第 291—292 页。

10 月 30 日，红一方面军总部得到情报，国民党各路军队已经出动，向根据地推进。事不宜迟，作战方针必须得定，不能再拖！再召开红一方面军总委和江西省行动委员会联席会议讨论这个问题，难以形成一致意见。毛泽东果断召集红一方面军总前委会议，确定了“诱敌深入”的作战方针①。并决定整个红一方面军东渡赣江，由原来在湘江、赣江之间转移到回旋和发展余地都大得多的赣江以东广大区域活动，寻机打破国民党军的“围剿”。

然而，红三军团的一些干部不愿东渡赣江。原因是红三军团是湘鄂赣根据地产生出来的主力红军，其第五军和第十六军大多是平江、浏阳人，第八军大多数是阳新、大冶人。由于狭隘的地方主义在作怪，他们不愿离开湘鄂赣根据地，希望红三军团留在赣江以西活动。这个时候，在红三军团中有着很高威望的总指挥彭德怀的态度将起决定作用。

彭德怀认为：“总前委改变在湘江、赣江之间机动作战的计划，要在赣江以东、大海以西的广大地区创建根据地，采取诱敌深入的战略方针，谨慎地争取粉碎敌军的第一次‘围剿’，准备长期斗争。从战略全局着眼，这一意见比前者更全面、更正确。”② 因此，在总前委会议上，彭德怀毫不犹豫地拥护红一方面军全部东渡赣江的决定。他认为，虽然那些不愿东渡赣江的同志的主张是有一定道理的，但是，为了消灭敌人，必须反对地方主义，集中统一红军。因为红一、红三军团在战斗中一次各消灭敌人有六个团建制的师是很吃力的。而两个军团合起来消灭敌人一个师就比较轻松。彭德怀这个认识是正确的，也很有远见。集中优势兵力消灭敌人，是人民军队最重要的战略战术原则之一，在实际作战中是一加一绝对大于二的。

思想上的锁必须用思想钥匙来开。彭德怀对红三军团那些不愿东渡赣江的同志耐心地做思想工作，指出一、三军团分开，对于目前准备粉碎蒋介石的大举进攻不利。针对不少同志担心红三军团过赣江之后，

① 《毛泽东农村调查文集》，人民出版社 1982 年版，第 254 页。

② 《彭德怀自传》，第 164 页。

湘、赣两江之间没人坚持，苏区这几年白搞了顾虑。彭德怀说：湘鄂赣边区可扩大红十六军；鄂东南已有五个小团，准备成立红九军；湘赣边区已有独立师，可以再加扩大。经过彭德怀的说服，不愿东渡赣江的那些同志顾虑减少了。周以栗以中央代表的名义到红三军团传达总前委的指示后，仍有几个团级干部不同意到赣江以东去。彭德怀对他们说："要集中兵力，大量消灭当前蒋介石进攻之敌，有意见到江东去讨论吧，我是一定要过江的，总前委这个决定是正确的，红军要打遍全中国，不要地方主义。"①

以彭德怀在红三军的地位，自然一言九鼎，此话一出，不愿渡赣江的那些同志便不再坚持自己的意见了。这样，由东渡赣江问题引起的风波便风平浪静了。

在历史的关键时刻，彭德怀看得远，顾全大局，表现出高尚的品格和风骨。以后中央苏区反"围剿"战争的事实说明，红一、红三军团是毛泽东、朱德手中的两把利剑，多次歼灭敌人一个整师以上的兵力，为取得反"围剿"战争的胜利立下了不朽功绩。

再看一下中共中央对国民党军向中央苏区发动第一次"围剿"的对策。

1930 年 10 月 29 日，中共六届三中全会后的中央就对付敌人"围剿"的策略问题给红一方面军总前委发出指示。中共中央在指示中告知中央制定了苏维埃区域计划②和各种具体条例与红军改编计划，以及苏维埃政府的选举法与各种法令，要总前委接到后与各特委及地方党组织进行讨论。并说组建中共苏区中央局，由中央派的项英前往主持。由于中共中央得到了红一、红三军团在攻长沙和攻南昌产生分歧而发生分兵的误传，在指示信中说："如果你们现在确因争论而分兵，确以反攻为守，或采取暂时休息的计划，则你们便犯着极严重的错误。"认为"分散以游击"，"这一退守策略，必然要遭受严重的失败，而为敌人各个击

① 《彭德怀自传》，第 166 页。

② 即中共中央设定中央苏区那份文件。

破。"指示红一、红三军团要采取"进攻的策略"。具体为"在军事上是集中一切武装力量并统一它的指挥"，"利用敌人的弱点，尽力的给敌人以各个击破的打击"。"坚决地向外发展，集中一三集团军的力量，击破敌人的一方，以压迫湘赣两方的敌人，使之反攻为守，这样来击破敌人的包围"。指示信指出，国民党军的这次"围剿"不限于红一、红三军团的地域，但"一三集团是敌人进攻的最主要的目标"，各地要"进行适当的配合"。苏区中央局在项英未到达之前，"可先行成立，暂以毛泽东同志代书记。""军事指挥必须统一，依中央上次通知，仍以朱德同志为一三两集团军总司令，当其他部队与中央区①发生作战联系时，亦归一三集团军总司令指挥。"②

中共中央给各地的指示是通过地下交通站转送的，一个指示发出，要经过多个交通站转送，才能到达。从上海送到江西苏区，往往需要两个月左右。因此，中共中央这个指示送到红一方面军总部时，反"围剿"斗争早已开始。尽管如此，中共中央这封指示信仍然有积极意义：其一，中共中央要求红一、红三军团集中统一行动，不要分开。这恰好证明，红一方面军总前委和中央的指示是一致的。其二，中共中央要求利用敌人弱点，各个击破敌军，与红一方面军总前委的"诱敌深入"，寻机歼灭敌人，打破敌人"围剿"的方针基本是一致的。其三，中共中央的指示明确了中央苏区的反"围剿"由毛泽东、朱德来领导，说明了对他们的信任和肯定，为中央苏区反"围剿"的胜利提供了非常重要的保证。这些积极意义表明：周恩来、瞿秋白主导的中共六届三中全会后的中央，在面临国民党军大规模军事"围剿"苏区时，提出的应敌策略、作出的决策还是比较符合实际的，与共产国际远东局书记米夫的惊慌失措表现形成鲜明的对比。

中共红一方面军总前委确定"诱敌深入"方针后，红三军团和红一

① 在当时中共中央文件中，也把中央苏区称为"中区"、"中央区"。

② 《中央关于对付敌人"围剿"的策略问题给一、三两集团军前委诸同志的指示》（1930 年 10 月 29 日），赵泉钧等编著：《罗坊会议》，第 293、294、296、297 页。

军团，分别在 11 月 5 日和 6 日迅速渡过赣江。朱德同毛泽东暂时分手，朱德率领红一方面军总部，从峡江县城东渡赣江；毛泽东由峡江前往吉安，参加中共江西省行委和赣西行委扩大会议，对赣江以西地区如何坚持斗争和撤离吉安作了部署。

就在红一方面军东渡赣江之时，国民党军队以先到的七个师和一个旅分三路纵队，采取“并进长追”的战术，向红军进攻。11 月 7 日，敌人推进到红军原来所驻的袁水两岸时，红军已东渡赣江，扑了个空。

朱德率领方面军总部东渡赣江后，立即指挥部队向新淦、崇仁、宜黄、南丰、南城推进，威胁樟树、抚州，并抓紧时间发动群众，筹措给养，整训部队。

国民党军发现红军主力已经东渡赣江，立即改变部署：留下第三纵队在赣江西岸，第一、第二纵队尾随红军主力东渡赣江，企图寻找红军主力作战。

为了继续“诱敌深入”，朱德以少数兵力配合地方武装，迟滞和迷惑敌人，指挥主力部队转移到苏区边沿的永丰县藤田、招携一带。旋即，毛泽东同总前委秘书长古柏、秘书谢唯俊由吉安前往永丰藤田，与朱德会合。

11 月 18 日至 20 日，各路敌军分别进到吉安、吉水、永丰、乐安、宜黄、南城等地，寻求红军主力作战，结果又扑了一次空。

红一方面军牵着敌人的牛鼻子兜圈子，使敌人扑了两次空。但红军退却的终点应该放在哪里？毛泽东、朱德认真分析战场形势后认为，红军刚转入运动战，必须慎重初战，不在没有十分把握的情况下同敌人决战。红军主力与其退却到苏区边沿地区，不如退却到苏区中心更为有利。

红军退到苏区中心后，向苏区边沿区推进的敌人第三次扑空。12 月上旬，蒋介石到南昌，任命鲁涤平兼任陆海空军总司令南昌行营主任。鲁涤平新官上任，指挥各路兵力拼命向苏区中部地区推进。但国民党军队一进入苏区内，就陷入困境。在人烟稀少的大山中，既找不到向导，又找不到粮食，不得不等到后方补给接上后再前进。他们就像蒙着眼睛的蛮牛一样，到处乱撞，却找不到红军的踪影。

得到人民群众支持的红军却消息灵通，对国民党军队的一举一动掌握得清清楚楚。

12 月上旬，红一方面军总部到达黄陂后，毛泽东主持召开了总前委扩大会议，讨论反“围剿”作战方案。大家认为，敌军虽然有 10 万人，但都不是蒋介石的嫡系部队。在正面三处敌军中，张辉瓒第十八师和谭道源第五十师是鲁涤平的嫡系，也是这次“围剿”的主力军。如果打掉了张辉瓒、谭道源两个师，敌人的“八百里连营”就被切断了，使之成为远距离之两群，其“围剿”便可基本打破。从兵力上讲，张辉瓒、谭道源两师各约 1.4 万人，红一方面军则有 4 万人，一次打敌人一个师，兵力数量上占优势，取得胜利有把握。那么打毛炳文、许克祥两师行不行呢？不行。第一，地区居民条件不够好；第二，打了后再向西，则张辉瓒、谭道源、公秉藩三个师势必靠拢集中，不易取胜，全战役不易解决。因此，会议决定先打张辉瓒师或谭道源师。

为了动员苏区广大军民充满信心迎接即将到来的战斗，中共红一方面军总前委和总部将毛泽东在黄陂会上的发言《八大胜利的条件》作为反“围剿”宣传材料印发。12 月 25 日，苏区军民在宁都县小布召开了反“围剿”誓师大会。毛泽东亲自为大会写了一副对联：“敌进我退，敌驻我扰，敌疲我打，敌退我追，游击战里操胜算”；“大步进退，诱敌深入，集中兵力，各个击破，运动战中歼敌人”①。会上，毛泽东以这副对联为题，具体生动地解释了“诱敌深入”的必要和好处。他还分析了敌必败、我必胜的六个条件：1. 苏区军民一致，人民积极援助红军，这是最重要的条件；2. 红军可以主动选择最有利的作战阵地，设下陷阱，把敌人关在里面打；3. 红军集中了优势兵力，可以一部分一部分地歼灭敌人，一口一口把敌人吃掉；4. 可以发现敌人的薄弱部分，拣弱的打；5. 可以把敌人拖得筋疲力尽，然后再打；6. 可以造成敌人的过失，乘敌之隙，加以打击。毛泽东这些分析，简单明了，说服力很强，极大地增强了苏区军民粉碎敌人“围剿”的信心和决心。

---

① 郭化若：《“诱敌深入”，活捉张辉瓒》，《星火燎原》（选编之二），第 70 页。

12月24日，红一方面军得到情报，谭道源大肆拉夫，准备出发，向小布前进。小布地形有利于设伏，是个歼敌的好机会。26日拂晓，红一方面军轻装向北前进，在小布设伏。为不使暴露目标，部队严格规定：白天不许煮饭，前线指挥员都不许带马。但红军从早晨等到黄昏，未见敌人出现。当晚部队撤回。第二天半夜，红军又去小布设伏，等了一整天，仍未见到敌人，只好再次撤回。两天跑了两次空，一些人就说起怪话来。毛泽东认为红军反攻的第一个战斗关系重大，影响全局，必须打胜，必须在敌情、地形、人民等各方面条件都有利于我而不利于敌的情况下才能动手。“否则宁可退让，持重待机。机会总是有的，不可率尔应战。”① 事后才明白，谭道源全师已经集合好队伍，准备向小布前进。其先头部队已经出发，但因一反革命分子从苏区内部跑出去向谭道源告密，说小布埋伏了许多红军。谭道源怕得要死，立即下令停止出发，并将已经出发走了相当远的先头部队追了回去。

就在红一方面军主力在小布设伏准备打谭道源师的时候，毛泽东、朱德已派红十二军军长罗炳辉率领该军第三十五师会同地方武装，将张辉瓒师一步一步从东固引向龙冈。他们指示罗炳辉：在诱敌过程中，只许打败，不许打胜。

12月28日，朱德、毛泽东发布命令：“张辉瓒师经善和、藤田到达潭头，现向上冈、龙冈推进中。”“方面军决改换目标，横扫在我左翼当前之敌（张辉瓒部及许、公、罗各师）”②。29日，朱德、毛泽东率领红一方面军主力转移到黄陂西面的君埠及其以北一带，隐蔽待机。

红军转移到君埠地区后，当天黄昏得到情报，东固敌张辉瓒率师部和两个旅同日已进到龙冈，其另一个旅仍在东固。预料敌人次日可能向君埠前进。龙冈和君埠之间有个黄竹岭，敌人东进必须仰攻该山。这时，敌谭道源师仍在源头，毛炳文师则移到洛口、平田、东山坝一带。

---

① 毛泽东：《中国革命战争的战略问题》（1936年12月），《毛泽东选集》第一卷，第220页。

② 《红一方面军红字第11号命令——决定横扫左翼敌张辉瓒及许公罗各师的命令》（1930年12月28日午后9时于黄陂），赵泉钧等编著：《罗坊会议》，第342页。

毛泽东得知这一情报非常高兴，认为敌人已经被调动，立即下定决心，抓住战机，在敌前进中将其消灭。

12月30日拂晓，担任正面迎击敌军的红三军第七师，进到预定阵地。朱德、毛泽东率领总部少数参谋人员，进入设在小别山的指挥所。这时天色尚早，满山都是雾，只见群峰雾锁，枫叶霜红，曙光初照，落叶满山。不久，旭日东升，群山雾散。前沿阵地居高临下，看得很清楚，敌张辉瓒部早饭后即从龙冈出发，向东前进。上午9时，张辉瓒师先头戴岳旅进到龙冈以东的小别村附近登山时，早在这里隐蔽待机的红三军第七师突然发起猛烈攻击。

这时，尚在龙冈的张辉瓒，对红军情况一点也不知道，错误地判断红军主力还远在黄陂、小布一带，戴岳旅所遇到的不过是游击队，不是红军主力。因而，张辉瓒既没有及时增援前方，也不戒备侧翼，而是命令戴岳旅拼命抵抗。战斗打到中午时分，戴岳旅逐渐展开两个团的兵力，战斗一时打得相当激烈。正面迎击戴岳旅的红三军第七师，实际上只有一个团的兵力，是由江西地方武装才升级整编的，装备差，火力弱，迎敌有些吃力，向总指挥部请求增援。这时，总指挥部附近只有一个连的警卫兵力，并已分散担任警戒和掩护大小行李，没有兵可派出增援，于是派了一个参谋处长去了解情况。朱德告诉指挥部的人员说：凡是部下请求增援，就必须派兵去，多少总要派。没有兵就派将。① 参谋处长到了第一线师指挥所位置，据师长说：有个新俘虏不久的班长，企图率领一班人投降，当即被班里战士打死，前线已经稳定。不久，红三军第八师、第九师和红十二军的一部分，向戴岳旅的两翼发起猛烈攻击。戴岳旅在红军三面进攻之下，支持不住，向张辉瓒告急。张辉瓒派出一个团前去增援，还没有进入阵地，就同戴岳旅一起被全歼。敌副旅长洪汉杰、团长李月峰毙命，戴岳夹在士兵中逃出。

下午3时，左路红十二军、右路红四军和红三军团一部，在朱德、毛泽东的指挥下，已按预定计划分别迂回到龙冈侧后，占领当地山头，

① 郭化若：《“诱敌深入”，活捉张辉瓒》，《星火燎原》（选编之二），第73页。

截住张辉瓒部主力四个团的退路，切断了他们同东固、富田的联络，从背后向龙冈发起攻击。整个龙冈被红军紧紧围住，张辉瓒部已插翅难逃。下午4时许，红军发起总攻，张辉瓒指挥部队往西北突围，突不出去。红军迅速冲进张辉瓒的师部，活捉了第五十三旅旅长王捷俊。张辉瓒慌乱之中换上士兵衣服逃跑，被搜获。

全歼张辉瓒部后，毛泽东、朱德即从黄竹岭下山，沿大路向龙冈走去，沿途听到许多指战员高兴地喊着："活捉张辉瓒啦！""前面捉到了张辉瓒啦！"郭化若回忆：

正在夕阳无限好的时候，毛主席健步走到了龙冈大坪上，只见已经放下武装的一堆俘虏，集合在大坪的一边，站成正方形队。这时有人把张辉瓒捆绑着带过来，他换着士兵穿的灰布棉军衣军裤，帽子不见了。送他来的人说，他才被俘虏时，隐瞒身份，说是个书记官，当场就被一起的俘虏揭发。他一路走，一路有人发出叫打声。他走过来时，俘虏队中立刻有两个人走了出来，猛打了他两个耳光，口里还说："你压迫我们够了！现在我不怕你了！"我们劝阻了，并给他松了绑。张辉瓒一见毛主席就鞠躬敬礼，口称"润之先生"，说他过去怎么见过面，说了些别后钦慕景仰的话。毛主席叫他一起就地坐下，简单地对他谈了些革命道理和革命形势，又问了一些敌军内部的情况。张辉瓒还表示，情愿捐款、捐药、捐枪、捐弹，请求免他一死。毛主席交代要好好看管他，不要杀。但后来有人不报告毛主席，把他交地方去开群众大会，结果在群众愤怒之下被杀了。①

张辉瓒师近1万人在龙冈地区被红军歼灭后，鲁涤平急忙电令在源头的谭道源师迅速向东转移，向洛口的许克祥第二十四师和头陂的毛炳文第八师靠拢，以免被红军各个击破。毛泽东、朱德早已料到谭道源师一定会向东逃跑。为了在谭道源师同许克祥、毛炳文两部靠拢前加以消灭，毛泽东、朱德在1931年元旦率部向东，当天赶到小布。谭道源得知红军追来，第二天一早率部东逃。当敌谭道源师主力到达东韶，准备按

---

① 郭化若：《"诱敌深入"，活捉张辉瓒》，《星火燎原》（选编之二），第74页。

照鲁涤平的电令，同洛口的许克祥师靠拢时，但许克祥师已退到头陂同毛炳文会合。谭道源无奈，只得在东韶匆忙赶修工事，抵抗红军追击。

中央革命根据地第一次反“围剿”第一仗胜利旧址——龙冈。

1月2日晚10时，朱德、毛泽东下达命令：“方面军决于明晨追击东韶之敌，然后次第扑灭朱逆绍良部之许（2团）、毛（2旅）2师，以树政治上之声威。”① 命令下达后，各路红军立即向东韶急进，追击谭道源师。1月3日上午，担任中路的红十二军先头部队首先同敌人接战。随后，红军主力很快赶上来，发动猛攻。谭道源部因上一天刚到东韶，立足未稳，饥饿疲惫，工事也未完全修好，仓促应战，在红军的猛烈进攻下，无力招架。战至下午3时许，敌人阵地被红军突破。谭道源趁红三军的迂回部队尚未赶到预定地点时，率残部突围。红军在追击中消灭逃敌3000余人。谭道源残部向南丰方向溃逃。

东韶战斗后，其他各路国民党军队仓皇退走。

红一方面军在五天之内连续打了两个胜仗，歼敌1.3万人，缴获各种武器1.2万件，电台两部，胜利地打破了国民党军的第一次“围剿”。特别是缴获的两部电台，真是宝贝呀！红一方面军教育争取被俘的敌无

① 《红一方面军胜字第2号命令——追击敌谭道源师的命令》（1931年1月2日午后10时于小布），赵泉钧等编著：《罗坊会议》，第348页。

线电技术人员参加红军，利用缴获敌人的电台建立了无线电队。王诤任队长，冯文彬任政治委员。红军有了“千里眼”和“顺风耳”了！红军第一支无线电队的建立，意义非凡！

中央苏区粉碎国民党军的第一次“围剿”，是自红军创建以来同国民党军队作战取得的空前大胜利，在全国引起强烈震动。中共中央政治局1931年2月通过的《给中国红军及各级党部训令》高度赞扬了这个胜利，认为：“红军一三集团军与江西劳动群众，在苏维埃政权之下的一致行动，得到了出人意外的结果。他们在伟大的中国革命发展史上，已经写上了新的光荣的一页。”①

中央苏区第一次反“围剿”胜利，不仅使六届四中全会后的中共中央感到“出人意外”，而且也使共产国际远东局委员、中共中央军事顾问组负责人盖利斯兴奋异常。1931年2月10日，盖利斯在给共产国际执行委员会东方书记处军事委员会主席别尔津的信中报告：“朱德、毛泽东、彭德怀几乎收复了自己原有的阵地”，“粉碎了对我们的第一次大规模进攻，这是无可争辩的事实。蒋介石关于消灭苏维埃运动的种种期限都已成为泡影。”他还神采飞扬地说：“第一次围剿的结果，我们的部队大大增强了……上海的情绪也高涨了。”“第一、三军团大大改善了自己的物质状况。”②

当然，毛泽东更为高兴，写下了《渔家傲·反第一次大“围剿”》：

万木霜天红烂漫，天兵怒气冲霄汉。
雾满龙冈千嶂暗，齐声唤，前头捉了张辉瓒。

二十万军重入赣，风烟滚滚来天半。
唤起工农千百万，同心干，不周山下红旗乱。③

---

① 《给中国红军及各级党部训令》（1931年2月中央政治局通过），中央档案馆编：《中共中央文件选集》（1931）第7册，中共中央党校出版社1991年版，第143页。

② 《盖利斯给别尔津的信》（1931年2月10日于上海），中共中央党史研究室第一研究部译：《共产国际、联共（布）与中国革命档案资料丛书·联共（布）、共产国际与中国苏维埃运动》（1927—1931）第10卷，中央文献出版社2002年版，第56、57、58页。

③ 《毛泽东诗词选》，第30页。

横扫千军如卷席

对中央苏区第一次“围剿”遭到惨败，这是蒋介石打破脑袋也想不到的事。在以往同其他新军阀的混战中，他都是胜利者。惯性思维使他认为对付红军是小菜一碟。敢于向蒋介石叫板的军阀都是有地盘，军队无论人数、装备，都要比红军多、比红军强。因此，蒋介石在用两倍半的兵力对付毛泽东、朱德领导的红一方面军时，认为自己胜利是十拿九稳。然而，结果不仅使蒋介石挨了重重的一击，而且使中国社会各界都大跌眼镜，不得不对中国共产党领导的红军刮目相看。

江西瑞金中央革命根据地人民庆祝反“围剿”的胜利。

赌徒的心理是越赌眼越红，下得赌注越来越多。在第一次“围剿”失败后不久，蒋介石就准备了第二次“围剿”，以军政部长何应钦为陆海空军总司令南昌行营主任，调集了 20 万兵力，比上次翻了一倍。

国民党 20 万军卷土重来，确有“风烟滚滚来天半”的味道。面临敌人新的“围剿”，毛泽东正如在他写的《渔家傲·反第一次大“围剿”》中下半阕那样，充满胜利的信心。但在这时，中央苏区领导机构发生了变化。1931年1月15日，项英来到中央苏区。根据中共中央的决定，在宁都小布成立中共苏区中央局，项英任代理书记，毛泽东、朱德、曾山为委员。同时成立以项英为主席的中央革命军事委员会，朱德、毛泽东担任副主席。毛泽东兼任政治部主任。原先的中共红一方面军总前委撤销。

项英是何人？为什么一到中央苏区就任党和军队的一把手？项英，原名项德隆，曾化名江俊、江钧，湖北江夏（今武汉市江夏区）人，1899年生。早年入武昌模范纺织厂当纺织工人。1919年参加董必武、陈潭秋等开办的工人夜校。1920年成功发动武汉第一次纺织女工罢工。1922年初，到江岸筹办工人俱乐部，当选为干事。同年3月加入中国共产党。此后，以江岸工人俱乐部为基础，组织了武汉第一个铁路工会，随后又在谌家矶组织机器工人工会，在大冶、汉阳、萍乡组织汉冶萍工人工会。不久，任湖北省工团联合会组织部长。8月，被选为京汉铁路总工会筹备处总干事。1923年2月4日，任京汉铁路罢工委员会总干事。同年6月在中共三大上当选为中央委员。1924年初在上海任中共中央职工运动委员会书记。在1925年1月中旬召开的中共四大上，再次当选为中央委员。1927年4月，任湖北省总工会组织书记兼汉口工人纠察队队长。1928年7月，在中共六大上当选为中央委员、政治局委员、常委。1929年11月，在第五次全国劳动大会上当选为中华全国总工会委员长。1930年8月，任中共中央长江局书记。

从项英的简历看，他主要是从事工人运动和白区地下工作。由于他刚从上海来到中央苏区，军事上又是外行，虽然担任中央革命军事委员会主席，但在军事指挥上毛泽东仍然起主要作用。

3月18日，项英主持召开中共苏区中央局第一次扩大会议。会议主题是讨论第二次反“围剿”战略方针问题。这次“围剿”，国民党军兵力达20万，红一方面军比上次反“围剿”时兵力略有减少，共有3万余人。从双方兵力上来讲，大约是六比一。兵力如此悬殊，红军面临的形势比上次要严峻得多。对此，有人对取得第二次反“围剿”胜利没有信心，主张红一方面军撤离根据地，另寻出路。这是第二次提出红一方面军撤出中央苏区战略转移的主张。毛泽东坚决反对这种主张，认为凭借根据地内的有利条件，红军一定能够打破国民党军的第二次“围剿”。由于两种意见相持不下，讨论无果。

还在中央苏区第一次反“围剿”胜利后不久，中共六届四中全会于1931年1月7日在上海召开。会议在共产国际代表、远东局书记米夫的主导下，指责六届三中全会继续“立三路线”，瞿秋白、周恩来受到带有宗派情绪的批评。会议补选了中央委员和改选了政治局。原先只是普通干部，刚刚靠反六届三中全会“调和主义”被任命为中共江南省委（习惯上仍称江苏省委）书记的王明，由于是米夫在莫斯科任中山大学校长时欣赏的“高足”，就像坐上“火箭”一样地跃升政治局委员。中共六届四中全会以后，中央的领导权实际上由得到米夫全力支持的王明所操纵。从此，以王明为代表的“左”倾教条主义错误在中共中央占统治地位。

4月上旬，任弼时、王稼祥、顾作霖组成的中共六届四中全会后的中央代表团到达中央苏区，参加苏区中央局的领导工作。4月17日，苏区中央局第一次扩大会议在宁都青塘继续举行，中央代表团传达了中共六届四中全会精神，同时也肯定了毛泽东、朱德等人以前的工作。

这时，国民党军大兵压境，最迫切的问题是确定反“围剿”的战略方针问题。然而，与会人员不但没有就战略方针问题达成一致意见，反而分歧比上次开会时更加严重。为什么会这样呢？问题出自中央代表团带来了1931年3月2日《中央给一三集团军总前委，第二集团军前委，各军前委，各特区军委，各集团军与各军的军长政治委员的公函——关于第二次反“围剿”的补充指示》。这个指示一方面说：“在战略上，当着敌人力量尚未集中的时候，我们必须利用敌人的弱点，击溃敌人的一方。如能诱敌深入，聚而歼灭他，这也是可采用战略。”另一方面又说：“我们最主要的任务是在任何情形之下，不要使红军的基本力量受着摧残，必须非常慎重的应付决定胜负的战斗。”“若遇环境不利，不能作殊死战的时候，为着阻止敌人的猛攻，应一面继续战斗，以掩护基本部队的撤退（基本军，师，团），以便建立新的苏维埃运动根据地。”指示认为，在此情形之下，江西红军“可退至湘南，粤桂北，及贵州东南。”[①]这个指示信与第一次反“围剿”时米夫给共产国际执行委员会的信如出一辙，对取得中央苏区第二次反“围剿”胜利缺乏信心。只不过与米夫给共产国际的信不同的是，这个指示明确提出了红一方面军撤出根据地后所要转移的地区。中共六届四中全会后的中央在王明的操纵下，完全听命于米夫，这个指示实际上反映了米夫的意见。

这时，有人认为敌我力量悬殊，敌军的严密包围难以打破，依据中央的指示，竭力主张将红军主力转移到根据地以外去。担任会议记录的苏区中央局秘书长欧阳钦在回忆中说：“当时一些人受了第三国际布哈林的影响（第三国际挂帅的是斯大林，但做实际工作的是布哈林等人），主张退出中央苏区，到四川去，说斯大林都讲过四川是最好的根据地。”[②] 还有一些人主张“分兵退敌”，采取“削萝卜”战术。即红军分散行动，不在根据地打，碰到一小股敌人，就打一下，认为这样做“一则可以使敌人包围落空，一则目标转移，可以退敌”。毛泽东主张继续依托根据地的有利条件，就地诱敌深入。红军钻到敌人中间去，寻找敌人弱点，打击敌人。同时，毛泽东也反对分兵，认为集中兵力才能各个击破敌军，指出分兵不但不能退敌，反而会给红军带来更大的困难。毛泽东的意见被主张“削萝卜”的人讥讽为“钻牛角”。[③] 会上，赞同毛泽东意见的只有朱德、谭震林等人，处于少数地位。

战略方针的正确与否实在太重要了，决定着中央苏区反“围剿”的胜败和红一方面军的前途，实际上也决定着中国革命的前途。参加苏区中央局扩大会议的人员中，经历过第一次反“围剿”的很少，关起门来决定反“围剿”战略方针，颇有些“秀才谈兵”的味道。毛泽东提议扩

---

① 《中央给一三集团军总前委，第二集团军前委，各军前委，各特区军委，各集团军与各军的军长政治委员的公函——关于第二次反“围剿”的补充指示》（1931 年 3 月 2 日），中央档案馆编：《中共中央文件选集》（1931）第 7 册，第 157、158 页。

② 欧阳钦：《回忆苏区中央局“青塘会议”》，陈毅、萧华等著：《回忆中央苏区》，江西人民出版社 1981 年版，第 160 页。

③ 毛泽东：《关于第七届候补中央委员选举问题》（1945 年 6 月 10 日），《毛泽东在七大的报告和讲话集》，中央文献出版社 1995 年版，第 230 页。

大会议参加者的，让那些参加过第一次反“围剿”的高级指挥员参加会议，得到了苏区中央局的同意。

会议再开时，参加者除了中央局成员外，扩大到了各军军长、政治委员，有时参谋长、政治部主任也参加会议。毛泽东在发言中分析了敌我形势，指出红军打破国民党军这次“围剿”的条件比上一次反“围剿”还要好，胜利的可能性更大。与会许多红军高级指挥员支持毛泽东、朱德的意见，主张坚决在根据地内打破敌人的“围剿”。原先主张分兵的同志也同意先打一仗后视情况再分兵。

在根据地内打的问题初步解决之后，会议转入讨论先打哪一路敌人的问题。林彪等人主张先打蒋光鼐、蔡廷锴的第十九路军，得手后可以伸开两手到湖南和赣南。林彪等人的主张可以简单概括为“啃硬骨头”。毛泽东认为各路敌人中，南路的第十九路军最强，先打南路，没有绝对胜利的把握，且红军主力从东往西打，西面限于赣江，回旋余地小。不如避强打弱，把红军主力向西拉到富田、东固一带，诱敌深入苏区腹地，然后自西往东先打弱敌王金钰、孙连仲部，向东横扫过去，在闽赣交界的建宁、黎川、泰宁一带，扩大根据地，征集资财，不但可以粉碎敌人的“围剿”，也为以后的战争创造条件。毛泽东的主张，可以简单概括为“柿子拣软的捏”。为什么先打弱敌？毛泽东会后同总部参谋处长郭化若的闲谈中道出“天机”：“先打弱敌的道理，是古已有之的。《管子》中说：‘故凡用兵者，攻坚则韧，乘瑕则神。攻坚则瑕者坚，乘瑕则坚者瑕。’（《管子·制分》）。不是古人早已讲过了吗？”①

由于毛泽东讲得合理，分析细致，终于说服了大家，会议采纳了毛泽东提出的先打弱敌的作战方针。

4 月 19 日，朱德、毛泽东发出首先歼灭敌王金钰部的命令。红军各部队在龙冈一带集中完毕，又向西推进 20 公里，在群众条件和地形都十分好的东固地区隐蔽待机。

鉴于一些同志仍主张“打一仗再分兵”，4 月 30 日，中共苏区中央

---

① 《郭化若回忆录》，军事科学出版社 1995 年版，第 64 页。

局根据毛泽东的提议在东固又一次开会讨论反“围剿”的问题。后来，中共苏区中央局秘书长欧阳钦根据任弼时指示赴上海向中共中央汇报中央苏区的情况，他在《中央苏维埃区域报告》中谈到这次会议时写道：“由泽东同志先报告，这一次讨论的精神则完全转变了，认为目前全国革命是高涨的，我们应该采取积极进攻策略，敌人包围我们的军事力量虽多，但有许多弱点，如在包围的军阀与军阀不一致，指挥不统一，他们军官与士兵中间不一致，兵士不愿打红军，没有群众条件，地势不熟，给养运输非常困难。我们在军事力量的对比上，虽然很小但我们有几个优点：第一红军好，此时士兵群众斗争情绪非常之高，干部非常热烈，红军上下一致的团结力非常坚强，大家都是摩拳擦掌的要打；第二群众好，群众得到了土地革命的利益，又被敌人的摧残，斗争情绪当然好，对红军是极端拥护；第三是地势好，我们对于这带地势都非常熟悉，我们可以占领优越的地势以进攻敌人。现在敌人有这多弱点，我们有这多优点，我们是可以以少胜众的，在历史上以少胜众的事实很多，革命的军队要能以少胜众，所以当时最后决定的策略是‘坚决的进攻，艰苦的奋斗，长期的作战，以消灭敌人’。并且承认过去的‘分兵’的策略是机会主义”①。

至此，中央苏区第二次反“围剿”的战略方针终于定下来了。任弼时、王稼祥等组成的中央代表团在这场争论中，经过反复听取各方意见，最终支持了毛泽东、朱德等人的主张。后来，毛泽东在谈到这场争论时说：“当时，我们感觉到如果没有代表团，特别是任弼时、王稼祥同志赞助我们，反对‘削萝卜’的主张就不会那样顺利。”“如果没有代表团，特别是王稼祥同志，赞助我们、信任我们——我和总司令，那是相当困难的。”②

---

① 欧阳钦：《中央苏维埃区域报告》（1931年9月3日），中共江西省委党史研究室等编：《中央革命根据地历史资料文库·党的系统》（3），中央文献出版社、江西人民出版社2011年版，第1753—1754页。

② 毛泽东：《关于第七届候补中央委员选举问题》（1945年6月10日），《毛泽东在七大的报告和讲话集》，第230页。

红一方面军在东固地区密集隐蔽集结后，西面的敌王金钰部第四十七师和第二十八师由吉安进至富田陂下一带，北面郭华宗第四十三师由吉水进至水南、白砂（距东固约70华里），南面的蒋光鼐、蔡廷锴第十九路军仍在兴国县城。红军逼近作战目标王金钰部所在地隐蔽待机，大胆地和敌人靠得这么近，三面都有敌人，一些人担心，毛泽东却胸有成竹。

红军近4万大军集中一块，后勤供给不免有些困难。红军开始退却时，虽然在命令中规定就地购买粮食，不动用指战员们随身带的大米，但究竟有限。好在地方党组织积极动员群众支援，保证了指战员饿不着肚子。然而，时间一久，吃菜就成问题了。开始还可以买到一点菜，后来就买不到了。为了解决吃菜问题，战士们就到山上找野竹笋尖，下田摸田螺。一到晚上，就可以看到“满田灯光摸螺蛳”的战地风光。尽管生活艰苦，但红军指战员官兵一致，精神饱满，士气高涨。

红一方面军在东固等了20多天，为的就是等敌王金钰部脱离其富田巩固阵地，便于歼灭敌人于运动中。但是，王金钰部就是躲在东固巩固的工事里不动。红军也得到情报，蒋介石曾多次催促王金钰“进剿”，但皆因大雨冲垮了道路、桥梁，推迟了出动的时间。

5月13日，红军得到情报，敌王金钰部右翼第四十七师一个旅和第二十八师，正由富田出发分路向东固进犯。当晚10时15分，朱德、毛泽东发出命令，要各军作好迎击敌人的准备。

5月14日黄昏，红一方面军总部电台截获了敌人一份重要情报。事情是这样的：驻在富田的公秉藩第二十八师师部电台同该师驻吉安留守处电台通报时，用明码说：“我们现驻富田，明晨出发。”吉安台问：“到哪里去？”富田台答：“东固。”①

敌人是欺负红军没有电台，竟然放心大胆地用明码电报。令他们没有想到的是，刚刚建立的红一方面军总部无线电队，截获了他们这份非常重要的情报，为中央苏区第二次反“围剿”斗争立下头功。

无线电队队长王诤立即把这个重要情报报告总部。

---

① 《曹丹辉日记》，《江西党史资料》第18辑，第182页。

毛泽东、朱德根据敌情经过商议决定采取一个大胆的行动："钻牛角尖"，即红军主力从北面的敌郭华宗师和南面的蒋光鼐、蔡廷锴第十九路军之间的50里空隙中隐蔽西进，以两翼包抄的方式攻击敌军后背，消灭王金钰的第四十七师和第二十八师。5月14日晚8时，朱德、毛泽东发出了攻击从富田出动的敌军的命令。

"钻牛角尖"是一个大胆的决定，问题的关键在于"牛角尖"能否钻通，钻通了"牛角尖"而又不被敌人发觉。5月15日，红一方面军各部开始行动，总部仍驻墩上。但毛泽东还不放心，思考如何用更好的办法歼灭敌人。半夜，毛泽东亲自来到红三军军部，和红三军军长黄公略一起寻找熟悉当地情况的向导进一步调查西进路线情况。经过调查，发现东固至中洞大路的南侧，有一条过去不知道的小路。毛泽东立即改令红三军沿这条小路秘密前进，包围敌公秉藩师的右翼。这一改变，对歼灭该师有重要作用。

5月16日拂晓，红一方面军总部由墩上出发，沿中洞的大路前进。这时，毛泽东等率领总部部分人员已登上东固至中洞大路北侧的白云山。因为时间紧迫，毛泽东在一个小镇上留下一个字条，将红三军改变行军路线的情况通知朱德，并要朱德率领总部也上白云山。但朱德尚不知道这个改变，仍按照原来的路线前进。总部特务连走在前面，当到达白云山下时，同正在东进的公秉藩师先头部队遭遇。朱德立刻命令特务连在林木丛生的山坡上进行阻击。公秉藩先后以三个营的优势兵力猛扑过来。朱德指挥特务连且战且退，引着敌军向前走了二里多地。毛泽东在白云山上听到山下有激烈枪声，立即指挥部队从山上扑下来，将敌击退。毛泽东和朱德一起登上白云山，指挥全军战斗，毛泽东一边走一边告诉朱德和总部人员，他一早登上白云山时，山头还是一片白云。看来，白云山是名不虚传。

再说担负中路的红三军已沿山间小路前进到中洞南侧，在草丛中隐蔽前行。因红军行动秘密，苏区人民严密封锁消息，国民党军队进入苏区后，像瞎子聋子一样，得不到一点红军的消息，始终没有发现红军主力的影子，还认为红军主力远在宁都地区，大摇大摆地向东行进。当公秉藩师的后卫部队全部离开中洞后，红三军像猛虎一样从高山上压下来。公秉藩师刚从北方调过来不久，不习惯于南方的山地作战。红军突如其来的攻击，敌公秉藩师一下子给打蒙了，乱成一团，四处逃散，没有什么抵抗就缴了枪。被俘的敌军官兵由于想不到红军会突然出现，惊呼：“你们是从天上飞下来的呀！”战至下午4时许，红军歼灭公秉藩师大部。

与此同时，左路的红三军团也迂回到固陂，消灭公秉藩的兵站，并于当夜从侧后攻入富田。经过一昼夜的激战，公秉藩的第二十八师全部被歼灭，公秉藩被俘。这个狡猾的家伙，知道红军优待俘虏，混在俘虏中领了三块银元跑掉了。副师长王庆龙被击毙。次日上午9时，红三军也进入富田。

右路的红四军、红十二军，在追击中，又将上官云相的第四十七师一个旅大部消灭。

毛泽东、朱德在白云山上，对战局的进行情况了如指掌。特别是无线电台发挥了重要作用。战斗开始后，白云山能够听到右前方观音崖、九寸岭方向激烈的枪声。打了一阵，枪声就逐渐由东向西移去。毛泽东和朱德从枪声判断，红军两路已先后夺得隘口前进了。中洞方向一阵激烈枪声后，设在半山腰的红一方面军总部的电台接收机里传出了公秉藩师部电台发出明码〈SOS〉求救的呼声，毛泽东、朱德就知道敌公秉藩师部已被红三军包围了。接着，第四十七师师部电台也发出求救的呼声。后来，求救呼声听不到了，总部便判断战斗已经结束。电台，在反“围剿”战斗中派上了大用场！

歼灭公秉藩师后，红三军缴获了敌人师部无线电队全部人员和电台，黄公略派了一个参谋带领一个特务连专门看押。这是红一方面军最期待、最宝贵的战利品！朱德后来曾告诉史沫特莱：“我们从电报里知道公秉藩的第二十八师有一套新式无线电报机。我们的无线电报务员恨不得把它弄到手，我也跟他们说，一定可以到手。”① 朱德这么特别指示要缴获公秉藩的电台，黄公略自然要加倍保护这些战利品了。

---

① ［美］艾格妮丝·史沫特莱著，梅念译，胡其安、李新校注：《伟大的道路》，第347页。

富田首战告捷后，5 月 19 日，红军乘胜追击，围攻白砂，歼灭敌第四十七师残部和郭华宗第四十三师一个旅，共俘敌 3000 余人，缴枪 2000 余支。白砂战斗结束，红一方面军取得第二个战斗的胜利。

白砂战斗结束后，毛泽东、朱德指挥红一方面军继续向东横扫。这时，敌高树勋第二十七师正奉国民党南昌行营命令由南团取道中村向藤田前进，准备增援郝梦龄第五十四师。5 月 21 日，高树勋部先头部队一个旅到达中村。次日拂晓，红军在毛泽东、朱德指挥下，分两路包抄中村，全歼该先头旅，重创高树勋师师部，其残部向乐安溃退。红军取得第三次战斗胜利——中村战斗胜利。

中共苏区中央局成立后，撤销了中共红一方面军总前委。第二次反“围剿”作战开始后，中共苏区中央局不便随军行动留在龙冈。而前方红军行动和战地地方工作繁重，若事事都要请示苏区中央局，不可避免地会贻误战机。为了前方作战的需要，5 月 24 日，在南团重新成立中共红一方面军临时总前委，以毛泽东为书记，朱德、彭德怀、林彪、黄公略、谭震林、周以栗为委员。

5 月 25 日晚，毛泽东在宁都和广昌交界处的洛口圩严坊村召开临时总前委第一次会议，决定方面军主力在第二天开到广昌县城西北的苦竹集中，准备全力攻击朱绍良部的三个师。

5 月 26 日，毛泽东、朱德率领红一方面军总部抵达苦竹后，得到情报，在头陂的毛炳文部已向广昌撤退，广昌驻有国民党军三个师，有向南丰退却之势。当晚 8 时，毛泽东在苦竹召开临时总前委第二次会议，讨论是按原计划打南丰还是先占广昌问题。会议经过讨论，决定改变原定攻打南丰的计划，于 27 日进攻广昌。

次日清晨，天空下起了蒙蒙细雨，红一方面军主力直逼广昌城下，从北、西、南三面发起猛烈攻击。国民党军无心恋战，大部分向南丰逃走。红军歼灭胡祖玉第五师一个团。敌师长胡祖玉在城墙上视察阵地时被击成重伤，不久毙命。红一方面军取得第四次战斗胜利——广昌战斗胜利。

广昌战斗前，何应钦、朱绍良曾把驻守福建建宁的刘和鼎第五十六师调安远策应广昌。广昌被红军夺取后，刘和鼎师匆忙由安远撤回建宁。

5月28日上午10时，毛泽东在广昌城北的沙子岭主持召开临时总前委第三次会议，讨论红军下一步行动问题。会议认为，因通往南丰的桥梁已被破坏，此时如向南丰追击逃敌已追不上。从战略上和形势上，红军都应追击刘和鼎师，夺取建宁城，以便以后筹款。

会后，毛泽东、朱德立即率领红一方面军总部和红三军团、红十二军，日夜兼程东进，直指建宁城。刘和鼎以为撤回建宁，就把自己的部队放进了“保险箱”里，毫无戒备。5月31日，红军包围建宁城，突然发起攻击。刘和鼎没有料到红军会神速来到建宁城下，乱了方寸，只率领少数人逃走。建宁之战，红军歼灭敌人三个多团，夺取建宁城，缴获大批西药和其他军用物资。红一方面军又夺取了第五次战斗，也是最后一次战斗的胜利。

从5月15日至31日，红一方面军连续打了五个胜仗，如风卷残云般自西至东横扫700里，歼敌3万余人，缴枪2万余支，使国民党军对中央苏区的第二次“围剿”灰飞烟灭，并进一步扩大了苏区，这是何等痛快、何等提气的胜利呀！

红一方面军总司令朱德后来说：“这一仗打下来是一个大胜仗，可以说是三次‘围剿’中间最大的一仗。缴获非常之多，被打垮的也多，有些是自己根本就不情愿打，自己就垮下去了。王金钰还是满清时编起来的陆军旧队伍。在作战中间捉了无数的俘虏，但都大批的放出去了。”“北面很长的一线，由吉安到建宁，都打垮了。”“这时打破了敌人第二次‘围剿’战争。”①

朱德是中国无产阶级伟大的军事家，在多年后谈起第二次反“围剿”作战，仍然记忆犹新，话语中回味无穷，充分说明在其军事生涯中的地位。

毛泽东在第二次反“围剿”胜利后更是喜悦，禁不住诗兴大发，又写了一首《渔家傲·反第二次大“围剿”》：

白云山头云欲立，白云山下呼声急，枯木朽株齐努力。

---

① 转引自中共中央文献研究室编：《朱德传》（修订本），第298页。

枪林逼，飞将军自重霄入。

七百里驱十五日，赣水苍茫闽山碧，横扫千军如卷席。

有人泣，为营步步嗟何及！[①]

历史已经远去，试想没有毛泽东坚持正确的战略方针、耐心说服，朱德等人的鼎力支持，恐怕红一方面军在 1931 年 4 月就要实施战略转移了！而那时红一方面军才 3 万多人，没有什么思想上和物质上的准备，广大干部战士还没有对“左”倾教条主义错误有更深刻的认识，一旦撤离根据地长途行军至粤桂北或贵州东南或四川，要冲破国民党军的重重封锁，后果是不堪设想的。

肥的拖瘦，瘦的拖死

连续两次“围剿”中央苏区失败后，蒋介石恼羞成怒，调整内部矛盾，决心集中更多的兵力“剿共”。6 月 6 日，蒋介石发表《告全国将士书》，声称要“戒除内乱”，“剿灭赤匪”。并发誓：“辛而完此夙愿，决当解甲归田”；否则，“就舍命疆场”[②]。21 日，蒋介石由南京到达南昌，组织对中央苏区的第三次“围剿”。

蒋介石认为，前两次“围剿”失败，主要原因是参加“围剿”的部队都不是自己的嫡系部队，所以“围剿”不力。这次，他下决心增调五个嫡系师到江西，担任“围剿”主力。它们是：陈诚的第十四师、罗卓英的第十一师、赵观涛的第六师、蒋鼎文的第九师、卫立煌的第十师，共计 10 万人。再加上第二次“围剿”失败后留在中央苏区周围的非嫡系部队，共计 23 个师又三个旅，30 万军队。这一次，蒋介石使足了劲，亲自披挂上阵，自任“围剿”军总司令，任命何应钦为前线总司

---

① 《毛泽东诗词选》，第 36 页。

② 转引自中国工农红军第一方面军史编审委员会：《中国工农红军第一方面军史》，解放军出版社 1993 年版，第 236 页。

令，同时聘请英、日、德等国军事顾问。鉴于第二次“围剿”采取“稳扎稳打，步步为营”的战略遭到失败，蒋介石依仗10倍于红军的优势兵力，采取“长驱直入”的战略，首先击破红一方面军主力，然后再深入进行“清剿”，彻底捣毁苏区。

第二次反“围剿”胜利后，中共红一方面军临时总前委决定利用国民党内部派系矛盾的新发展和中央苏区周围的敌军暂时处于守势的有利时机，转入攻势作战，开辟了建宁、黎川、泰宁新苏区。蒋介石准备发动第三次“围剿”时，红一方面军主力正在建宁、泰宁、将乐、归化、清流、连城地区，闽赣边的宁化、长汀、石城地区，于都、会昌地区，开展群众工作。红四军第十二师、红三军第九师则留在南丰和宜黄以南地区活动，红一方面军总部驻于建宁。

蒋介石把留在南丰、宜黄以南地区活动的红军误认为是红一方面军主力，电令何应钦迅速发起进攻。6月30日，何应钦由南昌到达抚州。7月1日，国民党军开始进攻，先后占领黎川、广昌、宁都，向中央苏区腹地推进。

蒋介石对中央苏区的三次“围剿”，如恶浪般一浪比一浪来得急，一浪比一浪高。从第二次反“围剿”结束到第三次“围剿”开始，中间只隔一个月，比前两次“围剿”时间间隔短得多。红一方面军临时总前委虽然预见到国民党军肯定会发动第三次“围剿”，但没有料到它在第二次“围剿”刚遭受失败后会来得这么快，红军还没有来得及做充分准备：广大指战员在经过苦战之后，尚未得到休整，兵员也没有得到补充，总兵力只有3万余人；部队远离根据地中心区，正分散在闽西北和闽西一带做群众工作和筹款，一时还没有集中起来。

尽管红一方面军没有前两次反“围剿”准备充分，但也有比前两次反“围剿”的优势，表现在：其一，有了前两次反“围剿”积累的作战经验，并利用攻势作战的间隙，进行了作战经验总结。其二，领导层在战略方针上是一致的，不像前两次在战略方针上意见分歧激烈。其三，进行军事训练，进一步提高了指挥员的指挥能力和部队的战术技术水平。其四，组建了四个无线电分队，分别配属红三军团、红三军、红四军和方面军总部。方面军总部和各主力部队之间有了无线电联系，不再会有因命令传递出现障碍而贻误战机的情况。其五，扩大了兵种。红一、红三军团分别组建了山炮连；方面军总部工兵连扩编为工兵营，下辖三个连。

敌军30万人，红一方面军仅3万多人，要“以一当十”，这是何等艰巨的任务！朱德十分清醒地认识到，要打破敌人的“围剿”，加强红军建设，提高部队战斗力尤为重要。朱德撰写了《怎样创造铁的红军》一文，在7月7日、7月14日出版的中共苏区中央局机关报《战斗》第二期、第三期上连载。

在文章中，朱德首先指出：“创造铁的红军是目前党的最迫切最重要的任务之一。”那么，怎样创造铁的红军？朱德提出了六个基本条件：

第一，确定红军的阶级性。他指出：“红军是工农的军队，也可以说是一切劳苦群众的军队。红军的历史任务是夺取政权，建立和巩固工农自己的苏维埃政权，使无产阶级及一切劳苦群众在政治上经济上完全得到解放。”这就把红军的性质、任务说得明明白白。

第二，无条件地在共产党领导之下。“共产党是无产阶级的先锋队，工农红军只有在共产党正确领导之下才能够完成它的历史的伟大任务。”“巩固红军中无产阶级的正确领导，红军才能成为铁的红军。”这就把共产党和红军的关系说得清清楚楚。

第三，政治训练的重要。“要造成铁的红军，必须使红军全体指挥员战斗员首先完全信仰共产党的领导；了解共产党有指导工农联合的责任；了解无产阶级在革命中的领导作用；了解革命战争的阶级性质是为全中国的工农及劳苦群众谋解放；了解自己在战争中积极完成其一部分任务就是为了争取战争的全部胜利；了解群众力量的伟大，红军必须与群众密切地联合起来”。“尤其要了解中国革命现在的阶段和前途”，“充分地相信红军在共产党领导之下，一定可以战胜到了末日的反革命的国民党和帝国主义。”指出：“在政治上有了这样坚定的信念”，“在精神上建立了铁的红军的基础，自然可以战胜革命过程中的任何困难，经得住任何剧烈的斗争，愈斗愈奋去取得最后胜利。”这里，朱德科学、准确地阐释了“信念”的力量，揭示了红军为什么“能”。

第四，军事技术的提高。文章认为“技术日益进步的现代，不仅在战争中特别加强了技术作用，使用技术的知识训练也复杂了，并且由于技术的进步变更了战术原则。”指出：“中国红军的战术从长时间的游击战争中得到不少新的经验，特别是在南方的山地战中有许多新的收获，并且养成了红军旺盛的攻击精神。但现在革命战争的规模日益扩大，单凭红军的英勇冲锋固然不够，单凭红军已有的战争的经验也不能满足客观的需要，必须特别加速战术方面的进步”。朱德既指出了红军的长处、经验，又指出了存在的“短板”，强调红军要更加强大，军事技术的作用不可忽视。眼光看得远啊！

第五，自觉地遵守铁的纪律。指出：“红军的纪律是根据整个的阶级利益、革命利益和革命斗争的必须而制定的。红军的纪律，指挥员与战斗员都是一样地遵守”。“自觉地遵守纪律的精神的养成和提高，就是使各个指挥员战斗员的忠实勇敢，服从纪律，汇合成为全军的忠实勇敢，服从纪律。有了这样自觉地遵守纪律的红军，就是铁的红军。”这些简单明了的语言，把纪律的制定、作用阐释得既准确又清晰。

第六，要有集中的指挥和统一的训练。指出：“要有统一的训练，集中的指挥。要使红军的行动，在任何情况之下，有最大限度的集中性，去消灭它的阶级敌人的武装。”这就明确阐述了红军的集中指挥对消灭敌人的重要作用。

在文章的最后，朱德特别指出：“铁的红军的创造，要在斗争的过程中进行。我们现在比任何时期更加需要来搜集并整理过去红军斗争的经验，切实依照上述的条件，创造并扩大铁的红军，来完成红军的伟大历史任务。”①

不愧为“红军之父”和红一方面军的总司令，朱德这篇文章，站得高，看得远，高屋建瓴，既总结了红军的历史经验，又根据新的历史条

① 《朱德选集》，第1—6页。

件，提出了新的要求，对于红军的反“围剿”作战，红军的正规化建设，有十分重要的意义。

面对国民党军第三次“围剿”来得快、来势更加凶猛，毛泽东、朱德十分沉着冷静。这是他们同“左”倾教条主义者最明显的区别。他们有条不紊地收缩部队，依照“诱敌深入”的方针对付敌人。最初，毛泽东、朱德曾设想在闽赣边界布置战场，消灭进犯敌军一路，再及其他。但他们很快发现敌人这次“围剿”规模之大和来势之猛超乎预料，于是立刻放弃原来计划，一边指挥留驻赣南的部分红军，在地方武装和人民群众的配合下，开展游击战争，牵制敌军前进；一边指挥在闽西和闽西北地区的红军主力，迅速收拢部队，回师赣南，诱敌深入到兴国、于都、宁都、瑞金等群众条件良好的地区，“避敌主力，打其虚弱”，打破这次大规模“围剿”。

7月10日前后，毛泽东、朱德将红一方面军主力在闽赣边界收拢后，急行军回师赣南。由于国民党军推进的速度很快，左翼军的陈诚部主力在13日占领了建宁以西的广昌，“我主力向赣南红区前部或腹部退却集中都已来不及，毛泽东同志毅然决定红军向赣南后部集中”。[①] 这就需要实行千里大迂回，绕过国民党军进攻的锋芒，沿闽赣边界的武夷山脉南下，到根据地南部的瑞金再折向西北，插入敌军背后。时值7月，天气热得似乎一点就着火，红军在闽赣边界的崇山峻岭千里跋涉，十分艰苦，但情绪十分饱满。开国上将李志民在回忆中说：

这是一次大规模的战略行动，也是一次艰苦的进军。从福建西部地区，绕过整个根据地南部，到赣南的瑞金、兴国，全程约一千多里。部队分路出发，以急行军速度，沿着闽西、赣南的山岭小道向西疾进。七月，正是盛夏季节，战士们背负着全部行装，在烈日下行军，一个个汗流浃背。脚下的石板路，被火热的太阳一晒，脚落上去烙得钻心的疼；阳光的反射烤得人喘不过气来。这时早稻还没有收割，正是青黄不接的时候，大兵团行动，粮食也很困难。有时粮食不足，部队只好喝点稀饭

① 郭化若：《远谋自有深韬略》，人民出版社1980年版，第61页。

充饥。尤其困难的是病员增多了，中暑的、发疟疾的、拉痢疾的，这个没好，那个又病倒了，收容队一天天在扩大。

但是，千难万险也难不倒英雄的红军战士。他们从第一、第二次反“围剿”的亲身体验中懂得了一条道理：为了打胜仗，就一定得走路。当时，部队流传着的所谓“胜利在脚”、“走路出胜利”的口号，便是对这个道理的简明扼要的解释。为了胜利，大家都自觉地忍受着一切困难，衣服被汗水浸透了，把汗水拧掉；草鞋磨破了，用破布把脚包起来，或者干脆打赤脚；饿了，把皮带扎紧点；病了，把病号们组织起来，提前出发，走在部队的先头，互相搀扶前进。在行军行列里，战士们时而开起政治讨论会，时而进行文化学习。特别是行军鼓动工作，更是活跃。道边的山石上、树干上到处是标语口号。每到难走的地方，军团“火线剧社”的同志们或者师宣传队的宣传员们就出现了，道旁留声机吱吱呀呀地唱着，宣传员们唱歌、呼口号，鼓动着战士们前进。每当休息的时候，哪怕只有十几分钟，士兵委员会的骨干分子们也在进行鼓动工作，来个小演出，唱段山歌，或者班排之间进行一次唱歌比赛。山谷里、树林里，到处升腾起歌声和欢笑，疲劳和酷热就被忘得干干净净。

经过连续十来天的行军，部队完成了千里回师的任务，经过石城、瑞金，来到了老根据地——兴国。①

透过这个回忆，可以看出红军统帅和指战员们之间的高度一致性。毛泽东之所以敢于作出实行千里大迂回的决策，是源于对自己部队的了解。指战员们执行任务时，能够正确认识到自己的使命，因此能够调动他们所有的能量来完成这个任务。在过去一切旧军队所不可能做到的事情，而在红军却能够做到。这样的军队，怎么能不打胜仗呢？

7月24日，红一方面军主力到达于都县北部的银坑，与由广西突围后转战到江西的红七军及原在赣南的红三军等会合。接着，又继续向西北隐蔽转移，于28日到达兴国西北的高兴圩，完成了绕道千里，回师赣南的战略任务，为转入反攻创造了条件。

---

① 李志民：《奇兵制胜》，《星火燎原》（选编之二），第107—108页。

这一战术恐怕是蒋介石也无法预料到的。双方军事博弈，真乃是“魔高一尺，道高一丈”，比拼下来，还是毛泽东、朱德技高一筹。

国民党军进入根据地后，东奔西走，寻找红军主力作战，到处扑空。7月底，蒋介石、何应钦发现红一方面军主力已集中在它的侧背兴国地区后，立即集中了九个师的兵力，分数路向兴国扑来，企图消灭红军主力于赣江东岸。

敌人张开大网，想把红军主力一网打尽。红军该从哪里破网而出，使敌人企图落空呢？毛泽东、朱德率领部队到达高兴圩的当天，立刻召开军事会议，讨论作战方针。会议决定：“由兴国经万安突破富田一点，然后由西而东，向敌之后方联络线上横扫过去，让敌主力深入赣南根据地置于无用之地，定此为作战之第一阶段。及敌回头北向，必甚疲劳，乘隙打其可打者，为第二阶段。此方针之中心是避敌主力，打其虚弱。”①

毛泽东、朱德之所以选择北出富田作为反攻的突破口，是因为当时得到情报，说国民党军主力向兴国急进，其右侧的富田一带只有三个团防守。但当红军主力开始北上时，忽然发现陈诚、罗卓英两个师已先于红军赶到富田，这是蒋介石的嫡系部队，装备好，战斗力比较强，红军准备夺取富田的计划已无法实现。敌情发生变化，毛泽东、朱德当机立断，率部重返高兴圩，另寻战机。

8月上旬，敌人四面迫近，红一方面军主力隐蔽在高兴圩及其附近几十里的地区。白天，敌人的飞机不断地扫射、轰炸，红军处境非常危险。但各部队却看不到丝毫慌乱的情绪，大家都在做夜行军的准备。他们相信自己的领导者毛泽东、朱德，会有对付敌人的妙计。

毛泽东、朱德当然不会辜负指战员们的信赖。他们对当面敌情作了冷静的分析，认为陈诚、蔡廷锴、赵观涛和蒋鼎文等部战斗力强，不易突破，而东面由龙冈向良村、莲塘进犯的上官云相的第三路进击军（由第二次“围剿”时的王金钰残部改编而成）不是蒋介石的嫡系，战斗力较弱。于是，毛泽东、朱德决定将原定迂回敌军侧后的计划改为实行中

---

① 毛泽东：《中国革命战争的战略问题》（1936年12月），《毛泽东选集》第一卷，第219页。

间突破，向东面的莲塘、良村方向突进。这是一个大胆出敌不意的行动，当然也是险中求胜的决策，表现出朱毛二人具有别人都无法企及的胆略。按照这个计划，红军主力要在南北都有强大的敌军，中间只有20公里的空隙中穿过。

为了实施这个大胆的计划，毛泽东、朱德以部分红军会同地方部队和赤卫队，伪装红军主力，向西佯动，示形于敌，把敌陈诚、赵观涛、蒋鼎文各部吸引到赣江边去，把蔡廷锴部牵制在兴国北面。8月5日晚，毛泽东、朱德趁赵观涛部和陈诚部被吸引到赣江边的万安、良口地区的机会，率领红一方面军主力在夜幕的掩护下，开始了从崇贤和兴国两地敌军之间20公里的空隙处穿插行动。李志民回忆这次行动时说：

夜行军的准备工作是严格按照上级的规定进行的。一切能够发光的东西都要隐蔽好。白铁油桶用烟熏黑，白马穿上了伪装衣。一切能发响声的用具，像铁锹、锅铲，都用布包好。行军纪律异常严格：不准讲话，不准咳嗽，不准吹号、吹哨子；前后联络用扎在左臂上的白毛巾作识别；不准设置路标，碰到岔路一律用标兵；行军中的向导，除由政府审查选派外，要求各连从本地人中选出人组成向导队……

天将黄昏，前卫部队开始行动了。我简单地向部队作了动员之后，便决定观察一下部队行进的情形。我向着路边一块突出的山石走去，老远就看到团长龙昌汉同志那瘦小结实的身影。他停立在那里，正目不转睛地望着山道上向东疾进的部队。我走到他的身边，好半天，他才低声说：“老李啊，真叫人担心，要是哪一点检查不到……”他摇了摇头，没有说下去。

“没有关系。”为了安慰他也为了安慰自己，我说：“战士遵守纪律是很自觉的；再说，已经检查了好几遍了！”

他的心情我是完全理解的。这的确不是一次平常的行动。据确实的侦察，在我们东南是蒋鼎文的第九师、韩德勤的五十二师和独立旅，北面是蔡廷锴师和蒋光鼐师，西面是赣江，东、南、北三面敌人共有十二个师逼近我们，东南面与北面敌军相距不过四十里。按照总部的计划，我军三万人马就要偃旗息鼓、衔枚疾走，在一夜之间从这四十里的空隙中穿插过去，向东北方向插入敌后，实行中间突破，打上敌人。这样大部队的隐蔽行军，如果有一点响声或者一丝亮光暴露了目标，作战计划便有遭到破坏的危险。黑暗里，战士的影子在飞速地闪过。没有人说话，没有人咳嗽，甚至连粗声喘息也听不到，只有脚步的沙沙声急促地有节奏地响着。眼看一个连过去了，没有发现任何破绽。我俩几乎是同时松口气："走吧！"

天亮的时候，部队停止行进了。各部在林木茂密的山岭上分散隐蔽起来。

……

整整一天，我们都隐蔽在丛林里。隐蔽的命令较之夜行军的命令还要严格：如有暴露，按级负责。命令被认真地执行了。早晨，我和龙团长登上一座山崖，极目望去，只见晨风吹拂着树头、竹梢，鸟儿安详地飞过。到处是一片宁静。看着这如画的景象，不禁为我们红军战士那高度自觉的遵守纪律的精神而感到自豪——这不是一连一营，而是整整三万大军啊！

天亮了没有多久，三架敌机来到了山岭的上空，嗡嗡地低飞着、盘旋着，而密林中红色战士们却正呼呼地进入了甜蜜的梦乡。敌机盘旋数圈后，显然什么也没有发现，垂头丧气地向北飞走了。整个白天，不断有敌机在上空盘旋侦察。但是，就在这绿荫覆盖着的山岭上，一场大战的准备工作正在进行。竹林里，灌木丛中，战士们成连成排的聚集在一起，擦枪，打草鞋，开会，作战斗动员……人们不时地拨开树丛仰望天空，盼着太阳快点落下去。

难耐的白天过去了，暮色里，部队像一股股暴发的山洪，钻出树林，奔下山岗，向着东北方向的莲塘涌去。①

李志民对这次穿插行动描述得很详细，我们读起来有身临其境的感觉。我们能深深地认识到毛泽东、朱德这个作战计划制定得是何等精妙！3万红军指战员在行动前准备得是何等的细致！在执行中做得

① 李志民：《奇兵制胜》，《星火燎原》（选编之二），第109—111页。

是何等完美！细节决定成败，3万大军的穿插行动，每一个环节都做得如此完美，真是叹为观止！国民党军队与这样的军队作战，岂有取胜之理！

8月6日午前，红一方面军主力到达莲塘，跳出了敌军主力的包围圈。国民党军对于红军主力的东进毫无察觉。红军一到莲塘，就发现上官云相的第三路进击军第四十七师第二旅正毫无戒备地开向莲塘。这时，国民党第一、第二路进击军在红十二军第三十五师、红三十五军和地方武装的牵引下，正向西扑向赣江边，寻找红军主力作战，上官云相这个旅态势比较孤立。毛泽东、朱德决定集中兵力迅速歼灭该敌。7日拂晓，红军主力发起猛攻，经过两个小时战斗，全歼该旅和上官云相听到枪声后派来侦察的一个营，击毙敌旅长谭子钧，上官云相只带了两三个副官和几个马弁逃回龙冈。红一方面军取得第三次反“围剿”的首战胜利。

红军神速歼灭敌人，一个被俘的敌参谋颇有感慨地说：“情报，完全是情报失灵才倒的霉！一到这里，老百姓跑得连个影子也没有，弄得队伍像个瞎子。昨天通报还说你们被蒋光鼐、蔡廷锴围在高兴圩，哪晓得今天你们却在这里包围了我们！”①

莲塘战斗后，朱德、毛泽东指挥红军挥戈北向，乘胜进取良村。朱德带领一个警卫排向良村插去，在途中与正由良村增援莲塘的郝梦龄的第五十四师第一六〇旅遭遇。按预定计划，林彪指挥的红四军应该先占领路旁的山头，但他们没有按时到达，被郝梦龄部抢先占领了。朱德到达山脚下时，才发现这个情况。好一个红军总司令，尽管身边只有几个参谋人员和一个警卫排，但并不怯阵，立即指挥投入战斗，坚持到大部队赶到后，歼灭敌人一个团，击毙敌旅长张銮诏，残敌向良村溃退。接着，红军主力追到良村，将郝梦龄的第五十四师包围起来。当天下午1时，红军攻占良村，歼灭该师大部，击毙敌副师长魏我威、参谋长刘家琪，残敌逃往龙冈。

一天进行莲塘、良村两战，红一方面军共歼灭敌人两个多旅，俘敌

---

① 李志民：《奇兵制胜》，《星火燎原》（选编之二），第113页。

3500余人，缴获长短枪3100余支，机关枪40余挺，迫击炮14门，电台2部，马200余匹，各种子弹30余万发。红军自身牺牲250余人，伤860余人，红三军团第一师师长李实行在莲塘战斗中身负重伤，后在医院牺牲。

莲塘、良村战斗胜利后，红一方面军指战员士气高涨。而连吃败仗的国民党军则士气一落千丈。毛泽东、朱德决定趁热打铁，再歼龙冈敌人。这时，龙冈驻有国民党军周浑元第五师四个团、郝梦龄第五十四师两个团，还有从莲塘、良村溃退去的四个团，共八个团的兵力。8月8日午后2时，朱德、毛泽东命令红一方面军于9日拂晓向龙冈发起总攻击。当部队行进时，得知龙冈守军已有准备，在驻地周围修了许多坚固的工事；又获悉毛炳文第八师刚刚从君埠、南陵地区撤回黄陂。朱德、毛泽东立即改变原计划，不去龙冈，出其不意去黄陂攻打立足未稳的毛炳文师。

经过三天急行军，8月11日清晨，红一方面军主力到达黄陂附近。红四军、红十二军担任主攻，从黄陂南侧攻击；红三军团、红七军向黄陂东侧迂回，断敌后路，阻击东面增援之敌。这又是一场漂亮仗！李志民回忆说：

守黄陂的是毛炳文的第八师。他们居高临下，踞守着有利地形，又修好了工事，自以为万无一失。我一军团根据这个情况采用了新的打法，一下子来了几个集中——兵力集中、炮火集中、军号集中。五、八军奉令采取两翼大包抄。

总攻击是在11日12时开始的。集中的炮火突然打向敌人的前沿工事，几十支马号吹起了冲锋的号令，顿时，炮声大作，军号齐鸣，整个黄陂墟被打得烟雾弥漫，守敌根本抬不起头来。我早有准备的突击部队，乘势分路突进墟场。

一进墟场，天下就是我们的了。敌兵们被打得滚的滚，爬的爬，一片混乱。有个骑兵连，马匹都备好了鞍子，也没来得及逃走，全部当了俘虏。黄陂战斗仅仅用了一个多钟头的时间，全歼敌军四个多团。①

---

① 李志民：《奇兵制胜》，《星火燎原》（选编之二），第114—115页。

黄陂战斗，红一方面军俘敌4000余人，缴获长短枪3000余支，机关枪30余挺，迫击炮11门，电台一部，各种子弹40余万发。红军牺牲80余人，伤300余人。

从8月7日至11日，红一方面军五天之内连续打了莲塘、良村、黄陂三个胜仗，共歼敌万余人。这几次战斗中，红军宽待俘虏政策发生巨大威力，不少敌人士兵被红军包围，在军事政治夹攻下，便高举枪支喊道：“不打啦，缴枪，缴枪！”有的俘虏还对红军战士说：“我这是第三次缴枪了，前两趟还领了六块大洋的路费哩！”有的俘虏坚决要求留下当红军，马上撕掉国民党军帽徽，掉转枪口，参加战斗。

红一方面军三战三捷，蒋介石疼得嗷嗷叫，命令其第一、第二路进击军和第一军团掉头向东，向黄陂地区猛扑过来，企图集中优势兵力，围歼红军主力于黄陂地区。

就在黄陂战斗中，红军从毛炳文师部缴获一份第六师师长赵观涛和第十师师长卫立煌发出的紧急电报，称这两个师已向黄陂地区开来。毛泽东、朱德根据这份紧急电报和其他有关情报分析，认为国民党军主力被部分红军向西引到赣江边后，未找到红军主力，已发现中了调虎离山计，莲塘、良村两次战斗后，他们发现红军主力在黄陂一带集结，肯定会向黄陂扑来，红军不宜在黄陂久留。于是，朱德、毛泽东命令部队于当夜离开黄陂，向君埠地区隐蔽待机。

毛泽东、朱德神机妙算，果然，第二天敌赵观涛第六师、卫立煌第十师、许克祥第二十四师和高树勋第二十七师就进占黄陂。然而，红军已无踪影，敌人又扑了个空。接着，国民党其他部队也很快从四面八方向黄陂、君埠开来，形成一个包围圈，企图一口吃掉红一方面军主力。

形势不容乐观，红一方面军处于自第一次反“围剿”以来最危险的境地！这一次红军能够化险为夷么？

8月13日晚，毛泽东、朱德在君埠召开军事会议，商讨对策。会议一致同意毛泽东的意见，认为应该避免同超过红军数倍的敌军决战，而要采取“声东击西”的战术，用一部分兵力继续向东引开敌军，掩护主力秘密西进，回到兴国隐蔽待机。

会后，毛泽东、朱德针对蒋介石、何应钦害怕红军北攻抚州的心理，将计就计，命令红十二军伪装红军主力，大张旗鼓地向乐安佯动，使国民党军产生错觉，以为红军主力要北攻抚州，吸引他们向东北方向调动。

这是一个奇特的现象！8 月 15 日夜间，毛泽东、朱德率领红一方面军主力悄悄地由君埠地区向西急进。而国民党军却正由西向东开进。在蒋光鼐第一军团和陈诚第二路进击军之间，有一条 20 里的缝隙，红军准备从这条缝隙中穿插过去。这两部敌人就有 20 来万，3 万人的红军从这狭小的缝隙中通过，能不能够不被敌人发现，不少人都心里暗暗捏一把汗。

十天前，红军主力是在夜间由西向东进，这次却是由东向西进，且敌人两部之间的缝隙比上次还窄一倍，上演了更为神奇的一次夜行军。红军在大山丛中，沿着一条小河沟蜿蜒西进，一会儿走上山腰，一会儿又下到谷底。开始还有小路，走着走着没有路了，钻进荒僻的丛林草莽之中。借着稀疏的星光，可以看到新砍的树桩和灌木根部。部队便攀藤附葛，在这新辟的山道上行进。就在不远的山头上，“突突突，突突突”，敌人的机枪声盲目地扫射着，为自己壮胆。敌人打着手电筒行军，电光一闪一闪的。在红军前进的队伍中，不断传来低沉的命令。红军已经走到两路敌人的间缝了，两翼不到十里便是敌军。

那么，毛泽东、朱德在这次行军的情况是怎样呢？请看李志民的描述：

走着走着，前面突然停住了，队伍靠着路边休息。过了一会，从前卫方向返回一小队人马，挨着我们身边走过去。在几个侦察员后面，我们看见一个魁梧的身影，在快步走着，偶尔还停住脚，向战士们问几句什么。我们看得清清楚楚，正是总政治委员毛泽东同志。这时，队伍里立时活跃起来，干部和老战士认出是谁，都低声传告着：“看见了没有？是毛总政委呀！”“毛总政委亲自带着我们，没问题，一定能安全地跳出去！”原来是前面走不过去了，毛总政委带着另找路线。后来听说，整整一夜，毛总政委和朱总司令、叶总参谋长都拿着指南针走在部队的前面，披荆斩棘，开辟道路，带领部队前进。看见毛总政委和朱总司令亲自带领部队前进，部队更加快了脚步，伤病员也咬牙坚持着紧跟上队伍。①

经过一夜的急行军，红一方面军主力终于跳出敌军的包围圈，到达兴国东北部的白石、枫边地区，隐蔽在深山密林中，一边休整，一边静观敌军动向。对于这次惊险的夜行军，朱德记忆犹新，1944 年，他在编写红军一军团史座谈会上说：“我们在敌人两路夹攻，不到二十里宽的区域中转移出去，进退自如，打得相当巧妙。这都是由于群众条件优越，将敌人‘肥的拖瘦，瘦的拖死’，弄得敌人疲惫不堪。”②

担任掩护红军主力向西转移任务的红十二军，在军长罗炳辉、政治委员谭震林的带领下，相机占领了乐安城。这下，蒋介石、何应钦更加确信这是一支主力红军，并判断红军主力将进攻抚州，急令卫立煌第十师由黄陂火速回抚州，又令赵观涛第六师、罗卓英第十一师、陈诚第十四师等部由黄陂、君埠地区向北追击红十二军，准备决战。红十二军牵着敌人的鼻子，专拣险路、难走的路走。红军没有重武器，在山间行走如飞。敌人带着许多重武器，行动不便，被拖了半个月，累得贼死，苦不堪言，也找不到红军主力在哪里。一位国民党军官在一封家书中抱怨说：“这一月来，无论官兵差不多没有不病的。肥的拖瘦，瘦的拖死。至于山高路险，跌死的人马以及病后被土匪杀死的官兵，总和起来比出发时候的人数差不多要少三分之一。”③

8 月底，蒋介石、何应钦才如梦方醒，发现红一方面军早已西去，急令“进剿”军主力掉头向西。当国民党“进剿”军喘着粗气再到兴国北部地区寻找红军主力决战时，红一方面军主力已在白石、枫边地区从容休整半个月了。

敌来我走，毛泽东、朱德于 9 月初率领红一方面军主力继续西移，

① 李志民：《奇兵制胜》，《星火燎原》（选编之二），第 116 页。

② 朱德：《在编写红军一军团史座谈会上的讲话》（1944 年），《朱德选集》，第 131 页。

③ 《白军官长的九封信》，《江西党史资料》第 19 辑，第 237—238 页。

转移到兴国、万安、泰和三县之间的均村、茶园冈山区隐蔽集结。当敌军主力开到兴国北部时，这里又是空空如也。

国民党军在中央苏区东来西往，到处扑空。所到之处，遇到老百姓坚壁清野，吃不上，喝不上，睡不香，疲劳至极。蒋介石几十万军队这边陷入中央苏区泥潭，那边后院起火，广西、广东国民党当局举起反蒋旗帜，进兵湖南。鉴于这种情况，蒋介石不得不结束对中央苏区的第三次“围剿”。9 月 4 日，何应钦按照蒋介石的决定，命令左、右翼两集团军实行退却。

反攻的好时机到了！蒋鼎文第九师、韩德勤第五十二师、蒋光鼐的第六十师和第六十一师，由兴国高兴圩、老营盘向泰和、吉安撤退。毛泽东、朱德决定抓住这一时机，出敌不意歼灭正在运动中的蒋鼎文师和蒋光鼐的两个师，然后相机扩大战果。

9 月 6 日晚，红一方面军主力各部分左、中、右三路，向高兴圩、老营盘急进。当晚，各路红军进入预设阵地。

次日拂晓，蒋鼎文第九师正沿着高兴圩至老营盘大道向北撤退，红三军和独立第五师抢占了敌人必经黄土坳，切断了敌先头旅与后续部队之间的联络，从北、南、西三面包围了这个先头旅，发起猛烈攻击。战至下午 2 时，干净利索地全歼该旅，俘敌 2000 余人，缴获长短枪 2000 余支，机关枪 35 挺，迫击炮 10 门，各种子弹 60 余万发，电台一部。

与此同时，红三军团、红四军、红三十五军向高兴圩的蒋光鼐两个师发起攻击。此战历时两天，双方打成平手。由于蒋光鼐部战斗力比较强，且又先占据了有利地形，而红军兵力不够集中，战斗打成对峙局面。为争取主动，毛泽东、朱德命令部队撤出战斗，转至茶园冈、均村、永丰地区整理待机，以红四军和独立第五师在老营盘阻敌北撤。

国民党军队在老营盘、高兴圩战斗中受到红军的打击后，不敢再走这条路北撤，改变了北撤路线。红军主力即向东急进追击。15 日拂晓，红军主力赶到东固以南的方石岭、张家背附近，抢先控制有利地形。韩德勤第五十二师六个团和蒋鼎文第九师一个炮兵团进入红军伏击圈。红军乘敌不备，发起攻击，将敌人全部消灭。韩德勤被俘后，扮成伙夫逃走。方石岭战斗俘敌 5000 余人，缴获长短枪 4500 支，机关枪 70 挺，各种子弹 120 万余发，马 200 余匹。至此，国民党军对中央苏区的第三次“围剿”被彻底粉碎。

在第三次反“围剿”中，红一方面军在地方武装和根据地人民群众的配合下，如鱼得水，灵活机动穿插于敌人重兵集团之间，先后进行了莲塘、良村、黄陂、老营盘、高兴圩、方石岭六次战斗，除高兴圩打成平手外，都取得很大胜利，歼灭国民党军 17 个团，共 3 万余人，缴获长短枪 1.5 万余支。蒋介石曾放言“三个月消灭共产党”，成为世人的笑柄。

在方石岭战斗之后，红三军军长黄公略指挥部队转移时在吉安六渡坳遭遇敌机轰炸不幸牺牲。红一方面军一颗重要的将星陨落，朱德非常痛惜，说：“我们有名的一个军长黄公略，被飞机击死。黄同志是智勇双全的人才，是我们顶大的损失。”①

黄公略，字家杞，号公略，曾用名黄汉魂、黄石、田文，湖南湘乡人，1898 年生。早年当过湘军排长、副连长、连长。平江起义后，任红五军军委委员，红五军第十三师第四团党代表、教导大队大队长兼党代表、第二大队队长、第二纵队纵队长。1928 年 10 月红五军主力向井冈山转移后，率部在湘鄂赣边区坚持游击战争。后任湘鄂赣边境红军游击支队支队长、红五军副军长。1930 年 1 月起，任红六军军长兼军委书记，中共红四、红五、红六军共同前委委员，红三军军长兼军委书记，红一方面军总前委委员。毛泽东非常欣赏他的军事才能，曾在《蝶恋花·从汀州向长沙》中写过“赣水那边红一角，偏师借重黄公略”②的诗句。在中央苏区三次反“围剿”中，他率领的红三军，屡屡堪当大任。为纪念这位杰出的将才，中共苏区中央局曾在东固地区设立公略县，在瑞金建立“公略亭”，并将红军第二步兵学校命名为“公略步兵学校”，以志纪念。

---

① 转引自中共中央文献研究室编：《朱德传》（修订本），第 317 页。

② 《毛泽东诗词选》，第 26 页。

中央苏区第三次反“围剿”胜利后，毛泽东、朱德决定以一部分地方武装监视北面的国民党军队，主力红军则移到以瑞金为中心的地区，向闽西北和赣西南开展工作。其间，红军攻占了会昌、寻乌、安远、石城等县城，使赣西南和闽西根据地再次连成了一片，并扩大到20余县的广大地区，形成全国最大的苏区。

与此同时，鄂豫皖、湘鄂西、赣东北、湘赣、湘鄂赣等根据地也都发展到相当规模。中共中央决定以赣南、闽西根据地为依托，建立苏维埃中央政府。1931年11月7日至20日，中华苏维埃第一次全国代表大会在瑞金召开，成立了中华苏维埃共和国，选举产生了工农民主专政的新型政权——中华苏维埃共和国临时中央政府。毛泽东被选举为中华苏维埃共和国中央执行委员会主席、人民委员会主席。11月25日，中华苏维埃共和国临时中央政府发布通令，成立以朱德为主席的中央革命军事委员会（简称中革军委）。中革军委统一领导和指挥全国的红军，特别是中央红军。中共中央、中革军委和各区党委、军委，分别颁布了一系列条例、条令，初步统一了红军的编制，加强了红军相对的正规化建设。

红一方面军连续取得三次反“围剿”的胜利，对国民党军队是一个重大的打击。由于受到红军反“围剿”胜利的影响和全国抗日反蒋浪潮的推动，并因为要求到北方抗日而遭到蒋介石的拒绝，曾经奉命参加“围剿”红军的国民党第二十六路军1.7万人，在参谋长赵博生（共产党员）和高级军官董振堂、季振同、黄中岳等以及中共秘密特别支部的领导下，于1931年12月14日在江西宁都起义。起义部队改编为红五军团，季振同任总指挥，萧劲光任政治委员，董振堂任副总指挥，赵博生任参谋长，刘伯坚任政治部主任。军团下设三个军的编制：第十三军，董振堂兼任军长，何长工任政治委员；第十四军，赵博生兼任军长，黄火青任政治委员；第十五军，黄中岳任军长，左权任政治委员。自此，在中国工农红军的队伍中，又出现了一支能征善战的劲旅。随着宁都起义和红五军团的诞生，极大地增强了红军的力量，红一方面军发展到6万多人。

在中央苏区进行三次反“围剿”的同时，其他根据地也进行了反“围剿”的斗争，并取得重大胜利。

鄂豫皖苏区

从1930年冬到1931年夏，国民党军队以10万兵力对鄂豫皖苏区先后进行两次“围剿”。这两次“围剿”分别在1931年1月和5月被鄂豫皖红军粉碎。1931年9月至11月，蒋介石先后调集15个师以上的兵力，分别部署在豫东南、鄂东和皖西，准备对鄂豫皖苏区进行第三次“围剿”。但由于九一八事变后全国抗日反蒋浪潮的掀起和国民党内部矛盾的增长，使得这次“围剿”迟迟不能开始行动。

11月7日，根据中共中央的决定，红四军①和10月间成立的红二十五军合编为红四方面军，徐向前任总指挥，陈昌浩任政治委员，全军近3万人。这是继红一方面军之后组建的有进行战役作战能力的又一支红军部队。从1931年11月至1932年6月，红四方面军主动出击，先后发起黄安、商（城）潢（川）、苏家埠、潢（川）光（山）四次战役，共歼敌约6万人，给敌人以沉重打击。红四方面军的进攻作战，使得国民党军队对鄂豫皖苏区的第三次“围剿”未及发动，即告流产。

随着反“围剿”斗争的胜利，鄂豫皖苏区和红军都有很大发展，红四方面军发展到4.5万余人，根据地扩大到东迄安徽舒城，西至平汉铁路，南抵鄂东黄梅、广济，北临淮河的广大地区，鄂豫皖苏区的发展进入鼎盛时期。

湘鄂西苏区

1930年11月，蒋介石命令国民党军第十军军长、湘鄂川边“清乡”督办徐源泉指挥四个师又七个旅的兵力，以洪湖地区为重点，分三

① 1931年1月中旬，红一军在商南与红十五军会合，合编为红四军。

期对湘鄂西苏区进行“围剿”。这时，湘鄂西苏区的红二军团远在江南松滋、公安间的杨林市地区。洪湖地区只有由江北地方武装组成的以董朗为总指挥的江左军，由江南地方武装组成的以段玉林为总指挥的江右军，以段德昌为军长的刚组建的新红六军（约1000人，不久改为独立团）。以周逸群为代理书记的中共湘鄂西特委决定利用洪湖地区复杂的地形积极开展游击战，以新红六军为骨干力量，江左、江右军互相配合，共同打击敌人，使敌人的第一、第二期“围剿”计划都没有达到预期目的。

1931年4月，国民党内派系矛盾日益尖锐，蒋介石为应付国民党内部斗争，将徐源泉部陆续调往长沙。这样，第三期“围剿”没有按计划进行。

1931年3月，根据中共中央指示，红二军团改编为红三军，贺龙任军长，邓中夏任政治委员。4月，红三军开进荆门、当阳、远安地区。后在国民党军进攻下北移，建立以房县为中心的鄂西北根据地。8月，夏曦任书记的中共湘鄂西中央分局派红九师（由独立团扩建而成）自洪湖地区北上鄂西北迎接红三军。9月下旬，红九师与红三军会合，由中共湘鄂西中央分局派去的万涛接任邓中夏的红三军政治委员的职务。以后，红三军和红九师进入钟祥、京山、天门地区，打通与洪湖地区的联系。从11月开始，国民党军队又不断向洪湖地区进犯。红三军在地方武装和群众的配合下，在1932年1月粉碎了敌人的进攻，共俘敌6000余人。

这时，洪湖地区除原有各县外，已扩大到襄北广大地区，红三军发展到1.5万人。整个湘鄂西苏区，除鄂西北由于红二十五师返回洪湖后被敌人占领外，湘鄂边和巴兴归、襄枣宜区都有发展。

赣东北苏区

赣东北苏区的红军，在方志敏、邵式平等领导下，粉碎了国民党军于1930年11月和1931年3月发动的两次“围剿”，使红十军发展到

5000人。1931年4月，红十军挺进闽北，支援中央苏区的反“围剿”斗争，恢复并扩大了闽北根据地。但在7月开始的第三次反“围剿”中，由于中共六届四中全会后的中央派曾洪易（1935年1月叛变）到赣东北苏区，推行“左”倾教条主义方针，蛮横拒绝方志敏等人提出的向敌人力量比较薄弱和无堡垒地区的皖浙赣边发展的主张，在打通与中央苏区联系的高调口号下，主张红十军向敌人力量比较集中且有堡垒地区发展。结果，红十军经过半年苦战，未能打破国民党军队的“围剿”，苏区大部分地区丢失。

湘赣苏区

湘赣苏区的红军，先后在滕代远、张云逸、王首道、张启龙、甘泗淇、李天柱、王震等领导下，经过多次战斗，给国民党军以打击，牵制了一部分国民党“围剿”军，配合了中央苏区的反“围剿”斗争，并使湘东南独立师和地方武装逐步扩大为独立第一师和独立第三师，并合编为红八军，共3600多人。

湘鄂赣苏区

湘鄂赣苏区的红军，先后在孔荷宠（时任湘鄂赣军区司令员，1934年7月叛变）、黄志竞、李宗白等领导下，开展游击战争，红十六军和独立第三师都得到发展。

此外，冯白驹、梁秉枢等领导的琼崖红军第一独立师（后正式定名为第二独立师），打破国民党军的进攻，到1931年底发展到2000多人，巩固和扩大了琼崖苏区。古大存等领导的东江地区的红十一军，进行游击战争，后被强大的敌军各个击破。

需要特别指出的是，在陕甘边地区，刘志丹、谢子长等在屡遭挫折的情况下，坚持从事兵运工作，以创造党领导下的革命武装。1930年9月，刘志丹建立了南梁游击队。1931年10月下旬，阎红彦等领导的陕北游击队来到陇东。随后陕北游击队和南梁游击队在合水林锦庙会师，革命武装发展到700余人。11月初，中共陕西省委派谢子长到南梁，与刘志丹一起领导这支革命武装。1932年1月初，这支部队改编为西北反帝同盟军。2月12日，西北反帝同盟军在三嘉塬锦章村正式改编为中国工农红军陕甘游击队。

红军陕甘游击队的诞生，点亮了中国西北地区第一支红色火炬。随着时间的推移，它不断发展壮大，燃起陕甘大地的烈火，映红西北地区的天空。自此，不仅中国南方有红色区域，在中国西北地区也出现了红色区域，中国革命格局在悄然之中发生变化。历史将会赋予陕甘苏区新的使命。

“围剿”，反“围剿”，20世纪30年代，中国大地上进行的“红”“白”之间的大战，是近代中国战争史上的奇观，将中国军事历史推向了一个新阶段。中国工农红军，虽然它的人数同国民党军相比，处于绝对的劣势，但作为中国最先进阶级及其政党领导下的军队，它呈现出极强的生命力，显现出强大的内力，屡屡上演以少胜多的奇迹！在反“围剿”斗争中，中央苏区以及其他苏区红军愈战愈勇、愈战愈强，不断发展壮大，书写了中国历史前所未有的人民战争的华彩乐章！

结束语　背负着民族的希望

从 1927 年 8 月 1 日南昌起义打响武装反抗国民党反动派的第一枪起，到 1932 年春各苏区红军相继粉碎国民党军队大规模的军事“围剿”，在以毛泽东为代表的中国共产党人的百折不挠、艰苦奋斗之下，经过四年多的时间，中国共产党领导的工农红军，从最初领导和发动的武装起义保留下来转入农村和山区的少数部队，发展到主力达 15 万人的部队。红军不但有方面军、军团、军等主力部队的建制，而且还有独立师、独立团、独立营地方部队建制。并形成了主力部队、地方部队和游击队、赤卫队“三结合”的武装体制。这样，中国近代历史舞台上出现了一支令大小反动统治者、旧军队都望而生畏、闻风丧胆的全新型军队。这支军队有如下特点：

第一，中国无产阶级及其政党绝对领导下的军队。在这支军队中，普遍建立一整套无产阶级政党的组织系统。班、排有党的小组，连建立党支部，营以上建立党委，军以上设军委、前委，方面军设总前委。虽然因战争和作战的需要，军队党的组织机关名称有变动，但党对军队的绝对领导的根本制度和原则是不变的。军队的战略行动方向，打不打仗等重大决策，都是由党的领导机关召开会议决定，许多还是召开扩大会议而定。广大党员在这支军队中起着骨干和先锋模范作用。基本上每四名战士中，就有一人是共产党员。共产党员冲锋在前，撤退在后。每逢最危险、最困难的时候，指挥员往往挥手高喊：“共产党员，跟我上!”

部队的冲锋受阻时，往往会有这样的声音：“我是共产党员，让我去炸掉敌人的火力点！”在生与死的考验时，共产党员指战员们会把死留给自己，把生的希望留给别人。在生活极其艰苦的战争环境条件下，这支军队中的共产党员们从未忘记过自己的使命。共产党员在这支军队中，是一个崇高的称号和荣誉。非党战士们自觉向共产党员们看齐，希望在战斗中、战场上考验自己，能够成为光荣的共产党员。许多人是在火线上直接入党的，有的甚至是在牺牲后被追认为共产党员的。这是一支中国共产党绝对领导之下的军队，一支听党指挥，为实现党的纲领、路线而奋斗的军队。

第二，有远大理想和坚定信念的军队。在中国的旧军队，除了在对外反侵略战争的情况下，官兵作战目的是不明确的。军官是为了升官发财，士兵绝大多数是没有办法才进入军队的。所谓“好铁不打钉，好人不当兵”，是旧军队的真实写照。许多士兵是被抓去当兵的，还有就是家里穷，当兵就是为了吃粮，活下去。而在这支新型军队中，广大官兵有远大理想和坚定的信念。许多参军前还是普通的贫苦农民，仇恨反动的统治阶级，具有朴素的反抗思想和精神，抱着报仇的想法进入这支队伍；有的初步接受了革命思想，但只是笼统的和模糊的；有的是被俘虏过来的反动军队的士兵，经初步教育参加这支队伍的，身上有许多旧军队的不良习气和作风；有的是其他劳动阶级、小资产阶级分子，有着各种各样的非无产阶级观念和想法。但是，这支军队是个大熔炉，他们参加到其中之后，精神状态、思想观念很快发生质的明显变化。这支军队设有政治委员和政治机关制度，负责进行部队指战员的政治工作。广大政治工作人员，通过上政治课，讲述共产党的主张，红军宗旨及红军与国民党军、土匪的不同；讲述红军的三大任务、苏维埃政权、土地革命；讲述帝国主义对中国的侵略，国民党的反动统治，新军阀混战等内容，对官兵进行思想政治教育。这些教育，使广大官兵明白，参加这支军队，不是为了升官发财，不是为了当兵吃粮，不是为了个人复仇，而是为了推翻帝国主义和反动派在中国的统治，推翻一个旧制度、旧世界，为了中华民族的独立、广大被压迫被剥削阶级翻身求解放，为了建立一个新中国进行战斗。共同的理想、信念，使这支军队产生了强大的凝聚力、向心力，激发了其他军队不可能有的所难以想象的能量，产生了强大的战斗力。

第三，同广大人民形成鱼水关系的军队。这支军队的官兵主体来自农民和其他劳动群众，同人民群众有着天然的联系。更由于其宗旨是为广大人民群众翻身求解放的，得到人民群众的热烈拥护和支持，从而形成军爱民、民拥军的鱼水关系。这支军队所到之处不扰民，不拿群众一针一线。住宿老百姓家，帮助干农活，扫地挑水；走时上门板、捆铺草，庭院打扫干净，所借东西归还；买卖老百姓的东西，价钱公平合理，不强买强卖。这支军队有严格的群众纪律，凡侵犯群众利益，违反纪律者，必受到严厉的惩罚。这支军队每到一处，在作战间隙，就开展群众工作，向群众宣传革命道理。其有专门的宣传队，手中的主要武器、也是特殊的武器——笔，在大街小巷书写革命标语。这些革命标语至今在革命老区仍然能够看到，虽经岁月的侵蚀，斑驳、残破，仍然折射出当年洒向人民群众的革命真理、唤起他们觉悟的光辉。这支军队帮助人民群众建立苏维埃政权、建立赤卫队等武装，打土豪，开展土地革命。人民群众热烈拥护自己的子弟兵，不仅为他们提供住宿、解决粮食，而且还把自己最优秀的青壮年送进这支军队，为这支军队提供了源源不断的兵员。他们为这支军队送情报、带路、抬担架救治伤员、运送弹药、茶水、食物。正是有了人民群众的大力支持，这支军队才屡屡战胜国民党军的“进剿”“会剿”“围剿”。毛泽东曾指出：“革命战争是群众的战争，只有动员群众才能进行战争，只有依靠群众才能进行战争。”“真正的铜墙铁壁是什么？是群众，是千百万真心实意地拥护革命的群众。”① 新中国成立后，毛泽东还在一首诗中写道：“军民团结如一人，试看天下谁能敌。”② 这是毛泽东对这支军队与人民群众关系的经验总

① 毛泽东：《关心群众生活，注意工作方法》（1934 年 1 月 27 日），《毛泽东选集》第一卷，第 136、139 页。

② 毛泽东：《八连颂》（1963 年 8 月 1 日），《毛泽东诗词选》，第 159 页。

结和精确阐释。

第四，实行军事民主、官兵平等、官兵一致的军队。在这支军队中，实行民主制度，建立了士兵委员会，并在实践中不断改进和发展。在政治部及政治委员会指导下，士兵委员会在提高士兵文化程度和政治水平，举办娱乐活动，监督给养，清算伙食，办理卫生事宜，慰问伤病员，调查死难同志并设法抚恤等方面，做了大量工作，在团结广大士兵方面发挥了重要作用，促进了民主制度的实行和深入，保障了士兵在军事上、政治上、经济上的权利，增强了军队内部的团结和广大指战员的主人翁精神，提高了部队的战斗力。毛泽东在谈到红军实行民主制度时说："红军的物质生活如此菲薄，战斗如此频繁，仍能维持不敝，除党的作用外，就是靠实行军队内的民主主义。""士兵有开会说话的自由，废除烦琐的礼节，经济公开。士兵管理伙食，仍能从每日五分的油盐柴菜钱中节余一点作零用，名曰'伙食尾子'，每人每日约得六七十文。这些办法，士兵很满意。尤其是新来的俘虏兵，他们感觉国民党军队和我们军队是两个世界。他们虽然感觉红军的物质生活不如白军，但是精神得到了解放。同样一个兵，昨天在敌军不勇敢，今天在红军很勇敢，就是民主主义的影响。红军像一个火炉，俘虏兵过来马上就熔化了。""军队内的民主主义制度，将是破坏封建雇佣军队的一个重要的武器。"① 在这支军队中，实行政治平等，官兵都是阶级弟兄。指挥员爱护士兵，关心士兵的政治进步和生活状况，尊重士兵人格，废除肉刑，禁止打骂士兵。士兵尊重指挥员，自觉接受管理。广大官兵一致，同甘共苦，最高领导者毛泽东、朱德和大家站在一起，外人谁也看不出他们是这支军队中最大的"官"！井冈山时，山上缺粮，红四军司令部发起挑粮运动。贺礼保回忆说："朱德、毛泽东同志和战士们一样挑粮上山，一些人叫朱德同志伙夫头，他满身衣服上都是油，帽子上也有油，和我们战士们打成一片。他挑粮我是亲眼看见的，他把裤子脱下来装米，把裤头、裤脚捆起来背米上山。战士们一般都不让朱德、毛泽东同志去挑

① 毛泽东：《井冈山的斗争》（1928年11月25日），《毛泽东选集》第一卷，第65页。

米，怕累坏了他们。”[①] 为了照顾年过 40 岁的朱德，战士们把朱德挑粮用的扁担藏了起来。朱德找来找去没有找到，就让人从当地群众那里买了一根毛竹，又做了一根扁担，并在上面写下了“朱德记”，以防别人拿走。“朱德的扁担”的故事广为流传，真实反映了红军官兵一致情况。在作战的时候，这支军队也充分发扬民主。在作战前充分发动广大指战员讨论，献言献策，集思广益；在战后又发动大家总结经验教训。这样的军事民主，是这支军队发挥集体智慧，战胜敌人的重要武器。

第五，形成了人民战争的基本作战原则的军队。井冈山时期，毛泽东、朱德即提出了“敌进我退，敌驻我扰，敌疲我打，敌退我追”的十六字诀。中央苏区第一次反“围剿”时，毛泽东又提出了“诱敌深入”的作战方针，并在实际作战中应用成功。毛泽东指出：“等到战胜敌人的第三次‘围剿’，于是，全部红军作战的原则就形成了。”[②] 毛泽东、朱德等在领导红一方面军进行的中央苏区三次反“围剿”作战过程中体现的战略战术思想，是这一时期红军战略战术思想的集中体现，鄂豫皖、湘鄂西及其他苏区的红军，也从实际出发，采取适合自己情况的作战原则。它们对红军战略战术思想的形成，都作出了重大贡献。红军作战基本原则是根据中国革命战争的特点和规律制定的，其中特别重要的有以下几个方面：

其一，以反“围剿”为主要形式，依托根据地作战。自红军创建开始，国民党政府就不容它存在，由最初一省或数省军队的“进剿”“会剿”发展到集中全国军队的“围剿”，以达到完全消灭而后快。代表两个相互对立阶级的军队之间势不两立的这种状况，决定了中国内战以国民党军队的“围剿”和红军的反“围剿”为主要形式。在这种特点之下，红军只有也必须紧紧地依托自己的战略基地即根据地的有利的群众条件和地形条件，在人民群众的支持和援助下，才能打破强大敌人的

---

① 贺礼保：《随茶陵游击队上井冈山》，井冈山革命根据地党史资料征集编研协作小组、井冈山革命博物馆编：《井冈山革命根据地》（下），第 225 页。

② 毛泽东：《中国革命战争的战略问题》（1936 年 12 月），《毛泽东选集》第一卷，第204 页。

“围剿”，才能求得保存和发展自己的力量。这是红军作战的基本原则，也是红军夺取胜利的一条重要经验。着眼于消灭敌人的有生力量，是红军作战的基本指导思想。

其二，实行战略退却，诱敌深入。国民党军队对红军的“围剿”，总是以数倍乃至十倍以上的兵力，寻找红军作战。在强大敌人进攻面前，红军必须避免不利条件下的决战，必须避开敌人进攻的锐气，实行战略退却，采取诱敌深入的方针，把强大的敌人诱入根据地的腹地，使之在红军和地方武装的不断袭扰下，变成聋子瞎子，东奔西走，却找不到红军主力的影子，自己却疲惫不堪，并且分散了兵力，虽在总体上仍处于优势状态，但在局部上已出现劣势。这时，红军找到敌人的薄弱部分，以主力实施反攻，速战速决，将敌各个击破。诱敌深入，是红军充分利用有利条件，依靠根据地党政军民整体力量，反对国民党军大规模进攻并且夺取胜利的基本作战方针。

其三，集中兵力实行运动战、速决战、歼灭战。红军因兵力和武器装备处于绝对劣势，不可能与强大的敌人实施阵地战、攻坚战，更不能分散兵力处处设防，而必须相对集中自己的兵力，造成某次战斗上的优势兵力，在长的战线上、大的战区上实行战役战斗上的速决进攻战，将局部劣势的敌人歼灭于运动中。红军兵力弱小，还表现在一个根据地内只有一支部队。在这种特点下，必须力求速战速决，以避免陷入多路敌人的包围之中，并便于自己连续作战。红军的武器装备取决于战场缴获，兵源一部分来自俘虏兵。在这种情况下，红军必须坚持歼灭战原则，力求俘虏当面之敌的大部人员和缴获全部武器装备，以补充自己。而面对强大的国民党军队来说，击溃它意义不大，而只有将其一部一部地歼灭，才能造成它士气的低落，兵力削弱。

其四，不失时机地实施进攻，扩大战果或将敌之“围剿”打破于计划实施之前。红军总的战略态势是防御，但不应当排除有利条件下的进攻作战。在敌之“围剿”被打破以后，敌军通常是转为暂时的战略守势。在这种有利的条件下，红军应当以主力连续再战，向退守根据地周围的孤立无援的敌军实施进攻，以扩大战果，巩固和发展根据地。有利条件下的进攻作战，是红军力求战略主动的重要表现，也是争取胜利的重要一着。

毛泽东等制定的红军作战基本原则，解决了红军如何在劣势兵力和落后装备条件下，去战胜强大敌人的问题，是对马克思列宁主义军事学说的杰出贡献。

除了上述特点外，这支军队涌现出了具有高超军事指挥艺术的军事家、战略家和领袖。其中，首推毛泽东。

毛泽东在领导湘赣边界秋收起义之前，除了在辛亥革命后当过半年列兵，其他并无军事经历。然而，从领导秋收起义开始，至中央苏区第三次反“围剿”胜利，也就是四年的时间，毛泽东就成为中国无产阶级最杰出的军事家、战略家和红军领袖。毛泽东之所以这么快就成为杰出的军事家、战略家和红军领袖，是他此前的知识储备和实践经验。在延安访问过毛泽东的斯诺曾这样写道：“我想我第一次的印象——主要是天生精明这一点——大概是不错的。然而毛泽东还是一个精通中国旧学的有成就的学者，他博览群书，对哲学和历史有深入的研究，他有演讲和写作的才能，记忆力异乎常人，专心致志的能力不同寻常，个人习惯和外表落拓不羁，但是对于工作却事无巨细都一丝不苟，他精力过人，不知疲倦，是一个颇有天才的军事和政治战略家。”“他是中国现有的最有才干的战略家。”① 斯诺这段话不能说是全面，但可以反映一个侧面。毛泽东既从事过工人运动，又从事过农民运动，尤其是对农民问题、农民运动重要性有很深入的研究和深刻的认识，并且做过宣传工作，办过报纸、杂志；既任过中共中央第三届中央执行委员、中央局委员兼秘书，又任过中共中央农民运动委员会书记，建党初还在地方任过中共湘区委员会书记，并且在国共合作后任过国民党中央宣传部代部长。可以说，毛泽东经历过中央和地方的多种岗位，积累了丰富的工作实践经验，尤其具有善于把握全局的能力。毛泽东和别人不同的地方，是特别

① ［美］埃德加·斯诺著，董乐山译：《西行漫记》，生活·读书·新知三联书店 1979 年版，第 65 页。

重视调查工作，是个实干家。因此，当他一旦从事军事工作后，就特别专注于研究战争规律。他认为："我们应该研究一般战争的规律；也应该研究革命战争的规律"，"还应该研究中国革命战争的规律。"①

毛泽东没有进过军校，在指挥打仗方面并非科班出身。但他认为："从战争学习战争——这是我们的主要方法。没有进学校机会的人，仍然可以学习战争，就是从战争中学习。革命战争是民众的事情，常常不是先学好了再干，而是干起来再学习，干就是学习。"②

毛泽东本就是从战争中学习战争的，可能一开始对军事技术不懂，枪打不准，手榴弹扔不远，不会拼刺刀，但他却有一个冷静的头脑和全局观。他能够充分认识大革命失败后，革命处于低潮，搞武装起义，不能同强大的敌人拼命，而是要先生存后发展。正是从这个理念出发，毛泽东把敌人统治力量薄弱的两省或数省交界的农村和山区作为红军生存和发展的根据地。而在建设根据地和反对敌人的"进剿""会剿""围剿"的过程中，毛泽东又善于发现问题，总结经验，找出解决问题的办法。如在建设井冈山、赣南和闽西根据地时，毛泽东针对一些人对革命悲观的情绪，提出中国红色政权能够存在、"星星之火，可以燎原"的论断，进而提出了农村包围城市道路的理论；针对红军内部各种非无产阶级思想，制定了《古田会议决议》，提出了要用无产阶级思想进行军队和党的建设；为了处理军队内部关系和军民之间的关系，制定了"三大纪律、八项注意"；根据敌人集中强大的兵力不断进行"进剿""会剿""围剿"和敌强我弱的实际情况，先是与朱德提出了"十六字诀"，后是提出了"诱敌深入"的作战方针，形成了红军作战的基本原则，等等。

在历史的关节点上，为什么毛泽东总能提出正确的主张？为什么在毛泽东的领导下，红军总能打胜仗？究其原因，还是他善于从实际出发，而不是事事教条地照"本本"，机械地执行上级指示。他指出："一切带原则性的军事规律，或军事理论，都是前人或今人做的关于过去战

① 毛泽东：《中国革命战争的战略问题》（1936年12月），《毛泽东选集》第一卷，第171页。

② 毛泽东：《中国革命战争的战略问题》（1936年12月），《毛泽东选集》第一卷，第181页。

争经验的总结。这些过去的战争所留给我们的血的教训，应该着重地学习它。这是一件事。然而还有一件事，即是从自己经验中考证这些结论，吸收那些用得着的东西，拒绝那些用不着的东西，增加那些自己所特有的东西。这后一件事是十分重要的，不这样做，我们就不能指导战争。”①

那么，毛泽东是从哪些方面的实际来运筹红军作战呢？他曾指出：“战争的胜负，主要地决定于作战双方的军事、政治、经济、自然诸条件，这是没有问题的。然而不仅仅如此，还决定于作战双方主观指导的能力。军事家不能超过物质条件许可的范围外企图战争的胜利，然而军事家可以而且必须在物质条件许可的范围内取得战争的胜利。军事家活动的舞台建筑在客观物质条件的上面，然而军事家凭着这个舞台，却可以导演出许多有声有色威武雄壮的活剧来。因此，我们红军的指导者，在既定的客观物质基础即军事、政治、经济、自然诸条件之上，就必须发挥我们的威力，提挈全军，去打倒那些民族的和阶级的敌人，改变这个不好的世界。”②

很明显，毛泽东在承认双方的军事、政治、经济、自然诸条件的基础上，认为主观指导能力也是非常重要的因素。指出军事家可以而且必须在物质条件许可范围内取得战争的胜利。战争双方各有优劣，军事家可以通过优劣条件转换，导演出威武雄壮的活剧。

从国民党军的情况看，优势表现在：一是掌握全国政权，可以动用国家财力、物力，对红军进行“围剿”；二是兵力多和武器装备好。相比国民党军的优势方面，红军自然这方面就是劣势：苏区多是偏僻农村和山区，经济落后，财力匮乏；数量上同国民党军相比十分悬殊，武器装备也差很远，甚至有的红军战士还没有枪，只有梭镖和大刀。

那么，红军的优势是什么？其一，它是先进的无产阶级政党领导下的军队，是为劳苦人民解放而奋斗的军队。它反对国民党军的战争是正义的战争，因此，得到广大人民群众的衷心拥护。其二，红军官兵一

① 毛泽东：《中国革命战争的战略问题》（1936年12月），《毛泽东选集》第一卷，第181页。
② 毛泽东：《中国革命战争的战略问题》（1936年12月），《毛泽东选集》第一卷，第182页。

致，内部团结，指挥统一。其三，红军作战目的明确，知道为谁打仗，政治素质好，作战勇敢。其四，红军对苏区的自然地理环境熟悉，若在苏区内作战，能够利用自然地理环境为自己制胜创造条件。

国民党军的劣势是：其一，它是为大地主大资产阶级统治服务的军队，是维护剥削阶级利益的军队。它"进剿""会剿""围剿"红军的战争是非正义的战争，遭到广大人民群众的强烈反对。其二，它实际上仍是军阀部队，军官克扣军饷，打骂体罚士兵，与士兵矛盾十分尖锐；同时，国民党军中又有蒋介石的嫡系中央军和地方军阀的杂牌军之分，矛盾重重，指挥不能够统一。其三，它的士兵只是当兵吃粮，作战目的不明确，贪生怕死居多，战斗力不强。其四，不熟悉苏区的地理环境，在苏区内作战得不到人民群众的支持，往往是瞎子、聋子。

毛泽东指挥作战的取胜之道，就是采取"诱敌深入"作战方针和其他基本原则，实现敌我优劣条件的转化。国民党军进入苏区，其财力、物力和兵力、武器装备优势便消失于无形。苏区山高、林密、路险，国民党军给养、弹药运送困难。它的兵力虽众，但在红军的调动下，战线拉长，疲于奔命，士气低落，难以发挥重兵的优势，战斗力大为减弱，脱离重兵集团那一部分，就成为红军歼灭的对象。它的短板和劣势就更加明显突出。而红军依托苏区，原先的劣势就化为优势。红军在苏区内作战，虽然总兵力与敌悬殊，武器装备也不如敌人，但通过运动战调动敌人，形成局部的优势兵力，再得到人民群众的支援，如运送伤员、粮食、弹药，等等。这样红军已由原先的劣势转化为优势。同时，红军的指挥统一、指战员政治素质高、地理环境熟悉等方面的优势则更能发挥作用。综合各种有利因素，红军可以打歼灭战，迅速消灭一部分弱敌，掌握战场主动权，实现由弱到强的转化，从而打破国民党军的"围剿"，创造以弱胜强，以少胜多的战争奇迹。

治军有方，胸中总有破敌妙计，能够指挥部队打胜仗，毛泽东得到红军广大官兵的衷心爱戴。

和毛泽东不同的是，朱德在人民军队开始创建时，就有着丰富的军事理论和实战经验的储备。他于 1909 年春考入云南陆军讲武堂。这是一所中国近代史上著名的军事学校，与设在天津的北洋讲武堂和设在奉天的东北讲武堂并称三大讲武堂。1911 年 8 月毕业后，朱德进入滇军，先后担任副班长、排长、连长、营长、副团长、团长、旅长，从基层军官一步一步走上高级将领的位置。先后参加过辛亥革命云南起义、护国战争和护法战争，率部在滇南边疆剿过土匪，积累了丰富的正规战、游击战的实战经验。在德国留学期间由周恩来、张申府介绍加入中国共产党后，于 1925 年 7 月进入莫斯科劳动者共产主义大学，系统学习马克思主义理论和军事学。同年 10 月又进入在莫斯科郊外莫洛霍夫卡村举办的秘密军事训练班。其间，朱德注意研究苏联内战时期的游击战术。因此，朱德是中国共产党内十分罕见的既受过旧的军事教育，又受过先进的苏联军事教育，对苏联红军战术有过研究，并有十几年军旅生涯和作战经验的军事人才。

朱德是放弃了高官厚禄参加革命的，除了追求革命真理，为了中华民族的独立与人民翻身解放外，没有他求。因此，他的革命坚定性极强。无论遇到什么困难，无论遇到多么严峻的形势，他坚持革命的初心不变。当别人思想混乱，情绪悲观，产生动摇的时候，他坚定地表示自己要坚持革命，认为受到挫折是暂时的，坚信革命一定能够胜利。并以此感染其他同志，产生强大的凝聚力，把部队巩固起来。

革命的坚定性使朱德处变不惊，遇事冷静，善于找到解决问题的办法，以宏伟的胆略和气魄，把保存革命火种、坚持武装斗争的领导重任担当起来。史沫特莱曾这样评价朱德："勇敢倔强，坚忍不拔"，"政治上有高超见解"，"是一个行动家和军事组织家"。①

朱德在战场上指挥果断，危险时刻，身先士卒；平时和士兵打成一片，形同普通一兵，丝毫没有总司令的架子，更像是一个慈祥的长者，以特有的魅力，深得红军官兵们爱戴和拥护，"红军之父"之称是实至名归。

朱德自开始参与创建人民军队后，很快就把自己过去的军事经验与

---

① ［美］艾格妮丝·史沫特莱著，梅念译，胡其安、李新校注：《伟大的道路》，第 269 页。

红军作战的特点结合起来。在井冈山，他和毛泽东共同创造了游击战的“十六字诀”，在中央苏区反“围剿”斗争中，他是毛泽东提出的诱敌深入方针的坚决拥护者和执行者。朱德和毛泽东，两位伟大的红军领袖，优势互补，珠联璧合，指挥红军主力横扫敌军，上演了中国近现代历史上英勇绝伦的活剧。

和毛泽东、朱德率领红军在苏区与国民党军厮杀不同，周恩来是另一类型的红军领袖、军事战略家。

周恩来是中国共产党军事工作的开创者，并长期在中共中央负责军事工作，是人民军队的主要领导者、组织者之一。大革命时期在黄埔军校担任政治部主任，曾任东征军总政治部主任，为党培养了一批既有军事理论知识，又有实战经验的军事骨干。他任中共广东区委军事部长时，组建了党掌握的武装——孙中山大元帅府铁甲车队、叶挺独立团，为北伐中党掌握的武装力量扩大打下了基础。此后，领导了上海工人第三次武装起义，为在中国开展城市武装斗争作了大胆的尝试。大革命即将失败时，他任中共中央军事部部长，向军队中派了大量党员，还派人指导武汉工人纠察队和湖南、广东农军。还曾计划组织发动湖南农民暴动。大革命失败后领导南昌起义，参与组织广州起义。中共六大召开后，他在会上作军事工作报告，系统总结了大革命以来党的军事工作的经验教训，提出了建立红军问题。中共六大后，中共中央再设军事部，他以中央常委身份分管军事部。军事部长杨殷牺牲后，他又兼任军事部部长（军事部后改为中央军委），负责指导各地根据地红军。中共六届三中全会后，召开中央军委扩大会议并作《目前红军的中心任务及其几个根本问题》的报告和结论，从中国实际出发落实共产国际关于中国红军和根据地建设的指示。根据周恩来的报告，10 月 24 日，中共中央政治局讨论通过了《关于苏维埃区域目前计划》，制定了中国各根据地发展的蓝图。可以说，自国共合作开始办黄埔军校起，至 1930 年 11 月中央苏区开始第一次反“围剿”止，中国共产党的重大军事决策，都与周恩来有着密切的关系。

周恩来长期任党的军事工作负责人，具有很强的全局眼光，在中共六大后贯彻大会精神，指导各苏区斗争，为苏区发展作出重要贡献。更重要的是，他对各苏区的斗争经验和干部状况非常了解，特别关心毛泽东、朱德领导的红四军。尤其推崇毛泽东、朱德领导的红军的斗争经验，钦佩毛泽东、朱德的军事指挥艺术，曾将他们的经验大力向各根据地介绍，要求各地红军和各地党组织学习。他还曾向贺龙、周逸群介绍朱毛部队支部建在连上和“十六字诀”，等等。他维护和支持毛泽东、朱德在红四军中的领导地位，为朱毛红军发展创造了有利条件。他是中共中央内最了解毛泽东、朱德及其指挥的红军的领导同志。

1930 年 9 月中共六届三中全会结束后，中央政治局会议决定组织苏区中央局，作为领导苏区斗争的最高机构，由于周恩来是党内深孚众望的军事领导者，因此以他为书记。这无疑是一个正确的决定。

遗憾的是，由于王明“左”倾教条主义激烈反对三中全会后的中央，1931 年 1 月召开了四中全会，王明一伙上台，中央机构本身正处于剧烈变动中；接着，又先后发生顾顺章、向忠发被捕叛变，使周恩来一时难以离开。因此，周恩来没有参与指挥中央苏区前三次反“围剿”斗争。直到 1931 年底，周恩来才到达中央苏区，任中共苏区中央局书记。

长期在中央工作，周恩来具有很强的协调组织能力，并善于听取不同意见，从谏如流，采纳正确意见。他到中央苏区时，王明“左”倾教条主义已经开始在这里推行，毛泽东处境日益困难。周恩来却能采纳毛泽东的正确意见，支持毛泽东率领红军东路军占领漳州。此后，他又提议毛泽东重任红一方面军总政治委员，并组成了由他和毛泽东、朱德、王稼祥组成，他任主席的前方最高军事会议，随后取得了乐安、宜黄战役的胜利。在宁都会议上，毛泽东受到错误的批评，周恩来仍提议毛泽东留在前方指挥军事。毛泽东离开红军领导岗位后，1932 年底至 1933 年 3 月下旬初，周恩来与朱德指挥红一方面军，运用和发展以往反“围剿”作战的成功经验，采取大兵团伏击歼敌的战法，取得了中央苏区第四次反“围剿”的胜利。红一方面军发展到 10 万人，中央苏区的面积也得到扩大，达到全盛时期。

这支军队不但涌现出了毛泽东、朱德、周恩来三位杰出领袖、军事家、战略家，而且还冉冉升起一批熠熠闪光的将星，其中有邓小平、彭德怀、刘伯承、贺龙、陈毅、罗荣桓、徐向前、聂荣臻、叶剑英、杨尚昆、李先念、粟裕、徐海东、黄克诚、陈赓、谭政、萧劲光、张云逸、罗瑞卿、王树声、许光达、叶挺、许继慎、蔡申熙、段德昌、曾中生、左权、彭雪枫、罗炳辉、黄公略、方志敏、刘志丹等。此外，还有一大批师、团级干部及其以下基层干部，在实际斗争中不断成长，学会了治军打仗的本领，构成了这支军队源源不断的干部梯队。

以上情况表明，中国共产党领导的工农红军已经是一支拖不垮、打不烂的人民军队，为中国人民革命事业奋斗的红色铁军已经炼成。它是中国共产党领导中国人民同国民党反动派进行搏杀，推翻帝国主义和封建主义，实现民族独立和人民解放的极为重要的力量。尽管由于党内出现“左”倾教条主义错误，中央苏区第五次反“围剿”失败，中共中央不得不率领中央红军主力进行长征，其后其他根据地也相继丢失，主力红军被迫长征，但英勇无敌的红军经受住了极其严峻的考验。红一方面军、红二方面军、红四方面军和红二十五军四支主力红军，进行了近600次战斗，突破百万国民党大军的围追堵截；翻越了20多座雪山，穿越了数百里的茫茫草地，渡过数十条大江、大河，纵横14个省，总行程达6.5万里，终于汇聚在陕甘高原，胜利完成了战略转移的任务，开创了革命新局面。全民族抗战爆发后，红军主力改编为八路军，留在南方的红军游击队改编为新四军，在党领导和人民群众的支持下，在敌后坚持游击战争，开辟了19块抗日民主根据地，沉重打击了日本侵略者，为中国抗日战争成为人民的胜利作出了重要贡献。解放战争中，由八路军、新四军和其他人民军队发展而来的中国人民解放军，在党的领导和人民群众的支持下，打败国民党800万军队，取得全国革命胜利，建立起红彤彤的新中国。新中国成立后，在党的领导下，中国人民解放军为保卫祖国、保卫社会主义革命和建设、保卫改革开放和中国特色社会主义现代化建设、保卫世界和平立下了不朽功勋。

毛泽东在中共七大的政治报告中指出：“没有一个人民的军队，便没有人民的一切。”① 历史证明，这是一句至理名言，至今仍闪耀着真理的光辉。

回望历史，铭记辉煌；展望未来，新时代、新征程、新目标、新使命。

习近平同志在庆祝中国人民解放军建军 90 周年大会上发表的重要讲话中指出：“站在新的历史起点上，我们更加深切地感受到，中华民族走出苦难、中国人民实现解放，有赖于一支英雄的人民军队；中华民族实现伟大复兴，中国人民实现更加美好生活，必须加快把人民军队建设成为世界一流军队。我们要不忘初心、继续前进，坚定不移走中国特色强军之路，把强军事业不断推向前进。”②

日益走进世界一流的中国人民解放军，壮我中华，强我中华，在实现中华民族伟大复兴中再创辉煌！

---

① 毛泽东：《论联合政府》（1945 年 4 月 24 日），《毛泽东在七大的报告和讲话集》，第70 页。

② 习近平：《在庆祝中国人民解放军建军 90 周年大会上的讲话》，《人民日报》2017 年 8 月2 日第 2 版。

参考书目及报刊资料

1.《习近平在庆祝中国人民解放军建军 90 周年大会上的讲话》，《人民日报》2017 年 8 月 2 日第 2 版。

2.《毛泽东选集》第一卷，人民出版社 1991 年版。

3.《毛泽东选集》第四卷，人民出版社 1991 年版。

4.《毛泽东文集》第一卷，人民出版社 1993 年版。

5.《毛泽东军事文集》第一卷，军事科学出版社、中央文献出版社 1993 年版。

6.《毛泽东农村调查文集》，人民出版社 1982 年版。

7.《毛泽东在七大的报告和讲话集》，中央文献出版社 1995 年版。

8.《毛泽东外交文选》，中央文献出版社、世界知识出版社 1994 年版。

9.《毛泽东一九三六年同斯诺的谈话》，人民出版社 1979 年版。

10.《毛泽东诗词选》，人民文学出版社 1986 年版。

11. 毛泽东：《湘南运动大纲》（1927 年 8 月）。

12.《周恩来选集》上卷，人民出版社 2004 年版。

13.《周恩来军事文选》第一卷，人民出版社 1997 年版。

14.《周恩来手迹选》，中央文献出版社 1988 年版。

15.《朱德选集》，人民出版社 1983 年版。

16.《瞿秋白文集》（政治理论编）第 5 卷，人民出版社 2013 年版。

17.《孙中山选集》上卷，人民出版社 1958 年版。

18. 中共中央文献研究室编：《毛泽东传》（1893—1949）（上），中央文献出版社 1996 年版。

19. 中共中央文献研究室编：《毛泽东年谱》（修订本）（1893—1949）（上卷），中央文献出版社 2013 年版。

20. 中共中央文献研究室编：《周恩来传》（修订本）（1898—1949）（上），中央文献出版社 1998 年版。

21. 中共中央文献研究室编：《周恩来年谱》（1898—1949），中央文献出版社、人民出版社 1989 年版。

22. 中共中央文献研究室编：《朱德传》（修订本），中央文献出版社 2006 年版。

23. 中共中央文献研究室编：《朱德年谱》（新编本）（1886—1976）（上），中央文献出版社 2006 年版。

24. [美] 埃德加·斯诺笔录、汪衡译：《毛泽东自传》，中国青年出版社 2013 年版。

25. [美] 埃德加·斯诺著：《西行漫记》，生活·读书·新知三联书店 1979 年版。

26. [美] 艾格妮丝·史沫特莱著：《伟大的道路》，东方出版社 2005 年版。

27. 胡国强主编：《朱德诗词赏析》，中央文献出版社 2006 年版。

28. 中央档案馆编：《中共中央文件选集》（1926）第 2 册，中共中央党校出版社 1989 年版。

29. 中央档案馆编：《中共中央文件选集》（1927）第 3 册，中共中央党校出版社 1989 年版。

30. 中央档案馆编：《中共中央文件选集》（1928）第 4 册，中共中央党校出版社 1989 年版。

31. 中央档案馆编：《中共中央文件选集》（1929）第 5 册，中共中央党校出版社 1990 年版。

32. 中央档案馆编：《中共中央文件选集》（1930）第 6 册，中共中央党校出版社 1989 年版。

33. 中央档案馆编：《中共中央文件选集》（1931）第 7 册，中共中央党校出版社 1991 年版。

34. 中共中央党史资料征集委员会、中央档案馆编：《八七会议》，中共党史资料出版社 1986 年版。

35. 中央档案馆编：《秋收起义》（资料选辑），中共中央党校出版社 1982 年版。

36. 中共中央党史资料征集委员会、中共广东省委党史资料征集委员会、广东革命历史博物馆编：《广州起义》，中共党史资料出版社 1988 年版。

37. 中共中央马克思、恩格斯、列宁、斯大林著作编译局译：《斯大林论反对派》，人民出版社、战士出版社 1972 年版。

38. 中共中央党史研究室第一研究部译：《共产国际、联共（布）与中国革命档案资料丛书》第 1 卷，北京图书馆出版社 1997 年版。

39. 中共中央党史研究室第一研究部译：《共产国际、联共（布）与中国革命档案资料丛书》第 3 卷，北京图书馆出版社 1998 年版。

40. 中共中央党史研究室第一研究部译：《共产国际、联共（布）与中国革命档案资料丛书》第 4 卷，北京图书馆出版社 1998 年版。

41. 中共中央党史研究室第一研究部译：《共产国际、联共（布）与中国革命档案资料丛书》第 7 卷，中央文献出版社 2002 年版。

42. 中共中央党史研究室第一研究部译：《共产国际、联共（布）与中国革命档案资料丛书》第 9 卷，中央文献出版社 2002 年版。

43. 中共中央党史研究室第一研究部译：《共产国际、联共（布）与中国革命档案资料丛书》第 10 卷，中央文献出版社 2002 年版。

44. 中共中央党史研究室第一研究部编：《共产国际、联共（布）与中国革命档案资料丛书》第 11 卷，中央文献出版社 2002 年版。

45. 中共中央党史研究室第一研究部编：《共产国际、联共（布）与中国革命档案资料丛书》第 12 卷，中央文献出版社 2002 年版。

46. 中国人民政治协商会议全国委员会文史资料委员会：《文史资

料选辑》第45辑，中华书局1964年版。

47. 中国人民政治协商会议全国委员会文史资料研究委员会编：《第一次国共合作时期的黄埔军校》，文史资料出版社1984年版。

48. 广东革命历史博物馆编：《黄埔军校史料》（1924—1927），广东人民出版社1982年版。

49.《四·一二反革命政变资料选编》，人民出版社1987年版。

50. 中共上海市委党史资料征集委员会主编：《上海工人三次武装起义研究》，知识出版社1987年版。

51. 上海市档案馆编：《上海工人三次武装起义》，上海人民出版社1983年版。

52. 中国社会科学院近代史研究所编译：《共产国际有关中国革命的文献资料》（1919—1928）（第一辑），中国社会科学出版社1981年版。

53. 安徽大学苏联问题研究所、四川省中共党史研究会编译：《苏联〈真理报〉有关中国革命的文献资料》（1927—1937）第二辑，四川省社会科学院出版社1986年版。

54. ［苏］亚·伊·切列潘诺夫著：《中国国民革命军的北伐——一个驻华军事顾问的札记》，中国社会科学出版社1981年版。

55. 中国社会科学院现代革命史研究室编：《南昌起义资料》，人民出版社1979年版。

56. 南昌八一纪念馆编：《南昌起义》，中共党史资料出版社1987年版。

57. 广东革命历史博物馆编：《广州起义资料》（上），人民出版社1985年出版。

58. 中共湖南省委党史资料征集研究委员会《湘赣边界秋收起义》协作组编：《湘赣边界秋收起义》，湖南人民出版社1987年版。

59. 江西省档案馆、中共江西省委党校党史教研室选编：《中央革命根据地史料选编》（中册），江西人民出版社1982年版。

60. 中共江西省委党史研究室等编：《中央革命根据地历史资料文

库·党的系统》(1)，中央文献出版社、江西人民出版社 2011 年版。

61. 中共江西省委党史研究室等编：《中央革命根据地历史资料文库·党的系统》(3)，中央文献出版社、江西人民出版社 2011 年版。

62.《江西党史资料》第 18 辑。

63.《江西党史资料》第 19 辑。

64.《中共湖南省委巡视员杜修经的报告——红四军的组成和状况，湘赣特委成立和边界分配土地情况，湘南情形》(1928 年 6 月 15 日)。

65.《中共湖南省委通告第二十一号——立即全体动员实行总暴动》(1927 年 12 月 1 日)。

66.《中共湖南省委通告第十八号——加紧发展各地暴动夺取政权》(1927 年 11 月 30 日)。

67.《中共湖南省委宣传部讨论大纲第二号——准备暴动中的问题与机会主义》(1927 年 12 月 3 日)。

68.《杨克敏关于湘赣边苏区情况的综合报告》(1929 年 2 月 25 日)。

69.《中共湖南省委给湘赣边特委及四军军委的信——对付二次“会剿”的策略与红军的改造，边界各县土地革命、游击战争、发展党的组织与加强特委指导等》(1928 年 6 月 19 日)。

70.《中共湖南省委致湘赣边特委及四军军委信——扩大根据地、红军建设及分配土地问题》(1928 年 6 月 19 日)。

71.《中共湖南省委给各特委、各县委、四军军委的信——目前军阀战争与群众暴动的形势和实现鄂湘粤大道沿赣边割据的工作布置》(1928 年 6 月 24 日)。

72.《中共湖南省委给湘赣边特委的指示信——红四军向湘南发展，杨开明同志任特委书记》(1928 年 6 月 26 日)。

73.《中共湖南省委给湘赣边特委的指示信——全国与湖南的形势，红四军应坚决向湘东发展》(1928 年 7 月 20 日)。

74.《向导》第 199 期，1927 年 6 月 20 日。

75. 上海《民国日报》，1929 年 2 月 9 日。

76.《中央副刊》第 20 号，1927 年 4 月 12 日。

77.《文汇报》1979 年 1 月 8 日。

78.《党的文献》1989 年第 5 期。

79. 中共泸州市委党史工作委员会办公室编：《泸州起义》。

80. 吴玉章：《八一革命》，中国人民大学出版社 1992 年版。

81. 中国井冈山干部学院编：《井冈山斗争时期文献导读》，党建读物出版社 2015 年版。

82. 中共江西省委党史资料征集委员会、中共江西省委党史研究室编：《井冈山革命根据地与各地的联系》，中央文献出版社 1993 年版。

83. 井冈山革命根据地党史资料征集编研小组、井冈山革命博物馆编：《井冈山革命根据地》（下），中共党史资料出版社 1987 年版。

84.《回忆井冈山斗争时期》，江西人民出版社 1979 年版。

85.《星火燎原》（选编之一），战士出版社 1979 年版。

86.《星火燎原》（选编之二），战士出版社 1979 年版。

87. 陈毅、萧华等著：《回忆中央苏区》，江西人民出版社 1981 年版。

88.《回忆李大钊》，人民出版社 1980 年版。

89.《回忆叶挺》，人民出版社 1981 年版。

90. 人民出版社编辑部编：《回忆张太雷》，人民出版社 1984 年版。

91.《彭德怀自传》，解放军文艺出版社 2002 年版。

92.《陈毅口述自传》，大象出版社 2010 年版

93.《陈毅诗词选集》，人民文学出版社 1977 年版。

94.《聂荣臻回忆录》，解放军出版社 2007 年版。

95.《徐向前元帅回忆录》，解放军出版社 2005 年版。

96. 汪荣华等著：《刘伯承元帅》，上海文艺出版社 2012 年版。

97. 李维汉：《回忆与研究》（上），中共党史资料出版社 1986 年版。

98.《粟裕战争回忆录》，解放军出版社 1988 年版。

99.《萧克回忆录》，解放军出版社 1997 年版。

100.《郭化若回忆录》，军事科学出版社 1995 年版。

101. 张国焘：《我的回忆》（第二册），现代史料编刊社 1989 年版。

102. 中共中央党史研究室第一研究部编：《李立三百年诞辰纪念集》，中共党史出版社 1999 年版。

103. 中共甘肃省委编：《纪念刘志丹》，中共党史出版社 2014 年版。

104. 穆欣编：《记陈赓将军》，湖南人民出版社 1984 年版。

105.《陈赓大将纪念文集选编》，人民出版社 2013 年版。

106. 中共中央党史研究室著：《中国共产党历史》（第一卷）（1921—1949）（上册），中共党史出版社 2011 版。

107. 中共中央党史研究室著：《中国共产党的九十年》（新民主主义革命时期），中共党史出版社 2016 年版。

108. 中国工农红军第一方面军史编审委员会：《中国工农红军第一方面军史》，解放军出版社 1993 年版。

109.《叶剑英传》编写组著：《叶剑英传》，当代中国出版社 1995 年版。

110.《贺龙传》编写组：《贺龙传》，当代中国出版社 1993 年版。

111.《陈毅传》编写组：《陈毅传》，当代中国出版社 1991 年版。

112. 郭化若：《远谋自有深韬略》，人民出版社 1980 年版。

113. 衡阳市革命烈士事迹编写小组、蒋忠文执笔：《蒋先云烈士传略》，湖南人民出版社 1979 年版。

114. 赵泉钧等编著：《罗坊会议》，浙江大学出版社 1993 年版。

115. 李勇、张仲田编：《蒋介石年谱》，中共党史出版 1995 年版。

后　记

1986年7月，我从中山大学历史系研究生毕业后，只身入京，进了我心仪的单位。在做了11年的学术杂志编辑之后，开始专门从事中共党史研究。幸运的是，我刚转入专门研究工作后，就赶上了《中国共产党历史》第一卷的修订工作，担任第三编修订组的第二召集人。

《中国共产党历史》第一卷第三编记述的是中国共产党在土地革命战争时期的历史。在参与修订工作之前，我对党在大革命时期和抗日战争时期的历史有些研究，写了十几篇论文。但对于党在土地革命战争时期的历史知识，主要是来自李新、胡华等党史老前辈的著作和一些讲义，没有进行过研究。这六年的修订工作对我来说，相当于读了博士外加一个博士后。在这个过程中，我从党史界的大家那里学到治学的很多东西，对于研究党在土地革命战争时期这段历史打下了很好的基础。

党在土地革命战争时期的十年历史，是党的历史上最艰苦的年代。经历了大革命的严重失败后，在国民党反动派极其严重的白色恐怖之下，中国共产党勇敢地独立高举革命的旗帜，带领工农大众，开始进行武装反抗国民党反动统治的斗争。以毛泽东为代表的中国共产党人，经过艰难曲折，创建了党绝对领导的红军，创建了红色革命根据地，开辟了农村包围城市、武装夺取政权的中国革命新道路。这十年，也是党历经曲折的时期。党内连续出现三次“左”倾错误，且一次比一次严重。尤其是以王明为代表的“左”倾教条主义错误，曾经使中国革命几乎陷入绝境。在极端险恶的环境中，以毛泽东为代表的中国共产党人，始终坚持共产主义崇高理想，坚持实事求是、理论和实际相结合的思想路线，紧紧依靠人民群众，战胜常人难以想象的艰难险阻，奇迹般地度过最黑暗的时期，开创出中国革命崭新的局面。

党在土地革命战争时期的十年，成功的经验与失败的教训交织，是党在曲折中勇敢奋进的历史，是党在挫折中不断走向成熟的历史。因而，这段历史也给党史研究者提供了广阔的天地。在《中国共产党历史》第一卷修订本出版后的近20年间，我写了60余篇关于土地革命战争时期的研究论文。但党史研究者的责任不仅仅是提供研究成果，而且还有责任宣传党的光辉历史，将自己的研究成果向社会转化，起到资政育人的作用。2016年，是中国工农红军长征胜利80周年，我依据自己20余年长征史的研究成果，同时吸取史学界的研究成果，撰写了《穿越历史时空看长征》一书，力图以生动鲜活的方式，展现长征这一人类历史上无与伦比的伟大丰碑。该书于2016年8月出版后，受到读者的欢迎，先是获得了2016年9月“中国好书”第一名，后又获得了“2016年度中国好书”；并获得了《中国新闻出版广电报》2016年度20本好书、中国出版协会2016年度30本好书等奖项；先后被《光明日报》“光明书榜”列为特别推荐的十部图书之一和河北读者评选的“2016—2017河北读者喜爱的十部好书”之一。更让人欣喜的是，该书于2019年获得第七届中华优秀出版物奖。《穿越历史时空看长征》获得读者的认可，给了我很大信心，使我坚定地按照这个路子走下去。2016年底，我开始撰写本书，展现毛泽东、周恩来、朱德等创建人民军队的艰难历程。经过一年有余的艰难写作，终于成书。希望广大读者能够喜欢，从中能够了解中国共产党、人民军队的辉煌历史，获得人生的更多启迪，在实现中华民族伟大复兴的大时代中体现自己的价值，走好人生之路。

本书仍由中共党史出版社出版。中共党史出版社为我出书提供了一个很好的平台，向出版社的领导和本书责任编辑表示衷心的感谢！

感谢我的家人，为我写作本书提供了一个很好的环境，使我能够全身心地投入写作之中，顺利地完成本书的写作。

本书肯定还存在这样或那样的不足，敬请读者指出，我将不胜感激。

王新生

2023年1月10日